도전과 응전의 **한국민족주의**

도전과 응전의 **한국민족주의**

지은이 한흥수

1판 1쇄 인쇄 2015년 11월 10일
1판 1쇄 발행 2015년 11월 20일

발행처 도서출판 옥당
발행인 신은영

등록번호 제300-2008-26호
등록일자 2008년 1월 18일

주소 경기도 고양시 일산동구 무궁화로 11 한라밀라트 B동 215호
전화 (02)722-6826 팩스 (031)911-6486

홈페이지 www.okdangbooks.com
이메일 coolsey@okdangbooks.com

값은 표지에 있습니다.
ISBN 978-89-93952-68-1 93300

도전과 응전의
한국민족주의

한흥수 지음

오당

근대사의 시각에서 정치적 근대화를 논의하자면 국민국가의 건설 목표를 지나쳐 버릴 수 없다. 그리고 이러한 뜻에서의 정치적 근대화가 우리에게는 아직도 못 다한 미해결의 숙제여서 앞으로도 계속하여 추구해 나가야 할 역사적 과제임이 분명하다. 이데올로기의 종말론에 사로잡힌 나머지 우리에게서도 이미 퇴조해 버리고 만 것으로 속단하기 쉬운 민족주의의 생성기적 자취를 여기에서 되뇌는 이유는 그것이 바로 정치적 근대화의 관점에서 내일을 내다보고 오늘을 처방하는 데 긴요한 역사의식의 바탕으로 이어진다고 보았기 때문이다.

도전과 응전으로 점철된 생성기 한국민족주의를 다룬 이 책은 총 2부로 구성되었다. 제1부에서는 한국민족주의의 이론과 역사를 다룬 일곱 편의 논문들을 묶었다. 먼저 "민족주의와 민족공동체 형성"이라는 논문을 이 책의 첫머리에 실어 한국민족주의의 이론적 탐구를 위한 가닥을 잡고자 했다. 다음으로 "독립협회의 정치집단화 과정"과 "독립협회 회보의 내용 분석"에 관한 두 편의 논문을 묶어 한국민족주의의 생성에 영향을 미친 독립협회의 역할을 실증적으로 밝히고자 했다. 셋째로 "1880년 한·불교 섭과 푸르니에 보고서" 및 "임정 파리 위원부 통신국이 발행한 월간지 *La Corée Libre*" 등 두 편의 논문을 통해 프랑스와의 접촉 및 프랑스에서 활약한 한국민족주의자들의 노력이 한국민족주의의 생성에 어떠한 영향을 미쳤는지를 사료를 통해 검증하고자 했다. 마지막으로 "개화기 송재 서재필의 첫 번째 귀국"과 "정치가로서의 용재 백낙준"이라는 두 편의 논문을 묶어 생성기의 한국민족주의가 현실의 정치 활동에 투사(投射)되는 양상을 생동감 있게 묘사하고자 했다.

이 책의 제2부에서는 이미 출간되었던 『근대한국민족주의연구』를 새롭게 단장해서 실었다. 우리는 생성기에 있어서 한국민족주의의 큰 줄기를 형성한 동학 계열의 농민운동, 위정척사 계열의 의병운동, 개화자강 계열의 독립협회 운동과 같은 민족의식의 민중적 분출 현상이 1894년에서 1898년 사이에 집중적으로 나타났다는 사실에 주목하게 된다. 그렇다고 해서 그 전모를 모두 밝히려 한 것은 아니다. 이 세 가지 민중 운동의 이념형에 동도서기의 그것을 더하여 하나의 틀로 구성된 개념적 계서(階序)로서의 근대 한국민족주의의 분석 도식을 마련한 다음, 독립협회의 정치이념을 분석함으로써 근대화를 지향하는 한국민족주의의 발전적 전기(轉機)를 찾아보고자 한 것이다.

그러나 긍정적 해석에 치중하여 내린 결론에 불만이 없지 않다. 다만 점진적 개량주의의 행동 원리와 민권 의식의 적용에 제한적 한계를 드러낸 독립협회를 가리켜 오히려 지나치게 정치적이었다고 비판한 1920년대의 이광수(李光洙)가 오늘에 와서는 탈정치적 문화주의로 타락했다는 비판을 되받게 된 것을 하나의 아이러니로만 보아 넘길 수는 없다. 그만큼 자민족 국가체제 밑에서 대중의 체험적 정치 활동을 뒤따르게 했던 독립협회의 민중계몽 운동은, 초기의 개화사상이나 국권 상실 후의 애국계몽 운동 또는 1920년대의 자치 운동과 같은 다른 어느 때의 그것보다도, 계몽주의로서의 결함을 적게 드러냈는지 모른다.

또한 개별사료들에 대한 귀납적 접근을 통하여 작성한 구조 도식에 의거하여 독립협회의 정치 이념을 세 가지의 유기적 틀로 분석한 것은 그것을 한 집단 단위의 집합적 현상으로 다루어 보려는 데 뜻이 있었던 것이다. 따라서 성원 개개인들의 사적 동기는 관찰 내용에 포함시키지 못했음을 밝혀둔다.

필자의 글들을 묶고 다듬어 새로 단장된 단행본으로 출간하기까지 주위의 많은 이들로부터 격려와 도움을 받았다. 학계에 몸담고 있는 제자들은 한국민족주의와 독립협회에 관한 연구 활성화를 위해 필자의 오래전 글들이 다시 독자들에게 읽힐 필요가 있다는 정성어린 제안을 아끼지 않았다. 이 책이 이처럼 단아한 모습으로 출간될 수 있도록 물심양면으로 지원해준 양병기·황주홍·서병훈·안병도·이완범·김영일·류상영·김명섭·이승현·이연호·전용주·차재권·조성대·차창훈·최연식·조진만·김동수·서미영 등 여러 동료 후학들에게 고마운 마음을 전한다.

특히 정년 후에 새로 발표한 논문이 적은 터라 이 책 출간에 부정적이었던 저자에게 굽히지 않고 설득에 나서 주었던 김명섭 교수, 그리고 여기저기 흩어져 있는 논문들을 일일이 챙겨 모으고 당초 한문체 위주의 문장을 한글 전용체로 고친 후 체계적으로 편집하여 지금의 모습으로 만드는 고된 작업을 감당해 준 최연식 교수에게 특별히 감사의 뜻을 전한다.

2015년 11월
저자 씀

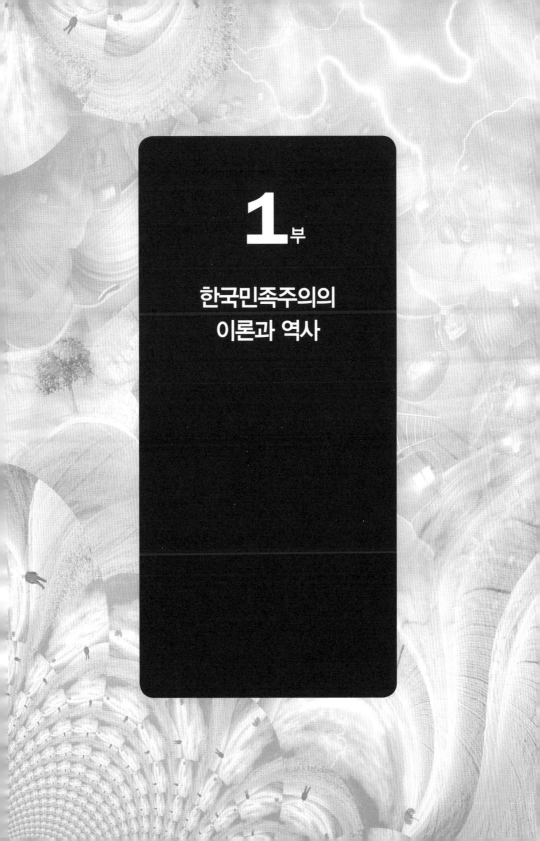

1부

한국민족주의의
이론과 역사

I

한국민족주의의
이론적 탐구

민족주의와 민족공동체 형성

1. 서론

'민족주의' 문제를 논의할 때마다 "민족주의와 더불어 세계사의 첫 장이 열리게 되었다"[1]고 천명한 한스 콘(Hans Kohn)의 통찰을 되새겨 보게 된다. 실로 민족주의만큼 역사적 연원이 빈약한 시대사조도 드물 것이며, 또 그만큼 짧은 기간 안에 많은 사람들의 열광을 불러 일으켰던 시대사조 역시 찾아보기 어려울 것이다. 우리가 흔히 민족주의라 번역하여 부르는 '내셔널리즘'[2]의 생성, 변혁의 과정은 18세기 이후의 모든 세계사적 정치 변혁을 설명하는 열쇠가 되어 왔기 때문이다.

이처럼 '민족주의' 혹은 '내셔널리즘'과 관련된 여러 문제들이 과거로부터 연속되는 사회 현상의 규명에 불가결한 요인으로 인식되자, 이 주제는 단순히 역사학자들의 관심대상에서 벗어나 여러 분야의 사회과학자들로부터 열띤 논란을 불러일으키게 되었다. 그리하여 민족주의에 대한 연

---

1) 그는 그의 역저 *The Idea of Nationalism: A Study in It's Origin and Background* (New York: Macmillan, 1944)의 서두를 이 말로 시작하고 있다.

2) 서구에서 생성된 'Nationalism'은 Nation의 다의성(多意性)으로 인하여 '민족주의'만으로 한정되지 않으므로 이에 관해서는 순서를 바꾸어 다루고자 한다.

구의 동향은 민족주의의 생성과 변화 과정이라는 역사적 서술의 입장에서 근대사회 형성과 현대사회에로의 이행기에 있어서 민족주의의 역할, 민족주의와 여타 이데올로기와의 연관성, 민족주의가 빚어낸 국제적 갈등과 민족주의에 대한 도덕적 비판, 그리고 열광적 집단행동과 밀착된 민족주의의 내용 규명 등으로 확대되어 왔다. 그러나 이토록 수많은 논란에도 불구하고 하나의 이데올로기로서 민족주의의 실체를 규명하거나 체계적 보편성을 확립시켜 놓지는 못하고 있다. 어쩌면 민족주의 자체가 역사적 산물로서 역사적 상황의 변동에 따라 꾸준히 그 내용을 변용시켜 왔으므로, 여기서 항구불변의 이념적 보편성을 구하는 것이 무리일지도 모른다. 그런 만큼 현대 국제사회 구조의 복합성과 상호의존성이 심화됨에 따라 민족주의에 대한 열광도 점차 식게 되었고 시대사조로서 이에 대한 매력도 퇴조되어 가고 있다는 견해[3]는 그 나름대로의 설득력을 지니고 있을지도 모른다.

그러나 과거의 역사에서 민족주의의 '선함'과 '악함'의 판단이 중첩되었다고 하여, 혹은 민족주의의 이론화가 곤란하고, 현대 국제사회의 복합성과 상호의존성이 심화되었다고 하여 그것이 곧바로 민족주의의 퇴조를 의미할 수는 없다. 오히려 국제사회의 구조가 복잡해지고 민족 간의 접촉이 잦아질수록 민족 간의 갈등요인은 더욱 증가하게 되고, 이 같은 갈등을 해결하기 위해서는 갈등의 원인이 되었던 민족 문제에 대한 재인식이 필요하게 된다. 즉 '우리나라,' '우리 동포,' '우리 문화'라는 의식을 상대주의적으로 징립하는 공동체적 민족의식을 바탕으로 한 새로운 가치 정향으로서 민족주의를 확립하여 민족 간의 갈등을 해소할 근거를 마련해

---

3) 이 같은 견해를 주장한 대표적 인물이 E. H. Carr이다. 그는 조악한 '민족주의'의 미래는 범세계적 '국제주의'가 될 것이라고 말한다. Edward H. Carr, *Nationalism and After* (New York: Macmillan, 1945), pp. 38-70 참조.

야 할 것이다. 이러한 공동체적 민족의식은 본래 그 민족이 지녔던 역사적 시회적 문화적 인종적 동질성에 대하여 그의 결속을 저촉하는 안밖으로부터의 충격이 가해짐으로써 형성된 것으로 숙명적 일차 집단인 민족 사회의 기능적 차원과 문화적 차원을 통합시키는 힘이 되기도 한다. 이러한 공동체적 민족의식에 의하여 결합된 '민족공동체'야말로 현대 민족주의가 지향하는 바람직한 이상으로 생각된다.

민족주의는 과연 분쟁과 갈등만을 초래하는 '판도라의 상자'인가? 현대 국제사회에 존재하는 민족 간의 갈등은 인류의 미래를 파멸로 이끌고야 말 것인가? 이런 회의적인 의문에 대하여 통합된 '민족 공동체'의 건설과 이에 상응하는 논리체계로서의 '공동체 민족주의'는 보다 긍정적으로 민족주의의 미래를 제시해 주리라고 믿는다. 그러므로 이 글에서는 '민족 공동체'라는 규범적 이상형의 구상을 위하여 기존에 논의된 내셔널리즘의 계보와 흐름을 살펴보고, 공동체론의 전개에서 나타나는 민족주의적 성향을 검토한 후에, 양자의 접합점 즉 '공동체라는 그릇을 담아 줄 이념으로서 민족주의'를 추출해 내고자 한다.

이와 같은 맥락 밑에서 18세기에 서구의 내셔널리즘이 '국민주의'로 형성되어 정치적 경제적 사회구조의 변화와 함께 '국가주의' '민족주의'로 변용되었던 과정을 역사적으로 고찰하고, 이들의 흐름 속에서 민족문제의 근원에 항상 본질적 요소로 작용하여 온 문화적 동질성을 내용으로 하는 '문화적 민족주의'에 시각을 모아보고자 한다. '문화적 민족주의'야말로 '공동체 민족주의'에 가장 근접하는 민족주의론으로 이해되기 때문이다. 이어서 민족을 숙명적 일차 집단인 공동체 개념으로 정립시키기 위한 기초 작업으로서 기존의 공동체론에 대한 전반적 고찰을 서로 교차적인 두 가지의 시각에서 시도하고, 이를 바탕으로 민족공동체 형성의 과제를 통합적 차원, 실천적 차원, 이념적 차원, 평가적 차원으로 나누어 제시하여 보고자 한다. 따라서 이 글은 민족주의를 평화적 공동체 결성의 지배 이데올로기로 변용시켜 보려는 하나의 예비적 시도이다. 이 같은 시도가 다소 이론의 제기를 위한 규범적 성향을 지닌다 하더라도 "민족주의와 더불어 세계사의 또 다른 장이 진행되는 현재"의 위기를 해결하기 위한 노력의 일환으로 수긍되어질 수 있다면 다행일 것이다.

2. 민족주의의 역사적 연관개념과 문화적 민족주의

1. 내셔널리즘과 민족주의

유럽 근대사를 이끌어 온 사상적 기조로서 평가되는 '내셔널리즘'[4]은 그것이 구체적으로 적용되는 정치적, 경제적 상황 요건에 따라 그 내용을 달리히면서 지역적 확산을 거듭하여 왔다. 다시 말해서 18세기 이후의 유럽사 속에서는 민족의 형성과 그 전개과정이 가장 중요한 역사의 동인으로 작용하였고, 거기에 수반되는 새로운 가치체계가 내셔널리즘이라는 이데올로기를 배태한 것이다. 그러므로 내셔널리즘은 유럽사의 산물이며, 또한 유럽사를 이끄는 동인이 되었던 것이다.

한나라의 역사에 있어서 언제 민족이 통합되었는가, 민족의식은 민족 발전에 어느만큼 기여히였는기, 내셔널리즘은 대내적 정치권력 기구를 이렇게 변화시켰으며, 대외적 국제관계에 이렇게 작용했는가, 이리한 문제들은 1940년대에 이르기까지 유럽의 정치 과정을 방향지어 놓은 결정

---

4) 서구의 'Nationalism'이 국민주의, 국가주의, 민족주의 3자를 포괄한 광의의 뜻으로 쓰였음은 주지의 사실이다. 여기서 일컫는 '내셔널리즘'은 국민 국가 민족주의를 모두 포함한 광의의 뜻으로만 사용되는 것임을 밝혀 둔다.

적인 것들이었다. 그뿐 아니라 내셔널리즘은 19세기 말까지의 유럽사에 있어서 학문, 예술 등 문화 일반의 특징 형성에도 여러 가지 형태의 영향과 자취를 남겨놓고 있다.[5]

그러면 유럽의 내셔널리즘이 변화 확산되어 온 과정은 어떠하며, 유럽의 정치적, 경제적 사조, 나아가서 세계의 역사적 상황 요인들이 내셔널리즘의 형성 변화와 어떤 관련을 맺고 있는가, 그리고 현재의 국제사조 속에서 내셔널리즘의 위치와 역할은 무엇인가, 이런 문제들을 살펴보는 것은 한 시대를 풍미한 이데올로기로서 내셔널리즘의 계보를 정리하고 그 다의적(多意的) 내용 변화를 추적함으로써 이를 통하여 '보다 바람직한 미래의 내셔널리즘'의 윤곽을 형상화 하는 데 도움이 될 것이다.

흔히 '민족'으로 번역하여 사용하는 영어의 Nation이 '국민'과 '국가'의 뜻을 함께 내포하고 있으므로 내셔널리즘을 논할 때 이들 3자간의 개념 관계를 염두에 두어야 함은 앞에서도 지적한 바와 같다.[6] '네이션'(Nation)은 라틴어의 'natio'에서 유래된 것으로서 그것은 'natura'(自然)와 함께 'nasu'(出生)라는 말에 근원을 두 고 있다. 따라서 '네이션'은 자연과 함께 출현한 공동체로 보아야 할 것이다. 이러한 관점에서 내셔널리즘은 근대 정신의 주체적 표상이었던 '시민계급'의 대두와 '민족국가'의

---

5) 차하순, 『역사의 의미』(서울: 홍익사, 1981) p. 10.

6) 이 문제는 국내에서 출간된 거의 모든 민족주의 관계 논문들의 서두에서 다루어지고 있다. 이들 중 대부분은 유럽의 내셔널리즘이 중상주의에 기반을 둔 절대왕조시대의 '국가주의'에서 프랑스혁명을 전후하여 발생된 '국민주의' 그리고 1차세계대전을 전후하여 피침략국가의 저항운동에서 비롯된 '민족주의'의 순으로 그 의미상의 변화를 거치면서 사용되어 왔다는 견해를 피력한다. 차기벽, 『한국민족주의의 이념과 실태』(서울: 까치사, 1978), pp. 13-14 및 최상룡, "한국민족주의와 이데올로기," 양호민 외 공저, 『한국민족주의의 이념』(서울: 아세아정책연구원, 1977), p. 25 참조. 이들 양자 견해의 차이는 전자가 E. H. Carr의 견해에 따라 국가주의의 정치사적 배경을 절대 봉건 왕조로 보았던 반면 후자는 국가주의의 배경을 식민지주의, 제국주의로 연결되는 세력 갈등의 시기로 본 점이다. 이외에도 이용희, 『한국민족주의』(서울: 서문당, 1977), pp. 15-30; 진덕규, 『현대민족주의의 이론구조』(서울: 지식산업사, 1983), p. 23 및 정항희, 『국가와 민족주의』(서울: 법문사, 1981), pp. 28-29 참조.

형성이라는 목표 이외에도 본질적으로 동일한 언어, 종교, 풍속, 가치관을 지닌 공동체의 보존과 발전이라는 목표를 내포하고 있었다고 볼 수 있다. 다시 말해서 근대적 의미의 내셔널리즘 이전에도 부족, 종족 공동체에 대한 충성심은 명백히 존재하였으며 이 같은 원시적 부족주의(Tribalism)의 바탕 위에 자유, 평등, 독립 등의 근대적 차원의 가치가 첨가됨으로써 내셔널리즘이 국민주의 국가주의 민족주의 등으로 변용되어 간 것이라고 생각된다. 우리가 흔히 민족주의라 부르는 내셔널리즘이 그토록 복잡한 양상으로 논의되고 여기에 관련된 문제점들이 명쾌하게 분석되기 어려운 것도 내셔널리즘의 역사적 변의성(變意性)에서 연유를 찾을 수 있을 것이다.

그러면 내셔널리즘의 주체로서 '네이션'(Nation)은 어떤 의미의 변용 과정을 거쳐 왔을까. '네이션'이 역사의 주체로 등장한 것은 부족이 혈연 중심의 군거 생활에서 일정한 정치 형태와 정치적 윤리관을 형성하고 인종 · 언어 · 종교 · 전통 등의 문화적 유대관계에 의하여 공동의 목표를 추구하는 통일체로서의 성격을 갖기 시작한 때부터이다. 정치적 공동체의 형성이 원시적 민족(네이션의 주체로서의 민족) 개념을 최초로 낳게 한 상황적 여건은 될 수 있지만 이것이 곧 이데올로기로서 내셔널리즘의 탄생을 의미하는 것은 아니다. 카알 도이취(Karl W. Deutsch)는 민족의 개념이 최초로 등장한 시기를 그리스 도시국가에서 찾고 있는데[7] 그의 견해도 결국 정치적 공동체의 형성이 민족 개념을 형성시킨 동인이 되었다는 점에 일치하고 있다.

혈연적이고 지연발생적인 민족이 그들의 독특한 정치적 공동체 속에서 성장하면서 내셔널리즘이라는 구체적 이데올로기를 그들의 공동 목표로 갖게 된 것은 민족이 스스로를 정치적 공동체의 주체라는 인식을 갖게 되

---

7) Karl W. Deutsch, *Political Community at the International Level* (New York: Doubleday & Company, 1954), pp. 5-9.

면서부터라고 볼 수 있다. 다시 말해서 정치적 공동체의 수동적 객체로부터 능동적 주체로의 전환 과정을 통하여 '국민' 개념이 형성되고, 이때를 전후하여 근대적 내셔널리즘이 등장한 것이다.[8] '민족'이 '국민'으로 정치적 의미를 지니게 됨에 따라 그들의 정치적 공동체의 성격도 '동족공동체'(Abstammungseinheit)에서 '의지공동체'(Willenseinheit)로 바뀌게 되었다. 즉 국민은 스스로의 자결권(self-determination)을 지니고 그들의 공동 의지를 위해 행동할 수 있게 된 것이다.

민족과 국민의 개념을 엄격하게 구별하고 있는 볼프강 스타펠(W. Stapel)에 의하면, 민족은 보다 '충동적 식물적'인 것인데 반하여 국민은 '의지적 이성적'인 것이라고 한다. 다시 말해서 민족공동체는 무의식적으로 성립하고 확장하는 바, 대체로 민족은 자기의 독자성을 의식함이 없이 역사를 꾸려가므로 의식적으로 그 독자성을 규제하거나 형성하려고 애쓰지 않으며 이에 반하여 국민은 언제나 자각을 갖고 있어서 국가의 정책은 본질적으로 지도적 의지 아래 서 있는 것이라고 설명한다.[9] 여기서 근대적 의미의 '민족'과 '국민' 형성 이전 단계의 '민족'을 구별해야 할 필요성을 인정하게 된다. 스타펠의 견해에서 보이듯이 '국민' 형성 이전 단계의 민족은 혈연과 지연 등 자연적 유대관계에 의해 결속되는 '종족'의 개념에서 크게 벗어나지 못한다. 헤이즈(Carlton J. H. Hayes)는 이 시기를 원시민족주의(Primitive Nationalism)의 시기로 보고 ① 군사적, ② 종교적, ③ 언어적, ④ 경제적 요인으로 인하여 원시민족주의가 근대적 국민주의로 전

---

8) Carlton J. H. Hayes, *Nationalims: A Religion* (New York: Macmillan, 1960), p. 10. 그는 "내셔널리즘은 근대, 현대에서 명백한 추진력을 지닌 운동이다"라는 말로 이 책의 서두를 시작하고 있다.

9) W. Stapel, *Volk und Staats*, p. 16. 정항희, 『국가와 민족주의』 (서울: 법문사, 1981), p. 29에서 재인용.

환되기까지 오랜 세월이 소요되었다고 분석한다.[10] 이에 반하여 근대적 의미의 '민족'이란, 명백한 정치적 단위체로서의 '국가' 안에서 대내적으로는 정치적 자유의 획득이라는 공동 목표를, 대외적으로는 정치적 경제적 독립이라는 공동 목표를 추구하면서 성립되었다고 하겠다. 둡(Leonard W. Doob)은 근대 이전의 민족지도이념을 애국주의(Patriotism)로 보고 근대민족주의와 사회심리학적 비교 분석을 시도하고 있다. 그는 애국주의를 일컬어 "개인이 자신과 자신이 속한 집단의 복리(Welfare)에 대하여 그것이 사회의 힘과 문화의 보존, 확장, 혹은 양자 모두에 의존하고 있음을 어느만큼 의식적으로 확신하는 것"이라고 한다. 이에 반하여 민족주의는 (1) 한 사회의 구성원이 함께 지니고 있으며, (2) 애국주의에 근거하여 발생되며, (3) 정당성을 부여하는 수단이 마련되고 언제든지 주장될 수 있으며, (4) 정부의 목적에 따라 개인적 희생이 가능토록 하며, (5) 적당한 행동을 도출할 수도 있는 다소간의 일률적인 요구들(uniform demands)의 집합이라고 보고 있다.[11] 둡의 이러한 견해는, 민족주의를 구성하는 내용으로 개인의 자발적 의사만을 중요시함으로써 근대 민족주의에 대한 보편적 설명은 될 수 없겠으나, '종족'과 '민족'의 자기 인식적 측면에서의 차이점을 뚜렷이 파악할 수 있도록 하여 준다.

이상에서 살펴본 바대로 광의의 내셔널리즘은 '네이션'의 주체로서 '종족'이 '국민'으로 변용하는 과정에서 탄생한 근대지향의 이데올로기로서, 그리고 좁은 의미로 쓰이는 민족주의는 국민주의 국가주의의 갈등 과정에서 약소국들 간에 형성된 저항주의 독립주의를 지칭하는 말로 사

---

10) Carlton J. H. Hayes, 앞의 책, pp. 20-29.

11) Leonard W. Doob, *Patriotism and Nationalism: Their Psychological Foundations* (Westport: Greenwood, 1976), p. 6. 애국주의와 민족주의의 비교에 관해서는 Louis Snyder, *Varieties of Nationalism: A Comparative Study* (Hinsdale: Dryden, 1976), pp. 42-43을 참조할 것.

용될 수 있을 것이다. 따라서 민족주의는 국가주의 · 국민주의를 포함하는 포괄적 의미의 내셔널리즘의 바탕 위에서 이해될 수 있으며 내셔널리즘의 근저에는 항상 본질적이고 자연적인 결속요인, 즉 동족공동체(Abstammungseinheit)로서의 유대감이 중요한 요인으로 흐르고 있음을 상기해야 한다. 이런 관점에서 근대 민족주의를 형성하게 된 역사적 연관 개념들을 그 시대의 정치적 경제적 상황에 비추어 살펴보고 전진적인 시각에서 문화적 민족주의를 설정하여 민족공동체 형성의 개념적 단서를 찾아보기로 한다. 문화적 민족주의의 내용이 되는 민족의 문화적 동질감은 내셔널리즘의 역사적 변용 과정에서 민족문제의 본질을 설명하는 중요한 요인으로 작용되어 왔기 때문이다.

2. 자유주의와 국민주의

교황권과 정치권력의 조화를 그 특성으로 하는 중세적 정치질서는 민족 국가와 민족 교회의 형성이라는 새로운 국면에 부딪쳐 점차 와해되기 시작하였다. 이러한 근세적 특성이 최초로 나타난 곳은 영국이었다. '100년 전쟁'에서 패배하여 그들의 관심사를 오로지 자국에 두게 된 영국은 튜터 왕조의 확고한 '애국적 국민적 군주제'(patriotic national monarchy)를 성립시켰다.[12] 이는 곧 정치적으로는 교황권으로부터 군주권의 독립을 의미하는 것이며 경제적으로는 봉건적 장원제로부터 국민경제의 확립을 의미하는 것이었다. 이 같은 영국의 상황적 변화는 곧 유럽 전체에 파급효과를 미치게 되어 강력한 군주제에 의거한 중상주의 정책이 국가의 부

---

12) Carlton Hayes, 앞의 책, p. 39.

를 증진하고 세력을 신장시킬 수 있는 최선의 방법으로 인식되게 되었다.

그러나 이때 국가의 부와 세력은 그 국가의 모든 구성원들에게 분배되는 공동 가치로서가 아니라 절대군주의 지위를 측정하는 척도로서 여겨졌다. 여기서 정치적 객체로서 군주를 위해 봉사하던 백성들이 종교개혁과 르네상스를 통하여 새로운 자아의 발견을, 그리고 산업혁명의 결과로서 부의 축적을 이루게 되자 스스로 정치의 주체로 도약하려는 근대적 시민의식을 형성하기 시작하였다. 이 같은 근대적 시민의식의 형성에 결정적 영향력을 미친 시대 사조가 자유주의이다.

유럽에서 자유주의의 물결은 계몽사상(Enlightenment)의 출현과 함께 일기 시작하였다. 계몽사상은 '계시'나 '초자연적 종교,' 그 중에서도 기독교에 대한 합리주의적 회의에서 출현하였으며 종교개혁 시대의 신학 논쟁과 종교적 열광주의에 대한 반발을 보이면서 시작되었다.[13]

계몽주의 사상가들은 종교적 열망에 대신하여 애국심을 강조하였으며, '조국'과 '나'의 교환적 사랑의 개념을 강조하였다. 즉 '조국'에 대한 '나'의 사랑은 '조국'으로부터 '나의 자유'를 보장받는다는 계약론적 국가인식이 가능하여진 것이다. 따라서 '나'는 더 이상 정치권력의 객체가 아니며 스스로가 스스로의 운명을 결정짓는 자율적 존재일 뿐 아니라 국가의 정치권력의 실질적 내용을 구성하는 정치적 주체로 등장하게 된 것이다.

이 같은 자유주의의 사조 속에서 '국민'(people)의 개념을 구체적으로 확립시킨 사람이 루소(Jean J. Rousseau)이다. 그는『사회계약론』에서 국민에 의해 자발적으로 형성되고 자유롭게 조직된 국민 의지의 표현이 곧 정치체제로 이어져야 한다고 주장한다. 여기서 국민은 "하나의 정치체제 속에서 생활하고 있는 사람들"로서 때로는 공통된 역사나 언어, 관습을 공

---

13) Carlton Hayes, 앞의 책, p. 43.

유하는 경우도 있지만 반드시 이러한 공통성이 절대적인 것은 아니라고 밀한다.[14] 자유주의 사상가로서 루소의 이 같은 생가은 '국민' 개념의 형성에 있어 이전의 민족 개념에 비하여 두 가지의 혁명적 변화를 내포하고 있다. 첫째는 하나의 정치체제 속에서 생활하는 모든 사람들이 정치적 주체로서의 국민이 될 수 있다는 점이다. 이는 "모든 인간이 신 앞에서 평등하다"는 중세적 진리에 대한 거부임과 동시에 "모든 백성이 군주에게 충성한다"는 절대 왕조적 규범에 대한 반발로서 "모든 인간이 스스로를 지배하는 주체로서의 가치를 지녔다"는 국민주권 의식의 천명이었다. 이 같은 생각은 혈연적 자연적 관계로 뭉쳐 있던 '종족'이 그 외관적 특성의 껍질을 탈피하여 보다 고차원적 유대로 응집할 수 있는 가능성을 제시하였다고 보겠다. 물론 그의 '국민' 개념이 오늘날의 그것과는 다르게 시민계급을 중심으로 전개된 것이기는 하더라도, 외형적 공통성을 지니는 '종족'들의 정치적 주체성을 강조하였을 뿐 아니라 이들이 이상적인 정치체제를 구성할 수 있다는 주권재민의 민주정치 이념을 전개함으로써 '민족주의의 민주화'를 실현시키려 하였다는 점에서 혁명적 가치를 지닌 것이라 하겠다.

둘째로 혈통, 언어, 관습, 종교 등 고전적인 민족 개념을 형성하던 외형적 기준들에 대한 재평가를 내렸다는 점이다. 종족주의에 있어서 이 같은 외형적 기준들은 절대적인 배타성을 보유하고 있었다. 종족주의에 있어서 언어의 배타적 중요성에 관해서는 위슬러(Clark Wissler)의 말을 빌어 헤이즈가 강조한 바 있으며[15] 종교의 배타적 중요성에 관해서도 이스라엘 민족의 선민의식을 예로 들어 장문의 통찰을 시도한 한스 콘(Hans

---

14) 진덕규, 『현대민족주의의 이론구조』 (서울: 지식산업사, 1983), p. 123.
15) Carlton Hayes, 앞의 책 , p. 20.

Kohn)의 역작을 꼽을 수 있다.[16] 루소 자신도 관습과 전통을 민족의 형성 단계에 있어 중요한 요인으로 지적하였다.[17] 혈통이 종족주의의 형성의 최우선 기준이었다는 점에서는 거의 모든 학자들이 이견을 보이지 않는다. 이처럼 종족주의에서 절대적 가치를 지닌 외형적 기준들이 루소에 이르러 그 중요성이 약화되었다는 점을 간과할 수 없다. 그는 국민의 외형적 공통성이 절대적인 것이 될 수 없다고 천명함으로써 종족주의가 국민주의로 전환될 수 있는 획기적 계기를 제공한 것이다.

루소의 국민주의적-민주주의적이라 표현해도 무방하다-민족사상은 프랑스 혁명의 정신적 지주가 되었으며 미국의 독립정신이 자랄 수 있는 토양을 마련해 주었다. 그의 민족사상은 불란서 민주화의 주역들, 즉 공화주의자들과 자코방파의 혁명적 지도 이념으로서 그들로 하여금 적극적으로 다른 집단이나 사회에 혁명 이념의 전파를 위하여 전력하도록 하였다. 대륙에서 형성된 국민주의의 사조가 대륙 밖으로 전파되어 그 구체적 실천 운동이 실현된 곳은 미국이었으며 보다 체계적인 이론화가 성립된 곳은 영국이었다.

영국에서 자유주의적 민족주의, 즉 여기서 말하는 국민주의에 관한 이론을 정립한 사람으로는 벤담(Jeremy Bentham)을 들 수 있다.[18] 그는 국가의 기능을 ① 안전의 보장, ② 재산권의 보장, ③ 행복의 추구를 통한 개인 행복의 증대에 있다고 봄으로써 '국민'이 더 이상 '국가'의 권위 아래 굴복하는 종속체가 아님을 분명히 하였다. 따라서 그의 이상국가는 '국민'의 행복이 최대한 보장되는 민족국가였다고 볼 수 있다. 그는 민족주의를 일

---

16) Hans Kohn, *The Idea of Nationalism* (New York: Macmillan, 1944), pp. 27-62. 그는 이 책의 2장을 할애하여 기독교의 선민 의식이 종족주의에서 보편주의로 변화 수용되는 과정을 설명하고 있다.

17) Hans Kohn, 앞의 책, p. 14.

18) 진덕규, 앞의 책, p. 134.

컬어 "한 나라에 살고 있는 주민들이 자기 나라에 대하여 가지는 과거 현재 미래의 성열적인 총체"라고 하였다.[19] 프랑스 혁명기에 자코뱅파가 그러하였듯이 벤담도 한 나라 국민들의 나라에 대한 정열은 보호되어야 한다고 믿었으며 이 같은 정열은 다른 나라에도 전파되어야 한다고 본 것이다. 따라서 그는 루소에서 시작된 '국민정신'을 현실적인 '국가권력'과 조화시킴으로써 자유주의적 민족주의의 기틀을 완성시켰던 사람이라 하겠다.

"국가는 개인의 행복을 보장하여 주는 필요악이다"라는 생각은 당시의 경제 질서에도 반영되었다. 자유방임주의 경제 질서를 바탕으로 신성불가침의 재산권을 지난 중산계급들이 대두하여, 이들은 향상된 생산력에 따른 공급 증가를 충족시켜 줄만한 새로운 시장에 대한 욕구를 느끼게 되었다. 그들은 세계 무역이 세계 평화를 보장한다는 기치 아래 다른 나라를 상품시장화하기에 혈안이 되었으며 이 같은 경제적 목적을 이루기 위하여 다른 나라의 '국민'들도 그들의 경제 질서에 따라주기를 원하였다. 즉 그들은 여러 민족의 독립과 다양성에 대한 무조건적 승인[20]을 하기에 이르렀으며 유럽의 '국민주의'가 대외적으로 전파될 수 있는 계기를 마련하였다. 따라서 자유방임주의라는 경제 질서는 정치적으로 성숙하였던 국민주의의 산물이었을 뿐 아니라 국민주의를 유럽 외로 전파할 수 있는 상황적 요인으로도 작용하였던 바, 이는 자코뱅파와 그 외 자유주의 민족주의자들이 열망하였던 그대로를 실현시킨 것이었다.

18세기 계몽주의 사상가들에 의하여 주창되었던 '국민의식'의 확립은 개인의 가치에 대한 혁명적 전환점을 이루게 하였다. 개인의 자유와 행복이 최선의 가치라고 믿는 자유주의 사상은 절대 왕권으로부터의 해방, 자유로운 국민국가의 건설 등의 실천적 목표를 지니게 되었으며 그 결과로

---

19) 진덕규, 앞의 책, p. 135.

20) E. H. Carr, *Nationalism and After* (New York: Macmillan, 1945), p. 13.

서 프랑스 혁명과 미국의 독립전쟁 등이 초래되었다. 이는 혈통, 언어, 관습 등의 전통적 종족개념에도 크게 영향을 미쳐서 '종족'을 중심으로 한 국가보다도 '국민'이 주체가 된 국가의 중요성을 강조하게 되었다. 이처럼 자유주의의 정치적 경제적 상황요인들이 '종족주의'의 '국민주의화'를 가능하게 하였으며, 이러한 가운데 근대적 내셔널리즘의 형성을 보게 된 것이다.

3. 제국주의와 국가주의

자유주의를 근간으로 한 '국민주의'가 유럽의 정치적 상황에 주로 의존하여 형성되었으며 유럽인들의 경제팽창적 욕구를 충족시켜 주는 수단으로 사용되었다면, 이러한 유럽인들의 경제적 팽창 욕구에서 비롯된 식민 제국주의는 경제적 상황에서 형성되어 정치적으로 확산되었으므로 형성과 성숙 과정에서 서로 반대의 절차를 거쳤다고 볼 수 있다. 19세기의 산업은 서부 유럽의 몇몇 강대국에 집중되었으며 이들 강대국들이 나머지 세계에 공산품을 공급하고, 거기서 식량과 원료를 수입하였다. 자유주의적 경제 사조가 내거는 '국민주의'의 확산 과정에서 비롯된 이 같은 현상은 필연적으로 시장에 대한 몇몇 강대국들, 특히 영국과 프랑스의 갈등을 불러 일으켰으며 뒤늦게 산업화를 추진한 독일이 이에 가담하였다. 본래 '국민적 민족주의자'들이 열망한 것은 '자유'와 '평등'의 국민적 가치를 전파하는 정치적 욕구임에 반해서 구체적 실천 방법으로 채택된 경제적 팽창 정책은 강대국들 간에 '경제적 민족주의'[21]라는 새로운 가치를 추구하

---

21) Carlton Hayes, 앞의 책, p. 83. 이에 관한 논의는 그의 또 다른 저서인 *Historical Evolution of Modern Nationalism* (New York: Smith, 1931)의 27장에서 상세하게 전개된다.

게 하였다. 이 같은 경향은 유럽 내외의 후발 산업 국가들로 하여금 산업
화된 강대국을 모델로 국가의 번영과 힘을 기르려는 욕망을 증긴시켰고
급기야는 '국가의 팽창'이 '국민'의 지선의 가치로 여겨지는 '국가주의'의
대두를 가져오게 하였다. 이처럼 1870년대에서 제1차 세계대전에 이르는
기간 동안에 산업화로 인하여 '국가주의'가 강화되고 민족적 제국주의가
유별나게 격발되었다.[22]

　헤이즈는 이 시기 제국주의의 등장에 관하여 '근본적으로 제국주의는
하나의 국가주의적(Nationalistic) 현상이었다'고 단정하고 제국주의적 사
조 속에서 나타나는 종교적 소수파, 국민적 소수파, 인종적 소수파에 대한
불관용(Intolerance)이 횡행하게 되었음을 지적하고 있다.[23] 이는 제국주
의가 국가주의를 기반으로 성립되었다는 사실 이외에도 첫째, 국가주의
의 근저에 흐르는 민족주의의 고전적 가치, 즉 인종(race)과 종교 그리고
혈통의 중요성이 재강조되었으며, 둘째, 소속집단으로서의 '국가' 즉 국적
(nationality)이 중요시됨으로써 내셔널리즘의 주류가 계몽적 '국민주의'에
서 배타적 '국가주의'로 완전히 이양되었음을 의미한다. 이 시기 내셔널리
즘의 성격에 대한 안소니 스미스의 다음과 같은 분석은 이 점을 더욱 심
도 있게 나타내 준다.

　　이러한 인종적 분리주의(ethnic sectionalism)가 모든 내셔널리즘과 고전적
　　표현양식의 결정체이자 시금석이라고 간주되는 한, 이 같은 내셔널리즘이
　　19세기에 팽창을 거듭함에 따라 단 한 가지의 국가목표를 형성하게 되었음
　　을 명심해야 한다. … 새로운 제국주의적 내셔널리즘은 세계적인 중요성을
　　지니고 있었는데 특히 1870년 이후에, 외국의 미개한 인종들을 병합하고

---

22) Carlton Hayes, *Nationalism: A Religion*, p. 94.
23) 위의 책, pp. 94-115.

교육시켜 서구화의 단계를 거침으로서 이들이 범세계적 국가의 시민이 될 수 있도록 한다는 제국주의적 열망은 곧 몇몇 유럽 국가들의 열광적인 지지를 얻게 되었다.[24]

안소니 스미스의 설명에서 몇 가지 중요한 의미를 찾을 수 있는데, 첫째, 당시의 국가주의가 추구하였던 인종적 분리주의는 제국주의를 실현하기 위한 정치적 기반을 구축시키려는 목적에서 시행되었다는 점이다. 제국주의는 본래 경제적 팽창 욕구에서 시작되었으나 확산의 범위가 커짐에 따라 제국주의적 힘의 주체, 즉 국가적 요소에 대한 동일성(identity)을 강조해야 할 필요가 생겼다. 강한 국가의 '국민됨'은 다른 여타 국가의 그것에 비하여 강렬한 자부심을 지니게 하였으며 이것이 제국주의적 국가주의를 정당하게 여기는 정치적 여건을 마련해 주는 것이다.

둘째로, 국가적 요소에 대한 동일체성의 강조는 이질적인 것에 대한 배척으로 나타나게 되었으며, 이에 따라 혈통, 언어, 종교 등 전통적 종족주의에서 중요시하던 가치 기준들이 또다시 배타적으로 등장하게 되었음을 설명한다. 그는 프랑스와 러시아가 그들의 식민지에서 자국에 협조적인 식민지 엘리트들에게 열광적으로 자국 언어와 역사를 교육시키고 자국의 문화체계에 동화하도록 애쓴 점을 지적하면서 제국주의적 국가주의가 자기모순적(self-contradictory)인 것이라고 말하고 있다.[25] '이 같은 자기모순은 '국가주의'에서 추구하였던 인종 분리, 혈통, 언어, 종교의 동일성 등이 실제로는 국가세력의 팽창을 위한 수단이었음에서 비롯되는 것이다. 따라서 본질적으로 '국가주의'의 목표는 제국주의적 세력 팽창에 있었던

---

24) A. D. Smith, *Nationalism in the Twenties Century* (Oxford: Matin Robertson, 1979), pp. 9-10.
25) A. D. Smith, 앞의 책, p. 10.

것으로 볼 수 있다.

스미스의 실명에서 유추되는 '국가주의'의 또 다른 특징은 경쟁과 갈등이다. 범세계적 시민의 육성이라는 제국주의의 표면적 목표는 이를 추구하는 국가가 늘어감에 따라 점차 사라지게 된다. 몇몇 유럽 국가들과 후발 산업 국가들이 경쟁적으로 제국주의적 팽창 대열에 참여함에 따라 이들 사이에는 필연적으로 세력 갈등이 일어나게 되고 이 같은 강대국들 간의 세력 갈등과 국가이익을 보호하려는 약소국을 산의 널방이 안네 녕겨 제1차 세계대전이 유발되었던 것이다.

유럽에서 '국민주의'가 '국가주의'로 전환되는 과정은 비스마르크 시대의 독일에서 전형적인 일례를 찾아볼 수 있다. 1848년의 혁명이 실패로 끝나자 독일은 '통일,' '자유,' '힘'(Einheit, Freiheit, Macht)의 고전적 슬로건에서 '자유'를 상실하게 되었다. 민족회의 대표단이 빌헤름 4세를 황제로 추대하여, 전제 군주제를 독일의 지도체제로 선택함으로서 자유주의적 국민주의는 패배를 맛보아야만 하였다. 1862년 프러시아의 새로운 재상으로 등장한 비스마르크는 10년에 걸쳐 수행된 3개의 전쟁(덴마크, 오스트리아, 프랑스와의 전쟁)에 적극 참여하였고 절대적 권위주의 체제와 군국주의를 바탕으로 하는 독일 제국을 완성시켰다. 그러나 비스마르크의 통일정책이 당시 독일 민족주의자들이 생각하였던 것처럼 범독일주의에 근거한 것은 아니었다. 비스마르크는 본래 독일어를 사용하는 게르만 민족에 대한 애착과 정열보다도 프러시아 지방에 대한 열렬한 애국심에 젖어 있었던 사람이었다.[26] 따라서 그의 통일 정책은 강력한 프러시아 제국의 건설이라는 목표를 위해 시행된 것이었으며 그것이 당시 독일민족주의자들이 열망하던 '통일'의 목표와 일치하였던 것이다. 이런 관점에서 그의

---

26) Louis Snyder, *Varieties of Nationalism: A Comparative Study* (Hinsdale: Dryden, 1976), p. 92.

통일 정책은 '독일 내의 프러시아가 아니라 프러시아 제국 내의 독일'의 형성을 목표로 하였다고 볼 것이다. 이는 비스마르크가 1866년 오스트리아를 독일 연방에서 제거시킴으로써 더욱 명백해지게 되었다. 실제로 독일 통일 과정에서 그는 독일인들로부터 자유를 유보하고 강력한 전체주의적 군국주의를 인정토록 하는 가장 효율적인 수단이 민족적 통일이라는 열망에 호소하는 것임을 깨닫게 되었고 전통적 민족주의자들이 내거는 바를 자신의 정책 목표 속에 끌어들인 것이다. 이런 관점에서 그는 민족주의자라기보다는 민족주의의 조종자(manipulator of nationalism)[27]라고 할 수 있겠다.

비스마르크는 독일 제국의 형성 단계에 있어서는 범독일주의의 제국주의적 목표를 견지하지 않았기 때문에 해외 제국 건설에는 반대하였다. 그러나 강력한 힘을 바탕으로 하는 독일 제국이 구축된 후 막대한 경제적 이권을 얻을 수 있는 해외 제국에 관심을 쏟게 된 것은 당시 유럽의 정세에 비추어 당연한 귀결이었다. 그리하여 1880년대 중엽 그는 서아프리카에 있는 토고랜드와 카메룬, 서남아프리카와 동아프리카의 광대한 지역, 뉴기니아의 말레이섬 일부, 그리고 비스마르크 군도라고 불리는 태평양의 한 군도를 포함한 광대한 독일 판도를 창설하였다.[28]

유럽에서 내셔널리즘의 주류가 제국주의를 근간으로 하는 '국가주의'로 형성되어 가는 과정에서 '자유,' '평등'을 바탕으로 하는 '국민주의' 정신은 점차 퇴조하게 되었다. 영토 확장과 경제적 이권 획득이라는 '팽창'을 목표로 하는 제국주의는 무엇보다도 행동 주체로서 '국가'를 강조해야 할 필요가 생겼고, 국가의 이익이 개인의 이익에 우선하는 전체주의적 성

---

27) Louis Snyder, 앞의 책, pp. 92-94. 그는 여기서 비스마르크의 프러시아 민족주의의 결과로서 독일민족주의가 생성되었다고 본다.

28) Carton Hayes, 앞의 책, p. 95.

향 속에 전 유럽이 휘말리게 되었다. 이러한 제국주의적 팽창 정책은 식민지의 주민들로부터 격심한 반발을 불러일으켰으며, 식민지의 저항민족주의를 형성하게 하는 직접적 원인이 되었다. 자유주의적 국민주의에서 말하는 '범세계적 시민'의 형성은 한낱 지난 세대의 유물이 되었고, 이제 강대국들과 약소국들 간의 배타적 민족주의는 서로의 존립을 위하여 심각한 갈등을 겪어야 했다. 이러한 갈등 과정에서 약소국들의 저항민족주의가[29] 형성된 것이다.

4. 반식민주의와 민족주의

제국주의의 팽창 정책은 광대한 식민제국 건설에로의 역사적 상황을 낳게 하였고 식민지역의 전근대화된 주민들에게 국가의 독립과 민족의 자결이라는 근대적 과제를 인식하게 한 동인이 되었다. 이런 맥락에서 본다면 유럽의 제국주의적 '국가주의'와 아시아, 아프리카 여러 나라의 저항적 '민족주의'는 서로 인과의 관계에 놓이게 된다. 이 현상은 내셔널리즘이 유럽 외로 확산되어가는 과정에서 발생한 것으로서 19세기 말, 유럽을 풍미하였던 국가주의적 식민지 건설에 대항하였던 약소국들의 독립운동과 여기서 표출된 민족의식에서 파악이 가능하다고 볼 것이다. 그러나 식민지 약소국들의 저항적 민족주의는 그들의 독특한 정치적 변수들에 의하여 형성되고 전개되었으므로 유럽의 내셔널리즘을 보는 시각과 다른 그 무엇을 지니고 있다고 하겠다. 내셔널리즘이 어느 특정한 역사 단계에

---

29) '한민족 또는 국가가 타민족 또는 타국가의 침범을 배격하고 자기민족의 동질성과 국가주권, 독립, 자결권을 가지려고 노력하는 것.' 안병준, "민족주의와 한반도," 『국제정치논총』, 제13집 (서울: 한국국제정치학회, 1983), p. 29.

서 지적 사회적 요인의 성장의 산물[30]임과 동시에 제국주의와 국가주의가 그러했던 것처럼 특정한 정치 상황이 빚어내는 명백한 정치 현상[31]이기도 한 때문이다.

이처럼 식민제국주의적 '국가주의'와 저항주의적 '민족주의'는 하나의 연관된 역사성 속에서 파악될 수 있으면서도 제각기는 독특한 정치적 여건 속에서 성립된 것이다. 이들 양자를 비교 설명하는 것은 거의 모든 민족주의 연구가들에게 주어진 과제였다. 플라메나츠(John Plamenatz)는 역사적 문화적 이질성 속에서 성립된 서구와 동구(Western and Eastern)의 민족주의는 그 성립 과정과 성격 면에서 전혀 이질적인 성향을 보인다고 설명한다.[32] 그는 내셔널리즘을 "한 나라의 민족적 문화적 동질성이 위협받을 때 이를 지키려는 국민의 욕망, 혹은 이 같은 동질성이 부적당하거나 모자랄 때 새로운 것으로 변화시키거나 창조하려는 욕망"[33]이라고 정의하고 민족주의 자체가 사회변동에 따라 내용을 달리할 수 있는 유동성을 지녔다고 보고 있다.

에머슨(Rupert Emerson)은 내셔널리즘의 기본 이념이 서구에서 비서구 지역으로 확산되었다고 전제하고, 서구의 내셔널리즘-국가주의-이 비서구 지역에 유입될 때 제국주의적 침탈이라는 정책목표의 효과적 달성을 위하여 이 지역에 근대화를 유도하였다고 한다. 그는 이 같은 과정 속에서 비서구 지역에 근대적 시민의식이 형성되었으며, 이렇게 형성된 식민

---

30) Hans Kohn, 앞의 책, p. 6.

31) 내셔널리즘을 경제, 사회, 문화, 사상이 복합된 '정치현상'으로 파악한 예로는 Eugene Kamenka, "Political Nationalism: The Evolution of the Idea," in Eugene Kamenka (ed.), *Nationalism: The Nature and Evolution of an Idea* (London: William Clowes and Sons, 1976), pp. 3-20을 볼 것.

32) John Plamenatz, "Two Types of Nationalism," in Eugene Kamenka (ed.), 앞의 책, pp. 25-36.

33) 같은 책, p. 23.

지의 엘리트들은 온건적 개량파와 급진적 개혁파로 나뉘어 정치적 독립과 경제적 자립을 추구하게 되었다는 것이다.[34]

내셔널리즘을 서구형과 비서구형으로 이분법적으로 구분한 대표적인 사람은 한스 콘이다. 그는 내셔널리즘의 형성 기원, 역사적 동기, 특성, 그리고 전개과정의 네 가지 기준으로 이들 양자를 구분하였는데[35] 서구형 내셔널리즘이 민족국가라는 국가 조직을 형성하는 과정에서 등장한 반면, 비서구형 내셔널리즘은 민족국가라는 국가 조직이 형성된 이후에 서구로부터 사상적 영향이 흘러들어오면서 성립되었다고 보고 있다. 그는 덧붙여서 비서구 사회에 내셔널리즘은 기존의 국가 체제와 국제 질서에 대한 저항에서 형성되었으며, 처음에는 문화적 측면에서 시작되어 정치적 측면으로 그 성격을 전환하게 되었다고 말한다.[36]

서구민족주의 즉 서구의 제국주의적 국가주의에 대항하여 나타난 약소국의 민족주의를 설명함에 있어, 아시아와 아프리카의 민족주의 성격을 구분하여 설명한 사람으로서 슈나이더(Louis Snyder)를 들 수 있다.[37] 그는 아프리카의 민족주의는 부족에 대한 충성심과 열망의 수준을 벗어나지 못하는 종족주의에 머물고 있다고 보았으며, 이것이 제국주의적 국가주의와의 갈등, 그리고 내부적 근대화의 욕구 사이에서 생기는 갈등을 콩

---

34) Rupert Emerson, *From Empire to Nation: The Rise to Self-Assertion of Asian and African Peoples* (Boston: Beacon Press, 1962), pp. 188-209.

35) Louis Snyder, 앞의 책, pp. 29-32.

36) 그의 이분법적 발상은 그의 저서 여러 곳에서 나타난다. *The Idea of Nationalism* p. 329, p. 349. *The Twenties Century: A Midway Account of the Western World* (New York: Macmillan, 1949), pp. 19-22.

37) Louis Snyder, 앞의 책, pp. 170-79. 아시아, 아프리카 민족주 성격을 구분하여 설명하려는 시도는 다음의 경우에도 보인다. Rupert Emerson, *From Empire to Nation: The Rise to Self-Assertion of Asian and African Peoples* (Boston: Beacon Press, 1962). Hugh Seton-Watson, *Nations and States: An Inquiry into the Origins of Nations and the Politics of Nationalism* (Boulder: Westview, 1977).

고와 나이지리아의 예를 들어 설명한다. 그리고 경제 사회 문화 종교 심리적 측면이라는 다섯 개의 기준을 설정하여 이를 중심으로 서구의 '내셔널리즘'과 아시아의 민족주의를 비교 설명하면서, 계급 구조적 측면에서 본 사회적 요소와 공동 문화에 대한 신념으로서의 문화적 요소에 있어서는 이들 양자가 유사한 경향을 보여주고 있음을 지적한다. 그는 덧붙여서 여타 상황의 이질성으로 인하여 아시아의 민족주의는 고도의 정치적 목적-독립주권의 획득-밑에서 시작되었다고 말한다.[38]

한편 안소니 스미스는 신생 제국에서 나타난 민족주의적 경향을 ① 민족주의의 이념적 지향목표의 강도, ② 민족주의 과제와 목표의 성공 여부의 두 가지 기준에 따라 분류되는 6개의 유형 속에서 이해가 가능하다고 보고 있다.[39] 그 지향 목표의 강도에 따라 분류되는 원시형·발전형의 두 단계에서 원시형 민족주의를 결정짓는 기준으로 ① 외국에 대한 단순한 저항, ② 초기의 분산운동 ③ 반식민지적이며, 메시아적인 복고운동의 수준을 들고 있으며 다시 ① 독립의 성취와 유지, ② 민족주의가 이데올로기적 차원의 정책 지향에 반영되는지의 여부에 따라 성공, 실패, 진행 중의 3개 단계로 나누어 설명한다. 그는 신생국의 민족주의가 원시형에서 발전형으로 지향하려는 궁극적 규범성을 지니고 있으며 이중 가장 시급한 과제는 정치적 독립과 민족문화의 확립이라고 지적한다.

이상에서 살펴본 대로 식민지 국가들의 민족주의에 관한 여러 학자들의 논의에서 발견되는 특징은 다음의 몇 가지로 정리해 볼 수 있을 것 같다.

먼저 식민지 국가의 민족주의는 기존하던 종족주의, 애국심 등이 서구의 제국주의적 '국가주의'가 미친 충격에 대한 반발로서 성립되었다는 점

---

38) 위의 책, pp. 189-191.

39) Anthony D. Smith, *Theories of Nationalism* (London: Duckworth, 1971), pp. 210-215.

이다. 정치적 독립성을 지닌 '시민권'이 형성되지 못한 전근대적 국가 체제를 유지하던 식민지 국가들은 '근대화'라는 명복으로 자행된 문화적 정치적 경제적인 제국주의의 침략에 대항하여 국가의 주권과 정치적 독립을 요구하게 되었고 이것이 그들로 하여금 '민족주의'를 형성케 한 근간이 되었다는 것이다. 여기서 초기에는 외국인에 대한 단순한 혐오, 아문화(we-culture)에 대한 본능적 애착 등의 종족 중심적 가치들이 민족주의의 주류로 작용했지만, 서구문화와의 접촉이 증가됨에 따라 근대적 시민의식의 배양과 생산구조체제의 정비를 통한 근대화의 필요성을 깨닫게 되었고 이에 따라 신생 약소국들의 민족주의는 국민주의의 성립과 국가주의에 대한 반발 그리고 전통적 종족주의에 대한 애착이 공존하는 복합적인 구조를 띠게 되었음을 간과해서는 안 된다는 것이다.

한편 식민지 국가들의 민족주의는 고도의 정치적 운동의 성격을 지니고 있음을 주목하게 된다. 이들의 민족주의가 제국주의적 국가주의의 침략에 대한 저항에서 출발하였으므로 이들의 일차적 목표는 정치적 독립에 있었다. 그리고 폭력 혹은 비폭력의 어떠한 형태로든, 정치적 독립을 얻기 위한 집단적 행위가 취해졌다. 그들이 정치적 독립을 얻기 위하여 싸우는 대상은 제국주의 국가들이었으며, 독립의 열망에 대한 제국주의 국가들의 반응에 따라서 정치적 운동의 형태도 비폭력에서 폭력으로, 혹은 사회주의나 공산주의와 같은 과격한 이데올로기와의 결합으로 변화되었던 것이다.

끝으로 '국가주의'와 '민족주의'의 대립·투쟁 과정에서 형성된 국제질서는 세계를 몇 개의 세력권으로 분리시켜 놓았고, 식민 약소국들이 정치적 독립을 쟁취한 이후에도 이 같은 세력권과의 조화라는 또 다른 과제를 갖게 되었다는 점이다. 정치적으로 독립된 신생 약소국들은 동 서 이데올로기의 갈등 과정에서 스스로를 어느 한편에 조화시키거나 혹은 또 다른 세력권을 형성함으로써 이에 대항하고 있다. 정치적 독립과 함께 경제적 자립과 문화적 동일성(identity)을 확립하려는 이들의 노력은 또 다른 민족주의적 갈등의 시기를 예언하게 한다. 아직까지 '국가주의'와 '민족주의'의 투쟁은 세계 곳곳에서 행해지고 있으며 '민족주의'와 '민족주의'의 갈등 또한 적지 않은 것이다.

5. 문화적 민족주의와 사회적 통합

강대국들의 제국주의적 국가주의의 침투 과정에 대항하여 나타난 식민지 약소국들의 저항적 민족주의는 그들이 정치적 독립을 얻고 난 이후에도, 강대국 중심으로 짜인 국제질서 속에서 스스로의 생존을 위하여 자민족을 중심으로 한 가치 체계를 필요로 하였다. 동서 이데올로기를 중심으로 하는 강대국 중심의 국세질서는 이들 식민지 약소국들의 역사 속에서 형성된 전통적 민족 감정과 대치되는 경우가 많았으며, 대내적인 근대화의 과제와 대외적인 자주독립의 과제가 해결되지 않은 채로 강대국 중심의 국제질서에 참여해야만 하는 식민지 약소국의 입장에서 그들 사회가 지향해야 할 궁극적 목표를 정립하는 것은 무엇보다도 시급한 과제가 아닐 수 없었다. 민족주의는 식민지 약소국의 이러한 욕망에 가장 어울리는 가치이념이었다. 따라서 민족주의는 더 이싱 '국가주의'에 대한 정치적 저항의 차원에 머무르지 않았으며, 식민지 약소국의 정치·경제·시회·문화의 모든 분야에 걸쳐 바람직한 이상을 제시하는 종교적, 신화적 힘을 지닌 총체적 이데올로기의 성격을 지니게 되었다.

민족주의가 사회 전체를 이끌어 가는 지도 이념으로 자리를 굳히게 되자 이 문제에 관한 논의도 비단 역사적 관점에서 뿐 아니라 사회구조적 측면에서 현실적으로 다루어져야 할 필요성이 부각되었다. 카우츠키는 첫째, 1950년내의 많은 신생국들이 단순히 양극체제의 산물로서가 아니라, 각개 사회가 지닌 독특한 민족주의 성향의 결과로 발생되었다는 점, 둘째, 양극체제의 제국주의적 성향에 대항하여 출현한 소위 제3세계의 중립 노선이 국제정치적으로 나타난 민족주의의 자기표현이었던 점, 셋째, 1950년대 말과 1960년대에 시작된 근대화의 성격은 각 사회의 민족주의의 관점에서 이해되어야 한다는 점 등을 들어 민족주의가 현대 사회과학의 주된 연구 대상이 되었다고 지적하고 있다.[40]

서구 내셔널리즘의 규범적인 보편 논리는 이들 신생 약소국의 민족주의를 분석함에 있어서 설득력을 상실하게 되어 사회발전론의 분야에서도 서구의 정통적(Orthodox) 이론 체계에 대항하는 여러 가지 급진적인 이론들이 대두되고 있다.[41] 그러나 신생 약소국들의 민족주의를 포괄적으로 설명하고 그들이 추구할 이념적 목표를 단일화시키는 이론의 성립은 대단히 어려운 과제로 인식되어 왔다. 각국의 이질적인 정치 환경 속에서 추구되는 민족주의의 대내외적 정책 목표가 서로 같을 수 없기 때문이다. 유럽의 '국민주의'나 '국가주의'는 유럽이라는 제한된 환경 속에서 보편적으로 작용하던 전반적 시대 사조의 산물로 생성된 것이지만, 현대 국제 정치질서 속에서 보편적인 지배 논리를 발견할 수 없고-힘과 갈등의 지배논리는 핵무기의 엄청난 파괴력으로 민족주의를 포함한 모든 것의 파국을 초래한다-각 국가의 정치 환경조차도 급격하게 미묘한 변화를 보이기 때문에 각 나라의 민족주의에서 일관된 보편성을 발견하기가 어려워진다. 따라서 이제 현대 사회의 민족주의는 각 민족이 처한 환경에 따라

---

40) John Kantsky, *Political Change in Underdeveloped Countries: Nationalism and Communism* (New York: Wilky 1962), pp. 23-36.

41) 이 중 대표적인 것이 Latin America의 정치 경제 현실을 대상으로 전개된 종속이론이다.

다양한 목표를 지니게 되었다.

긴장과 대립의 국제질서 속에서 지도의 국경선이 엄연한 의미를 지니는 가운데, 세계 각국은 그들의 국가 목표인 근대화, 통일, 자립, 번영-각국은 이들 중 하나 혹은 그 이상의 국가 목표를 가질 것이다-에 다다를 수 있는 민족적 결속력을 필요로 하게 되었다. 이 같은 민족적 결속력은 '평화를 염두에 둔 민족주의의 갈등'이라는 전제 하에 성립되어야 하고 이를 만족시켜 줄만한 민족주의의 개념틀로서 문화적 민족주의를 제기할 필요가 있게 된다. 헤이즈는 일찍이 민족주의를 일컬어 일종의 종교적 태도와 유사한 인간 심리의 상태이며, 민족국가에 대한 감정적 충성심의 표현이라고 하여 이러한 충성심은 모든 사람에게 일정한 행동의 동기를 부여할 정도의 강한 심리적 성향이라고 하였다.[42] 이는 민족주의가 그 민족의 역사, 전통, 종교, 관습 등의 문화적인 것을 그 주된 내용으로 할 때 그 민족의 공통적인 가치가 더욱 뚜렷이 인식될 수 있으며, 이를 통하여 전술한 국가 목표의 달성이 가능해짐을 의미하는 것이다.

문화적 민족주의에 관한 사상사적 기반은 헤르더(Johann G. Herder)에 의해 이루어졌다. 그는 인성(人性)이 이성과 감정의 심리적 관점에서 설명될 수 있다고 보고 정신적 도덕적 정치적 이념은 이처럼 주어진 인성에서 표출되는 것으로서 근본적이고 전체적인 타당성을 갖게 된다고 보았다.[43] 그는 인간이 민족 단위의 집단을 형성함에 있어서 그 인간 집단이 놓여 있는 지역성과 기후, 그리고 이들에 의해서 조성되는 역사적인 전통에 의해 서로 구분될 수 있는 그 나름의 독특한 민족을 형성한다고 보았다. 그리고 이러한 성격들, 즉 기후, 풍토, 역사, 전통 등은 그 민족의 고유한 언어, 문자, 교육, 관습, 태도 등을 형성시켜 주며 이것이 마침내 그 민

---

42) Carlton Hayes, *Essays on Nationalism* (New York: Macmillan, 1928), p. 94.

43) 정항희, 『민족주의와 그 문제』 (서울: 선일문화사, 1983), p. 85.

족 나름의 특이성, 즉 민족성과 민족의지를 만들어주는 것으로서, 민족성과 민족의지 이 두 가지가 민족문화를 구성하는 또 다른 요소가 된다고 설명한다.[44] 그는 또한 '가장 자연스러운 국가는 무엇보다도 하나의 민족성으로 이루어진 단일 민족국가이다'라고 함으로써[45] 역사성 속에서 자연스럽게 형성된 혈연의 동질성을 강조하였다. 위에서 보이는 바와 같이 헤르더는 민족성(Nationscha rakter)과 민족의지(Nationswille)를 설명함에 있어 지극히 '자연주의적' 입장을 취하고 있다. 이는 당시 계몽사상의 주류에 영향을 받은 결과라고 생각되며 현대적 의미의 문화민족주의와 성격을 달리하는 가장 중요한 요인이 되기도 한다.

민족주의와 문화의 관련성에 관한 또 다른 고전적 해석을 제시한 사람으로 에머슨을 들 수 있다. 그는 사람이 역사를 통하여 오랫동안 함께 생활하면서 동일한 형태의 생활 방식과 사상을 교육받음으로써 점차 독특하고 명확한 동질성을 인식하게 되며 민족은 이 같은 보편적인 역사의 운명 속에서 형성되었다고 보고 있다. 그는 또한 "공동체를 형성하고 민족을 결속시켜 주는 동인으로서 민족문화를 언급하는 것은 대단히 찬양할 만한 시도지만, 민족문화와 함께 역사적 사실도 염두에 두어야 한다"[46]고 하여 역사적 사실과 이의 축적 과정에서 형성된 민족문화가 곧 민족주의를 형성하는 근간이라고 보았다. 그는 또한 민족문화는 여러 개의 지역문화(local community culture)를 유입하여 공동 문화, 공동 언어, 통합 경제 구조를 가능하게 하여 주는 민족적 동일체성(national identity)을 성립하게 하여 준다고 역설하고 있다.[47]

---

44) 진덕규, 앞의 책, pp. 130-131.

45) F. Banard, *Heder's Social and Political Thought* (London: Oxford, 1965), p. 59.

46) Rupert Emerson, 앞의 책, p. 149.

47) 위의 책, pp. 150-151.

헤르더와 에머슨은 문화를 자연적 현상으로 파악하고, 이에 따라 성립되는 문화 민족주의도 자연스러울 때 가장 이상적이라고 보았다. 그러나 겔너(Ernest Gellner)는 문화와 사회구조의 대체기능적 역할을 강조하면서 사회구조의 인위적 변화가 가능한 것처럼 문화의 창조적 생산도 가능하고 민족주의란 이러한 문화를 창출하는 기능을 수행한다고 믿었다. 겔너는 민족주의가 사회적 구조와 문화의 산물이라는 입장을 강하게 견지하였으므로 민족주의와 문화 간에 성립되는 인과관계의 인식이라는 점에서 헤르더나 에머슨과는 반대의 입장을 취한다.[48]

위에서 살펴본 문화민족주의에 대한 몇 학자들의 견해는 정태론적 입장과 사회갈등론적 입장, 그리고 사회구조론적 입장 등 서로 다른 시각에서 피력된 것이면서 그것이 기존사회의 문화적 성격 분석에 초점을 맞추고 있다는 공통점을 지니고 있다. 그러나 문화민족주의에 대한 보다 정확한 설명을 위해서는 그 사회의 권력 집중화 현상, 행정 제도의 분화와 전문화 현상, 또는 사회 유동화의 증대 등의 성격을 찾는 것이 민족주의의 대두에 대한 원인 규명이 될 수 있다고 생각된다.[49] 이와 같은 견지에서 민족주의에 관한 사회동태적 분석을 시도한 사람으로 카알 도이취(Karl W. Deutsch)를 들 수 있다. 도이취는 민족성(nationality)을 "중산층 혹은 하층계급의 개개인들이 그 사회의 중심부 또는 지도적인 사회 계층들과 연관을 맺으려는 통합의 성향"[50]으로 설명한다. 여기서 중심부란 사회의 정치권력과 경제적 부를 점유하는 계층으로서 그들의 문화가 확산하여 이

---

48) 겔너의 문화민족주의에 관해서는 Ernest Gellner, *Thought and Change* (London: Weidenfeldand Nicolson, 1964), 7장을 볼 것.

49) Edward Shils, "Primordial, Personal, Sacred and Civil Ties," *British Journal of Sociology*, Ⅷ (June, 1957), pp. 130-145.

50) Karl W. Deutsch, *Nationalism and Social Communication* (Boston: MIT Press, 1966), p. 86.

질적 문화를 보유하는 여타 집단을 통합하면서 민족성을 생성시킨다는 것이다. 그는 공동체의 문화적 동화 과정은 커뮤니케이션을 통해 가능하다고 보았는데 정보의 흐름으로서 커뮤니케이션의 성격과 정도는 계량적으로 나타낼 수 있다고 하였다. 즉 인구의 수와 성격, 그리고 그 인구 집단의 유동성을 통해서 정보의 흐름을 측정할 수 있고 이 같은 과정은 공동체의 문화적 성격을 객관적으로 규명할 뿐 아니라 공동체가 지향하는 문화의 미래상을 예측할 수 있다고 보는 것이다.

도이취의 이러한 인식 방법은 민족주의 성격을 객관화하려는 목적에 치우친 나머지 민족주의가 지닌 문화적 속성의 일면만을 강조한 듯한 느낌이 없지 않다. 그러나 문화를 집단적 통합과정의 산물로서 이해하는 그의 인식은 문화에 대하여 숙명적 절대성을 부여하고 인간 의지에 의한 문화의 창조를 부인하여 왔던 자연주의 문화이론가들에 대한 혁신적 반론이 아닐 수 없다. 즉 민족문화의 불변성을 통합 개념을 사용하여 보다 융통성 있는 가변성의 단계로 끌어 올린 것이다. 그와 함께 민족문화에 대한 사회동태론적 분석의 기틀을 제공하였다는 점에서도 그의 이론은 높이 평가받을 수 있다고 보인다.

여기서 보다 중요한 문제는 민족문화의 실체를 무엇으로 보느냐의 문제이다. 이를 규명하기 위해서는 민족문화의 내용을 구성하는 요소들에 대한 고찰과 그것들이 전반적 문화체계와 맺는 관계를 고찰해야 할 것이다. 이에 관해서는 다음 장의 문화적 공동체에서 다시 언급이 되겠거니와 문화적 민족주의는 공동체가 민족공동체로 발전하기 위한 이념적 기반이 된다는 사실을 미리 밝혀두고자 한다. 이제까지는 민족국가의 지배이데올로기로서 내셔널리즘의 변천 과정을 설명하였고 사회적 통합의 인식틀로서 문화적 민족주의를 고찰하였지만, 다음 장에서는 사회적 통합의 주체로서 공동체론을 살펴볼 것이다.

3. 공동체를 보는 두 가지 시각

공동체를 표징하는 영어의 'community' 란 단어는 경우에 따라서 '지역사회'를 의미하기도 하여, 중앙정부에 특수한 지방이익을 투입하는 지방 주민들의 집단을 일컫는 말로 사용된다. 그래서 'communal society' 즉 공동사회도 공동체와 같은 의미로 사용되는 예를 흔히 볼 수 있다. 내셔널리즘이 학문의 한 영역으로 등장하였던 초기에는 역사학자들이 주로 그것을 다루었던 것처럼 초기의 공동체 이론은 주로 신학자들의 관심거리였고, 뒤이어 사회학자들이 사회구조의 전반적 조직체로서 공동체론을 연구하게 되었다. 공동체론이 사회과학자의 연구과제로 부각된 후 이에 대한 연구는 공동체의 실체를 무엇으로 보느냐의 문제에 따라 몇 가지 시각으로 나뉘어 진행되어 왔다.

우선 공동체를 '합법적으로 설정된 시 지역의 거주민 집단'[51]으로 보고 보다 상위의 국가, 혹은 중앙 정부에 대한 이들의 태도, 권력 구조, 징책결정과정과 특성 등을 밝히는 데 관심을 기울이는 지역사회 권력(Community Power)론의 연구를 들 수 있다. 폴스비(Nelson W. Polsby),[52] 헌터(Floyd Hunter),[53] 콜맨(James Coleman)[54]의 연구가 대표적인 것으로서 주로 지역사회의 권력구조, 지역사회의 형성과 해체 과정 그리고 지역사회 발전의 문제를 다루고 있다.

---

51) Nelson W. Polsby, "Community," in David Sills (ed.) *International Encyclopedia of Social Science* Vol. 3 (New York: Macmillan, 1968), p. 157.

52) Nelson W. Polsby, *Community Power and Political Theory* (New Heaven: Yale University Press, 1963). 이 책에서 그는 달(Robert Dahl)의 사회분화이론을 미국의 지역사회에 적용하여 검증하였다.

53) Floyd Hunter, *Community Power Structure: A Study of Decision Makers* (Chapel Hill: University of North Carolina Press, 1953).

54) James Coleman, *Community Conflict* (Glencoe: Free Press, 1957).

둘째는 도이취와 하스로 대표되는 통합이론가들의 공동체론을 들 수 있다. 도이취는 그리스 도시국가 이래 현대까지의 모든 국가를 정치적 공동체로 보고[55] 이들의 역사적 발전과정에 대한 고찰을 시도하였다. 그는 '갈등과 지배의 원리' 대신, '평화와 안전의 원리'가 지배하는 '초국가적 공동체'(Supranational Community)의 실현을 위한 '공동체의 통합과 교류' (Integration and Transaction)[56]의 상호작용을 중시하였다. 한편 하스(Ernst Hass)는 유럽의 통합 기구가 설립되는 과정을 단계적으로 고찰하면서 각 단계의 성격이 경제적 공동체에서 정치적 공동체로 발전되어 갔다고 언급한다.[57] 도이취와 하스의 경우에서 보이듯이 통합이론가들은 공동체를 기능적 측면에서 파악하고 있는데 이 경우 공동체는 하위 기능에서 상위 기능으로 단계적 발전이 가능하다고 인식한다.

세 번째로 사회심리학적 측면에서 공동체론을 연구한 학자들을 들 수 있다. 이들은 공동체 내의 사람들이 공유하고 있는 동질적 가치관을 무엇보다 중요한 공동체의 형성요인으로 간주하고 종교, 국가의지, 민족의식 등의 '신념체계'(Belief System)의 중요성을 강조한다.[58] 내셔널리즘을 연

---

55) Karl Deutsch, *Political Community at the International Level: Problems of Definition and Measurement* (New York: Doubleday, 1954), p. viii.

56) 앞의 책, PP. 33-45. 그는 여기서 안보공동체를 성립하기 위한 통합과정으로 ① 정치적 합방(Political Amalgamation), ② 심리적 역할분담(Psychological Role-taking), ③ 동화(Assimilation), ④ 상호의존(Mutual Interdependence), ⑤ 상호감응(Mutual Responsiveness), ⑥ 단순한 평정(Simple Pacification)의 여섯 단계를 제시한다. 그리고 어느 한 체제가 평화적으로 적응변용하기 위해 필요한 것이 주민들 간의 정치적 경제적 문화적 교류 정도라고 한다.

57) Ernst Hass, *The Uniting of Europe: Political Social and Economic Forces: 1950~1957* (Stanford: Stanford University Press, 1958). 그는 여기서 ECSC(European Coal and Steal Community)가 EEC(European Economic Community)를 거쳐 EC(Economic Council)로 형성되는 과정을 단계적으로 설명한다.

58) Sebastian de Grazia, *The Political Community: A Study of Anomie* (Chicago: The University of Chicago Press, 1963), p. 17, p. 189. 그는 신과 지도자에 대한 신념체계가 형성될 때 공동체주민들이 진정한 동포애를 느낀다고 하고, 이들 신념체계의 약화, 붕괴가 내외적 혼란(Anomie)을 초래하였다고 주장한다.

구하는 상당수의 학자들이 정치적 단위체로서 국가의 문화, 역사의 동질성을 강조할 때, '공동체'라는 용어를 즐겨 사용하였음을 볼 때[59] 이들도 역시 사회심리학적 의미로 공동체를 인식하였다고 하겠다.

이상에서 살펴본 공동체이론의 전개 과정에서, 공동체를 지역사회로 국한시켜 그것의 권력 갈등 과정을 중요시하는 경우는 민족주의와의 관련성에서 그리 중요한 시각을 제시하지 못한다. 따라서 통합이론가들의 기능적 공동체론과 민족주의 연구가들의 문화적 공동체론, 두 가지 시각을 중심으로 민족주의 형성에 관련된 공동체의 성격을 살펴보고자 한다.

1. 기능적 공동체의 시각

기능적 공동체란 지리적으로 제한된 영역 내의 주민들이 정치, 경제, 법률, 교육 등의 분야에서 통합되거나 연관된 사회체계를 유지할 때 성립된다.[60] 그리이스의 도시국가들은 안보적 기능을 목적으로 성립되었고 중국의 전제왕권 국가는 관개 용수의 효율적 지배를 위한 목적으로 성립되었다. 이 같은 의미에서 기능적 공동체는 근대 국가가 탄생하기 훨씬 이전에 이미 존재하였다. 여기서 공동체의 한 기능의 수행 과정은 또 다른 기능에의 필요성을 유발시키게 됨으로써 기능의 전이 과정을 수반하였음

---

59) Hans Kohn, *The Idea of Nationalism: A Study its Origins and Background* (New York: Macmillan, 1944), p. 58 외 여러 곳에서 문화적 공동체를 언급. Carlton Hayes, *Nationalism: A Religion* (New York: Macmillan, 1960), p. 174 외 여러 곳에서 기능적, 문화적 공동체 언급. Anthony D. S. Smith, *Nationalism in the Twenties Century* (Oxford: Martin Robertson, 1979), p. 2, p. 19 외 여러 곳에서 역사적 문화적 공동체 언급. Rupert Emerson, *From Empire to Nation* (Boston: Beacon, 1960), p. 329 외 여러 곳에서 인종, 언어, 종교, 역사적 공동체를 언급하였다.

60) Jessi Bernard, "Community Disorganization," in *International Encyclopedia of Social Science* Vol. 3 (New York: Macmillan, 1968), p. 163.

을 기억해야 한다. 이 같은 기능의 발전적 전이 과정이라는 측면에 착안하여 전개된 것이 통합이론이다.

통합이론은 기능의 전이적 통합 과정이라는 측면에서 파악할 때 사회기능의 유기적 연관성을 강조하게 된다. 이러한 사회기능의 통합은 가장 상위 기능으로서 정치적 공동체의 결성을 목적으로 한다. 그리하여 통합이론가들이 제시하는 정치적 공동체의 단계는 단순한 권력구조의 연합을 의미하는 것이 아니라, 이를 넘어서는 구성원들의 공동 신념체계의 형성까지 의미함으로써 후에 논술하게 될 문화적 공동체와의 접합점을 공유하게 된다. 즉 정치적 공동체의 복합적인 기능통합에서 문화적 공동체를 지향할 수 있는 계기가 발견되는 것이다. 그런 맥락에서 통합이론을 중심으로 각 기능적 공동체론을 고찰하기로 한다.

1) 군사적 공동체

공동체 외부로부터의 무력적 침략에 대한 방어, 혹은 스스로의 세력을 확장하기 위하여 공동체가 형성되는 경우 이를 일컬어 군사적 공동체라고 한다. 따라서 군사적 공동체는 그 결성되는 목적에 따라 방어적 혹은 공격적 성격을 지닐 수 있다. 그리스의 도시 국가 중에서 아테네는 방어적 군사공동체의 성격을, 그리고 스파르타는 공격적 군사공동체의 성격을 지닌 것으로 나타난다. 지리적으로 격리된 내륙 지방에 위치한 스파르타는 공동체의 인구가 증가함에 따라 이들의 수요를 만족시키기 위하여 해안의 다른 지역을 정복해야 할 필요성을 느껴 공격적인 군사공동체의 성격을 지니게 되었고, 비교적 평야지대에 위치하여 소수의 인구를 지닌 아테네는 이러한 스파르타의 공격으로부터 공동체를 방어하기 위한 군사적 공동체를 결성하게 된 것이다. 그 결과로 플라톤은 전쟁을 막기 위해서는 국제적 동맹이 필요하며 이것은 가맹국 사이의 적대 행위를 막고 그 밖의 국가에 대한 공동 방위를 수행할 수 있다고 주장하였다.[61]

그리스의 도시 국가들에 비하여 로마 제국은 훨씬 강력하며 공격적인 군사공동체를 형성하였다. 그들은 피정복민들에 대하여 사회적 문화적 심리적인 연대 의식을 강요하지 않았으며, 오로지 제국의 영역을 확대하는 문제에만 전력하였으므로 로마 역사에서 민중의 반란(popular uprising)은 극히 찾아보기 어렵고 제국의 안보를 담당하였던 군대와 친위대(Praetorian Guard)에 속한 장군들 간의 암투만이 존재하였을 뿐이다.[62] 로마 제국이 전 유럽과 서남아시아, 아프리카 일부 지역까지 포함하는 대판도를 이루게 되자 공동체의 성격도 군사적 공동체에서 벗어나 경제적 문화적 공동체의 성격을 지니게 되었다. 스토아 학파의 영향으로, 평등과 문명화의 사명을 제국의 목표로 설정한 로마인들은 아우구스투스 황제에 이르러 평화와 정의가 충만한 공동체의 실현을 꿈꾸게 되었다.[63] 로마 제국의 이러한 변화 과정이 근대 제국주의적 국가주의의 팽창 과성에서는 반대의 순서로 나타났음이 서양사에서 발견되는 하나의 아이러니라고 하겠다.

근대 국민국가가 설립된 이후, 서로의 세력 팽창과 안보의 보장을 위해 설립된 군사공동체는 동맹 관계를 구축함으로써 성립되었다. 제1차 세계대전 이전에 성립된 군사동맹들은 대개 비침략 조항(nonprovocation clause)을 포함하고 있어서 조약 상대국의 도발에 대한 책임을 지지 않아

61) Bertrand Russell, *A History of Western Philosophy* (Forge: Murray, 1972), pp. 8-9, pp. 106-107.

62) Karl Deutsch, *Political Community at the International Level* (New York: Doubleday, 1954), pp. 9-10.

63) Hans Kohn, *The Idea of Nationalism*, pp. 66-67.

도 되었다.[64] 삼국 동맹이나 삼국 협상이 모두 이 같은 유형의 방어적 군사공동체라 할 수 있다. 그러나 독일을 중심으로 하는 추축국들은 대전 중에 군사동맹의 성격을 공격적인 것으로 전환시켰다. 이에 대항하여 미국은 전통적인 비동맹, 혹은 고립 정책에서 탈피하여 추축국들의 군사동맹에 맞서는 방어적 군사공동체를 구축하게 되었다.

제2차 세계대전 이후 세계는 미·소 양대 세력이 팽팽하게 맞서는 긴장 속에서 이데올로기를 중심으로 한 군사 블럭을 설정하였다. 안보 (Security)의 목적으로 결성된 거대한 군사공동체는 지역별로 분화되어 북대서양 조약기구(North Atlantic Treaty organization)와 바르샤바 조약기구(Warsaw Treaty Organization)의 대립, 동남아시아 조약기구(South-East Asia Treaty Organization)의 결성 등을 가져 오게 하였다. 제2차대전 이후 쌍무간의 안보협정에 의해 미·소 양극체제에 편입된 약소국들은 대부분 동서 양 진영의 한 쪽에 편입될 운명을 지녔는데, 이때 결성된 군사공동체는 방어적, 혹은 공격적 특성보다도 세계질서의 재정립을 위한 미·소 세력권의 설정을 의미하는 것이었다. 미·소 양국은 그들의 국가이익이 교차하는 지점에 군사적 우위를 점령하려 하였고, 그 결과로 미·소 군사공동체가 대립하게 된 것이다.

군사적 공동체는 국가의 안보와 군사력 향상이라는 구체적 목표 아래 결성된 것이기 때문에 이 같은 군사적 목표가 상실된 이후에는 해체되기 쉽다. 즉 군사적 공동체의 결속력은 다른 여타의 공동체에 비하여 약한 것이며 십자군과 삼국동맹, 삼국협상의 경우, 공동체 결성의 목적이 상실되자 곧 해체되었던 것은 이를 예시해 준다고 하겠다. 1949년 결성 이후 지금까지 존속하고 있는 NATO의 경우도 그것이 순수하게 '평화와 안보

---

64) Arnold Wolfers, "Alliance," in *Encyclopedia of Social Science* Vol. 1 (New York: Macmillan, 1979), p. 269.

를 보전하기 위한 집단 방위체제'[65]라면 양국체제에 의해 긴장되는 세계 질서가 평화와 안보를 보장받을 수 있을 때 해체될 것이다. 그러나 군사적 공동체라 할지라도 결성된 이후의 확산 효과는 무시할 수 없다. 즉 공동 목표를 위해 싸운다는 심리적 결속력과 교류의 증진을 통한 동류 의식의 강화가 그것이다. 특히 이것이 방어적 군사공동체에서 이루어질 때 확산 효과는 더욱 증대된다고 볼 수 있다. 하스는 NATO의 경우에도 이것이 비록 무기와 전략을 중심으로 한 군사적 집단 방위체제이기는 하지만 참여국간에 최소한의 공통 분모를 발견하여 차이점을 극소화함으로써 공통 이익을 도모할 수 있고 따라서 공동체의 결속 효과는 이념적 경제적 사회구조적 측면에까지 미칠 수 있다고 보고 있다.[66] 하스의 이 같은 견해가 통합 과정 중의 기능 전이라는 측면을 너무 강조한 듯한 느낌이 있지만 군사적 공동체의 결성이 경제적 혹은 정치적 공동체, 나아가서 더 높은 차원의 결속력을 지닌 공동체의 계기가 될 수 있다는 개연성을 무시할 수는 없는 것이다.

단일 민족국가가 군사적 공동체로서 결속될 때 그 결속력은 절대적으로 강해질 수 있다. 외부로부터의 침략에 대한 위기의식이 기존의 동족 감정을 자극하여 민족의 일체성을 보존하려는 강렬한 열망을 불러일으키기 때문이다. 뿐만 아니라 단일 민족의 이름 아래 결성된 군사공동체는 공동체의 기능 전이 효과도 더욱 빠른 속도로 진전될 수 있다. 이를테면 공동체 안에 무징형적으로 존재하던 민족의식이 군사공동체가 결성되면서 구체적인 국가목표로 정립됨으로써 정치적 공동체의 성격을 지닐 수 있게 된다.

---

65) *North Atlantic Treaty*, April, 4, 1949, Leornard W. Doob, *Patriotism and Nationalism* (Westport: Greenwood, 1976), p. 222에서 재인용.

66) Ernst Hass, "International Integration: The European and the Universal Process," in *International Political Communities: An Anthology* (New York: Doubleday, 1966), p. 98.

도이취는 군사공동체의 개념을 따로 설정하지 않고 평화에 대한 지속적 열망, 혹은 평화로운 변화를 추구하려는 통합 과정이 진행되는 지역을 일컬어 안보공동체(Security Community)[67]라 하였다. 그의 안보공동체 개념은 위에서 언급한 군사공동체의 개념과 다른 것이지만 공동체의 기능전이라는 측면에서 군사공동체가 다른 기능을 지니게 되는 과정을 '통합'(Integration)이라는 다기능적 공동체의 수립에 비추어 설명한 것이라 볼 수 있다. 따라서 기능적 공동체를 언급할 때에는 공동체의 기능 전이의 문제를 항상 염두에 두어야 할 것이다.

2) 경제적 공동체

경제적 공동체란 생산양식, 분배형태, 상호 교환조건 등 경제적 제반 요건들을 함께 하는 지역 혹은 주민들의 집합을 의미한다. 공동체를 결속하는 여러 요인들 중 경제적 요소에 대한 강조는 주로 유물사관의 주된 입장이었으며 그들은 공동체 내의 경제적 갈등이 역사를 변동시켜 온 원동력이라고 주장한다. 한편 경제적 공동체를 보다 고차원적인 공동체의 설립에 다다르기 위한 기능적 중간 단계로 파악하고, 주로 공동체의 기능전이적 측면을 강조하는 입장은 도이취, 하스 등으로 대표되는 통합이론가들이 취하고 있다. 따라서 유물사관은 공동체 자체의 본질적 성격을 경제적 생산양식에서 찾는 반면 통합이론가들은 정치적 공동체의 이전 단계로서 경제적 공동체를 파악하였다는 차이점이 있다. 유물사관의 입장에서 공동체론을 전개한 사람으로는 마르크스(Karl Marx)가 대표적이라 할 수 있다. 그의 이론체계는 사회과학 전반에 걸쳐 많은 학자들의 관심거

---

67) Karl Deutsch, *Political Community at the International Level* (New York: Doubleday, 1954), p. 33.

리였고 논란의 대상이 되어 왔으며 사회갈등론적 입장에서 전개된 공동체론의 발생 근거가 되기도 하였다.[68] 마르크스는 경제적 생산양식이 그 사회의 정치적 문화적 지배형태를 결정지으며 생산양식의 결과로 생겨난 계급 구조와 이들 간의 갈등이 빚어낸 투쟁 과정이 인류 역사를 이끌어 온 원동력이라고 보았다. 그에 의하면 국가도 경제구조의 부산물로 생성된 것으로 경제 구조의 혁명적 변혁이 실현되면 국가의 소멸도 가능하다는 것이다. 그의 이러한 견해는 민족 국가의 경우에도 마찬가지여서 심지어는 민족적 동질감이나 민족문화까지도 경제구조의 성격에 따라 크게 좌우된다고 말한다.

> 민족적 이질감이나 반감 등이 점차 사라져 가고 있는데, 이는 부르주아지 계급의 발전, 상업의 자유, 세계시장의 형성, 그리고 무엇보다도 생산양식과 사람들의 생활 조건이 획일화되었다는 사실에 기인하고 있다.[69]

마르크스의 이 같은 견해는 공동체 결성의 본질적 요소를 경제적 생산관계에서 찾으려는 것으로서, 공동체의 심리적 동질감을 무시하고 민족의 역사성을 과소평가하였다는 비판을 면할 길 없다. 실제로 마르크스가 이 이론을 전개하였던 19세기 중반에 민족 간의 갈등이 본격화되었고, 그로부터 채 50년이 지나기 전에 민족 문제를 원인으로 한 세계 전쟁이 발발되었음을 기억해야 할 것이다.

마르크스가 모든 공동체의 본질을 경제적 관점에서 파악하러 했던 반면 그의 영향을 받은 퇴니스(Ferdinand Tönnies)는 공동체의 유형을 이

---

68) Horace M. Miner, "Community Society Continua," in *International Encyclopedia of Social Science*, Vol. 3 (New York: Macmillan, 1968), p. 175.

69) Karl Marx, Capital, *The Communist Manifesto and Other Writings* (New York: The Modern Library, 1932), p. 340.

분법적으로 설명하였다. 즉 그는 인간의 의지작용에 따라 자연의지 (Wesenwille)에 의해 결성되는 공동사회(Gemeinschaft), 그리고 이성의지 (Kürwille)에 따라 결성되는 이익사회(Geselschaft)의 개념을 설정하고 전자는 개인의 성격, 기질, 습관 등에 의해 지배되며, 후자는 목적과 수단의 갈등이라는 사고 작용에 의해 지배된다고 보았다.[70] 따라서 그는 공동체의 경제적 측면을 이익사회의 결성과정에서 나타나는 특징으로 제시한다.[71] 이런 관점에서 그의 이익사회에서 경제적 공동체의 개념을 발견할 수 있게 된다. 그에 의하면 협력과 조화를 내용으로 하는 소규모적 경제집단의 생산 활동은 공동사회의 특징이었지만 농업 생산력의 급격한 증가, 산업화와 도시화의 영향으로 갈등과 대립의 경제원칙이 작용하는 이익사회가 공동 사회를 대신하게 되었다는 것이다.[72] 그의 이러한 주장은 마르크스적 인식의 차원을 크게 벗어나지 못하는 것으로서 사회를 유형적으로 단순화하고 경제 이외의 사회기능을 무시하였다는 점에서 여러 학자의 비판을 받아 왔으나[73] 마르크스에서 발상된 경제적 공동체 개념을 정치적 공동체와 분리하여 체계화시켰다는 점에서는 평가를 받을 만하다.

경제적 공동체에 대한 또 다른 인식 방법은 통합이론가들에 의하여 제기된다. 제2차 세계대전 이후 민족국가의 대립 갈등과 이에서 파생된 대량 파괴에 대한 반발로서 많은 학자들의 관심이 '세계공동체,' '세계정부,' '하나의 세계' 등의 이상적인 공동체의 창설 문제에 이끌리게 되었고 이

---

70) Ferdinand Tönnies, *Community and Society*, Tran. and ed. by Charles P. Loomis (East Lansing: Michigan State University Press, 1957), pp. 8-12.

71) 같은 책, p. 65.

72) 같은 책, p. 231.

73) Tönnies의 양분법에 대한 비판은 Charles Loomis and Allen Beegle, *Rural Social System: A Textbook in Rural Sociology and Anthropology* (Englwood Cliffs: Prentice Hall, 1950)와 Talcott Parsons, *The Social System* (Glencoe: Free Press, 1951)을 참조할 것.

를 완성시키기 위한 단계적 실현 목표로 설정된 것이 경제적 공동체였다. 따라서 이때 출현한 경제적 공동체의 개념은 민족국가에 대한 강력한 반발에서 형성되었던 것이다.

경제적 공동체는 협조의 범위와 공동체의 결속력에 따라 몇 개의 단계적 유형으로 나누어 볼 수 있게 된다. 먼저 호혜관세 체제(Preferential Tariff System)로서 이는 당사국들 간의 관세율을 여타 국가에 비해 낮게 책정하여 경제적 교류의 증진을 도모하는 체제이다. 둘째로 자유무역 지역(Free Trade Area)의 설정으로서 모든 국가의 상품이 가장 낮은 관세율로 자유롭게 유통될 수 있도록 보장되는 상태를 말한다. 셋째로 관세협정 체제(Customs Union)로서 당사국들 간의 자유무역이 보장되는 상태이다. 넷째로 공동시장(Common Market)으로서 이는 관세협정 체제를 더욱 보강하기 위한 예비 규정 조항을 포함한 대규모의 초국가적 유통 단계를 말한다. 끝으로 화폐, 재정, 그 외에 정부의 경제 정책에 있어 통일된 체계를 유지한 경제적 연합(Economic Union)의 상태를 들 수 있다.[74]

이상은 공동체의 경제적 결속력 정도에 따라 분류된 유형이다. 그러나 경제적 공동체가 순수하게 경제적 협력만을 목적으로 존재할 수는 없다. 경제적 공동체가 자유로운 경제적 교류를 방해하는 행정적이고 재정적인 요인을 제거하는 목적을 지니고 있다면, 이 목적의 실현을 위해서 공동체는 정치적 차원의 협상과 동의를 얻어야 하기 때문이다.[75] 실제로 유럽 경제 공동체(EEC)와 남미 자유 무역 연합(Latin American Free Trade Association)의 결성과정에 있어서 유럽 석탄 철강 공동체(ECSC)와 유엔의 남미 경제분과위원회(Economic Comission for Latin America)의 정치적 기

74) Lichard G. Lipsey, "International Integration: Economic Union," in *International Encyclopedia of Social Science*, Vol. 7 (New York: Macmillan, 1968), pp. 541-542.

75) Ernst Haas, *The Uniting of Europe: Political Social and Economic Forces*, 1950~1957 (Stanford: Stanford University Press, 1958), pp. 4-6.

능이 확대되어 보다 고차원적 경제 교류를 가능하게 함으로써 위의 두 기구가 설립되었음을 고려할 때 이 사실은 더욱 명백해진다.[76] 하스와 슈미터는 이 점에 착안하여 공동체를 결성하기 위한 양 당사자들의 경제 목표의 동질성과 정치적 공약 정도를 기준으로 네 가지 유형의 공동체를 설정하였다. 여기서 경제 목표의 동질성이란 당사자들이 보다 명백하고 객관적인 공동 목표를 지니는 경우와 경제적 목표에 대한 견해의 차이를 점차 제거시켜 공동 목표에 도달하려는 경우로 나누어 전자를 경제적 동질형, 후자를 경제적 수렴형이라 하여 구별하였다. 그리고 정치적 공약은 당사자들이 정치적 공동체의 실현에 대한 열망의 정도에 따라 '강한 정치적 공약' 상태와 '약한 정치적 공약'상태로 나누었다. 따라서 여기서 파생되는 공동체의 유형은 ① 동일한 경제 목표와 강한 정치적 공약을 지닌 것, ② 수렴적 경제 목표와 강한 정치적 공약을 지닌 것, ③ 동일한 경제 목표와 약한 정치적 공약을 지닌 것, ④ 수렴적 경제 목표와 약한 정치적 공약을 지닌 것의 네 가지로 나뉘어진다. 그들은 ①, ② 두 가지 유형의 공동체는 강한 결속력을 지니고 ③은 혼합된(mixed) 형태로서 중간 정도의 결속력을 ④는 낮은 결속력을 지닌다고 말하면서 기존의 여러 공동체 기구들을 이들 유형에 귀속시키는 시도를 하였다.[77]

통합이론가, 특히 하스의 입장에서 공동체의 설립은 정치 · 경제 · 군사

---

76) EEC의 설립 과정에 대해서는 Ernst B. Haas의 위의 책과 Ernst B. Haas and Philippe C. Schmitter, "Economics and Differential Patterns of Political Integration," in *International Political Communities* (New York: Doubleday, 1966), pp. 259-299. Leon N. Lindberg, *The Political Dynamics of European Economic Integration* (Stanford: Stanford University Press, 1963)을 참조할 것. LAFTA의 설립 및 변천과정에 대해서는 Miguel S. Wionczek, "The Latin American Free Trade Association," in *International Conciliation*, No. 551 (January, 1965)와 Haas와 Schmitter의 위의 글, 그리고 LAFTA의 순수한 경제적 결속 과정에 관해서는 Bela Ballasa, *The Theory of Economic Integration* (Homewood: Richard D. Irwin, 1961)을 참조할 것. Ballasa도 LAFTA가 경제적 목표를 달성하기 위해서 몇 단계의 정치화 과정이 필요했다고 말한다.

77) Ernst Haas and Philippe C. Schmitter, 앞의 책, pp. 268-271.

의 공동 목표를 달성하려는 사람들의 의지와 이를 구체적으로 담당하는 기구의 설립에서 비롯된다. 그들은 국제적 긴장과 분쟁은 이를 기능적으로 담당하는 적절한 기구를 설립한다면 해결될 수 있다고 믿었다. 그리고 어떤 분야에서 기능적 기구의 성공적인 사례는 다른 분야의 협조를 자극하여 점진적으로 보다 고차원의 기능을 지닌 공동체를 결성할 수 있다고 믿었던 것이다. 기능주의자들의 단계적 통합과정론은 정치·경제 등의 사회기능을 명백하게 구분할 수 없다는 점에서 이론 전개의 무리가 따르고, 기능적 기구의 결성이 공동체 결성으로 이어진다는 그들의 견해가 인간을 완벽한 이성적 존재로 파악할 때에만 가능해진다는 점에서 지나치게 이상주의에 치우쳐 있다.[78] 따라서 이들의 이론은 그대로 현실정치 과정에 적용시키기에는 많은 무리가 뒤따르게 되는 것이다.

3) 정치적 공동체

정치적 공동체는 정치체계 및 과정에 대한 구성원들의 신념체계(Belief System)가 형성되면서 성립된다.[79] 여기서 정치체계는 다른 사회체계와의 관계에서 보다 포괄적 기능을 수행하고 정치과정 중에 보이는 정책결정은 사회 구조의 재편성에 큰 영향을 미친다. 이런 의미에서 정치적 공동체는 공동체의 기능적 수준이 최고점에 다다를 때 성립되는 것이다.

정치적 공동체와 사회(Society), 그리고 국가의 개념차를 여기서 발견할 수 있게 된다. '국가'가 권력의 주체와 객체들 간에 성립되는 권력 관계의

---

78) 기능주의자들의 통합이론에 관한 비판으로는 Inis L. Claude, *Swords into Plowshares: The Problems and Progress of International Organization* (New York: Random House, 1964)의 1장과 2장을 참조할 것.

79) Sebastian de Grazia, *The Political Community: A Study of Anomie* (Chicago: University of Chicago press, 1963), pp. ix-x.

제도적 단위체라면 '정치적 공동체'는 국가를 포함하여 그 구성원들이 그들의 정치권력 구조에 대한 신념체계를 공유하는 심리적 단위체이고 '사회'는 위의 양자를 포함하여, 모든 포괄적 과정이 수행되는 기능적 단위체라고 볼 것이다.[80] 이처럼 '정치적 공동체'가 제도적·법적 단위체인 '국가'의 한정된 의미를 초월하고 막연하게 '사회'로 지칭할 때 생기는 기능적 혼란성을 정치과정에 한정시켜 준다는 의미에서 '정치체계'와 가까운 의미로 쓰일 수 있다고 본다. 그러나 '정치체계'가 현상적이며 가치중립적인 개념임에 비하여 '정치적 공동체'는 구성원들 간에 신념체계의 형성이라는 당위적 전제를 내포하고 있는 것이다.

　정치적 공동체를 형성하는 신념체계(Belief System)의 내용과 형성 과정에 관해서는 공동체를 인식하는 관점의 차이에 따라 몇 개의 상이한 견해가 존재한다. 먼저 그라치아는 정치적 공동체를 모든 공동체를 포함하는 가장 위대한 공동체(The Greatest Community)로 보고 사회심리학적 접근을 시도하였다. 그리하여 정치적 신념체계는 종교적 신념체계와 같이 구성원들의 마음을 지배하는 정치적 이데올로기, 지배자에 대한 절대적 충성심, 공동체에 바라는 '공동의 선'(common good)에 대한 믿음 등이 그 내용이 된다고 하고, 교육을 통한 사회화 과정에서 신념체계가 형성된다고 하였다.[81] 한편 닙셋(Robert A. Nibset)은 정치적 공동체를 이념체계(idea system)로 규정하면서[82] 공동체를 지배하는 이념은 각 시대적 환경에 따라 변화를 보여왔다고 말한다. 그러나 그는 "기본적으로 정치적 공동체란

80) 〔국가〈정치적 공동체〈사회〕의 관계는 〔국가〈사회〕의 관계만큼 뚜렷이 정립되지 않았다. 국가와 사회의 관계에 관한 고전적 해석과 급진적 해석은 Ronald H. Chilcote, *Theories of Comparative Politics*, (Boulder: Westview, 1981)의 4장을 참조할 것.

81) Sebastian de Grazia, 앞의 책, p. xvii.

82) Robert A. Nibset, *Community and Power* (New York: Oxford University Press, 1962), p. 155.

사회 내에서 권위와 기능의 다원성이 획일적 국가의 출현으로 말미암아 하나의 통일성에 의하여 대체되어야 한다는 믿음 속에서 존재한다"[83]고 하여 정치적 공동체를 주권국가와 유사한 것으로 간주하였다. 따라서 닙셋에 있어서 신념체계의 내용은 국민주권국가의 형성에 관한 국민의 믿음이며, 이를 루소의 표현을 빌어 일반 의지(General Will)라고 불렀다.

그라치아나 닙셋이 국가의 한계 속에서 정치적 공동체를 파악한 반면에 도이취는 정치적 공동체를 통합 과정과 관련하여 인식하고 있다. 하스가 정치적 공동체를 통합의 최후 단계로 설정한 것에 반하여 도이취는 정치적 공동체란 통합과정을 수행해 가는 주체에 불과하며 오랜 기간 동안 정치적 공동체가 통합과정-그는 이 정치적 결과를 합병(Amalgamation)이라 불렀다-이 거듭되어 구성원 간에 평화로운 변혁(peaceful change)을 통하여 보편적 사회문제가 해결될 수 있다는 믿음이 생성된 공동체를 안보 공동체(Security Commuity)라 하였다.[84] 따라서 그는 안보공동체를 여기서 논의하는 정치적 공동체의 의미로 사용하였던 깃이다. 그는 몇 년 후 그의 이러한 인식을 발전시켜 합병과 통합을 기준으로 안보공동체의 유형을 네 가지로 분류하였다.[85] 첫째, 합병과 통합이 동시에 이루어진 공동체로서 통합 안보공동체라 불렀고 그 예로 당시의 미국을 들었다. 둘째로 통합은 이루어졌으나 병합은 이루어지지 않은 공동체로서 다원적 안보공동체(Pluralistic Security Community)라 불렀고 당시의 노르웨이와 스웨덴 관계를 예로 들었다. 셋째로 병합은 되었으나 통합되지 않은 공동체로서 통합 비안보공동체라 불렀고 1914년의 합스부르크 왕가를 예로 들었다.

---

83) 같은 책, p. 156.

84) Karl Deutsch, *Political Community at the International Level* (New York: Doubleday, 1954), pp. 33-34.

85) 앞의 절에서 보이듯이 하스와 슈미터도 이와 유사한 분류 방법을 사용하였다.

넷째로 통합과 병합이 모두 이루어지지 않은 관계로서 비통합 비안보공 농체라 불렀고 당시 미국과 소련의 석대관계를 예로 들었나.[86] 이상의 관점에서 도이취는 (1) 통합과정을 거치면서 공동체의 신념체계가 형성되고 (2) 신념의 내용은 평화로운 변혁에 대한 구성원들의 믿음이라고 인식하였다.

그라치아가 정치적 공동체의 심리적 연계성을 강조한 반면 닙셋은 제도적 획일성을 강조하였고 도이취는 통합 과정을 수행하는 기능성을 강조하였다. 그러나 제도적 단위체로서의 국가나 복합적 기능체로서의 사회와 구별하여, 정치적 공동체가 지니는 본래의 성격을 규명하기 위해서는 제도적, 심리적, 기능적인 측면에서 종합적인 재조명이 필요하다. 위의 어느 견해도 만족스럽게 이들 삼자를 연관하여 설명하지 못하기 때문이다.

군사적, 경제적 공동체와는 달리, 정치적 공동체는 기능적 측면에서만 파악할 수 있는 것이 아니다. 하나의 기능은 하나의 목표를 달성하기 위해 작동하는 데 비하여 정치적 공동체의 목표인 '신념체계에 의거한 동의(Consensus)의 추출'[87]은 그 범주가 도이취의 지적과도 같이 대단히 광범하여 하나의 기능 작용으로 설명하기가 불가능하기 때문이다.

먼저 제도적 측면에서 정치적 공동체는 국가를 중심으로 형성되기가 쉽다. 특히 인종과 역사를 같이하는 민족국가의 경우 더욱 그렇다. 국가라는 정치적 단위체는 한 개의 독립적인 정치 환경의 모델을 제공하고, 그 속에서 구성원들은 독자적 정치과정에 대한 순응성과 함께 이의 보존을 위한 충성심을 지니기도 쉽기 때문이다. 그러나 정치적 공동체의 응집력이 꼭 국가의 제도적 완비에서만 가능한 것이 아님은 합스부르크 왕가의

---

86) Karl Deutsch 외 7인, *Political Community and North Atlantic Area* (Princeton: Princeton University Press, 1957), p. 7.

87) Sebastian Grazia, 앞의 책, p. x.

예를 들었던 도이취의 지적과 여러 식민제국들의 정치적 독립성을 생각하면 쉽게 이해된다. 또한 정치적 공동체의 형성에 있어 단일민족국가의 여부는 절대적 결정력을 지니지 못한다. 단일민족국가의 구성원들이 지니는 민족적 연대감이 정치적 공동체의 신념체계를 형성하는 데 도움이 될 뿐이다. 다민족국가라 할지라도 그들의 정치적 신념체계를 형성할 수 있는 기반이 성립된다면 미국이나 스위스와 같이 훌륭한 정치적 공동체가 성립될 수 있다. 또한 정치적 공동체는 중앙집권 정부가 존재할 때 성립의 좋은 조건을 지니게 된다. 도이취의 지적과도 같이 중앙집권 정부는 보다 효율적으로 그들의 지배형태를 정당화할 수 있고[88] 구성원들의 태도를 지배하는 정치적 신화를 창출할 수도 있기 때문이다.

둘째로 심리적 측면에서 정치적 공동체는 구성원들의 공통된 신념체계가 형성될 때 성립한다. 그라치아는 이 같은 심리상태를 단적으로 '동포애'(brotherhood)라고 표현하였는데 구성원들 간에 공동의 정치적 상황에 대한 인식과 공동의 정치적 목표에 대한 인식이 하나의 숙명적 동류의식으로 고착될 때 이 같은 동포애가 가능하리라 본다.

셋째로 기능적 측면에서 정치적 공동체는 포괄적 기능을 수행한다. 도이취는 입법, 행정, 사법의 일반적 정부 기능과 함께 공공 재정, 일반 경제, 군사, 대중매체에 이르는 광범위한 분야의 기능을 정치적 공동체의 기능이라 보았다.[89] 이처럼 정치적 공동체는 경제적 군사적인 면을 포함해서

---

88) Karl Deutsch, *Political Community at the International Level* (New York: Doubleday, 1954), p. 20.

89) 그는 정치적 공동체의 기능을 설명하기 위하여 통합의 수단이 되는 커뮤니케이션, 즉 상호교류의 범주로 8개 분야의 32개 항목에 달하는 구체적 내용을 제시한다. 이를 열거해 보면 다음과 같다.
  A. 정치적 분야
    1. 입법부와 선거제도의 차원/ 2. 행정부의 차원/ 3. 사법부의 차원/ 4. 비정규전, 징병제도 등을 포함한 군사적 차원
  B. 공공재정 분야
    5. 관세차원/ 6. 화폐의 차원/ 7. 일반세의 차원/ 8. 예산의 차원

공동체의 이익을 증진시키기 위한 여러 기능을 수행하게 된다. 여기서 정치적 공동체의 기능이 문화 창출 및 보존의 범위에까지 확대될 수 있는지는 아직 의문이다. 정치적 이데올로기나 신화의 창출은 가능하지만 역사성, 문화적 유산, 민족 종교, 국민성 등의 문제는 정치적 공동체의 범주에서 이해가 불가능한 것들이다. 정치적 동류 의식이 주어진 공동체의 본질을 변화시킬 수는 없는 것이다. 따라서 공동체의 본질을 파악하기 위해서는 공동체의 주어진 상황, 즉 문화를 해명하여야만 할 것이다.

2. 문화적 공동체의 시각

1) 문화적 공동체의 존재양태

내셔널리즘을 민족국가의 관점에서보다 공동체의 관점에서 규명해 보

C. 일반경제 분야
    9. 자본시장과 이자율의 차원/ 10. 투자의 가능성과 기회, 습성의 차원/ 11. 저축성향의 차원/ 12. 기술혁신성향의 차원
D. 개인적 유동성 분야
    13. 이주(migration)의 차원/ 14. 노동시장의 차원/ 15. 피교육자의 차원/ 16. 여행인구의 차원
E. 재화분배의 분야
    17. 자본재의 차원/ 18. 기본식의 차원/ 19. 기본의류의 차원/ 20. 주거의 차원/ 21. 여타상품(가벼운 사치재 포함)의 차원/ 22. 용역의 차원
F. 직접적 매체의 분야
    23. 우편물량의 차원/ 24. 전신, 전화량의 차원
G. 대중매체의 분야
    25. 신문, 잡지, 서적 등의 유통과 독자수의 차원/ 26. 라디오, 텔레비전 청취자의 차원/ 27. 영화교류의 차원
H. 간접적, 비공식적 매체의 분야
    28. 소문의 차원/ 29. 패션의 차원/ 30. 언어의 차원/ 31. 이데올로기의 차원/ 32. 지도력, 모방성 등 여타 분야.
    Karl Deutsch, *Political Community at the International Level* (New York: Doubleday, 1954), p. 70.

려고 시도하였던 대부분의 학자들은 공동체의 보편적 동류 의식과 이것이 지니는 결속력이 내셔널리즘의 실체가 될 수 있다는 입장을 취하였다. 혈통, 언어, 관습 등은 부족 사회의 동질성을 결정짓는 기본적인 요소로서 근대 국민국가의 성립 이전에 존재하였던 공동체 연구의 지표가 되어 왔다. 그러나 이들 지표는 기능적 측면에서 공동체를 조명할 때 해결하기 어려운 정신적, 심리적 결속 문제에 답하기 위하여 또 다시 의미를 지니게 되었다. 다시 말해서 공동체가 수행하는 기능과 이에 대한 구성원들의 동의만으로는 그 구성원들을 본질적으로 결속하는 동질성을 설명할 수 없고 이 같은 논리상의 격차를 메꾸기 위해서 공동체를 문화적 관점에서 바라보려는 시도가 필요하게 된다.

공동체를 결속하는 실체를 공동체가 보편적으로 공유하는 문화에서 찾으려 할 때 그 문화는 어떻게 생성되며 어디서 찾을 수 있는지가 문제된다. 이에 대한 고전적 견해는 문화가 역사성 속에서 생성된다는 밀(John Stuart Mill)의 다음과 같은 견해에서 발견된다.

> 민족성(nationality)이라는 감정을 자아내는 가장 강력한 요인은…정치적 선례(先例)들에 대한 동일체성이다. 이를테면 역사의 공유, 과거로부터 지속되는 공동체 의식들이 그것인데 집단적으로 지니는 자부심이나 수치심, 기쁨과 회한의 감정들이 과거 속에 누적된 사건들과 관계를 맺고 있는 것이다.[90]

한편 르낭(Ernst Renan)도 공동체의 혼(soul) 혹은 정신적 원칙을 형성하는 중요한 요인으로 "과거사의 풍부한 유산을 공통적으로 소유하는 것, 즉 함께 겪고 즐겼으며 함께 희망을 지녔던 모든 사람들의 영광, 혹은

---

90) John Stuart Mill, "Representative Government," in Alfred Zimmern, *Modern Political Doctrines* (London: Oxford University Press, 1939), p. 206.

비애에 대한 유산"[91])을 들고 있다. 공동체의 문화를 역사성 속에서 형성
된 심리적 특성이라고 보는 이들의 견해는 문화의 실체를 구체적으로 묘
사해 주지는 못하더라도, 문화의 비인격성과 자연 발생성을 설명해 주는
데 도움이 된다. 한 마디로 문화적 공동체란 일정한 영역에서 동류의 언
어, 생활방식, 가치체계를 지닌 사람들이 공통의 숙명적 역사과정을 거치
면서 형성하게 된 동질 집단인 것이다. 문화의 역사성에 대한 인류학자의
견해는 문화의 생성 소멸에 관하여 독특한 일면을 보여주고 있다.

> 문화란 역사적으로 창출된 선택과정을 의미한다. 문화는 인간에게 내외적
> 인 자극의 통로를 제공해 준 것이다. 문화는 역사의 응결체이다. 문화는 비
> 록 형태가 달라지기는 했더라도, 현재까지 이어지는 과거의 일면들을 포함
> 한다. 덧붙여 말한다면 "역사는 침묵하지 않는다"는 것이다. 물론 순수하게
> 물리적인 생존의 의미에서 모든 문화가 전부 적용되는 것은 아니다. 때때로
> 정반대의 양상도 가능하다. 그러나 문화의 일면은 그 존재 가치를 잃은 이
> 후에도 남아있게 마련이다.[92])

문화의 역사성과 가변성은 문화의 생성 과정을 결정하는 중요한 요소
들이다. 그러나 이들 설명만으로는 문화의 내용, 즉 역사를 거치며 형성된
문화의 본질을 알 수는 없다. 이에 관하여 도이취는 문화를 공동체 자체
로 보고 공동체의 커뮤니케이션이 문화의 내용을 구성한다는 독특한 견
해를 제시한다.[93])

---

91) Ernst Renan, *What is a Nation*, Alfred Zimmerman, 앞의 책. p. 203에서 재인용.

92) C. Kluckhohn and H. A. Murray, *Personality in Nature, Society and Culture* (New York: Knopf, 1948), p. 115.

93) 그의 이러한 입장은 *Political Community at the International Level* (New York: Doubleday, 1954)를 발표하기 전에 취해진 것으로 Cultural Community → Political Community의 인식상

문화란 일견 특별한 춤, 결혼 의식 등의 제도적인 특징들과 그들이 사용하는 도끼나 창의 독특함, 그리고 의생활과 식생활에 있어서의 특징들이 그 내용을 이루는 것처럼 보인다. 그러나 좀 더 세밀히 관찰한다면 이런 특징들이 한데 어울려 작용함을 알 수 있다. 즉 같은 민족은 한 가지 종류의 도끼와 의복, 음식물을 사용하고 같은 식의 결혼 제도에 따른다는 것이다. 그들은 아름다움을 평가하는 심미안과 선악을 판단하는 도덕관에 있어서도 유사한 입장을 취하게 되며 이런 모든 것들이 그들의 마음속에 함께 작용하고 있는 것이다. 이런 것들이 좀 기술적 표현을 쓰자면, 문화형(Culture Configuration)을 결정하게 된다.

따라서 보편적 문화란 고정적이며 안정된 선호습관(preference)이며 사람들이 그들의 사상과 감정, 그리고 관심과 행위를 집중시킬 수 있는 가치체계이다. 이러한 선호 작용의 상당수가 커뮤니케이션에 의해 이루어지며 사람들은 같은 문화의 영역 내에서 커뮤니케이션을 용이하게 이루어간다. 이처럼 보편적 문화가 커뮤니게이션을 활성화할 때 공동체는 형성된다. …따라서 '문화'와 '공동체'는 서로 교환하여 쓰일 수 있다.[94]

여기서 도이취는 공동체를 현상적인 측면에서 광범위하게 인식하였던 것 같다. 그러나 이에 반하여 문화의 실체를 형성하는 과정으로 커뮤니케이션만을 강조한 것은 인식상의 목적과 그것에 접근하는 방법 사이에 격차를 드러나게 한다. 문화수준의 객관적 수량화기 이에 관한 체계적 이론의 징립을 위하여 필수적 여건이기는 하였지만[95] 객관성을 위한 개념적

의 변화가 있었다고 보인다.

94) Karl Deutsch, *Nationalism and Social Communication* (2nd ed.) (Boston: MIT Press, 1966), pp. 88-89.

95) 같은 책, p. 87.

도식 과정에서 문화가 포함하는 복합적이고, 다의적인 가치들이 무시된 듯한 느낌이 없지 않은 것이나. 그는 문화구소를 형성하는 주요 내용으로 언어의 분포, 인구의 유동성, 그리고 부의 분포 등 세 가지를 제시하고, 이들 삼자에서 가장 강력한 영향력을 지닌 집단이 문화의 중심을 형성하고 여타 집단들이 중심에 동화되어 감으로써 공동체의 범주가 확대된다고 보았다. 따라서 그가 제시한 커뮤니케이션 이론의 도식적 과정은 각 집단 간의 혈연, 역사적 경험 등에 의거한 본질적 차이점을 고려하지 않고 있다. 이를테면 무인도에 난파하여 상륙한 한국인과 일본인, 미국인, 소련인이 서로의 의사소통을 충분히 할 수 있고 무인도 탈출의 공동 목표를 지니며 살아갈 때, 이들은 각자의 민족성을 떠나서 전혀 새로운 문화적 공동체를 형성할 수 있다는 가설이다. 그러나 문화적 공동체에 관한 도이취의 견해는 '하나의 세계'(One World) 형성이라는 규범성 앞에 세워진 이상주의의 한 표현으로 이해된다.[96]

공동체의 문화는 축적된 역사성과 함께 동의의 성립을 통한 공동체의 구체적 현실성도 함께 반영한다. 과거로부터 이어지는 역사적 전통을 기반으로 구성원들의 현실적 지향목표가 생성되며 이러한 현실성이 공동체를 결속하는 또 다른 중요한 요인이 되는 것이다. 공동체의 현실적 지향목표는 자연발생적일 수도 있으며 조작적으로 생성될 수도 있다. 조작적으로 생성되는 공동체의 지향목표는 국가라는 정치적 제도와 결합될 때 더욱 용이하게 성립된다. 다시 말해서 문화적 공동체가 하나의 국가 기반 위에서 성립될 때 공동체의 현실적 지향이 더욱 명백하게 드러날 수 있게 된다. 여기서 문화적 공동체와 정치적 공동체의 접합점을 발견할 수 있다.

---

96) Foltz는 도이취의 이론이 전통사회가 지니는 전근대적 사회구조 속에서 무용하다고 비판한다. William J. Foltz, "Modernization and Nation-Building: The Social Mobilization Model Reconsidered," in Merrit and Bruce Russet (ed.), *From National Development to Global Community* (London: George Allen & Unwin, 1981), p. 32.

문화적 공동체는 역사적 경험의 축적 과정에서 형성된 자연발생적 집단임에 반하여 문화적 공동체의 결속력은 공동체가 조작된 정치적 지향목표를 지닐 때 더욱 강화된다. 결국 문화적 공동체는 과거의 역사 속에서 서서히 형성된 민족성이라는 보다 추상적인 결속력과, 이를 바탕으로 현실 상황에서 기능적으로 형성된 국가 목표라는 보다 구체적인 결속력으로 이루어진 민족국가를 의미한다고 말할 수 있겠다. 민족국가를 문화적 공동체라는 관점에서 파악할 때, 내셔널리즘을 연구하는 학자들이 고심하였던 민족 국가의 갈등 문제와 여기서 파생되는 세계적 위기의 문제에 대한 해결의 실마리가 보이게 된다. 또한 문화적 공동체를 민족 국가의 관점에서 고찰할 때, 이상적 통합이론가들이 꿈꾸었던 '하나의 세계'를 향한 현실성의 진공 상태를 채워줄 가능성이 엿보이는 것이다.

2) 민족의식과 국가의지

한민족의 역사 과정에서 형성된 민족의식의 내용을 몇 가지의 개념으로 정리하는 것이 결코 쉬운 일은 아니다. 민족공동체를 성립시키기까지 각 민족의 역사적 경험이 천차만별이듯이 그들이 지니는 민족의식 또한 각양각색의 내용을 지니기 때문이다. 그러나 각 민족이 지니는 역사적 특성에도 불구하고, 그들의 문화 구조에서 보편적으로 발견되는 애착의 대상을 몇 가지로 추려볼 수는 있다. 인종, 언어, 종교, 관습 등이 그것인데 이들 기준은 공동체의 구성원들이 아집단(we group)임을 느끼게 하여 주는 가장 기초적인 요소들로서 한민족의 민족의식을 형성시켜 주는 시발점이 된다고 볼 수 있다. '우리 민족,' '우리 역사,' '우리 말' 그리고 '우리의 신(神)' 등과 연결되는 아집단 의식은 구성원들로 하여금 강렬한 애착을 느끼게 하고 무조건적 충성의 대상이 되기도 한다. 따라서 이러한 아집단 의식이 민족의식의 실체가 될 수 있다는 인식이 가능하리라 본다.

여기에서 아집단과 타집단을 구별하는 기준을 찾아야 할 필요가 있다. 그러한 기준으로 먼저 인종의 동질성을 생각할 수 있다. 외형적 동질성의 중요성은 아프리카 대륙에서 종족주의간의 대립을 통해서도 알 수 있다. 안소니 스미스는 공동체의 문화적 동질성을 강조할 때 인종의 문제가 중요하게 등장한다고 설명하고, 이러한 인종적 공동체(ethnic community)가 무엇보다도 강한 결속력을 지닌다고 말한다.[97] 같은 조상의 후손이라는 동포의식은 구성원들 간의 애착심을 무엇보다도 강하게 자극할 수 있을 것이다.

둘째로 언어의 동질성을 들 수 있다. 언어는 의사소통의 가장 기본적인 수단으로 서 공동체 내의 교류를 증진하기 위해서는 언어의 동질성이 무엇보다도 중요하다. 언어는 커뮤니케이션을 통한 동의의 추출이라는 기능적 측면에서의 중요성과 함께 단지 같은 언어를 쓰고 그것을 통하여 서로의 뜻을 알 수 있다는 사실만으로도 구성원들 간의 강한 동류 의식을 느끼게 하여 준다. 이 점에서 민족의식의 형성에 언어를 가장 중시하였던 도이취의 입장이 이해된다고 하겠다.

셋째로 공동의 역사이다. 함께 살면서 함께 적과 싸우며 지내온 과거의 경험들은 공동체 내의 구성원들로 하여금 숙명적 동질성을 느끼게 하여 준다. 거의 모든 내셔널리즘 연구가들은 공동의 역사가 민족의식 형성의 기반이 된다는 점에 견해를 함께 하고 있으며 이러한 역사과정 속에서 국민성(national character) 또한 형성된다고 보고 있다. 공동체가 거쳐 온 역사는 공동체가 처하였던 시간적 환경의 변화를 말해 준다. 인간이 환경의 변화에 적응하면서 그들의 심리적 특성을 형성시켜 왔다는 인류학적 입

---

97) Anthony D. Smith, *Nationalism in the Twentieth Century* (Oxford: Martin Robertson, 1979), pp. 89-90.

장에서 본다면 이 주장이 더욱 타당한 것이라고 하겠다. 역사성은 본질이다. 본질에서 파생되는 상징적 효과는 과거와 현재, 미래를 통틀어 일관된 지향을 갖게 되는 것이다. 이 같은 일관된 지향 의식이 곧 민족의식인 것이다. 역사적으로 생성된 민족의 영웅들은 민족의식의 지향에 지대한 영향을 준다. 과거의 그들의 업적은 현대적 의미로 재해석되어 공동체 구성원 각자가 나아갈 방향을 제시하기도 한다. 이때 민족적 영웅은 본질이라기보다 상징이며, 이들에 의해 정립된 민족의식은 역사적 상징으로서 구성원들에게 강한 공감대를 형성시켜 줄 수 있다.

넷째로 공동체가 기반을 내리고 있는 공동의 영토이다. 영토는 역사적 사건을 겪어가면서 확장 또는 축소가 가능하다. 그러나 일반적으로 역사를 같이 하고 언어와 혈통을 같이 한 주민들이 오랫동안 거주하였던 지역은 공동체의 영토 범위에 속한다고 보아야 한다. 국가주의적 팽창이 만연하였던 시기의 식민지역들을 제국주의 국가의 고유 영토에 편입시킬 수도 없게 된다. 또한 일시적으로 영도의 정치적 분할이 이루어진 곳이라 할지라도 동질성을 지닌 주민들이 대다수 거주하고 있다면 정치적 분할을 무시한 채로 공동체의 영토로 생각할 수 있을 것이다. 공동의 역사가 진행되어온 공간적 배경으로서 영토의 동질성은 일시적 확장이나 분할에 의해서 침해되지 않는다. 선조들의 활동 범위였던 영토에 대한 동질감은 민족의식 형성에 중요한 몫을 담당한다.

다섯째로 전통과 관습의 동질성이다. 전통과 관습은 좁은 의미의 민족문화로 간주되어 한민족이 공유하는 특이한 생활방식을 결정하는 것으로 이해되어 왔다.[98] 그러나 전통적인 것만이 민족문화의 내용이 된다는 견해는 문화의 재창조 기능을 무시한 주장이다. 문화는 역사성의 산물이기

---

98) Karl Deutsch, *Nationalism and Social Communication* (Boston: MIT Press, 1966), p. 88.

는 하지만 부단히 자기발전을 통해서 변용되는 것이므로 전통과 관습을 민족문화 자체로 보기 보다는 민족문화의 일변을 형성하는 기능적 실체로 보아야 할 것이다. 따라서 전통과 관습을 민족의식의 실질적 내용으로 간주하기보다 민족의식의 형성에 영향을 미치는 한 요소로 간주하는 것이 타당할 것이다. 전통과 관습에 대한 무조건적인 추종이 민족의식을 함양하는 길이라는 태도는 그릇된 것이다.

끝으로 민족의식은 그 민족의 종교에 의해 고취되고 전파된다. 이스라엘 민족의 시오니즘은 그들이 영토적 기반을 잃고 세계를 방황할 때, 유태인의 공감대를 형성하는 가장 강력한 수단이며 목적이었다. 종교가 민족의식을 형성하는 경우 다른 어떠한 요인보다 강력한 힘을 갖게 된다.[99] 이를 다시 말하면 민족의식이 강력하게 형성될 때 종교적 일체감을 형성할 수도 있게 되는 것이다.[100] 그런데 민족의식이 종교에 의해 고취되는 경우 민족의식의 내용은 대부분 도덕이나 윤리규범성을 띠게 된다. 따라서 종교적 민족의식은 구성원들의 행동양식을 규제하는 한편 전통과 관습의 형성에도 지대한 역할을 하게 되는 것이다.

위에서 언급한 여러 요소들은 아집단과 타집단을 구별하는 보편적 기준들로서 민족의식을 형성하는 기반이 된다. 그러나 모든 공동체가 이들 기준을 포함하고 있는 것은 아니다. 그리고 공동체가 처해 온 환경에 따라 민족의식의 형성에 더욱 강력하게 작용하는 기준도 있고 상대적으로 덜 중요한 것도 있을 것이다. 그러나 항상 모호하게 반복되는 민족의식의 개념을 정리하기 위하여 문화적 공동체와 관련하여 위의 기준들을 제시한 것이다.

---

99) Eugene Kamenka, "Political Nationalism: the Evolution of the Idea," in Kamenka (ed.), *Nationalism* (London: Edward Arnold, 1976), p. 6.

100) 이러한 입장은 Carlton J. H. Hayes, *Nationalism: A Religion* (New York: Macmillan, 1960) 의 중요한 내용이 되고 있다.

민족의식이 공동체의 역사성 속에서 생성된 결속의 근거라면 국가의지는 공동체의 현실적 조건 아래 구성원들을 결속시킬 수 있는 구체적 목표이다. 도이취는 이러한 의지를 '자기고취적'이라고 말하고 "과거의 경험과 기억에서 생성되는 강압적인 틀로서 차후 의사결정의 준거가 될 수 있는 힘"이라고 보고 있다.[101] 도이취는 이런 의미에서 국가의지란 민족의식을 바탕으로 강제적으로 성립된 현실적 목표라는 견해를 지닌 듯하다. 여기서 의지의 실체를 규명하는 일은 민족의식의 그것만큼 어려운 일이다. 헤르쯔(Fredrick Hertz)는 그 어려움을 다음과 같이 지적하고 있다.

> 이와 같은 (국가)의지는 먼저 소수인의 견해로 나타나서 시간이 경과하는 동안 다수인의 동의를 얻게 된다. 그러나 모든 사람들이 동의의 수준에 도달하지 못하거나 구체제가 역사적 사건에 의해 와해되었다면, 그 어떠한 국가 의지도 존재할 수 없고 단지 혼란의 동요만이 있을 뿐이다. 단순한 의지로 민은 국가를 형성하지 못한다.[102]

그러면 헤르쯔의 지적대로 단순한 의지가 국가의지로 정립되는 것은 언제인가? 그것은 먼저 공동체의 모든 구성원이 스스로 동의에 도달하였을 때이다. 이때의 국가의지는 자연발생적인 것으로서 구성원들의 민족의식을 자극하여 형성되는 경우가 많다. 둘째로 구성원들에게 동의를 유도하였을 때이다. 이때의 국가의지는 인위적으로 형성된 것으로 소수인의 상황적 인식이 다수인에게 파급되면서 형성된다. 셋째로 인격적 주체로서 국가가 정책 목적의 달성을 위하여 구성원들에게 정책 목적에 대한

---

101) Karl Deutsch, *Nationalism and Social Communication* (Boston: MIT Press, 1966), p. 177.
102) Fredrick Hertz, *Nationality in History and Politics* (New York: Oxford University Press, 1944), p. 13.

동의를 요구함으로써 형성되는 경우이다. 이때의 국가의지는 강제적인 것으로서 강제성이 소멸되면 여기서 형성되어있던 국가의지는 생명력을 잃게 된다.

국가의지가 구체적으로 지향하는 바는 공동체의 환경에 따라 변화가 있을 것이나 통상 영토적 통일, 국가적 번영의 달성, 개인의 정치적 자유와 더불어 경제적 평등을 지향하는 사회구조의 확립, 그리고 국제사회에서 국가적 위신의 보상 등이 그 내용이 될 것이다. 그러므로 민속의식이 공동체 문화를 형성하는 역사적 생성물인 반면에 국가의지는 공동체가 추구하여야 할 현실적 지향을 제시하여 준다고 볼 것이다.

4. 민족공동체 형성의 과제

민족을 동일한 언어, 영토, 혈통, 역사성, 종교 등의 객관적 보편성과 상호애(mutual affection), 다른 민족으로부터의 독립성, 귀속의지 등의 주관적 특수성을 공유하는 개인들의 집단[103]으로 인식하고 공동체를 동일한 문화구조 내의 사람들이 사회적 집단을 형성하고 강한 동질감에 의거하여 사회기능을 수행하는 문화, 기능적 동류 집단으로 정의하는 인식 방법이 가능하다면, 민족과 공동체는 상호보완의 관계에 있다고 할 것이다. 민족이 '국민'이나 '국가'의 개념을 떠나서 정치적 독립, 경제적 자립, 통일, 근대화 등을 목표로 민족자존의 번영 의지를 달성하려는 능동적 주체로 변용되려면 이들 목표를 보다 강력하게 결속시켜 주는 공동체를 기반으로 하여야 한다. 또한 공동체가 사회적 통합기능과 문화적 동질성을 유지

---

103) Karl Deutsch, *Nationalism and Social Communication* (Boston: MIT Press, 1966), p. 17. 그는 민족의 이러한 정의가 과학적으로 운용하기에는 난점이 있다고 한다.

하여 문화적 차원과 기능적 차원이 밀착된 견고한 체계를 유지해 나가려면 공동체를 이끄는 주체가 객관적 주관적 동질성을 갖춘 민족일 때 가장 이상적 효과를 거둘 수 있다. 이런 이유로 민족을 공동체적 시각에서 파악하려는 시도는 여러 학자들의 주된 관심거리였다.

민족을 숙명적 공동체(community of fate) 혹은 특성적 공동체(community of character)로 규명해 보려 한 바우어(Otto Bauer)의 시도는[104] 민족이 국가의 틀에 얽매여 갈등과 분쟁의 원인이 되었던 역사적 사실을 극복하려는 동기에서 비롯된 것이라고 생각된다. 유럽 근대사의 전개 과정에서 민족개념의 변천은 이미 설명한 바 있거니와, 역사적 상황에 적응하면서 변용된 '국민,' '국가' 등의 새로운 가치가 때로는 '민족' 고유의 본질적 가치를 넘어서 더욱 큰 의미를 지니게 되기도 하였다. 그리하여 새로운 가치의 추구를 위하여 '민족'이 수단화되는 경우가 발생되었고 '국가'간의 갈등과 분쟁 과정에서 '민족'은 갈등과 분쟁을 정당화하는 가장 강력한 도구가 되었던 것이다. 민족의 이름 아래 주창되었던 수많은 정치적 슬로건들이 그 내면에는 국가주의적 팽창 욕구라는 본질적인 목표를 숨기고 있었으며 이에 대항하는 신생약소국의 독립 투쟁도 민족 생존의 절박함을 목표로 내걸게 되어 근대사는 온통 민족과 민족 간의 투쟁사로 인식되게 되었다. 이 같은 상황은 민족의 본래적 의미가 상실되고 정치적 목표의 달성을 위한 수단으로 전락되었다는 사실에서 비롯된 것이다. 이런 의미에서 '숙명적 공동체'로서의 민족개념은 상실된 민족의 본질을 되새기는 데 도움이 되리라 본다.

하나의 민족이 동일한 혈통, 영토를 지닐 때 '숙명적 공동체'의 의미를 지니게 되고 또한 그 민족이 동일한 언어, 역사, 종교, 전통과 관습을 공유

---

104) Otto Bauer, *Die Nationalit ten Fr ge und die Sozialdemocratie* (Vienna: Brand, 1924), p. 135. Karl Deutsch, 앞의 책, p. 19에서 재인용함.

할 때 '문화적 공동체'의 성격을 지니게 된다. 이처럼 공동체 내에서 민족이 공유하는 동질감은 민족의식으로 구체화 되어 민족 목표를 실정하고 이를 추진해 가는 원동력이 될 것이다. 이렇게 설정된 민족 목표는 정치적 단위체로서 국가의 차원에서 추진될 때 더욱 효율적으로 수행될 수 있다. 그러나 국가는 결코 공동체의 포괄적 기능을 대체할 수 없다. 국가는 단지 민족으로 형성된 공동체의 목표 달성을 위한 정치적, 제도적 조건이라고 보아야 옳을 것이다. '문화 기능적 공동체'로서 '민족 공동체'는 민족의식과 국가의지를 바탕으로 더욱 강력한 결속력을 지니게 되고 이들을 중심으로 공동체의 모든 기능이 밀착되어 사회 갈등을 해소하여 공동체의 동의를 형성시킬 수 있는 통합 과정을 가능하게 한다. 그러므로 민족공동체의 형성은 사회갈등의 해소와 기능 통합을 달성시키기 위한 가장 중요한 전제라고도 볼 수 있다.

여기서 민족공동체의 형성을 위하여 몇 가지 단계적 고찰이 필요한데 첫째, 민족 공동체의 통합적 주체는 누구인가, 둘째, 민족공동체 형성의 실천적 과제는 무엇인가, 셋째, 민족공동체가 수용해야 할 이념적 기반은 무엇인가, 넷째, 민족공동체가 극복해야 할 현실적 조건은 무엇인가 등이 그것들이다. 이들 문제에 관한 해결의 실마리는 이미 이 글의 2장과 3장에서 제시된 바 있거니와 문화적 민족주의와 문화 기능적 공동체 이론을 바탕으로 민족공동체 형성에 관련된 문제점들을 풀어 갈 것이다.

1. 민족공동체의 주체: 통합적 차원

민족공동체는 '민족국가'의 갈등과 분쟁을 지양하고, 민족의식과 국가의지를 바탕으로 공동체의 기능과 문화를 통합하여 보다 이상적인 민족의 미래상을 제시하는 동질적 집단이다.

　그러면 민족공동체를 형성하고 이끌어 가는 주체는 누구인가, 공동체 결성과정에서 야기되는 문제점들과 이에 대한 책임은 누구에게 귀속되는가의 문제를 생각해야 할 필요가 있다. 민족공동체의 형성은 어느 특정한 사회기능의 통합을 통해서가 아니라 사회의 모든 기능과 가치의 통합을 통해서만 가능한 것이므로 이를 추진하는 주체는 자연적으로 형성되고 자율적인 운용 능력을 지녔으며 전 구성원의 가치를 지배하는 포괄성을 지녀야만 한다. 자율성과 자연성, 그리고 포괄성을 모두 지닌 집단은 '민족 집단'의 차원에서만 생각할 수 있다. 일찍이 도이취는 민족을 일컬어 규정할 수도 없고 명백히 인식할 수도 없는 단위체[105]라고 가정하였으며, 카아는 "그럼에도 불구하고 민족은 자발적인 집단(voluntary association)으로서 고유의 영토와 언어 그리고 혈족 관계에 있어서 가족과 같은 자연적이고도 보편적인 사랑의 요소를 스스로 형성한다"고 천명한 바 있다.[106] 도이취와 카아의 말을 종합해보면 민족은 개념적으로 명백하게 정의할 수 없지만 자연적으로 생성되고 자율적 운용 능력을 지녔으며 가족과 같은 강한 유대감이 작용하는 1차 집단적 성격을 지녔다고 볼 수 있다. 그러므로 민족공동체를 형성하는 주체는 '국가'나 '사회'보다 '민족'이 되어야 한다.

　민족공동체의 주체로서 민족은 혈연, 영토, 언어, 역사성, 종교 등의 보편적이며 숙명적인 특성을 내용으로 하는 민족의식을 중심으로 결성된 것이기 때문에 극단적 폐쇄성을 지닌 집단으로 이해되기 쉽다. 그러나 문화기능적 공동체로서 민족이 지니는 이 같은 특성들은 민족 형성의 필요조건들임을 상기하여야 한다. 현존하는 어느 민족도 위에 열거한 특성

---

105) Karl Deutsch, 앞의 책, p. 27.

106) E. H. Carr, *Nationalism and After* (New York: Macmillan, 1945), p. 40.

을 모두 지니고 있는 민족은 거의 없으며, 교통과 통신망이 고도로 발달한 현대 세계에서는 가능하지도 않다. 지정적 문화적 단절 속에서 원시적 공동생활을 영위해 오던 아프리카의 오지에도 외래 문명의 영향이 전파되어 이제 부족 단위의 원시적 민족 개념은 점차 사라져 가고 있다. 따라서 대부분의 민족들은 이들 중 한두 가지, 혹은 그 이상의 공통적 특질의 바탕 위에 공동체를 결성하고 있다. 민족의식을 형성하는 공동적 특질에서 벗어나는 것들, 이를테면 미국의 인종, 스위스의 언어, 인도의 종교, 이스라엘의 영토 등이 때로는 공동체의 결속력을 약화시키는 갈등 요인으로 제기되기도 하지만 이 같은 민족 간의 이질적 요소가 민족공동체의 결성에 결정적 장애가 되는 것은 아니다. 공동체는 본래 '국가'나 '민족' 보다는 관용적인 개방성을 지니고 있다. 그러므로 문화적 공동체가 역사적으로 생성된 만큼 이 민족이 오랜 기간을 통하여 동일한 문화권에 편입되어 아집단의식을 느끼게 된다면, 이들은 과거의 역사나 전통, 언어, 관습 등을 포기하고 새로운 것들에 익숙하게 됨으로써 문화적 공동체의 구성원이 될 수 있을 것이다. 한편 민족공동체는 문화공동체를 바탕으로 하기 때문에 이들을 공동체의 구성원으로 수용하게 되고 민족공동체의 포괄적 통합과정 속에서 과거의 이민족은 공동체의 이름 아래 한민족으로 수용될 수 있을 것이다.

여러 민족이 집결하여 독특한 문화양식을 창출함으로써 새로운 민족공동체를 결성한 예로 미국을 들 수 있다. 한스 콘은 미국이 독립선언 이전에는 각 민족의 고유한 특성이 산재하였으나 시민국가 형성 이후, 모든 미국인을 위한 복지와 평화, 안전 보장의 획득 등의 공동 목표가 보편화되면서[107] 미국 민족주의가 싹텄으며 미국인에 대한 사랑과 감정, 여론,

---

107) Hans Kohn, *The Idea of Nationalism* (New York: Macmillan, 1944), p. 271.

원칙 등에 대한 급진적 변화가 미국의 진정한 혁명[108]이었다고 주장하였다. 그는 또 이 같은 미국인의 시민의식이 발전하여 보편적인 사고, 감정, 목적을 지닌 협조적 인격체를 형성시켰다고[109] 천명한 바 있다. 이처럼 독특한 미국 문화를 창조하고 변영시켜온 그들은 '미국인'으로서가 아니라 '미국 민족'으로서 그들의 공동체를 성립시켜 온 것이다. 여기서 미국이 당면하고 있는 인종과 종교, 언어의 다양성으로 인한 갈등은 미국의 민족공동체적 성격을 본질적으로 저해하는 요인이 아니라 민족공동체로서의 미국이 단계적인 통합과정을 통하여 해소해야 할 과제로 남아 있는 것이다.

민족공동체는 또한 통합된 기능적 공동체이기도 하다. 민족으로서 동질성을 보호 · 유지하려는 애착심과 한민족에 속하려는 귀속 의지는 군사적 방위체계와 경제적 생산, 분배 관계, 그리고 정치적 권력구조에 대한 자발적 동의를 가능하게 한다. 그 외에도 교육, 사회, 문화 전반에 걸쳐 민족공동체는 고도의 통합 수준을 나타낼 수 있다. 민족공동체는 민족의식과 국가 목표 등의 문화적 차원에서 강한 결속력을 지니고 있으므로 민족의식의 확립과 국가 목표의 달성을 위해서 구성원들은 사회 각 분야의 기능 통합을 위해 노력할 것이며, 여기서 자발적인 희생도 가능하게 되는 것이다. 다시 말해서 사회의 모든 기능이 민족공동체의 번영이라는 공동 목표의 달성을 위하여 작용하게 된다. 이런 의미에서 단계적 통합을 통한 정치적 공동체의 성립과정을 주장한 기능주의 통합이론가들의 주장은 재고되어야 할 것이다. 기능주의 통합이론가들은 개별적 기능의 통합이 확산효과를 통하여 정치적 통합에까지 이른다고 주장하였지만 실제 여러 경제적 · 군사적 공동체의 경우에 협조 체제에 의해 정치적 · 문화적 통합

---

108) 같은 책, p. 276.
109) 같은 책, p. 457.

에까지 도달된 경우는 없으며, 이 같은 통합 과정이 진행 중인 경우도 없다. 사회구조의 복합성으로 인하여 한 기능의 확산, 전이 효과는 기대할 수 있지만 그것이 항상 저차원의 기능에서 고차원의 기능으로 단선적 발전 과정을 거치는 것은 아니다. 노르웨이와 스웨덴의 경우, 정치적 차원에서는 통합에 이른 것으로 평가되지만 경제적 차원에서는 아직 통합에 이르지 못하고 있는 것이다.

그러므로 기능의 통합은 문화의 동질성과 상호보완의 관계에 있다고 보아야 할 것이다. 다시 말해서 문화의 동질성은 기능의 통합을 촉진하고 기능의 통합은 문화의 동질성을 공고하게 해 주는 환경적 조건을 제공한다는 관점에서 상호 배양적인 양자 간의 관계가 이해되어야 하겠다.

여기서 민족공동체를 성립시켜 주는 두 개의 변수, 즉 문화와 기능을 중심으로 기존의 공동체를 분류해 본다면 ① 문화와 기능의 통합이 이루어진 공동체, ② 문화는 통합되었으나 기능이 통합되지 않은 공동체, ③ 기능이 통합되고 문화는 통합되지 않은 공동체, ④ 문화와 기능이 모두 통합되지 않은 공동체의 네 가지 유형을 생각할 수 있다. 이들 네 가지 유형은 문화와 기능의 통합 정도에 따라 분류된 것이므로 통합 수준의 상대성이 존재하는 현실 상황의 공동체가 이들 유형에 적용될 때에도 상대적 의미를 지니고 있음을 지적해 두어야 한다. 즉 위에서 제시된 유형은 개념적 모델의 역할을 할 뿐이다.

①의 유형에 해당되는 공동체는 민족공동체이다. 구성원들의 문화적 동질성을 바탕으로 사회의 각 기능을 국가 차원의 통합된 수준으로 유지시키는 민족공동체는 통합의 자동제어(Feedback) 효과로 민족 번영의 공동체적 목표 아래 사회 갈등을 해소할 수 있게 되어 더욱 강력한 통합의 수준을 유지한다. 동질적 문화수준을 갖춘 민족이 통일적 국가체계를 갖춘 서구의 여러 나라와 지리적으로 고립된 도서 국가들을 일컬어 기존의

민족공동체라고 볼 수 있으며, 이들은 대부분 민족공동체적 기반으로 국제정치 구조에서 우세한 위치를 점유하고 있다.

②의 유형은 문화적 동질성을 지닌 한 민족이 국가체계, 지리상의 요인으로 통합된 기능을 수행하지 못하는 경우에 나타난다. 제국주의적 국가주의와 제2차 세계대전의 복합적 산물로 나타난 이 유형은 '민족의 정치적 분할'이 이루어진 분단 국가들에게서 볼 수 있다. 한반도와 분단 독일이 그 대표적인 예로서 이들은 동일한 문화를 지닌 민족 집단이 외세의 강압으로 국가 기능의 분단을 초래한 경우이다. 이 유형에 해당하는 또 다른 예는 민족의 한 부분이 지리상의 다른 지역으로 이주하여 독립된 국가기능을 수행하는 경우이며 호주나 뉴질랜드와 영국의 관계에서 찾아볼 수 있다. 전자가 강제적으로 성립된 것이라면 후자는 자연적으로 성립된 문화공동체라고 보겠다.

③의 유형은 EEC, NATO, LAFTA 등에서 볼 수 있듯이 서로 이질적 문화기반을 지닌 공동체들이 어떤 사회 기능의 통합을 위하여 결성되기나 혹은 이미 사회 기능이 통합된 공동체이다.[110] 이 공동체는 외적인 충격과 내적인 요구의 자극에 의하여 성립되는데, 기능의 확산을 통해 보다 고차원적인 기능공동체의 실현을 추구한다. 그러나 대부분 공동체 기능의 통합을 촉진하는 내외적인 자극은 통합의 수준을 어떤 한 기능에 한정시키고 있으며[111] 기능의 확산은 통합의 자연적 결과로 나타나게 된다.

---

110) 사회기능은 통합되었으나 문화적 이질성이 공존하는 예로서는 스위스를 들 수 있다. 스위스는 불어, 독일어, 이태리어의 삼개국어가 통용되고 있으며 구성원의 혈통과 전통, 관습이 각기 다른 채로 연방정부의 통합적 기능수행에 따르고 있다. 캐나다의 영어권과 불어권의 분할도 같은 맥락에서 이해가 가능하며 이들은 각기 정도의 차는 있으나 공동체를 중심으로 한 문화의 통합을 시도하고 있다. 기능의 확산은 통합의 자연적 결과로 나타나게 된다.

111) 에치오니(Amitai Etzioni)는 EEC 결성 과정과 NATO의 예를 들어 EEC 초기의 OEEC는 순수한 경제적 통합을 목적으로, NATO는 순수한 군사적 방위체계의 결성을 목적으로 하고 있다고 하였다. Amitai Etzioni, "European Unification: A Strategy of Change," *World Politics*, Vol. XVI, No. 1 (October, 1963), in *International Political Communities* (New York:

④의 유형은 기능적 문화적 통합 수준이 낮거나 거의 이루어지지 않은 원시 공동제로서 아프리카의 원시 부족 집단이 이에 해당된다. 비교적 근대 국가체제를 갖춘 북아프리카의 알제리, 모로코, 튀니지 등도 문화 수준은 종족을 중심으로 한 원시적 풍습의 산재 상태에 머물러 있고 공동체의 통치권은 부족장에게 위임되어 있어서 중앙정부는 효율적 기능 통합을 수행할 수 없다.[112) 게다가 인구 이동으로 인한 종족의 혼합과 갈등 과정을 거치며 이들 국가가 탄생되었으므로[113) 문화와 기능의 통합 수준은 더욱 낮은 것이다. 이들 사이에서는 민족의식이나 국가목표 보다도 부족에 대한 충성심이 공동체를 결성시키는 힘으로 작용되고 있는 것이다.

이상에서 논의한 공동체의 유형을 개념적으로 도식한 것이 [그림 1]이다. 여기서 ②, ③, ④의 공동체는 보다 강력한 결속력을 지닌 민족공동체의 결성을 위하여 국가 목표를 정립해야 할 필요가 있게 된 것이다. 기능적 공동체가 민족 문화적 기반을 형성할 때 이를테면 유럽인들이 EEC를 기반으로 그들의 공통문화를 성립시킬 때, 민족공동체로서 유럽 공동체의 성립도 생각할 수 있다고 본다. 그러나 기능적 공동체가 공통 문화를 성립시키기 위해서는 대단히 오랜 시일과 협조의 노력이 필요한 것이며, 이들 문화적 공동체가 기능적 통합을 이룩하는 과정에 비하여 실천의 어려움이 더 크고 험난한 것임을 이해할 필요가 있다.

Doubleday & Company, 1966), p. 180.

112) Jacques Berque, *French North Africa: Maghrib Between Two World Wars*, trans. by Jean Stewart (New York: Praeger, 1967), pp. 125-126.

113) 같은 책, p. 112.

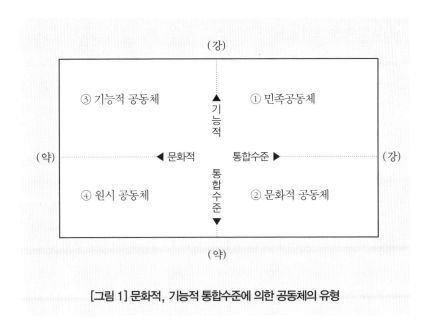

[그림 1] 문화적, 기능적 통합수준에 의한 공동체의 유형

2. 문화적 · 기능적 민족공동체 : 실천적 차원

민족공동체는 문화적으로도, 기능적으로도 통합된 공동체이다. 혈통, 언어, 역사, 영토, 전통과 관습, 그리고 종교는 동질성을 기반으로 성립된 민족문화의 내용을 구성하는 중요한 요소이다. 따라서 문화의 통합이란 구성원들이 민족의식과 국가목표의 추구에 있어 공감대적 가치관을 형성할 때 가능해진다. 여기서 말하는 공동체의 기능은 정치적 경제적 군사적 분야, 그리고 명백한 사회 구조의 범주에서 발생되는 실체적인 활동을 의미하며 공동체 구성원들의 내재적인 가치관을 형성하는 문화기능-이 말이 가능하다면-과는 구별된다. 그러므로 기능의 통합이란 사회구조 내의 실체적 활동 중의 하나, 혹은 그 이상이 공동체라는 거시적 관점에서 통

일적으로 통제, 조절될 때 가능해진다.

분화석 통합의 내용으로서 민족의식과 국가 목표의 성립을 실천적 측면에서 살펴본다면, 먼저 민족의식의 구성 내용은 공동체에 따라 가변성이 크다는 점을 염두에 둘 수 있다. 공동체에 따라 민족의식 구성 내용 중에서 혈통, 언어, 역사성, 전통과 관습, 영토, 종교 등의 어느 하나나 둘 또는 그 이상의 것이 다른 것들에 비해 더 큰 비중을 차지하는 수가 있다. 다시 말하면 혈통보다는 언어를, 언어보다는 역사성을, 이런 방식으로 민족마다의 고유한 가치가 존재할 수 있다. 또한 이와 같은 맥락에서, 어떤 내용들은 공동체가 갖추지 못한 것들도 있을 수 있고, 도저히 실현 불가능한 것들도 생각할 수 있다. 이를테면 미국에서 단일 혈통의 순수성을 찾는다거나, 통일된 민족 종교를 찾는 일은 없을 것이다.

여기서 민족공동체의 성립을 위한 문화통합 과정에서 취해야 할 실천적 방향이 제시된다. 이는 공동체가 공유하는 문화적 동질성을 보존하고, 공동체의 갈등 요인으로 작용하는 문화적 이질성을 극복하는 것이다. 공동체의 대다수 구성원이 공유하는 문화적 동질성은 소수 구성원의 문화적 이질성을 다수의 문화구조에 흡수하여 문화의 통합을 이룰 수 있게 한다. 그러므로 문화의 통합은 동질 문화를 바탕으로 이질 문화를 흡수해 가는 과정에서 이루어져야 한다고 보겠다. 도이취는 우세한 동질 문화가 열세한 이질 문화를 흡수, 통합하는 과정을 사회적 커뮤니케이션으로 설명하였다. 그는 커뮤니케이션을 통한 민족문화의 통합이 민족공동체의 결성을 위한 수단, 혹은 최소한의 지표가 될 수 있다고 하며[114] 커뮤니케이션 양식의 유사성이 민족 동화에 큰 영향을 미친다고 보았다.[115] 그는

---

114) Karl Deutsch, *Nationalism and Social Communication* (Boston: MIT Press, 1966), p. 169.
115) 같은 책, pp. 156-157.

우세한 문화를 측정하는 도구로서 일정 문화 형태를 보유하는 인구수와 그 인구의 동원화(Mobilization)의 두 가지 변수를 사용하였다.[116] 도이취가 시도하였던 것처럼 문화의 우열이 계량적으로 명백하게 드러나는 것은 아니지만 공동체 내의 지배적 문화를 판별할 수는 있을 것이다. 이러한 공동체의 지배적 문화를 중심으로 여러 하위문화를 통합할 때 민족공동체 형성의 전제로서 문화적 통합이 가능해지는 것이다.

민족공동체의 형성을 위한 기능적 통합은 사회구조의 제반 기능이 점진적으로 통합되는 것이 가장 바람직하다. 점진적 기능 통합은 그것이 자연적이든지, 인위적이든지 상관없이 기존 사회 기능과 갈등을 일으킬 개연성이 적어지게 된다. 제도나 협약에 의하여 결성된 기능적 공동체가 때로 파국적 분열을 겪어야 했던 것은 그 제도나 협약을 수용할 만한 사회적 인식이 성숙되지 않았기 때문이다. 즉 기능적 공동체는 이를 수용할 사회적 인식이 갖추어질 때에만 가능하며, 사회적 인식을 배태하는 공동체의 문화적 조건이 기능적 공동체의 결성에 중요한 의미를 지니게 된다. 그러므로 기능적 공동체의 통합은 점진적인 문화 통합의 기반 아래 이루어져야 할 것이다.

에치오니는 EEC의 제도적 설립을 가능하게 한 로마협정(The Treaty of Rome)을 점진적 기능 통합을 설명하는 대표적 일례로 들고 8단계의 기능 통합 과정을 설명한다. 첫째는 장기적 목적의 실현을 위하여 현실적 문제

---

116) 그는 위의 책 제6장 "민족동화와 분화: 몇 개의 계량적 연관성"에서 동화(Assimilation)와 동원(Mobilization)의 수준에 따라 사회의 우위적 문화를 규명하려 하였다. 그는 여기서 보헤미아와 인도의 예를 들어 동화와 동원에 따른 문화구조를 주로 언어에 국한하여 설명하였다. 이러한 그의 시도는 문화의 계량적 측정을 위해 문화구조를 지나치게 단순화시켰다는 비판을 면할 수 없다. 그의 이론에 대한 비판으로는 William J. Foltz, "Modernization and Nation-Building: The Social Mobilization Model Reconsidered," in Richard Merritt and Bruce Russett, eds., *From National Development to Global Community Essays in Honor of Karl W. Deutsch* (Boston: George Allen & Unwin, 1981), pp. 25-45.

들을 다루는 단계(Amplify the Close; Underplay the Remote)로서 비록 EEC 설립의 궁극적 목적이 유럽합중국(United States of Europe)이라는 정치적 공동체의 설립에 있다 할지라도, 1957년의 협정에서는 경제적 협조만을 내용으로 하고 정치적 협조의 내용은 언급되지 않았음을 설명한다. 둘째는 적용의 단계(Phasing of Adjustment)로서, 협약에서 규정하는 내용이 통화, 재정, 투자, 경제 계획 등의 구체적 분야에 적용되어 ① 관세의 철폐, ② 쿼터와 같은 무역량 억제 수단의 제거, ③ 비조약국에 대한 관세의 점진적 조화, ④ 보편적 농업정책 형성, ⑤ 불특정 분야의 보편적 경제정책 형성, ⑥ 공동체 기구설립의 단계적 발전 과정을 유도하고 있음을 설명한다. 셋째로 초국가성(Supranationality)의 시기로서 조약 당사국들이 의사결정에 있어 만장일치제보다 다수제를 채택하여 어느 국가의 견해가 무시될 수도 있는 단계이다. 넷째로 강화(Stretch-Outs)의 단계로서 협정에서 최초 규정한 시행 3단계의 12년 이외에도 3년의 기간을 더 두어 이전 단계까지의 경제적 기능 통합을 강화시키는 단계이다. 다섯째는 다각적 접근(Multi-path Approach)의 단계로서 원자력, 농업, 저개발국 문제, 무역에 이르는 광범위한 논의가 이루어지고 이에 대한 동의가 이루어지는 시기이다. 여섯째로 가속화의 준비(Provision for Acceleration) 단계로서, 다양한 분야에 있어서의 통일을 추구하는 단계이다. 일곱째로 결속체계(Locking-in System)의 구성 단계로서 공동체가 자동적으로 작동하는 시기이다. 끝으로 제도적 확산의 준비(Provision for Institutional Spill-Over) 단계로서 이 시기에 민족성을 초월하는 정치적 공동체로서의 성격을 지니게 된다고 한다.[117]

민족공동체를 결성하는 문화통합의 내용을 민족의식과 국가 목표로 개

---

117) Amitai Etzioni, "European Unification: A Strategy of Change," in *International Political Communities* (New York: Doubleday, 1966), pp. 182-188.

넘화하고 기능 통합의 내용을 군사, 경제, 정치적 측면에서 구체화하여 볼 때, 민족공동체는 이들이 점진적으로 상호 배양적 과정을 거쳐 통합될 때 성립되며, 민족공동체의 자동제어 작용은 문화적 차원과 기능적 차원의 결속을 더욱 강하게 밀착시키는 역할을 하게 된다. 이 같은 민족공동체의 결성과 문화적 내지 기능적 통합과의 관계를 도식으로 파악해 보면 다음과 같다.

여기서 민족공동체를 결성하기 위한 제반조건, 즉 통합 환경은 공동체에 따라 가변적이다. 공동체의 통합 정도와 통합 내용에 이르기까지 서로 다른 조건에서 이루어지는 민족공동체 형성 과정을 일괄적으로 설명하기란 어려운 일이다. [그림 2]는 민족공동체 형성에 필요한 문화적 기능적 통합의 관계를 개념화하여 줄 뿐이고, 모든 민족공동체가 형성되는 정형으로서의 의미를 갖는 것은 아니다. 따라서 어느 특정한 공동체의 통합 과정은 공동체의 성격과 그것이 처한 문화적 기능적 환경과의 연관 속에서 분석되어야 힐 것이다. 그러므로 민족공동체를 지향하는 세 개의 공동체 유형-문화적 공동체, 기능적 공동체, 원시 공동체-에서 각기 특징적으로 나타나는 통합 환경과 관련하여 민족공동체의 형성을 설명해 보기로 하겠다.

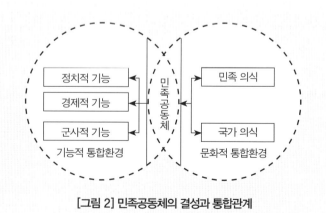

[그림 2] 민족공동체의 결성과 통합관계

1) 문화적 공동체의 기능적 통합

민족의식을 함께 하는 문화적 공동체는 정치적 · 경제적 · 군사적 사회 기능의 통합을 달성함으로써 민족공동체를 지향하게 된다. 특히 공동체 외적 압력에 의하여 사회기능이 양분된 분단 국가의 경우, 문화적 동질성을 바탕으로 한 영토적 통일, 사회기능적 통합은 분단성의 극복이라는 민족 지상의 과제를 구성하는 중요한 내용이 되어 왔다. 그러나 혈통과 언어, 역사를 공유하는 이들 분단국들의 경우, 정치, 경제구조와 이를 지배하는 이데올로기의 이질성, 그리고 장기간에 걸친 군사적 대립의 결과로서 공동체가 내포하고 있던 민족문화의 동질성이 파괴될 수 있다. 오랫동안의 커뮤니케이션 단절로 공동체 문화의 본질이 손상되는 경우이다. 이 경우 대부분은 이데올로기적 대립에서 파생되는데 역사인식과 전통적 가치관, 그리고 종교적 가치관에 대한 이질성을 초래하게 된다.

문화적 공동체가 기능 통합에 앞서 선결해야 할 과제가 여기에 있다. 에치오니도 지적하였듯이 '역사에 근거를 둔 집단의 심리적 동질성은 공동체의 기능을 통합하기 위한 전제'가 되기 때문이다.[118] 이들이 문화적 동질성의 괴리 현상을 극복하지 못한다면, 그들의 기능 통합 노력은 이데올로기적 세력권의 확장을 위한 명목적 수단에 불과할 위험성이 따르게 된다. 역사, 전통, 종교에 대한 민족적 가치관의 회복을 추구하기 위하여 커뮤니케이션의 확대가 불가결한 요인으로 생각된다. 커뮤니케이션이 민족사를 통하여 축적되어 온 이들의 내용을 변화시킬 수는 없으나, 이들에 대한 해석과 인식을 수렴시키는 조건이 되기 때문이다.

둘째로 문화적 공동체의 기능 통합은 점진적으로 행해져야 할 것이다.

---

118) Amitai Etzioni, 앞의 책, pp. 176-177.

이 과정이 지향하는 궁극적 목표가 민족공동체의 성립에 있다 하더라도 공동체의 분단을 초래한 요인, 즉 이데올로기적 대립은 공동체 내의 문제만은 아니다. 그러므로 분단국의 통일 논의에서 항상 염두에 두어야 할 것은 분단을 초래하였던 외세와의 갈등 문제이다. 그러므로 공동체 내부의 기능적 갈등 요인인 이데올로기의 대립을 극복하고, 외부로부터의 갈등 요인인 외세의 압력을 극복하기 위해서는 점진적이고, 단계적인 기능 통합이 절실해지게 되는 것이다. 이 점에서 문화적 공동체가 지향하는 기능 통합의 첫 단계는 정치적, 혹은 군사적 통합 등의 야심적인 차원에서가 아니라[119] 보다 내외적 갈등을 수반할 요인이 적은 경제적 협력의 분야에서 시작되는 것이 바람직할 것이다. 이와 함께 커뮤니케이션의 양과 질이 확대됨으로써 보다 고차원적 문화의 교류가 이루어진다면 공동체의 기능에 대한 동의(Consensus)와 지지(Support)[120]가 생기게 되어 기능 통합이 확산될 수 있는 문화적 여건이 성립되는 것이다.

2) 기능적 공동체의 문화적 통합

공동체의 기능적 성격은 기능의 내용과 통합 정도에 따라 결정된다. 기능의 내용이 사회구조의 어느 한 부분에 집약되어 있거나 기능 통합의 정도가 미약해서 기구의 설립 정도에 그쳐 있는 경우는 문화 통합의 가능성이 지극히 희박해지게 된다. 그러므로 기능적 공동체가 문화적 통합 과정

---

119) 같은 책, P. 180.

120) Amitai Etzioni, "The Dialetics of Supranational Unification," in *International Political Communities* (New York: Doubleday, 1966), pp. 132-138. 그는 서로 이질적인 공동체가 통합기반으로서 동의를 성립시키기 위하여 국내적 차원과 국제적 차원에서의 동의형성이 필요하다고 하고 국내적 차원의 동의는 다양한 동의 형성구조를 지닐 때, 국제적 차원의 동의는 각 공동체로부터 합일적 지지를 얻을 때 효과적으로 형성된다고 하였다.

을 거쳐 민족공동체로 설립되기 위해서는 우선 정치, 경제, 군사 등 사회
선 분야에 걸친 기능의 구조적 통합이 이루어져야 할 것이다. EEC의 경
우, 경제적 협조체제의 구축이라는 원래의 목적 이외에 정치적 협력의 단
계에까지 공동체 기능이 확대된 것은 좋은 예라 할 것이다. 그리고 군사방
위를 목적으로 집단방위체제로 결성된 NATO가 가맹국들의 외교정책 결
정에 중요한 변수로 작용하고 있음을 고려하면 하나의 사회 구조 속에서
어떤 분야의 기능 통합은 다른 분야에 까지 영향을 미쳐서 전체적 기능 통
합을 가능하게 할 수 있다는 통합이론가들의 가정은 옳다고 볼 수 있다.

그러나 EEC나 NATO 양자의 경우, 모두가 만족할 만한 정치적 통합
의 수준에는 도달하지 못하였고, 장기간의 기능 통합 과정을 거쳐 정치적
단계에까지 통합이 이루어진다 하더라도 그것이 문화적 통합을 당연히
수반하는 것이 아님을 주목해야 한다. 스위스나 캐나다의 경우, 공동체 구
성원들이 하나의 정치, 경제, 군사 체계를 유지하며 기능적 통합의 면모를
보여 주기는 하나 구성원들이 혈통, 언어, 역사, 전통과 관습 등의 측면에
서는 전혀 이질적인 복합성을 그대로 내포함으로써 통합된 기능적 공동
체의 성격을 지니고 있기 때문이다. 여기서 통합이론가들이 제기하는 '정
치적 통합의 완결성'[121]에 문제의 소재가 담겨 있는 것이다.

스위스와 캐나다, 그 외 이질적 문화구조를 공유하고 있는 국가의 경
우, 그 국가의 기능이 중앙정부를 중심으로 통합되었다 하더라도 문화적
이질성에서 발생되는 갈등은 항상 중앙정부의 효율적 기능수행에 장애
가 되어 왔으며, 때때로 중앙정부의 정통성에 대한 의문을 야기하거나 정
치적 독립의 움직임을 불러일으키기도 하였다. 따라서 이들 국가들은 이
질적 문화의 통합이 무엇보다 시급한 실정이나 문화의 통합이 기능 통합

---

121) Ernst Haas, "International Integration: The European and the Universal Process," in
     International Political Communities, p. 94.

보다도 상당히 오랜 기간의 노력을 필요로 하므로 그리 용이한 일은 아닌 것이다.

여기서 EEC나 LAFTA 등, 초국가적 기능공동체의 문화 통합 문제에 심각한 의문이 제기될 수 있다. 기능은 필요에 의해 생성되거나 통합될 수 있지만 문화는 그렇지 않다. 오히려 문화는 자연스럽게 생성되고 전파되는 것이므로, 서로 이질적인 문화구조를 지닌 여러 국가들로 연합된 초국가적 기구에서 공통의 문화를 추출하고 이 공통 문화를 중심으로 통합을 이룬다는 희망은 사실상 실현가능성이 희박한 이상에 지나지 않기 때문이다. 이에 비하여 비교적 제한된 지역 내에서 고도의 기능적 통합이 이루어진 스위스나 캐나다와 같은 경우, 문화의 통합을 보다 용이하게 하는 조건을 갖추었다고 생각된다.

3) 원시적 공동체의 문화적 기능적 통합의 미숙

부족 중심의 혈연 생활을 영위하여 온 아프리카 국가들의 여러 부족 집단은 서구의 충격과 이에 대응하기 위한 토착세력의 저항력이 복합적으로 작용하였던 결과로서 근대적 국가 형태를 갖추게 되었다. 그러나 그들이 외형적으로는 근대 국가의 제도를 갖추었다 할지라도 인위적으로 설정된 국경선은 큰 의미를 지니지 못하고[122] 공동체 구성원들은 가족에 대한 충성, 부족 공동체에 대한 충성, 그리고 부족 자치기구나 부족장에 대한 충성[123]이라는 과거의 부족주의적 가치관에서 탈피하지 못하는 전근대적 문화 구조를 지니고 있었다. 또한 중앙 정부의 통제 기능은 비교적

---

122) Walter Schwarz, *Nigeria* (New York: Praeger, 1968), p. viii.

123) Immanuel Wallerstein, "Ethnicity and National Integration in West Africa," in Harry Eckstein and David E. Apter, eds., *Comparative Politics* (New York: Free Press, 1963), p. 665.

근대화된 도시 지역에 한정되어 시행되었으며 중앙 정부의 영향권 밖에 있는 촌락에서는 부족 집단의 전통적 통치 기구에 의하여 공동체의 모든 공적 기능이 행해졌다. 그러므로 문화와 기능의 복합성이 혼재하는 이들 집단은 원시적 공동체로서, 민족공동체로의 지향을 위하여 문화의 통합과 기능의 통합을 동시에 진행시켜야 하는 이중적 과제를 갖게 된다.

왈러스타인(Immanuel Wallerstein)은 원시 공동체 국가들이 부족주의의 한계성을 극복하고 민족통합에 이르기 위해서는 종족성(Ethnicity)의 확립이 필요하다고 말하고, 첫째, 종족 개념은 이들에게 커다란 가족 집단이라는 기능적 의미를 부여하여 상대적으로 부족적 혈연관계의 중요성을 감소시키며, 둘째, 종족 집단이 재사회화(Resocialization)의 메커니즘으로 작용할 수 있게 되고, 셋째, 종족 집단이 계급구조의 유동성을 증가시켜서 특권 계층의 출현을 막아줄 수 있으며, 넷째로, 종족 집단은 정치적 긴장의 배출구로서의 기능을 다 할 수 있다고 보았다.[124] 왈러스타인이 지적하는 종족성의 정립은 원시공동체가 부족 중심의 혈연성에서 탈피하여 문화적 동질성과 기능적 통합성의 필요를 인식하는 숙명적 공동체로서의 인식을 갖게 되는 단계까지를 의미한다. 따라서 이들이 종족 집단으로서의 성격을 갖추었다 하더라도 문화와 기능의 통합이라는 과제는 여전히 남아 있게 된다.

대부분의 원시적 공동체가 민족 통합을 지향할 때 기능적 통합을 우선으로 하고. 이를 바탕으로 민족의식을 형성하고 국가 목표를 제시하려는 경우가 많다. 그러나 이러한 경우, 공동체의 문화구조는 지속적으로 형성된 것이 아니기 때문에 갈등의 요인을 크게 내포하게 된다. 부족 간의 전통과 관습을 조화시키지 않은 채로 근대적 사회구조에로의 편입을 강요

---

124) 같은 책, p. 667.

한다면, 원시적 부족주의를 자극하여 뜻하지 않은 반발을 초래 할 수 있기 때문이다. 그러므로 원시적 공동체가 비중을 두고 선결하여야 할 과제는 문화의 통합이라고 생각된다. 문화적 공동체가 기능적 공동체보다 용이하게 민족공동체를 결성할 수 있는 환경적 여건을 갖추고 있기 때문이다.

이상에서 민족공동체의 결성을 위한 문화적 통합과 기능적 통합의 내용을 살펴보고 여러 성격의 공동체에 적용하여 실천적으로 지향해야 할 방향을 제시하였다. 이 같은 방향 제시는 공동체가 처한 개별적 환경에 따라 달라진다는 점을 다시 강조하며 여기서 제시한 실천적 유형들은 하나의 모델임을 밝혀 둔다.

3. 공동체 민족주의: 이념적 차원

문화적 기능적 통합 과정을 거쳐 성립되는 민족공동체는 개인의 정치적 자유와 경제적 평등을 보장하는 사회구조를 편성하고 공동체의 국제적 지위를 향상시켜 민족 번영의 길에 이르는 미래를 설계하게 된다. 민족공동체의 이 같은 이념적 정향을 확립시켜 주는 가치체계로서 공동체 민족주의를 확립시켜야 할 것이다. 그러므로 공동체 민족주의는 민족공동체라는 실체가 추구하는 목적을 포함하고 그 목적의 정당성을 주장하는 규범적인 가치체계가 될 것이다. 또한 공동체 민족주의는 민족공동체가 결성되면서 자연스럽게 발생된 구성원들의 가치체계가 반영되어 축적적으로 형성된 것이므로 민족공동체를 결성하기 위한 이념적 가치체계라고도 볼 수 있다. 결국 공동체 민족주의는 민족공동체가 추구하는 이념적 지향을 제시하여 주는 가치체계로서 민족의식의 확립, 사회적 통합과 평등의 실현 등을 목표로 하고 있다.

민족을 고유한 특성과 구별하여 공동체적 실체로 파악한 케두리의 견해나[125] 민족주의는 하나의 민족을 단위로 민족의 영역을 국가의 영역과 일치시켜 보려는 전체 민족의 통합된 의지[126]라고 주장하였던 미노그의 견해에서 민족공동체가 강력한 통합 의지를 지닌 역사적 동질 집단임을 다시 한 번 확인할 수 있게 된다. 민족공동체의 통합의지가 추상적인 열정의 단계를 넘어서 현실 생활에서 추구하는 구체적 목표로 정립될 때 특정의 이데올로기적 성격을 지니게 된다. 민족공동체의 통합 의지는 동질 집단의 결속 욕구에서 발원되어 아집단 중심의 추상적 배타주의의 성격을 지니게 된다. 이때의 민족의식은 막연한 애국심, 동포애 등으로 표현되고 공동체의 통합을 위한 구체적인 행동 지침은 마련되지 않고 있다. 초기의 추상적인 민족의식이 공동체의 현실에 적용되어 강력한 반발에 부딪혔을 경우, 그리하여 전통적인 애국심, 동포애보다도 사회개혁을 통한 보다 적극적인 통합의 기반을 구축하려 하는 경우, 공동체 민족주의는 이데올로기적 성향을 지니게 되는 것이다.

서구 여러 나라의 경우 공동체 민족주의의 이데올로기적 변용 과정이 역사적 사회 환경의 변화에 따라 비교적 순탄하게 진행되어 왔지만, 식민지 통치에서 벗어난 약소 신생국들의 경우 기능적 문화적 민족 통합 등의 현실적 과제를 수행하면서, 동시에 민족 통합의 이념적 기반으로서 공동체 민족주의의 구체적 목표를 정립시켜야 하는 어려움이 뒤따르게 되는 것이다. 이들 중 많은 경우가 기능적 문화적 민족 통합이라는 현실적 목표의 실현을 위하여 여타 이데올로기를 그 방법론으로 선택하였으나, 동서 이데올로기의 대립 갈등으로 대변되는 국제질서 속에서 이 같은 행동양식은 이데올로기의 목적화를 초래하게 되었다. 결국 공동체 민

---

125) Elie Kedourie, *Nationalism* (London: Hutinson, 1960), p. 72.
126) K. R. Minogue, *Nationalism* (London: Mathuen, 1969), p. 12.

족주의의 기반이 갖추어지지 않은 이념적 진공 상태에서 현실상황의 타개 조건으로 받아들여진 양대 이데올로기는 그 자체가 목적화되어 민족의 통합을 더욱 어렵게 만들었을 뿐 아니라 이념의 전도 현상까지 초래하게 되었다.

그러므로 신생 약소국들에 있어서 공동체 민족주의의 지향 문제는 민족 간의 갈등이 아니라 민족내부에 존재하는 이념적 갈등의 극복 문제로 대두하게 되었으며, 민족통합의 과제도 이데올로기적 대립과 갈등이 해소된 후에야 가능한 것으로 드러나고 있다. 다시 말해서 국제질서의 재편성 과정에서 약소 신생국들의 민족공동체 결성의지는 좌절을 맛보았으며, 이데올로기의 대립으로 민족 내부의 이질화 현상이 심화되는 이데올로기와 현실 사이의 복합적인 악순환이 거듭되는 것이다. 물론 혁명이나 민족해방 투쟁 등의 기치를 내걸고 민족통합 운동을 전개하거나, 이란이나 월맹과 같이 외형적 민족통합을 현실화한 경우도 없지 않지만, 이들이 동서양 이데올로기의 틀에서 완전히 탈피하여 공동체 민족주의를 지향한 것은 결코 아니다. 민족공동체는 대립적인 이데올로기의 어느 특수한 국면을 강조함으로써 결성되는 것이 아닌 것이다.

그러면 이 같은 현실적 상황에서 민족공동체가 이념적으로 지향해야 할 공동체 민족주의의 실체는 어떤 요소들을 내포하는 것일까? 국가주의적 제국주의의 침략 하에 정치적 경험이 부족하였던 신생 약소국들은 정치적 독립, 경제적 자립, 사회적 근대화를 민족공동체의 목표로 삼았다. 이들은 우선 전통 사회에서 근대사회로의 이행이 가장 시급한 과제였고 이를 위하여 독립, 자립, 근대화라는 '가치포괄적인 목표'[127]를 추구하였던 것이다. 그러나 이러한 가치포괄적 목표들은 국제질서의 냉엄한 현

---

127) 한흥수, 『근대한국민족주의 연구』 (서울: 연세대출판부, 1977), p. 86.

실 앞에 무력할 수밖에 없었다. 이는 거시적 목표를 가능하게 하여 줄 공동체 내의 조건들, 이를테면 사회구조의 분화, 정치적 의식의 성숙, 경제적 배분 관계의 평등화, 자주적 안보 능력 등이 갖추어지지 않았기 때문이었다. 민족 통합을 향한 공동체 내부의 응집력이 형성되지 않은 상황에서 구태의연하게 내세워지던 독립, 자립, 근대화의 가치포괄적인 목표들은 양대 이데올로기의 갈등을 극복하기엔 너무 무력하였던 것이다. 그러므로 공동체 민족주의는 문화적 기능적 통합을 가능하게 하여주는 사회적 기반의 구축을 우선의 목표로 삼아야 할 것이다.

민족주의가 개인의 자유화를 통해서 평등 사회를 구축하고 그러한 평등 사회에서 개인과 공동체는 하나의 유기체적 존재로 밀착되어 자연적 질서로 대등한 국제 사회를 형성한다는 본래의 이념추구를 위해 몇 가지 정책적 기반을 지녀야 한다는 견해는[128] 공동체 민족주의의 사회 통합적 기반 조성의 문제와 같은 맥락에서 파악될 수 있다고 보인다. 공동체 민족주의가 동서 이데올로기의 갈등을 극복하고 이들보다 상위 개념의 가치를 지니려면, 민족주의 본래의 성격으로 지적되었던 추상성, 일반성, 감정성을 탈피하여 보다 구체적이고 현실적인 지향목표를 정립하고 이에 정당성을 부여하여 전 민족 성원의 가치가 집결될 수 있는 신념체계를 형성하여야 할 것이다.

이 같은 민족공동체의 신념체계는 궁극적으로 민족통합의 대원칙 아래에서 형성되어야 할 것이며 문화적 기능적 공동체로서 민족공동체가 추구하여야 할 현실적 방향을 제시할 수 있어야만 할 것이다. 그러므로 공동체 민족주의와 관련된 신념체계의 형성에 있어 정치, 경제, 군사적 통합 등의 기능적 통합 과정과 민족의식과 국가 목표의 정립에서 구체화되는

---

128) 진덕규, 『現代 民族主義의 이론구조』 (서울: 지식산업사, 1983), p. 225.

문화적 통합 과정을 염두에 두어야 할 것이다. 다시 말해서 공동체 민족주의는 민족공동체의 정치, 경제, 군사적 측면에서 뚜렷한 이념지향을 정립해야 하고 민족의식과 국가 목표의 확립을 통한 문화적 통일체 형성을 목표로 삼아야 하는 것이다.

1) 정치적 자유와 독립의 확보

민족공동체 구성원 각자의 정치적 자유를 확립하는 문제는 공동체 민족주의가 전체주의적 이데올로기로 변용되지 않기 위한 전제 조건이 된다. 흔히 민족주의의 도덕성을 문제 삼는 경우, "민족주의가 필연적으로 갈등과 분열의 귀결을 보이고 평화보다 전쟁을, 창조보다는 파괴를 본질적으로 내포하는 종교적 마력을 지녔다"[129]고 비난하는 일이 눈에 띈다. 그러나 이것은 민족주의가 스스로 전체주의적 정치체제를 지향해서가 아니라, 뚜렷한 정치적 목표를 상실한 결과 선체주의적 정치목표의 달성을 위한 지배이데올로기로 부분적 수용을 강요당한 결과에서 비롯되는 경우이다. 안소니 스미스는 후발 산업국가에서 국민주의적 민족주의의 기초가 충분히 다져지지 못했을 때 파시즘, 나치즘과 같은 전체주의적 인종주의가 내셔널리즘을 치장하게 되므로 도덕적 비난의 대상이 된 것이라고 지적하고 있다.[130] 스미스의 지적과 마찬가지로 민족주의의 전체주의화는 어떤 특수한 민족 집단의 정치, 경제적 환경의 산물임을 명심하여야 할 것이다. 오히려 내셔널리즘 초기 난계인 '국민주의' 시대에 가장 중요한 정치적 가치로 대두된 것은 민족성원 각자의 정치적 자각, 즉 시민의

---

129) Carlton Hayes, *Nationalism: A Religien* (New York: Macmillan, 1960), p. 136.

130) Anthoney Smith, *Nationalism in the Twentieth Century* (Oxford: Martin Robertson, 1979), p. 49.

식이었던 점을 기억해야 할 것이다.

그러므로 공동체 민족주의의 정치적 목표는 우선 구성원들의 정치적 자유의 확립에 두어져야 할 것이다. 때로 집권계층의 상황논리에 준거하여 민족 성원의 정치적 자유를 유보하는 것이 보다 큰 민족적 열망을 달성하기 위해 당연히 취해져야 한다는 믿음이 강요되기도 하지만 이것은 나치즘이나 파시즘이 범하였던 잘못을 다시 반복하는 셈이 되고 만다. 개인의 정치적 자유가 보장될 때 그는 공동체 전체의 이익을 위하여 자신을 희생시킬 수 있는 자발적 애국심을 함양하는 기회를 가질 수 있을 것이다. 즉 전체를 위하여 개인의 희생을 무조건적으로 강요하는 것이 아니라 개인의 자발적 의지를 보장하여 개인의 정치적 자유와 전체 공동체 이익의 조화를 추구하여야 할 것이다.

개인의 정치적 자유와 공동체 이익의 조화가 공동체 내적으로 주어진 정치적 과제라면 통합된 민족국가의 독립은 공동체가 대외적으로 추구하여야 할 정치적 과제라고 볼 수 있다. 양대 이데올로기의 대립 갈등에 편승하여 스스로의 정치적 주체성을 갖추지 못할 경우 공동체는 완전한 정치적 독립을 이룰 수 없게 된다. 그러므로 부르주아적 자유주의와 급진적 사회주의의 극단적 정치관을 선별적으로 수용하여 민족공동체의 독자적인 정치 형태를 확립시켜야 한다. 이처럼 극단에 흐르지 않고 양대 이데올로기의 성격을 상호보완적으로 수용하여 민족 통합, 민족 발전, 민족 독립의 대내외적 목표를 추구하는 것이 공동체 민족주의의 정치적 목표라고 보겠다.

2) 경제적 평등의 지향

양대 이데올로기가 추구하는 구체적 사회상에서 경제구조의 편성과 전략이라는 측면만큼이나 심각한 대립을 보이는 것은 없다. 어쩌면 이데올로기적 대립과 갈등의 출발점이 경제적 이념상의 격차에서 비롯되었다고 보아도 좋을 만큼 이 문제는 본질적 중요성을 지니고 있다. 그러나 민족공동체의 성립과 통합을 위한 사회 기능적 조건의 하나로서 경제적 동질성을 고려할 때, '평등'의 문제와 연결됨을 지나칠 수 없다. 민족국가 형성 초기에 나타난 경제적 자립을 위한 국부의 신장과 민족자본의 형성 문제는 생산과 분배의 양식은 크게 문제 삼지 않고 전체적 생산물의 물량적 증가만이 가장 중요한 과제였다. 그리하여 몇몇 소수의 자본가들이 사회적 특권 계급으로 등장하고 공동체 내적인 계급구조의 분화가 발생한 것이다. 이 같은 계급구조의 발생은 필연적으로 민족성원의 동질성을 해치게 되었다. 근세기에 들어 민족주의가 자유주의보다 사회주의와 더욱 용이하게 결탁할 수 있었던 것도 사회주의에서 표방하는 경제적 평등에 그 요인이 있었던 것으로 보인다.

그러나 사회의 누적적인 불균등을 구조적으로 완화시키기 위한 가치지향으로서의 경제적 평등은 민족 성원의 동질감을 다져나가는 데 있어서 긴요하고도 절실한 과제임이 분명하다. 그러므로 민족공동체는 경제력의 물량적 신장과 더불어 경제구조의 질적 개선을 합리적으로 추구해야 할 것이다. 교육기회의 불균등, 경제적 특수 계층의 존재, 사회보장의 제도적 미비점, 이런 것들이 원만하게 해결되지 않는 한 민족 성원들의 동질감은 확고하게 자리 잡을 수 없을 것이며, 따라서 민족공동체의 결속력도 그만큼 약화될 것이다. 여기서 경제적 평등은 투쟁의 결과로서 보다는 오히려 상호의존과 조화라는 이른바 평화적 상호작용의 관계 속에서 얻어지는 것이 바람직하다는 사실을 염두에 두어야 하겠다. 산업화의 결과로 공동체의 경제적 능력이 신장되면 이 같은 현상은 일면으로는 사회 통합을, 다른 일면으로는 사회 분열을 자극하게 된다. 즉 원시적 생산체제에 종사하던 공동체의 민족성원들이 분업과 연관 산업의 집중 현상으로 도시를 중심으로 하나의 경제권과 문화권을 형성하여 공동체의 통합을 촉진하는 한편, 자본가와 노동자 계층의 발생으로 경제적 가치 뿐 아니라 문화제반에 걸친 집단 대립을 초래하여 분열과 갈등을 유발하게 된다. 결국 공동체 민족주의는 분열의 요인을 해소하고 통합요인을 확장하여 상호 의존과 조화 속에서 경제적 동질감을 형성해야 할 것이다. 공동체 민족주의는 사회주의에서 주장하는 계급투쟁을 배격하기 때문이다.

3) 국제적 평화의 추구

민족공동체는 민족문화를 중심으로 통합된 사회를 추구하고 있다. 또한 정치적으로는 민족국가의 설립과 경제적으로는 평등사회의 실현이라는 이상적 동질사회의 실현을 목표로 한다. 그러나 이 같은 민족공동체의 이상이 실현되기 위하여서는 그리고 그 이상을 보전하기 위하여서는 외세의 압력에 대응하는 군사력을 보유해야 할 것이다. 여기서 민족공동체의 군사력이 무력적인 자기 과시나 침략의 수단으로 사용되기 위함이 아닌 것은 명백하다. 양극체제에 의한 군사적 대결은 본질적으로 긴장과 갈등을 내포하고 있고 무제한의 군비 확장을 초래하게 된다. 그러나 민족공동체의 군사력은 공동체 목표를 실현시키기 위한 자기 방어적 선행 조건으로 필요한 것이며, 평화적인 통합의 연장선 위에서 나아가 국제 평화를 모색하는 이념을 지녀야 할 것이다. 혹자는 군비 강화와 핵무기의 증강 등으로 더욱 긴장과 갈등의 요소가 만연하는 국제질서 속에서 자기 방어적이며 평화수호적 군사력을 유지한 다는 것이 비현실적인 발상이라고 논박할지도 모른다. 그러나 민족공동체의 군사적 통합이 공동체를 결성하기 위한 '힘의 수단'으로 사용되는 것이 아니고 오히려 공동체를 결성한 이후 이를 보존하기 위한 최소한의 물리적, 제도적인 장치임을 감안한다면 강대국의 세력균형을 이용하여 공동체의 평화를 추구하는 일이 실현 불가능한 것은 아니다. 강대국의 이익이 집중되어 있는 아랍 제국들이 그들 나름의 민족 전쟁을 수행하면서 어느 한 세력의 절대적 영향권 내에 편향되지 않음은 그 좋은 예라고 볼 것이다.

요컨대 민족공동체의 군사적 통합은 공동체의 평화적 결속과 보존을 위한 제도적 정치이며 공동체 내의 물리적 충돌을 제어하기 위한 조건이 되는 것이다. 기능과 문화의 통합이 이루어졌다 하더라도 이질적 집단들의 충돌이 뜻하지 않은 공동체의 해체를 초래할 수도 있기 때문에 이런 경우에는 민족공동체 전체의 평화적 존립을 위해서 이질집단의 물리적 충돌을 억제해야 하며, 공동체의 통합된 군사력은 이 기능을 맡게 된다.

4) 민족문화의 창달과 보존

내셔널리즘을 연구하는 학자들 중에서 내셔널리즘의 실체를 문화로 간주한 대표적인 사람은 스나이더 (Louis Snyder)이다. 그는 민족주의를 다음과 같이 정의하고 민족문화가 사상체계로서 민족주의의 본질이 된다고 하였다.

> 민족주의는 일정한 영역 내에 주거하는 사람들의 동일 집단 의식이다. 이들은 일반적인 사상과 감정의 표현 수단으로 동일한 언어를 사용하고, 동일한 종교적 신념체계를 보유하며, 그들의 동질적 역사 과정을 통해 생성된 제도와 전통, 관습을 존중하고, 민족 영웅을 숭상하고, 사회적 동질성을 향한 보편적 의지를 보유하고 있다.[131]

---

131) Louis Snyder, *Varieties of Nationalism: A Comparative Study* (Hinsdale: Dryden, 1976), p. 25.

스나이더가 문화의 내용을 나열식으로 제시한 것에 반해서 쯔나니에쯔키(Florian Znaniecki)는 문화를 인간 행위에 의해 나타난 모든 역사적 생성물의 포용이라고 규정하고 이를 정신적인 것과 물질적인 것으로 구분하였다.[132]

위의 두 사람 모두 문화가 민족주의의 실체로서 중요성을 지닌다고 주장하고 문화를 통해서 느껴지는 민족의 동질감(homogeneity)이 그 민족을 결속하는 원동력이 된다고 보고 있다. 그러므로 민족공동체는 문화적 동질성을 바탕으로 강력한 결속력을 지닐 수 있으며 민족문화의 형성과 보존에 큰 힘을 기울여야 할 것이다.

문화를 이데올로기적 가치를 지닌 실체로 인식하게 될 때 자문화중심주의(ethno-centrism)에 빠지게 되기 쉽다. 즉 문화의 우월성 과시가 민족주의의 실질적 내용이 되어 자민족의 문화만이 가장 우수한 것이며 다른 문화를 지배할 수 있다고 믿는 경우이다. 나치 정권이 주장하였던 게르만 종족의 우월성, 일본의 황국신민 정책 등이 이에 속하며 이들은 문화의 평화적 전파보다 강제적 주입을 위한 갈등의 요인을 내포하고 있었다.

그러나 민족공동체의 문화적 동질성은 역사적으로 자연스럽게 형성된 것이며 문화수용 인구의 환경 변화에 따라 서서히 변용되기도 한다. 이처럼 문화적 동질성은 자연성을 바탕으로 성립되어야 한다. 강제적으로 주입된 문화는 일시적으로 동질성을 지닌 것처럼 보일지라도 강제성의 기반을 잃게 되면 곧 소멸된다. 정치적 지배관계가 지속되면서 성립된 문화의 강제적 이식에 대항하면서 고유의 민족문화를 이념적 차원에까지 이끌어 올릴 때 민족의식의 정립은 가능하여진다. 이 같은 문화운동은 여러 가지 양태로 나타날 수 있다. 스미스는 식민지 국가들의 문화운동을 고찰

---

132) Florian Znaniecki, *Modern Nationalities: A Sociological Study* (Westport: Greenwood, 1973), pp. 2-3.

하면서 정치적 지배관계의 소멸을 의미하는 '독립'을 기점으로 문화운동
의 양태가 달라진다고 진단한다. 그는 독립 이전의 문화민족주의 운동이
탈퇴 운동(secession), 분산 운동(diaspora), 회복 운동(irredentism), 범민족
운동(pan movement)으로 나타나고 독립 이후의 문화민족주의 운동은 통
합 운동(integration), 보호 운동(protection), 확장 운동(expansion)의 3가지
양태를 보인다고 설명한다.[133] 또한 독립 이전과 이후에 끊임없이 문화보
전 운동(preservation movement)과 재생 운동(renewal movement)의 차원에
서 문화민족운동이 전개된다고 보고 있다.[134]

스미스의 문화운동 유형에 의하면 독립 이전의 문화운동은 외래문화에
저항하여 민족문화의 동질성을 되찾기 위한 차원에서 전개되고 독립 이
후의 문화운동은 문화적 통합을 통한 민족의 문화적 동질성을 보존하기
위한 차원에서 전개된다. 여기서 민족공동체의 문화통합 운동이 추구해
야 할 이념지향이 발견되는데 이것은 문화적 동질성의 형성과 보존을 통
한 민족의식의 확립이라고 볼 수 있다. 민족공동체가 정치, 경제, 군사 등
의 기능적인 면과 문화적인 면에서 구체적인 이념상의 목표를 지향할 때
공동체의 통합은 용이하게 진행될 수 있으며, 이 같은 가치체계는 민족주
의의 공동체적 수용으로서 공동체 민족주의를 낳게 하는 것이다.

4. 민족공동체의 과제: 평가적 차원

민족공동체는 문화적 기능적 통합체로서 강력한 결속력을 지니고 있

---

133) Anthoney, D. Smith, *Theories of Nationalism* (London: Duckworth, 1971), p. 235.

134) 스미스의 문화민족주의를 국내에 소개한 글로는 백낙청 편, 『민족주의란 무엇인가』 (서울: 창작
과 비평사, 1981), pp. 166-219와 진덕규, 『현대민족주의의 이론구조』, pp. 68-83를 참조할 것.

지만 이동과 교류의 측면에서 개방된 현대 사회 구조 속에서 스스로 극복해야 할 과제를 지니고 있다. 첫째는 복합적인 사회구조와 다양한 민족성원들의 통합 과정에서 범하기 쉬운 다수의 강제성을 제거하는 것이며, 둘째는 국제질서 형성 과정에서 외부로부터 유입된 이데올로기와의 유착관계를 제거하는 것이다. 공동체의 기능 통합과 문화 통합이 보다 중요한 과제이므로 때로 이를 성취하기 위하여 수반되는 수단을 정당화하기도 한다. 분단국가의 무력 통일이나 소수민족의 박해, 혹은 권력층의 특권집단화 등이 그것이다. 또한 공동체 민족주의가 확립되기 이전에 타율적으로 받아들였던 외부의 이데올로기가 민족공동체 결성 이후에도 타성적으로 잔존하게 된다면 공동체 민족주의는 기존의 이데올로기가 그 사회에 공고하게 결착할 수 있는 수단이 될 뿐이다. 이때 민족주의는 아시아, 아프리카 제국에서 볼 수 있는 경우처럼 특정 이데올로기의 부차적 이데올로기(sub-ideology)로 전락하게 되는 것이다.[135] 이상의 두 가지 과제를 정리하여 보면 첫째는 복합문화 사회에서 민족주의의 기능에 관한 문제로 집약되고, 둘째는 민족주의와 이데올로기의 갈등 문제로 집약된다.

1) 민족주의와 복합문화

복합문화 사회 속에서 민족주의의 과제를 일찍이 갈파하였던 에머슨은 유태인과 아랍 인종, 그리고 인디아의 예를 들어 이들이 당면한 민족통합이 얼마나 어려운 문제인지를 다음과 같이 역설하였다.

---

135) John Kautsky, *Political Change in Underdeveloped Countries: Nationalism and Communism* (New York: John Willey, 1962), p. 17.

민족공동체에 근거하여 발생한 민족주의는 대단히 강력한 결속력을 보유하고 있다. 그러나 일면으로 구성원들을 결속시키는 이 힘이 다른 면으로는 이들을 분열시키는 요인으로도 작용함을 중시해야 한다. 이 같은 현상은 국제사회 질서에서 더욱 악명 높게 나타난다.[136]

에머슨의 지적대로 정치적으로는 통합이 되었으나 인종, 종교, 역사적 경험 등을 달리하는 구성원들이 공동체에 존재할 경우, 아집단을 중심으로 한 민족의식은 이들에게 강력한 거부감을 불러일으킨다. 즉 복합문화 사회의 문화 구조를 통합하기 위해서는 단순한 민족의식에 대한 강조라는 전략이 부적합하게 되는 것이다. 이러한 문화적 이질집단은 인종의 차이에서 비롯되는 경우도 있지만 외부로부터 유입되어 후발적으로 생기는 경우도 있게 된다. 즉 현대 사회의 문화적 개방성에서 다원적 문화구조가 끊임없이 생성되는 것이다. 이러한 문화의 다원구조에서 공동체 민족주의가 배타석 통합만을 강조한다면, 퍼니발의 주장대로 복합문화 사회에서의 민족주의는 분열의 동인이 될 것이며 사회질서를 어지럽히는 결과를 초래할 것이다.[137]

복합문화 사회의 문화통합 문제에서 제기되는 또 하나의 다른 의문은 무엇을 기준으로 통합의 주체를 결정할 것인지의 문제이다. 즉 여러 개의 문화적 요소, 인종, 전통, 관습, 언어 등이 혼재할 때 그 중 어떤 특정한 문화를 향하여 다른 요소들이 수렴해 가야 하는지의 문제인 것이다. 통합의 주체는 다수결의 원칙에 따라 더 많은 구성원이 보유하는 문화가 되어야 한다는 고전적인 해석은 이미 여러 경우에서 그 적용의 부적절성이 증명

---

136) Rupert Emerson, *From Empire to Nation* (New York: Beacon, 1960), p. 329.

137) J. S. Furnivall, *Netherlands India* (Cambridge: Cambridge University Press, 1939), p. 468.

되었거니와[138] 도이취의 커뮤니케이션이론에서 말하는 동원(Mobilization)과 동화(Assimilation)에 의한 척도 역시 설득력이 빈약하다.

민족공동체의 문화 통합 방법에 관한 이 문제에 당면하여 조화와 균형의 원칙을 생각해야 할 것이다. 문화란 사람들의 생활 양식을 결정짓는 정신적인 바탕이 되는 것이므로 강제적 주입을 통하여 수용될 수 없다. 그러므로 장기간에 걸친 문화의 융합 과정을 거쳐 새로운 문화 형태가 정립되도록 유도하는 것이 공동체 문화 통합의 최선의 방법이라 볼 수 있고, 이것이 복합문화 사회에서 공동체 민족주의의 과제라고 보겠다. 이 과정에서 이질적 문화구조간의 마찰을 극소화하고 통합주도적인 문화가 창출되도록 이끌기 위해서는 문화의 조화와 균형이 그 원칙으로 작용되어야 할 것이다.

2) 민족주의의 탈이데올로기

공동체 민족주의가 민족성원간에 최고의 가치로서 인식되기 위하여서는 여타 이데올로기로부터 분리하여 그 자체가 공동체의 목표를 정립할 수 있는 능력을 지녀야 한다. 민족주의와 여타 이데올로기의 갈등 문제를 논의하기에 앞서 현존하는 이데올로기와 민족주의간의 성격상의 차이점을 밝혀야 할 것이다.

현대 사회에서 수용되는 이데올로기의 특성은 대체로 사상사적이고 지적인 한계가 명백하고 체계적인 논리에 따라 현실적 목표를 정립하고 있다. 따라서 이들은 구체적인 정치적 경제적 행동 강령에 따라 기능하며, 이데올로기의 행동 강령에서 벗어나는 대상들에 대해서는 '융화'보다 '배

---

138) 대표적 예는 Inis L. Claude, Jr.의 견해를 들어 설명한 Ruper Emerson, 앞의 책, pp. 329-334에서 발견된다.

척'의 성향을 지녀왔다. 이처럼 기존 이데올로기가 제 나름의 기준에 따라 선한 것과 악한 것의 차이가 명백함에 비하여 민족주의는 그렇지 않다. 민족주의는 그 자체로서 사상적 체계를 지니기가 어려우며 각 민족이 처한 역사적 배경과 현실적 환경에 따라 지향하는 목표가 달라진다. 민족의 동질성, 민족의식 등의 개념도 절대적인 것이 될 수 없어서 체계적인 이론의 성립이 더욱 어려워지는 것이다. 그러므로 민족주의는 본질적으로 비합리적 속성을 지니고 있고 이성적이라기보다는 감정적인 것에 가깝다는 서구학자들의 견해가[139] 어느 정도 타당성이 있을 수 있다.

그러나 민족주의의 비합리적 측면 때문에 민족주의는 여타 이데올로기에 종속되어 사회 동원의 부차적 기능을 수행해야 한다는 논리는 성립되지 않는다. 이데올로기의 일반적 속성을 갈파한 트라시의 말을 빌면 '이데올로기는 다수의 사람들이 공유하는 가치판단의 신념이며 행위의 원천으로 기능하는 논리적 주장'[140]이라고 말할 수 있다.

따라서 이데올로기가 이성적이며 논리적인 이론체계의 성립을 필요조건으로 하는 것은 아니다. 이론체계는 이데올로기가 현실사회에 적용되면서 경험적으로 축적된 가치지향의 총합으로 성립되는 것이다. 이런 관점에서 민족주의가 이론체계를 갖추지 못하였기 때문에 여타 이데올로기에 종속되어야 한다는 주장은 온당하지 못하다.

그러면 왜 이러한 인식이 나타나게 되었으며 이를 극복하기 위한 공동체 민족주의의 과제는 무엇인가를 생각해 보아야 할 것이다. 이것은 민족주의의 도덕성에 대한 서구학자들의 회의에서 발생되었던 것 같다.[141] 그

---

139) 진덕규, 앞의 책, p. 164.

140) L. S. Feuer, *Ideology and the Ideologist* (Oxford: Basil Blackwell, 1975), p. 167.

141) 이미 지적한 바와 같이 Carlton Hayes가 이의 대표적인 사람이며 Hans Kohn도 민족주의를 선한 민족주의와 악한 민족주의의 이분법적으로 분류하여 전자를 통해 후자를 구축해야 한다는 견해를 피력하였다.

러나 실제 정치 상황에서 이 같은 인식이 자리 잡게 된 것은 특정한 정치 상황 속에서 정치권력을 보유한 소수의 특권 계층들이 기존 이데올로기를 고수함으로써 얻어지는 그들의 기득권을 지키기 위한 욕망으로 민족주의의 이데올로기적 변용을 기피하였던 결과로 보인다. 그리고 민족주의가 이데올로기화됨으로써 현재 구축된 양극체제의 질서가 파괴되는 것을 두려워하는 강대국들의 심리도 이에 작용된 것으로 이해된다. 그러므로 공동체 민족주의가 민족공동체의 유일한 지도이념으로 자리 잡기 위해서는 먼저 양극체제에서의 탈피와 특정한 정치 상황에 내재하는 특권 계층의 의식 개혁이 필요하다고 볼 것이다. 그리고 공동체 민족주의의 체계적 이론화는 민족공동체의 형성과 궤도를 같이 하여 제기되는 과제로 판단되는 것이다.

5. 결론

18세기 유럽에 정치적 경제적 상황과 맥을 같이 하면서 형성된 내셔널리즘은 세계사의 한 장(章)을 이끌어 온 추진력으로서, 한 때는 민족통합의 구심점으로 작용하기도 하였고 또 민족 간의 갈등을 유발하는 원인이 되기도 하였다. 그러므로 근대사회의 형성과 현대사회에로의 이행에 있어서 내셔널리즘의 역할, 내셔널리즘의 역사적 성격 변화, 내셔널리즘이 초래한 민족 간의 갈등과 이에 따른 도덕적 비난, 집단적 열광과 관련된 민족주의의 본질 등은 그것을 연구하는 사람들의 주된 관심과 논의의 대상이 되어 왔다. 이처럼 민족주의가 현대 사회에서 발생되는 여러 가지 문제점을 규명하는 데 있어서 본질적 요소일 뿐만 아니라 또한 그토록 많은 사색과 연구의 대상이 되어 왔음에도 불구하고 민족주의의 평화적 미래상을 정립한다는 것은 대단히 어려운 과제로 인식되고 있다. 그러나 논리를 단순화시켜 볼 때 민족주의의 평화적 미래상은 민족주의의 속성으로 간주되어 왔던 여러 가지 요소들 중에서 갈등과 분쟁의 원인이 되어 온 것들은 해소시켜 주는 방향으로 나가면서 평화적 민족 통합의 기반이 되어온 것들은 선별적으로 수용·축적시켜 놓을 수 있다면, 그 구상이 가능해질 것이다. 이러한 발상에서 '민족공동체'의 형성과 '민족공동체'의 지도 이념으로서의 '공동체 민족주의'의 정립을 제시하게 된 것이다.

내셔널리즘은 '네이션'의 주체로서의 '종족'이 18세기 유럽의 정치 경제적 사조 속에서 절대군주로부터 자유와 정치적 자결권을 획득함으로써 '국민'으로 변용하게 되는 과정에서 탄생한 근대지향의 이데올로기이다. 계몽 철학자들의 사상적 기반 위에서 성립된 자유주의의 물결은 '조국'과 '나'의 계약론적 국가인식을 가능하게 하였으며 정치적 주체로서 시민권의 확립을 보게 하였다. 이처럼 내셔널리즘이 '국민주의'로 공고화되면서 '자유'와 '평등'의 국민적 가치를 세계에 전파하려는 정치적 욕구를 형성하게 되었다. 그러나 이러한 '국민주의'의 정치적 욕구는 산업화로 인한 경제적 팽창의 욕구로 변용되어 '국부의 신장'이 최고의 가치로 여겨지는 '국가주의'의 대두를 가져 오게 하였다. 즉 선진 산업기술 국가의 식민지 정책에서 시작된 경제적 제국주의의 사상적 기반으로 '국가주의'가 탄생하게 된 것이다. 이러한 '국가주의' 속에서 자민족 문화중심주의 등의 변형적 형태를 지닌 민족주의가 등장하게 되었으며 '국민주의'에서 추구하던 보편적 가치로서 '자유'와 '평등'은 퇴색하게 되었다. 근대화의 선두주자로 막강한 국가적 세력을 획득한 서구 열강의 국가주의적 침략은 식민지 주민들의 종족 의식을 자극하여, 정치적 독립과 경제적 자립을 달성하려는 집단적 저항 의식을 낳게 하였으며 이것이 곧 저항 민족주의 발생의 원인이 되었다. 이러한 맥락에서 '국가주의'와 '민족주의'는 서로 인과의 관계에서 파악이 가능해지며 '민족주의'는 당초부터 고도의 정치적 성격을 지니고 나타나게 된 사정을 알 수 있게 된다.

오늘날 세계 각국이 그들의 국가 목표인 근대화, 통일, 자립, 번영 등을 이룩하기 위해서는 '평화가 전제되는 민족주의'의 결속력을 공고히 하여야 할 필요성을 공감하게 된다. 이 같은 과제는 민족주의를 형성하는 가치 기준들이 문화적인 측면으로 수렴됨으로써 해결의 실마리를 찾게 된다. 즉 민족문화의 통합적 성향을 통하여 민족 집단이 1차적 운명공동체로 결속될 때 평화적 민족주의 결성의 발판이 마련된다고 볼 수 있을 것이다. 민족문화에 대한 분석의 시각은 정태론적 입장, 사회구조론적 입장, 갈등론적 입장 등 여러 각도에서 제기될 수 있겠으나 문화의 본질이 '평화적 통합을 전제로 한 사람들의 사회에 대한 믿음'이라고 인식하는 한, 위에서 제기한 논의의 정당성은 인정될 수 있는 것이다.

민족문화를 바탕으로 일차적 운명공동체로서의 민족공동체를 결성하기 위해 살펴보았던 공동체의 본질에 관한 논의는 크게 두 가지로 구분된다. 먼저 공동체는 집단의 군사, 경제, 정치 등의 기능적 단위체로서 형성되었다는 시각과 공동체의 본질은 민족의식이나 국가의지를 내용으로 하는 민족문화에 내재되어 있다는 시각이다. 기능적 공동체론에서 주로 논의되는 것은 기능의 전이 과정을 통한 공동체의 통합이며 군사, 경제 등 단일한 사회기능의 단계적 통합을 거쳐 복합적 기능으로서의 정치적 통합에까지 이른다는 이른바 기능적 통합이론이다. 이에 반하여 문화적 공동체론에서 중요시되는 것은 공동체 구성원의 정신적인 일체감이며, 이러한 동질감을 형성할 수 있는 수단 즉 커뮤니케이션의 방법이다. 따라서 언어, 문자 등을 통한 역사와 전통, 관습에 대한 가치, 그리고 공통적 행동양식에 대한 믿음 등이 공동체 결속의 중요한 요인으로 제시된다. 전자가 공동체 결성의 구조적 조건을 제시해 주는 것이라면 후자는 심리적 조건이 될 수 있을 것이며 민족공동체는 문화적 민족주의를 바탕으로 이러한 구조적 심리적 통합이 이루어질 때 형성이 가능하여 진다.

민족이란 인종, 언어, 종교, 전통 등 문화적 동질성을 바탕으로 하여 정치, 경제, 군사 등의 사회기능들을 통합하려는 숙명적 공동체라고 이해하게 될 때, 민족공동체의 형성에 대한 인식의 출발은 이루어진다. 그러므로 원시공동체나 문화적 공동체 또는 기능적 공동체는 각기 문화적 기능적 통합, 기능적 통합 및 문화적 통합을 통하여 나름대로의 민족공동체를 형성하게 되는데, 거기에 따르는 과제를 4가지의 차원에서 파악해 볼 수 있다. 첫째는 통합적 차원에서 민족을 공동체의 주체로 인식하여야 하며, 둘째는 실천적 차원에서 문화와 기능의 점진적 통합을 실현시켜야 한다. 그리고 셋째는 이념적 차원에서 정치적 자유의 확립, 경제적 평등의 지향, 국제적 평화의 추구, 민족문화의 창달과 보존 등을 내용으로 하는 '공동체 민족주의'를 성립시켜야 하며, 끝으로 복합 문화구조 속에서 민족문화를 수렴하고 여타 이데올로기를 초월하여 '공동체 민족주의'를 민족공동체의 최상의 지도이념으로 확립시켜야 할 것이다. 과거의 민족주의가 국가주의적 팽창 욕구의 속죄양이 되었으며 동서 이데올로기 대립의 무기가 되었던 사실을 잊어서는 안 되는 것이다.

과거 몇 세기 동안에 민족주의적 분쟁과 갈등은 세계평화에 막대한 위협이 되어 왔으며 따라서 민족주의는 수많은 도덕적 비난을 면치 못했으며 도덕주의자들로부터 배척의 대상이 되기도 하였다. 그러나 현대 국제사회 구조가 민족가의 접촉을 더욱 빈번하게 하고 여기서 유발되는 갈등과 분쟁은 과거의 어느 시기보다 심화되는 실정이다. 여기서 우리가 고찰한 '민족공동체'는 민족의 평화적 통합이라는 전제 아래 '민족주의와 더불어 진행될 세계사의 또 다른 장'에 대한 바람직한 미래상을 제시해 줄 수 있으리라 믿는다.

한국민족주의와
독립협회

독립협회의 정치집단화 과정

1. 서론

독립협회(獨立協會, Independence Club)는 1896년에 창설되었다. 이것은 "금단의 나라" 혹은 "은둔의 나라"로 알려져 있던 한국[1]이 개항(1876)을 계기로 선진 사회와 접촉의 길을 트게 된지 20년만의 일이다. 이 동안에 일본이나 미국 등을 다녀오는 기회를 통해 근대적인 요소를 직접 섭취할 수 있었던 최고의 지식층에 의하여 성립된 독립협회는 명실상부한 한국에서의 「민회」(民會, 사회단체, 민간결사체)의 효시였으며 근대적인 정치집단의 첫 출발이었다.

그 당시의 한국은 중국과 일본의 정치적 간여를 미처 벗어나기도 전에 노국(露國)의 세력 밑에 떨어지게 되었으며 갑오경장과 을미사변에 대한 반동으로 보수화의 길로 뒷걸음쳐 가는 인상마저 짙었다. 게다가 열강은 하나같이 한국에서의 이권 쟁탈에 분주한 형편이었다.

---

1) William E. Griffis나 Theodore S. Soltau는 "The Hermit Nation"이라 하고 Ernest Oppert는 "Ein Verschlossenss Land(Forbidden Land)"라 하여 국제적인 고립성과 전통사회로서의 폐쇄성을 표상하였다.

이러한 정치정세 밑에서 "한국민을 위한 한국(Korea for Koreans)"[2]으로서의 참된 「독립」의 뜻을 민중 속에 심어주고 자주·민권사상과 근대적인 과학 지식의 보급에 힘쓰던 독립협회로서는 여러 가지로 사회개혁의 필요성을 절감할 수밖에 없었다. 이로 인해 급기야는 정치활동을 전개하게 되었지만, 정치적인 영향력을 사회의 저변에 확대하기에 이른 독립협회는 전제군권에 대한 위협이 두드러지게 되자 보수적 반동세력의 탄압에 의하여 쓰러지게 되었던 것이다.

여하튼 독립협회가 본격적으로 정치활동을 시작한 것은 러시아에서 파견한 군부교련관(軍部敎鍊官)과 탁지부고문관(度支部顧問官)에 대한 배척운동을 전개하게 된 1898년 2월 20일부터의 일이거니와 여기에서는 비정치적인 활동으로 시작한 독립협회가 어떻게 1년 반 밖에 안 되는 형성과정을 통해서 정부 시책에 구체적으로 관여하고 나서는 대정부투쟁을 과감하게 벌일 수 있었는가에 관심의 초점을 모으려 한다. 따라서 독립협회가 어떻게 형성·발전되었으며 또한 정치집단화 되었는가를 밝혀 보려는 것이 이 논문의 요지인 것이다.

그러기 위해서는 먼저 제일차적 집단 관계가 사회적 결합의 중추를 이루었던 전통사회로서의 역사적 배경 하에서 개방적 사회단체의 결사를 가능하게 해 준 현대화로의 전환적 사회성으로서 선진 사회와의 접촉에서 받은 영향력을 통해 그 시대적 개연성을 살펴 볼 수 있을 것 같다. 또한 이와 아울러 대중운동체로서의 독립협회의 사회 활동을 현실적으로 촉진시켜 준 요인을 그 창설 사업과 결부하여 구명할 필요가 있을 것으로 본다. 그리고 이 두 가지가 파악된 후에는 독립협회가 정치집단으로 전환되

---

2) L. H. Underwood, *Fifteen years among the Top-knots* (Boston: American Tract Society, 1904), p. 208; H. B. Hulbert, *The Passing of Korea* (New York: Doubleday Co., 1906), p. 151.

기까지의 과정을 그 내부적인 정치집단화의 계기로서 의식 · 태도(민권의
식의 고양과 정치적 계도)와 인적 구성(조직기반의 확대와 주도세력의 정비 · 강화)
의 두 측면으로 나누어 밝혀 보려고 한다.

이 논문은 앞으로 계속해서 정리 · 발표하게 될 독립협회에 관한 종합
적 연구 계획의 일부이며 또한 이 연구는 동아문화연구위원회의 후원에
의하여 착수된 것임을 아울러 밝힌다.

2. 사회단체 결사의 시대적 개연성: 선진사회와의 접촉과 그 영향

여기서는 한국이 개국 이후 1896년에 이르기까지 선진 제국과의 접촉
이 어느 정도에 미치고 있었는가를 검토함으로써 수백년간 은둔의 자세
를 고수하고 있던 한국에서 어떻게 민회의 활동이 가능할 수 있었던가를
살펴보고자 한다. 물론 이것은 어디까지나 한국의 과거에 있어서의 정치
적인 현대화의 시도점이 되었던 독립협회의 성립을 이해하기 위한 기초
적 작업에 불과한 것이므로 다만 개략적인 고찰로 그칠 것이다.

19세기 후반이 절반이나 넘어가기까지도 한국은 중국을 제외하고는 외
국과의 교섭을 일절 부정해 왔다. 이것은 한국이 "변전(變轉)하는 국제 정
세와 근대 문명에 눈이 어두워서 사백년간 지속된 자신의 문화에만 만족하
고 있었기 때문"[3]이었음도 부정할 수는 없다. 그러나 이 보다도 중국의 구
미 자본주의 제국에 의한 식민지화의 비극은 소중화(小中華)라고 자처까지
했던 한국으로 하여금 보다 더 완강하게 쇄국의 장벽을 쌓게 하는 원인이
되었다. 그리고 외부적으로 쇄국의 지속을 역설적으로 가능케 하였던 것은

---

3) F. A. Mckenzie, *Korea's Fight for Freedom* (New York: Fleming H. Revel Co.,1920), p. 15.

한국에 진출하려던 제국간의 상호 견제에 의한 세력균형 때문이기도 했다.

그러나 이러한 상태는 과도적인 현상에 불과했다. 한국의 굳은 고립의 장벽은 이미 기독교와 프랑스 선교사들의 끈덕진 잠입으로 인해서 점차로 침식되어 갔으며 1876년 일본의 강압에 의하여 마침내 붕괴의 운명을 맞게 되었다. 비자의적으로 문호를 개방하게 한 강화조약이 발단이 되어, 한국은 그 이상 은둔국으로서의 존재를 지속할 수 없게 되었다. 이 조약이 기점이 되어 구미 선진 제국과의 통상조약을 체결하게 되었고 부산, 원산, 인천 등지의 개항과 외국인의 기류(寄留)가 허락되었다.

이로 인하여 근대 문명의 햇빛을 받지 못하고 그늘 밑에서만 생존해 온 한국에 근대 자본주의의 세력은 조수처럼 몰려 들어왔다. 1876년 이후 1896년에 이르기까지 한국이 일본을 위시하여 미국 · 영국 · 중국 · 독일 · 러시아 · 이태리 · 프랑스 · 오스트리아 등과 체결 혹은 비준한 조약 또는 협정의 수가 무려 44건이나 되었다.[4] 그리고 이와 같은 여러 나라의 공사관 혹은 영사관이 한국에 설치되었다. 이 20년 동안에 한국이 외국과 행한 외교 교섭의 정도는 다른 어느 때 보다도 활발하였다. 그런데 이러한 외교 교섭의 대부분이 구미에서 팽창한 제국주의에 자극된 바 있는 선진국의 자청(自請)과 내한(來韓)에 의하여 실현된 것이다. 따라서 이와 같이 빈번한 외교 교섭만으로 한국의 발전을 기대할 것은 못 되었다. 그러나 그 반면에 한국사회가 후진적이기 때문에 오히려 선진국의 권위가 더욱 강력하게 한국사회에 영향을 미치게 되었던 것도 부정할 수 없을 것이다.

한국은 강화조약이 계기가 되어 일면으로는 선진 제국의 세력이 범람하게 되었고 또 그들의 영향력에 지배된 바 컸을 것이나 타면으로는 근대 문화를 도입할 수 있는 통로가 마련되었다. 1876년 최초로 일본에 파견되

---

4)   Horace N. Allen, *Korea: Fact and Fancy* (Seoul: Methodist Publishing House, 1904), p. 239-240.

었던 수신사 김기수(金綺秀) 이하 75명의 일행은 1854년 Perry에 의해서 뿌려지고 마침내 결실을 보게 된 근대 문명의 산 표본을 대하고 경이와 감탄을 금치 못했다. 여기에서 비로소 "무르익어 가는 일본의 근대 문명과 조락해 가는 한국의 미개 문명의 신구 대조"[5]가 이른바 표면화된 것이다. 그리고 1880년에는 다시 김홍집(金弘集)을 수신사로 한 일행 60명이 다시 일본에 파송되어 근대식 군대 조직에 대한 새로운 암시와 자극을 받았다.[6]

이어서 1881년에는 조준영(趙準永), 박정양(朴定陽), 홍영식(洪英植), 어윤중(魚允中) 등 장년 신사 12명과 30대 미만의 수원 26명으로 구성된 「신사유람단(紳士遊覽團)」이 4개월 동안 일본의 각 행정 기관과 산업 시설을 시찰하였다. 이들 가운데서 연소(年少)한 수원 몇 명은 경응의숙(慶應義塾) 또는 동인사(同人社)에 입학하여 각기 수업하게 되었다. 이것이 한국인으로서 근대식 교육을 받게 된 최초의 일인 것이다. 이와 때를 같이 해서 임경태(林慶泰) 등 5명의 견학 생도가 동(銅)과 피혁 제조법을 배우기 위해서 대판(大阪)에 파견되었다. 그리고 김윤식(金允植)을 영선사(領選使)로 하여 생도(生徒) 25명과 공장(工匠) 13명을 포함한 69명을 천진(天津)에 보내어 군기공학(軍器工學)을 학습시켰다. 기술직을 천히 여겨왔던 사회 통념에 비추어 볼 때 양반 계급의 자제를 군기 학습에 종사시킨다는 것은 일대 용단이 아닐 수 없었다.[7]

그 이듬해인 1882년에는 임오군란(壬午軍亂)에 피해를 입은 일본에 사죄하기 위하여 수신대사(修信大使) 박영효(朴泳孝), 부사(副使) 김만식(金

5) William E. Griffis, *Corea: The Hermit Nation* (New York: Charles Scribner's Sons 1904), pp. 423-424.

6) 菊池謙讓, 『近代朝鮮史』 下卷 (서울: 鷄鳴社, 1939), pp. 503-508 참조.

7) 金允植, 『續陰晴史』 上卷 (서울: 국사편찬위원회, 1960), pp. 3-10 참조.

晩植)과 함께 대사 수원(大使隨員)으로 김옥균(金玉均), 홍영식, 서광범(徐光範), 민영익(閔泳翊)등 20세 전후의 귀공자 일단이 일본에 파견되었다. 이들은 부국강병에 매진하는 일본의 자세에 놀랐으며 복택유길(福澤諭吉)의 영향을 받고 귀국한 후 1883년 10월 1일에는 한국 최초의 신문인『한성순보』(漢城旬報)를 발간하게 되었다. 이들 중에서 개화당(開化黨)의 중추적 인물이 나왔다.

이와 같이 초기에는 주로 일본을 통해서 간접적으로 구미의 문명을 도입하였다. 그러나 한미조약이 조인되고 1883년 5월 19일 Lucius H. Foote 공사가 내한하게 됨에 따라 보빙대사(報聘大使)를 미국에 파견함으로써 구미 문화를 직수입하게 될 통로가 열리게 되었다. 전권공사(全權公使) 민영익, 부사 홍영식, 수원(隨員) 유길준(兪吉濬), 고영철(高永喆), 변수(邊隧) 등 11명은 1883년 9월 2일 미국에 도착하여 10월 12일까지 각지의 문물을 시찰하였다. 일행 중 민영익, 서광범, 변수 등은 한국 개화에 공헌을 하게 될 George C. Foulk와 함께 구주(歐洲)를 일주하고 이듬해 5월 31일에 귀국하였고 남은 일행은 미국에서 직접 귀국하였다. 귀국 후 민영익이 Foote공사에게 "나는 암흑계에서 나서 광명계에 갔다가 또 다시 암흑계로 돌아왔다"[8]고 말한 것을 보면 이들이 미국 시찰에서 받은 충격이 얼마나 컸던가를 알 수 있다. 우편제도의 창시와 신식 농장의 설치, 기타 고문 교사 및 기술자로서의 미국인을 초빙하게 된 것도 이들이 미국 시찰에서 받은 영향의 결실이었던 것이다.[9]

또 한 가지 특기할 만한 것은 한미우호의 증진에 따라 1887년에는 한국에서도 주미공사를 파견하게 된 것이다. 전권공사 박정양을 비롯한 이완용(李完用), 이하영(李夏榮), 이상재(李商在), 이채연(李采淵) 등의 일행

---

8) 文一平,『湖岩全集』一卷 (서울: 朝鮮日報社, 1939), p. 112.
9) 상게서, p. 110.

은 체미 기간을 통해서 미국의 민주정치와 산업 진흥에 대한 새로운 인식을 갖게 되었다. 그리고 광산 기사의 초빙, 철도 모형의 구입 등은 모두 이들에 의해서 자발적으로 행해진 일이었다.[10]

한편 여기에서 간과할 수 없는 것은 선교사의 활동과 근대식 교육기관의 창설이다. 한국의 근대화를 저지시킨 요인의 하나는 한국의 교육제도가 사상을 규격화하고 유교 원리를 교리화하는 과거 준비에 기초하고 있었기 때문에 "피교육자의 창의력의 증진과 세계 정세의 판단을 불가능케 하였다"[11]는 데도 있을 것이다. 선교사들은 이런 교육제도에도 전환점을 가져다 주었다.

미국의 선교사들이 한국에서 선교 활동을 활발히 전개할 수 있었던 것은 이들과 미국의 외교관들이 한국 내정에 중립적 태도를 고수함으로써 당시 정권을 장악하고 있던 사대당(事大黨)의 두터운 호감을 살 수 있었다는 데 있다. 1884년 9월 20일 처음으로 내한한 미국 북장로교 선교사 Dr. Horace N. Allen 은 현대 의술로서 우정국 사건에서 중상당한 민영익의 생명을 구해 주었다. 이 일이 기록이 되어 Allen은 1885년 4월 10일에 한국 최초의 국립 병원으로 간주되는 제중원 (濟衆院, House of Civilized Virtue)을 설립하게 되었다.[12] 그는 제중원을 통해서 "모든 계급과 남녀를 불문하고 치료하여 차별 대우가 심한 한국 사회에 평등과 민주주의 사상을 강력하게 자극하였다"[13]고 한다.

이로부터 미국 선교사의 수는 격증되었으며 정부는 미국인 청년 교사 D. A. Bunker, G. W. Gilmore, H. B. Hulbert 등 3명을 초청하여 신

---

10) 상게서, pp. 144-247.

11) Isabella B. Bishop, *Korea and Her Neighbors* (London: John Murray 1905), pp. 207-208.

12) Griffis, *op. cit.*, p. 468 참조.

13) H. W. Cynn, *The Rebirth of Korea* (New York: Abington Press, 1920), p. 132.

식 교육기관인 육영공원(育英公院)을 설치하였다. 이 학교가 고급관리의 자제 30명을 모아 처음 개학한 것은 1886년 9월 23일이었다.[14] 그러나 육영공원보다도 1885년 8월 3일 미 북감리교(北監理敎) 선교사 H. G. Appenzeller에 의한 배재학당의 창설과 이듬해 5월 31일 Mrs. M. F. Scranton에 의한 이화학당(梨花學堂)의 설립, 그리고 미 북장로교회에 의한 경신학교(儆新學校)와 정신여학교(貞信女學校)의 설립은 미국 선교사들이 한국 사회의 발전에 끼쳐준 커다란 공적이 아닐 수 없다. 이들은 이러한 교육기관을 통해서 서구식 교수법으로 수학, 지지(地誌), 위생, 생리(生理), 박물학, 물리, 화학, 역사, 사민필지(士民必知), 창가, 도화, 체조 등 새로운 학문을 가르쳐, 한국의 민도 계발(民度啓發)과 문화 발전에 절대적인 기여를 하였던 것이다.[15] 외국인 선교사들의 활동이 1896년에 이르러서는 그 규모도 확대되어 고아원, 주일학교, 교회, 남녀학교, 출판기관, 의료기관 등을 통해서 괄목할 정도의 진전을 보여 주었다. 다음의 표는 영국의 지리학회 회원으로 당시 한국을 시찰하고 간 Bishop 여사가 집계한 것을 필자가 필요한 항목을 골라 작성한 것이다.

[표 1] Mission Statistics for Korea, 1896

선교사	선교사수	교인수	주일학생수 (학생수)	보통학교수 (학생수)	남학교수 (학생수)	여학교수 (여학생수)	병원수 (시료수)	치료환자수 (입원환자)
장 로 교	31	510	10(783)	7(139)	1(50)	2(54)	8(3)	22,295(339)
감 리 교	23	266	7(512)	4(121)	1(110)	1(50)	4(2)	7,778(116)
복음부도회	16	–	–	–	–	–	3(3)	29,786(795)
외 방 전 도 회(불)	34	28,802	–	21(204)	2(271)		–	–

자료: Bishop, op. cit., pp. 298–299.

---

14) 李光麟, "育英公院의 設置와 變遷에 對하여," 『東方學志』, 六輯 (1963), pp. 102–111.

15) H.W. Cynn, op. cit., p. 315; 김세한 『배재사』 (1955), pp. 48–60.

선교사들의 이러한 활동의 근본 목적은 기독교의 전파인 것이다. 수백 년 동안 미신과 유교사상에 깊이 젖어 있는 한국 사람들에게 〈사랑의 존재〉와 〈살아있는 유일신〉에 대한 관념을 전파해 주는 이들의 정열은 요원의 불길처럼 타올랐다. 당시 한국에서 "기독교인이 된다는 것은 한 인간의 생애에 있어서 하나의 완전한 혁명을 의미하는 것"[16]이거니와 이들은 이러한 인간 혁명에 전력을 기울였던 것이다. 이와 같은 의미에서 기독교 자체도 한국인의 사고방식을 개조시켜 주는 데 중대한 역할을 담당했던 것이 사실이다. 그러나 기독교 전파의 목적을 위한 선교사들의 부대적인 활동은 한국의 근대화를 위한 기초 작업에 보다 더 중대한 공헌을 했던 것이다.

이상에서 간략하나마 한국의 근대화를 위한 〈근대화 자체〉의 대안으로서 선진 사회와의 접촉과 그 영향을 고찰해 보았다. 그런데 선진 사회와의 접촉은 정치적인 국면에도 새로운 자극과 여파를 던져 주었다. 지도층의 일부에 자주독립의 의식과 함께 정치 체질을 개혁해 보려는 자각분자(自覺分子)가 형성되었다. 그러나 이들이 택했던 근대화에의 시도가 반드시 성공하리라는 보장이 되어 있었던 것은 아니다. 이들은 왕왕히 뿌리 깊이 박혀있는 전통적인 구질서의 완강한 저항에 부딪혀 실패를 거듭하게 되었으며 외세와의 미묘한 관계로 말미암아 정국에 더욱 복잡한 양상을 나타내게 되었다. 자주독립을 표방하는 개혁파 자신들도 자력으로 그네들의 목적을 달성하지 못하고 외세에 전적으로 의지함으로써 새로운 고민이 따르게 되었다. 그리고 이것은 국내에 외세의 침입을 더욱 촉진시키는 동인이 되었던 것이다. 1884년의 쿠데타의 경우가 바로 그 대표적인 실례라고 하겠다. 그러나 갑오경장(甲午更張)은 그것이 비록 한국인의 자각에 의해서 자발적으로 이루어진 것은 아니었지만, 그래도 근대적인 제

---

16) Griffis, *op. cit.*

반제도를 다량으로 수입하게 되었으므로 이러한 근대적인 제도가 근대화의 방향을 제시해 주는 지침이 되었던 것이 사실이다.

여하튼 선진 사회와의 접촉의 확대와 근대 문명에 의한 새로운 자극과 신진 자각분자들에 의한 근대화에의 부단한 쟁투는 전통적이었던 한국사회에서 새로이 근대화 운동의 전개를 가능케 하는 기반이 되었던 것이다.

3. 창설 사업과 대중적 사회 활동의 촉진 요인

한국사회에 근대적인 성격을 띤 사회집단이 성립될 수 있는 여건이 마련되어 있는가를 보기 위해서 한국사회가 과연 어느 정도로 근대화에로 촉진되어 왔는가를 살펴보았다. 그러나 앞에서 개괄적으로 지적한 제 사실은 그것이 곧 독립협회의 성립과 필연적인 인과관계가 될 수는 없는 것이고 다만 그럴 수도 있다는 하나의 개연성에 불과한 것이다. 여기에서 독립협회의 결성을 유리하게 해 준 조건이 무엇이며 그것이 초창기의 사업 활동과 어떠한 연관성이 있는가를 살펴보아야 할 필요가 있는 것이다.

첫째로 들 수 있는 것은 정치적으로 상당히 영향력이 컸던 정동구락부(貞洞俱樂部)가 바로 독립협회의 전신이었다는 사실이다. 정동구락부는 1894년경 외국인의 중심지였던 정동을 무대로 하여 구미파의 중진과 외국인들 사이에 외교를 목적으로 조직된 단체로 민영환(閔泳煥), 윤치호(尹致昊), 이상재, 이원용 등의 한국인과 John M. B. Sill 미국 공사, V. Colin de Plancy 프랑스 영사를 비롯한 General M. Dye, C. Legendre, H. G. Underwood, H. G. Appenzeller 등의 외국인들로 구성되어 있었다.[17]

---

17) 文一平, 전게서, pp. 197-199; 국지겸양, 전게서 pp. 496-500 참조.

당시 날로 압권하는 일본의 독보적인 행동에 대항하기 시작한 것은 정동에 주재하고 있는 구미 제국의 세력이었으며, 득히 궁중과 긴밀한 관계를 맺고 있었고 고종의 신변을 보호하고 있었던 사람들은 미·러 공사와 미국인 선교사들이었다.

이러한 미국인들과 을미사변 후 세력을 잃게 된 구미파 인사들은 정동구락부를 중심으로 하여 정치적인 움직임을 나타내게 되었다. 1895년 11월 28일에 일어 난 「국왕탈취미수사건」(國王奪取未遂事件)은 정동구락부가 친러계와 합세하여 획책한 사건이었다.[18]

이 사건으로 미국 공사 Sill은 미국 정부로부터 힐책을 받고 한국 내정에 간섭하는 행동을 엄금하라는 명령까지 받게 되었다.[19] 그러자 이듬해 2월 11일 러시아 공사 Woeber의 책동에 의한 고종의 아관파천이 성공되어 미·러 공사관에 은피해 있던 구미파와 그 주위의 인물들이 새로 성립된 친러내각과 그 외의 요직에 들어가게 되었다.

독립협회의 창설자인 서재필(Philip Jaison)은 구미파가 미·러 공사관에 피신 중이던 1896년 1월 1일에 미국에서 돌아왔다. 그는 1884년 쿠데타에 실패하고 미국에 망명한 후 11년 동안 그곳에서 서구식 교육을 받았기 때문에 당시 한국의 어느 누구 보다도 서구의 민주주의를 가장 깊이 이해한 사람이었다. 그는 1888년에 미국의 시민권을 취득하였던바 당시 외국인들이 한국정부의 각 기관에서 고문으로 활동하는 예를 쫓아 중추원 고문관으로 취임하였다. 그가 미국의 한 시민이었고 "귀국한 후 처음

---

18) 이 사건 전야에 훈련원도감(訓練院都監)에 모였던 사람들은 이범진(李範晋), 이재순(李載純), 안경수(安駉壽), 이윤용(李允用), 윤웅열(尹雄烈), 윤치호, 이하영, 이학균(李學均), 현흥택(玄興澤), 민상호(閔商鎬), 이도철(李道徹), 임최수(林最洙), 이민굉(李敏宏), 김홍륙(金鴻陸), 이채연, 남만리(南萬里), 이용한(李龍漢), 이완용, 최영하(崔榮夏), Legendre, Dye, Nenstead, H. G. Underwood, H. G. Appenzeller등이 있으며 10월 8일부터 1896년 2월 11일까지 이완용, 이하영, 이채연, 민상호, 현흥택은 미국 공관에 이범진, 이학균은 노국 공사관에 피신해 있었다.

19) 文一平. 전게서, p. 203.

에는 정동 미국 선교사 아펜셀러의 집에 우거하고"[20) 있었으므로 미국 세력을 배경으로 하고 있는 구미파 (서재필은 이들을 정동파라고 했다[21))의 많은 지지를 받을 수 있었다.

더구나 구미파의 대부분은 외국에 가 본 일이 있는 사람들이었으므로 피상적으로나마 서구사회의 공개적인 결사에 대한 이해가 가능하였을 것은 틀림없다. 이 사람들이 사교단체로 이미 조직되었던 정동구락부의 구성원들로서, 영향력 있는 관리로 등장하게 되었고 또 이들에 의해서 독립협회가 발기되었다는 것은 독립협회가 등장하는 데 좋은 요건이 되었던 것이다.[22)

둘째로 들 수 있는 것은 독립협회가 비정치적인 활동에서 출발했다는 점이다. 서재필의 귀국 목적이 "정계에는 야심이 없고… 인민을 가르치고 인민을 지도 계발하려는 것"[23) 이었으며 그는 이러한 목적을 수행하기 위한 제일차 계획으로 정부로부터 5천원의 보조금을 받아 『독립신문』을 착수하였다. 서재필은 1896년 4월 7일의 창간호 논설 가운데서,

…우리는 죠션 대군쥬 폐하와 됴션정부와 죠션 인민을 위하는 사름드린고로 편당잇는 의논이든지 흔쪽만 생각코 하는 말은 우리 신문샹에 업실터이옴 … 우리신문을 보면 죠션인민이 소견과 지혜가 진보홈을 밋노라. 논설 긋치기 전에 우리가 대국쥬 폐하씌 송덕하고 만세를 부르는이다.[24)

---

20) 金道泰 記述 『徐載弼博士自敍傳』 (서울: 首善社, 1948), p. 212.

21) 상게서, p. 215.

22) 독립협회 발기인명단: 안경수, 이완용, 김가진(金嘉鎭), 이윤용, 김종한(金宗漢), 권재형(權在衡), 고영희(高永喜), 민상호, 이채연, 이상재, 현흥택, 김각현(金珏鉉), 이근호(李根澔), 남궁억(南宮檍) (『독립신문』, 1권 39호).

23) 金道泰, 전게서, p. 198.

24) 『독립신문』, 1권 1호.

라고 하여 충군(忠君), 애민(愛民), 불편부당(不偏不黨)을 『독립신문』의 편집 방침으로 내세웠으며 국민의 지도 계발을 충군사상에 귀착시켰다. 이것은 당시의 가치관념을 전혀 탈피하지 못한 것이었지만, 이것이 오히려 정부의 탄압을 받지 않을 근거가 되었다. 뿐만 아니라 『독립신문』은 "발간 초부터 한국민에게 강력한 영향력을 발휘하였으며 독립협회의 형성을 촉진시키는 주요인의 하나가 되었다"[25]고 한다.

『독립신문』에 이어서 착수한 서재필(徐載弼)의 제2차 사업계획은 독립문을 건립하자는 것이었다. 하관조약(下關條約)에서 한국의 독립이 정식으로 인정되었지만 이것은 한국민족의 민족적 자각과 노력에 의해서 쟁취된 것이 아니고 일본과 중국과의 세력균형의 산물이었다. 서재필은 이러한 독립이 백지의 독립이지 현실의 독립일 수는 없다고 생각했기 때문에 우선 독립의 의미가 한국민의 마음속 깊게 인상을 주도록 해야겠다는 의도에서 독립문 건립을 계획하게 되었던 것이다.[26] 이것은 독립문이란 상징물을 통해서 독립이란 이념을 사회 일반에게 침투시킴으로써 한국민에게 민족의식을 자각시키려는 데 그 목적이 있었던 것이다.

독립협회는 바로 이와 같은 중대한 의의가 있는 독립문 건립을 추진하기 위한 핵심체가 되기 위해서 발기되었던 것이니,

대조선국이 독립국이 되야 세계만방(世界萬邦)으로 병견(並肩)ᄒ니 차(此)는 아대군주폐하(我大君主陛下)의 위덕(威德)이 광절(曠絶)ᄒ샤 백왕(百王)에 탁관(卓冠)ᄒ심이오 아(我) 대조선국의 호만고(互萬古) 미증유(未曾有)한 광영(光榮)이오. 아동포형제(我同胞兄弟) 이천만인구의 금일 적정ᄒ 행복이니 의여성의(猗歟盛矣)라 연(然)이나 상금(尙今)토록 기념홀 실적이

25) H. B. Hulbert, *op. cit.*, p. 152.
26) 金道泰, 전게서, pp. 206-207.

무(無)흠은 성일흠전(誠一欠典)이라 자(玆)에 공공(公共)ᄒ 의(議)로 독립협회를 발기ᄒ야 전영은문유지(前迎恩門遺址)에 독립문을 신건(新建)ᄒ고 전모화관(前慕華館)을 수개(修改)ᄒ야 독립관이라ᄒ야 구일(舊日)의 치욕을 세(洗)ᄒ고 후인(後人)의 표준(標準)을 작(作)코저 흠이오 기(其) 부근지(附近地)를 광기(曠棄)치 못ᄒ므로 잉(仍)ᄒ야 독립공원을 순편(順便) 창설ᄒ야 써 기문(其門)과 관(館)을 보관코져 ᄒ오니 성거(盛擧)라 아니치 못ᄒ지라… 27)

고 하는 광고문을 보더라도 국가의 독립을 기념하기 위한 독립문, 독립관, 독립공원 등의 건설을 추진하려는 것이 독립협회(獨立協會)의 발기 취지였음을 알 수 있다. 이러한 취지는 독립협회규칙(회칙)에까지 "독립협회에서는 독립문과 독립공원 건설하는 사무를 관장할 사(제2조) 28)라고 명시하고 있는 것이다.

이와 같이 한국민에게 민족의식을 사각시키기 위한 수단으로 고안된 독립기념물을 건조하기 위하여 독립협회가 발족되었던 것인데 이것은 당초에 비정치적인 것이어서 어느 계층과도 대립할 위험성이 없었다. 뿐만 아니라 사회적으로 영향력 있는 계층이 그 추진 세력으로 등장하였고 독립협회가 구사한 독립이란 이념도 시대적으로 사회 전반의 지지와 환영을 받을 수 있는 민족적인 과제였기 때문에 독립협회의 출범은 순풍에 돛을 단 격이었다.

1896년 7월 2일 한국에 있어서 근대적 성지집단의 효시가 되었고 민족주의와 민주주의를 주요 목표로 하는 근대화 운동의 선구가 되었던 독립협회는 독립기념물 건조 사무(建造事務)를 관장시킬 임원 선정으로써, 그

27) 『大朝鮮獨立協會 會報』, 제1호 (서울: 貞洞, 1896. 11. 30), pp. 8-9.
28) 상게 회보, pp. 6-8. 회칙 전문 참조.

막을 올렸다.[29] 이들의 구체적인 임무는 사회 일반에게서 보조금을 모으는 일이었는데, 독립협회의 구조 자체도 이 일을 위해 회원 수를 무세한으로 하고 보조금을 송부하는 사람은 회원으로 정하게 하여, 문호 개방에 적극성을 보여주었다.[30]

독립협회는 4개월 동안의 모금 운동을 통해서 독립관을 준공하게 되었고 11월 21일에는 장엄하고 웅대한 독립문 정초식을 거행하여 국내외의 이목을 집중시켰다. 이 식전에 모인 사람들만도 "닉 외국민 병흐야 오륙천 명"[31]이라고 하였으니 독립협회의 사업이 얼마나 성공적으로 진행되어 갔는가를 알 수 있겠다. 그동안 왕태자는 천원의 보조금을 하사하여 독립협회를 격려하였다. 이에 따라서 친러파 김홍육(金鴻陸)의 일당인 내부지방국장 김중환(金重煥)까지도 11월 20일 각 지방 관찰사와 지방관에게 공문을 발송하여 전국적으로 독립협회의 사업에 협조할 것을 다짐하였다.[32]

이처럼 독립협회의 공인성은 확고해져 갔으며 그 결과 1897년 8월 26일 현재로 사회 각층의 상하 남녀노소 2000여 명으로부터 5897원 19전 2리라는 막대한 보조금을 모으게 되었던 것이다.[33] 물론 여기에서 『독립신문』과 『독립협회회보』라는 독립협회의 정기간행물을 통해서 획득한 선전적인 효과가 컸었던 것을 간과할 수 없다.

---

29) 이날 선정된 임원은 다음과 같다. 회장 겸 회계장: 안경수, 위원장: 이완용, 위원: 김가진, 김종한, 민상호, 이채연, 권재형, 현흥택, 이상재, 간사원: 송헌빈(宋憲斌), 남궁억, 심의석(沈宜碩), 정현철(鄭顯哲), 팽한주(彭翰周), 오세창(吳世昌), 현제복(玄濟復), 이계필(李啓弼), 박승조(朴承祖), 홍우관(洪禹觀) (『독립신문』, 1권 39호)

30) 독립협회규칙 제3조 6항과 제20조 참조.

31) 『독립신문』, 1권 100호.

32) 『독립신문』, 1권 105호.

33) 『독립협회회보』 1호에서 17호까지 수록된 인원과 금액을 필자가 집계한 것인데, 총원 1485명 외에 단체로 보조한 인원을 추계한 것이다.

4. 강연과 토론을 통한 민권의식의 고양과 정치적 계도

독립협회의 창설 사업과 초창기의 활동은 '독립'의 이념을 사회에 전파하고 독립협회의 조직을 기정적인 것으로 시인하게 하는 성과를 거두었다. 독립문은 그들이 좀 더 본질적인 활동을 개시할 수 있는 계기를 만들어 주었으며 독립관은 활동을 지속하는 데 필요한 집회 장소가 되었다. 그리고 독립협회는 그 활동의 추이에 따라 점차적으로 정치집단화되어 갔다.

그런데 독립협회 활동의 이와 같은 추이가 전혀 비의도적인 것이었는지 그렇지 않으면 의도적인 것이었는지가 문제된다. 따라서 여기에서 우선 독립협회의 창설자인 서재필이 독립협회를 창설하게 된 목적과 동기가 어디에 있었는가를 먼저 살펴보아야 할 것이다. 한국정치의 병폐를 진단하고 적절한 치료를 가할 뿐만 아니라 필요한 한도 내에서는 그 병인을 수술해 버려야 하겠다는 것이 서재필의 생각이었던 것 같다.[34] 그러나 그는 중추원 고문관의 자격만으로는 그의 이상을 실현할 수 없음을 깨닫게 되자 공적으로 정부를 위해 일하려던 생각을 버리고 사적으로 한국 민족을 위해 헌신할 각오를 갖게 되었다.[35] 그리고 이에 대한 구체안으로 마련한 것이 『독립신문』과 독립협회였다. 서재필의 자서전에도,

> 나는 신문만으로는 대중에게 자유주의 민주주의적 개혁사상을 고취하기가 곤란할 듯 하여 여러 가지로 생각하다가 무슨 정치적 당파를 하나 조직하여 여러 사람의 힘으로 그 사상을 널리 선파시켜야 하겠다고 … 비로소 독립협회라는 것을 창설하였다.[36]

---

34) James S. Gale, *The Vanguard; a Tale of Korea* (New York: Fleming H. Levell Co., 1904) p. 320.

35) F. A. Mckenzie, *op. cit.*, p. 67.

36) 金道泰, 전게서, p. 215.

고 적혀 있는 것을 보면 독립협회를 창설한 목적이 정치집단을 통한 자유·민주주의 사상의 대중화에 있었거니와 한국의 정치적 병폐를 개혁하려는 데서 동기가 싹텄을 것임에 틀림없다. 이러한 목적과 동기는 독립협회의 활동이 전개되어 나가는 방향의 지침이 되었다.

독립협회는 이러한 목적을 수행하기 위하여 민권의식의 고양과 집단적인 훈련을 통한 정치적 계도로서 정치집단화의 계기를 마련하게 될 다음과 같은 활동을 개시하게 되었다.

첫째로 들 수 있는 것은 강연회이다. 강연은 서재필이 주관하였다. 그의 강연 내용은 점차적으로 대담해졌는데 임창영(林昌榮) 씨에 의하면 서재필의 연제 중에서 가장 중요했던 것은 미국독립선언서에서 발췌한 〈인간의 권리와 의무〉, 〈정부의 기원과 본질〉 등과 같은 것이었다고 한다. 이밖에도 그는 이름을 말하지 않고 Jefferson, Locke, Rousseau, Montesquieu와 같은 사람들의 사상을 소개했다고 한다.[37] 어쨌든 그는 "개인이 향유 할 수 있는 시민권에 대한 자각의 씨를 한국 땅에 뿌려 보려는 노력"[38]을 아끼지 않았다.

이와 같은 서재필의 강연은 민주주의의 기본사상을 주로 소개하고 계몽시키는 것에 지나지 않았지만 "외국인과 비슷한 억양과 박력이, 한국어를 통해 조화를 이루는 가운데, 서구적인 사상을 풍겨주는 그의 연설은 수많은 청중을 감동시켰다"[39]고 한다. 자기의식을 동반하는 이러한 감동이 집단적으로 작용할 때 표현의 배출구를 찾게 되기 쉬운 것이다. 더구나 "아무리 강한 사람이거나 정부라도, 여러분이나 나에게서 하느님이 주

37) Channing Liem, *America's Finest Gift to Korea: The Life of philip Jaison* (New York: The William Fredrick Press, 1952), p. 50. 『독립신문』에서도 2권 28호 논설에 인간의 권리 의무, 2권 45호 논설에는 국가와 정부의 기원에 대한 설명이 있다.

38) Gale, *op. cit.*, p. 223.

39) *Ibid.*, p. 224.

신 권리를 뺏어 갈 수는 없다. 어떠한 정부라도 국민의 소원을 무시하는 정부는 국민의 원수다."[40]라고 주장한 서재필의 연설은 청중에게 정부에 대한 비판의식을 조장한 것이며 독립협회가 정치집단으로 전환할 가능성을 암시한 것이다.

둘째로는 토론회를 들 수 있다. 이 토론회의 제1단계는 의사진행에 관한 훈련이었다. 독립협회는 이른바 「의회원규칙」(Parliamentary rule)[41]을 도입하여 매주 집회에서 의사진행 방법을 적용시키는 데 힘썼다. 이에 따라 「찬성자다수」(The ayes have it)[42]에 대한 새로운 인식을 갖게 되었다. 이것은 모든 문제를 중의에 따라 결정한다고 하는 의식의 발아로써, 근대적 의미의 대중의식이 이들에게서 싹트기 시작한 것이다. 처음에는 의회제도를 모방하여 독립협회 스스로가 민주적인 운영의 묘리를 터득하는 데 힘썼거니와 나중에 가서는 "의회하는 규칙을 배우고자 하는 이를 위하여 만국의회통용규칙(萬國議會通用規則)"[43]을 윤치호의 번역판으로 일반에게 보급하는 데까지 힘썼다. 의회의 의사진행 방법의 도입과 아울러 필요하게 된 것은 각 구성원들이, 제기된 문제에 대한 자기의 의사와 주장을 어떻게 합리적으로 회중에게 표현할 수 있느냐는 것이었다. 이러한 요청에 따라 출현한 것이 토론회였다. 이 토론회의 진행 방식은 다음과 같다.

1. 상대적인 개념이 들어있는 연제(演題)를 정해 놓는다.
2. 연사를 4명씩 선정하여 우편과 좌편으로 나누어 놓고 각기 자기편이 옳다는 주장을 하게 한다.

---

40) Liem, *op. cit.*, p. 51.
41) Mckenzie, *op. cit.*, p. 68.
42) Gale, *op. cit.*, p. 223.
43) 『독립신문』, 3권 43호.

3. 남은 회원들은 자기가 공명하는 편을 지지하는 발언 할 수 있다.

4. 승패는 양편을 비교하여 중의(衆意)로 결정한다.

이것을 Gale은 'yes-no meeting'[44]이라고 했는데 회원들에게 공중 연설을 훈련시키는 데 좋은 성과를 나타냈다. 서재필의 말에 의하면 처음에는 공중 앞에 연설하러 나서는 것을 주저 했던 수백 명의 회원들이 얼마 후에는 아주 효과적인 연설을 하게 되었다고 한다.[45]

물론 독립협회의 토론회를 오늘날에 본다면 매우 유치한 것이겠지만 그들은 이러한 토의 방식을 통해서 자기의 의사를 주장할 줄 알게 되었으며, 자기의 주장이 다수자의 지지를 받을 때 비로소 그 주장이 정당한 것으로 인정된다고 하는 인식을 갖게 된 것이다. 이는 곧 개인의 자유와 존엄에 대한 자각의 길이었으니, 이러한 자각을 통해서 민주화의 터전이 마련되어 진다고 하는 사실을 인정한다면 독립협회의 토론회는 한국의 민주화를 위한 기점이 되었다고 말 할 수 있는 것이다.

또한 이러한 자각은 사회 참여 의식과 직결되는 것이거니와 이것은 그들의 토론 내용에서도 쉽게 이해되는 것이다. 독립협회가 총31회의 토론회를 통해서 보여준 관심은 정치, 경제, 사회, 문화, 시사 등 다방면에 걸치고 있거니와 특히 국가의 부약책(富弱策) (7회)과 안전보장책 (6회)에 관한 토의에 집중되고 있어서 정치적으로 농도 짙은 관심을 표출했을 뿐만 아니라 국가 시책에 시사하는 바가 자못 컸다. 즉 국가부강책은 국민의 지위 향상과 관민일치단결(官民一致團結)에 의하여, 그리고 상업진흥, 각종 광산 개발, 채과무종(菜果務種), 동력 개발 등에 의하여 획책할 것을 거론했으며 상무정신(尙武精神), 국법준행정신 및 애국심의 앙양(仰揚)과

---

44) Gale, *op. cit.*, p. 223.

45) Mckenzie, *op. cit.*

국토의 보전 및 국가 재정의 자주적 운용을 통해 국가의 안보책을 도모할 길을 모색하였다. 또한 교육에 대한 관심 (5회)도 커서, 「인민의 교육」과 「부녀자의 교육」을 시급히 요청하고 있으며 「새법과 새학문」을 배울 필요성과 이를 위한 한글의 보급 및 신문의 광범한 구독을 역설하였다. 그리고 보건사회 정책에 대한 관심 (5회)도 이에 못지않았던 바 보건위생을 위한 도로의 보수와 의·약학의 보급, 맹아자에 대한 국가의 보호, 조상 분묘에 대한 신봉의 타파, 도난 방지를 위한 가로등 시설의 필요성 등을 토로 하였다. 이밖에도 인신매매 폐습을 타파하고 약자를 보호하고 그 인격을 존중해야 할 것을 역설하였다. 이처럼 대부분이 종국적으로는 국가 시책에 의해서 달성되기를 바라는 것들이었거니와 그들은 「의회원설립」의 긴요성과 「국가시정에 관한 논의」의 필요성을 절감하였음이 엿보이고 있다.[46)]

따라서 독립협회가 단조로운 공론에만 만족할 수 없었을 것은 명약관화한 사실이다. 독립협회가 강연과 토론회를 통해서 섭취한 민권사상과 민주정치적 행동 양식은 지극히 초보적인 것이며 피상적인 것이었다고 말 할 수도 있다. 그러나 그것이 사실이라 하더라고 자율과 자아가 무시되어 왔던 역사적인 배경 밑에서 개인의 존엄과 자주정신의 집단적인 각성, 그리고 새로운 방향에서 모색되어야 할 국가 시책의 당면 과제에 대한 문제의식은 새로운 정치적 관심과 적극적인 참여의식을 자극하였음에 틀림없다. 결국 그동안 독립협회가 전개해 온 강연회와 토론회의 활동은 민권의식을 고양시키고 그들을 정치적으로 계도함으로써 독립협회를 정치집단화의 길로 이끌어 갔던 것이다.

총 31회에 걸쳐 진행된 토론회의 논제를 소개하면 다음과 같다.

---

46) 다음에 소개하는 토론회 논제록 참조.

[표 2] 독립협회 토론회 논제록

회순	년월일	논제
1.	1897. 8. 29	조선에 급선무는 인민의 교육임. (『독립신문』, 2권 103호)
2.	1897. 9. 5	도로수정하는 것이 위생의 제일방책임. (『독립신문』, 2권 106호)
3.	1897. 9. 12	나라를 부강케하는 방책은 상무(商務)가 제일. (『독립신문』, 2권 110호)
4.	1897. 9. 19	도적을 금(禁)하는 데는 길가에 밤이면 등불을 키는 것이 긴요함. (『독립신문』, 2권 113호)
5.	1897. 9. 26	부녀를 교육하는 것이 의리상과 경제상에 마땅함. (『독립신문』, 2권 117호)
6.	1897. 10. 17	국문을 한문보다 더 쓰는 것이 인민교육을 성대케 하는 데 유조(有助)함.(『독립신문』, 2권 126호)
7.	1897 .10. 24	국중에 상무를 흥케 하고 자주권을 견고케 하는 데는 경편하고 실로히 보배로운 화폐를 그 나라에서 지여 쓰는 것이 긴요함. (『독립신문』, 2권 129호)
8.	1897. 11. 1	동포형제간에 남녀를 팔고 사고 하는 것이 의리상에 대단히 불가함. (『독립신문』, 2권 132호)
9.	1897. 11. 7	대한이 세계 각국과 비견하여 제일상등국이 되려면 근일 새법과 새학문을 배우지 말고 한당속(漢唐俗)과 예절을 본받는 것이 마땅하다. (『독립신문』, 2권 135호)
10.	1897. 11. 14	벙어리와 판수들을 정부에서 재예로 교육하는 것이 마땅함. (『독립신문』, 2권 135호)
11.	1897. 11. 28	대한인민들이 이때까지 부유하고 공명함은 각기 조상의 분묘들을 좋은 땅에 쓴 까닭임. (『독립신문』, 2권 144호)
12.	1897. 12. 5	인민을 위생코저 하려면 의약의 학문이 급선무임. (『독립신문』 2권 147호)
13.	1897. 12. 12	인민의 심지를 쾌활케 하고 독립의 권리를 보호하려면 상문(尙文)하느니 보다 상무하는 것이 더 긴요함. (『독립신문』, 2권 150호)
14.	1897. 12. 19	겸년 인민을 구제하려면 채과를 많이 무종하는 것이 긴요함. (『독립신문』, 2권 152호)
15.	1897. 12. 26	인민의 귀로 듣고 눈으로 보는 것을 열리고 밝게 하려면 본국과 타국의 신문지를 널리 반포하는 것이 제일 긴요함. (『독립신문』, 2권 152호)
16.	1898. 1. 2	나라를 영원태평케 하랴면 관민(官民)간에 일심 애국하는 것이 긴요함.(『독립신문』, 3권 3호)

회순	년월일	논제
17.	1898. 1. 16	청국(淸國)을 각국이 분파하게 되었으니 대한이 인지의(隣之義)로 가서 구원하는 것이 마땅함. (『독립신문』, 3권 9호)
18.	1898. 1. 23	국가를 부요케 하려면 금, 은, 동, 석탄 등 광산을 확장케 하는 것이 제일 긴요함. (『독립신문』, 3권 12호)
19.	1898. 1. 30	공력과 증기력을 인력보다 더 힘쓰는 것이 경제학상에 유조할 뿐더러 인민의 생애가 더 흥왕함. (『독립신문』, 3권 15호)
20.	1898. 2. 6	선악과 이해와 장단을 알면서도 행사는 경계를 알지 못하는 자와 같게 하는 자는 인품이 당초에 분간없는 사람보다 더욱 더렇다. (『독립신문』, 3권 15호)
21	1898. 2. 13	사람의 목숨이 지극히 귀하나 남에게 종이 되고 살기를 얻는 것은 지극히 귀한 인명을 천하게 대접하는 것이요, 하나님과 사람 사이에 죄를 얻는 것임. (『독립신문』, 3권 21호)
22.	1898. 3. 6	대한토지는 선왕의 간신코 크신 업이요 1,200만 인구의 사는 땅이니 한 자와 한 치라도 다른 나라 사람에게 빌려주면 이는 곧 선왕의 죄인이오 1,200만 동포 형제의 원수임. (『독립신문』, 3권 30호)
23.	1898. 3. 20	재물정사(財物政事)는 비유컨데 사람의 온몸의 피와 맥과 같으니 그 혈맥을 보호하여 기르는 것은 각각 자기들에게 있지 남이 보호하여 주고 길러 주지 못함. (『독립신문』, 3권 36호)
24.	1898. 3. 27	나라와 백성을 안보하려면 일정한 법률을 긴급히 준행해야 함. (『독립신문』, 3권 39호)
25.	1898. 4. 3	의회원을 설립하는 것이 정치상에 제일 긴요함. (『독립신문』, 3권 42호)
26.	1898. 4. 17	각처에 독립협회지소를 설립하는 것이 본회의 제일 요무임. (『독립신문』, 3권 39호)
27.	1898. 5. 1	나라 정사의 다스리고 못다스리는 것을 의논하는 것이 독선하는 도에 불힙힘. (『독립신문』, 3권 48호)
28.	1898. 5. 8	백성의 지위가 튼튼한수록 님군의 지위가 더욱 높아지고 니리의 형세가 더욱 크게 떨침. (『독립신문』, 3권 54호)
29.	1898. 5. 15	약한 이를 강한 자가 업수히 여기는 것이 천리와 인정에 당연함. (『독립신문』, 3권 58호)
30.	1898. 6. 5	국가를 흥왕케 하는 데는 관민이 일심으로 하는 데 있지 강토의 대소에 있지 않음. (『독립신문』, 3권 68호)
31.	1898. 6. 12	나라 법률을 튼튼히 지키기는 백성에게 있음. (『독립신문』, 3권 70호)

5. 조직 기반의 확대와 주도 세력의 정비·강화

독립협회가 그 창설 사업으로서 독립기념물 건조 사업을 추진해 나가는 한편 강연과 토론회의 활동을 통해 민권의식을 고양하고 민주정치의 행동 양식에 대한 훈련을 쌓음으로써 스스로 정치집권화의 계기를 마련하게 되었음은 앞에서 밝힌 바와 같다. 그런데 독립협회는 이와 때를 같이 하여 그 조직의 기반을 확대해 가면서 초기의 다양했던 주도층을 점차 정비해 나갔으며 정치적으로 의견과 태도를 같이 하는 사람들로 세력을 강화하게 되었다. 여기서는 이와 같은 일련의 인적 요소를 중심으로 하는 사태 진전을 통해서 또 다른 하나의 정치집단화의 계기를 찾아보고자 한다.

독립협회는 서재필의 격려와 지도 밑에서 안경수, 이완용, 김가진, 이윤용, 김종한, 권재형, 고영희, 민상동(閔商銅), 이채연, 이상재, 현흥택, 김각현, 이근호, 남궁억 등 14명에 의하여 발기되었고 1896년 7월 2일 회장 겸 회계장에 안경수, 위원장에 이완용, 위원에 김가진, 김종한, 민상호, 이채연, 권재형, 현흥택, 이상재, 이근호, 간사원에 송헌빈, 남궁억, 심의석, 정현철, 팽한주, 오세창, 현제복, 이계필, 박승조, 홍우관 등 20명의 임원을 선출함으로써 사회와 관계의 중진급 인사 24명으로[47] 첫 걸음을 내딛게 되었다. 이어서 10월 19일에는 다시 위원으로 이재정(李在正), 유기환(俞箕煥), 박기양(朴箕陽), 김승규(金昇圭)를, 그리고 간사원에는 이건호(李建鎬), 서창보(徐彰輔), 이근영(李根永), 문태원(文台源), 구연소(具然韶), 박용규(朴容奎), 안영수(安寧洙), 이종하(李鍾夏) 등 12명을 충원하였다.[48]

---

47) 발기인 14명과 발기인이 아니면서 임원 선출된 9명 그리고 당일 보조금 10원을 내어 첫 회원이 된 조성협을 합하여 24명이다. 서재필은 「독립신문사」의 명의로 30원을 보조했고 발기인들이 470원을 보조하여 510원의 보조금이 당일로 갹출되었다. (격일간의『독립신문』1년 구독료는 1원30전)

48) 전게 회보, 제1호, pp. 10~11.

독립협회가 처음에는 이들을 중심세력으로 하여 독립기념물 건조 사업을 위한 모금 활동에 주력하면서 11월 30일부터는 "본국귀대(本國歸代)의 연혁소유(沿革所由)와 우내(宇內) 만국의 치란흥폐(治亂興廢)와 고금 정치(古今政治)의 민국일치(民國一致)하던 실적을 증명하고 수사논설(隨事論說)하며 본회 회원과 각부부군(各部府郡)과 재야유지제공(在野有志諸公)에게 정람(呈覽)하야 본회의 애국애민지지(愛國愛民之旨)와 유질유문지의(有質有文之義)를 표명"[49]할 것을 요지로 하는 월2회의 『대조선독립협회회보』(大朝鮮獨立協會會報)를 발간하게 되었다. 그리고 1896년 말에는 2천여 명의 회원을 갖는[50] 대규모의 사회단체가 되었다.

독립협회는 왕태자가 보조금을 하사함으로써 사회의 공인성이 높아졌었거니와 독립관이 완공되자 왕태자는 다시 예서로 독립관이란 삼자(三字)를 하서(下書)해 주었다. 1897년 5월 23일 독립협회는 이 삼자를 현판으로 새겨 거는 경사를 맞게 되었거니와 또한 이것은 독립협회의 세력 확장에 좋은 계기가 되었다. 이날 독립협회는 이하영(공사), 이병무(李秉武, 參領), 류정수(柳正秀, 局長), 김중환(金重煥, 局長), 백성기(白性基, 參將), 김재풍(金在豊, 경무사), 민영기(閔泳綺, 協辯), 조동윤(趙東潤, 參將) 등을 위원으로 증선 하였으며 7월 3일에는 심상훈(沈相薰, 大臣), 한규설(韓圭卨, 大臣), 이인우(李寅祐, 協辯) 3명을 위원으로 선출하여 고급 관리의 대거 진출을 보았다.[51] 그리고 7월 18일 부터는 간사원(幹事員)이란 명칭을 위원으로 폐합 통칭하기로 결정하고 박정양, 조병직(趙秉稷), 이재순, 민종묵(閔種默), 고영희, 김각현, 이충구(李忠求) 등 정계 고위층의 인물과

---

49) 상게 회보, p 10.

50) 『독립신문』, 1권 116호. 그 후 1898년 말의 기록에 의하면 회원의 총수는 4,173명이나 되었다. (『대한계년사』 상, p. 364)

51) 전게 회보, 제13호 (1897. 5. 31), p. 17; 제16호 (1897. 7. 15.), p. 11.

김유정(金裕定), 신재영(申載永), 조병교, 박세환(朴世煥), 조성협(趙性協), 이응익(李應翼), 오영환, 이인영(李仁榮), 김명순(金明濬), 윤진식, 어윤직(魚允迪), 박희진(朴熙鎭), 한진창(韓鎭昌), 김규희(金奎熙), 김의진(金義鎭), 정교(鄭喬), 이병목(李秉穆), 주상호(周商鎬, 時經), 양홍묵(梁弘默), 이준일 등의 신진 인사들을 위원으로 맞게 되었다.[52]

한편 5월 23일의 결의에 따라 6월 3일부터 매주 일요일마다 서재필, 안경수, 이완용, 이윤용, 이채연, 권재형 등을 중심으로 강연과 토론회를 열게 되었다.[53] 특히 독립협회의 토론회는 8월 29일부터 본궤도에 오르게 되었던 바 일반인의 참관을 적극적으로 권장하여 그들의 새로운 활동을 사회화시키는 데 노력하였다. 이때부터 점차로 신진 세력이 두각을 나타내게 되었던 것 같다.

물론 이 때 새로 선정된 임원은 회장에 안경수, 부회장에 이완용, 서기에 정교, 회계에 권재형, 이근영(李根永), 제의(提議)에 이채연, 이계필, 이종하 등으로 표면상에 큰 변화가 있었던 것은 아니다. 그러나 『독립신문』의 날카로운 정치비판은 관료 계층의 반발을 일으켜 10월 초부터 『독립신문』 정간 공작(停刊工作)이 있었고 9월 7일에 주한 러시아 공사로 온 Speyer의 한국 정치에 대한 강압을 신랄하게 공격하기 시작한 『독립신문』은 한 때 정간의 위기까지 직면하게 되었다.[54]

이로부터 독립협회의 주도 세력을 이루고 있던 관료적 색채가 농후한 회원들은 점차로 후퇴하게 되었고 강경한 신진 세력이 기세를 올리기 시작하였다. 이들 강경파는 1898년 2월 20일부터 한국의 병권, 재정권(財政權)에 대한 러시아의 독점을 결사적으로 반대하는 운동을 벌이게 되었

---

52) 『독립신문』, 2권 86호; 3권 13호.

53) 전게 회보, 제14호 (1897. 6. 15.), p. 15.

54) 『독립신문』, 2권 119호; 2권 150호 .

으며 독립협회의 새로운 주도 세력을 구축하게 되어 2월 27일에는 회장에 이완용, 부회장에 윤치호, 서기에 남궁억, 회계에 이상재, 윤효정(尹孝定), 제의(提議)에 정교, 양홍묵, 이건호(李建鎬) 등의 새 임원을 선출하였다. 이때 러시아 공사가 독립협회를 맹렬히 비난하자 시세에 편승하여 입회하였던 관료파는 독립협회에서 몸을 피하게 되었고 3월 11일 이완용이 전북 관찰사로 부임하게 되자 신진 세력의 거두인 윤치호가 실제적인 주도권을 잡게 되었기 때문에[55] 8월 28일에는 회장에 윤치호, 부회장에 이상재, 서기에 박치훈, 한만용(韓晩容), 회계에 이일상 등을 보선하였던 것이다.[56]

그리하여 정치활동을 개시하게 된 이후의 독립협회 회원들은 그들이 표출한 정치활동의 성향에 따라 다음과 같은 세력의 분포를 보이게 되었다.[57]

1) 선도적 주동 세력

강화석(姜華錫), 남궁억(前土木局長), 김구현(金龜鉉, 前熊川郡守), 김두현(金斗鉉, 前借啣縣 監), 방한덕(方漢德, 鑛山局長, 中樞院一等議官), 변하진(卞河璡), 염중모(廉仲謨, 度支部財務官), 양홍묵(梁弘默, 培材學堂教員), 오인택(吳仁澤, 宮內部官人), 류맹(劉猛, 前借啣軍器寺判官), 윤치호(前學部協辦, 中樞院一等議官), 윤하영(尹夏榮, 前弘文館校理, 中樞院議官), 이건호(李建鎬, 前坡州牧使及 鏡城觀察使, 中樞院議官), 이무영(李懋榮, 侍從院 侍從, 宮內部參理官, 美國公使書記), 이상재(議政府總務局長), 이승만(李承晩, 培村學堂教員), 정교(前長淵郡守,

---

55) 정교, 전게서, p. 183;『독립신문』, 3권 94호.

56) 『독립신문』, 3권 127호.

57) 정교, 전게서, p. 187 이하에 기록된 사실을 근거로 하여 분류해 본 것임. (가나다순에 의함)

中樞院議官, 侍從院侍從), 정항모(鄭恒謨, 前主事), 조한우(趙漢禹), 한만용(韓晩容, 前大邱府 參書官書記), 한치유(韓致愈, 內部參書官), 현제창(玄齊昶, 中樞院議官), 홍정후(洪正厚, 基督敎人)

2) 중도적 주동 세력

김교거(金敎巨, 前馬兵隊參尉), 김낙집(金洛集, 前技手), 김연창(金演昶), 김정현(金鼎鉉), 김충변(金忠變), 박제빈(朴齊斌), 박승조, 안영수, 윤기진(尹起晋), 윤태흥(尹泰興), 이규대(李奎大), 이근영, 이병목(李秉穆, 奎章閣主事), 이승원(李承遠), 이인영, 이종하, 주덕순(朱德淳), 최상돈(崔相敦), 최석민(崔錫敏, 前平壤府參事官), 최정덕(崔廷德, 官立水下洞學校敎員), 홍긍변(洪肯變)

3) 정치적 중립 세력

고영희(協辦), 권재형(法部協辦), 김가진(黃海道觀察使), 김종한(侍從院卿), 민영환(軍部大臣), 민상호(協辦), 박정양(內部大臣, 議政府參政), 이계필(漢城府小尹), 이윤용(軍部大臣), 이채연(漢城府判尹)

4) 정치활동 방해 세력

길영수(吉永洙, 白丁 後十三道員商都班首), 라수연(羅壽淵, 前軍器寺判官衛), 신태휴(申泰休, 警務使), 유학주(兪鶴柱), 임진수(林鎭洙, 借衛主事), 홍순욱(洪淳旭)

5) 정치적 배척 세력

김병원, 김재풍, 김중환, 민종묵, 신기선(申箕善), 심상훈, 심순택(沈舜澤), 안경수, 윤용선(尹容善), 윤효정, 이유인(李裕寅), 이인우, 이충

구, 정낙용(鄭洛鎔), 조병식(趙秉式), 조병직, 최정식(崔廷植)

독립협회의 정치활동은 대정부 투쟁으로서의 성격이 강했기 때문에, 고급 관료에 속한 사람들은 이미 지적한 바와 같이 정치활동의 개시와 더불어 독립협회의 활동 영역에서 벗어나게 되었다. 그러나 독립협회의 정치활동에 대한 이들의 반응이 동일한 것은 아니어서 민영환, 박정양 등의 고급 관리들은 정치적으로 중립적인 입장을 취하게 되었고 신기선, 이완용 등은 대정부 투쟁의 대상이 되어 독립협회의 정치적인 배척 세력으로 등장하게 되었으며 일부는 이들의 앞잡이가 되어 정치활동을 방해하는 공작을 벌이게 되었다.

따라서 독립협회의 새로운 주도 세력으로 대두하게 된 강경파의 대부분은 정치적 중립 세력이나 정치적 배척 세력이 된 고급 관리들에 비하여 사회적 경험이나 연령이 낮은 신진 청년층이었다. 앞에서 이들을 선도적 주동 세력과 중도적 주동 세력으로 나눈 것은 상대적인 것으로 다만 정치활동의 반경과 정도에 의한 것이지만 특히 선도적 주동 세력의 경우에는 그들의 지위로 보아 당시의 한국 사회에서는 상층적 지도계층에 속한 인물들이었음은 두말할 나위도 없다. 더구나 이들의 가장 대표적 인물이었던 윤치호와 이상재는 사회적으로 널리 알려진 뚜렷한 존재였다. 특히 윤치호는 10여년 이상의 해외(일본, 상해, 미국) 유학을 통해서 선진 사회의 영향을 가장 많이 받은 사람이었기 때문에, 이 해 4월 15일 서재필이 해외로 다시 추방된 후에도 서재필의 후계자로서의 역할을 충분히 담당할 수 있었다.[58] 이상재 또한 일찍이 일본과 미국을 다녀온 바 있거니와 발기될 때부터 최후까지 독립협회를 고수하고 이끌어 나간 투지의 인물이었다.

---

58) 서재필의 재축방(再逐放)에 관해서는 정교(鄭喬), 전게서, pp. 187-190 참조.

그리고 이들을 중심으로 하여 활동을 전개해 나갔던 수많은 회원들은 대부분이 학생층일 뿐만 아니라 많은 기독교인이 포함되어 있는 애국열에 불타는 열성적인 청년들이었다.[59] 배재학당과 이화학당을 비롯하여 관립영어학교(官立英語學校), 덕어학교(德語學校), 일어학교(日語學校), 사립흥화학교(私立興化學校), 수하동관립소학교(水下洞官立小學校), 양사동관립소학교(養士洞官立小學校), 동현소학교(銅峴小學校), 양현동소학교(養賢洞小學校), 안동소학교(安洞小學校), 대정동 구세교학당(大貞洞 救世教學堂) 등 당시 신식 학교의 대부분의 학도들과 교원들이 독립협회의 활동에 가담하게 되었다.[60] 그 중에서도 1896년 11월 30일 서재필에 의해서 창설된 배재학당 학도들의 토론회인 협성회(協成會)와 그 후 이를 모방해서 외국어학교학도들이 세운 광무협회(光武協會)는 서재필과 윤치호의 영향을 받아[61] 독립협회의 하위 조직체로서의 성격을 부각하게 되고 독립협회의 정치활동과 대정부 투쟁을 적극 지원할 수 있는 대중동원의 주체로서의 역할을 유감없이 발휘하게 되었다.[62]

6. 결론

한국은 19세기 후반에 접어들면서 근대 사회로 전환되는 과정을 본격적으로 밟게 되었다. 물론 18세기를 전후하면서부터 한국 사회는 구조적인 변화를 통해 자체 내부에서 근대적인 요소의 발아를 보게 되었고 또한

---

59) H.G. Underwood *op. cit.*, p. 209 참조.

60) 정교, 전게서, pp. 255-362 참조; 전게 회보, 제1호-제17호 참조

61) 『독립신문』, 2권 114호; 2권 151호; 3권 21호 참조.

62) 우리는 이러한 사실들을 통해 한국 학생운동의 기원을 찾아보려는 시도가 필요할 것이다.

기존적인 체제와 규범에 대한 자기반성과 함께 북경에의 내왕(來往)을 통로로 하여 유입되기 시작한 서구 사회의 근대적 요소를 주체적으로 수용하게 된 것도 사실이다. 그러나 이처럼 일정한 거리감을 두고 정태적으로 의식하게 되었던 서구의 요소에 대한 수용보다는 거리를 압축하면서 충격적으로 밀어닥친 서구 세력의 위협적인 도전에 대한 1860년대 초기의 역동적인 대응자세의 태동에서 새로운 역사의 전환점을 찾는 것이 오히려 타당하리라는 견해가 일반화 되어가고 있다.

한때는, 이보다도 늦게 국제 사회에 대한 문호 개방의 계기가 된 강화도조약에서 출발점을 찾으려는 노력에 치우친 나머지, 1860년대의 쇄국과 1870년대의 개국에 대하여 외관상의 현상만을 가지고 상반된 역사성을 부여하려는 견해가 두드러지기도 했다. 전자는 종전의 폐쇄성에 가해진 갑작스런 위협에 대한 위기의식의 부정적인 반발이었으며 후자는 강국의 위력에 대한 열등의식의 피동적인 동조였지만 두 가지가 모두 공동의 자극원에 대한 시차적인 반응의 추이라는 사실이 인정된다면 그와 같은 극단적인 견해는 지양되어야 할 것이다.

어찌했던, 1860년대에 시작된 한국의 근대화는 서구의 근대소(近代素)에 대하여 개방성을 보이게 됨으로써 더욱 촉진되었던 것만은 사실이고, 1896년에 모습을 나타내게 된 독립협회도 바로 이러한 근대 사회에로의 전환 과정의 산 결실임에 틀림없다. 대원군 집권 이후 32년, 강화도조약 이후 20년이 되는 기간에 한국 사회가 외부 사회로부터 받은 새로운 문화의 충격은 그 이전과 다른 어느 때 보다도 크고 급격한 것이어서 빈번해진 선진 사회와의 접촉을 통해 근대화의 대안을 다각도로 제시받게 되었으나, 공개적인 사회단체로서의 독립협회의 결성은 이러한 시대적 개연성의 산물이라 하겠다. 이것은 당시 독립협회의 활동에 자극되어 수많은 사회단체(협성회, 광무협회, 진명회(進明會), 친목회, 교육회, 국민협회,

총상회(總商會), 진신회(搢紳會), 황국협회(皇國協會), 일진회(一進會), 보신사(保信社), 순성회(順成會), 자동회(子童會), 찬양회(贊襄會), 상무협회, 백민회(白民會) 등)가 출현할 수 있었다는 사실로도 알 수 있는 일이다.

그러나 당시의 수많은 사회단체 가운데서 유독 독립협회만이 대중적인 사회운동을 광범하게 전개할 수 있었던 이유는 그 전신이 정치적으로 영향력이 컸던 정동구락부였을 뿐만 아니라 범국민적이면서도 비정치적인 성격의 활동에서 시작되었다는 데 있다. 구미파의 중진으로 알려졌던 정동구락부의 회원들은 아관파천 후 신 내각의 중추를 이루게 되었고 이들이 서재필과 더불어 독립협회를 발족시키게 되었거니와, 독립의 상징물을 통해 한국민에게 민족의식과 자주정신을 고취시키기 위한 수단으로 고안된 독립문, 독립관, 독립공원 등 독립기념물을 건조하려는 것이 그 발기취지였던 것이다.

이러한 취지의 창설 사업은 사회 전반의 적극적인 지지와 호응을 받을 수 있었기 때문에, 독립협회는 대중적인 사회운동의 기틀을 마련해 나가게 된 한편 이와 병행된 스스로의 활동 방향에 따라 정치집단화의 길을 밟게 되었다. 그런데 두 가지로 요약될 수 있는 이러한 독립협회의 내부적인 정치집단화의 계기의 하나는 정기적인 주간 행사의 성격을 띠었던 강연회와 토론회를 통해서 회원들의 사고와 행동양식을 정치화시켰다는 점이다. 민주주의의 기본 사상을 일깨워 주고 정부에 대한 비판의식을 조장시켜 준 강연회, 그리고 집단적으로 민주 정치적 행동양식을 훈련시키고 정치적 관심과 참여의식을 자극시켜 준 토론회는 회원들에게 민권의식을 고양시키고 정치적으로 계도하므로써 독립협회를 정치집단화의 길로 이끌어 갔던 것이다.

다른 하나는 이와 같은 사고와 행동의 정치화를 뒷받침해 줄 인적자원으로서의 대중적 동원 체제를 갖추는 한편 응결된 힘으로서의 주도 세

력을 구축하게 되었다는 점이다. 독립협회는 강연과 토론을 통해 정치적
으로 의견과 태도를 같이 하게 된 신진 강경파로 주도 세력을 구축해 나
가면서 시세에 편승하여 가담하였던 초창기의 다양했던 세력을 정비하
게 되었으며 대중 동원 주체로서의 하위 조직체를 확보하는 한편 선교활
동(宣敎活動)과 신식 교육활동을 통해 형성된 기독교도들과 신예의 소장
지식층을 포용함으로써 조직 기반의 저변을 확대시켜 나가게 되었던 것
이다.

이와 같이, 창설 사업을 통해 대중적인 사회운동을 촉진시키게 된 독립
협회는 강연과 토론을 통한 민권의식의 고양과 정치적 계도, 그리고 조직
기반의 확대와 주도 세력의 정비강화로써 스스로 정치집단화의 계기를
마련하게 되었다. 물론 당시의 정치적 반동으로 인한 보수적 역행이나 러
시아에의 정치 · 경제적 예속화 현상도 역설적으로 독립협회의 조속한 정
치집단화를 자극하는 요인으로 작용하였음을 간과해서는 안 될 것이다.

『독립협회 회보』의 내용 분석

1. 서론

1. 연구의 목적과 전제

이 연구는 독립협회의 기관지의 하나이며 한국최초의 반월간 잡지인 『대조선독립협회회보』(大朝鮮獨立協會會報, 영문으로는 The Chosun)의 내용을 분석함으로써 정기 간행 잡지를 매개로 표출된 독립협회의 근대의식의 소재와 대외적 관심의 방향 및 편집 체제상의 성격 특징을 밝혀보려는 데 목적이 있다. 독립협회(獨立協會)의 창설을 선도했던 『독립신문』에 대하여는 독립협회와의 유기적인 관계와 함께 그 존재가 널리 알려져 있으면서도 『독립협회 회보』(獨立協會 會報)의 발간에 대하여는 몇몇 독립협회 연구자와 잡지 연구자들 이외에는 별로 알려져 있지 못한 실정이다. 뿐만 아니라 이에 대한 소개도 아직 까지는 극소수의 단편적 내용에 그치고 있다.[1] 따라서 독립된 단일 논제로서 수록 내용 전체에 대한 총체적인

---

1) 『獨立協會 會報』를 소개한 앞선 문헌으로는 다음과 같은 것들이 있다. 白淳在, "獨立協會月報와 가정잡지," 『思想界』(1965년 9월호); 金根洙, "舊韓末雜誌槪觀," 『亞細亞硏究』, 10 (1967); 白淳

내용 분석을 시도한다는 것은 방법론상의 한계성을 감안하더라도 유의한 작업으로 생각된다.

더욱이 독립협회에 대한 연구의 관점에서 볼 때, 이 연구의 다음과 같은 세 가지의 전제는, 그 중 앞의 두 가지는 이 연구의 직접적인 내용 전개에서는 제외된다고 하더라도, 이와 같은 연구의 필요성을 인식하는 데 도움이 될 것으로 보인다.

첫째,『독립협회 회보』는『독립신문』및 *The Independent*와 함께 독립협회가 주체가 된 사회적 의사소통의 대중매체로서 한국을 근대 사회로 발돋움하게 하는 데 중추적 역할을 했다는 사실이다. Lucian Pye가 지적한 바와 같이 개인적인 의사소통(personal, face to face communication)에만 의존하였던 전통사회와는 달리 근대 사회의 특징은 대중적 의사소통(mass communication)의 고도화에 있다고 하겠다.[2] 더구나 근대사회의 기초가 되는 가동적 성격(the mobile personality)이 감정이입(empathy)의 메커니즘에 의해서 형성되며, 대중매체는 이러한 가동화 승수(mobility multiplier)의 지배적 요인이라는 점에서, Daniel Lerner가 대중매체에의 참여를 근대화의 지표로 제시한 것은 주목할 만한 일이다.[3] 인쇄 매체뿐이라는 제약성은 있지만, 독립협회에서 비롯된 한국 사회의 급격한 대중매체의 팽대 현상을 눈여겨 볼 수 있다.

둘째, 독립협회가 대중매체로서의 수단을 신문의 형태에만 의존하지 않고 잡지 발간에도 힘을 기울였다는 것은 그만큼 대중적 의사소통의 기

在, "韓末의 雜誌,"『韓國現代史』2 (新丘文化社, 1969). 그리고 목록에 관한 자료로서는 앞의 "舊韓末雜誌槪觀"과 國會圖書館,『韓國近代雜誌總目錄』(1968)이 있다.

2) Lucian W Pye (ed.), *Communications and Political Development* (Princeton, N.J.: Princeton. Univ Press, 1963)의 "Introduction," 및 "Models of Traditional, Transitional, and Modern Communication System" 참조.

3) Daniel Lerner, *The Passing of Traditional Society* (New York: The Free Press, 1965), pp. 48~57.

능적 효과를 다각도로 인식하고 다원적으로 발휘했다는 점이다. 즉 신문에만 의존할 때 나타나는 결함을 보완하고 의사소통 기능의 상승적 효과를 도모한 것이 이 잡지 형태의 회보라고 할 수 있다.[4] Leonard W. Doob은 신문과 비교되는 잡지의 특장을 다음 두 가지로 지적하고 있다.[5] 첫째로 신문보다 더디게 발간된다는 사실 때문에 눈에 띌 만한 새로운 요인들을 개발하지는 못하지만, 마감 시간의 압력에서 비교적 자유롭기 때문에, 보다 넓은 전망과 보다 많은 사실의 획득을 가능하게 한다는 점이다. 둘째로 독자로 하여금 그가 최초로 사건의 이론적 근거를 이해한다는 느낌을 갖게 해 주는 뉴스의 개관이나, 또는 신문에 의해서는 발견되지 않는 새로운 사실들을 밝혀주는 사회 분석은 신문의 표제 · 불리틴 · 휘처스토리보다도 훨씬 더 지속적인 효과를 갖고 있다는 점이다. 여기에 더 부연할 여지가 많지만, 우리는 『독립협회 회보』의 내용 파악을 통해서도 『독립신문』과는 다른 각도에서 발휘된 의사소통의 기능과 그 효과성을 짐작할 수 있는 것이다.

셋째, 독립협회가 근대화 과정에 상응하는 이와 같은 대중매체를 매개로 해서 근대화의 생동적 요소를 사회에 보급 확산시켰다는 사실인데, 이것은 이 연구의 직접적인 전제가 되는 것이라 하겠다. Daniel Lerner는 근대화가 표명하는 기본적인 도전을 합리주의적 실증주의적 정신(rationalist and positivist spirit)의 주입으로 보고 근대화에 특유한 새로운 양식의 생동상(vivid images)을 광범한 사회층에 확산시키는 관념과 태도의 전환적인 소통양식에서 해결의 열쇠를 찾고 있다.[6] 이렇게 본다면 독립협

---

4) 신문매체의 결함에 관해서는 다음을 참조할 것. Norman John Powell, *Anatomy of Public opinion* (New Jersey: Prentice-Hall Inc., 1956), pp. 215~221.

5) Leonard W. Doob, *Public opinion and Propaganda* (New York: Henry Holt and Co., 1956), p. 452.

6) Daniel Lerner, *op. cit.*, p. 45.

회가 대중적인 인쇄매체를 수단으로 하며 의사소통 양식의 일대 전환을 꾀하는 가운데서 사회에 팽배시킨 근대화의 원동력과 새로운 간망(懇望) – 근대화 의식의 소재-을 추적한다는 것은 필요한 작업이 아닐 수 없다.

아직까지는 근대화의 개념이 미래지향적 성격을 남겨두고 있지만, 이것은 과거의 어느 시점에서 보아도 마찬가지일 뿐만 아니라 또한 그 출발기의 진원을 구명하지 않고 내일로 이어질 오늘의 좌표 설정을 기대하기란 어려운 일이다. 이런 의미에서 근대화 과도기를 망라한 근대화의 외연적 양상과 내포적 관념 양태에 대한 이해의 정리는 오늘의 역사적 경로를 바닥에 깔고 내일에의 발전 모형을 설정하는 데 필요한 기초 작업이 된다고 하겠다. 앞은 보지 않고 뒤만 돌아보는 데서와 마찬가지로 뒤는 돌아보지 않고 앞만 바라보는 데서도 파행성은 똑같이 따르게 되는 것이다.

2. 연구내용과 분석방법

이 논문은 서론과 결론 이외의 네 부분으로 구성되었다. 그 중에서 세 부분은 계량적 방법에 의한 내용 분석이며[7] 다른 한 부분은 내용 분석에 앞서서 이해할 필요가 있는 회보의 발간 경위이다. 내용 분석에 있어서는 먼저 편집의 방향과 성격을 총체적으로 파악하기 위해서 전체적 내용 구성과 문체의 형태, 그리고 필자 또는 자료 출처 관계를 포함하는 편집 체제상의 특징을 다루었다. 다음에는 전체 내용을 일반 논제와 외보로 구분하고 전자를 근대의식의 소재라는 관점에서 주제 지향을 분석했다. 그리고 후자를 대외적 관심의 방향 감각으로 이해하고 외보 분석을 다루었다.

---

7) 이 논문의 Ⅲ, Ⅳ, Ⅴ가 이에 해당하나 Ⅳ-2 「근대의식의 구조」에서는 독립협회의 이념구조를 해명하기 위하여 계량 방법을 피하고 의미론적 관점에서 분석하였다.

이와 같은 연구의 내용 전개를 위해서 회보의 발간 경위에 관하여는 사료 처리에 의한 기술 방법을 택했으며 나머지 부분은 『독립협회 회보』의 창간호에서 제18호까지의 전체 지면(총378면 또는 5292행)을 관찰 대상으로 하는 계량적 분석 방법을 위주로 하였다.

분석 단위는 독립된 표제의 기사 또는 논설을 하나의 단위로 삼는 것을 원칙으로 하여 추출하였다. 그러나 별개의 내용이 복합된 단일 표제는 따로 분화시켰으며 또한 같은 내용의 것이라 하더라도 호를 바꾸어 연재된 것은 취급 회수의 빈도에 반영하기 위해서 별개 단위로 삼았다. 반면에 한 표제의 하위 개념을 구성하는 소표제(小表題)는 별개의 단위로 인정하지 않았다.

이렇게 하여 얻은 총 226개의 분석 단위를 〔표 1〕에서 보는 바와 같이 삼단계로 나누어 분류했으며 그것을 필요에 따라 취급 회수에 의한 빈도수의 비율이나 지면 배당 비율의 어느 하나 또는 두 가지 모두를 판단기준으로 삼는 측정 방법을 사용하였다.

끝으로 이 연구의 내용 분석이 지니는 결함 내지는 제한점을 들면 다음과 같다.

(1) 분석 단위를 표제 단위로 정하고 그것을 다시 삼단계의 분류 방식에 의존하여 측정함으로써 semantics나 synthetics를 바탕으로 하는 분석 방법의 장점을 충분히 살리지 못하고 대체로 평면적인 목록 분류의 차원에 머물렀다.

(2) 따라서 각기의 주장이나 견해가 지니는 사상성을 의미론적으로 파악하는 데는 제약이 있었고 독립협회 이전의 근대화 과도기를 통해서 축적된 사상적 원류가 각기의 주장 속에서 어떻게 투영되었는지를 충분히 가려낼 수 없었다.

그러나 그러한 사상적 원류가 아직까지도 세부적으로 밝혀져 있지 않은 오늘의 시점에서는 사실상 불가능한 일에 속하기 때문에 문제 제기로 그칠 수밖에 없다.

[표 1] 분석단위의 분류기준

제1단계	① 독립협회 관계기사			② 논설		③ 잠설	④ 과학문명			⑤ 외보		⑥ 기타
제2단계	①활동	②이념	③보조금명단	① 수사논설	②각국론		① 격치론	②영농	③개척	① 해외소식	② 정보자료	
제3단계				① 국문론 ② 자연과학 ③ 국제정세 ④ 독립자강 ⑤ 교육 ⑥ 산업지리 ⑦ 국민국가 ⑧ 기타			① 총설 ② 물상 ③ 전기공예 ④ 광학 ⑤ 지학 ⑥ 화학 ⑦ 생물학			① 대내정치 ② 대내외문제 ③ 대내동정 ④ 국제관계 ⑤ 국제분쟁	① 군사 ② 교역 ③ 인구 ④ 재정 ⑤ 산업지리 ⑥ 교육 ⑦ 교통통신 ⑧ 기타	

2. 회보의 발간 경위

1. 회보 발간의 목적

통권 18호로 추정되는『독립협회 회보』는 매월 15일과 말일을 정기 발행일로 하는 사륙판(四六版)과 국판(菊版)의 중간 크기의 반월간 잡지이다.[8] 표지를 제외한 본문의 지면수는 20면(20면 11권, 22면 5권, 24면 2권)이 대표치이며 본문은 표제(예외도 있지만)와 함께 4호 활자(14 p.)로 되어 있는 14행 35자의 종서(從書) 판형이다. 한 권의 가격은 10전이며 매호당 인쇄비가 45원 내외였던 것으로 보아 750부에서 1,000부 사이의 발행 부수를 짐작할 수 있다.

이러한『독립협회 회보』의 창간호 발행 일자는 1896년 11월 30일로 되어 있다. 그런데 독립협회에서 반월간 잡지를 발행한다는 소식이 알려지기는 이보다 20일 앞선 11월 10일자의 영문판 독립신문인 *The Independent*의 사설이 처음이다. 이 사설은 독립협회의 정기간행물(회보) 발간 목적이 (1) 유익한 생활정보(useful information)를 보급하고 (2) 대중에게 자국의 애국시민(patriotic citizens)이 되는 길을 계도하며 (3) 일반민중(general public)을 위하여 식견(literature)을 창기시키는 데 있음을

---

8) 당시 일본에서 발간되던 정기간행 잡지로는『婦人新報』,『明治評論』,『六合雜誌』,『救世』,『塾友』 등의 월간과『中央時論』,『家庭雜誌』,『早稻田文學』등의 반월간(半月刊) 그리고『國民之友』와 같은 순간(旬刊)을 찾아 볼 수 있는 바, 이 중에서 반월간의 아이디어를 얻었을 가능성은 많지만 확실한 근거는 알 수 없다. 우리나라 사람들에 의한 것으로는 1895년에 도일(渡日)한 관비유학생 들의『親睦會會報』를 들 수 있는데, 이것은 1896년 2월 15일에 창간호가 나왔고 1898년 4월 9일의 제6호를 마지막으로 자취를 감추었다. 200면 내외의 국판양장으로『獨立協會 會報』보다 체재 상에서 뿐만 아니라 창간 시기도 9개월 반이나 앞섰지만 국외인 일본에서 발행되었고 부정기적으로 발행되었다는 점에서 한국최초의 정기간행 잡지로서는 역시『독립협회 회보』를 드는 것이 타당 하리라고 여겨진다.

밝혀주고 있다.[9] 물론, 이와 같은 목적은 보는 이와 처한 입장에 따라 강조되는 측면과 정도에 차이가 있을 수 있다. 당시 한국에서 발행된 영문 계간 잡지 *The Korean Repository*에서는 "이 잡지의 목적은 일반 지식과 특히 독립 정신을 증진시키는 데 있다"[10]고 지적했다. 당로자(當路者)인 독립협회는 잡지 발간에 대한 논고에서 그 목적이 "본회의 애국애민 지지(愛國愛民之旨)와 유질유문지의(有質有文之義)를 표명"[11]하는 데 있음을 천명하였다. 또한 회보의 제3호부터는 "사세(斯世)를 당ᄒ야 충효의 근본을 배양ᄒ야 직분에 사업을 발달ᄒ랴는 고로 각각 문견과 지식을 유무상자(有無相資)로 교환ᄒ야 자국자기의 본래 면목과 내외고금의 이해손익을 실력상으로 강구ᄒ야 흠씌 문화인수역(文化仁壽域)에 진보ᄒ기를 위흠이라"[12]는 동일내용의 회보 발간 취지문을 싣고 있다.

이와 같은 잡지의 당로자인 독립협회의 주관적인 발간 목적이 *The Independent*와 *The Korean Repository*에 의하여 객관화되었음을 본다. 한마디로 말해서 독립협회는 자수녹립으로 표방되는 근대적인 민족주의(충효·애국·애민)와 과학문명 및 진보의 관념을 동력화하여 한국 사회의 근대화를 추진시킬 수 있도록 그것을 대중매체를 통하여 사회 일반에게 보급·확산 시키려는 데 회보 발간의 목적이 있었다고 하겠다. 회장 안경수가 "독립협회 서(序)"에서 독립협회의 기본 이념의 상징인 독립의 관념을 일반 대중의 행동 정향에 내면화시키기 위하여 독립이념의 사회화(socialization)를 역설했다는 사실은[13] 대중매체로서의 회보의 중

---

9) "EDITORIAL," *The Independent*, Vol. I, No. 94 (November 10th, 1896).

10) *The Korean Repository*, Vol. III, No. 12 (December 1896), p. 494.

11) "獨立協會 輪告" (1-㉖), 1:10.

12) 제3호에서 제6호까지는 앞 표지 이면에, 그리고 제6호에서 제18호까지는 뒷 표지 내면에 싣고 있는 "本報要旨"를 참조할 것.

13) 安駉壽, "獨立協會 序."

요성에 대한 인식의 반영으로 볼 수 있다. 또한 "이것(회보)은 대중을 계도할 수 있는 가장 훌륭한 매체의 하나가 될 것이다"[14]라고 점진 *The Independent*의 사설은 바로 이러한 사실을 뒷받침해 주고 있다. 따라서 독립협회는 사회의 각층이 구독자로서만이 아니라 기고자로서도 회보에 폭넓게 참여하기를 권장하였다. 이것은 영리와는 별개의 관점에서 근대화의 한 지표가 되는 매체 참여(media participation)의 확대를 소극적인 수신자의 양적 확보에서만이 아니라 적극적인 참여 유인의 제공을 통해서도 꾀했다는 사실을 말해 준다. 그리고 이상에서와 같은 회보 발간의 목적에 상응하여 독립협회는 그 편집 방향도 제시하고 있다. 앞에서 지적했던 "독립협회 논고"에서는 "본국역대(本國歷代)의 연혁소유(沿革所由)와 우내만국(宇內萬國)의 치란흥폐(治亂興廢)와 고금정치(古今政治)의 민국일치(民國一致)하던 실적을 증명하고 수사논설(隨事論說)하며"라고 한 것이나 또는 "독립협회 서"에서 "농학 · 의학 · 병학 · 수학 · 화학 · 기학 · 중학 · 천문학 · 지리학 · 기계학 · 격치학(格致學)" 등을 광범하게 다룰 것을 시사한 것이 그것이다. 그러나 이에 대하여는 앞으로의 내용 분석에서 밝혀질 것이므로 뒤로 미루기로 하겠다.

2. 종간호의 추정

『독립협회 회보』의 종간호에 대하여는 아직까지 고증된 바가 없다. 이에 관해서 한국의 대표적인 잡지 연구가인 백순재(白淳在) 씨는 1965년에 "독립협회 월보는 정확한 호수에 대한 고증은 할 수 없으나 대개 18호 정

---

14) "EDITORIAL," *The Independent*, Vol. I, No. 94.

도까지 나온 실증을 들 수 있다"[15]고 논급했었는데 그러한 실증에 대하여는 사실상 의심의 여지가 없다. 제18호의 내용은 이 연구의 분석 대상으로서도 채집되었기 때문이다. 그러나 그 후 1969년 백씨는 "동 회보의 수명은 통권 18호까지 나오고 그쳤으니 이는 정치적 변동으로 해서 독립협회가 강제 해산되어진 데 연유되는 것이다"[16]라고 제18호로서 그치게 된 이유를 밝힌 바 있다. 이러한 이유가 정확한 설명이 될 수 없다는 것은 독립협회의 해산 시기가 제18호가 나온 1897년이 아니고 그 이듬해인 1898년 12월이라는 점에서 쉽사리 알 수 있다. 그럼에도 불구하고 제18호로 그쳤을 가능성은 많다. 아직까지 그 이상의 회보가 발견되지 않았다는 사실을 전제로 다음 몇 가지의 이유를 들어서 이를 밝혀 보고자 한다.

먼저, 단서를 삼을 수 있는 것은 『독립협회 회보』의 표기된 발행일자와 실제 사이에는 상당한 거리가 있다는 점이다. 1896년 11월 30일자 표기의 창간호 발행 소식이 처음 기사화된 것은 12월 15일자의 *The Independent*[17]와 그리고 12월 17일자의 『독립신문』에서[18]이다. 같은 해 12월 15일자 표기의 제2호 발간 소식은 이듬해 1월 7일자의 『독립신문』 잡보란[19]에 나와 있다. 여기에서 적어도 10일 15일 정도의 거리를 느끼게 된다. 그런데 이러한 판단에 혼란을 가져온 것은 1896년 12월 31일자 표기의 제3호에 관한 광고 기사가 1897년 2월 13일자의 『독립신문』[20]에 실려 있는 데 반해서 1897년 1월 15일자 표기의 제4호에 관한 것은 그 보다 불과 3일 뒤인 2월 16일자부터 시작해서 2월 27일자까지 여섯 번에 걸쳐

---

15) 白淳在, "獨立協會月報와 가정잡지," 『思想界』, 1965年 9月號, p. 273.

16) 白淳在, "韓末의 雜誌," 『韓國現代史』 2 (新丘文化社, 1969), p. 268.

17) "LOCAL ITEMS," *The Independent*, Vol. I, No. 109 (December 15th, 1896).

18) 『독립신문』, 제1권 제110호 (1896. 12. 17), 「잡보」

19) 『독립신문』, 제2권 제2호 (1897. 1. 7.), 「잡보」

20) 『독립신문』, 제2권 제18호 (1897. 2. 13), 「광고」

지고 있기 때문이다.[21)

물론 3일의 차이를 두고 나타난 제3호와 제4호의 광고 일자를 가지고 실제 발행일을 추정하기는 어려운 일이나 이것이 회보 발간의 지연 사정을 파악하는 데는 어느 만큼 도움이 될 수 있는 것이 사실이다. 그러나 1897년 7월 15일자 표기의 제16호에 실려 있는 기록은 여기에서 결정적인 자료의 구실을 할 수 있을 것 같다. 즉, 8월 29일의 총회에 보고하기 위하여 8월 26일에 작성한 독립협회의 세입 세출 예산서[22)가 그것이다. 결국 제15호가 실제로 발행된 것은 발행 일자보다는 적어도 1개월 반 뒤인 8월말께로 추정할 수 있다. 이러한 전체적인 지연 사정을 감안한다면 7월 31일자 표기의 제17호는 빨라야 9월 20일께 그리고 8월 15일자 표기의 제18호는 역시 빨라야 10월 10일에서 20일 사이에 발간된 것으로 볼 수 있는 것이다.

이렇게 된 원인을 직접 밝혀줄 만한 자료는 아직까지 발견하지 못했지만, 또한 그것을 어느 한 가지로 설명할 수만은 없겠지만, 반월간 정기 간행물로서 예정일보다 2개월여나 지연이 불가피했다는 데서 여의치 못한 출판 사정을 짐작하게 된다. 이것을 일단 재정 사정으로 좁혀 본다면 1896년 7월에서 1897년 8월까지의 "본회보조금급회보수입표(本會補助金及會報收入表)"와 "회중각항상하(會中各項上下)"를 통해서 어림해 볼 수 있다. 즉, 1897년 8월말 현재 총수입금 6,308원 8전 4리 중에서 회보가수입(會報價收入)은 411원 39전 2리이며 총지출금 5703원 46전 9리 중에서 회보 관계로는 11호까지의 인쇄비로 487원 50전, 회보소용(會報所用) 만국회보지도판(萬國會報地圖板, 제7호), 타미기판(打米機板, 제11호) 등가로

---

21) 『독립신문』, 제2권 제19호 (1897. 2. 16); 제2권 제20호(1897. 2. 18); 제2권 제21호(1897. 2. 20); 제2권 제22호(1897. 2. 23); 제2권 제23호(1897. 2.25); 제2권 제24호(1897. 2. 27) 「광고」 참조.

22) "本會補助金及會報價收入表," 및 "自開國五白五年七月至光武之年八月會中各項上下," (1-⑫, ⑬), 16: 11-17.

1원 90전, 회보가영수증(會報價領受證) 일천장가로 4원 40전, 회보 발송 우표가로 최소한 10원, 도합 503원 80전 이상이 지출된 셈이다. 그리고 잔금은 604원 71전 5리인데 반하여 독립문 역비(役費)로는 총 3,825원 중에서 2,300원만이 선급되었으므로 1,525원이 남아 있고 회보 인쇄비도 제12호부터는 미급되어 있는 형편이었다. 회보 한 호당 인쇄비를 45원으로 쳐도 제18호까지에는 315원이 된다. 그 밖의 매월 인건비 43원(협회사무위원 2명=30원, 사무소하인2명=10원, 독립관직 1명=3원)과 기타비용을 계산에 넣는다면, 이 해 가을로 접어들면서 악화되었을 재정 사정을 충분히 짐작할 수 있는 것이다.

  "독립협회 논고"에서 "차기(且其) 원지(原誌)의 상당한 가치를 수(收)하야 편찬 인쇄하는 소비(所費)를 구제(扣際)하고 본회의 공용을 충보코져"한다는 당초의 계획은 고사하고 15호까지의 회보가 수입금이 11호까지의 인쇄비에도 훨씬 미달하고 있으므로 회보에서는 완전히 적자를 면치 못하고 있다. 게다가 독립문의 필역을 앞두고 있었기 때문에 11월에 와서는 미급된 1,525원의 확보가 선결 문제였을 것으로 보인다. 이것이 이듬해까지도 해결되지 못해 1898년 1월 16일에는 회의를 열고 대책을 협의하여 임원들의 성금을 거둔 뒤에 부족액에 대한 모금 운동을 펴게 된다.[23] 이로 미루어 보더라도 1897년 9월부터 2개월씩 지연되어 오던 회보 발간이 11월 이후에는 더욱 미뤄지게 되었을 가능성이 크다. 그리고 12월에 와서는 이러한 상태가 거의 중단으로 고정화되었던 것 같다.

  이것은 그동안 회보에만 게재해 오던 "독립협회 보조금수입인명"을 12月 11日부터는 다시 『독립신문』에 옮겨 싣고 있는 것으로 알 수 있다. 독립협회가 발족하던 당시의 보조금 납입자 명단은 회보 발간의 계획이 결

---

23) 『독립신문』, 제3권 제7호 (1898. 1. 18) 「잡보」 그 후에도 계속 모금기사가 나오고 있다.

정되었었던 때로 보이는 1896년 11월 3일자까지만 『독립신문』에 실었던 것이다. 회보 발간 후에는 그동안 신문에 실었던 명단을 새로운 납입자와 함께 고액자 순위로 다시 게재하면서 1896년 12월 24일자 신문에 이러한 사실을 공고하였다.[24] 그리고 1897년 4월 친아제일연대(親衙第一聯隊) 및 경무청보조원(警務廳補助員) 3,727명이 집단적으로 출연했을 때는 "협회 월보에 능히 다 기록ᄒ지 못ᄒ겟기에 별로히 신문에 부록ᄒ노라"[25]는 설명과 함께 3호에 걸쳐 별쇄 부록을 발행하였다. 그러나 그 후 12월에 가서는 독립협회 보조금 기사가 『독립신문』에 다시 등장하게 되어[26] 회보가 맡아왔던 기능을 도로 떠맡게 되는 것이다.

그 이듬해(1898)에 들어서면서는 앞에서 밝힌 바와 같이 독립문 역비 부족을 충당하기 위한 모금 운동에 쫓기다가 2월 20일부터는 국가의 군사·재정권 수호를 비롯한 대정부 투쟁을 전개하게 되었으므로 회보의 속간을 기대하기가 어려운 상황이 되고 말았다. 이렇게 본다면 독립문의 필역을 앞두고 재정적으로 곤란을 겪었던 1897년 11월에 무리해서라도 제19호를 발간하지 않았다면 『독립협회 회보』는 통권 18호로 그치고 말았다고 추정할 수 있다.

---

24) 『독립신문』, 제1권 제113호 (1896. 12. 24.), 「잡보」

25) 『독립신문』, 제2권 제48호 (1897. 4. 28), 「부록」

26) 『독립신문』, 제2권 제147호 (1897. 12. 11.), 「잡보」 및 「부록」; 제2권 제149호 (1970. 12. 16) 「잡보」

[표 2] 내용 분야별 취급 호수 및 분포

N=지면배당량(면수~행수표시)

내용\호수	독립협회 관계				논설			절설	각치	영농	개척	계	외보			기타
	활동 N/%	이념 N/%	보조금 N/%	계 N/%	수사논설 N/%	각국논설 N/%	계 N/%	N/%	N/%	N/%	N/%	N/%	해외소식 N/%	해외정보 N/%	계 N/%	N/%
1	5-1 / 30.6	5-1 / 64.5	2-6 / 8.1	12-8 / 23.2	8-11 / 11.3	9-0 / 9.9	8-11 / 9.7		3-10 / 28.4			3-10 / 3.4	6 / 0.7	4-8 / 4.8	17-7 / 15.8	
2	2-7 / 15.1		2-3 / 9.3	5-4 / 9.8	5-4 / 9.8	9-8 / 11.6	9-8 / 10.6		3-10 / 36.1			8-6 / 7.8	6-4 / 10.2	2-6 / 4.9	6-4 / 5.7	
3	0-7 / 3.1		2-0 / 5.7	2-3 / 4.1	2-3 / 4.1	3-0 / 3.9	3-0 / 3.3	4-0 / 35.2	4-12 / 5.9	3-10 / 3.9	3-5 / 3.5	4-5 / 4.5	1-4 / 2.1	3-5 / 3.5	8-0 / 7.2	
4			1-10 / 6.7	2-0 / 3.7	3-0 / 3.9	5-0 / 5.0	5-0 / 5.7		4-12 / 5.9			4-5 / 4.5	6-4 / 10.2	3.5	8-0 / 7.2	
5			2-0 / 5.7	1-2 / 3.4	5-0 / 6.4	3-6 / 4.4	1-9 / 1.8					3.0	2.1		9.3	
6	6-13 / 41.8		1-2 / 6.2	1-12 / 2.1	3-6 / 4.4	4-7 / 5.8	3-6 / 3.8		8-6 / 6.6		5-4 / 39.8	8-6 / 7.8	8-2 / 5.0	6-3 / 126	6-3 / 5.6	
7		2-11 / 35.5	1-12 / 3.8	1-2 / 2.1	4-7 / 5.8		1-9 / 1.8		5-6 / 6.3	5-6 / 6.6		5-6 / 5.0	4-9 / 7.6		6-4 / 7.4	
8			3-13 / 13.2	3-13 / 7.2					5-2 / 6.3			10-6 / 9.6	8-2 / 13.3	3-0 / 6.1	5-2 / 7.9	
9			3-13 / 13.2	3-13 / 7.2	3-0 / 3.9		3-0 / 3.3		4-8 / 5.6	3-5 / 25.3		7-13 / 7.3	4-9 / 7.6	4-8 / 6.1	7-9 / 6.9	
10			3-4 / 11.0	3-4 / 6.1		3-0 / 3.9			5-6 /			10-6 / 7.8	13	6-1 / 4.8	8-4 / 4.7	
11			1-9 / 5.5	1-9 / 3.0	2-4 / 2.9	1-5 /	3-9 / 4.0		4-9 /			14-7 / 13.4	3-2 / 7.7	1-1 / 1.1	4-2 / 3.8	
12			1-12 / 6.2	1-12 / 3.4	2-9 / 3.4	3-1 /	3-0 /					13.7 / 12.5	13	1-1 /		13 / 0.8
13	11 / 4.7		1-0 / 1.0	0-1 / 2.0	8-10 / 11.2	1-5 /	8-10 / 9.6	3-12 / 34.0	3-11 / 4.6		3-11 /	3-11 / 3.5	2-11 / 2.0	2-5 /	5-2 / 4.1	
14	11 / 4.7		0-8 / 1.9	0-5 / 2.5	9-8 / 12.3		9-8 / 10.6					4-8 / 4.2	1-3 /	4-5 / 4.5	4-7 / 4.1	
15	11 / 4.7		0-8 / 1.9	0-1 / 2.0	6-2 /	5-5 / 3.2	6-2 /		4-8 / 5.6		2-9 / 2.4	4-2 / 4.2		6-8 /	4-8 / 4.8	
16	6-13 / 41.8		0-4 / 1.0	1-9 / 7.7	4-13 / 10.6	5-5 /	10-4 / 11.3		2-9 / 3.2	3-5 /	2-9 /	2-4 / 2.4	2-3 / 3.7	13.8	6-11 / 6.2	
17			0-3 / 0.7	0-3 / 1.9	8-3 /	1-12 /	14.4 / 11.1		3-10 /	4-10 / 36.1	3-10 /			6-11 / 13.8	4-7 /	
18			0-3 / 0.7	0-3 / 13.8		1-3	10-1 /		12-5 / 15.1			12-5 / 11.4	12-13	6-3 /	8-10 /	2-10
계 N	232	110	418	760	1,089	180	1,269	159	1,149	183	186	1,518	859	689	1,548	38
계 %	4.4	2.1	7.9	14.4	20.6	3.4	24.0	3.0	21.7	3.5	3.5	28.7	16.2	13.0	29.2	0.7
취급 호수	6	2	18	18	15	5	16	3	13	3	3	15	14	15	17	2

[표 3] 내용별 취급 회수 및 배당 지면

N = 행수

내용		독 립 협 회				논 설			잡설
		활동	이념	보조금	계	수사논설	각국론	계	
취급회수	N	9	4	18	31	28	7	35	15
	%	4.0	1.8	7.9	13.7	12.4	3.1	15.5	6.6
배당지면	N	232	110	418	760	1,089	180	1,269	159
(행수)	%	4.4	2.1	7.9	14.4	20.6	3.4	24.0	3.0
일회평균 배당지면(행수)	%	25.8	27.5	23.2	24.5	38.9	25.7	36.3	10.6
1호평균 취급회수	%	0.5	0.2	1.0	1.72	1.56	0.4	1.9	0.8

내용		개 명 진 보				의 보			기타	총계
		격치영농개척			계	소비자료		계		
취급회수	N	18	4	7	29	74	39	113	3	226
	%	7.9	1.8	3.1	12.8	32.7	17.3	50.0	1.4	100
배당지면	N	1,149	183	186	1,518	859	689	1,548	38	5,292
(행수)	%	21.7	3.5	3.5	28.7	16.2	13.0	29.2	0.7	100
일회평균 배당지면(행수)	%	63.8	45.8	26.6	52.3	11.6	17.7	13.7	12.7	23.3
1호평균 취급회수	%	1.0	0.2	0.4	1.6	4.1	2.2	6.3	0.16	12.6

3. 편집 체제의 성격 특징

1. 총체적 내용 구성

편집자들의 구성 방식이 항상 일관되었던 것은 아니나 이들의 의도를 최대한으로 반영하고 또한 형식과 내용을 복합시켜서 통권18호의 전체 내용을 분류한다면 (1) 독립협회 관계(활동(活動), 이념, 보조금명단-총18권) (2) 논설(수사논설(隨事論說), 각국론-총16권) (3) 잡설(총 3권) (4) 과학문명(격치론,[27] 영농, 개척-총 15권) (5) 외보(해외소식, 해외정보자료-총17권) 등의 다섯 가지로 요약할 수 있다. 여기서 제일단계 분류기준에 따라 배당 지면 비율을 살펴본다면, 외보(29.2%)와 과학문명(28.7%)이 가장 많은 비율을 차지하고 있으며 독립협회관계(14.4%)는 논설(24.0%)보다도 낮아서 기관지로서의 성격 반영을 최소화시키고 있음을 알 수 있다. 그리고 가장 비율이 낮은 것은 흥미 본위의 읽을거리와 과학 상식으로 꾸며진 잡설(3.0%)이다.[28] 이러한 지면 배당 비율을 제2단계 분류 기준에 의거해서 살펴본다면 ① 격치론(21.7%), ② 수사논설(20.6%), ③ 해외소식(16.2%), ④ 해외정보자료(13.0%), ⑤ 독립협회 보조금 명단(7.9%), ⑥ 독립협회 활동(4. 4%)등의 순으로 되어 있다. 따라서 전체 내용을 근대의식의 소재와 대외적 관심의 방향(외보)으로 양분하는 경우에는 전자에 대한 관심이 후자에 대한 그것보다 2배 이상으로 나타나고 있으며 특히 근대의식의 소재는 격치론과 수사논설에서 집중적으로 표명되고 있는 셈이다. 그러나 이러한 근대의식을 가치관의 구조에서 파악한다면 목표로서의 가치와 방법·수단으로서의 가치를 구별해야 할 것이며 그러기 위해서는 비록 적은 비율을 차지하고 있다고 하더라도 독립협회의 활동과 특히 이념(2.1%) 부분은 목표로서의 가치를 이해하는 데는 간과할 수 없는 요소라고 하겠다.

한편 단일 표제당 배당 지면(일회평균배당지면)의 크기에 따라서 차이를 보여주는 내용 전개의 태도와 방식을 간파할 수 있다. 전체적으로 보

---

27) 격치론의 개념에 관하여는 뒤에서 설명하기로 한다.

28) 잡설은 [표 2]에서 보는 바와 같이 제3호, 제13호 및 제18호의 총3호에서만 다루어지고 있어서 편집상의 비중이 지극히 낮음을 알 수 있거니와 취급 내용도 마찬가지라고 하겠다. 그러나 몇 가지 흥미기사를 제외하고는 과학기사가 대부분이며 제3호의 "향일규지용(向日葵之用)"(해바라기의 유용성) 같은 기사는 실용면에서 오늘날에도 시사되는 바가 크다. 즉 학질발열을 막는 약용으로서의 물수용법(物殊用法) 이외에 ① 소출이 높은 식용유 ② 화장수 ③ 분식용 ④ 간식용 ⑤ 재물 원료로서의 높은 수익성을 들어 널리 재배를 권장하고 있는 것이 그것이다.

아서 한 호당 12.6표제가 다루어지고 있으며 한 표제당 소요 지면의 평균
치는 1.7면(23. 3행)으로 나타나고 있는바 이것을 기준치로 해서 세 가지
의 범위군을 설정할 수 있다. 첫째로 ① 격치론(4.5면), ② 영농(3. 3면), ③
수사 논설(2.8면)은 비교적 상세한 설명의 이론 전개를 도모한 상위 범위
군으로 볼 수 있다. 둘째, 평균적인 설명이나 이론 전개를 꾀한 중간 범위
군으로는 ① 독립협회 이념(2.0면), ② 개척(1.9면), ③ 독립협회 활동(1.8
면), ④ 각국론(1.8면)을 들 수 있다. 그리고 이 두 가지 범위군과는 대조적
으로 ① 독립협회 보조금 수입인명단(1.5면), ② 해외정보 자료(1.3면), ③
해외소식 (0.8면), ④ 잡설(0.75면) 등은 단편적인 소개의 성격을 띤 하위
범위군으로 이해할 수 있다.

2. 사용 문체

단일 표제별로 각기 사용된 『독립협회 회보』의 문체는 세 가지의 유형
으로 구분할 수 있다. 그 첫째는 『독립신문』에서 강력히 표방되어 있는 바
와 같이 시대를 선도하는 이상 지향형의 국문체(한글 전용)이며 다음은 이
러한 이상주의를 재래적 문자 표현 방식과 결합시키는 현실적 적응형의
국한문체(한글과 한문의 혼용)이다. 그리고 그 셋째가 전통적인 한문문화권
의 테두리를 고수하는 문자 표현의 재래적 답습형의 한문체(한문 전용)라
고 하겠다.[29]

---

29) 여기서는 각 유형의 내용별 경향을 보다 정확하게 파악하기 위하여 독립협회 보조금 수입자 명단
을 기타로 구별하여 계산하였다.

[표 4] 호별사용문체(지면배당비율)

N = 행수

문체	호	초반기 1	2	3	4	5	6	계	중반기 7	8	9	10	11	12	계
국문체	N	123	43	42	23	23	48	302							
	%	41.6	15.4	15.0	8.2	6.8	17.1	17.1							
국영문체	N	71	180	106	225	245	153	980	253	181	119	116	91	13	773
	%	23.4	64.3	37.9	80.4	84.8	54.6	55.5	82.1	58.8	42.5	41.4	27.1	4.2	42.5
한문체	N	80	18	108	4	52	53	315	39	72	106	118	222	269	826
	%	26.0	6.4	38.6	1.4	15.5	18.9	17.9	12.7	23.4	37.9	42.2	66.1	87.3	45.4
기타	N	34	39	24	28	16	26	167	16	55	55	46	23	26	221
	%	11.0	13.9	8.5	10.0	4.8	9.3	9.5	5.2	17.8	19.6	16.4	6.8	8.5	12.1
계	N	308	280	280	280	336	280	1,764	308	308	280	280	336	308	1,820
	%	100	100	100	100	100	100	100	100	100	100	100	100	100	100

문체	호	종반기 13	14	15	16	17	18	계	총계
국문체	N								302
	%								5.7
국영문체	N	75	72	44	67		134	392	2,145
	%	24.4	25.7	15.7	23.9		47.8	23.0	40.5
한문체	N	229	200	232	205	277	143	1,286	2,427
	%	74.3	71.4	82.9	73.2	98.9	51.1	75.3	45.9
기타	N	4	8	4	8	3	3	30	418
	%	1.3	2.9	1.4	2.9	1.1	1.1	1.7	7.9
계	N	308	280	280	280	280	280	1,708	5,292
	%	100	100	100	100	100	100	100	100

이러한 문체의 사용은 기사의 자료와도 깊은 관계가 있는 것이 사실이나, 전체적으로 보아서 호를 거듭할수록 이상 지향형에서 현실 적응형으로, 현실 적응형에서 재래적 답습형으로 굳어지는 경향을 엿볼 수 있다. 〔표 4〕에서 알 수 있듯이 창간호에서는 국문체가 41.6%로 단연 앞섰지만 제6호로서 자취를 감추기까지 평균 17%의 선으로 머물고 있다. 매6호를 한 기간으로 잡을 때, 초반기의 한문체와 거의 비슷한 비율(17.9%)을 점

하고 있는 반면에, 국·한문 혼용체가 2, 3배 이상(55. 5%)의 우세를 보이고 있다. 그런데 중반기에 가서는 국·한문체는 감소 경향(42.5%)을 보이고 한문체는 상승 추세(45.4%)를 나타냄으로써 서로 비등하게 절반에 육박하고 있다. 그러나 종반기에는 이러한 하강과 상향의 추세는 계속 굳어져서 한문체가 오히려 3/4 이상 (75.3%)을 차지하게 되었고 국·한문체는 1/4이하(23.0%) 로 떨어지게 된 것이다.

결과적으로 통권18호의 전체 지면 가운데서 한문체가 45.9%로 가장 많은 비중을 차지하고 있으며 다음이 40.5%의 국·한문체, 그리고 국문체는 5. 7%에 불과한 형편이다. 사용 문체를 통해서 표출된 이와 같은 현상은 이상주의의 비현실성을 인정하고 전통적인 문화권의 테두리 안에서 근대적인 지식과 사상을 수용 전달하는 사회적 현실에로의 동조적 태도의 반영으로 생각할 수 있다.

[표 5] 내용분야별 사용문체

N = 취급빈도수

	독립협회관계기사								논 설						잡설 계	
	활동		이념 보조금				계		수사논설		각국론		계			
	N	%	N	%	N	%	N	%	N	%	N	%	N	%	N	%
국문체									7	25.0			7	20.0		
국한문체	7	77.8					7	22.6	10	35.7			10	28.6	2	13.3
한문체	2	22.2	4	100			6	19.4	11	39.3	7	100	18	51.4	13	86.7
기타					18	100	18	58.0								
계	9	100	4	100	18	100	31	100	28	100	7	100	35	100	15	100

	과 학 문 명								외 보						기타		총계	
	격 치		영 농		개 척		계		소 식		자 료		계					
	N	%	N	%	N	%	N	%	N	%	N	%	N	%	N	%	N	%
국문체																	7	3.1
국한문제	3	16.7	1	25.0	2	28.6	6	20.7	73	98.6	22	56.4	95	84.1	1	33.3	121	53.5
한문체	15	83.3	3	75.0	5	71.4	23	79.3	1	0.14	17	43.6	18	15.9	2	66.7	80	35.4
기타																	18	8.0
계	18	100	4	100	7	100	29	100	74	100	39	100	113	100	3	100	226	100

[표 5]는 기사 내용에 따라서 문체가 어떻게 다르게 사용되고 있는가를 보여주고 있는 바, 우선 국문체는 수사논설의 일곱 편에 국한되어 있음을 알 수 있다. 지석영(池錫永)의 "국문론," 피제손(서재필)의 "공긔" 연재 두 편과 "동양론" 및 "구라파론"(익명이나 서재필의 것으로 이해됨), 그리고 빈톤(Binton)의 "사름 마다 알면 죠흘 일" 연재 두 편이 그것이다. 이들의 한글 전용에는 의도적인 노력이 밑받침되어 있을 것으로 보인다. 국·한문체에 있어서는 외보에서 현저하며 그 중에 특히 해외소식 부분에서는 압도적인데, 이것은 일본을 비롯한 중국 이외의 외국 자료를 기사원으로 삼은 데서 오는 결과이다. 또한 독립협회의 활동 기사인 "회사기(會事記)"에서도 국·한문체가 두드러진 것은 취재 보도의 성격 때문으로 보인다. 한편 독립협회의 이념과 논설의 각국론 전수가 그리고 잡설과 격치론의 8할 이상과 영농, 개척의 7할 이상이 한문체로 표기되어 있음을 본다. 이로 미루어 보더라도 독립협회의 이념이 전통적인 유교사상을 바탕으로 하여 수용·착근된 근대의식의 집약적 표출임을 알 수 있으며 각국의 치란흥폐(治亂興廢)를 교훈으로 삼아 개방적인 민족사관을 형성함에 있어서나 근대적인 과학지식을 이해 보급함에 있어서 한문 문화의 바탕 위에서 소화된 중국측의 자료가 중요한 매개 작용을 한 것임을 짐작할 수 있다.[30]

그리고 한문체가 표제 단위의 취급 빈도보다 지면 배당에서 더 높은 비율을 보인 것은 잡설을 제외하고는 비교적 장문의 이론을 전개하는 데 한문체의 활용성이 더 컸던 것으로 볼 수 있다. 또한 외국의 자료에 대한 직접적인 의존도가 낮은 수사논설에서 비교적 고른 사용 문체의 분포를 보이고 있는 것은 필진의 취향을 이해하는 데 도움이 될 것으로 보인다.

---

30) 회보에서는 전란아(傳蘭雅)를 영국인으로 소개하고 있으나 (4-①, 3:1), 이광린 교수의 논고에 의하면 미국 선교사로 밝혀져 있다. 李光麟,『韓國開化史硏究』(서울: 一潮閣, 1970), p. 34 참조.

[표 6] 필자 또는 출처

	독립협회				논설			잡보	과학문명				외보			기타	합계	
	활동	이념	보조금	계	수사논설	각국론	계		격치	영농	개척	계	소식	보료	계		N	%
필자표시		2		2	14		14	3	1	1	2	4					23	10.2
별도표시		1		1		1	1			2		2					4	1.8
익명					9		9		1			1					10	4.4
출처제시	5	1		6	4	3	7		4			4	34	2	36		53	23.5
종합편설					1	3	4	12	12	1	5	18	39	36	75		109	48.2
무해당	4		18	22									1	1	2	3	27	11.9
합계	9	4	18	31	28	7	35	15	18	4	7	29	74	39	113	3	226	100

3. 필진과 자료원

필진과 자료를 중심으로 하여 기사 형태를 살펴본다면 (1) 특정 필자에 의하여 집필된 것 (① 필자의 이름을 밝힌 것, ② 필자의 이름대신 별칭이 표시된 것, ③ 익명으로 된 것) (2) 내·외의 자료에 의거하여 편집국이 발췌·종합한 것. (① 자료의 출처를 밝힌 것, ② 출처를 밝히지 않은 것) (3) 편집국의 취재에 주로 의존한 것(무해당)의 세 가지로 크게 볼 수 있다. 이 중에서 두 번째 유형이 압도적(71.7%)임은 〔표 6〕에서 보는 바와 같거니와 독립협회 관계의 출처 제시 부분(2.7%)을 제외하고는 모두가 해외 자료를 직접 이용한 것이며 또한 수사논설의 익명 부분의 상당수가 그러했을 가능성을 감안한다면 해외 자료에의 직접적인 의존도는 70% 이상일 것으로 생각된다. 이렇게 본다면 특정 필자에 의한 집필 부분과 편집국의 직접 취재 부분은 각각 15% 내외로 계산된다.

따라서 전체 표제의 85% 이상의 내용이 편집국원들의 작업에 의하여 작성되었다고 보아야 하겠으며 겸하여 이들의 과중한 작업량을 짐작할 수 있을 것이다. 독립협회 관계와 수사논설 그리고 영농을 제외하고는 전적으로 해외자료에 의존하지 않을 수 없었던 사정은 근대적인 지식과 사상을 보급하려는 의도와 함께 이 점에서 이해할 수 있을 것이다. 개별 필자에 의한 집필 부분은 그 중 67.4%가 수사논설 (논설의 80%)에 집중되어 있으며 빈도의 절대 수는 적지만 독립협회 이념과 영농의 75%가 이에 속한다. 그리고 이름이 밝혀진 집필진으로는 초대 회장이었던 안경수, 독립협회의 창설과 발전에 결정적인 작용을 한 서재필, 그리고 지석영을 대표적인 인물로 들 수 있다. 가장 많이 이름이 오른 사람은 농도 짙은 유교사상을 바탕으로 하여 전환기의 역사 의식을 표출했던 전좌랑(前佐郎) 신용진(辛龍鎭)이다. 또한 관비 유학생으로 일본 동경에 가 있던 사람들로 신해영(申海永), 안명선(安明善), 안창선(安昌善), 남순희(南舜熙)가 필진으로 동원되었으나 이들이 독립협회의 활동에 직접 참여했을 가능성은 희박하다. 그밖에는 마고온(瑪高溫)과 빈톤(Binton)의 이름과 관해당주인(觀海堂主人), 남하학농제주인(南下學農齊主人), 동해목자(東海牧者)와 같은 별칭 필명이 보일 뿐이다. 전란아(傅蘭雅, John Fryer)의 이름은 『격치휘편』(格致彙編)에 실었던 글을 전재하면서 따라 실었던 것 같다. 1876년 상해 제조국에서 월간으로 발행되었던 과학잡지인 『격치휘편』은 회보의 격치론 구성에 있어서 직접적인 구실을 한 중국측 자료이다. 그리고 논설의 해외 자료로서도 가장 많이 제시된 것이 역시 중국측의 『시사신론』(時事新論, 6件)이며 그 다음이 일본측의 『시사신보』(時事新報, 1件)이다. 이처럼 과학기사인 격치론과 논설에서는 중국측 자료가 지배적인 데 반하여 외보에서는 일본측의 자료가 압도적으로 제시되고 있다. 그 대표적인 것이 『일본신보』이지만 또한 『시사신보』와 『동경 일일신문』 그밖에도 『태양잡지』가 자료로 제시되었음을 볼 수 있다. 물론 그렇다고 다른 해외 자료가 전혀 없는 것은 아니다. 드물기는 하지만 중국측의 『청국소보』(淸國蘇報)와 『북경보』(北京報) 그리고 『뉴육왈도신문』(紐育왈도新聞)과 『백림일보』(伯林日報)가 뉴스원(源)으로 사용되고 있는 것이다. 그러나 외보의 해외정보 자료(주로 통계자료) 항목에서 볼 수 있는 바와 같이 여타의 많은 해외의 신문과 잡지가 편집국에 의하여 종합·정리된 흔적을 눈여겨 볼 수 있다.

4. 논제 분석: 근대 의식의 소재

1. 논제의 구성적 분포

이곳에서 다룰 논제의 영역은 일차적으로 외보 이외의 부분, 즉 독립협회 관계, 논설, 잡설 과학문명을 그 범위로 삼았으며 그 중에서 다시 일부를 추려 내고 [표 7]과 같이 분석 대상을 확정하였다. 독립협회의 활동에 동원된 대중의 계층적 이해를 위해서는 귀중한 자료의 성격을 띠지만 논제로서의 내용을 담지 않은 보조금수입명단과 이념 분석의 자료로서 적합하지 않은 활동(Ⅱ)을 제외([표 8])하였고, 잡설에서는 흥미 기사를 제외([표 9])하였다. 따라서 통권18호의 전체지면 가운데서 57.7%가 논제 분석의 대상이 되는 셈인데, 그 중에서 가장 큰 비중을 차지하는 것은 서구의 근대적인 과학진보와 문명개화의 폭넓은 지식의 보급이라고 할 수 있다. 제1단계 분류 항목으로서의 과학문명 전체(49.7%), 수사논설에서의 자연과학(5.7%)과 무비학(武備學) 그리고 논제 분석의 대상이 된 잡설(4.2%)을 모두 같은 테두리의 것으로 본다면 전체 분석 대상의 60.8%를 점하기 때문이다.

[표 7] 논제 분석 대상의 구성비

		독립협회	논설	과학문명	잡설	총계
빈도	N	31	35	29	15	110
	%	28.2	31.8	26.4	13.6	100
지면(행수)	N	760	1,269	1,518	159	3,706
	%	20.5	34.2	41.0	4.3	100
대상지면	N	140(6)	1,269(35)	1,518(29)	128(12)	3,055(82)
	%	4.6	41.5	49.7	4.2	100

[표 8] 독립협회 관계 기사의 구성

		이념	활동(Ⅰ)	활동(Ⅱ)	보조금	계
회수	N	4	2	7	18	31
	%	12.9	6.5	22.6	58.0	100
지면(행수)	N	110	30	202	418	760
	%	14.5	3.9	26.6	55.0	100
전체논제	N	110(4)	30(2)	–	–	140(6)
와의 내비	%	3.6	1.0			4.6

[표 9] 잡설의 내용 구성

		식재영농	생활과학	인체론	물상	흥미기사	계
회수	N	3	3	4	2	3	15
	%	20.0	20.0	26.7	13.3	20.0	100
지면(행수)	N	56	17	37	18	31	159
	%	35.2	10.7	23.3	11.3	19.5	100
대비	N	56(3)	17(3)	37(4)	18(2)	–	128(12)
	%	1.8	0.6	1.2	0.6	–	4.2

이와 같이 회보의 논제 내용에서 차지하고 있는 근대적인 과학문명의
비중은 논설과 잡설을 통해서 더욱 확대되고 있음을 알 수 있거니와 그

가운데서 격치론이 61.8%(전체 대상의 37.6%)로 단연 앞서고 있다. 격치론은 순수이론과학 부문과 응용적인 산업공학 부문으로 구분할 수 있는데, 총체적인 서설 부분(격치론의 4%)을 제외한 이 두 가지 가운데서 큰 비중을 차지하는 것은 역시 산업공학 부문(격치론의 58.8%, 전체 대상의 22.1%)이다. 그러나 이것은 주로 광학(금광, 은광, 동광, 철광)과 전기, 공예에 편중되고 있음에 반하여 상대적으로 비중이 떨어지는 순수이론과학 부문(격치론의 37.2%, 전체 대상의 14.0%)은 물리, 물상, 지학, 화학, 생물학 등의 여러 분야에 걸쳐 망라되고 있는 것이 특징이라 하겠다.

물론 이 중에서는 무(霧)·운(雲)·로(露)·수(水)·설수(雪水)·동빙(凍氷)·풍(風)·전여뢰(電與雷)등 자연현상에 관한 과학적 이론을 전개한 물리·물상 분야가 가장 많으며 여기에 잡설의 물상(등운치량설(騰雲致雨說), 비진현일광(飛塵現日光))까지 합하면 더 늘어나는 셈(전체 대상의 6.6%)이 된다. 그리고 다음의 생물학 분야도 잡설의 인체론을 통해서 특정 주제에 편중되는 결함을 단편적인 지식의 다양화로 보완하고 있을 뿐만 아니라 그 비중(전체 대상의 5.1%)을 더 높여 주고 있다.

한편, 영농은 농업의 다양화와 기계화를 촉구하고 대개가 별칭의 필명으로 관계 인사의 관심을 반영한 것이라는 점에서 수사논설의 범주에 포함시킬 수 있는 것이나, 여하튼 특용작물의 재배와 도시의 수목 조림을 주장한 잡설의 식재 분야까지도 같은 영역의 논제로 볼 수 있기 때문에 물상이나 생물학보다도 더 큰 비중(전체 대상의 7.8%)을 갖는 것으로 생각할 수 있다. 또한 수사논설과 잡설을 통해서 생활과학의 차원으로 다룬 자연과학의 지식도 생체학보다는 높은 비중(전체 대상의 6.3%)을 보이고 있다. 무비학에 대한 관심은 극소(1.2%)하지만 그 기술적 차원에서 보다는 식민주의의 군사적 위협에 대한 대비책으로서의 무기 제조에 대한 관심이라는 데 더 큰 의미가 있다.

이상과 같은 근대적인 과학지식의 내용을 제외한 분석 대상의 나머지 부분(전체의 39.2%)은 세 가지의 영역으로 나눌 수 있는데 그 중 독립협회의 기본이념과 직결되는 요소의 내용이 그 중핵을 이루고 있다고 말할 수 있다. 직접적으로 독립협회를 다룬 논제와 자료는 전체 대상의 4.6%에 불과하지만 독립·자강(7.7%)과 민·국일치(4.6%)에 포함되는 수사논설의 제논제(諸論題)를 통해서 그것을 더욱 일반화시키고 있을 뿐만 아니라, 국문론(4.8%)까지를 같은 범주의 것으로 넣을 수 있다면 55.4%(전체 대상의 21.7%)에 달하기 때문이다.

[표 10] 논설의 내용 구성

		국문론	자연과학	국제정세	독립자강	교육	산업지리	민국일치	무비학	기타(사회)	수사론설계	각국론	총계
회수	N	3	4	2	6	3	2	5	1	2	28	7	35
	%	8.6	11.4	5.7	17.1	8.6	5.7	14.3	2.9	5.7	80.0	20.0	100
지면	N	147	173	90	236	106	77	140	37	83	1,089	180	1,269
	%	11.6	13.6	7.1	18.6	8.4	6.1	11.0	2.9	6.5	85.8	14.2	100
대비	N	4.8	5.7	2.9	7.7	3.5	2.5	4.6	1.2	2.7	35.6	5.9	41.5
	%												

[표 11] 과학문명의 내용 구성

		격치총론	물리물상	전기공예	광학	지학	화학	생물학	격치논계	영농	개척	총계
표제	N	1	3	4	6	1	1	2	18	4	7	29
	%	3.5	10.3	13.8	20.6	3.5	3.5	6.9	62.1	13.8	24.1	100
지면(행수)	N	45	184	270	405	73	53	119	1,149	183	186	1,518
	%	3.0	12.1	17.8	26.7	4.8	3.5	7.8	75.7	12.1	12.2	100
전체논제와의 대비	N	1.5	6.0	8.8	13.3	2.4	1.7	3.9	37.6	6.0	6.1	49.7
	%											

이 부분의 핵심적 가치를 한마디로 표현한다면 민족주의라고 할 수 있겠는데 여타의 두 영역도 그러한 민족주의 이념의 국제사회를 배경으로

하는 이해와 현실적 여건을 바탕으로 하는 방법론적인 인식이라고 말할 수 있다. 한국이 속해 있는 동양(동양론)과 동양에 세력을 뻗치는 구라파(구라파론)의 비교, 영국 불란서 독일 등의 강대국과 이들의 침략을 받는 버마(論緬甸)나 안남(論安南)의 상대적 위치를 통해 민족주의의 상황적 이해를 도모하는 것이 그 두 번째 영역(전체 대상의 8.8%)인 것이다. 세 번째의 영역(전체 대상의 8.7%)도 이와 비슷한 비중을 드러내고 있는데 그것은 교육·학문·산업지리를 비롯한 그 밖의 사회과학적 성격의 논제를 통해서 추구한 민족주의의 방법론적 인식(8.7%)이라 할 수 있다.

이상에서 본 바와 같이 논제의 가장 큰 비중은 근대적인 과학지식에 있으며 그 다음은 민족주의의 이념을 포괄하는 내용, 그리고 이에 대한 상황적 이해와 방법론적 인식의 순으로 되어 있다. 그러나 이러한 평면적인 분포만을 가지고 논제의 구성을 구조적으로 파악하기는 어려운 일이다. 가장 많은 비중을 차지하고 있는 과학지식의 논제도 민족주의의 목표달성을 위한 방법으로서의 성격을 지니는 것이라고 보아야 할 것이다. 따라서 독립협회의 이념을 구조적으로 파악하기 위한 시론으로서『독립협회 회보』의 논제 내용을 재음미해 보려고 하거니와 회보의 발간이 정치활동을 전개하기 이전에 그치고 말았기 때문에 초창기라는 시기적 한계와 한 문체 위주의 사상적 한계를 전제하지 않을 수 없다.

2. 근대의식(독립협회이념)의 구조

(1) 목표로서의 기본이념 :『독립』

『독립협회 회보』의 논제 속에 합성된 근대의식을 구조적으로 이해하기 위해서는 먼저 잡지의 당로자인 독립협회의 기본이념을 그 가운데서 밝혀내야 하겠거니와 그것은 한마디로 과도적 국가관을 모태로 하는 근대적 민족주의라고 말할 수 있겠다. 독립협회가 이러한 민족주의를 집약적으로 표현하는 상징적 개념이 '독립'이다. 이것은 독립협회가 스스로의 정당화 논거로서 확보한 교의적인 표상이다. 독립협회는 기관지인 신문·잡지를 통해서 뿐만 아니라 독립문·독립공원·독립관 등 상징 기념물의 건조 사업을 통해서도 '독립'의 이념과 의미를 보급, 전파하고 사회화시키도록 노력하였다.[31] 그러나 이러한 상징적 개념이 민족주의의 표상일 수 있는 소이연(所以然)은 그 직선인 어의 때문만이 아니라 독립으로 수렴되는 자주라는 외연적 개념의 대외대적 태도 정향과 '자강(自强)'이라는 내포적 개념의 대내적 내용 구성 때문이다.

(1)-1. 독립의 외연:『자주』

독립협회의 이념적 표상인 독립의 외연적 개념은 '자주'이다. 이것은 강화도조약(1876)을 계기로 가속화된 외세의 간섭과 침탈의 위협 속에서 국가의 자주권을 수호·강화하려는 자각적인 대응의 관념 양태라고 할 수 있다. 물론 중국과 일본 또는 일본과 러시아 사이의 한국을 둘러싼 불안정한 세력균형 속에서 "조선지자주독립(朝鮮之自主獨立)"이 자주 거론된 것은 사실이지만 그것은 상호견제의 방편이며 각기 대립적인 국가이익을 앞세운 동상이몽일 수밖에 없었다. 그리고 홍범14조의 전문에서 표명되었던 "공고자주독립지기(鞏固自主獨立之基)"[32]의 결의도 투철한 자주의식의 발현이라기보다는 중국의 종주권을 배격하는 국제 상황에 대한 피동적인 동조 양식으로서의 성격이 더 강했다고 볼 수 있다. 물론 이러

---

31) 安駉壽, "獨立協會 序," (1-①), 1:1-5 및 "獨立協會輪告," (1-④), 1:8-9 참조.

32) 『高宗實錄』, 卷三十二, 三十二年 甲午 十二月 十二日條.

한 독립서고(獨立誓告)는 독립협회로 하여금 독립이념을 주장할 수 있게 한 직접적 단서가 되었음을 간과할 수는 없다.[33]

그러나 자주 거론된 독립의 의미가 명목적인 것에 불과하고 이에 대한 집권자나 국민의 이해가 피상적인 것일수록, 자주적인 대응 자세가 더욱 더 절실했던 상황이었음은 대외적 모순으로 팽배한 위기의식이 말해 주고 있다. 아무런 대비책이 없이 급격하게 국제사회에 노출됨으로 해서 나라 안 사정이 더욱 악화되었음을 개탄한 귀국 직후의 서재필의 술회(述懷)[34]나 "동왜(東倭)와 북호(北胡)"의 양란(兩亂) 후에도 아무런 반성이 없었기 때문에 "마침내는 엎드러지고 꺼꾸러져 오늘의 대난국에까지 이르렀으니 동포의 혈기가진 자로서 어찌 한심하고 통곡하지 않을 수 있겠는가"[35]라고 탄식한 초대 회장 안경수의 울분은 단적인 예라 하겠다. 그러나 독립협회는 이러한 위기의식을 체념과 무력화에의 퇴행으로 방관한 것이 아니라 구국 의지의 원동력으로 삼음으로써 위기 극복을 위한 노력의 주체자로 자처한 것이다. 신용진(辛龍鎭)은 "독립협회론" 서두에서 이 점을 분명히 하고 있다. 그는 국가가 국가일 수 있는 소이는 자주독립권을 보유하는 데 있으며 그것이 없으면 타국에 부용하는 속국이 되어 신첩과 노예의 치욕을 당할 수밖에 없기 때문에 국가의 가장 귀한 것은 독립이고 독립은 오로지 대외적인 자주에 있다고 보았다. 따라서 그는 자주를 원한다면 먼저 국민의 자주지기(自主之氣)를 배양해야 한다고 전제하고 이를 위한 주도체가 되는 데 독립협회의 설립 이유가 있음을 밝혔던 것이

---

33) 辛龍鎭은 그의 "獨立協會論"(1-③)과 "時同槪論"(2-④)에서 "…何幸時運丕變, 天心泰回, 伏惟 我聖上陛下, 勵精圖治, 洞察宇內大勢, (順天應人)確建獨立基礎誓…"라고 이를 지적하고 있다.

34) Philip Jaison, "What Korea Need Most," *Korean Repository*, Vol. Ⅲ, No.3 (March 1896), p. 108.

35) 安駉壽, "獨立協會 序," (1-①).

다.[36] 독립협회는 그와 같은 대외관계의 모순이 가져다 준 위기의식을 딛고 일어서는 국가 자주화의 궁극적 가치를 충군 · 애국 · 애민에 귀착시키고 "진충갈력(盡忠竭力)의 동량(棟樑)"[37]임을 자임하여 전통적인 충군사상을 애국주의로 이어줌으로써 신민적 문화를 바탕으로 하는 과도적 국가관 위에 민족주의의 터전을 마련하고 있다. 이것은 충효지도를 미덕으로 삼는 유학자들과 보수적인 고급관리들까지 충원할 수 있게 해주었을 뿐만 아니라 군권체제와의 공존을 가능하게 해준 동인이 된다. 그러나 기존체제의 유지에서 그 정당성의 논거를 확보한 이와 같은 애국주의를 근대적 민족주의로 성격지어 줄 수 있는 소이는 무엇보다도 그 기저에 애민사상으로 표출되는 국민이라는 이념상이 자리 잡고 있다는 데서 찾을 수 있다. '독립'의 개념 속에 "국자아국(國自我國) 민자아민(民自我民)"[38]이라던가 '선양기국인자주지기'(先養其國人自主之氣)[39]의 관념을 포함시키고 있는 것은 바로 국민을 애국사상의 기저로 보는 태도이다. 독립협회는 참다운 국가자주화의 전제로서 국민의 민족적인 자각과 자각적 노력 및 합심 · 단결을 통한 국민적 총화를 선양함으로써 자주의 주체를 총체적인 국민에 귀일시키고 나아가서는 애국주의를 국가주의와 국민주의의 통합 개념으로 조화시키고 있는 것이다.

이와 같은 민족주의를 표상하는 '독립'의 외연적 개념인 '자주'는 일체의 대외적 태도 정향의 준거가 되고 있으므로 항상 이 '자주'를 바탕으로 해서 독립협회의 모든 활동 방향을 이해해야 할 것이다.

---

36) 辛龍鎭, "獨立協會論(1-③), 7:12.

37) "頌獨立協會," (1-②), 1:5.

38) "獨立協會序"

39) "獨立協會論," 「養氣之道 莫如人心之和合, 家力之固結」.

(1)-2. 독립의 내포:『자강(自强)』

다음은 '독립'의 내포적인 개념이 '자강'이라는 데서 민족주의이념의 성격적 일단을 찾을 수 있다. 충군·애국·애민의 삼위일체를 기조로 하는 독립협회의 민족주의는 대외적 자주의 실현을 바로 대내적 자강에서 구하고 있는 것이다. "무릇 자주란 내실자강하여 흘연독립(屹然獨立)함으로써 타국의 세력에 불부(不附)함이라"[40]고 한 신용진(辛龍鎭)의 말은 '독립'의 외연과 내포로의 개념 분화를 명시해 주는 것이다. 여기서 또한 외세에 의존하지 않는 길이 내실자강에 있음을 밝히고 있거니와 외세에 의존하면 외모(外侮)가 불가피하기 때문에 독립협회가 스스로 "자강어모(自强禦侮)의 초질(礎礩)"[41]임을 자처하게 된 것으로 보인다.

이러한 자강이 독립의 전제로서 의식되었던 것임은 필자 불명의 "독립론"에서 "자강한 뒤에라야 독립은 가능하고 자강하지 않으면 독립은 있을 수 없다"[42]는 주장에서 파악된다. 그러나 유교문화를 바탕으로 하는 토착 세력에게 있어서는 자강에 대한 인식이 전통적 가치체계를 매개로 수용된 것임을 간과할 수 없다. 즉 전기의 "독립론"에서 자강의 전의를 '무기실정(懋其實政)'으로 보고 있을 뿐만 아니라, 자강의 어원을 『주역』에서 찾으면서[43] 자강을 천도와 군도로 이해하고 있다. 따라서 자강의 길이 일차적으로는 성의(誠意)와 정심(正心)에, 이차적으로는 수제(修齊)와 치평(治平)에 있는 것으로 보는 것은 당연한 귀결이다. 이것이 전통적인 유교주의 정치이념에 입각한 통치자의 치국책과 서정쇄신(庶政刷新)

---

40) "時局槪論"

41) "頌獨立協會"

42) "獨立論"(2-⑫), 13:1-9.

43) 「象曰 天行健乾君子以自强不息」. (『周易』, 卦爻辭, 乾爲天條)

의 내실화로 이해된 것임은 정군심(正君心)[44]·절재용(節財用)[45]·거현재(擧賢財)[46]·신상벌(信償罰)[47]·무군정(務軍政)·택수령(擇守令)·찰민은(察民隱)[48]·후민생(厚民生)·정민지(定民志)·무개화(務開化)등 10조로 제시된 자강의 실현 방안[49]을 통해서도 알 수 있는 일이다.

물론 이와 같은 인지는 독립협회의 이념적 한계를 의미할 수도 있겠으나, 그러한 가치 문화적 전통 때문에 새로운 상황 변화(세계사적 보편성)에 대한 독자적인 인식(한국사적 특수성)이 가능했다는 점에서, 오히려 변화에 적절하게 대응할 수 있는 적응 능력의 소지로 풀이될 수 있는 것이다. 뿐만 아니라 독립의 외연인 자주의 구현과 외모의 방어를 사회적 모순의 극복과 서정쇄신의 내정 충실을 통한 내실자강으로 실현하고자 한 사실에 주목할 필요가 있다. 이와 같은 독립협회의 민족주의는 이용희(李用熙) 교수가 한국의 근대민족주의를 한 묶음으로 지적한 만큼 단순한 "저항의 민족주의"[50]에 해당하는 것은 아니고, 오히려 밖으로부터의 모순을 자기발

---

44) 「正君心以正朝廷, 正朝廷以正百官, 正百官以正四方, 君心正則朝廷方, 莫敢不止」이라고 전제하고 군주의 인·의·예·지·신에 대한 숭상을 주장하면서『論語』에서 그 정당성을 찾고 있다.「君子之德風, 小人之德草, 草上之風必優」(『論語』, 顔淵, 十九).

45) 여기서 말하는「孔子以節用愛民, 爲治國之要」에 대하여는 다음을 참조할 것.「道千乘之國, 敬事而信, 節用愛人, 使民以時」(『論語』, 學而, 五)

46) 「仲弓爲季氏宰, 問政, 子曰先有司, 赦小過, 擧賢材」(『論語』, 子路, 二) 참조.

47) 信償罰의 논거로서는「子曰 道之以政 齊之以刑 民免而無恥, 道之以禮, 有恥且格」(『論語』, 爲政, 三) 및「…德懋懋官, 功懋懋賞…」(『書經』, 商書, 仲胞之誥) 등을 제시하고 있다.

48) 어린 배성의 숨은 조심을 걱정하지 않을 수 없는 이유를「民惟邦本, 本固邦寧」(『書經』, 夏書, 五子之歌)에서 찾고 있다.

49) 1864년 1월 지사 김병국은 새로 등극한 고종에게 상소한 가운데서 ① 돈성효(敦聖孝), 공환삼전(供歡三殿) ② 무성학(懋聖學), 선립근본(先立根本) ③ 숭검덕(崇儉德), 이단사치(以單奢侈) ④ 경대신(敬大臣), 이존체모(以尊體貌) ⑤ 절재용(節財用), 이고방본(以固邦本) 진기강(振起綱), 이려풍속(以勵風俗) ⑦ 개언로(開言路), 극광총청(克廣聰聽) ⑧ 휘수령(揮守令), 이무자휼(以務字恤) 초현준(招賢俊), 이자비(以資否) 등의 승찰9조를 개진하고 있는데 여기서 자강10조와 상응하는 가치구조를 발견할 수 있다(『承政院日記』, 高宗元年甲子正月十日條).

50) 李用熙, "韓國民族主義의 諸問題,"『國際政治論叢』, 第六輯 (韓國國際政治學會, 1967), pp. 12-18 참조.

전의 계기로 삼은 "자성·자수·자강의 민족주의"라고 말할 수 있기 때문이다. 또한 그것이 자기의 내부로 향한 것이기 때문에 실현 방향의 지표로써 많은 하위 개념을 포괄하게 된 것을 알 수 있다. 이것은 "독립론"의 자강10조와 그리고 독립협회를 사천년 역사상 최초로 시도된 건물에 비유하여 밝힌 아홉 가지의 기능성[51]을 통해서도 간파할 수 있는 일이다.

(2) 방법으로서의 이념 : 『자강실책(自强實策)』

(2)-1. 개명진보(開明進步)

독립협회는 독립의 내포적 개념인 자강의 정책적 실현 방향을 일차적으로 개화-개명진보에 두고 있다. "독립이란 오로지 자강이며 자강은 오로지 개화이다"라는 말이 이를 밑받침해 준다. 신용진은 그의 "추설(芻說)"에서 이러한 개화의 의미를 "개물성무(開物成務)하고 이풍역속(移風易俗)함으로써 문명지화(文明之化)에 이르는 것"이라고 하여 그 인지의 준거를 『주역』에서 찾으면서도 이풍역속(문화변화)의 대안은 서구의 근대문화로 보고 있다.[52] 한편 "독립론" 무개화조(務開化條)에서는 "개화(開化)란 우(愚)를 열고(開) 완(頑)을 바꾸는(化) 것"이라고 풀이하면서 고대로부터 이씨 왕조의 문명지치에 이르기까지 거듭 되어온 문화발전의 제 단계와 같은 차원에서 당시의 개화를 이해하고 있지만, 역시 기존문화의 결함을 시정, 보완하기 위한 대상(기기구일지오습(棄其舊日之汚習), 동귀어

---

51) "頌獨立協會," (1-③), 1:5-6. 여기서 독립협회라는 건물의 양자를 ① 진충갈력지동량(盡忠竭力之棟樑) ② 자결어모지초질(自結禦侮之礎礩) ③ 대비만민지첨각(大庇萬民之檐桷) ④광납사해지계정(廣納四海之階庭) ⑤ 예악형정지방돌(禮樂刑政之房堗) ⑥ 문장무략지헌창(文章武略之軒窓) ⑦ 의의성현지장벽(依倚聖賢之墻壁) ⑧ 나렬영준지난간(羅列英俊之欄杆) ⑨ 근덕본행지주조(根德本行之廚竈) ⑩ 저재축예지창고(貯才畜藝之倉庫)의 열 가지 기능체로 묘사하고 있다.

52) 辛龍鎭, "芻說," (1-⑮), 18:2-3. 「子曰 夫易何爲者也 夫易開物成務 冒天下之道 如斯而已者也」, 『周易』繫辭上傳, 第十一章.

지치지역(同歸於至治之域))을 서구문화의 수용에서 찾은 점에서 일치된다. 일본에 유학 중이던 남순희는 야만과 반개와 개명을 별"하는 것이 개화의 현상이라 하여 서구문명에의 취향성을 더욱 드러내고 있다.

요컨대 독립협회의 개화의식은 주체적인 인지과정을 통해 표출된 근대 문화라는 보편성에로의 동화 의욕이라고 말할 수 있다. 물론 개화의 요체가 정교 · 보국 · 안민에 있다는 점에서는 뒤에서 거론할 국권자립 · 민권 자수와 엄격하게 구별할 수 없을 뿐 아니라 서로 밀접한 연관성을 지니고 있는 것이 사실이다. 그러나 여기서는 초기의 개화론 보다도 발전된 양상을 파악하기 위하여 이를 구별할 필요가 있다.

이러한 독립협회의 개명진보는 멀리는 이용후생(利用厚生)의 실학과 그리고 가까이는 1880년대 초기부터 개화자강(開化自强) 또는 동도서기(東道西器)로 표출된 채서사상(採西思想)의 계승적 발전이라고 볼 수 있다. 수용 내용에서도 그러하지만, 개화라는 방법을 통해서 자강을 도모하려는 독립에의 목적 의식이 초기의 개화 자강론에서는 잠재된 상태에 그치고 말았으나 독립협회의 이념에서는 자주를 지향하는 독립에의 목표가 최상위의 개념으로 명확히 설정되어 있기 때문이다. 여하튼 그것은 구미의 과학문명이 보여주는 실용성과 효율성을 주체적으로 수용하여 합리적인 사회발전의 기틀을 세우고 내부적인 모순(후진성)을 극복하려는 상황적 대응이었으며 집권층 내부에서 성장한 채서사상의 전승이었기 때문에 기존 질서와의 별다른 마찰을 일으키지 않았다는 해석이 가능하다. 새로 학부대신의 자리에 앉은 신기선(申箕善)의 개화에 대한 반동 작용이 없었던 것은 아니나,[53] 서구의 근대문물제도가 계속 도입되는 과정에 있었던 당시로서는 "충애의 실심(實心)으로 개명진보에 주의"하는 독립협회의

---

53) "Editorial," The Independent (June, 6th 1896) 및 "The Memorial of the Minister of Education," *The Korean Repository*, Vol. Ⅲ, No. 6 (June, 1896), pp. 248-250 참조.

자강책은 환영받을 소지를 지녔던 것이다.

개명진보를 자주의 내실화를 위한 자강의 기초로 본 독립협회는 의타적(依他的)인 개화를 배격했을 뿐만 아니라[54] 동양 학문의 비현실성과 구학문의 무익성·무용성을 단순히 공격하는 데 그치지 않고 한글 사용과 [55] 교육의 확대[56]를 통하여 신학문의 자주적 수용을 역설하고 있다. 독립협회는 초기의 의타적 개화를 자주적 개화로 대치시켰기 때문에, 신문·잡지를 매개로 하거나 직접적인 활동(강연회와 주간토론회)을 통하여 스스로 개화의 주체로서 교육적 기능을 맡고 나오게 되었음을 알 수 있다. 이미 『독립협회 회보』논제의 구성 분포에서 본 바와 같이 이론과학, 산업공학, 사회학과의 제 영역을 망라한 신학문의 지식체계가 논제의 압도적인 비중을 차지하고 있는 것도 그러한 교육적 기능 때문이라 하겠다.

그러나 여기서 볼 수 있는 또 하나의 중요한 의미는 서구의 근대적인 문물제도에 대한 외형적 수용을 지양하고 그 내면의 원동력 즉 과학적 논리와 이를 바탕으로 하는 탐구정신, 개척정신을 개화의 정신적 근간으로 받아들임으로써 초기의 동도서기적 사고의 한계를 탈피할 수 있었다는 데 있다.[57] 물론 서구의 과학적 지식체계를 격치학(치지격물지학(致知格物

---

54) "독립론"(2-⑫), 무개화조(務開化條). 여기서는 태서(泰西) 각국이 공사를 서울에 주재시켜 국사를 관리하고 교사를 보내 군대와 국민을 가르치는 일은 처음 보고 듣는 미속(美俗)이라고 극찬하면서도 『독립신문』의 논설 내용에 기대를 걸고, 그것에 따르면 개화의 길이 많이 있으니 남에게서 구할 필요가 없다고 주장하고 있다.

55) [부록 1] 2-①, ②, ③ 참조.

56) [부록 1] 2-⑯, ⑰, ⑱, 참조.

57) 이러한 요소는 대부분의 논제 내용에서 간파될 수 있으며 특히 발명·개척 정신의 소재를 볼 수 있는 것으로는 Scotland의 발명가 James Watt (1736-1819)를 다룬 "汽機師互特傳,"(4-㉓, ㉔)이 있고, 탐험·항해가를 묶어 다룬 "탐지명인전략(探地名人傳略)"(4-㉕, ㉖, ㉗, ㉘, ㉙)이 있다. 여기에서 등장하고 있는 인물은 영국의 항해가 James Cook (1728-1779), Portugal의 비율빈 탐험가(比律賓探險家) Ferdinando Magellan (1480-1521), 영국의 북극탐험가 John Flenklin (1786-1848), 아프리카 탐험가 Mung Park, Scotland의 아프리카 탐험가 David Livingstone (1815-1873) 등이다.

之學), 격치지학(格致之學), 격물학(格物學), 격치론(格致論))으로 인식 소
화한 것은 중국 나름의 성리학적 인지 과정[58]을 거친 중개적 수용 때문이
며 이처럼 중국이라는 도관(導管)의 여과와 매개를 통해 주로 한학이라는
인식 기반의 공통성 위에서만 수용할 수 있었다는 데[59] 그 나름의 제약은
따른다. 그리고 이러한 제약은 사회과학 영역의 개화 내용이 어느 만큼
일본의 매개과정을 거쳤다는 데서도 마찬가지인 것이다.

(2)-2. 국권자립(國權自立)

독립협회가 추구한 또 다른 하나의 자강의 실현방향은 국권자립(自守)
에서 찾을 수 있다. 이것은 1880년대의 개화가 의타적(依他的)임으로 해서
자강과는 역행되었던 역사적 시행착오에 대한 자성적인 재인식이다. 이것
은 외세의 침투를 자초하고 국가의 종속적 위치를 새로운 형태로 심화시
킨 의타적 개화의 자기모순을 극복하려는 자주적 개화의 논리적 귀결이
다. 태서(泰西)라는 통념의 변수를 초기의 개화론은 대내적 모순의 지양
을 위한 긍정적 대안으로만 보았고 또한 척사론(斥邪論)은 대외적 모순(제
국주의적 침략)을 안으로 끌어들이게 하는 부정적 인자로만 보았다. 그러나
그것이 부정적이건 긍정적이건 어느 한 측면만으로 대응할 때는 자기모순
에 빠질 수밖에 없는데, 이러한 상황을 역사적 전제로 했던 독립협회는 태
서라는 변수의 양면성을 동시적인 것으로 파악하고 그 부정적인 측면에도

---

58) "독격치휘편(讀格致彙編)," (4-①), 3-1.『格致彙編』의 서문에서 중국의 석학 서수(徐壽)는 치지
격물지학(致知格物之學)을 수제(修齊)·치평(治平)의 초급 공부라고 하면서 그 논거를 주희(朱
熹)에게서 찾고 있다. 논거에 대하여는『人學』전문, 제5장 참조.

59) 익명으로 되어 있는 "환유지구잡기(環游地球雜記)," (4-⑧)에서 필자(한국인)는 자신이 1889년
겨울부터 시작해서 여러 해 동안 구미 각국을 시찰 여행한 사실을 밝히면서 그 가운데서 발전하는
서구의 과학문명을 자기가 관찰하고 체험한 대로 상세하게 소개하고 있다. 그런데 이 글은 순한문
체(純漢文體)로 엮었을 뿐만 아니라 사물의 표현 방법이나 용어 사용에 있어서 중국례(例)의 문
헌을 답습하고 있는 生電機(電電機), 德律風(電話器), 記聲器(蓄音器) 등『格致彙編』에서 볼 수
있는 용어들이 많다.

대응하였으니 그것이 바로 국권자수사상(國權自守思想)인 것이다.

이와 같이 서구(태서)라는 변수의 부정적 측면에 대한 대응이라는 점에서는 독립협회의 국권수호는 척사론의 이론적 계승이지만 거기에 개화의 대안이라는 긍정적인 측면이 전제되었기 때문에 단순한 계승이 아니라 오히려 발전적 결합이라고 할 수 있다. 이러한 통합은 태서에 대한 두 가지의 상반적 대응의 조화를 의미하기 때문에, 외세에 대한 직접적인 반발, 배격, 저항의 형태로 집약되는 국제관계의 부정이 아니고 양면의 상극화로 인한 자기모순을 극복하려는 더 자주적인 교린의 대응 자세를 요청하게 된다.[60]

"외(外)로 강대(强大)의 기(基)를 고(固)ᄒ야 신(信)이 교제(交際)에 족(足)ᄒ고 위(威)가 어모(禦侮)에 능ᄒ면 치(恥)를 설(雪)ᄒ고…"[61]라고 한 것이나 "연(然)이나 국민이 오히려 내(內)로 박루(樸陋)의 습(習)을 개(改)치 못ᄒ고 외(外)로 교제의 도를 명(明)치 못ᄒ야 충근부강(忠勤富强)의 책(策)과 비예공탈(脾睨攻奪)의 환(患)을 막연(藐然)이 지(知)치도 못ᄒ고 문(聞)치도 못ᄒ것 갓트니…외교를 선(善)히 ᄒ야 열국(列國)과 교통을 편케 ᄒ며 군비를 확장ᄒ야 외모(外侮)를 방어케 ᄒ고 근린에 청일을 교우ᄒ며 태서에 구미를 가편(駕鞭)ᄒ야…"[62]라고 한 것은 국력배양을 통한 적극적 자주외교의 필요성에 대한 인식으로 볼 수 있다. 따라서 외세에의 의존성 탈피와 외세 상호간의 견제를 도모하기 위해서는 국제공법과 신의를 바탕으로 후박(厚薄) · 친소(親疎) · 원근(遠近) · 강약(强

---

60) "동양론," (2-⑨)과 "구라파론," (2-⑧)에서 그리고 영 · 독 · 불 등의 강대국과 동병상련의 면전(Burma). 안남 등을 다룬 각국론(2-㉚, ㉛, ㉜, ㉝, ㉞)에서 그와 같은 상황의식을 눈여겨 볼 수 있다.

61) "祝賀新年," (2-⑩), 4:1.

62) 安駧善, "北米合衆國의 獨立史를 閱ᄒ다가 我大朝鮮國 獨立를 稱홈이라" (2-⑪), 4:8.

弱)의 차별을 버리는 등거리의 평등 외교를 촉구하게 된 것이다.[63]

이러한 자주적 대응은 외세의 자본주의적 세력 침투에 대하여 민감하게 반사되고 있다. 금·은·석탄 등 지하자원의 채광권을 외국인에게 넘겨줌으로 해서 타국은 부유하게 되고 자국의 빈곤은 더욱 악화되는 부조리를 직관하여, 국내의 철도, 전선과 금·은·매광 등을 타국인에게 차여하는 것을 매국 행위로 지탄하고 심지어는 외국인 고문과 교사의 채용을 능사로 삼는 일도 자주권의 포기로 간주하고 있다.[64] 또한 생우피(生牛皮)를 헐값에 팔고 다시 비싼 값으로 숙피를 사들이는 처사에 대해서도 "본국의 이익을 모두 외국인에게 넘겨주는 일"로 보고 우피련숙법(牛皮練熟法)의 조속한 보급을 촉구하고 있다.[65] 뿐만 아니라 서울 각 시전의 상인이 실직 상태에 있는 반면에 모든 상권이 외국인에게 독점되어 있는 것은 "도성내(都城內)에서 열강이 다투어 본국 상민의 업을 탈(奪)해 간 때문"이라 보고 국민 각자가 자강독립의 실세를 성취하는 데서 그 해결책을 찾고 있다.[66]

이와 같이 독립협회는 열강의 이권 쟁탈에 대한 대응 자세를 직접적인 대항에서가 아니라 안으로 향한 자기 반성에서 찾았지만 그와 같은 외세의 위협이 초미의 관심사가 되었을 때 정부에 대한 철저한 감시와 통제로 국가의 이권을 수호함으로써 쉽사리 빠지기 쉬웠던 패배주의를 극복하고 있다. 이것은 회보가 모습을 감춘 뒤 독립협회에 의하여 전개된 실천 활동을 통해 여실히 반영되고 있다.[67]

---

63) "鄒說" (2-⑮), 18:3 참조.
64) "工藝說," (4-⑤), 7:5-6. 여기서 "全國을 他人에게 放賣홈이오… 全體政府을 他人에게 讓與ᄒᆞᆫ 거시라'는 표현을 쓰고 있다.
65) "電氣學攻效說 附牛皮練熟法," (4-⑦), 11:5 참조.
66) "獨立論," 厚民生條 참조.
67) 이에 관한 상세한 內容은 다음을 참조할 것. 韓興壽, "獨立協會에 關한 硏究: 韓國民族主義·民

(2)-3. 민권자수(民權自修)

국권자립에서 취해진 정부에 대한 감시와 통제의 양식은 또 다른 하나의 자강의 내실적(內實的) 지표인 민권자수와 연결된다. 독립협회의 민권 개념을 독립사상과의 수평적 관계로 보지 않고 독립의 내포적 개념인 자강의 실현책의 하나라는 수직 관계의 하위 개념으로 보는 이유는 '민권'이 개화 내용의 범위 확대에서 나타난 분화 개념일 뿐만 아니라, 민권의 존재 가치가 독립이라는 구극의 목적을 구현하기 위한 전제조건으로 인식되었다는 데 있다. "개개인이 모두 자유권리를 지(持)한 연후라야 비로소 국가의 자유를 지(持)할 수 있다"[68]는 주장에서 볼 수 있는 바와 같이 대외적인 국가의 자유(자주독립)를 대내적인 국민의 자유권리(민권)에서 연역하고 있다.

그러나 개화내용의 범위 확대에서 분화된 다분히 서구적인 민권 개념이 군주체제의 기존성 위에 쉽사리 뿌리박을 수 있었던 것은 주자학적 정치교의(政治敎義)안에 안주하였던 '위민(爲民)'과 '민본(民本)'의 사상적 전통을 바탕으로 새로운 상황 변화 속에서 상응 개념을 선택적으로 수용할 수 있었기 때문이다. '보국안민(保國安民)'이 보여주는 국가라는 추상과 국민이라는 구상의 동일화 인지는 모든 '민·국일치지실적(民·國一致之實蹟)'의 연역적 인식을 "민(국민)은 방본(邦本, 국가의 기본)이니, 본(本)이 고(固)하여야 방(邦)이 녕(寧) 하다"는 데서 출발하게 하는 것이다.[69] "대범(大凡) 인민은 국가 성립의 기초[70]일 뿐만 아니라 "국가는 대본(大本)이 확립ᄒ고 불확립ᄒ되 유(由)ᄒ야 흥망(興亡)ᄒ고, 국민은 원기가

主主義運動의 初期現象" (1963), pp.46-83.

68) 辛龍鎭, "獨立協會論," (1-③), 7:12

69) "論民," (2-㉗), 14:6 및 "獨立論" (2-⑫) 察民隱條.

70) 安昌善, "敎育의 急務" (2-⑯), 7:12.

왕성ᄒ고 불왕성ᄒ되 유(由)ᄒ야 성쇠하ᄂ니, 소위 국가의 대본은 국민의 원기를 종(從)ᄒ야 확립ᄒ고 국민의 원기ᄂ 국가의 대본을 유ᄒ야 왕성[71] 하기 때문에 국가와 국민은 순치보거(脣齒輔車)의 불가분리적 관계에 있는 것으로 보고 있다.

이와 같은 국가와 국민의 관계양식에 대한 인식은, 군권을 국가라는 권력 실체의 표상으로 의념화(擬念化)시키고, 국가의 자기독립을 군권의 확립으로 연상시켜 줌으로써, 군권과 민권을 상충적 관계로 보지 않고 오히려 서로 조화를 이루는 보완관계로 보게 된다. 따라서 구극(究極)의 가치를 충군으로 귀착시키는 독립협회로서는 군권 확립을 목표로 설정하고 민권 신장을 그를 위한 수단으로 설정하는 형식 논리를 정당화하게 된다. 그러나 이러한 형식 논리적인 관계의 설정은 쉽사리 목표를 결과로, 수단을 원인으로 치환함으로써 민권과 군권의 인과관계를 정립하게 되는 것이다. 이것은 독립협회가 전개한 민권의 옹호 내지는 신장 운동에서도 그러하지만, 강연과 주간 토론회 형식의 민주적 정치사회화 과정을 통해 익힌 태도 정향을 바탕으로[72] 정치활동 전반에서 보여준 이익집약과 이익 표출 또는 정부나 정책집행자들에 대한 민중의 감시와 통제를 정당화시켜 주는 논거로서 더욱 큰 의미를 지니게 된다.

여기에 더욱 상승적인 촉진 작용을 한 것이 내부적 모순의 자율적 극복을 규범화하는 자수 개념이다. 이것은 갑오경장(甲午更張)이라고 하는 타율적으로 만개된 개화의 꽃을 무의미하게 낙화시키지 말고 주체적으로 결실시켜 근대화로 이어보려고 한 자율적 실천 규범이다. 특히 갑오경장에서 모습을 보인 근대적인 법률제도에 대한 실천적 준행의 자주적 욕구

---

71) "國家와 國民의 興亡," (2-㉑), 11:17.

72) 韓興壽, "獨立協會의 政治集團化過程,"『社會科學論集』, 第3輯 (연세대학교 사회과학연구소, 1970), pp. 29-34 참조.

가 입헌적 규범으로 골격화되고 그것이 다시 군주체제의 기존성 유지와 접합됨으로써 입헌군주제에로 지향할 소지가 마련된 것이다.[73]

이러한 바탕위에서 "현금(現今) 구시(救時)의 급무(急務)는 각국의 신제(新制)를 박채(博採)하여 상하지원(上下之院)을 특설하고 조야지의(朝野之議)를 확장하며 … 교태(交泰)와 군국의 사무(事務)는 일종협의(一從協議)한 강거(綱擧)를 준행(遵行)하는 것[74]"이라고 한 의회제도의 설립주장을 이해할 수 있다.

'자연의 응용'을 물질의 수용, 개화의 현상, 종교의 신행(信行), 정치의 권용(權用)으로 본 남순희(南舜熙)는 "정치의 권용은 군주전제와 입헌전제와 공화를 칭홈이니… 일국(一國)에 사(事)가 유(有)ᄒ면 반드시 의회를 기(起)ᄒᄂ니…"라고 의회제도의 당연성을 말하고, 독일과 영국의 상이한 군주체제 하에서의 의회제도를 실증으로 "차(此)를 의(依)ᄒ야 가감(可鑑)홀지라"고 의회제도를 병존시키는 입헌군주체제에로의 귀감을 제시하고 있다[75] 여기서 독립협회가 관민공동회의 헌의육조(獻議六條)에 이르기까지의 비제도적인 행정 통제 및 입법 통제의 단계를 거쳐서 유사의회(類似議會)로서의 중추원(中樞院) 개편과 자기중심적인 의관(議官) 선출을 통해 정치제도화의 단계로 활동방향을 이행시키게 된 원인의 일단을 이해할 수 있는 것이다.[76]

---

73) 韓興壽, "獨立協會에 關한 硏究," pp. 103-208 참조.

74) "時局槪論," (2-⑭), 18:2.

75) 南舜熙, "地理人事之大關," (2-⑲), 7:8-10.

76) 韓興壽, 上揭書, pp. 137-158 참조.

(3) 개신의지의 실천이념 : 국시유신(國是維新)

독립협회의 전반적인 활동 방향을 한국 근대화의 도약적 출발로 이끌어 준 이념적 힘의 소재를 여기서 두 가지로 지적할 수 있다. 그 하나는 자주와 자강을 독립으로 수렴시킨 민족주의라는 가치 귀납적 원동력이다. 그리고 앞으로 다루려는 다른 하나는 자강의 실현책을 개명진보 · 국권자립 · 민권자수(民權自修)로 확산시켜준 실천이념으로서의 '국시유신'이라는 개신의지적(改新意志的) 추진력이다.

독립협회는 이러한 개신의지적 실천이념을 국시유신으로 표명하게 된 직접적인 동기를 1894년 12월 군주의 '독립서고(獨立誓告)'라는 역사적 계기에서 찾고 있다. 이때 중외신민(中外臣民)에게 내린 윤음(綸音)에서 두 번씩이나 강조된 짐방수구(朕邦雖舊) · 유신궐명(維新厥命)"77)을 가리켜 "어시호(於是乎) 유신정략(維新政略)을 개량ᄒ며 독립기본을 공고케ᄒ야 건양(建陽) 연호를 창립ᄒ얏스니…동방사천여년래로 초유초도(初有初覩)의 대력복대공업(大歷服大功業)이라"78)고 거기에 신기원의 역사성을 부여하고 있다. 또한 그러한 독립서고를 일컬어 "이는 곧 기명유신(其命維新)의 맹세라"79)고 하면서 독립협회의 성격을 그러한 신기원의 역사적 사명을 담당하는 주체로 표출하고 있다.

물론 독립서고에서의 표현자체가 『시경』의 "주수구방(周雖舊邦), 기명유신80)"과 상응할 뿐 아니라 이를 바탕으로 한 독립협회의 국시유신(國是維新)도 원천적으로 유교적인 정치교의의 인식범위 안에서 설정된 개념

---

77) 『高宗實錄』, 卷三十二, 三十一年甲午十二月十三日條.

78) "敎育의 急務," (2-⑪), 4:7-8

79) "獨立協會論," (①-③), 7:12 및 "時局槪論," (2-⑭), 18:1, 「此乃其命維新之會也」.

80) 『詩經』大雅, 文王之什.

임은 "국시유신론(國是維新論)"의 전개 내용에서 알 수 있다. 여기서 밝힌 유신의 전거가 『주역』(日新之 謂盛德)[81], 『대학』(日日新; 新民),[82] 『중용』(知新),[83] 『시경』(其命維新), 『서경』(舊染汙俗, 咸與維新)[84] 등 대표적인 유교의 경전이거니와 이러한 고경(古經)에서 말하는 '신(新)'의 대지(大旨)를 '덕일신(德日新)'으로 귀결 짓고 있기 때문이다. 그러나 유신의 개념 파악이 고경에서 이루어졌다고 해서 그것이 곧 복고적(復古的) 성향을 의미하는 것은 아니다. 그것은 오히려 당시의 전환기적인 역사 상황에서 유신의 인식을 새롭게 할 터전이 되었으며 독립협회를 통하여 국가의 현실을 보편적인 세계사의 새로운 출발(今日之天下, 一上天之新開時局也)로 이어주려는 의지로 전환되고 있는 것이다.[85]

이와 같은 함의의 국시유신은 기존 체제를 변화되는 새로운 상황에 맞도록 적응시킴으로써 그 체제의 정통성을 계속 유지, 확보하려는 개신의 지이다. 『시경』의 '주수구방(周雖舊邦)'은 이런 의미의 기존 체제이며 기명유신은 그것을 새로운 환경에 맞도록 적응시키려는 개신의 목적 의식이라 하겠다. "농상공무와 교육과 법률과 각식 정치를 유신(維新)케 ᄒᆞᄂᆞᆫ

---

81) 「富有之謂大業, 日新之謂盛德, 生生之謂易」(辭上傳, 第五章).

82) 「湯之盤銘曰 苟日新, 日日新, 又曰新 康誥曰 作新民, 詩曰 周雖舊邦, 其命維新, 是故君子, 無所不用其極」(傳文, 新民條).

83) 「故君子, 尊德性而道問學, 致廣大而盡精微, 極高明而道中庸, 溫故而知新, 敦厚以崇禮」(第二十七章).

84) 「火炎崑岡, 玉石俱焚, 天吏逸德, 烈于猛火, 殲厥渠魁, 脅從罔治, 舊染汙俗, 咸與維新」(夏書, 胤征). 李瑄根博士는 "近代化의 起點問題와 一八六O年代의 韓國"이란 논문 (『韓國史時代區分論』, p. 171)에서 "고종갑자(甲子) 원년 정월 십일일자 대왕대비의 전교중(傳敎中)에서…「함흥유신」(咸興維新)하자고 강조…따라서 대원군은 진실로 일본의 명치유신보다 사년이나 앞서서 이 나라의 「함흥유신」을 외치고 나선 것이 아니더냐"라고 주장하고 있으나 일본의 '명치'와 상응하는 의미로 '함흥'을 풀이한 것이 착오임을 지적한다. 그것은 '함흥'이 아니고 『書經』에서 볼 수 있는 '함여(咸與)'이며 따라서 '모두 함께' 또는 '모두 참여'의 뜻으로 보아야 하기 때문이다. 『高宗實錄』과 『承政院日記』 원년갑자정월초십일(십일일이 아님)조에도 "…고이함흥유신지의(故以咸興維新之義)"라고 되어 있다.

85) 辛龍鎭, "國是維新論," (2-⑬), 16:5-7.

거시 다믄 나라믄 보호홀쑨 아니라 몸과 집을 보호ᄒᆞ는 양칙이라"[86]고 유신의 목적의식을 확대시키기도 한다. 이러한 유신이 지니는 목적의식 때문에, 기존 체제를 변화되는 상황에 새롭게 적응시킬 방법론상의 문제가 제기되는 것은 당연한 일이다. 여기서, 새로운 상황에는 부적응적인 기존 체제의 모순-『서경』의 구염한속(舊染汗俗)-에 대하여 날카로운 비판의 안목이 눈을 뜨게 된 것이다.

결국 "구염(舊染)을 혁거(革去)ᄒᆞ고 영명(永命)을 아적(迓績)ᄒᆞ야 포상의 계(戒)를 존(存)ᄒᆞ고 구공(九功)의 서(敍)를 동(董)ᄒᆞ야 상행하화(上行下化)ᄒᆞ면 기업(基業)이 반석에 공고(鞏固)"[87]하리라는 데서, 체제의 개혁을 통한 체제의 유지라는 명제 설정이 가능해 진다. '개구혁신(改舊革新)'으로 함축되는 이러한 방향 설정에서, 독립협회는 청산해야 할 과거의 유산과 이에 대신해야 할 새로운 요소를 동시성 요인으로 파악하고 있다. 따라서 독립협회는 기존의 사회적 폐습,[88] 행정체계와 수취체제의 소란에서 야기되는 관리의 탐학과 농민 생활을 곤핍하게 만드는 근고(勤苦), 차대(借貸), 역량(役粮) 및 족징(族徵)·리징(里徵)과 허복(虛卜)·은결(隱結)의 폐단, 그리고 정치 기강의 이완을 의미하는 분경지풍(奔競之風)과 경알지습(傾軋之習)[89] 등 기존 체제의 정치적, 사회적 경제적 제 모순을 청산해야 할 과거의 유산으로 지적하고 있다. 반면에 독립협회는 이에 대신해야 할 혁신적 요소의 대안을 개명진보에서와 한 가지로 서구문화의 자주적 수용에서 찾고 있다. 그러나 여기서 주의를 환기시켜야 할 것은 "신학(新學)을 박채(博採)하고 신법(新法)을 구심(究心)하며 태서(泰

---

86) "祝賀新年," (2-⑩), 4:1

87) 피졔손, "동양론," (2-⑨), 6:9-12.

88) "國家와 國民의 興亡," (2-㉑), 11:16-19.

89) "독립론."

西)를 작지(灼知)"[90]해야 한다는 혁신의 대안으로서의 서구문화의 내용이다. 그것은 비단 개신광(開新礦)·광축신로(廣築新路)·굉제신기(宏製新器)·신은행(新銀行)·신선국(新船局)·신조폐(新造幣)·신우정(新郵政) 등으로 표현되는 물질문명의 이용후생적 측면과 그에 따르는 제도적 측면만이 아니고 그 내면의 정신적 소산까지 함께 포용하고 있다는 사실이다. 이 때문에 독립협회는 "서구 각국의 문명적 교화와 북미연방의 합중적(合衆的) 제도를 수용"할 것을 주장하면서도 다른 한편으로는 "라마인종(羅馬人種)의 조직적 능력과 독일 인민의 자유적 권의를 효입(效入)"할 것을 강조한다.[91] 그리고 정치지도자상에 관해서도 "미국의 화성돈(華盛頓), 아국(俄國)의 피득라(彼得羅)와 같이 영매함을 굴기하고 영국의 배근(倍根), 법국의 과륵패(戈勒貝), 덕국(德國)의 비사맥(裨士麥)과 같이 리혁(釐革)에 분발[92]하는 모범을 제시하고 있는 것이다.

개혁을 통한 체제의 유지에 목적의식을 두고 있는, 이와 같은 독립협회의 국시유신은 2원적인 심리적 기조를 바탕으로 하고 있다. 그 하나는 과거에의 절망이며 다른 하나는 미래에의 희망적 관측이다. 팽배한 위기의식의 대내적 속성 즉 기존 체제의 모순이 사회적 내지 개인적 불안의 진원임을 확인할 때 '구염(舊染)'으로 집약되는 과거에의 절망은 국시유신의 전초적인 사회심리의 바탕이 되는 것이다. 그러나 이러한 절망의 심리를 체념으로 중화시키지 않고 미래에의 희망으로 전위시킬 때 왕성한 역사발전의 추진력이 작동된다는 사실을 간과할 수 없는 일이다. 유신의 결과로서 제시된 희망적 관측을 예거(例擧)한다면 "아국(我國)으로 세계상에 부강지국(富强之國)이란 명(名)을 선양(宣揚)케 ᄒ며 아국민(我國民)으

90) "國是維新論."
91) "國家와 國民의 興亡."
92) "國是維新論."

로 세계상에 대국지민(大國之民)이라고 명(名)을 비약케"[93] 하리라는 것이며 "금슬(琴瑟)을 경장(更張)ᄒ면 신조(新調)를 가히 개(開)ᄒᄂ니 아독립일성춘뢰(我獨立一聲春雷)가 쟝춧 사해(四海)에 진동ᄒ야 세계이목을 경(警)케"[94] 하리라는 것이다.

이와 같은 독립협회의 유신이념은 "백도(百度)를 일신(一新)하면 약(弱)이 강(强)으로 전화되고 빈(貧)이 화(化)하여 부(富)가 되며 위(危)는 변(易)하여 안(安)이 된다"[95]는 이른바 전약위강(轉弱爲强) · 화빈위부(化貧爲富) · 역위이안(易危而安)의 대조적 관측에서 역사 추진력을 작동시키고 있다. 과거를 약 · 빈 · 위의 절망으로 보는 데 그치지 않고 유신을 통하여 거둘 수 있는 강 · 부 · 안의 소망스런 미래상을 제시함으로써 독립협회는 "변화에의 욕구"를 자극할 수 있었거니와 이러한 변화에의 욕구가 대중동원 주체에 의하여 하나의 초점으로 취합될 때 고도의 대중행동을 유발하게 되리라는 것은 의심할 여지가 없다. 독립협회가 상징 조작의 기교와 함께 사회의 각계각층을 결집시켜 이들을 하나의 대중운동의 방향으로 이끌어 갈수 있었던 추진력의 소재를 국시유신이라는 실천이념으로서의 개혁의지에서 찾을 수 있는 것이다.

5. 외보(外報) 분석: 대외적 관심의 방향

외보가 단일 편성으로는 『독립협회 회보』의 전체 지면 가운데서 가장 많은 비중(29.2%)을 차지하고 있다. 이것은 그만큼 독립협회가 격변하는

---

93) "國家와 國民의 興亡."

94) "敎育의 急務."

95) "國是維新論."

국제정세와 해외의 제반 사정 및 동태에 많은 관심과 주의를 기울였다는 의미로 해석할 수 있다. 전체적으로 보아, 이러한 외보의 형태를 ① 일반 해외소식과 ② 해외정보자료로 유형화할 수 있다. 그런데 앞의 '해외소식'은 대체로 단편적인 토막 소식의 성격을 지니고 있는 데 반하여, 뒤의 '해외정보자료'는 여러 나라의 통계 자료를 서로 비교 파악할 수 있도록 종합해 놓은 것이 특징이라 할 수 있다. 이제 각기의 내용 구성에서 볼 수 있는 특징적인 성향을 분석해 보기로 하겠다.

1. 해외소식의 구성

해외소식은 다음과 같은 범주로 나누어 그 구성을 파악할 수 있다.
(1) 특정 국가의 국내정치 동향에 관한 소식(대내정치)
(2) 특정 국가 내부에서 일어나는 여러 가지 동정(대내동정)
(3) 특정 국가의 대내외적 모순으로 야기되는 문제들(대내외문제)
(4) 국가와 국가 사이에서 이루어지는 평화적 관계(국제관계)
(5) 국가와 국가 사이에서 야기되는 여러 가지의 분쟁과 대립(국제분쟁)
(6) 기타

[표 12] 해외소식의 내용구성

		대내정치	대내동정	대내외문제	국제관계	국제분쟁	기타	계
빈도	N	13	12	13	13	21	2	74
	%	17.6	16.2	17.6	17.6	28.3	2.7	100
지면 (행수)	N	193	102	112	129	250	73	859
	%	22.5	11.9	13.0	15.0	29.1	8.5	100

이상과 같은 범주의 해외소식을 통관해 볼 때, 그것이 평화적인 성격의 것이건 분쟁적인 성격의 것이건 간에, 국가 간에 벌어지는 제반 문제에 가장 많은 관심(44.1%)을 쏟고 있음을 알 수 있다. 한 국가가 처한 대외적 모순으로 말미암은 대내외 문제까지 여기다 모두 포함시킨다면 6할에 가까운 관심(57.1%)이 이 방면으로 집중되어 있는 셈이 된다. 따라서 국내의 정치 동향이나 내부 동정과 같은 특정 국가의 대내 사정에 기울인 관심은 상대적으로 낮아져서 35.4%의 관심도를 나타내고 있다. 그러나 국제문제에 있어서는 평화적인 국제관계보다는 분쟁적인 국제관계에 보다 많은 주의를 기울이고 있으며, 또한 국내 사정에 있어서는 일반적인 내부 동정보다는 정치 동향에 보다 많은 관심을 보이고 있다.

결과적으로 해외소식 가운데서 가장 많은 비중을 차지하고 있는 것은 '국제분쟁'이다. 이것은 당시 서구 자본주의의 팽창 정책이 몰고 온 식민지 획득 경쟁으로 말미암아 약소국을 사이에 두고 날카로운 대치를 이룬 열강의 판도를 반영한 것이며 그것을 피안의 불로만 볼 수 없었던 독립협회의 문제의식을 드러낸 것이기도 하다. 크렛트 사건으로 터진 희·토전쟁(希·土戰爭)과 이것을 기화로 벌어진 영(英)·불(佛)·이(伊)·오(墺)·독(獨)의 미묘한 역학관계와 토이기(土耳其)에 대한 내정 간섭이 여섯 차례에 걸쳐 클로즈업된 것도 이 때문이라 하겠다. 쿠바 문제로 인한 미(美)·서(西)의 충돌, 남미 문제로 인한 영·미의 대립, 버마를 둘러싼 영·불의 분쟁 등도 여기서 예외일 수는 없다. 또한 동양인 특히 일본인의 이민을 둘러싸고 벌어진 하와이, 호주, 캐나다 등과의 갈등·대립을 여러 차례씩 다루게 된 심리의 이면에는 동양인에 대한 차별대우의 문제의식이 담겨져 있다고 보아야 하겠다.

'국제분쟁'에서 볼 수 있는 이러한 문제성은 '대내외 문제'에서도 마찬가지로 드러나고 있다. 중국의 전통적 체제의 내부 모순에서 발단된 문제들(4회)을 제외하고는 쿠바, 구리도, 마닐라, 남아메리카, 마다스카 등지의 반란이 집중적으로 소개되고 있는데 이러한 사건들이 열강의 침략과 결부된 대외적 모순의 대내적 폭발임은 두말할 나위도 없다. 뿐만 아니라 '국제관계'에서 볼 수 있는 평화에 대한 깊은 관심도 그 직전 단계의 분쟁·대립에 대한 반사적인 반응으로 볼 수 있다.

[표 13] 해외정보자료의 내용 구성

		군사력	교역	인구	재정	산업지리	교통통신	교육	정치외교	계
빈도	N	4	5	10	3	9	3	3	2	39
	%	10.3	12.8	25.6	7.7	23.1	7.7	7.7	5.1	100
지면	N	86	158	131	33	127	60	50	44	689
(행수)	%	12.5	22.9	19.0	4.8	18.4	8.7	7.3	6.4	100

한편, '대내정치'에서는 미국과 일본이 가장 많은 관심의 대상이 되어 있다. 즉 미국의 정치(대통령선거 및 취임식, 양당 정치, 신내각 구성)에 관한 6회의 기사와 일본의 정치(중의원 의장선거, 국회 개원 및 정부의 권형 balance of power)에 관한 4회의 기사가 그것이다. 그밖에는 각각 1회에 걸친 중국, 서반아, 러시아에 대한 산발적인 관심이 반영되어 있을 뿐이다. 그리고 '대내 동정'에서는 국가별 관심도가 더욱 분산적인 현상을 보이고 있다. 즉 총12회의 '대내 동정' 중에서 일본의 황태후 장례 기사 3회와 독·불·러·삼국을 동시에 다룬 "구주아동교육(歐洲兒童敎育)" 1회를 제외하고는 미국 2회(우편제도, 호부합자회사(豪富合資會社)), 영국 2회(여왕양위(女王讓位), 황증손탄생), 불란서 1회(불경대화(佛京大火)), 멕시코 1회(묵서가(墨西哥) 교육), 중국 1회(북경근보), 낙위국(諾威國) 1회(북극 탐험)로 대상 국가에서만이 아니라 내용에 있어서도 분산적인 성향을 표출하고 있다.

2. 해외정보자료

비교적 광범한 영역에 걸쳐 망라되어 있는 해외정보자료는 (1) 산업경제 분야 (① 재정 ② 산업지리 ③ 교역), (2) 사회문화 분야 (① 인구 ② 교통·통신 ③ 교육), (3) 군사외교 분야 (① 군사력 ② 정치외교) 등으로 대별할 수 있다. 이 중에서 가장 큰 비중을 차지하고 있는 것은 46.1%의 산업경제 분야이며 그 다음은 35.0%의 사회문화 분야이다. 군사외교 분야는 18.9%로 가장 비중이 낮은 셈이다. 이러한 총체적인 분포에서 알 수 있는 바와 같이 해외정보자료를 통해서 표출된 독립협회의 대외적 관심의 방향은 해외소식에서와는 달리, 군사력과 같은 국제적 분쟁 요인에 대한 것 보다는 오히려 사회·경제적인 발전 지표에 집중되어 있음을 발견할 수 있다.

교육 통계자료에서 각급 학교의 교사·학생 수 및 교육비를, 교통통신의 통계자료에서는 우편국수·전신국수 및 철도·전선의 길이를, 그리고 인구 통계자료에서는 총체적인 인구수 이외에도 도시 인구·직업별 인구·종교별 인구·지식인수·직장호구(職匠戶口) 등을 각기 기준으로 하여 각국의 사회문화적인 실태를 비교하고 있다. 또한 산업경제적인 측면에서 본다면, 산업지리의 자료에서는 기후물산과 폭원(지면의 넓이) 및 금은·석탄·철강의 매장량과 산출량을, 재정 자료에서는 예산의 세입·세출과 왕실비 및 해관 세수액을, 교역 통계자료에서는 상선수와 수출입 화물가 및 통상항구의 수출입물가를 각각 기준으로 하여 각국의 경제력을 비교하고 있다. 이러한 사회경제적 지표에 의한 국력의 국제적 비교 이외에도 각국의 화폐와 도량형(척도·두량·형량)의 비교 또는 상해로부터 세계요지의 선로 이정(里程)의 비교를 통하여 그와 같은 국력 비교의 이해를 뒷받침해 주고 있다.

[표 14] 대상 국가의 범위

범위	여러 나라 또는 열국	세계 또는 구주	일본	청국	미국	계
빈도	28	3	5	2	1	39

국가수	5	6	7	8	9	10	11	12	13	15	16	17	20	22	24	27	29	計
빈도	2	2	2	1	1	6	1	2	2	1	2	1	1	1	1	1	1	28

　물론, 구미 열강의 육군 병력이나 해군 함대의 세력을 비교한 군사력의 통계자료는 앞에서와 같은 국력비교의 의미도 있겠지만 그보다는 열강의 무력적 위협에 대한 자위적인 경각심을 촉구하려는 의도가 더 컸었음은 의심할 여지가 없다. 한 예로 영·불·러·독·이·미 6강국의 동양함대 세력이 청일전쟁 이전보다 급증했음을 통계로 밝히면서 "기동양해안(其東洋海岸)에 거(居)ᄒᆞᄂᆞᆫ 국(國)들은 자국자위(自國自衛)에 용의(用意)로 편시(片時)도 태(怠)치 말ᄂᆞᆫ게 조홀ᄯᆞᆺᄒᆞ더라"고 부연한 것으로 알 수 있는 일이다. 그러나 편의상 군사외교 분야에 포함시킨 정치외교의 정보자료는 주로 한국과 외교관계를 맺고 있는 국가들에 대한 이해를 촉진시키려는 데 근본 뜻이 있었던 점에서 군사력 자료와는 편집 태도를 달리 하고 있다. 뿐만 아니라, 여기서는 각국의 정체를 군주치·군민공치·민주치의 3형태로 비교하고 또한 각국의 집권자와 주한 외교관(공사·영사·서기관)의 이름을 밝히고 있어서 취급 회수나 배당 지면의 상대적인 저율(底率)에도 불구하고 해외의 정보자료로서는 역시 중요한 구실을 하고 있다.

　한편 자료 취급의 대상 국가에 있어서는 여러 나라를 비교 대상으로 삼는 경우가 가장 두드러진 형태로 나타나고 있다. [표 14]에서 보는 바와 같이 총 39건 중 28건이 여기에 해당된다. 세계 전체 또는 구주 전체를 하나의 단위로 삼는 경우는 3건에 불과하다. 단일 국가를 대상 범위로 삼는 경우는 모두 8건이며 이 중에서 일본이 5건을 차지하고 있어서 개별 국가로서는 가장 많은 관심의 대상으로 취급되고 있다. 그리고 여러 나라를 비교의 대상으로 삼는 경우에 있어서 적게는 5개 국가를, 많게는 29개 국가를 대상 범위로 삼고 있어서 해외 여러 나라의 비교 자료를 폭넓게 다루고 있다. 그러나 10개 국가를 비교 대상으로 삼는 경우가 가장 많은 것으로 보아 특히 열강에 대한 집중적인 관심을 드러내고 있다.

6. 결론

한국 근대화의 출발기를 열어 놓았다는 역사성 위에 독립협회의 성격을 집약시킴에 있어서 이 연구와 관련하여 먼저 지적할 수 있는 것은 독립협회가 한국사회의 의사소통 양식을 대중매체화의 길로 확연하게 전환시켜 놓았다는 역사적 사실이다. 독립협회 이전에도 이른바 신문매체의 범주에 속할 민한 요소(『한성순보(漢城旬報)』 또는 『한성주보(漢城週報)』)가 없었던 것은 아니나, 그것은 과도적인 것에 불과하였고, 역시 본격적인 대중매체로서의 출발과 대중적 의사소통의 전기는 독립협회의 언론활동에서 비롯되었기 때문이다. 뒤에 몇몇 회원들에 의하여 개별적으로 관장되었던 『황성신문(皇城新聞)』은 별개로 치더라도, 독립협회의 제반 활동은 대중매체로서의 『독립신문』과 The Independent 그리고 지금까지 분석 대상으로 삼아 온 『독립협회 회보』와 유기적인 연관성을 지니고 있는 것이다.

따라서 한국 최초의 반월간 정기 간행 잡지였다는 한국잡지사의 관점에서 만이 아니라, 독립협회를 주체로 했던 대중적 의사소통 기능의 관점에서도 『독립협회 회보』의 역사적 중요성은 겸하여 인정되지 않으면 안 된다. 통권 18호로 추정되는 이 잡지가 재정난을 겸한 출판 사정의 어려움으로 1897년을 넘기지 못했기 때문에, 1898년 2월부터 본격화되었던 독립협회의 정치활동과의 직접적인 인과성을 퇴화시킨 것은 사실이다. 그러나 독립협회의 이념에 초점을 모았던 근대의식의 구조석 분석을 동하여 그러한 연관성을 해명할 수 있었던 것은 다행한 일이다. 특히 이 잡지를 주관했던 사람들이 독립협회 구성 세력의 중견층으로서 한문과 유학을 바탕으로 한 토착적 지식층이었다는 점에서 토착 세력에 의한 역동적 인성(人性)의 가동화를 눈여겨 보아야 하겠다.

이들은 이미 근대화에의 과도적 계기를 통하여 이루어진 서구에의 대응 자세를 합리적으로 계승·통합했을 뿐만 아니라, 한 발 앞서서 서구의 문물을 받아들인 일본과 중국을 도관(導管)으로 하여 근대적인 과학의 정신과 지식 및 문물제도를 주체적으로 수용했음을 알 수 있다. 이들에게서 전통은 두 가지의 관점에서 처리되었다. 하나는 시대 변화의 발전 방향을 설정하기 위한 대안으로서의 서구문화에 대한 인지의 준거로서 재인식된 전통이다. 그들은 유학의 지적 전통을 토대로 하여 근대적인 상황 변화를 이해하고 긍정적인 대응 능력을 발휘할 수 있었다. 다른 하나는 서구와의 접촉을 통하여 더욱 부상된 기존 체제의 모순의 진원으로 인식된 전통이다. 그들은 체제의 개혁을 통한 체제의 유지를 희구함으로써 청산해야 할 과거의 전통을 날카롭게 의식하고 개구혁신의 의지를 새롭게 하였다.

이제, 독립협회의 역사성을 한국 근대화의 출발기로 이해하기 위해서는 독립협회 이전의 시기에 대한 시대구분의 개념 설정이 필요하다. 그것을 한국 근대화의 역사적 전개과정 속에서 파악할 수 있기 위해서는, 먼저 양난 후(兩亂後)의 왕권체제의 동요와 변질 과정을 '전통사회의 과도적 전환기'로 설정하고 그 뒤 부정적이던 긍정적이던 간에 '태서'에 대한 대응 자세를 산발적으로 표출한 이른바 개화기를 '근대화 과도기'로 설정하고자 한다. 흔히 논의되는 근대화 기점설(起點說)은 이 기간의 어느 한 역사적 사건에만 지나치게 집착함으로써 오히려 전체적인 역사의 방향 감각을 흐리게 만들 염려가 있다. 그러나 그것이 어떠한 것이건 한국의 근대화를 지향하는 과도적인 계기였음에는 틀림이 없다. 따라서 근대화의 출발은 그러한 상이한 역사적 계기들이 축적되는 가운데 하나의 큰 흐름으로 집적되고 융화됨으로써 비로소 가능한 것이다.

그런데 이러한 한국 '근대화의 출발기'를 독립협회의 생성과 발전에서 추구하려는 이유는 이 결론의 서두에서 논급한 바와 같이, 비단 대중적 의사소통의 길을 터놓은 때문만은 아니다. 독립협회의 이념 구조에서 본 바와 같이, 근대화 과도기에는 잠재적인 상태를 벗어나지 못했던 '독립'의 이념을 궁극적인 가치목표로 설정하고 그것을 외연으로서의 자주와 내포로서의 자강으로 이원화시켰을 뿐만 아니라, 안으로 향한 자강의 실현방향의 모색을 통해서 근대화의 과도적 계기들을 독립의 이념으로 수렴시켰던 것이다. 즉 방법으로서의 이념에서, 과도기의 개화사상을 개명진보로 계승 발전시키고 척사사상을 국권자립으로 발전·통합시켜 '태서'에 대한 상반된 대응의 소화를 이루었고 민권자수의 새로운 지표를 더하여 독립사상으로 묶어 놓음으로써 오늘로 이어지는 한국민족주의의 방향 설정을 굳혀 놓은 것이다.

물론 이밖에도 독립협회의 정치활동에서 일관되었던 정치집단으로서의 성격 표출도 도외시 될 수는 없다. 정당의 존립을 허용하지 않는 정치제도의 외곽에서 생성되어, 비제도적인 행정 통제와 국민발안 형식의 입법 통제의 단계를 거쳐 의회 형태로의 중추원 개편을 통해 반수의 민선의원을 독립협회 회원만으로 구성하는 제도화의 단계로 옮겨 갔음을 유의할 필요가 있다. 독립협회는 기존 제도를 계승적으로 변용시키는 방향에서 의회제적 입헌군주체제를 추구하였고 중추원 민선의원의 단독 구성을 통하여 한국 근대화 정당의 발생기적 양태를 시현함으로써 입헌체제의 토착화를 모색하였던 것이다.

[부록 1] 독립협회 회보 표제분류목록

표제	필자 또는 출처	사용문체	호수 및 면수
1. 獨立德會關係			
□ 理念			
① 獨立協會序	安駉壽	漢文	1:1-5
② 頌獨立協會	本 會 員	漢文	1:5-6
③ 獨立協會論(會事記)	汕雲 辛龍鎭	漢文	7:10-13
□ 活動(I)			
④ 獨立協會輪告	(獨立協會)	國·漢文	1:8-10
⑤ 會事記		漢文	3:11
□ 活動(II)			
⑥ 獨立協會規則	(獨立協會)	國·漢文	1:6-8
⑦ 獨立協會輪告	(獨立協會)	國·漢文	1:10-11
⑧ 會事記	見12月5日 獨立新聞	國·漢文	2:10-12
⑨ 會事記		國·漢文	13:17-18
⑩ 會事記		國·漢文	14:15
⑪ 會事記		國·漢文	16:11
⑫ 本會補助金及會報價收入表	(獨立協會)	漢文	16:11-12
⑬ 自開國五百五年七月至光武元年 八月 會中各項上下	(獨立協會)	漢文	16:12-17
□ 補助金			
⑭ 獨立協會補助金收入人名(第1號 에서 第18號까지 每號卷末)		(其他)	1-18

표제	필자 또는 출처	사용문체	호수 및 면수
2. 論說			
□ 隨事論說			
① 국문론	지석영	國文	1:11-13
② 漢文字와 國文字의 損益如何(1)	申海氷	國·漢文	15:10-13
③ 漢文字와 國文字의 損益如何(2)	申海氷	國·漢文	16: 1-5
④ 공긔(1)	피졔손	國文	1:13-19

표제	필자 또는 출처	사용문체	호수 및 면수
⑤ 공긔(2)	피졔손	國文	2: 6-9
⑥ 사룸마다 알면 죠흘 일(1)	빈톤	國文	4: 9-10
⑦ 사룸마다 알면 죠흘 일(2)	빈톤	國文	5:4-6
⑧ 구라파론이라	(徐載弼?)	國文	3:8-11
⑨ 동양론	피졔손	國文	6:9-12
⑩ 祝賀新論		國·漢文	4:1
⑪ 北米合衆國의 獨立史를 閱ᄒ다가 我朝鮮國獨立을 論흠이라	安明善	國·漢文	4:6-9
⑫ 獨立論	奇書	漢文	13:1-9
⑬ 國是維新論	汕雲 辛龍鎭	漢文	16:5-7
⑭ 時局槪論	辛龍鎭	漢文	18:1-2
⑮ 芻說	上同	漢文	18:2-3
⑯ 敎育의 急務	安昌善	國·漢文	7:6-8
⑰ 論學校	主旨抄獵於時事新論	漢文	14:1-3
⑱ 興新學說	上同	漢文	14:3-6
⑲ 地理人事之大關	南舜熙	國·漢文	7:8-10
⑳ 地球人數漸多應設法以添食糧論		漢文	9:5-8
㉑ 國家와 國民의 興亡		國·漢文	11:16-19
㉒ 論民	(主旨抄獵於時事新論)	國·漢文	14:6-8
㉓ 西國富戶利民說		漢文	14:13-15
㉔ 西法有益於民論		漢文	15:1-2
㉕ 創造鐵路宜先使民人咸知利益說		漢文	16:9-11
㉖ 法律摘要叢話	本會輯編局 蒐集	國·漢文	2:1-4
㉗ 人間人의 三種이라	10月25日時事新報福翁百話	國·漢文	2:5-6
㉘ 大礮與鐵甲論		漢文	12:1-3
▢ 史論			
㉙ 史鑑勿輕寓目說	觀海堂主人	漢文	11:1-2

표제	필자 또는 출처	사용문체	호수 및 면수
□ 各國論		漢文	
㉚ 英國王室論		漢文	12:3-6
㉛ 德國雜事記略	畧抄於時事新論	漢文	15:2-4
㉜ 法國瑣紀一千八百九十年	上同	漢文	15:4-6
㉝ 論緬甸	上同	漢文	15:6-8
㉞ 論安南		漢文	16:7-9
㉟ 羅馬傳說		漢文	17:8-9
3. 雜說			
① 有益之樹易地遷栽	瑪高溫醫士稿	漢文	3:4-6
② 向日葵之用	上同	漢文	3:6-7
③ 城市多種樹木之益	上同	漢文	3:7-8
④ 成人身之原質		漢文	13:13-14
⑤ 人身之血與鯨魚之血輪流之數相比		漢文	13:14-15
⑥ 毛與髮含硫黃		漢文	13:15
⑦ 人身能納大熱		漢文	13:16-17
⑧ 用木屑作饅頭之法		漢文	13:14
⑨ 口津之用		漢文	13:15-16
⑩ 廢布變爲糖之法		漢文	13:16
⑪ 騰雲致雨說		漢文	18:9-10
⑫ 飛塵現日光		漢文	18:10-11
⑬ 古今奇記說		漢文	18:8-9
⑭ 米國及日本에 恐흘만흔物의 問題		國·漢文	18:11
⑮ 禁酒妙方		國·漢文	18:11-12
4. 科學文明			
□ 格致論			
① 讀格致彙編		漢文	3:1-4
② 格致略論 (論霧雲露, 水論)		國·漢文	4:2-6
③ 格致論(雪氷及凍氷理의論, 風論)		國·漢文	6:1-4
④ 論電與雷		漢文	9:1-5

표제	필자 또는 출처	사용문체	호수 및 면수
⑤ 東方各國이 西國工藝를 倣効ᄒᆞᄂᆞᆫ 總說이라		國·漢文	7:1-6
⑥ 紡織機器說		漢文	10:1-4
⑦ 電氣學功効說 附牛皮練熟法		漢文	11:2-5
⑧ 環游地球雜記		漢文	17:1-8
⑨ 礦學論, 金礦		漢文	10:4-9
⑩ 礦學論 (金礦, 銀礦)		漢文	11:10-16
⑪ 銀擴論, 銅礦論		漢文	12:6-13
⑫ 銅礦論		漢文	13:9-13
⑬ 鐵礦論		漢文	14:8-13
⑭ 鐵礦論		漢文	15:8-10
⑮ 地理初挄		漢文	17:9-14
⑯ 論燐質 (化學篇)		漢文	12:16-20
⑰ 人分五類說	傅蘭雅	漢文	8:1-6
⑱ 生氣說		漢文	12:13-16
□ 營農			
⑲ 農業問答	南下學農齊主人	漢文	5:1-4
⑳ 養鷄說	東海牧者	國·漢文	6:4-5
㉑ 桑蠶問答	池錫永	漢文	6:5-9
㉒ 打米機器圖說		漢文	11:5-10
□ 開拓			
㉓ 汽機師瓦特傳 (1)	(傳蘭雅)	國·漢文	8:6-11
㉔ 瓦特汽機傳 (2)	(傳蘭雅)	國·漢文	9:8-11
㉕ 探地名人傳略, 古克傳		漢文	18:3-5
㉖ 麥折倫傳		漢文	18:5-6
㉗ 富蘭克分傳		漢文	18:6-7
㉘ 蒙哥巴克傳		漢文	18:7
㉙ 立恒士敦傳		漢文	18:7-8
5. 外報: 海外消息			

표제	필자 또는 출처	사용문체	호수 및 면수
□ 對內政治			
① 合衆國의 新撰大統領이라		國・漢文	2:17-18
② 日本衆議院長의 撰擧라		國・漢文	3:19
③ 米國銀貨派頭領부라이안氏와 金派는 合衆黨이요 銀派는 共和黨이라		國・漢文	4:11
④ 日本 第十回 議會 開院式		國・漢文	4:13
⑤ 米國大統領의 撰擧	據 日本新報	國・漢文	5:8-9
⑥ 李鴻章의 進退	見 北京通信	國・漢文	6:13-14
⑦ 米人六十萬人의 請願		國・漢文	7:16
⑧ 西班牙政府의 前過를 改코져홈이라		國・漢文	7:16
⑨ 露國의 陸海軍豫算		國・漢文	7:17
⑩ 日政府에 權衡 (1)	見 日本留學生會報	國・漢文	8:12—14
⑪ 米國新大統領의 宣言이라		國・漢文	8:18—19
⑫ 米國의 新內閣		國・漢文	10:10-13
⑬ 日政府에 權衡 (2)	(見 日本留學生會報)	國・漢文	10:15-17
□ 對內動靜			
⑭ 北京近報		國・漢文	3:11-12
⑮ 米國郵便의 設始ㅎ던 事라		國・漢文	4:16-17
⑯ 日本皇太后陛下崩逝		國・漢文	4:18
⑰ 日本大喪費七十萬圓		國・漢文	5: 6-7
⑱ 北極探險	(據 日本新報)	國・漢文	5:15-16
⑲ 歐洲兒童敎育		國・漢文	5:19-20
⑳ 墨西哥敎育		國・漢文	5:20-21
㉑ 英國女皇의 讓位		國・漢文	6:12-13
㉒ 日本皇太后의 葬禮彙報	(據 日本新報)	國・漢文	6:13
㉓ 世界豪富合資會社	見 東京日日新報	國・漢文	10:14-15
㉔ 英國皇曾孫의 誕生		國・漢文	11:23
㉕ 佛京大火		國・漢文	12:20

표제	필자 또는 출처	사용문체	호수 및 면수
□ 國際關係			
㉖ 布哇報		國·漢文	4:11
㉗ 北京報	(北京報)	國·漢文	4:12
㉘ 彷彿領事	據 去月淸國蘇報	漢文	4:15
㉙ 英國의 領土擴張	本月時事新報	國·漢文	5:6
㉚ 支那의 關稅와 製造稅	(據 日本新報)	國·漢文	6:15-16
㉛ 英國이 오히려 衰치 아니 홈이라	(據 日本新報)	國·漢文	7:13-16
㉜ 기유바를 買入ᄒ자는 動機		國·漢文	7:16-17
㉝ 咄咄逼入		國·漢文	7:17-18
㉞ 暹羅王의 英國行이라		國·漢文	8:18
㉟ 比斯馬克公과 萬國平和條約	紐育왈도新聞	國·漢文	9:12
㊱ 露國外務大臣의 平和主義	伯林日報	國·漢文	9:13
㊲ 濠洲殖民地聯邦大議會		國·漢文	11:20-21
㊳ 東歐漸漸平和局을 結홈이라		國·漢文	12:20-21
㊴ 北京近報		國·漢文	13:18-19
□ 對內·外 問題			
㊵ 淸國의 日肅西藏匪擾		國·漢文	4:11-12
㊶ 기유바反亂	(據 日本新報)	國·漢文	5:9-10
㊷ 산지바- 王宮의 跑擊이라	(據 日本新報)	國·漢文	5:11
㊸ 구리도의 反亂	(據 日本新報)	國·漢文	5:14
㊹ 마니라 反亂	(據 日本新報)	國·漢文	5:15
㊺ 南阿米利加의 反亂	(據 日本新報)	國·漢文	5:17
㊻ 마타스가- 嶋의 反亂	(據 日本新報)	國·漢文	6:15
㊼ 伊太利領事及艦長의 非命	(據 日本新報)	國·漢文	6:16-17
㊽ 獨葡의 平和	(據 日本新報)	國·漢文	6:17
㊾ 淸國形勢의 可憐	(據 日本新報)	國·漢文	6:17-19
㊿ 印度飢饉의 慘狀		國·漢文	7:16
51 淸國董軍門의 死灰再燃을 恐홈이라		國·漢文	7:17

표제	필자 또는 출처	사용문체	호수 및 면수
(52) 淸國은 賣宮의 廢를 止ㅎ랴면 國이 有ㅎ면 難ㅎ네라		國·漢文	7:18
□ 國際紛爭			
(53) 土耳其問題와 列國協商이라	(外信綜合)	國·漢文	4: 14-15
(54) 西米間의 衝突이 起치 아니 홈이라	據 本月時事新報	國·漢文	4: 15
(55) 歐洲諸國이 亂을 好홈이라	同 上	國·漢文	4: 15-16
(56) 아비시니나戰爭	(據 日本新報)	國·漢文	5: 11-12
(57) 英米의 衝突	(據 日本新報)	國·漢文	5: 12
(58) 알메니나虐殺事件	(據 日本新報)	國·漢文	5: 13-14
(59) 埃及問題	(據 日本新報)	國·漢文	5:14-15
(60) 南米雜件	(據 日本新報)	國·漢文	5:16
(61) 濠洲의 亞細亞人을 排斥이라	(據 日本新報)	國·漢文	5:16
(62) 波斯王의 暗殺	(據 日本新報)	國·漢文	5:16-17
(63) 暹羅에셔 英佛의 紛紜	(據 日本新報)	國·漢文	6:16
(64) 크렛트事件	(據 近日新報)	國·漢文	7:18-22
(65) 英國의 爭動	(據 近日歐州特電所報)	國·漢文	8:11-12
(66) 크렛트事件		國·漢文	9:13
(67) 希臘及土耳其戰爭		國·漢文	10:9-10
(68) 日本도 布哇의 關係		國·漢文	10:10
(69) 南阿의 葛藤		國·漢文	11:21
(70) 加奈太의 排日本		國·漢文	11:21-22
(71) 希土事件		國·漢文	11:22-23
(72) 日布事件		國·漢文	12:20
(73) 布哇國移民事件		國·漢文	14:16-18
□ 其 他			
(74) 日淸의 海軍擴張이라		國·漢文	3:18
(75) 小共和國	太陽雜誌	國·漢文	18:13-18
6. 外報: 海外情報資料			

표제	필자 또는 출처	사용문체	호수 및 면수
ㅁ 軍事力			
① 列國東洋鑑隊의 勢力이라		國·漢文	2:16-17
② 歐州諸國陸軍兵數	昨年査	國·漢文	5:21-22
③ 歐米諸國海軍軍艦數	昨年査	國·漢文	5:22-23
④ 列國陸軍表	今年査	國·漢文	18:18-20
ㅁ 交易			
⑤ 內外貨幣及度量衡比較表		國·漢文	3:13-18
⑥ 世界各國商船의 數	昨年査	國·漢文	6:14-15
⑦ 日本全國의 銀行과 會社의 增加		國·漢文	11:19-20
⑧ 各國通商港口에 一年內輸出輸入 物價表		國·漢文	13:19-22
⑨ 列國輸出入貨物價値總數表		漢文	17:14-15
ㅁ 人口			
⑩ 現今金世界人口數라	據 淸國蘇報去月査	國·漢文	4:17
⑪ 歐洲諸國의 人口와 財況 等의 統計		國·漢文	8:15-16
⑫ 世界大都會地人口統計	最近正確의 査報	國·漢文	10:13-14
⑬ 五洲各敎人數		漢文	15:16-17
⑭ 各國識字人數	三十年前査, 近年査	國·漢文	15:17
⑮ 淸國人數表		漢文	16:19-20
⑯ 日本各職匠戶口數表		漢文	17:15-17
⑰ 日本各市에 人口表		漢文	17:19-20
⑱ 日本全國의 民籍戶口總數		國·漢文	18:12
⑲ 美國夫人의 職業	大陽雜誌	國·漢文	18:12-13
ㅁ 財政			
⑳ 日本의 今年度歲入歲出總豫算		國·漢文	4:12-13
㉑ 各國王室費表	最近年査	國·漢文	8:16-17
㉒ 列國海關收稅表		漢文	17:15
ㅁ 産業地理			
㉓ 各國氣候物産表		漢文	9:14-17

표제	필자 또는 출처	사용문체	호수 및 면수
㉔ 各國幅員表		漢文	15:15-16
㉕ 各國金銀産數目	一年內計算	漢文	15:17-18
㉖ 各國出煤等表	一年內計算	漢文	15:18-19
㉗ 各國存煤等表		漢文	15:19
㉘ 各國生鐵表	一年內計算	漢文	15:19-20
㉙ 各國鋼鐵衣		漢文	15-20
㉚ 船路自淸國上海至各處里數日期表		漢文	16:18-19
㉛ 自淸國北京至淸國內各省里數日期表		漢文	17:17-19
□ 交通·通信			
㉜ 世界諸國의 郵便數라	昨年査	國·漢文	4:17
㉝ 各國電信局數		國·漢文	8:17-18
㉞ 各國鐵道電線表		漢文	15:14-15
□ 敎 育			
㉟ 世界各國小學校의 比較表	最近調査	國·漢文	5:17-18
㊱ 各國敎育費	昨年査	國·漢文	5:18-19
㊲ 各國學校敎師學徒數目		漢文	14:18-20
□ 政治外交			
㊳ 現今東西洋各國의 帝王槩表		國·漢文	2:14-16
㊴ 我京城에 駐在훈 各國領事에 姓名表라		國·漢文	3:12-13
7. 其他			
① 獨立協會會報第一號目錄		漢文	1:22
② 官報抄錄		漢文	2:12-13
③ 地方官吏擇用規制		國·漢文	2:13-14

[부록 2] 발행년월일 일람표

호수	발행년월일	호수	발행년월일	호수	발행년월일
1	1896. 11. 30	7	1897. 2. 28	13	1897. 5. 31
2	1896. 12. 15	8	1897. 3. 15	14	1897. 6. 15
3	1896. 12. 31	9	1897. 3. 31	15	1897. 6. 30
4	1897. 1. 15	10	1897. 4. 15	16	1897. 7. 15
5	1897. 1. 31	11	1897. 4. 30	17	1897. 7. 31
6	1897. 2. 15	12	1897. 5. 15	18	1897. 8. 15

한국민족주의와
한 · 불관계

1880년의 한·불 교섭과 푸르니에 보고서: 한·불 교섭사 연구의 하나

1. 서론

1880년 5월에 미국의 Shufeldt 제독이 당시의 한국 정부와 통상수교의 길을 터보려는 미국 정부의 방침에 따라 부산에 들러 예비 교섭을 벌이다가 아무런 성과를 거두지 못한 채 돌아간 사실에 관하여는 여러모로 그 내용이 밝혀져 있다. 그러나 바로 다음 달인 6월에는 프랑스의 한 해군 포함(canonnière)의 함장인 Fournier 중령이 또한 비슷한 목적으로 같은 부산을 다녀간 일이 있었는데도 그 뒤 100년이나 되도록 철저하게 망각의 심연 속에 파묻혀 있게 되었던 것은 매우 대조적이라 할 만하다.

후자의 경우를 밝히는 데 일차적으로 기본 자료가 되었던 것은 《Mission en Corée》라는 표제로 Fournier 자신이 작성한 보고서이어서, 이것을 필자는 「푸르니에 보고서」라는 이름으로 공개한 바 있다[1]. 그리고 이것이 발굴되기 이전에도 최소한으로 미루어 짐작하여 볼만하였던

---

1) 한홍수, "푸르니에 보고서: 해제와 본문," 『월간조선』, 1980년 11월호, p. 149-161.

우선적인 자료로서는 다음 두 가지가 있었음을 지적할 수 있다.

하나는 H. N. Allen이 편찬한 『한국근대외교사연표(韓國近代外交史年表)』의 1880년도 서두의 항목 내용이다. Allen은 일자를 확인할 수 없었기 때문이었는지 일자의 표시가 없이 1880년도의 첫 번째 항목에 〈프랑스의 군함 Lynx호의 Fourm[n]ier 함장이 조선과의 통상관계를 열어보려고 시도하였으나 성과를 거두지 못함〉[2]이라는 짤막한 기록을 남겨놓았다. 일자뿐만 아니라 장소도 밝히지 못하고 있지만 그리고 함장의 이름 표기에도 n대신 m으로 오자가 하나 있기는 하지만, 군함과 함장의 이름 확인은 상당히 정확한 편이라 할 수 있다.

다른 하나는 당시의 우리 측 기록인 『왜사일기(倭使日記)』에 수록된 동래부사 심동신(沈東臣)의 이양선 출몰에 관한 장계의 내용이다. 이에 따르면, 일본 영사관에 의하여 〈불란서국선(佛蘭西國船)〉으로 밝혀진 이양선 한 척이 6월 16일(음 5월 9일)에 부산진의 흑암 전양(黑巖前洋)에 정박하고 이튿날 일본 영사를 통하여 통화를 요청하는 서계를 동래부사에게 전달하려 하였으나 일본 영사의 설득으로 뜻을 바꾸어 18일(음 5월 11일) 아침 8시 외양으로 떠났다는 것이다.[3] 여기서 때와 장소와 목적에 관하여는 비교적 정확한 기록을 남겨 놓았기 때문에 〈불란서국선〉으로 한정되었던 프랑스 측에 관한 정보를 Allen의 『연표』로 보충한다면 기본적인 골격은 추려지는 셈이다.

그런데 지금까지 우리나라의 개항 문제를 다룬 연구물들이나 저작물들의 한 · 불수교관계의 부분을 읽어 보면, 매우 손쉽게 참고할 수 있었음직

2) Horace N. Alien, *A Chronological Index: Some of the Chief Events in the Foreign Intercourse of Korea From the Beginning of the Christian Era to the Twentieth Century* (1901), p. 9.

3) 『倭使日記』庚辰 (1880) 五月三十一日條

한 Alien의『연표』[4]에 실려 있는 앞에서의 내용조차도 논급되어 있지 않다. 1886년에 Cogordan이 서울에 와서 수호통상조약을 체결한 대목으로 직접 넘어가거나 그렇지 않으면 1882에 천진(天津)주재 프랑스 영사 Dillon이 인천에 와서 예비 교섭을 벌였던 사실만을 간략하게 앞세우는 경우가 대부분이라 할 수 있다.

물론 이러한 사정은 여러 각도에서 이해가 가능하겠지만 다음 두 가지로 압축시켜 볼 수 있을 것 같다. 첫째는 자료의 빈곤 문제와 상관된다. 개항의 문제가 대체로 밖으로부터의 요구에 의하여 집중적으로 제기되었기 때문에 그에 관한 기록을 안에서 찾는 데는 극도의 한계가 있다. 결과적으로 밖에서의 관계 문헌 발굴이 늦어지는 동안, 한·불수교의 수립 과정에 대한 예비적 단계의 논급이 거의 예외 없이 해방 전 일본 학자의 단편적 언급[5]을 그대로 답습하여온 것이 그간의 사정이다.

둘째는 하나의 가정이지만 시각의 문제로 귀착될 것 같다. Fournier 함장이 부산에 왔었던 사실에 대하여, 그 이전부터 심심치 않게 출몰하였었던 이양선들을 보아온 눈으로 함께 보아버렸음직하다.『왜사일기』에 실려 있는 경진년(1880) 한 해 동안의 이양선 출몰 장계만 하더라도 수십 건에 달하고 있는데, 이 해의 새로운 조짐을 전혀 의식하지 못하고 일률적으로 보아 넘겼던 심동신 동래부사의 눈을 그대로 빌리는 것과 같다고 말할 수 있겠다.

우리나라의 개항 문제를 다룰 때, 1876년의 강화도조약은 제1단계의 개항으로서 중요한 역사의 몫을 차지한다. 그러나 이에 못지않게 중요한 것은 1882년의 한·미수호통상조약의 성립으로 열리게 되는 제2단계의

---

4) 櫻井義之가 번역한 일어판으로『朝鮮近代外交史年表』(東京: 淡路書房新社, 1961)가 있고 우리말 번역판으로는 金圭炳(역)『韓國近代外交史年表』(서울: 國會圖書館, 1966)가 있다.

5) 예컨대 奧平式彦,『朝鮮開國外交始末』, p. 149이 자주 인용되고 있다.

개항이라 할 수 있다. 그리고 이것이 Shufeldt제독의 책임 밑에서 매듭지어짐으로써 그가 부산에 도착하여 벌이기 시작하였던 1880년의 한·미 교섭은 바로 이 제2단계의 개항작업의 사실상의 착수로 파악할 만한 것이다.

물론 이러한 이해가 아직까지는 한·미 교섭사에 국한되어 있는 것이 사실이지만, 결과적으로 조약체결이 1886년으로 늦어지고 말았던 한·불 교섭사에도 적용 가능하다는 판단의 일차적인 근거를 「푸르니에 보고서」에서 찾게 된다. 이 보고서는 Lynx호의 함장 Fournier 중령이 2박3일간의 임무를 마치고 6월 18일 아침에 부산을 떠나 오후 6시에 시모노세키(下關)를 통과하고 20일, 21일 이틀을 코베(神戶)에서 머문 후 24일 요코하마(橫濱)에 도착하기까지의 기간에 해상의 Lynx호 함상에서 작성한 것이다. Fournier는 도착 즉시 그곳에서 그를 기다리고 있던 청·일해역(淸日海域) 함대사령관(Commandant en chef, Division navale des Mers de Chine et du Japon)인 Duperré 해군 소장에게 이 보고서를 제출하고 Duperré는 다시 그것을 당일로 본국 해군성에 보고하는 한편,[6] 사본을 만들어 주청(駐淸) 공사관과 주일(駐日) 공사관에도 보내주게 된다.

이 보고서를 중심으로 보다 광범하게 자료를 조사하여 본 결과, 앞뒤로 연결시켜 해명하는 데 도움이 될 만한 문서들을 해군성과 외무성의 고문서고(古文書庫)에서 찾아낼 수 있었다. 특히 Fournier를 부산으로 파견하는 결정에 직접 간접으로 관련되었던 세 사람, 즉 Duperré 함대사령관과 북경(北京) 주재 Bourée 공사 그리고 동경(東京) 주재 Balloy 대리공사가 본국 정부와 내왕한 서신들이나 Fournier 함장의 통역으로 부산에 동행하였던 북경 주재 공사관 서기생 Jametel의 별도 보고서 등은 연관 자

---

6) 해군성 역사자료실 보관문서 분류번호는 Mouvements de la Flotte, Lettres reçues BB4 1124이며, 함대사령관의 보고문서 번호는 Cabinet Mouvement No. 78이다.

료로서 사료적 가치도 큰 것으로 판단된다.

따라서 이 논문은 이러한 기본 사료에 바탕을 두고 다음 두 가지의 연구목적을 수행하고자 한다. 첫째는 제2단계의 개항이라는 인식의 연관 속에서, 프랑스 측의 조심스러운 일방적인 탐색으로 시작되긴 하였지만, 한ㆍ불수교의 단초로 파악할 수 있는 1880년의 한ㆍ불 교섭을 하나의 역사적 사실로서 밝혀 보려는 것이다. 그리고 둘째는 Shufeldt가 다녀간 지 40여 일만에 현장을 다시 확인한 Fournier의 관찰과 증언을 통하여, 1880년의 한ㆍ미 교섭에 대한 일본의 알선이 성의 있는 것이었는가를 둘러싼 논쟁의 방향도 가름하여 보려는 것이다.

2. Fournier 파한(派韓) 결정의 배경

1. Ridel 주교와 북경공사관의 의견 대립

돌이켜 보면, 병인양요(1866)에 뒤이은 5년 만에 다시 신미양요(1871)를 목격하게 된 구미의 여러 나라들은 1875년까지 우리나라에 대한 개항ㆍ수교 정책을 어떻게 펴나가야 할런지 속수무책이었던 것이 사실이다. 청국의 힘을 빌리려고 하는 경우에는 〈조선의 내치와 외교는 어디까지나 자주〉이기 때문에 개입 간섭할 수 없다는 이유로 거절당하고 직접 교섭을 벌이려고 하는 경우에는 번번이 쇄국정책의 완강한 대응에 부딪혀서 어느 방향으로도 활로를 찾을 수 없었기 때문이다. 그런 만큼 일본에 의하여 개항의 실마리가 마련된 1876년의 강화도조약의 성립을 매우 충격적인 사실로 받아들이게 되었던 사정을 짐작하기는 어렵지 않다.

일본에 대한 부산의 개항을 계기로 구미(歐美)의 여러 나라들은 한반도의 정세 변화를 각별히 주시하게 되었다. 여기서 프랑스도 예외일 수 없었음은 당연한 일이다. 왜냐하면 1860년대 종반에 이르기까지만 하더라도 우리나라와 구미 여러 나라들과의 접촉의 관점에서 프랑스가 차지했던 비중이 상대적으로 컸었다는 사실은 새삼스럽게 긴 설명을 필요로 하지 않기 때문이다. 또한 그것이 우리나라에 대한 선교 활동을 프랑스의 외방전도회(Société des Misions-Etrangéres)가 전담하게 된 데서 연유하였던 만큼 초기에는 주로 천주교와 연관을 갖게 되었던 것도 사실이다.

그러나 제1단계의 개항기에 있어서 우리나라와의 교섭에 대한 인식과 접근 방법이 동부 아시아에 나와 있는 그들의 모든 활동 영역에서 일치되어 있었던 것은 아니다. 천주교 신부들의 경우에는, 그들의 입국과 선교 활동이 합법화되기 위한 가장 우선적인 선결 조건으로서 한·불간의 국교수립이 어떠한 방법으로든지 성립되기를 갈망하였다. 그런가 하면 청·일 해역 함대 사령부 쪽에서는 기회 있을 때마다 우리나라 근해로 군함을 파견하고 간혹 군사적인 원정(expédition militaire)을 통하여 궁극적인 해결책을 마련하자는 주장도 내세웠다. 이와는 대조적으로 계속 신중론을 펴면서 미루어온 쪽은 북경 주재 공사관이었다.

1877년 3월, 조선 교구장을 맡고 있는 Ridel 신부가 우리나라에 다시 잠입하겠다는 의사를 북경 교구장 Delaplace 주교에게 편지로 알려왔고 이를 전해 받은 Brenier de Montmorand 공사는 Ridel의 〈그와 같은 경솔함을 완강하게 반대하는 의사〉[7]를 표명하였다. 그런데 결국 재입국에 성공하여 활동하던 Ridel 신부와 선교사 2명이 곧이어 이듬해(1878) 1월 28일에 체포 투옥되었다. 이 소식과 함께 당시의 청·일 해역 함대사

---

7) Lettre de Pékin Paris date du 9 mars 1877, Direction Politique (이하 D. P.로 약함) No. 40, Correspondance Politique (이하 C. P.로 약함) CHINE VOL. 56, fol. 121. 여기서 Pékin은 북경 공사관, Paris는 본국 외무성을 뜻한다.

령관인 Duburguois 소장이 즉각 순양함을 파견하여 가능한 한 다른 도망 피신자들을 탈출시키려 한다는 4월 6일자 상해(上海) 영사의 전문[8]을 접수하고 사건 해결에 부심하게 된 Montmorand 공사의 서신[9] 속에서 다음 세 가지의 내용이 눈길을 끈다.

(1) Ridel 신부는 책망 받아서 마땅한 경솔함과 도에 지나친 열정을 지녔다는 것.

(2) 주교와 그의 선교사들이 프랑스 사람들임을 명심하며, 북경에서 그들의 구명과 석방을 위하여 온갖 노력을 다 하겠다는 것.

(3) 이 사실을 Duburguois 사령관에게 알리며, 조선에서의 원정과 관계된 어떠한 행위에 대해서도 전적으로 반대한다는 입장을 그에게 명백히 하겠다는 것.

이처럼 Brenier de Montmorand 공사는 신부들의 성급한 행동이나 해군의 일방적인 군사 행동을 경계하면서, 보다 결정적인 시기에 가서 유럽의 다른 열강들과 공동으로 제휴하여 조선에 대한 개항 정책을 밀고 나갈 구상을 제기하였다.[10] 그러나 4월 중에 그의 역할을 떠맡게 된 Patenôtre 대리공사는 Ridel 신부의 석방운동을 마무리 지으면서 종전과는 다른 두 가지의 변화를 인식하게 되었다. 즉 체포된 신부들의 구명 내지 석방을 위한 북경 정부의 협조가 의외로 적극적이었다는 것과 그리고 우리나라 정부의 구속 신부들에 대한 조처도 훨씬 관대하여 졌다는 것

---

8) Dépêche Télégraphique de Shanghai Paris date du 6 avril 1878 C. P.-CHINE VOL. 57, fol. 100.

9) Lettre de Pékin Paris date du 9 mai 1878, D. P. No. 74, C. P.-CHINE VOL. 57, fol. 113.

10) Lettre de Pékin Paris date du 15 mai 1878, D. P. No. 75, C. P.-CHINE VOL. 57, fols. 120-121.

을 알아차리게 된 것이다.[11]

하지만 1879년 말까지도 북경의 프랑스 공사관에서는 신부들이 새로운 말썽을 일으키지 말기만을 바라는 소극적인 태도를 계속 견지하여 온 것으로 보인다. 이것은 우리나라에서 국외 추방의 형식으로 석방되었던 Ridel 주교가 1879년 7월부터 전개한 일련의 움직임에 대하여 북경의 프랑스 공관이 보여준 두 차례의 반응의 내용으로 미루어서 알 수 있는 일이다.

처음에는 Ridel 주교가 동경에 머물고 있으면서 7월 1일 천진에 있는 Dillon 영사에게 편지하여, 자기 이름으로 작성된 〈메세지〉가 고종에게 전달될 수 있도록 북양대신 이홍장(北洋大臣 李鴻章)의 중개역을 교섭하여 달라고 부탁하게 된 사실에서 비롯된다. 〈나의 큰 소망은 조선에 다시 돌아갈 수 있게 되는 것〉이라고 밝힌 Ridel 주교의 의도는 이홍장의 힘을 빌어서 고종으로부터 재입국·체류·선교의 자유를 얻어내자는 데[12] 있었다고 하겠다. 그러나 이에 대한 북경 공관의 반응은 한마디로 말해서 냉담한 것이었으며 그의 발상 사체를 큰 착각과 자만의 결과로 풀이하고 있었음을[13] 유의하게 된다.

이 때문에 Ridel 주교는 북경 공사관 측과 직접 부딪혀 보기로 결심하기에 이른 것 같다. 그는 9월 초에 동경을 출발하여 상해로 갔다가 그곳에서 며칠 동안 머문 후 북경으로 여정을 옮기게 된다. 10월 26일 Patenôtre 대리 공사가 본국 외무성에 보고한 서신에 의하면 Ridel 신부의 북경 발언의 요지는 다음과 같다.

---

11) Lettre de Chéfou Paris date du 6 juillet 1878, D. P. No. 79, C. P.-CHINE VOL. 57, fols. 146-153 및 Lettre de P kin Paris date du 30 juillet 1978, D. P. No. 81, C. P.-CHINE VOL. 57, fols. 167-169.

12) Lettre de Mgr. Ridel, Ev que de Philippopolis, Vicaire Apostolique de Cor e M. Dillon, Consul de France Tien-tsin (C. P.-CHINE VOL. 57, fols. 452-453).

13) Lettre de Pékin Paris date du 27, juillet 1879, D. P. No. 18, C. P.-CHINE VOL. 57, fols. 447-451.

본인은 귀 공사관이 Deguette와 본인의 생명을 구해준 은혜를 결코 잊지 않고 있으며 이에 충심으로 감사드린다. 그러나 결론적으로 밀해서 귀히는 귀하의 직무를, 그 직무의 일부를 수행하였을 따름이다. 귀하가 청국 조정 (清國 朝廷)에 대하여, 따라서 조선 조정(朝鮮 朝廷)에 대하여 행사한 압력의 덕택으로, 귀하는 우리들의 석방을 성취할 수 있었던 것이다. 그렇다면 그러한 압력은 조선 국왕에게 그의 왕국을 개방하고 우리를 친구로 받아들이는 책임을 부과할 때까지 계속되어야 하지 않겠는가? 체포되었던 두 선교사를 석방시키게 했다는 것은 진정 프랑스 정부를 위해 영광이다. 그러나 우리들이 그 나라 안에서 거주하고 또 그곳에서 성직을 수행할 수 있는 권한이 우리들에게 부여되지 못한다면 어찌 그 영광이 프랑스를 위해서나 청국을 위해서나 이 이상 보다 큰 의미를 거용할 수 있을 것인가.[14]

Ridel 신부는 우리나라에 재입국하여 합법적으로 거주하면서 선교 활동을 전개할 수 있는 자유를 확보하기 위한 전제로서 한·불수교의 필요성을 역설하였고 또한 보다 쉽게 풀어나가기 위한 방편으로서 청국 정부를 적극 개입시켜 줄 것을 요청한 것이다. 그러나 Ridel 신부의 북경 출현 자체를 〈심각한 걱정거리=지극히 난처한 일, serieux embarras〉로 받아들이고 그를 자기들의 보호권 테두리 밖에서 행동하는 존재로 이해하였던 북경 공사관으로서는 그의 주장과 요청을 거절할 수밖에 없었다.[15] 우리나라에 와 있었던 프랑스 신부들은 병인양요 1년 전인 1865년과 흥선(興宣) 대원군의 하야 직후인 1874년에도 북경의 프랑스 공사관에 대하여 비슷한 청원을 한 일이 있었다.

---

14) Lettre de Pékin Paris date du 26 octobre 1879, D. P. No. 29, C. P.-CHINE VOL. 57, fols. 518-521.
15) *op. cit.*

2. Fournier 파견의 상황적 계기

천주교 신부들의 이러한 노력들은 이듬해인 1880년에 이르러서야 비로소 현지에서 정책적인 방향을 모색하는 성과를 나타내게 되었다. 즉 그들의 노력이 다음에 지적할 몇 가지 상황과 걸맞아 짐으로써 처음으로 정책적 차원에서 평화적으로 교섭을 탐색하려는 시도와 연결될 수 있었거니와 직접 간접으로 그러한 예비적인 정책 결정에 관여하게 될 핵심적 인물들의 교체가 동시에 이루어짐으로써 새로운 방향 모색을 촉진시켜 주었기 때문이다.

이미 서두에서도 지적한 바와 같이, 프랑스의 군함 Lynx호의 함장인 Fournier 해군 중령을 부산진으로 파견하는 데 관여했던 대표적인 인물들로서는 다음 세 사람을 들 수 있다. 즉 이해 3월 하순에 Duburguois 해군 소장의 후임자로 부임한 청·일 해역 프랑스 해군 함대 사령관 Duperré 해군 소장, 거의 같은 때에 Geofroy의 뒤를 이어 역시 같은 직책을 맡게 된 주일 프랑스 공사관의 Balloy 대리공사, 그리고 Patenôtre 가 대리하는 동안 연가로 본국에 가 있었던 Montmorand 공사의 후임자로 결정되어 본부에서 오랫동안 동아시아지역을 담당하다가 5월 중순에 주청 프랑스 공사관으로 부임해 온 Bourée 공사 등이다.

그런데 이들 중에서도 Fournier에게 직접 훈령을 내린 일차적인 책임자는 함대사령관 Duperré이다. 그가 그와 같은 결정을 내리게 된 것은, 부임 직후부터 새로운 관심을 가지고 우리나라 정세에 관한 정보를 입수하게 되었는데, 이를 바탕으로 하는 정세 판단 아래 Balloy 대리공사의 제의를 긍정적으로 받아들인 데 있다. 그리고 Duperré는 새로 부임하는 Boure 공사를 상해에서 영접하고 5월 14일부터 25일까지 함께 지냈으며, 또한 Lynx호의 Fournier 함장도 남경(南京)-주산(舟山)-영파(寧

波)-요코하마(橫濱)로 이어지도록 정해졌던 예정을 바꾸어 상해에서 이들과 합류했다가 다시 대고(大沽)에서 천진(天津)까지 Bourée공사를 호송하게 된 것을 계기로 그의 전폭적인 지원을 받게 된다.

그러면 정책적인 차원에서 평화적 교섭을 탐색하려는 시도와 걸맞아 떨어진 새로운 상황은 무엇인가? 우선은 두 가지로 간추려 볼 수 있는데, 그 중의 한 가지는 4월 19일자로 해군성에 보고된 Duperré 의 다음과 같은 서한의 내용 속에서 실마리를 찾을 수 있을 것 같다.

> 조선에서는, 여론의 급격한 변화가 일어나고 있는 것 같다. 구속되었던 선교사들이 풀려나오게 되었으며, 일본 남부 교구의 Petit Jean 주교에게 입수된 한 외교 커뮤니케는 조선 사람들에게 러시아와 일본 측에서 그들을 위협하는 위기 사태를 벗어나기 위해서는 열강과 통상조약을 체결하라고 권고하고 있다.[16]

여기서 구속 신부들의 석방을 보는 시각에 대해서는 Ridel 주교에 의하여 수차 제기되었던 것이므로 논외로 한다면, 새로운 상황인식의 단서는 구미 열강들과의 개항 통상을 우리 정부에 권고한 이홍장의 서신과 관련된 것임을 알게 된다. 프랑스 측의 문서에는 1879년 10월 23일자로 청국의 북양대신 이홍장이 우리 정부의 고위 관리에게 권고 서한을 보낸 것으로 되어 있으나[17] 이것이 8월 26일자로 이유원(李裕元)에게 보내진 것임은 잘 알려진 사실이다. 조선에서의 선교 활동을 벌여온 프랑스 신부들

---

16) Lettre de Duperré au Ministre de la Marine et des Colonies date du 19 avril 1880, Cabinet Mouvement (이하 C. M.으로 약함) No. 47, Lettres re ues BB4 1124.

17) 《Lettre de Li-hong-tchang, Vice-roi du Tch -li un haut fonctionnaire cor en, 23 octobre, 1879》 Annexe No. 1 Dep che Politique de Pékin du 27 mai 1880, D. P. No 63, C. P.-CHINE VOL.58, fols, 171-180.

은 일찍부터 한·불수교의 실마리가 북경 정부에 의하여 마련될 수 있다고 확신하여 왔던 만큼 이홍장의 서한에 관한 정보의 입수는 매우 고무적인 것이었음에 틀림이 없다. 이 서한의 필사본이 1880년 4월 중순에는 Petit Jean 주교의 손에 넘겨지게 된 것도 이러한 이들의 피나는 노력의 결과로 보아야 할 것이다.

따라서 Petit Jean 주교는 이 소식을 곧바로 Duperré 함대사령관에게 전하여 새로운 정책 방향을 모색하도록 자극하는 한편, Ridel 신부와 협의하여 이 서한의 사본을 Delaplace 북경 주교에게 넘기고 Delaplace 는 그것을 다시 그곳의 공사관에 전달하게 되었는데 이것이 5월 중순경의 일이다. 이때 신임공사 Bourée의 도착을 기다리고 있었던 Patenôtre 대리공사는 이 귀중 서류의 내용을 분석하여 본국에 보고하는 편지의 말미에서 청국의 중재를 통하여 한·불 교섭을 추진하면 성공할 가능성이 크다고 전망하면서 이때까지의 조선에 대한 고식적인 정책에서 벗어나 새로운 차원의 정책 전환을 시도할 필요가 있음을 수긍하고 있다.[18]

한편 5월 18일경에 이미 부산에서 수행할 임무에 대하여 훈령을 받았던 Fournier 자신이나 신임 Bourée공사가 이홍장의 서신에 관한 정보를 보다 폭넓고 정확하게 입수한 것은 그들이 천진에 머물러 있던 5월 31일부터 6월 8일까지의 기간이다. 이때 Bourée 공사는 이홍장의 특별한 환대를 받았고 Fournier 함장은 프랑스 체제를 모방하는 해군학교 설립 문제를 다시 협의한 바 있기 때문에[19] 이홍장의 영향력과 중개 역할을 실감 있게 의식했을 것이고 그만큼 그의 수교 권고 소식은 뒤헝클어져 있는 한·불 교

---

18) Lettre de Pékin Paris date du 27 mai 1880, D. P. No 69, C. P.-CHINE VOL. 58, fols. 167-170.

19) ① Letter de Tien-tsin (Bourée) Paris date du 5 juin 1880, D. P. No. 2 C. P.-CHINE VOL. 58, fols. 196-204 및 ② Dépêche Telegraphique de Pékin Paris date du 17 avril 1880, C. P.-CHINE VOL. 58, fol. 129.

섭의 실마리를 풀어줄 수 있는 낭보로 받아들여졌을 것이다. 이는 「푸르니에 보고서」의 서두에 기록되어 있듯이, Bourée 공사도 Fournier의 부산행을 외교적 차원에서 적극 활용하여 볼 생각을 갖게 되었고 겸하여 Fournier의 임무 수행을 적극 돕는 입장에 서게 된 데서[20] 알 수 있다.

그런데 이러한 상황 변화와 관련되는 새로운 전망의 계기와는 달리, 보다 직접적으로 프랑스 측을 자극하였던 것은 미국 정부가 우리나라와 국교를 수립하기로 방침을 굳히고 Shufeldt 제독을 부산에 파견하여 교섭의 임무를 떠맡게 하였다는 소식이었다. Shufeldt 제독이 미국의 소군함 Ticonderoga호를 이끌고 홍콩에 입항한 것이 3월 26일인데, 3월 8일부터 그곳에 기함인 Thémis호를 정박시켜 온 프랑스의 Duperré 함대사령관은 곧바로 Shufeldt 제독이 수행할 임무를 간파한 것으로 보인다. 즉 Shufeldt가 조선의 수개 항을 미국 무역에 개방하도록 주선해 달라고 일본 정부에 요청할 것이 확실하다는 것이 3월 31일자의 보고서에서 밝힌 그의 판단이었다.[21]

그런지 35일 만에 실제로 Shufeldt 제독은 일본 정부의 〈호의적인 알선〉에 커다란 기대를 걸고 5월 4일 부산항에 도착하여 5월 7일까지 머물면서 근등진서(近藤眞鋤) 일본 영사를 사이에 두고 한 미 교섭을 시도하게 된다.[22] 그런데 이미 4월 중순에 Petit Jean 주교로부터 우리나라에 대한 개항 정책의 전망을 경청하였던 Duperré 사령관으로서는 이러한 Shufeldt 제독의 행방을 계속하여 주시하게 되었다. 그러나 5월 중순까지도 Shufeldt의 부산 방문 결과에 대해서는 별다른 정보를 입수하지 못

---

20) 부록 1 「푸르니에 보고서」 참조.

21) Lettre de Contre-Amiral Duperré au Ministre de la Marine date du 31 mars 1880, C. M. No. 42.

22) 李普珩, "Shufeldt 提督과 1880年의 朝·美交涉," 『歷史學報』, 제14호 (1961), p. 67-70.

하고 있었다.

이러한 사정은 동경의 외교가에서도 마찬가지였다. 실제로는 Shufeldt 가 부산에 다녀온 직후인 5월 12일의 일본 신문과 영자 신문에 〈처음으로〉 그리고 그때까지도 부산으로 떠나기로 되어 있음을 〈예고하는〉 토막 기사가 나왔을 정도이다.[23] 뿐만 아니라 5월 하순까지도 동경 주재 Balloy 대리공사는 Shufeldt가 부산에 다녀온 기간을 5월 14일부터 5월 17일까지 열흘 뒤로 잘못 알고 있을 정도로,[24] 미국 측에서나 일본 측에서나 이에 관한 정보를 철저하게 통제하여 왔던 것 같다.

결국 Duperré 함대사령관과 마찬가지로 관심과 궁금증을 함께 지녀온 Balloy 대리공사는 프랑스의 함정 한 척을 부산으로 직접 파견해서 Shufeldt의 그곳 방문 결과를 조사 확인하여 보자고 제의하게 된다. 이에 관한 Duperré 함대사령관의 5월 18일자 해군성에의 보고내용을 인용하여 보면 아래와 같다.

> …Lynx호에 관해서 말씀드리자면, 본인은 동경주재 프랑스 대리 공사의 요청에 의거해서, 일본사람들에게 새로 개항한 조선의 항구들을 방문할 것과 미국의 소군함 Ticonderoga호가 그곳에서 실제로 수행한 임무가 무엇인지 알아보도록 할 것을 그 Lynx호에 하명하였습니다.
> 지난 3월 31일 자의 서신에서도 보고드린 바와 마찬가지로…Schufeldt 제독은 조선정부와 통상조약을 체결하고 일본 사람들에게 열어주는 세 항구를 미국 사람들에게도 열어주도록 요청하는 임무를 지고 있음을 확인할 것으로 믿습니다.[25]

---

23) Lettre de Tokio Paris date du 27 mai 1880, D. P. No 7, C. P.-JAPON VOL. 27.

24) 위와 같음.

25) Lettre de Duperré au Ministrede la Marine date du 18 mai 1880, C. M. No 66, Lettres re

이렇게 본다면, Duperré 함대사령관이 Balloy 대리공사의 제의를 긍정적으로 받아들여 자기 휘하의 Lynx호 함장 Fournier 중령을 부산에 가보도록 결정을 내리게 된 직접적인 동기는 부산에 뒤이은 2개 항의 일본에 대한 개항 소식과 더불어 부상된 Shufeldt 제독의 한·미 교섭 움직임에 자극되었던 것임을 알 수 있다. 그리고 장막에 가려있는 Shufeldt의 1차적인 교섭 성과를 확인하고 겸하여 한·불 교섭의 가능성을 탐색하여 보도록 훈령을 내린 시점은 보고서를 작성한 5월 18일 당일이거나 하루 전 쯤으로 간파된다.

3. Fournier의 도착과 교섭 활동

1. 일본 신문의 왜곡 보도와 Fournier의 도착 지연

Fournier 함장이 Duperré 함대사령관을 만나서 앞에 지적한 훈령을 하달 받은 곳은, 그것이 5월 18일경이라는 전제 밑에서 보았을 때, 상해임이 분명하다. 왜냐하면 Duperré의 기함 Thémis호는 4월 10일부터 그 곳에 머물러 있었고 Lynx호는 Bourée 공사가 같은 곳에 도착한 5월 14일부터이기 때문이다.[26] 또한 이로 미루어 본다면, 한 달 전부터 Bourée 공사의 도착을 기다리고 있었던[27] Duperré 함대사령관이 Balloy 대리공사의 제의를 받고 Fournier의 부산 파견을 결정함에 있어서 Bourée

---

ues BB4 1124.

26) Thémis호와 Lynx호의 기항일지는 해군성 고문서 Lettres reçues BB4 1124에 월별로 수록된 Mouvements du Batiment에 의한 것임.

27) 주 16)과 같음.

공사와의 의견 교환이 있었을 것으로 짐작하기는 어렵지 않다.[28] 북경으로 부임하기에 앞서서 이홍장을 만나기로 되어 있는 Bourée 공사를 상해에서 대고까지만 Champlain호가, 그리고 대고에서 목적지 천진까지는 Lynx호가 호송하도록 같은 날(5월 18일) 배정한 것도 Fournier가 수행할 특수 임무를 배려한 결과로 볼 수 있다.

당초의 계획은 Lynx호가 Bourée 공사를 천진까지 호송한 다음에는 Fournier 함장에게 부여된 임무를 수행하기 위하여 그곳에서 부산으로 직행하게 되어 있었으므로[29] 중도에 예기치 않은 상황이 발생하지 않았더라면 Fournier 함장은 6월초에 부산에 도착할 수 있었을 것으로 보인다. 그러나 Bourée 공사의 대고 도착이 해상 사고로 이틀 늦어진데다가 2-3일간으로 예정했던 천진 체류를 일주일 동안 연장했기 때문에[30] 결과적으로 Fournier가 천진을 출발한 것은 6월 8일 아침 8시였다.[31] 따라서 천진을 출발한 다음에도 또 다른 상황이 벌어지지 않았다면 6월 12일까지는 부산 도착이 가능했을 것이나 실제로 그것이 6월 16일 오후 6시였음을 유의할 필요가 있다.

이렇게 천진 출발 이후에도 부산 도착이 늦어지게 된 데는 그럴만한 이유가 있었으며 그것을 우리는 Shufeldt 제독의 부산 방문 결과에 대한 일본 언론의 왜곡 보도에서 찾게 된다. Fournier 함장은 천진을 출발한지 18시간여 만인 9일 새벽 1시 45분에 지부(芝罘)에 닻을 내리고 서둘러서 석탄을 싣게 된다. 그런데 당일 안으로 떠날 채비를 차리고 있던 이들의

---

28) 후일 Bourée는 천진에 도착하면서 이 일을 알게 되었다고 쓰고 있는 반면 (Lettre de Pékin Paris date du 8 ao t 1880, D.P. No. 14), Balloy는 〈Duperré 사령관이 Bourée의 요청과 역시 약간은 나의 요청에 따라 Lynx호를 조선에 파견하였다〉라고 쓰고 있다 (Lettre de Tokio Paris date du 8 juillet 1880, D. P. No. 10).

29) Lettre de Duperré au Ministre de la Marine date du 25 mai 1880, C. M. No. 67.

30) 주 19)의 ①과 같음.

31) 부록 1「푸르니에 보고서」참조.

일행은 그날 배달된 상해 발행의 영자신문 *North China Daily News*의 기사를 읽게 된다.[32] 다시 언급하겠지만, 이것은 5월 24일에 처음으로 Shufeldt 제독에 관하여 상세하게 보도된 일본 신문의 기사 내용을 그대로 영역하다시피 한 것인데, 같은 여정을 밟으려는 Fournier에게는 매우 충격적인 내용이었기 때문에 중도에서 갑자기 부산행을 보류하고 나가사키(長崎)로 행선지를 바꾸게 되는 것이다.

Fournier는 당시에 그를 당황하게 만들었던 대목과 관련하여 〈이 신문 기사는, 미국이 Ticonderoga호를 조선에 이끌고 가서 벌이기 시작한 교섭에 대하여 조선의 주민들과 관원들이 보여주었다는 호전적인 적대 감정에 관해서 길고 상세하게 보도했다〉[33]고 그의 「보고서」에 기록하고 있다. 또한 Jametel 서기생은 〈조선의 당국자들이 미국 정부가 부산에 군함을 보낸 것에 대단히 격분하는 모습을 보여주었다〉는 내용에 덧붙여서 〈Ticonderoga호가 떠나는 순간, 대포에서 터져 나오는 축포 소리가 "양이(洋夷)의 퇴각"을 환호하였다〉는 내용의 기사 줄거리를[34] 전해주고 있다.

Fournier 일행이 읽었다는 이와 같은 *North China Daily News*의 기사 내용은 Balloy 대리공사가 정리해 놓은 5월 24일자 일본 신문의 기사 내용에서 출처가 확인될 수 있다. Shufeldt 제독이 첫 번째의 한·미 교섭 시도에 실패하고 나가사키로 돌아온 며칠 후에야 〈예정〉을 알리는 한

---

32) Fournier는 그의 보고서에서 6월 5일자의 상해 영자신문이라고만 했으며 Jametel 서기생은 신문 이름을 밝힌 대신 6월 4일자라고 하여 다소 기록상의 차이가 있으나, Jametel의 날짜 기록은 부정확한 편이다. 《Rapport de M. Jametel, élévé interprete la Legation de France Pékin, sur le Mission en Corée》, Annexe Dépêche Politique de Pékin Paris date du 8 août 1880, D. P. No. 14, C.P.-CHINE VOL. 58, fols. 301-305.

33) 부록 1 「푸르니에 보고서」 참조.

34) 주 32)에 적은 《Rapport de M. Jametel, l ve interprete la Legation de France Pékin sur le Mission en Corée》.

토막의 기사만을 내놓았을 뿐 계속하여 침묵으로 일관하고 있던 일본의 신문들이 5월 24일 일제히 그의 실패 원인에 관해서 보도하게 된다. 한마디로 말해서 일본 측의 희생적인 노력과 협조에도 불구하고 〈신미양요〉를 겪은 조선 관민들의 미국에 대한 적대적인 증오심은 완강하기 이를 데 없어서 Shufeldt 제독의 교섭 시도는 발붙일 곳이 없었다는 내용이다.

여기서 일본의 근등 영사가 동래부사를 만나 대화를 나눈 장면에 관한 일본 신문의 보도 내용을 소개하면 다음과 같다.

> 동래부사는 한참동안 이야기를 나누다가 일본 영사가 말한 "메리껭"들이 미국 사람들이었음을 알아차리고는 갑자기 대화를 끊더니 이렇게 말하는 것이었다. "미국은 우리의 원수요. 몇 해 전 강화만에서 미국의 함선들은 우리에게 포격을 가해오고 싸움을 걸어 왔오. 그들의 제의는 수상한 것이어서 어떠한 핑계를 내세워도 받아들이지 못하오. 따라서 우리는 당신의 주선을 수락할 수 없오."[35]

동래부사의 언사를 이런 식으로 보도한 일본 신문은 Shufeldt 제독이 〈푸대접받은 해역〉을 떠나게 되었을 때, 〈조선 사람들은 미국 푸리게이트 함의 퇴각을 포병의 축포로 환호하였으며 그것이 부산에 되돌아오는 경우에 대비하여 병사들을 집결시켰다고 한다〉는 보도를 곁들이고 있다. 이러한 일본 신문의 기사 내용으로 보아 상해 영자 신문의 기사가 그것을 그대로 옮겨 실은 것임을 알 수 있거니와 Shufeldt의 실패 원인으로서는 신미양요를 일으켰던 미국 사람들에 대한 조선 사람들의 씻을 수 없는 적개심만이 전적으로 부각되었음을 유의하게 된다. Duperré 함대사령관

---

35) Lettre de Tokio Paris date du 27 mai 1880, D. P. No 7, C.P.-JAPON VOL. 27.

이 Fournier 함장에게 조선 사람들의 적대 감정을 자극시키는 일이 없도록 각별히 주의하라는 지시를 며칠 뒤 5월 27일에 내리게 된 것도[36] 시간상으로 보아 그러한 일본 신문의 기사 내용을 고려한 때문이었을 것으로 보인다.

지부에 도착한 Fournier 함장은 그곳에서 읽은 영자 신문의 기사가 일본의 신문 기사와 어떤 앞뒤 관계에 있는지 알 수 없었거니와 Shufeldt 제독의 실패 원인으로 부각되었던, 조선 관민들의 서양인들에 대한 불타는 적개심이라는 것에 대해서는 하나의 충격적인 기정 사실로서만 받아들이게 되었던 것 같다. 그리고 그것이 저처럼 분명하게 밝혀진 이상, 자신에게 부과되었던 임무도 변경될 가능성이 큰 것으로 내다보았던 것 같다. 이것은 그가 Duperré에게 보고하기를 첫째, 영자 신문의 기사 내용이 조선 사람들의 적대 감정을 자극하지 않도록 〈각별히 유의하라고 당부하신 5월 27일자 각하의 서신 내용과 매우 부합〉한다는 판단을 내렸다는 것과 둘째, 일방적으로 방향을 나가사키로 바꾸게 된 이유가 〈새로운 상황에 따라서 각하의 훈령에 변경이 있게 되는지를 문의하는 것이 신중하리라〉 믿었기 때문이었다고 밝힌 데서[37] 분명해진다.

그러나 새삼스럽게 Fournier 함장에게 주의를 환기시켜 주었던 Duperré 사령관의 5월 27일자 서신이 바로 5월 24일 일본 신문의 보도 내용을 감안한 것이라고 보았을 때, Fournier의 두 가지 판단 중에서 우선 두 번째 판단이 빗나간 것임은 분명한 일이다. 따라서 6월 12일 오후 5시 15분 나가사키에 입항한 Fournier 함장은 즉시 코베에 있는 Duperré 함대 사령관에게 앞서의 훈령을 재확인하는 전보 문의를 보내고 이어서 〈부산으로 갈 것, 그러나 각별히 신중하게 행동할 것〉을 그에게

---

36) 부록 1 「푸르니에 보고서」 참조.
37) 위와 같음.

거듭 지시하는 전보 회신을 받게 됨으로써[38] 그의 두 번째 판단의 착오임이 사실로 들어나게 된다.

그리고 이 두 번째 판단이 착오로 드러났다는 것은 그것의 전제가 되었던 첫 번째 판단도 지나치게 고지식한 것이었음을 말해주게 된다. 이 점은 신임 함대사령관 Duperré에게 변화되어 가는 조선의 사정을 일깨워 주었던 Petit Jean 주교와 나가사키에서 가진 장시간의 대담을 통하여 역시 사실로 드러나게 된다. 이것은 그가 일본 언론에 의하여 집중적으로 부각되었던 Shufeldt 제독의 실패 원인 즉 조선 사람들의 서양에 대한 적대 감정보다는 〈은연중 미국 측에 불리하도록 작용했으리라고 의심할 만한 여지가 있는〉 일본 측의 태도를 주목해야 한다는 Petit Jean 주교의 견해에 귀를 기울이게 된 데서[39] 알 수 있다. 당시 조선 천주교회의 조직을 통하여 조선에 관한 정보를 수시로 입수하고 있었던 Petit Jean 주교와의 대담은 자칫 백지상태로 부산으로 직행할 뻔 했었던 Fournier에게 사전 지식을 풍부하게 해줌으로써 결과적으로 부산에서의 임무수행을 보다 알차게 만들어 주었다고 하겠다.

여기서, 예정에 없었던 Fournier의 갑작스러운 나가사키 경유가 일본 언론의 왜곡 보도와 일본 정부의 위장 협조에 눈을 뜨게 하는 계기가 되었다는 점에서, 그동안 수차에 걸쳐서 일본 정부가 프랑스 측에 다짐한 협조 약속을 짚고 넘어 갈 필요가 있을 것 같다. 프랑스가 한·불 교섭을 착수하게 될 경우에는 언제든지 적극적으로 협조해 주겠다는 일본 정부의 약속은, 공교롭게도 한 일 두 나라 사이에 분쟁이 일어나서 일본 측에 유리한 결말이 내려지기 직전이거나 또는 결말은 내려졌으나 이익 기반이 충분히 다져지지 못한 시기와 때를 같이하여 일본 측의 앞장으로 이

---

38) 앞에 든 《Rapport de M. Jametel》.
39) 앞의 「푸르니에 보고서」 참조.

루어졌다는 데 특징이 있다. 예컨대, 그러한 약속은 조선 정부의 설관징세 (設關徵稅) 문제로 야기된 분쟁의 열기가 가셔지기 전인 1878년 12월에 Geofroy 대리공사와 만난 자리에서 일본 수상이 한 바 있고,[40] 또 원산 개항 문제가 겨우 타결되어 새로운 이익 기반을 구축하는 데 부심하였던 1879년 11월에 Balloy 대리공사를 접견한 자리에서 일본 외상이 한 바 있다.[41]

그러나 이러한 약속은 한·일 간의 긴장관계 속에서 구미 열강을 일본 의 지원세력으로 확보해 두려는 타산으로 이루어진 선심의 일종이며 따 라서 프랑스 측에만 한정되는 특별한 호의의 표시일 수만도 없었던 것은 당연한 일이다. Bingham 동경 주재 미국 공사가 Shufeldt 제독의 일차 적인 한·미 교섭의 시도를 일본 정부의 협조에 의존해서 수행하도록 앞 장서게 된 이유도 바로 그러한 약속이 있었기 때문이었을 것이라는 것이 사후의 프랑스 측 평가이다.[42] 여하튼 프랑스가 필요로 할 때는 언제든지 협력을 받을 수 있도록 조선에 가 있는 일본 영사관원들에게 지시해 두었 다는 공언까지 겸했던 일본 측의 약속은 현장을 방문하게 된 Fournier에 의하여 그 진부가 가려질 수밖에 없었다.

2. Fournier의 임무와 활동: 예비적 교섭의 탐색

당초에 Duperré 함대사령관이 Fournier 함장에게 부여했던 임무는

---

40) Lettre de Tokio Paris date du 17 décembre 1878, D. P. No 37, C. P.-JAPON VOL. 26, fols. 415-418.
41) Letre de Tokio Paris date du 19 novembre 1879, D. P. No 59, C. P.-JAPON VOL. 27, fols. 212-218.
42) 주 35)와 같음.

다음 두 가지로 간추려 진다. 하나는 그의 파견 결정의 동기와 직결되는 것으로, 미국의 Shufeldt 제독이 부산에 가서 착수했을 교섭의 성격과 성과를 알아보는 일[43]이었다. 그리고 다른 하나는 병인양요를 일으켰던 프랑스 측으로서는 당연히 신경을 쓸 수밖에 없었던 것으로, 우리나라 주민들의 프랑스 또는 구미 국가들에 대한 심리 동향을 알아보는 일[44]이었다. 이 두 가지의 임무가 모두 한·불 교섭의 가능성과 여건을 파악하려는 목적의식과 결부되었던 것은 사실이지만, 외교 교섭의 의미까지 표면에 부상시켜준 것이라고 보기는 어렵다.

이처럼 정보 수집의 차원으로 한정되어 있었던 Fournier의 임무를 외교 교섭의 차원으로 연장시켜준 인물은 8일 동안 Fournier와 함께 천진에 머물러 있으면서 이홍장과 다각도로 접촉을 벌였던 Bourée 공사이다. Fournier의 여행을 적극적으로 활용하여 보려는 의도에서 Bourée 공사가 그에게 제기한 것은 구미 열강과의 수교를 권고한 이홍장의 서한이 우리 정부에 작용했을 것으로 기대되는 성과를 파악하는 일이었다. 이들은 그러한 성과가 우리 정부의 구미 열강에 대한 기본 방침 속에 반영되었을 것으로 보고, 동래부사의 태도와 반응을 통하여 있음직한 외교정책의 변화를 알아보기도 하였다. 겸하여 프랑스가 한·불 교섭을 개시할 경우에는 적극 협조하겠다고 다짐한 일본 정부의 약속이 부산에 있는 일본 영사관원들에게 어떠한 형태로 반영되었는가를 확인하는 일도 부수적인 임무로 설정되었다.[45]

---

43) 부록 1 「푸르니에 보고서」 참조. 및 Duperré 의 해군성 보고서신(문서 번호, Lettres reçues BB4 1124, C. M. No. 78 date du 24 juin 1880). 한편 Balloy 대리공사는 〈Ticonderoga 호의 임무에 관한 정보를 획득하기 위하여〉라고 했으며 Bourée 공사는 〈조선 당국자들과의 교섭을 벌이기 위한 미국 사람들의 최근 시도에 관한 정보를 수집할 목적으로〉라고 표현했다. 이에 관해서는 주 28) 에 제시한 Balloy와 Bourée의 서신 자료 참조.

44) 위의 「푸르니에 보고서」와 Duperré 서신.

45) 위의 「푸르니에 보고서」와 Duperré 서신.

따라서 Bourée 공사와 Fournier 함장은 동래부사의 반응을 통하여 조선 정부의 외교정책 변화를 파악하고 일본 영사의 태도를 통하여 일본 정부의 협조 약속의 진의를 확인하기 위한 구체적인 실현 방법을 강구할 필요가 있었다. 다시 말해서 Fournier 함장에게는 동래부사와 일본 영사를 접촉할 수 있는 핑계가 마련되어야만 했다. 이를 위해서 이들이 구상한 방법은 조선의 외무당국자 예조판서 앞으로 보내는 의례적인 내용의 서계를 북경 주재 프랑스 공사의 이름으로 작성하여 그것을 Fournier 함장이 부산으로 가지고 가서 동래부사에게 직접 전달하되 그러는 데 필요한 최소한의 중간 역할을 일본 영사에게 부탁하자는 것이었다.

　이러한 천진에서의 구상은 6월 16일 오후 6시, 부산진에 도착하면서부터 직접 간접으로 근등 일본 영사를 상대로 해서 펼쳐나간 Fournier의 활동 방향과 맥을 같이 한다. 즉 이 구상의 핵심이라 할 서계 전달 계획이, 수교 교섭의 개시로 시도되었던 Shufeldt 제독의 경우와는 달리, 한·불 교섭의 가능성과 여건을 사전에 탐색하기 위한 예비적인 방법의 하나로 시도된 것이라는 점에서 〈예비적 교섭의 탐색〉으로 이해하기에 족하다. 이 때문에 교섭 상의 도달 목표는 처음부터 설정되어 있지 않았던 것이지만, 아래와 같은 Bourée 공사의 기록에서 보는 것처럼, 그들이 가상하였던 최선의 경우라고 하더라도 정작 중요한 후일의 교섭에 대비해서 동래부사와는 단순한 의례적 관계를 맺는 것으로 만족할 일이었다.

　　Fournier는 훈령을 통하여 상황에 따라 적절히 행동하도록 지시를 받았다. 그리고 그는 동래부사가 과거에 비하여 외국 사람들에 대해서 호의적이거나 아니면 덜 어색한 성향을 드러내는 것으로 간파되는 경우에는, 후일에 있을 보다 중요한 협상에 대비한 통로를 마련해 줄 수 있는 단순한 의례적 관계를 동래부사와 맺어보도록 노력하기로 되어 있었다. 하기야 이러한 가

정도 애시 당초 실현될 여지는 전혀 없었다.[46]

이처럼 한 · 불 교섭의 본격적 착수로서 의도되었다기보다는 그것을 앞으로의 과제로 설정하고 그 실현 가능성을 예비적으로 탐색한 것으로 파악되는 Fournier의 2박 3일에 걸친 부산 활동을 여기서 간추려 보고자 한다. 우리 기록에 흑암 전양으로 되어 있는 일본 조계 앞 정박소에 닻을 내린 즉시 Barbin 사관과 Jametel 서기생을 일본 영사 근등진서에게 보냄으로써 시작된 Fournier의 활동을 이해의 편의상, (1) 교섭의 형식을 취한 공식적 활동과 (2) 관찰의 내용을 담은 비공식적 활동으로 구별하고 다시 그것을 각기 두 가지의 방향으로 나누어서 파악하고자 한다.

결과적으로 근등 일본 영사와 접촉하고 거래하는 행동 양식의 테두리 속에서 진행되었던 공식적 활동에서의 한 가지 관심의 초점은 일본 영사의 태도를 통해서 일본 정부의 협조 약속의 진의를 파악하려는 방향에서 찾아질 수 있다. Fournier 함장은 자신의 명의로 동래부사에게 보내는 중국어 서신[47]을 작성시킨 다음, 도착 당일에는 Jametel을 근등 영사에게 보내 그것을 동래부사에게로 전달해 줄 것을 요청하였고 다음날(17일) 아침에는 자신이 직접 근등 영사를 찾아가서 같은 요청을 반복하게 되었는데, 이 두 사례의 접촉에서 근등 영사가 어떠한 태도를 드러냈는가에 주목하게 되는 것이다.

Fournier 일행이 근등 영사의 태도에서 일차적으로 주의를 기울이게

---

46) Lettre de Pékin à Paris date du 8 août 1880, D. P. No 14, C. P.-CHINE VOL. 58, fols. 288-290.

47) Jametel 서기생은 Bourée 공사에게 제출하는 보고서의 부록으로 이 서신의 불어 사본을 포함시키고 있는데, 「푸르니에 보고서」에도 지적되어 있듯이 Bourée 공사의 외교 공한을 동래부사의 손을 거쳐서 전달하기 위하여 부산에 왔음을 알리는 한편, 그것을 직접 수교하는 데 필요한 방문 시간의 배정을 요청하는 내용을 담고 있다. 《Note écrite du Capitaine Fournier au Gouverneur de Fou-sang》, C. P.-CHINE VOL. 58, fol. 305.

된 것은 Shufeldt가 떠난 지 40여 일만에 나타나서 비슷한 협조를 요청해 온 그들에게 당황하는 기색을 감추지 못했다는 사실이다.[48] 이어서 근등 영사는 동래부사가 Fournier의 서신을 접수하지 않을 것임을 단정하는 〈결과에 대한 부정적 전망〉을 내세워서 그 서신의 전달 역할을 사실상 거부하는 회피적 태도를 드러냄으로써, 앞에서의 당황과 이러한 회피 사이의 내면적 연관을 짐작케 하고 있다. 근등 영사가 Fournier의 협조 요청에 대하여 〈일본 정부의 훈령을 사전에 받은 바 없다〉[49]는 이유로 난색을 보였다는 것은, 언제든지 협조를 받을 수 있도록 부산의 일본 영사관에 지시해 두었다고 장담한 일본 정부 고위 당국자들의 발언이 한·일 분쟁의 와중에는 구미 열강의 지원을 자기편으로 확보해 두기 위한 미끼에 불과했던 것임을 밝혀주는 근거는 될 수 있을지언정 그것이 근등 영사의 〈당황〉에 대한 설명은 될 수 없다는 것이 Fournier의 판단이었던 것 같다. 이 점에서 Fournier 함장은 근등 영사의 〈당황〉과 〈회피〉의 태도가 일본 정부로부터 협조하여 주라는 훈령이 없었기 때문이 아니라 오히려 그 반대로 협조하여 주지 말라는 훈령이 있었기 때문에 취해진 것이라는 판단을 내리게 된 것으로 보인다.

따라서 근등 영사를 집요하게 추궁한 끝에, 그러한 일본 정부의 훈령 즉 〈어떠한 외국의 공한도 동래부사에게 전해 주는 일을 하지 말라는 훈령〉[50]이 있었다는 솔직한 시인을 받아내는 데 성공한 Fournier 함장은 그것을 가리켜 〈저에게는 관심이 컸었던 이러한 증언〉[51]이라고 표현하고 있다. 또한 그것은 Petit Jean 주교로부터 받은 〈사전 교육〉에 힘입은 것

---

48) 「푸르니에 보고서」 참조. 및 Lettre du Contre-Amiral Duperré au Ministre de la Marine date du 24 juin 1880, Lettres re ues BB4 1124, C. M. No. 78.

49) 앞에 든《Rapport de M. Jametel》.

50) 「푸르니에 보고서」 참조.

51) 위와 같음.

이어서 구미 열강에 대하여 교량적 중개적 역할을 공언하여 온 일본 정부의 숨겨진 정책 방향이 자국의 독점적인 이익 확보를 위하여 구미 열강의 조선에 대한 접근과 교섭 시도를 오히려 봉쇄하고 방해하는 데 두어져 있음을 확인하게 되었기 때문에, 그는 Petit Jean 주교의 의견이 전적으로 옳았다는 평가를 내리고 있다.

Fournier 함장의 공식적 활동에서 추적되는 또 다른 하나의 관심사는 Bourée 공사의 명의로 작성된 외교 서계의 접수 여부에 대한 동래부사의 공식적 반응을 통하여 우리나라 정부의 외교정책 변화를 가늠하려는 방향에서 찾게 된다. 이들의 의도는 문제의 서계가 동래부사의 손을 거쳐서 반드시 예조판서에게 전달되는 데 있지 않았고 그 서계의 접수를 수락하거나 거절하면서 드러내게 될 동래부사의 반응을 면밀하게 분석하려는 데 있었음을 유의하게 된다.[52] 그러나 이러한 심층적인 의도를 간파하지 못했던 근등 영사는 최소한의 말막음만으로 대처하려 했음이 분명하다. 그는 6월 17일 아침에 찾아온 Fournier 함장에게 동래부사의 회신이라고 말하면서 편지 한 통을 내놓는다. 그런데 그것이 짤막하게 프랑스 측의 서신 접수를 거절하는 내용을 담고 있는데다가 일본 조계지에 파견 나와 있는 하급 관원이 작성하였고 관인조차 찍혀 있지 않았다는 점으로 미루어 보면,[53] Fournier를 적당히 포기시켜서 돌아가게 하려 했던 것이 근등 영사의 의중이었음을 짐작할 만하다. 이 때문에 Fournier 함장의 불만도 상당히 강하게 표현되었지만 거절의 이유를 명시하는 동래부사의 서면 회답을 받지 않고서는 정박소를 떠나지 않겠다는 Fournier 함장의

---

52) 「푸르니에 보고서」 참조.

53) 「푸르니에 보고서」 참조. 당시 동래부사에게 부산항과 조차지 안에서의 상황을 보고하던 사람은 부산첨사 임응준(釜山僉使 任應準)이었으며 그의 밑에서 일본 영사관 출입을 맡고 있던 사람은 역학 유광표(譯學 劉光杓)였던 점으로 보아서, 이 편지의 작성자는 유광표인 듯싶다. 앞에 든 『왜사일기』 참조.

결연한 태도 표명은 회피적이었던 근등 영사를 몰아세워서 동래부사의 격식 갖춘 답신을 받아내는 성과를 거두게 된다.[54]

형식상 근등 영사가 중개하도록 되어 있는 동래부사의 서신에 대하여, Jametel은 거기에 사용된 직인의 형태가 중국 것과는 상이하고 일본 것과 같다는 점에서 일본 영사관의 조작 가능성도 염두에 두고 있었지만,[55] Fournier 함장은 일단 자신이 요구한 격식과 내용이 어느 만큼 충족되었던 것으로 이해하고 만족하게 여겼던 것 같다. 〈몇 가지 관점에서 흥미를 끌고 있는〉이라던가 〈요구된 형식을 갖추어서 쓰고 또 동래부사의 관인도 찍혀 있는 편지〉라는 Fournier의 표현[56]으로 알 수 있다. 이점은, 조계지 파견 관원이 작성했다는 첫 번째의 서신에서 〈우리 정부는 구라파(歐羅巴)와 우호관계를 수립하고 있지 않은 바, 거기서 오는 서신의 접수는 불가능하다〉[57]고 쓴 것을 가리켜 Fournier 함장이 〈이 편지는 아무런 설명도 없이 나의 서신을 접수하기를 거절하였다〉[58]고 평가한 사실과는 좋은 대조를 이루고 있는 것이다.

우리는 근등 일본 영사를 매개자로 삼은 동래부사의 서면 회신의 전문을 「푸르니에 보고서」에서 접할 수 있다. 수교 관계에 들어가 있지 않은 외국의 관원에게서 오는 서계를 임의로 접수할 수 있는 재량권이 자기에게는 없기 때문에 프랑스 해군 함장의 요청을 수락하지 못한다는 것이 그

---

54) 이 동래부사의 답신은 근등 영사가 가지고 선상으로 예방하러 온 자리에서 Fournier 함장에게 전해 주는데, 그것이 Jametel의 기록(C. P.-CHINE VOL. 58, fol. 303)에는 같은 날(17일) 저녁으로 되어 있고, Fournier의 기록(「푸르니에 보고서」 참조.)에서는 그 다음날(18일)로 되어 있다.

55) 《Rapport de M. Jametel》, C. P.-CHINE VOL. 58, fol. 303.

56) 「푸르니에 보고서」 참조.

57) 이 서신의 불어 번역본은 《Rapport de M. Jametel》의 annexe 2(C. P.-CHINE VOL. 58, fol. 306)로 실려 있다.

58) 「푸르니에 보고서」 참조.

요점이다.[59] 동래부사 심동신의 이러한 회신 내용을 통해서 Fournier 함장이 특별히 간파할 수 있었던 것은 동래부사에 의한 서계 접수의 거부가 프랑스 측에만 한정적으로 적용되는 성질의 것은 아니었다는 사실이다. 그것은 조선 정부가 개항장의 관리들에게 외국 관원의 서신 접수를 금지시킨 일반 훈령의 지시에 따른 것이고, 또 그러한 일반 훈령은 모든 미수교(未修交) 국가들에 대하여 일률적으로 적용되는 것이지 프랑스에만 한정되는 것은 아니라는 파악이다.[60] 따라서 일본사람들이 기회 있을 때마다 〈1366년의 프랑스 원정(병인양요)〉을 상기시키면서 프랑스에 대한 조선 관민의 적대 감정이 유별난 것임을 강조하여 왔음에도 불구하고, 조선 정부의 대외정책을 반사시킨 동래부사의 거부 반응 속에서 〈프랑스에 대한 특별한 적대 감정〉을 찾아볼 수 없다는 것이 프랑스 측의 종합적인 판단이었다.[61]

이처럼 일본 측이 강조해 온 적대 감정의 실재를 회의적으로 보는 시각은 Fournier 함장 일행이 별도로 전개한 비공식적 활동에도 적용되고 있다. 그것은 Shufeldt 제독의 실패 원인으로서 서양 사람들에 대한 조선 관민의 열화 같은 적개심을 부각시켰던 일본 신문의 왜곡 보도를 날카롭게 파헤치는 관찰 내용으로 엮여지기 때문이다. 여기서 Fournier 일행의 그러한 관찰 내용을 두 가지의 줄기로 나누어 파악해 볼 수 있다.

하나는 포대를 포함한 군사 시설과 갑작스러운 Lynx호의 출현에 대비하는 병력의 동태에 관한 관찰이었다. 부산의 관헌들이 Ticonderoga호의 퇴각을 축포로 환호하고 그의 재입항에 대비하여 병력을 집결시킨 것

---

59) 「푸르니에 보고서」참조.

60) 「푸르니에 보고서」참조.

61) 「푸르니에 보고서」참조. 앞에 있는 《Rapport de M. Jametel》 및 Lettre de Contre Amiral Duperré au Mrinistre de la Marine.

처럼 일본 언론이 보도했던 것은 앞에서 지적한 바 있다. 이러한 보도의 근거를 확인하기 위하여 Fournier 일행은 포대를 설치할 만한 요새를 찾아보는 한편 Ticonderoga호에 이어 Lynx호에는 더욱 철저하게 대비했을 병력의 집결 상황을 눈여겨 본 결과, 동래부사를 비롯한 관의 적대적 분위기를 말해 주는 그러한 보도 내용이 사실무근이었음을 다음과 같이 기록하고 있다.

> 일본 신문의 기사에 나와 있는 대로, 조선 사람들이 Ticonderoga호의 퇴각을 환호하는 표시로 축포를 쐈을 곳으로 짐작될 만한 요새를 아무리 찾아보았으나 허사로 그쳤습니다. 분명한 것은 우리가 도착했을 때나 떠나게 되었을 때 혹은 정박소에 머물러 있었던 동안에 단 한 사람도 무장한 것을 보지 못했으며, 동래부사가 우리의 교섭 의도에 우려하고 있다는 것을 나타내 줄 만한 어떠한 군사적 채비도 눈에 띈 일이 없었다는 사실입니다.[62]

다른 하나는 일반 주민들의 성품과 동향에 관한 관찰이었다. 일본 신문의 기사가 그릇 심어준 인상 때문에 시종 긴장하였던 Fournier 일행은 살벌한 태도로 대할지도 모른다고 생각했었던 일반 주민들에 대해서도 면밀한 관찰을 편 결과, 일본 사람들이 퍼뜨린 소문이 전혀 근거 없는 것이었다고 다음과 같이 밝히고 있다.

> 이들이 우리 앞을 지날 때면 예절바르게 옆으로 비켜서면서, 그리고 가장 평화스러운 태도를 지켜 가면서, 호기심을 가지고 그러나 아주 평온한 눈길로 우리들을 쳐다보는 것이었습니다. 우리들은 이와는 전혀 다른 식으로 이

---

62) 「푸르니에 보고서」 참조. 이에 관해서 Jametel은 〈부산의 무너진 성벽 위에서 단 一門의 대포도 발견할 수 없었다〉고 쓰고 있다. 《Rapport de M. Jametel》, fol. 304.

들이 대하리라고 예상하고 있었기 때문에 이러한 조선 사람들의 화평한 태도가 우리를 깜짝 놀라게 했습니다. 그러므로 외국 군함이 나타나면 조선 사람들과 일본 사람들의 상거래가 거북하게 되기나 하는 것처럼 일본 사람들이 퍼뜨린 소문은 전혀 근거 없는 것이었습니다.[63]

Fournier 함장의 이와 같은 관찰에서 지나쳐 버릴 수 없는 것은, 우리나라 주민들의 서양 사람들에 대한 태도를 왜곡 보도한 일본 신문 기사의 진원을 밝혀 주고 있다는 점이다. 그는 그것을 부산에서 상업 활동을 펴고 있었던 일본 상인들로 보았다. 당시 우리나라가 구미의 여러 나라 사람들과 통상 수교를 맺는 경우, 일차적으로 타격을 입게 될 가능성이 크다고 본 것은 이들이었다. 이들이 거래하는 상품의 4분의 3이 다른 외국의 완제품이나 반제품이어서 그들이 필연적으로 겪게 될 국제적 경쟁 관계의 시련에 부딪힐 것은 불문가지의 사실이었기 때문이다. 따라서 Fournier 함장의 관찰로는, 위협을 느낀 이들이 〈불평을 늘어놓는 소리만을 일방적으로 받아들여〉 소문을 퍼뜨리는 역할을 맡아온 것이 일본의 파견원들과 신문이었다는 것이다.[64] 그러나 Fournier의 기록을 보면, 일본의 파견원들은 외국 군함의 개항장 출현을 조선 주민들이 매우 싫어하여 적대행위도 불사하는 것처럼 뜬소문을 퍼뜨리는 것으로 그쳤던 것 같지는 않다. 때에 따라서는 개항장에 나타나는 외국군함들을 좋지 않게 보이도록 함정에 빠뜨려서 조선 관민의 적개심을 실제로 자극하기도 했던 것 같다.[65]

---

63) 「푸르니에 보고서」 참조. 한편 Jametel은 〈내가 뭍에 오를 때마다, 주민들은 구라파 사람들에 대해서 아무런 악감정도 보이지 않고 어디든지 자유롭게 내왕하고 있다는 것을 스스로 판단 할 수 있었다〉고 쓰고 있다. 앞의 《Rapport de M. Jametel》.

64) 「푸르니에 보고서」 참조.

65) 「푸르니에 보고서」 참조.

4. 결론

프랑스의 해군 중령 Fournier가 이끄는 포함 Lynx호는 1880년 6월 16일 오후 6시에 부산에 도착하였다가 18일 아침 8시에 그곳을 떠났으므로, 그들 일행이 머물러 있었던 기간은 일수로 따져서 고작 2박 3일이었고 그것도 시간으로 따지면 38시간에 불과하였다. 이처럼 짧은 동안에 Fournier 함장이 전개한 교섭 활동이라는 것도 외관상으로는 대수로운 것이 못된다. 동래부사는 처음부터 만나지 못했고 근등진서 일본 영사와의 두 차례의 담판을 통하여 얻어낸 것이라고는 조계지 파견 관원의 허술한 편지 한 통과 동래부사의 격식 갖춘 편지 한 통이 모두다. 게다가 그것은 근등 영사를 수취인으로 삼은 간접적인 답신이었을 뿐만 아니라 Bourée 공사의 외교 서계나 Fournier 함장의 사신(私信)에 대한 접수 거절을 전제로 얻어 낸 답신 이었던 것이다.

이렇게 외형적인 결과만을 가지고 따진다면 Fournier 함장의 부산 방문은, Allen의 『연표』의 기록처럼, 〈조선과의 통상 관계를 열어보려는 시도 attempt to open up trade relations with Korea〉로서의 교섭의 측면에서는 〈성과를 얻지 못한 Ineffectual〉것으로 단정해서 무방하다. 그러나 Ⅲ-2의 앞부분에서 살핀 바와 같이, Fournier 함장에게 있어서 교섭 상의 도달 목표는 중요한 의미를 지녔던 것이 아니다. 상상 밖으로 일이 잘 풀리는 경우라고 하더라도 동래부사와는 〈단순한 의례적 관계〉만을 맺는 것으로 그치고 정작 중요한 협상은 후일로 미루도록 되어 있었던 사실이 그것을 말해 준다. 결국 Fournier 함장이 보다 중요하게 추구했던 것은 외형적인 결과가 아니라 내면적인 관찰이었다는 점에서 한 · 불 교섭의 여건과 가능성을 확인하고 탐색한 활동 성과를 다시 간추리게 된다.

첫째로, 교섭 형식의 공식적 활동을 통해서 일본 정부 당국자들의 발언의 진부를 밝혀준 점이다. 즉 프랑스가 한·불 교섭을 착수할 경우에 대비한 협조 조처를 강구해 두었으며 다만 병인양요 때문에 프랑스에 대한 조선 관민의 적개심이 유난히 강한 것이 염려스럽다는 종전의 일본 측 발언에 대해서 Fournier가 파헤친 대목은 다음과 같다. (1) 일본의 협조 약속은 허위이며 오히려 은연중에 방해하고 있다는 것, 그리고 (2) 조선 정부의 방침을 반영한 동래부사의 거부 반응은 프랑스에만 한정되지 않고 전반적으로 적용되는 것이며 프랑스에 대한 특별한 적대 감정은 반영하고 있지 않다는 것 등이다.

둘째로, 비공식적인 관찰 활동을 통해서 Shufeldt 제독의 실패 원인에 관한 일본 언론의 왜곡 보도의 진상을 밝혀주었다는 점이다. 일본 신문들은 조선 관민의 서양 사람들에 대한 적대 감정을 실감 있게 묘사하기 위해서 관헌의 적대 감정의 사례와 일반 국민의 적대 감정의 사례를 제시하였는데, Fournier는 그러한 기사의 근거를 낱낱이 확인한 후에 그것이 근거 없는 사실을 허위 보도한 것임을 밝혀 주었다.

Founder 함장은 이와 같은 내면적인 성찰에 근거해서 Shufeldt 제독의 실패 원인을 당시 우리나라 관민의 미국 사람들(또는 서양 사람들)에 대한 적개심에서 찾지 않고 협조를 위장한 일본 정부의 방해 공작과 일본 상인들의 불안의식을 대변한 일본 언론의 왜곡 보도에서 찾았던 것이다. 여기서 일본 신문의 허위 보도를 일일이 파헤친 그의 날카로운 시각은 지부에서 그에게 부산행을 포기하도록 만들 뻔 했었다는 사실과도 상관되는 것임은 두말할 나위도 없다.

이 때문에 Shufeldt 제독이 실패한 것을 알게 되었으면서도 그가 다녀간 지 40일 만에 다시 부산을 방문한 Fournier 함장은 한·불 교섭의 전망을 낙관적으로 관측하였을 뿐만 아니라, 장차 한·불 교섭을 성공적으로 이끌어가기 위해서 노력을 기울여야 할 곳은 동경이 아니라 북경과 천진이라고 보았다. 한편으로는 일본의 방해 공작을 피하고 다른 한편으로는 청국의 협조와 지원을 받아야 한다는 판단이었다. 일본과 러시아의 위협으로부터 벗어나기 위해서 구미의 여러 나라와 수교할 것을 우리 정부에 권고한 이홍장의 서신은 한반도의 안전이 청국의 안전에 긴요하다는 의사의 표명과 같은 것이었기 때문에, 그러한 이익의 양립성에 바탕을 둔 협력의 획득은 객관적으로 실현 가능하다고 본 것이다.

물론 Fournier함장의 이러한 인식의 밑바탕에는 그가 부산을 향하여 떠나기 직전, 신임 Bourée공사와 함께 천진에 머물면서 이홍장의 융숭한 환대를 받았고 프랑스의 지원으로 그곳에 해군 학교를 세우자는 데 1차적인 합의도 있었으므로, 한·불 교섭을 위 한 북경 정부의 협력을 얻기가 보다 유리하리라는 주관적인 판단도 깔려 있었다고 보아야 할 것이다. 청국이 러시아와의 전쟁 직전의 긴장 관계에 놓여 있었던 시점에서 보다 긴밀할 수도 있었던 청·불관계의 사이가 인도차이나(印度支那) 문제로 그 이듬해부터 벌어지기 시작한 것은 잘 알려진 일이다.

이상에서 보는 바와 같이 Lynx호의 부산 방문을 생생하게 기록으로 남겨서 오늘 우리가 그 전문을 대할 수 있게 된「푸르니에 보고서」는 100년 동안이나 역사의 그늘 속에 숨겨져 있었던 한·불수교의 예비적인 단초를 밝혀 주었다는 데 일차적인 의미가 있는 것이지만 그것이 Shufeldt 제독의 부산 방문과 또 다른 각도에서 연결된다는 사실도 지나칠 수 없는 일이다. Shufeldt 제독은 그의 첫 번째 한·미 교섭에 대한 일본의 알선이 조선의 상업을 독점할 의도에서 성의 없는 것이었다고 회고한 일이 있는데, 이를 반박한 어느 일인(日人) 학자의 주장은 그러한 성의 여부의 논지에서는 빗나간 것이어서 제3의 입증 자료를 필요로 했던 것이다.

그러나 그것을 직접적으로 입증해 줄 만한 자료가 없었기 때문에 간접적으로 증명할 만한 자료로서 이태리 Genoa공에 관한 기록을 들어 왔다. Genoa공은 Fournier보다도 한 달 반 뒤(8월 1일)에 부산을 방문하였으나 일본 영사의 방해로 상륙하지 못하고 일본 영사가 없는 다른 항구를 방문하여 그곳 지방관의 환대를 받았다는 것이 내용의 줄거리다. 이러한 Genoa공에 관한 기록은 어디까지나 방증 자료에 불과하다는 한계가 있다. 이점에서 「푸르니에 보고서」는 Shufeldt의 회고를 보다 직접적으로 그리고 오히려 더 정확하고 상세하게 제3자의 관점에서 입증해 주는 자료의 몫을 겸하여 하게 된 것이다.

「푸르니에 보고서」

조선에서의 임무(Mission en Corée)

1880년 6월 24일

해상의 Lynx호 선상에서

함대사령관 각하

Lynx호가 천진(天津)에 머물러 있는 동안 저희들이 조선에 관하여 입수한 정보, 특히 이홍장(李鴻章)이 서울의 외무당국자에게 보낸 중대 서장(書狀)에 관한 전문(傳聞)은 각하의 명에 따라 현 조선 정부의 프랑스에 대한 동정을 파악하기 위해 떠나기로 되어 있었던 조선 해안 지역에 대한 저의 여행을 청국 주재 프랑스 공사로 하여금 활용해 보려는 생각을 갖도록 고무시켜 주었습니다. 이홍장의 권고는 실제로 어떤 성과를 나타냈으리라 기대할 만한 것이었으므로, 바로 이 점에서 그것을 확인해 보아야 할 중요성이 있었던 것입니다.

저는 각하로부터 받은 훈령의 기본 취지를 벗어나서는 안 되겠다는 생각을 염두에 두면서, 그러나 Bourée 공사에게 주지시킨 것은, 중국어 통역관의 도움이 없이는 동래부사(東萊府使)와 직접 거래를 트자면 일본 영사의 타산적인 중개를 피하기가 불가능하리라는 사실이었습니다. 그래서 마침내 공사의 배려에 힘입게 되었습니다. 그는 자기 공사관에 속해 있는 매우 재능 있는 번역생인 Jametel과 청국인(淸國人) 문관 한 사람을 저에게 배치시켜 주었기 때문에 저는 이 들을 Lynx호에 승선시켰던 것입니다. 게다가 저는 동래부사를 저와 접촉하도록 유도하기 위한 핑계가 필요했습니다. 왜냐하면 그가 뚜렷한 이유도 없이 거절할 수 있는 가능성은 지극히 높았기 때문입니다. 그래서 Bourée 공사는 서울의 외무당국자인 예조판서에게 보내는 서찰을 작성했으며 저는 이 편지를 수취인 앞으로 전해 달라고 동래부사에게 의뢰할 책임을 정식으로 맡게 되었습니다.

결국 저는 동래부사가 이 편지의 접수를 수락하거나, 아니면 거부하면서 취하게 될 태도 여하에 따라서 그의 정부가 그로 하여금 외국 사람들과의 관계에서 어떻게 행동하도록 지시했는가를 알아보기로 되어 있었습니다. Bourée 공사의 편지 자체로 말한다면 그것이 접수되느냐 않느냐의 여부는 별로 중요하지 않았습니다. 이 편지는 막연하고도 조심스러운 의례적인 교섭의 표현만을 의식적으로 담고 있었기 때문입니다.

또한 일본 정부가 그의 영사관원들의 중개를 통하여 우리와 조선 사람들과의 관계를 조장해주도록 어떠한 조처를 강구했는가를 확인해 보는 일도 마찬가지의 관심거리였습니다. 마침내 저는 함대사령관 각하의 훈령에 따라서 조선 사람들의 동향을 파악하고 또한 미국이 최근 Ticonderoga호를 파견함으로써 착수하게 되었던 교섭의 성격과 그 성과를 알아보아야 했습니다. 이러한 것들이 대충 제가 착수하도록 되어 있었던 이번 여행의 주요 목적이었을 것입니다.

6월 8일 아침 8시, 천진을 출발한 저는 쾌청한 날씨의 즐거운 항해를 계속한 끝에 다음 날 새벽 1시 45분, 지부(芝罘)에 닻을 내렸습니다. 저는 그날 밤 안으로 부산을 향해 다시 떠날 수 있기 위해서 급히 서둘러 저녁 동안에 석탄(연료)을 실었습니다. 그러나 그날 그곳에 도착한 상해(上海) 영자 신문들의 한 기사를 읽고는 행선지를 바꾸게 되었습니다. 6월 5일자의 이 신문 기사는, 조선에 Ticonderoga호를 이끌고 갔던 미국과 그리고 ○○○호(함정 이름이 누락됨)를 이끌고 갔던 러시아가 벌이기 시작한 교섭에 대하여 조선의 주민과 그 관원들이 드러냈다는 호전적인 저대 감정에 관해 길고 상세하게 보도했습니다. 이러한 보도의 내용은 미국인들이 다시 부산에 나타나는 경우 조선 사람들이 그들에게 저항하려는 마음을 품게 되지 않도록 각별히 유의하라고 당부하신 5월 27일자 각하의 서신 내용과 매우 부합했으므로, 우선 나가사키(長崎)에 배를 멈추고 전보로 각하께 보고 드린 뒤 필요에 따라서는 각하가 일본에 도착하여 알게 되었음직한 새로운 상황에 따라서 각하의 훈령에 변경이 있게 되는지를 문의하는 것이 신중하리라 믿었습니다.

따라서 저는 9일 자정에 나가사키로 향발하여 12일 오후 5시 15분, 그곳에 도착하였습니다. 저는 곧바로 일본인 항로 안내자를 채용하고 연료를 보충시켰습니다. 그리고 저의 전보에 대한 각하의 회신을 받은 즉시 각하의 의도를 확인하고서 부산을 향해 떠났습니다. 이때, 조선 해안 지역에서 수행할 저의 임무가 끝나는 대로 나가사키로 되돌아가지 않고 시모노세키(下關) 해협으로 직접 가서 각하께 보고 드리기로 마음을 작정했습니다.

나가사키의 정박소에 머물러 있었던 짧은 기간 동안 저는 몇 가지 흥미 있는 정보를 입수하게 되었습니다. 장시간 동안의 대담을 나눈 Petit Jean 주교는, 앞으로 조선에서는 선교사들이 더 이상은 불안에 떨지 않게 되었고 또 체포되었던 천주교도들도 풀려 나왔다는 사실을 그가 조선에서 자주 입수하였던 정보에 근거해서 말해 주었습니다. 이것은 주목해 볼 만한 화해의 첫 징후로, 북경 조정의 권고의 성과임에 틀림이 없습니다. 뒤이은 주교의 말로는 미국의 첫 징후로, Ticonderoga호는 일본의 우호적인 협조에도 불구하고, 아니 그보다는 오히려 은연중 미국 측에 불리하도록 작용했으리라고 의심할 만한 여지가 있는 이번의 간여 때문에, 부산에서의 임무 수행이 암초에 부딪히게 되었다는 것입니다.

그러나 Ticonderoga호는 이러한 경우를 예상했었던 것이어서, 지금은 이 문제와 관련해서 미국 공사가 북경에서 추진 중에 있는 협상의 결과가 그로 하여금 보다 나은 조건 밑에서 부산에 되돌아갈 수 있도록 작용하게 되기를 고대하면서 조용히 나가사키에 머물러 있다고 말해 주었습니다. 그러므로 Petit Jean 주교의 견해에 의하면, 사령관 각하도 주지하고 계시다시피 일본 정부는 조선 관헌들과 직접 접촉을 벌이려는 외국인들의 모든 시도가 실패로 돌아가게 만들려고 온갖 노력을 다 기울여 왔다는 것입니다. 이러한 그의 의견은 부산에 있는 일본 상인들이 필연적으로 겪게 될 국제적인 경쟁 때문에 망해 버릴 지도 모른다는 위협을 느끼고는 불평을 늘어놓는 소리만을 일방적으로 받아들여 너무 곧이곧대로 퍼트리고 있는 일본 신문 기사들을 가지고도 입증이 되었던 만큼 그것이 저에게는 한층 더 가치 있는 것으로 여겨졌습니다. 게다가 저는 그의 의견이 전적으로 옳았다는 것을 뒤에 확인할 수 있었던 것입니다.

이어서 저는, 때마침 나가사키의 정박소에 도착하여 Stakelberg 제독과 합류하였던 러시아의 Aslombegoff 제독과도 흥미 있는 대화를 나누었습니다.

그는 가까운 시일 안에 막강한 해군의 예비 함대가 연속적으로 도착하여 청·일해역에 있는 러시아의 현재 병력을 증강시켜 줄 것임을 알려 주었습니다. 이러한 러시아의 해군 함대는 두 사람의 부사령관을 휘하에 두고 한 사람의 사령관이 총지휘하게 되며 또 다음과 같은 함정들로 구성된다는 것입니다. 즉

- 장갑함(裝甲艦 vaisseaux curassés) 4척
- Asie호와 같은 형태의 순양함(croiseurs) 3척, 그러나 쾌속정이 더 좋음
- Djiguit호와 같은 형태의 소군함(corvette) 3척

- 포함(砲艦 canonnieres), 또는 통보함(通報艦 aviso) 6척
- 끝으로 현재 동해(東海)에서 무역에 종사하고 있는 해군 지원의 증기선 4척 등입니다.

그런데 이 증기선들은 함포 4문을 갖추어야 한다고 그는 제게 말했습니다. 그 중 2척은 각하가 Lynx호를 타고 양자강(揚子江)을 여행하는 동안 한구(漢口)로 거슬러 올라가다가 만났었던 증기선들 속에 끼어 있었던 것입니다. Aslombegoff 제독의 생각은 완전히 전쟁에 집착해 있는 것으로 보였습니다. 그는 청국 정부가 영국에 발주한 것이 무엇인가를 이야기한 후, 웃으면서 제게 이렇게 질문하였습니다. "이봐요, 당신이 우리 입장이라면 어떻게 하시겠습니까? 당신은 영국의 장갑함과 순양함 그리고 포함이 청국에 도착하여 적대 행위를 개시하기 위한 채비를 마치도록 기다리시렵니까?"

저는 6월 9일자의 보고에서 청국과 러시아 사이의 단절의 시기가 가까워 오고 있다는 의견을 각하께 피력한 바 있습니다만 지금도 너무 말을 앞세웠다고 믿고 있지는 않습니다. 그밖에 Aslombeghoff 제독은 그 다음 주에 요코하마(橫濱)로 떠나야 한다는 말을 했습니다.

Richimond호와 Ticonderoga호의 함장들에 대해서 말씀드린다면, 이들은 조선에서의 미국 임무의 계획과 그 성과에 관하여 가장 극단적인 유보 사항을 견지하고 있다는 것입니다. 저로서는 이 문제에 관해서 아무런 결론도 끌어내기가 불가능할 것 같습니다.

저는 6월 15일 새벽 5시에 나가사키를 떠났는데 이때의 날씨는 안개와 습기 때문에 매우 나쁜 상태였습니다. 기압계는 자정 때부터 한결같이 그리고 급속도로 하강했으며 바람은 동남풍으로, 또 바다는 점차 사나와지

기만 했습니다. 저녁 5시경, 대마도(對馬島)의 정상 지점을 옆에 두고 항해할 무렵에는 육지가 거의 숨겨질 정도로 안개가 짙어졌으므로, 저는 서둘러서 이 섬의 피신처에 정박 장소를 찾았습니다. 기압계는 하루 동안에 10mm가 내려갔습니다. 저는 항로 안내인의 지시에 따라 꽤 잘 막혀진 작은 내포(內浦)에 정박하였는데, 때마침 바람은 서쪽과 남쪽으로 방향을 돌렸으므로 그곳에서 훌륭한 피신처를 찾아냈습니다.

밤새도록 바람이 분데다 비가 내렸기 때문에 이튿날인 16일 오진 11시에 가서야 겨우 출발 준비를 할 수 있었습니다. 이때까지만 해도 여전했던 강한 질풍은 조금씩 점차로 조용해져 가더니 마침내는 멎어버리고 남서의 즐거운 미풍으로 바뀌었습니다. 이날 저녁 6시, 일본 조계(租界) 앞, 그러니까 정박소에 머물러 있는 유일한 전함인 일본 초계정 천성호(天城號) 옆에 닻을 내렸습니다. 저는 이 부산진(釜山津) 정박소에 머물러 있는 동안 Boyer Blondel, Earbin 등을 시켜서 약도를 작성하고 수심을 측정하도록 했습니다. 그 결과는 이 보고서에 별첨한 지도에 기록해 두었습니다. 그것은 매우 흥미 있는 결과를 드러냈기 때문에 각하에게 알려드릴 만한 것으로 여겨집니다.

Lynx호가 도착한 직후 저는 천성호 함장의 인사를 전하는 한 사관(土官)의 예방을 받았습니다. 한편 저 자신은 Jametel을 딸려서 Barbin 사관을 육지의 일본 영사에게 보냈습니다. 이들은 일본 영사와 면담하는 동안 천성호 함상에서 영어 통역을 맡고 있는 한 젊은 일본인 사관생도의 도움을 받았습니다.

근등(近藤) 일본 영사로 말하자면, 영어를 말하기는 힘들지만 꽤 잘 알아듣기는 하는 편이었으며 Jametel과 Earbin은 영어로 대화를 나누는 일이 상당히 익숙합니다. Barbin 사관은 Alquier 제독이 제게 전전(前田) 총영사 앞으로 써 준 편지를 배달하기로 하였습니다. 그리고 Jametel

은 그가 중국어로 기초해서 저의 명의로 동래부사에게 보내두록 작성한 사신(私信)을 일본 영사에게 건네주어야 했습니다. 저의 이름으로 쓰인 이 사신은, 제가 부산항에 오게 된 평화적인 의도를 동래부사에게 알려 주는 한편, 서울의 예조판서(禮曹判書) 앞으로 쓴 주청(駐淸) 프랑스 공사의 공한(公翰)이 제대로 수취인에게 전해질 수 있도록 그것을 동래부사에게 수교하라는 지시를 받았던 훈령 내용도 함께 알려 주기 위한 것이었습니다.

그렇지만 Barbin과 Jametel은 이 편지의 내용을 전혀 모르고 있는 것처럼 행동해야만 했습니다.

근등 영사의 첫 대답은, 지금 전전 영사가 조선 북부 지방에 있는 원산(元山)만에 가 있으며 그 곳에서 일본 조계지의 일차적인 작업을 마무리 짓고 있다는 것입니다. 그러나 이 전전 총영사는 Alquier 함장이 그의 편지를 써 보낸 당사자가 아니고 그 형제지간의 사람이었다는 것을 뒤에야 알았습니다.

이어서 동래부사 앞으로 보내는 제 편지에 관한 질문을 받자 이 가련한 근등은 변명을 찾느라 안간힘을 쓰다가, 조선 관헌들은 이런 류의 요청을 항상 거절해 왔다거나, 자기 자신도 그들에게 외국인들과의 관계를 직접 갖도록 권고할 때마다 번번이 공식적인 거부로 일관했다거나 하면서 난처한 처지임을 장황하게 늘어놓았습니다. 그는 자진해서 Ticonderoga 호의 실패한 예를 들면서 그것을 길게 부연해서 설명했습니다. 그는 동래부사와 직접적인 교섭에 들어갈 수 있는 방법을 Shufeldt 제독에게 적극 지원해 주라는 일본 정부의 명령을 받게 될 것이라고 말했습니다. 이 미국 사절 대표는 그에게 조선과의 수호통상 관계를 착수하고자 하는 바를 설명하면서 조선 정부를 대신하는 동래부사에게 미국 정부의 공한을 전해 달라고 부탁했다는 것입니다. 그래서 근등이 그것을 그의 앞으로 내밀

때마다 그는 황급하게 손을 안으로 끌어당겼다는 것입니다. 마침내 일본 영사는, 알아보겠다, 숙고해 보겠다, 그러나 그 서신이 공식적인 성격을 띠고 있는지의 여부를 알아보지 못하도록 방해를 받는다, 동래부사에게 그 서신을 꼭 전해 주겠다고 약속은 못 하겠다 등등의 말로써 회담을 마쳤다는 것입니다.

다음날(17일) 아침, 제 편에서 천성호 함장을 방문한 다음, 저는 통역을 맡고 있는 Jametel을 데리고 일본 영사의 집으로 직접 찾아갔습니다. 그는 즉시 동래부사의 회신이라고 말하면서 편지 한 통을 저에게 내놓았답니다. 그러나 이 서신은 단순히 동래부사가 일본조계지에 파견하고 있는 한 관원의 것이었습니다. 이 편지는 아무런 설명도 없이 저의 서신을 접수하기를 거절했으며 또한 근등 영사가 전날 그 관원에게 전했음직한 투를 재현했습니다. 한심한 일본 영사는 외국인들에 대한 조선 사람들의 고집스런 악감정이 어쩌고저쩌고 하면서 한참이나 불평을 늘어놓더니 전날의 이미 그가 Jametel와 Barbin에게 말했던 모든 내용을 다시 저에게 반복하는 것이었습니다. 그래서 저는 저의 편지가 공적인 것인지 사적인 것인지를 알아보기도 전에 그것을 전달하기를 주저하는 태도를 명백히 드러낸 사실에 대하여 유감의 뜻을 표명했습니다. 그리고는 마침내 어떠한 외국의 공한도 동래부사에게 전해 주는 일을 하지 말라는 훈령을 그의 정부로부터 받은 것이 아니냐고 다그쳐 묻고야 말았습니다. 그가 처음에는 답변하기를 주저했지만 거북스러운 침묵이 흐른 뒤 드디어 그러한 공식 훈령을 받았노라고 솔직하게 시인했습니다. 저에게는 관심이 컸었던 이러한 증언이 있은 다음, 저는 그에게 걱정을 끼치게 되어 미안하다고 말했습니다. 그리고 동래부사가 저의 파견 목적을 설명한 편지를 겉봉도 뜯지 않은 채 되돌려 보낸 이상, 그 내용이 아직도 그에게 알려져 있지 않은 것임을 주지시키면서 다시금 저의 파견 목적을 일본 공사에게 설명하고 그 자신이 동래부사에게 그것을 잘 알려 준 것을 요청했습니다. 만일 그가 이처럼 중요하고도 시의에 맞는 서신을 동래부사에게 전해 주기를 거절한다면 그는 저 자신의 책임을 면하기 위해서는 어떠한 경우에도 거절의 이유를 명백하게 밝혀 주는 서면 회답을 동래부사로부터 받아내고 싶다고 덧붙였습니다. 이것은 외국인들과의 교섭문제에 관해서 동래부사가 그의 정부로부터 받은 지시의 정확한 내용과 또 그러한 지시를 밑받침해 준 사고방식을 알아내기에 가장 적절한 방법임이 분명했습니다. 근등 영사는 결국 이러한 주선을 맡아주기로 동의하고야 말았습니다.

그러나 그는 동래부사가 끝내 아무런 회답도 해 주지 않을 것이라는 눈치를 숨기려 들지 않았습니다. 그래서 저는 그에게 요청한 단신을 받지 않고서는 정박소를 떠나지 않겠다고 덧붙여 예고해 둘 필요가 있다는 생각이 들었습니다. 이러한 위협은 효과를 나타내서 그 다음날(18일), 근등 영사는 저를 공식적으로 방문하러 오면서 다음과 같은 서신, 즉 이번에는 요구된 형식을 갖추어서 쓰고 또 동래부사의 관인도 찍혀 있는 편지 한 통을 제게 가져 왔습니다. 몇 가지 관점에서 흥미를 끌고 있는 그 번역본을 여기에 싣겠습니다.

동래부사로부터 근등 일본 영사에게,

영사귀하,

본인은 귀하로부터 프랑스의 한 해군 함장이 주청 프랑스 공사의 서신을 본인에게 전달하기를 원한다는 사실을 알려주는 편지를 방금 접수했습니다. 그러나 이 나라(프랑스)가 아직 조선과는 수교 관계에 들어가 있지 않기 때문에, 본인으로서는 그의 소망을 들어주는 것이 불가능합니다,

본인은 외국 관헌에게서 오는 서찰을 접수해도 좋다는 상부의 지시를 받지 않고서는 그와 같은 요청에 따르는 것이 불가능하다는 사실을 이번 기회를 통해서 귀하에게 납득시켜 드려야만 할 것으로 믿습니다.

따라서 본인은 귀하가 이 회신을 프랑스 해군 함장에게 전해 주실 것을 빌어 마지않는 바입니다.

부산포감리(釜山浦監理)

심동신(沈東臣)

　이 편지는 프랑스의 견지에서 볼 때, 서울 정부가 개항장(開港場)의 연락관들에게 내린 지시사항들이 모든 외국에 대하여 일률적으로 적용되는 것인가 아니면 마치 일본 사람들이 1866년에 있었던 우리의 서울 원정에 대한 기억을 그들 나름의 잇속에서 한껏 되살아나도록 말끝마다 들먹이는 바와 흡사하게 실제로 프랑스에 대해서는 특별히 적대적 성격을 띠는 것이 아닐까 하는 점을 알아보려는 목적을 달성시켜 주는 것이어서 저에게는 가장 흥미 있는 정 보를 대체로 포함하고 있었습니다.

　각하, 한 마디로 말씀드린다면 부산의 항만은 넓고 안전하며 방어하기 쉽게 되어 있습니다. 신(神)이 유사한 공사에 기초석으로 쓰기 위해 그곳에 놓아 둔 것처럼 드문드문 바위가 널려 있는 두 사구(沙丘)의 양안(兩岸)을, 축조하기 쉽고 경비가 싼 하나의 방파제로 연결시켜 놓기만 한다면 이 항만은 어느 쪽에서도 완벽하게 풍랑을 막을 수 있습니다.

　현재 이 항만은 아직도 방어시설이 전혀 축조되어 있지 않은 상태입니다. 멀리 있는 정박지에서 눈에 보이는 단 하나의 군사 시설은 부사관아(府使官衙)의 울타리 역할을 하고 또 이 도시의 마스크 역할을 하는 한 줄로 둘러쳐 있는 옛 성벽뿐입니다.

저희들은 일본 신문의 기사에 나와 있는 대로, 조선 사람들이 Ticonderoga호의 퇴각을 환호하는 축포를 쐈으리라고 짐작될 만한 요새를 아무리 찾아보았지만 허사였습니다. 분명한 것은 저희가 도착했을 때나 저희가 떠나게 되었을 때나 혹은 저희들의 의도에 대해 우려하고 있음을 나타내 줄 만한 어떠한 군사적 채비도 눈에 띈 일이 없었다는 사실입니다.

일본의 조계지는 해로를 열어주는 두 내포(內浦)의 분기점에 위치하고 부산 항만의 가장 좋은 자리를 차지하고 있습니다. 조선의 상인들과 방문객들은 매일같이 일을 보기 위해 그곳으로 갑니다. 저희들이 뭍에 오를 때마다 일본인 촌(日本人村)은 여러 형태의 조선 사람들로 해서 붐비는 것을 발견했습니다. 이들이 저희 앞을 지날 때면 예절 바르게 옆으로 비켜서면서, 그리고 가장 평화스러운 태도를 지켜가면서, 호기심을 가지고 그러나 아주 평온한 눈길로 저희들을 쳐다보는 것이었습니다. 저희들은 이와는 전혀 다른 식으로 이들이 대하리라고 예상하고 있었기 때문에 이러한 조선 사람들의 화평한 태도가 저희들을 깜짝 놀라게 만들었습니다. 그러므로 외국 군함들이 나타남으로 해서 조선 사람들과 일본 사람들 사이의 일상적인 상거래가 거북하게 되거나 하는 것처럼 일본 사람들이 퍼트린 소문은 전혀 근거 없는 것이었다는 것을 사령관 각하도 확인하실 수 있을 것으로 믿습니다.

조선 사람들은 외국인들의 방문이 그들의 부락에까지 연장되는 것을 바라지 않는 것은 분명합니다. 그러나 외국인들이 일본 조계지 안에 있다고 해서 조선 사람들이 그곳에 오거나 그곳에서 그들 마음대로 거래하는 일에는 별로 거북하게 생각하지 않습니다.

결론적으로 말씀 드린다면, 이번 여행에서 느낀 몇 가지 인상을 다음과 같이 요약해 볼 수 있습니다.

1. 외국 사람들의 우호적인 모든 교섭 제의에 반대하고 나서는 조선의 관헌들과 그 주민들의 굽힐 줄 모르는 저항은 그것이 국민성에 내재한 본능적인 적대 감정의 소산이 아니고 기존 정치체제의 정책 결정의 결과로 연유하는 것입니다. 이러한 체제에 변화가 일어나서 조정이 각 항구의 관원들에게 시달했던 지시 사항들을 수정하게 되면, 그날로 조선 사람들과 외국 사람들 사이의 우호 관계는 아무런 어려움 없이 즉각적으로 확립될 것입니다.

2. 이러한 전환이 일어나도록 하기 위하여 희생적으로 돕겠다는 일본 정부의 호의를 결코 믿어서는 안 되겠습니다. 일본 정부는, 일본 상인들이 조선 사람들에게 갖다 파는 상품의 4분의 3이 외국의 완제품이거나 반제품이어서 그들이 외국과 경쟁하게 되면 여지없이 쓰러지리라는 사실을 너무나 잘 알고 있기 때문에 조선이 외국인들에게 개항을 하지 못하도록 은연중에 방해하는 노력을 기울이고 있습니다.

3. 누구든 서울 정부로부터 조선의 항구를 열게 하는 데 성공하려면 그것은 오직 청국 정부의 도움에 의해서만 가능할 것입니다. 결국 이러한 성과를 거두기 위해 우리 외교의 모든 노력을 집중시켜야 할 곳은 북경입니다. 조선의 개항 작업이 청국의 안전과 불가분의 관계를 지니고 있음을 인정한 것이 청국 정치인들의 분명한 의사표시였던 만큼, 이 일에 관한 한 과거의 어떠한 기회도 더 이상 순조롭지는 못했던 것입니다.

4. 그러나 모든 해양 국가들이 군함을 이끌고 조선의 주요 항구로 가

서 시위한다는 것은 서울 조정 사람들의 심리 작용에 효과적인 압력을 가하게 될 것으로 보며 또한 그것은 북경에서의 외교 전개를 한층 더 용이하게 하면서 우리의 희망을 실현시키는 데 박차를 가해 줄 것이 틀림없다고 생각합니다.

저는 현재 일본인들이 조계지를 조성하고 있는 원산만에 가보고 싶다는 커다란 욕망에 사로잡혀 있었습니다. 그러나 이 항구는 부산에서 백마일이나 떨어져 있는데다가 전전 총영사의 친절한 중개를 통해 얻을 수 있을 것으로 기대하였던 수심 측정 서류는 결국 손에 들어오지 못했으므로, 요코하마로 돌아갈 시기가 10여일이나 지체되면 저의 군함에도 위험이 따를 수 있는 원산 행은 포기하고 각하의 훈령서신에 충실하기로 했습니다.

따라서 18일에는 시모노세키로 향발하여 저녁 6시에 그 해협을 지났으며 20일에는 코베(神戶)에 닻을 내리고 그곳에서 21일 저녁 6시에 각하의 전보를 받았습니다. 그리고 다음날 아침에 그곳에서 요코하마로 떠날 출범 채비를 하게 된 것입니다.

코베에서 요코하마까지 Lynx호의 항해는 가능했습니다. 저희들은 강한 북풍과 동동북 방향에서의 심한 파도와 싸워야 했습니다. 그리고 요코하마에서의 상륙지는 북부 해안으로 접근함으로써만 찾을 수 있었습니다.

Lynx호가 떠나 있던 모든 기간 동안 저는 사령부와 거기 속해 있는 여러분들이 베풀어 주신 열성과 호의에 만족할 따름입니다.

저는 이 보고서에 한 사건에 관한 의견을 첨부합니다. 그 사건에 관한 진상을 아직도 해명하지는 못했으나 조선 관헌들의 눈에 저희들이 좋지 않게 보이도록 만들기 위해서 일본 관헌들이 부추겼던 것은 의심의 여지가 없습니다. 여하튼 상황의 변동에 따라 경계를 게을리 하지 않았던 저희들의 신중성은 비록 거기에 어떤 함정이 있었다 하더라도 그 함정으로부터 저희들을 지켜 주었던 것입니다.

각하(閣下)에게 심심한 경의(敬意)를 표(表)하며 경구(敬具)

Fournier(서명)

해군중령

Lynx호 함장

(별첨 의견서 및 Blanc 신부 서신은 생략)

임시정부 파리위원부 통신국이 발행한 월간지 La Corée Libre(1920–21)에 대하여

1. 서론

이미 한·불간의 수교가 이루어지기 이전에도 프랑스 선교사들에 의해서, 따라서 프랑스어로, 우리나라에 관한 다수의 주목할 만한 저술들이 세상에 나오게 되었던 것은 익히 알려진 일이거니와, 우리가 막연하게나마 공동적으로 설정했었던 기간, 즉 1880년대 후반에서부터 1940년대 전반에 이르는 기간에도 프랑스에서는 우리나라에 관한 저술들이 꾸준하게 발간되었음을 주목하게 된다. 그런데 한층 더 놀라운 일은 그 중에 언어, 문학, 서지(書誌)와 같은 분야의 것들이 물론 많이 들어 있지만 이에 못지 않게 정치, 경제, 법률, 사회, 문화, 역사, 지리와 같은 사회과학 영역의 것들도 상당수에 이르고 있다는 의외의 사실이라고 하겠다.

물론 이러한 파악은 연세대학교 한불문화연구소의 요청으로 자료 수집을 위한 기초 조사에 착수하고 나서도 한참이나 지난 후에야 가능했다. 처음에는 한두 가지 미리 알고 있는 문헌의 소재를 수소문하여 확인하고 그 복사물을 손에 넣는 일에 지나치게 많은 시간을 허비했다. 그래서 좀 더 효과적으로 일을 추진하기 위해서는 가급적 총괄적으로 목록을 작성하고 중요시되는 것을 가려내어 프랑스에 있는 사람들에게 수집 작업을 의뢰할 필요가 있다는 생각에 이르게 되었다. 그러나 목록 작성이라는 첫 관문도 제대로 넘어서지 못하여 고민하던 중에 언뜻 뇌리를 스치고 지나가는 것이 있었다. 그것이 마침내는 여기에 등장시키게 된 월간잡지 *La Corée Libre*이지만, 실은 거기에 한국 관계 문헌 목록들이 실려 있는 것을 보았던 기억 때문이었다. 그리하여 10여 년 동안 서재 한 구석에서 잠자고 있던 자료 뭉텅이를 끄집어내어 먼지를 털고 다시 뒤적이게 되었거니와 이 잡지의 발행 기간을 감안하여 1920년까지 출판된 것으로 한정시킨다고 하더라도, 지금까지는 별로 알려져 있지 않았던 사회과학 영역의 문헌들이 상당수에 이른다는 것을 새삼스럽게 깨닫게 된 것이다.

이처럼 당초에는 거기 실려 있는 한국 관계의 문헌 정보를 추려 내기 위해서 이 잡지를 뒤적이게 되었던 것이지만, 이것저것 검토를 거듭하는 동안에 다음과 같은 판단에 이르게 되었다. 먼저 이 잡지에 이름이 오른 한국 관계의 프랑스어 문헌들이 프랑스의 어느 곳에 현재까지 보존되어 있다 하더라도 대부분이 여기저기에 산재해 있을 것이 틀림없으므로 그것들을 자기 일에 얽매여 있는 현지 사람들의 손을 빌어 짧은 시일 안에 수집한다는 것은 용이하지 않을 것이라는 판단이었다. 이 때문에 편의 위주로 이미 입수한 두서너 가지의 문헌만을 분석 대상으로 삼는 경우에는 내용상의 통일을 기하기가 어렵다는 문제에 당면하지 않을 수 없게 된다. 차라리 그럴 바에는 *La Corée Libre*를 한국 관계 문헌 정보의 출처로서만 이용하고 다시 미뤄 둘 것이 아니라, 사회과학 분야에서는 언젠가는 한번쯤 짚어 둘 필요가 있는 문헌임을 감안하여, 차제에 그러한 문헌 목록의 제시와 함께 거기에 담겨져 있는 기사 내용을 포함하여 잡지 자체에 대한 실체 파악을 본격적으로 해 볼 필요가 있겠다는 판단을 내리게 된 것이다.

주지하는 바와 같이, 프랑스의 파리가 제1차 세계대전의 전후 처리를 위한 강화 외교의 중심지로 각광을 받게 되었을 때, 우사 김규식(尤史 金奎植, 1881-1950)은 이에 대비한 활동의 중요성을 절감하고 그곳에 서둘러 당도하였으며 현지 중국인들의 격려와 지원을 받아가면서 '한국대표부'(韓國代表部, Le Bureau d'Information Coréen)[1]를 설치하는 한편, 홍보 활동을 전담하는 상설 기구로서 '한국통신국'(韓國通信局, Le Bureau d'Information Coréen)을 개설한 바 있다. 그리고 김규식이 미국으로 떠나간 후에도 상해 임시정부와의 긴밀한 연계를 지속하면서 우리말로 임시정부 주파리위원부 통신국(臨時政府 駐巴黎委員部 通信局)이라고 호칭하게 되었는데, *La Corée Libre*[2]는 바로 이 한국통신국에 의하여 1920년 5월부터 이듬해 5월까지 프랑스어로 발간된 월간지를 말하는 것이다.

이 잡지는 "정치, 경제, 문학의 월간지 (REVUE MENSUELLE, ECONOMIQUE ET LITTERAIRE)"임을 스스로 표방하였다. 그러나 실제로 경제 관계나 문학 관계의 기사는 찾아보기 어려울 정도로 정치 기사에 치우칠 수밖에 없었던 이유는 창간호의 머리글에서 이 잡지의 목적이 "우리 조국의 독립을 회복하기 위한 투쟁"(notre but est le combat pour recouvrer l'NDEPENDANCE de notre patrie)이라고 밝혀 준 '선언문'(Déclaration)[3]의

---

1) 1920년 말에 '임시정부 주파리위원부 통신국(臨時政府 駐巴黎委員部 通信局)'의 이름으로 작성된 歐洲의 우리 事業이라는 보고서에 의하면, 1919년 3월 말 개설 당시의 우리말 호칭은 '평화회의 한국민대표관(平和會議 韓國民代表館)'이었다. 國史編纂委員會, 『韓國獨立運動史: 資料2-臨政篇 Ⅱ』(서울: 探求堂, 1971), p. 355-73에 수록된 위 표제의 자료 참조. 그 후 우리말 호칭은 몇 차례의 변경이 있었으나 프랑스어로는 여전히 계속해서 Délégation Coréenne라고 했는데, 위의 자료에서는 조선이란 표현 대신 한국이란 표현이 시종여일하게 사용되었으므로, 이를 한국대표부로 번역한 것이다.

2) 위의 자료 "歐洲의 우리 事業"에 의하면 우리말 표현은 '自由韓國'으로 되어 있다.

3) 참고로 이 선언문의 내용을 옮겨 놓으면 다음과 같다.
"이 잡지의 표제가 지적하여 주듯이 우리의 목적은 우리 조국의 독립을 회복하기 위한 투쟁에 있다./〈자유한국!〉/ 우리는 마땅히 향유해야 할 국민의 기본권과 일체의 조약 체결권을 명백하

문맥으로 이미 드러나 있다. 이 잡지의 편집인들은 당초부터 한국에 대한 일본 제국주의의 주권 침탈과 만행, 그로 인한 한국의 참상, 그리고 유구한 문화민족으로서의 한국인의 긍지와 이상 및 독립 열망 등을 온 세상에 널리 알림으로써 천팔백만 한국 민족의 자유를 선언하는 문건으로 삼고자 했던 것이고 그런 이상은 정치 기사의 편중이 불가피했다고 볼 수 있기 때문이다.

따라서 이 잡지는 전후 열강의 역학구조가 새롭게 재편되는 과정에서 외교의 중심지가 되었던 파리를 무대로 하여 조국의 독립을 쟁취하기 위한 투쟁의 방략으로 외교 활동에 진력해 온 사람들이 전후의 현대 외교는 국민 외교이며 국민 외교에 있어서 상대 국민에 대한 선전 매체의 확보는 필수적이라는 인식 하에서 심혈을 기울여 발행한 것이라 하겠다. 그런 만큼 이들이 국민 외교를 밑받침하기 위하여 유럽의 여러 나라 국민들에게 역점을 두어 알리고자 노력한 내용이 어떠한 것들이었는가를 알아볼 필요가 있는 것이다. 이것은 3 1 운동 직후 유럽에서 외교방략에 주력하였던 이들의 역점적인 선전 내용을 이해하는 데 도움이 될 뿐만 아니라, 세계사의 격동 속에서 그들의 가슴에 뼈저리게 육박해 왔던 역사적 사실들

게 침해당하면서 군사적 침탈 아래 수천 년 동안 누려온 우리의 독립을 무자비하게 유린당하였다. / 1910년 우리나라를 병합한, 그리하여 천팔백 만의 단일 문화민족을 정복한 일본은 냉혹한 제국주의의 발로로 아무런 양심의 가책도 없이 대륙 침략의 야욕을 채우기에만 급급하였다. / 1910년 이래로 일본은 수단과 방법을 가리지 않고 4천년의 역사에 빛나는 문화를 간직한 한국의 민족과 국가를 철저하게 붕괴시키는 데 혈안이 되었다. / 1910년 이래로, 25만 평방킬로미터의 한국이란 이름의 영토는 일본 사람들의 손아귀에 넘어가고 말았으니, 오직 그들의 야욕 때문에 세계의 지도에서 사라지게 된 것이다. / 그러나 한국은 결코 죽은 것이 아니다. 한국을 음해하려는 일본의 모든 흉계에도 불구하고 한국은 결단코 멸망하지 않는다. / 이제 한국 사람들은 머리를 추켜세우고 떨쳐 일어나고 있다. / '고요한 아침'의 나라는 새 시대, 부활의 지평을 열고 있다. / 우리의 잡지는 온 세상에, 특히 프랑스의 저처럼 많은 친구들에게 한국의 실상을 알려줄 것이다. / 우리는 계속해서 우리의 친구들에게 지금 우리가 받고 있는 박해를 알려줄 것이다. / 우리는 독자들에게 우리의 영광스러웠던 과거와 우리의 위대한 미래상에 관해서 홍보할 것이다. / 우리는 그들에게 우리의 이상과 독립 열망에 관해서 이야기해 줄 것이다. / 그렇게 하는 것이 우리가 지켜나갈 천팔백만 문화민족의 자유를 세계만방에 선언하는 길이다. / 1920년 5월 파리에서/ 편집부/."

에 대한 자료의 소재를 밝혀주는 데도 일조가 될 것으로 믿어진다. 이하에 *La Corée Libre*의 발간을 전후한 통신국의 활동 상황을 짚어본 후에 그 기사의 표제들을 편집 항목별로 분류하여 점검해 보기로 하겠다.

2. 파리위원부 한국통신국의 초기 활동

La Corée Libre 발간 이전의 한국통신국의 활동은 두 단계로 나누어 생각해 볼 수 있는데, 그 첫 번째가 강화외교 태세에 돌입한 김규식의 지도 하에서 한국대표부의 활동을 측면 지원하면서 상해에서 새로 합류한 김탕(金湯)을 중심으로 이른바 '통신전'(通信箋, Circulaire) 발행에 주력하던 단계라 할 수 있다. 그런데 이와 관련해서 먼저 짚고 넘어가야 할 것은 통신국이 언제쯤 개설되었을까 하는 점이다. 결론부터 말한다면 그것은 평화회의에 제출할 청원서(Pétition=공고서)의 프랑스어 번역 작업이 어느 정도 매듭지어진 무렵이었을 것으로 짐작된다. 그러나 이듬해 말에 작성된 보고서에서는 이 공고서(控告書)를 통신국의 중요한 출판 통계 중의 으뜸으로 꼽고 있으므로,[4] 이에 관해서는 뒤에라도 다소의 분간이 필요할 것 같다. 별첨 '비망록'(Mémoire)까지 포함하여 잔글씨로 32장을 가득

---

4) 앞의 "歐洲의 우리 事業," p. 365에는 한국통신국의 출판통계(1919-1920)를 다음과 같이 기록하고 있다.

名 目	發行回数	部 數
控告書(平和會議에 제출한)	1	法文 3,000, 英文 3,000
韓國의 獨立과 平和	1	法文 6,500 下同
通信箋	23	每回 2,000
日人이 條約의 價値를 如何히 侮視하는가	1	1,000
自由韓國	本年四月爲始每朔一回式	每回 1,000

메운 이 공고서[5]는 이미 1918년 11월 하순에 상해(上海)에서 여운형(呂運亨)과 장덕수(張德秀)에 의하여 기초되고 다시 영문으로 번역되어 그곳에 들른 미 대통령 특사 Charles R. Crane을 통하여 Woodrow Wilson에게 전달된 바 있었던 것임은 널리 알려진 사실이다.[6] 그리고 3·1운동이 일어나기 한 달 전인 1919년 2월 1일 신한청년당(新韓靑年黨)이 파견하는 대표의 자격으로 상해를 출발하여 3명의 중국인 청년들과 함께 김중문(金仲文, Chin Chung Wen)이란 중국적(中國籍)의 이름을 가지고 3월 13일 파리에 도착한 김규식은 그가 휴대하고 온 영문 공고서를 불어로 번역하여 평화회의에 제출하는 일을 급선무로 생각하고 거기에 일차적으로 대비하게 되었음을 상기할 필요가 있다. 김규식은 3월 17일 H. B. Hulbert 교수를 만나서 "간곡한 위로"를 받았고[7] 곧이어 교외(72 bis, Bd. Bourdon Neuilly-sur-Seine)에 아파트를 얻고 3월 20일부터는 주불 중국 외교관을 지낸 북경대학 교수 리위양(Li Yu Ying)과 기거를 같이하면서 불철주야로 이 공고서이 불역(佛譯) 작업에 들어갔던 것이다.[8] 이렇게 본다면 두 가지 사실이 분명해진다. 하나는 공고서의 번역 작업이 마무리될 때까지는 통신

5) 앞의 『한국독립운동사 자료 5』, p. 512-43에 수록되어 있음.

6) 愼鏞廈, "新韓靑年黨의 獨立運動," 『韓國學報』, 제44집 (서울: 一志社, 1986), p. 104-107.

7) 앞의 "歐洲의 우리 事業," p. 360.

8) 프랑스의 내무부는 외무부의 의뢰로 입국 직후의 김규식의 행적을 밟았으며 그 결과를 다시 외무부에 통보하였는데, 이 답조회에는 교외의 아파트에 김규식과 함께 묵었던 리위양과 세 청년 즉 탕타이췬(Thang Tai Chuin), 쇼위투(Cho Yu Ton), 리웬췐(Li Yeon Tchuen) 등의 신상을 캐어내고 아파드에서의 그늘의 동정과 수신 우편물의 발신자에 관해 탐문한 내용을 담고 있다. 이에 의하면 1880년 5월 5일 북경 태생이며 전 청국 외무대신의 아들인 리위양은 1902년 중국 외교관으로 파리에 온 후 1916년에는 중법교육학회(中法敎育學會, la Société Franco-Chinoise d'Education)를 창설한 핵심 인물이었고 전전(戰前)에는 Le Nouveau Siécle과 Le Monde를 편집했던 사회주의자, 조합주의자로서 재구중국민보(在歐中國民報)와 우편통신강의록(郵便通信講義錄) 편집에 종사하고 있는 것으로 되어 있다. 그리고 4월 초에는 파리로부터 사람의 내왕이 있었고 김규식의 일행이 여기서 완전히 종적을 감춘 것은 4월 14일로 되어 있다. Lettre de l'intérieur à Quai d'Orsay date du 9 mai 1919, Archives Diplomatiques, Inventaire de la Série E: ASIE 1918-1929, Sous-Série: Corée.

국을 개설할 겨를이 없었다는 사실이며 또한 다른 하나는 불어 명칭(Pétition exposée par la Délégation Coréenne à la Conférence de la Paix)에서 보는 바와 같이 공고서의 주체가 통신국이 아니고 한국대표부였다는 당연한 사실 이다.

따라서 김규식이 시인 겸 극작가로 알려진 Emile Blavet의 집(38, rue de Châteaudun, PARIS 9°)을 임대한 것은 3월 28일경[9]이라 하더라도 다른 준비(우편함 B. P. 369 PARIS, 전보 "Kokim"-PARIS, 전화 Central 26-33)를 모 두 갖추고 그곳을 본격적으로 사무실로 사용하기 시작한 것은 통신국의 공식 명칭을 사용하여 통신전의 제1호에 해당할 인쇄물을 발행하게 되었 던 4월 10일보다 그리 오래 전은 아니었을 것이다. 그러므로 통신국의 정 식 개설일도 4월 10일로 보아서 큰 무리는 없을 것 같다.[10] 그러나 이때까 지만 하더라도 청원서의 마무리 작업으로 여념이 없었을 김규식으로서는 충분한 사전 준비 없이 서둘러 통신국을 발족시켰던 것으로 보인다. 통신 전의 제1호에 해당할 인쇄물에 실은 기사의 말미에 Chin Chung Wen 이라고 김규식의 중국 이름이 서명되어 있었을 뿐만 아니라 통신전의 프 랑스어 명칭(Circulaire)도 미처 마련되어 있지 않았고 게다가 창간호 치고 는 아무런 취지 설명도 없이 서두에 "한국대표 무슈 김이 접수한 한국 사 태에 대한 아래의 전보 내용을 송부합니다"라는 짧막한 설명만을 내세우 고 있었던 것으로[11] 미루어 보더라도 알 수 있는 일이다.

---

9) 28일경으로 어림한 것은 앞의 "歐洲의 우리 事業," p. 359에 "3월 13일에 목적지인 巴黎에 도 착…半朔을 지내다가…일정한 처소가 不可無임으로 巴黎中央 샤토당街 38戶家를 貰借하여 平和會議 韓國民代表館으로 定하고 同時에 通信局을 倂設하니…"라고 되어 있는 것에 근거 하지만 여기서 동시에 라고 한 것에 대해서는 거의 같은 때로 해석하고자 한다.

10) "歐洲의 우리 事業," p. 365에는 "昨年 三月 本通信局 開設 以來로"라고 되어 있으나, 이것은 김규식의 파리 도착 시기를 강조하는 의미로 해석할 수 있다.

11) 國史編纂委員會, 『韓國獨立運動史: 資料5-三・一運動篇 Ⅰ』(서울: 探求堂, 연대미상), 부록 자료 p. 74-75에 수록되어 있는 1919년 4월 10일자의 한국통신국 인쇄물 (통신전 제1호 해당) 참조.

이 점은, 김탕(Kim T'ang, 金復의 다른 이름)의 이름이 서명된 4월 26일자의 그 다음 통신전(물론 여기에도 Circulaire N° 2 라고 표시되어 있지는 않았음)에서, 비로소 격식을 갖춘 공문 형식으로, 통신국의 설치 목적과 취지를 밝히는 내용이 전적으로 다루어진 데서 대조적으로 드러나 있다. 이로 미루어 보면, 상해에 있던 김탕은 늦어도 4월 25일 이전에 파리에 와 있었음을[12] 알 수 있거니와 이때로부터 그는 김규식에게서 물려받은 통신국 일을 떠맡고 나선 것으로 이해되지만[13] 그것이 정확히 언제까지인지, 다시 말해서 김규식과 함께 파리를 떠날 때까지였는지는 알 수 없다. 이러한 김탕보다도 앞서서, 스위스 뚜릭대학에 유학하고 있던 이관용(李灌鎔)이 졸업시험 준비 중에 김규식의 전보 부름을 받고 곧바로 한국대표부에 합류했고 미국의 자원병으로 유럽에 출전하여 독일에 있던 황기환(黃玘煥)이 6월 3일에 다시 이들과 합류하였으므로[14] 이들도 직접으로나 간접으로나 통신국 활동에 참여했을 것은 분명하다. 여하튼 5월 4일자의 통신전 제3호(여기에 처음으로 앞의 두 호를 합산하여 Circulaire N° 3 라고 호수가 표시되어 있음)에서도 똑같이 반복되고 있는 그러한 공문 형식의 내용은 향후 한국통신국의 활동이나 통신전 발행의 내용을 이해하는 데 긴요한 것이므로 그 요점을 정리하여 아래와 같이 항목화하여 파악해 보기로 하겠다.

(1) 한국의 독립운동이 중대 국면에 접어들고 있음에 비추어 유럽에 한국통신국[15]을 설치하기로 했다.

---

12) 앞의 "歐洲의 우리 事業," p. 360에 보면, "金湯 氏는 上海로부터 五月 初旬에…歸來하여 代表館 事務를 贊助함…"라고 되어 있어서, 김탕의 파리 도착 시기가 부정확하게 기록되어 있다.

13) 김탕의 이름이 서명되어 있는 것은 6월 12일자의 제10호까지이므로 그 후에도 김탕이 통신국의 일을 책임지고 있었는지는 알 수 없다. 김탕이 서명한 통신전에 관해서는 앞의 『韓國獨立運動史: 資料5-三 · 一運動篇 Ⅰ』, p. 453-67에 수록된 사본 제7호에서 10호까지 참조.

14) "歐洲의 우리 事業," p. 360.

15) 이때 사용한 최초의 프랑스어 명칭은 Bureau d'Information et de Presse Coréens인 바, 이것은

(2) 파리에 위치하게 될 이 통신국은 작금 한국에서 벌어지고 있는 사태의 진전에 관하여 유럽의 언론에 계속해서 알려드릴 예정이다.

(3) 한국의 현재의 지배자들이 실제로 사용하는 정책을 바로 조명하고, 한국 문제에 관심을 갖는 사람들에게 모든 사실을 낱낱이 알게 하려는 것이 통신국의 목적이다.

(4) 극동 국민들의 평화적인 발전이 극동의 모든 정치 문제의 관건이 되는 한국 문제를 유럽과의 관계 정립을 통하여 해결하는 데 달려 있음을 유념한다면, 한국 문제의 중요성을 유럽의 언론은 결코 간과할 수 없다.

(5) 앞으로 규칙적으로 통신국의 공보(bulletin)를 보내드리겠다.

3·1운동 후 한국 내에서의 사태 진전과 국내외에서의 한국독립운동 실태를 유럽의 언론과 국민들에게 시의적절하게 알림으로써 한국인의 독립운동과 외교활동에 대한 이해와 동정을 촉구하려는 데 목적이 있었음은 계속해서 발행되었던 통신전의 내용으로도 확인이 가능하다. 그리고 앞에서 제시한 바 있는 한국통신국의 자체 기록에 의하면, 이와 같은 통신전은 매호마다 2,000부씩 1919년 말까지 모두 23호가 발행된 것으로 되어있는데,[16) 강화 외교를 측면 지원하는 내용을 병행했던 것은 6월 12일자의 제10호까지이며 여전히 김규식의 지휘 하에 있었던 것은 그가 파리를 떠나기 하루 전에 나온 8월 8일자의 제17호까지로 분간해 볼 수 있다. 그리고 그 중에서 제4호, 제5호, 제6호를 제외한 총 20호의 실물이 지금까지 확인되어 있으므로 그러한 통신전의 호수와 발행 일자를 아래와

사동발(謝東發)박사가 1916년부터 설치·운영해 왔다는 중국통신국이 Bureau d'Information et de Presse Chinoises 로 표기되었던 사실과 관계있을 것으로 보이는데 이에 관해서는 각주 27) 참조.

16) 이 논문의 각주 4) 참조.

같이 정리해 볼 수 있다.

제1호: 4월 10일, 제2호: 4월 27일, 제3호: 5월 4일,
제4호: (미확인), 제5호: (미확인), 제6호: (미확인)
제7호: 5월 11일, 제8호: 5월 28일, 제9호: 6월 11일,
제10호: 6월 12일, 제11호: 6월 23일, 제12호: 6월 26일,
제13호: 7월 9일, 제14호: 7월 22일, 제15호: 7월 23일,
제16호: 7월 28일, 제17호: 8월 8일, 제18호: 8월 27일,
제19호: 9월 4일, 제20호: 9월 5일, 제21호: 10월 20일,
제22호: 11월 29일, 제23호: (12월 15일).

위에서 보는 바와 같이, 하루 간격(4호)이나 2-3일 간격(4호)으로 나온 것이 상당수 있는가 하면 일주일에서 10일을 전후(5호)하거나 또는 2-3주를 전후(7호)하는 것도 상당수 있고 드물긴 하지만 심지어는 40일을 전후(2호)하는 것까지도 있기 때문에, 그야말로 통신전은 기간과 지면에 구애됨이 없이 상황 변화의 필요에 따라서 임기응변적으로 융통성 있게 발행되었다고 말할 수 있다. 물론 김규식의 지도 하에 있었던 첫 단계에서는 4개월 반 동안에 17회를 발행하여 한 주에 한 번 꼴이었음에 반하여, 그가 떠난 후의 두 번째 단계에서는 4개월 반 동안에 6회를 발행하여 3주에 한 번 꼴이었다는 계산이 나오게 된다. 이렇게 본다면, 상대적이긴 하지만 첫 단계에서는 통신국의 활동이 통신전을 발행하는 일에 집중되었던 것이라고 말할 수 있게 된다. 김규식의 미국 향발에 앞서 8월 6일 저녁에 파리 만국기자구락부(萬國記者俱樂部)에서 프랑스와 외국의 기자들 및 한국의 친우들을 위한 만찬연회가 바로 한국통신국의 이름으로 성황리에

베풀어질 수 있었던 것도[17] 통신전의 발행을 비롯한 그 밖의 괄목할 만한 노력의 복합적인 성과로 이해할 수 있을 것 같다.

특히 그러한 노력의 대표적인 예로서 꼽을 수 있는 것이 공고서의 조직적인 배포 작업이었다고 하겠다. 이에 관해서는 앞에서도 약간의 분간이 있어야 할 것임을 짚어둔 바 있듯이, 평화회의에 제출하기 위해서 마련한 공고서에 관해서는 이원적인 파악이 필요할 것 같다. 다시 말해서 공고서는 한국대표부의 이름으로 만들어졌을 뿐만 아니라 5월 10일에는 같은 이름으로 그것이 평화회의에 제출되었던 것이지만, 평화회의에 대한 대표부의 '요구'가 '직접적인 결과'를 거두지 못하게 되었을 때 그대로 체념하고 주저앉은 것이 아니라, 그것을 프랑스어로 3,000부 그리고 영어로 2,000부를 인쇄하여 한국통신국의 이름으로 유럽 각국의 여러 방면에 조직적으로 배포함으로써 그들의 표현을 빌리면 그들의 "요구가 직접으론 아무 결과가 없었으나 간접으론 진실로 위대한 효과를 득하였다"[18]는 것이 그것이라 하겠다. 이것은 이듬해에 작성된 통신국의 기록이 다음과 같이 전하고 있는 데서 충분히 간파하고도 남음이 있을 수 있기 때문이다.

… 공고서의 등본(謄本)을 각국의 원수, 정부, 국회와 각 정치가, 각 신문사 급(及) 기타 중요기관에 다수 분포(分布)하여 간독(懇篤)한 동정의 회

---

17) *Circulaire* N° 17 (le 8 Août 1919)에 의하면, 참석자들 중에는 프랑스 측에서 중의원 부의장 Charles REBOUCQ와 전 한국포병학교 교수 PAYEUR 장군 그리고 중의원 의원(낭시지역구) Louis MARIN과 Herbert A. GIBBONS, 러시아 측에서 전 헌법회의장 Joseph MINOR와 전 주한공사대리(前 駐韓公使代理) GUNSBOURG 남작, 중국 측에서 북경대학(北京大學) 리위양 교수, 미국 측에서 뉴욕타임스 특파원 Charles E. SELDON 기자 등이 꼽히는 것으로 되어 있다. 그리고 "歐洲의 우리 事業," p. 361-2에 보면, "來賓은 中國 側으로 李石曾 博士와 寥總領事 等이오. 此外에 美國人士와 國會代議士 諸氏와 各新聞記者 等 70餘名이 會集하여…자조 大韓獨立萬歲를 嵩呼하였으며…式場에 交叉한 韓法兩國旗는 輝煌燦爛한 光彩를 발하여…"라고 하여 현장의 감격적인 모습을 기록하고 있다. 그런데 전자의 문헌에 나와 있는 리위양 교수가 후자의 문헌에 나와 있는 이석증(李石曾)박사와 동일인인지의 여부는 확인이 안 되고 있다.

18) "歐洲의 우리 事業," p. 360.

답서를 다수 접수하야 자차(自此)로 한국 문제는 비로소 세계 문제로 진급(進級)하다.[19]

한편 여기서 얻은 경험에 의거하여 한국통신국은 김규식이 미국으로 떠난 후에는 비록 통신전의 발행 횟수는 전보다 줄어들었다고 하겠지만,[20] 그 여력을 한데 모아서 두 가지 형태의 홍보물을 별도로 제작 배포하는 데 힘을 기울였던 것으로 보인다. 『한국의 독립과 평화: 한국문제와 일본의 세계정책』(L'INDENDANCE DE LA CORÉE ET LA PAIX: LA QUESTION COREENNE ET LA POLITIQUE MONDIALE JAPONAISE)이라는 제목의 총42면에 달하는 프랑스어로 된 홍보 책자를 직접 한국통신국의 이름으로 6,000부 제작하여 공고서보다 더욱 광범하게 배포했던 것이 그 한 가지로 꼽힐 수 있겠다. 이것은 그때로서는 잠정적인 것이었지만 그들의 표현을 빌린다면 '월보체제(月報體裁)'[21]를 본 딴 것이라고 할 수 있다. 그리고 다른 한 가지 형태는 통신전의 별쇄 형식으로 나온 것인데, 통신국은 『일인이 조약의 가치를 여하히 모시(侮視)하는가』(일제가 한 조약들이 무슨 가치가 있단 말인가=Quelle est la Valeur des Promesses Japonaises?)라는 제목의 8면 짜리 별쇄를 1,000부 인쇄하여 통신전과는 별도로 배포한 일이 있었던 것이다.

이상에서 보는 바와 같이, 김규식의 출발 이후에도 여전히 불규칙했던 통신전의 발행과 이를 보완해 주기 위한 두 차례의 별쇄 홍보물의 제작 및 배포와 같은 한국통신국의 초기 활동은 보다 정규적이고도 안정적인

---

19) 위와 같음.

20) 앞에서도 밝힌 바 있지만 이 기간에는 통신전이 모두 6회 발행되었는데, 그 중 5회는 상해의 임시정부가 통합정부로 재발족하기 직전인 9월 4일부터 통신국의 공식 명칭에 '한국(韓國)' 대신 '대한민국(大韓民國)'을 정식으로 사용하여 BUREAU D'INFORMATION DE LA REPUBLIQUE COREENNE라고 발행기관을 표기하였다.

21) "歐洲의 우리 事業," p. 365.

방향에서 앞으로의 활동 계획을 발전적으로 수립할 수 있게 해주는 디딤돌의 구실을 하게 된 것이라고 말 할 수 있다. 결국 한국통신국은 통신전의 발행과 병행하여 '월보체제'를 모방한 별쇄본의 출판이라는 교량적인 단계가 있음으로 해서 마침내는 월간지 *La Corée Libre*를 발간하기에 이르렀다고 볼 수 있기 때문이다.

김규식과 김탕이 미국으로 떠난 직후에 한국대표부(파리위원부=Mission Corée enne Paris)와 한국통신국을 이끌어 나간 인물들로서는, 계속하여 파리에 남아 있었던 이관용(李灌鎔, 위원장 대리 부위원장)과 황기환(黃玘煥, 서기장), 그리고 시베리아의 대한국민의회(大韓國民議會)에서 파견되어 9월 26일에야 이들과 새로 합류하게 되었던 윤해(尹海)와 고창일(高昌一)을 꼽을 수 있다. 그런데 이들 중에서 이관용은 곧 이어서 중단되었던 학업을 다시 계속하기 위하여 10월 10일자로 사직 인준을 받은 후에 대한적십자사 구주지부장(大韓赤十字社 歐洲支部長)이라는 제네바에서의 별도의 역할을 부여받고 이듬해 1월 15일에 스위스로 떠났으며 곧 이어 1월 21일에는 고창일도 상해로 향발하였다.[22] 따라서 임정 구미위원부의 직할로 들어간 파리위원부의 위원장 대리 겸 서기장의 직책을 맡게 된 황기환과 그리고 윤해가 1920년 1월 하순부터는 파리위원부와 한국통신국의 업무를 주도하게 되었다고 볼 수 있겠다.

3. *La Corée Libre*의 발간 경위

1920년 5월호를 창간호로 내놓기까지 한국통신국이 *La Corée Libre*

---

22) "歐洲의 우리 事業," p. 363-64.

의 발간을 위하여 어떠한 준비 작업을 거치게 되었는지는 알려져 있지 않다. 다만 그것을 어림하여 보는 데 간접적으로 나마 도움이 될 만한 몇 가지의 사실들은 분간이 가능하므로 여기에 짚어 둘 수 있을 것 같다. 먼저 짚어 볼 수 있는 것은 창간호의 정확한 발행 시기에 관한 것이다. 창간호 즉 제1차년도 제1호(Premiére Année, N° 1)에 표시된 공식적인 발행 시기는 두말할 나위도 없이 1920년 5월(Mai, 1920)로 되어 있다. 그런데도 그 해 말의 기록에는 "본년(本年) 4월 위시(爲始) 매삭(每朔) 일회식(一回式)" 또는 "민국(民國) 2년 4월부터 매삭 일회식 자유한국(自由韓國)이란 명칭으로 잡지를 발행하여 현금(現今) 계속중인 바"[23]라고 하여 4월 중에 발행된 것으로 단정하고 있어서 혼선을 빚어 주고 있다. 그러나 다행히 창간호의 기사 중에는 한국대표부가 San Remo에서 열리고 있는 평화회의 최고회의에 발송한 4월 23일자의 전보문[24]과 "극동에서 위협받는 평화"라는 F. Challaye 파리대학 교수의 강연 내용을 실은 *Le Radical*지의 4월 27일자 특집 기사[25]가 전재되어 있기 때문에 4월 중의 발행이 쉬운 일이 아니었음을 암시해 주고 있다. 이 두 가지를 감안하여 볼 때 *La Corée Libre*의 창간호는 다른 준비가 다 되어 있었다고 하더라도 4월 27일 직후에나 발행이 가능했을 것으로 믿어진다.

결국 *La Corée Libre*의 창간 시기를 확인함에 있어서 *Le Radical*지의 특집 기사가 중요한 단서가 되었다고 하겠는데, 그것이 간접적으로나마 창간 준비 작업의 파악으로 연결될 수 있었던 이유는 그동안 한국통신국의 활동을 지원해 주었을 뿐만 아니라 월간지의 창간을 비롯한 향후의 통

---

23) "歐洲의 우리 事業," p. 365.

24) 여기에는 Délégation Coréenne 명의의 전보 발송 일자가 Paris, le 23 avril 1920으로 되어 있다. *La Corée Libre*, N° 1 (Mai, 1920), p. 3.

25) "Une Conférence de M. le Professeur F. Challaye," *ibid*., pp. 22-25.

신국 활동과 '한국친우회'의 조직에도 계속하여 크게 기여하게 되었던 인물들 중의 한 사람과 관계되는 기사였기 때문이다. 한국통신국은 1919년 10월 17일의 첫 번째 교섭 이래 프랑스 인권옹호회(人權擁護會, La Ligue des Droits de l'Homme) 측과의 여러 차례에 걸친 협의 끝에 1920년 1월 8일 파리 지리학회(地理學會, La Sociét de Geographie) 대회의실(주소=184, boulevard Saint-Germain)에서 중국 문제를 곁들인 '한국문제대강연회(韓國問題大講演會)'를 개최한 바 있었다. 이 자리에서 한국 측을 찬조하는 강연자로 등장했던 사람들이 다름 아닌 Félicien Challaye라는 파리대학 교수와 중국계의 파리대학 출신 변호사 겸 의사 사동발(謝東發, Scié Ton Fa) 박사였다. 그런데 여기서 행한 F. Challaye교수의 강연 내용이 이들의 활동을 지원하고 있었던 *Le Radical*지의 특집 기사로 다루어지게 되었기 때문에 그것이 나오기를 기다리고 있다가 그것을 전재하면서 *La Corée Libre*의 창간호를 내놓게 되었던 것이다. 따라서 이들이 개최했던 '한국문제대강연회'는 한국통신국의 월간지 발간 동기의 한 단서로 볼 수 있는 만큼 그에 관한 기록을 여기에 옮겨 놓는 것도 뜻이 있다고 하겠다.

…인권옹호회는 파리 각 사회에 다수한 청상(請狀)을 발(發)하여 정치가 신문기자 급(及) 각계인사 5백여명이 회집하여 정각 전에 만원되야 다수는 기립하다. 연대(演臺) 우벽(右壁)에는 한법(韓法) 양국기를 교차하여 광채를 발하다.
예정대로 석(夕) 8시에 인권옹호회 간부 일동과 아위원단(我委員團) 일동과 중국노동회(中國勞動會) 간부 일동 급(及) 연사 제씨(諸氏)가 착석하야 회장 올라르 옹의 개회사가 유(有)한 후 아위원장대리서기장(我委員長代理書記長) 황기환(黃玘煥)씨가 답사를 술(述)하고 다음에 법국하의원(下議院)의 특파(特派)로 한중 양국을 시찰하고 도라온 파리대학 교수 샬

레(CHALLAYE)씨의 한국독립운동의 장절참절(壯絶慘絶)한 실황을 목도한 시찰담과 산동 사정 보고서는 자못 장시간에 항(恒)하여 청중의 심대한 인상을 주엇고 사동발 박사의 한국 근세사 보고가 유(有)한 후 한국의 참상 환등(幻燈)을 촬레 교수의 설명으로 연주(演奏)할새 만장한 신남신녀(紳男紳女) 모다 대경실색하여 분노와 동정으로써 열성을 다하여 갈채하다.[26)]

La *Corée Libre*의 창간호에는 사동발 박사의 글[27)]도 실려 있음은 두말할 나위가 없는 일이거니와 그의 역할은 단순한 열성적 지원자로서가 아니라 오히려 사실상의 편집 책임자로 여겨질 수 있을 만큼 절대적이었던 것으로 판단된다. 그는 1880년 12월 5일 파리 태생으로 1902년에 프랑스의 국적을 취득하였고 그 후 파리대학에서 법학과 의학의 박사학위를 받았으나 어느 쪽으로도 개업과는 무관한 생활을 영위해 왔다. 사동발 박사의 한국과의 관계는 러일전쟁 당시로 거슬러 올라가는데, 그는 1904년에 파리의 한국 공사관과 긴밀한 유대를 가지고 한국의 자주권을 지원하는 선전 활동을 개시한 이래로 한국이 일본에 합방된 후에도 이를 계속해 왔던 것이다. 이러한 사동발 박사가 1916년 이래 '중국통신국'(le Bureau d'Information et de Presse Chinoise)을 자기 자택 (93, boulevard Haussmann)에 설치·운영하여 오면서 동조적이었던 *Le Rappel*지나 *Le Radical*지에도 꾸준히 기고해 왔음을 상기한다면, *La Corée Libre*의 발간에 있어서 뿐만 아니라 당초의 프랑스어 명칭이 같은 데서 알 수 있는 바와 같이 한국통신국의 개설 자체에 있어서도 그의 방향 제시와 지원의 힘이 어떤 형태로든지 크게 작용했을 것으로 믿기는 어렵지 않다.[28)] 사동발 박사가 이

---

26) "歐洲의 우리 事業," p. 364.

27) S. T. F. "La Corée et son Indépendance (1)," La Corée Libre vol. 1, N° 1 (Mai, 1920), pp. 5-21.

28) 사동발 박사의 개인 신상에 관해서는 다음 자료를 참고하였음. Un Compte-rendu de

잡지의 편집을 주도해 나갔다는 사실은, 후술하게 될 별도의 내용 이외에도 전체 기사의 분류 목록에서 보게 되는 바와 같이, 그의 글이 창간호에 이어서 제3호에 두 편, 제4-5호 단일 합본에 두 편, 제8호에 두 편, 제9호에 두 편, 그리고 종간호로 추정되는 제11-12-13단일합본에 두 편 도합 열한 편에 이르고 있는 데서도 알 수 있다.

한편, 한국통신국은 *La Corée Libre*의 창간호를 발간하기에 앞서서 파리위원부와 함께 사무실을 새 장소(13, rue de Vienne PARIS 8ᵉ)로 옮기고 전화도 새로 가설(WAGRAM 93-91)하는 등[29] 나름대로는 미리부터 만반의 준비를 갖추었던 것이 사실이다. 이로 미루어 본다면, 프랑스 인권옹호회의 지원으로 '한국문제대강연회'를 성공적으로 개최한 데 힘입은 한국통신국은 이후로 사동발 박사와 Challaye 교수의 전폭적인 지원 하에서 월간지의 발간 단계로 활동의 방향을 전환하기 위한 준비 태세에 돌입할 수 있었다고 하겠다.

그리하여 1920년 5월호로 첫 선을 보이게 되었던 *La Corée Libre*는 제2호 (6월), 제3호 (7월)에 이어서 그 다음은 프랑스의 여름 휴가철을 고려하여 전호에서 예고한 대로 제4-5호 단일 합본 (8-9월)으로 나왔으며 [30] 다시 제6호 (10월), 제7호 (11월), 제8호 (12월)가 나올 때까지 정상 궤

---

la réunion du 7 juillet 1921 et Bordereau d'Envoi du 20 décembre 1921, *Archives Diplomatiques*, Inventaire de la Série E: ASIE 1918-1929, Sous-Serie: Corée. 한편 그의 한 국과의 깊은 인연과 공헌에 관해서는 "歐洲의 우리 事業," p. 368에 기록된 다음 내용을 겸하여 참고할 수 있다. "…君은 僑者我駐法使館 當時브터 우리와 密接한 連絡이 有하엿으며 昨年 我 平和代表團에 대하여 多大한 努力을 하엿고 繼續하여 我委員部의 諸般事를 直接 間接으로 努力하는 中에 在하다."

29) 창간호의 표지에 표시된 편집부 사무실 주소 및 전화번호가 같은 창간호에 실려 있는 파리 위원부의 사무실 이전을 알리는 공지 사항의 내용 (AVIS IMPORTANT. -Les Bureaux de la Mission Coréenne sont transférés: 13, rue de Vienne, PARIS 8ᵉ. Téléphone: WAGRAM 93-91)과 일치하고 있다. *La Corée Libre*, N° 1 (Mai, 1920), p. 21.

30) 제3호 속표지 하단에 다음과 같은 편집부의 공고문을 실었다. "ABIS, -Les numéros 4 et 5 de *La Corée Libre* paraîtront dans un seul numéro en Septembre prochain." *La Corée Libre*, N°

도를 달려 간 것으로 이해된다. 이때까지 한번에 1,000부씩 발간하여 유럽 중심으로 배포하였던 매호의 본문 지면은 32면에서 36면 사이로 평균 33.7면이었으며 매호마다 본문 이외에 2-3면에 걸쳐 설명을 곁들인 화보 (hors-texte)를 싣는 것이 통례로 되어 있었으므로 표지와 목차요약(Sommaire) 및 반일 선전문 게시판 등의 3면을 다시 합해 본다면 호당 총 40면을 전후하게 되는 4 · 6 배판 크기의 월간 잡지였다고 할 수 있겠다. 그리고 본문의 지면 수(page) 표기는 연간 단위로 연속해서 전체 지면을 합산하는 형식을 취하고 있었기 때문에, 첫해인 1920년에 발행된 것을 제1차 년도의 누계로 가산하여 이 해 12월호의 지면은 205면에서 236면까지로 표기하게 되었던 것임을 알 수 있다.

이와 같은 월간지의 간행에 있어서 첫 해를 마감할 때까지 특기할 만한 사항 없이 순조롭게 진행되었다고 보는 이유는 9월부터는 전화도 추가로 가설 (WAGRAM 44-34)했을[31] 정도인 데다가 아래에서 보는 바와 같이 삽지 발행에 대한 상황 인식도 지극히 긍정적 · 낙관적이었던 것으로 이해할 수 있기 때문이다.

> …본 잡지는 구주를 중심으로 하여 세계 각 중요처에 분배하여 오는 바 기 (旣)히 사회의 환영을 만히 받엇고 또 각 신문에 전재된 예도 다(多)하다. 장래 거액의 재정이 유(有)하여 달흔 별방침(別方針)이 생기기 전애는 아직까지 경험한 바론 약소한 재력으로 착실한 효과를 수(收)하기에는 차 (此)에서 더 적의방법(適宜方法)이 무(無)한 줄로 사유(思惟)하노라.[32]

---

3 (Juillet 1920), p. 69.

31) *La Corée Libre*, Nos 4 et 5(Août-Septembre, 1920), N° 6 (Octobre, 1920), N° 7 (Novembre,1920), N° 8 (Décembre, 1920), N° 9 (Janvier,1921)의 표지 하단에 있는 Rédaction et Administration 참조.

32) "歐洲의 우리 事業," p. 365.

위의 내용은 두 가지로 추려서 생각해 볼 수 있을 것 같다. 하나는 연말까지의 *La Corée Libre*의 발간이 만족스러운 성과를 거두고 있다는 것이며 다른 하나는 그것이 작은 재정으로 추진할 수 있는 가장 효과적인 사업으로 인정된다는 것이다. 이러한 그들의 상황 인식에 의거해 본다면 갑작스러운 어떤 변동이 없는 한 그들은 보람을 가지고 이 잡지를 계속할 것이라는 판단을 가능하게 해준다. 그리고 이러한 판단은 제9호 즉 1921년 1월호(발행호수는 전년의 제8호에 이어서 제9호로 표기됨)가 나올 때까지는 너무나 당연한 일로 받아들여질 수밖에 없었던 것으로 보인다. 제2차 년도(Deuxiéme Année)의 표기와 함께 지면 수의 기산을 새로 시작(pp. 1-36)한 이외에는 모든 것이 전년도의 일곱 번의 예와 아무런 차이를 찾아볼 수 없었기 때문이다.

그런데 이 제9호의 편집 및 발간 작업이 실제로는 전해의 12월 달에 모두 이루어진 것임을 감안한다면 갑작스러운 변동은 새해를 맞이하면서 일어난 것이 아닌가 추측된다.

그러한 변동을 일차적으로 표출시켜 주었던 것이 제10호 즉 1921년 2월호라고 할 수 있겠는데, 우선 거기에 나타난 두 가지의 변화를 눈여겨 볼 수 있다. 알림란을 통해서 드러나게 된 그 하나는 그때까지 견지되어 오던 *La Corée Libre*의 월간지 체제가 다음호부터 격월간지 체제로 바뀌게 된다는 사실이었고 다른 하나는 한국통신국의 사무실이 임시로 전화도 없는 다른 곳(93, Bd Haussmann, Paris 8ᵉ)으로 이미 이전되었다는 사실이었다.[33] 그런데 막상 이 2월호가 제작된 것은 1월 중이었으므로, 그

---

33) *La Corée Libre*, N° 10 (Février, 1921), p. 37은 제10호의 본문 첫 페이지에 해당하는데, 그 하단 주석란에 다음과 같은 내용이 실려 있음을 유의할 수 있다. "N. -B. -par suite de réorganisation *La Corée Libre* ne paraîtra que tous les deux mois jusqu'à nouvel ordre./ Adresser toute la correspondance concernent la revue, provisoirement: 93, BOULEVARD HAUSSMANN, PARIS (8e)."

사이에 사무실을 서둘러서 이전했을 뿐만 아니라 잡지의 발행 횟수도 연 6회로 반감시키기로 결정해 놓고 있었던 때라는 사실에 비추어 볼 때, 새해 벽두를 전후한 한 달 여 사이에 사정이 크게 달라지게 되었던 것임을 간파할 수 있는 것이다.

그렇다면 이렇게 갑작스럽게 사정이 달라지게 만든 원인은 무엇이었을까? 몇 가지의 요인이 복합적으로 작용하게 된 것으로 보아야 하겠지만 겉으로 드러난 가장 직접적인 원인은 충격적으로 몰아닥친 재정의 압박이었을 것으로 판단된다. 임시변통으로 이미 사무실을 옮기고 말았다는 사실은 1921년으로 접어들면서 더 이상은 전과 같은 식으로 사무실을 유지하기가 어렵게 되어버리고 말았던 상황 변화 때문이라고 이해할 수 있을 것 같다. 왜냐하면 그 임시로 옮겼다는 사무실이 기실은 사동발 박사가 세 들어 살고 있었던 집이었기 때문이다.[34] 사정이 호전되면 사무실을 다시 정상적으로 마련하겠다는 희망을 가지고 사동발 박사의 강권에 따라서 그의 주거를 임시 사무실로 사용하게 된 것이 아닌가 싶다. 그리고 이처럼 당장은 사무실도 제대로 유지할 수 없는 형편이었기 때문에 잡지의 발행 횟수도 줄이는 방향으로 방침을 변경하지 않을 수 없었고 따라서 그동안 고수해 오던 월간 체제를 격월간 체제로 전환시키게 된 것으로 이해된다.

물론 세를 안 내는 곳으로 사무실을 옮기고 잡지의 발행 횟수를 줄이기로 한 것은 그것이 재정 압박 때문이었을 것이라는 판단을 밑받쳐 주기에 충분하지만 그와 같은 갑작스러운 재정 압박의 원인까지 해명해 주

---

34) 프랑스 측 자료에 의하면, "그는 기혼으로 자녀는 없으며 93, Bd. Haussmann에 살고 있는데, 8년 전부터 일 년에 4,000프랑 씩 내는 아파트에 세들어 있다. …그는 그의 집에다 사무실을 두고 있는 '자유한국'이라는 잡지의 출판에 필요한 기금의 일부를 제공한 바 있다"는 것이다. Un Compte-rendu de la Réunion date du 7 juillet 1921, *Archives Diplomatiques*, Inventaire de la Serie E: ASIE 1918-1927, Sous-Serie:Corée.

는 것은 아니다. 이들은 불과 한 달 전만 하더라도 "약소한 재력으로" 이보다 더 좋은 활동 방법은 없다고 호언했을 정도로 월간지의 발간에 만족하였고 또한 재정적인 어려움도 아직은 심각하게 겪어 본 일이 없었던 것이 사실이다. 그러나 그것은 스스로의 자립 능력 때문이었다기보다는 외부의 재정 지원 덕분이었음을 지나쳐 보아 넘길 수 없다. 이 점은 한 달 여전에 "구주 사업은 상해로 약간의 보조를 받은 외에는 전부를 미주로 지발(支撥)하여 왔으니 이는 곧 북미합중국 내와 하와이와 멕쓰코에 재류하시는 제군자(諸君子)의 애국지성(愛國至誠)으로 출(出)한 바라"[35]고 기록된 내용만으로 충분하다. 결국 미주로부터의 재정 지원이[36] 새해 들어서 대폭 줄어들었기 때문에 잡지 발간을 더 이상 지속하기가 어려운 실정에 놓이게 되었을 것이고 따라서 이를 지켜보고만 있을 수 없었던 사동발 박사는 그동안 정성으로 지원해 왔던 이 잡지를 어떻게 해서든지 살려내야 하겠다는 결의를 다지게 되었을 것으로 생각된다.

그러한 결연한 의지의 표명은 그가 이와 때를 같이 하여 그동안 시기의 성숙을 기다리면서 미루어 오던 '한국친우회'(韓國親友會, Les Amis de la Corée à Paris)의 결성 작업에 박차를 가하고 나오게 된 데서도 드러나고 있다. 3·1운동이 일어난 직후 미주에서 한국의 독립운동을 지원하기 위한 현지인들의 후원 단체로서의 성격을 띠고 결성되기 시작했던 한국친우회(League of Friends of Korea)의 물결은 유럽으로 파급되어 1920년 10월 26일에는 영국에서 첫 결실을 맺게 되었으며 프랑스에서도 조만간 결성하기로 논의되어 왔었으나 그것이 정식으로 가동되지는 않고 있었던 터였다. 그러나 *La Corée Libre*의 앞날에 커다란 변화가 예고되던 시점

---

35) "歐洲의 우리 事業," p. 372-73.

36) 國會圖書館, 『韓國民族運動史料 (中國篇)』(서울: 大韓民國國會圖書館, 1976), p. 202-206 에 수록된 "臨時政府 歐美委員部의 收支決算及豫算"을 보면, 1920년 중에 간간히 파리위원부에 지출한 내역이 들어 있다.

에 이르러서는 이를 더 이상 미룰 수 없다는 판단 하에서 Challaye 교수와 사동발 박사가 정식으로 그 조직 작업의 선봉에 나서게 되었던 것이다. 그리하여 *La Corée Libre*의 제10호 (1921년 2월호)가 인쇄에 들어갈 즈음에는 40명의 저명 인사들이 입회원서에 서명하게 되었던 것으로 마감 기사에 드러나 있다.[37] 그리고 그 뒤에도 가입자는 점점 늘어나 저명 인사들의 이름으로 명단이 가득하게 되었으며 4월 25일에는 사무국과 실행위원회를 구성하기 위한 예비 모임을 갖고 멀지 않아서 개최하게 될 창립 총회는 환등을 겸한 "한국문제(La Question Coréenne)"의 강연으로 끝을 장식하기로 합의를 보게 되었다는 것이 한 기록의 내용이다.[38] 이때부터는 한국친우회의 임시 사무실까지도 사동발 박사의 셋집에 두게 되었으며[39] 이렇게 해서 파리의 한국친우회 창립총회가 정식으로 열리게 되었던 것은 6월 24일 오후 5시 15분에서 6시 30분까지 사회박물관 회의실 (5, rue Las Cases)에서의 일이다.[40]

그런데 앞에서 지적한 바와 같이 사무실의 잠정적인 이전에 대한 통보와 격월간지로의 전환에 대한 예고는 제10호인 1920년 2월호의 지상에 실리게 되었기 때문에, 예정대로라면 그 다음호는 당연히 제11-12호 합

---

37) "Les Amis de la Corée," *La Corée Libre*, N0 10 (Février, 1921), pp. 55-57. 주동자 두 사람의 명의로 발송된 취지문의 내용과 함께 입회동의서를 보내온 사람들의 이름과 직업을 기록한 40명의 명단이 실려 있다.

38) "Nouvelles diverses," *La Corée Libre*, N°s 11-12-13 (Mai, 1921), p. 100. 이 예비 모임에서는 창립총회에서 발표하기로 한 "한국문제"의 발제 내용을 미리 작성하여 *La Corée Libre*의 5월호에 본문 외로 실은 바 있나.

39) ibid., p. 69.

40) Un compte-rendu de la réunion du 7 juillet 1921, *Archives Diplomatiques*, op. cit. 이 한국친우회의 임원구성을 보면 다음과 같다. 회장: M. Lois Marin (하원의원), 부회장: M. Alphonse Aulard (솔본느 교수); M. Ferdinand Buisson (하원의원); M. Justin Godard (하원의원); M. Lucien Lévy-Bruhl (솔본느 교수); André Berthon (하원의원), 총무: M. Félicien Challaye; 사동발(謝東發); Claude Farrére (문인), 회계: M. Emile Blavet (시인 겸 극작가), 서기: Mme. Mathian (*La Corée Libre* 편집부), 실행위원회: M. André Roberty (화가); M. Charles Gide (법학교수); M. Edmond Bernard (문인); Mme Ménard d'Orian.

본으로 4월호가 나왔어야 했을 것이지만 실제로는 한 달을 더 건너뛴 뒤에 제11-12-13호 합본으로 5월호가 나오게 되었음을 유의할 필요가 있다. 말하자면 재정적인 부담을 완화시키기 위한 두 가지의 조처에도 불구하고 격월간지로서의 첫 번째 약속조차도 제때에 지키기 어려웠을 정도로 재정적인 사정은 심각했던 것으로 추단된다. 이 때문에 "모든 합법적인 수단을 동원하여 한국 국민을 옹호하고 한·불간의 관계 발전에 협력을 제공하기 위한 목적"[41]으로 프랑스인과 중국인만을 회원으로 한정시켜서 출범한 한국친우회에 대하여 각별한 기대를 걸었던 것이지만 회원들의 연회비가 5프랑씩으로 되어 있었던 이 회의 재정 능력으로서는 호당 2프랑 씩 하는 잡지의 발간을 계속시키기에는 역부족이었던 것으로 보인다. 그 후에 이 잡지가 다시 나온 흔적을 아직까지는 확인할 수 없는 것으로 보아서 1920년 5월호에서부터 시작하여 열 번째로 발간되었던 1921년 5월호를 *La Corée Libre*의 종간호로 추정해 볼 수 있는 것이다.

4. *La Corée Libre* 기사의 표제 분류

창간호의 목차 구성에서 보이는 *La Corée Libre*의 편집 특징은 두 가지를 제외하고는 개별 기사별로 독자적인 장르를 설정해 주는 방식으로 편집이 이루어졌다는 점이다. 두 가지 예외 중의 하나는 '한국인의 활동상'(L'action Coréenne)이라는 영역을 두어 몇 가지 같은 범주의 기사들을 그리로 모아 주고 있는 것이며 다른 하나는 사이사이에 끼워넣은 사진 화보들을 같은 범주의 것들로 파악하고 목차에서 한 울타리 안으로 몰아넣

---

41) Bordereau d'Envoi du 20 Décembre 1921, *Archives Diplomatictues*, op.cit.

어 준 것이라 할 수 있다. 그러나 횟수를 거듭할수록 개별 기사의 독자적 장르화보다는 처음에는 예외적으로 보였던 공동 영역별 범주화의 방식을 더욱 광범하게 채택하는 방향으로 편집 원칙이 굳혀지게 되었음을 유의해 볼 수 있다. 그리하여 제1차년도말 즉 1920년 12월호에 이르게 되면 기왕에 나온 모든 기사들까지도 여섯 가지로 대별되는 공동 영역 중의 어느 하나에 속하게 하는 방식으로 편성 분류하게 되었음을 알 수 있다. 일곱 차례에 걸쳐서 발행되었던 제1차년도의 기사들을 한데 묶어서 제1권 (Volume I)의 총 목차를 만들어 놓은 것이 그것인데, 여기에서 여섯 가지의 공동 영역별로 분류하여 목차를 재편성하는 방식을 취하게 되었던 것이다.

그런데 그와 같은 여섯 가지의 영역 중에서 첫 번째의 영역은 새로운 소식에 해당하는 것들을 한데 엮어 준 것으로, 그것들을 'Informations' 이라는 이름으로 범주화시켜 놓은 것이라 하겠다. 그러나 새로운 소식이라고 해서 상식적으로 생각할 수 있는 일상적인 모든 새 소식들이 여기에 해당하는 것은 물론 아니다. 이 잡지의 목적이 어디까지나 조국의 독립을 회복하기 위한 투쟁에 있었던 만큼, 그러한 목적의식에 비추어 새로운 소식으로서의 의미를 지닐 수 있는 것들만이 여기에 해당하게 되었던 것이라고 할 수 있다. 이 점은 이에 속하는 90가지의 표제 중에서 조국의 독립을 위해 분투노력했던 파리위원부나 관계 인사들에 관한 소식들도 그러하겠지만 그밖에도 거의 대부분의 기사가 그들의 활동 목표와는 정반대의 위싱에 놓여 있는 일본의 제국주의적, 군국주의적, 팽창주의적, 침략주의적 행동 노선이 전세계적으로 어떻게 적나라하게 드러나고 있는가를 들추어 고발하는 입장에서 생생하게 중계해 주는 내용들이었다는 사실에서 충분히 간파될 수 있다.

이렇게 본다면, 두 번째 영역 즉 '한국인의 활동상'에 대한 편집 방침도 거기서 예외가 되었던 것은 아니었다고 말할 수 있다. 왜냐하면 이 두 번째 영역에서는 직접적으로나 간접적으로나 또는 한국 내에서나 한국 밖에서나 그와 같은 일본에 대항하여 독립을 쟁취하기 위한 투쟁에 열중하고 있었던 동족으로서의 한국민의 움직임이 관심의 초점 대상이 되었기 때문이다. 일본 군대의 용서할 수 없는 만행이라는 사실에 초점을 맞추어 첫 번째 범주에서도 여러 차례 다루어 졌던 훈춘 또는 보다 넓게는 간도사건을 다시 두 번째 영역에서도 거듭해서 다루게 되었던 것은 그러한 일제의 만행에 대항적이었던 현지 한국민의 실상을 더욱 깊은 관심을 갖고 조명할 필요가 있었기 때문이었다고 보겠다. 그리고 항일·독립쟁취적이었던 한국인들의 행동에 명백한 동정을 과시했던 외국인들과 이들에 대한 일제의 부당한 처사라던가, 이와는 반대로 반민족적인 길을 걸었던 몇몇 한국인들의 행동까지도 동시에 같은 영역에서 다루어지고 있었음을 보게 된다.

전체적으로 보았을 때, *La Corée Libre*의 편집진들은 스스로 직접 기사를 작성하거나 관계 인사들의 글을 받아 싣는 사례도 없었던 것은 아니지만, 대부분의 경우에는 세계 각국의 신문과 통신 또는 잡지에서 해당 기사의 내용들을 추려내어 재구성하는 방식으로 기사를 작성하는 것이 보통이었다. 이것은 앞의 두 영역, 즉 '새로운 소식'과 '한국인의 활동상'에서도 그러했지만 다음 두 영역, 즉 '외국 언론의 논조'(L'opinion étrangère)나 '논단'(Articles)에서도 마찬가지였다고 할 수 있다. 그러나 차이가 있다면 앞의 것들은 대체로 보도성 기사들인데 반하여 뒤의 것들은 필자의 이름을 밝힌 논술형 기사가 대부분으로서 한국 및 한국의 입장에서 본 일본이나 그 밖의 문제들이 주류를 이루었다고 할 수 있다. 그리고 '논단'의 경우에는 상대적이긴 하지만 파리위원부와 관계되는 인사들의 글들이 많이 들어 있었음은 주목할 만한 일이다. 모두 열네 편 중에서 사동발(다섯 편), 이관용(한 편), 김규식(한 편), F. Challaye(강연 한 편), 편집실(한 편) 등의 것을 합하여 아홉 편에 이르고 있었기 때문이다.

다음으로 '잡록'(Miscellanées)에서는, 두 가지 내용이 주류를 이루고 있었는데, 하나는 자료의 성격을 지니거나 위의 어느 영역에도 포함시키기 어려운 것들이었으며 다른 하나는 한국 관계의 문헌 목록들이었다. 후자에 관해서는 서두에서도 언급한 바가 있었기 때문에 이를 정리하여 부록으로 처리하여 두려고 한다. 당시 이 잡지에 기록된 내용이 한정된 것들이 많기 때문에 별도의 보완 작업을 병행하지 않고서는 요즈음 식의 참고문헌 목록 작성 요령을 그대로 적용하기 어렵다는 난점이 있다. 따라서 그 당시의 기록대로 옮겨놓지 않을 수 없는 실정임을 밝혀두고자 한다.

끝으로 남은 영역이 '화보'(Hors-texte)이다. 화보는 대체로 세 가지 방향에서 편집된 것으로 보인다. 첫째는 일제의 만행을 고발하는 내용들이었고 둘째는 파리위원부와 직접 간접으로 관계를 가졌던 인물들의 초상화들이었으며 셋째는 한국의 문화재들을 소개하는 내용의 것들이었다. 이 중에서 특히 김규식을 비롯한 이관용, 황기환, 윤해, 그리고 F. Challaye와 F. A. McKenzie의 초상은 오늘날 구하기 힘든 소중한 자료의 구실을 할 수 있을 것 같다. 다만 아쉬운 것이 있다면 이 잡지를 위해서 시종여일하게 헌신적이었던 사동발 박사의 초상을 끝내 싣지 않았던 사실이다. 이 잡지가 좀 더 지속되었더라면 이 점도 해소되었을 것임에 틀림이 없다.

이하에 *La Corée Libre*에 실렸던 모든 기사들의 표제를 앞에서 지적한 영역별로 분류하여 우리말로 옮겨 놓으려 한다. 각 표제의 옆에는 이 잡지 안의 출처를 제시했다. 앞부분의 Ⅰ 또는 Ⅱ는 제1차 년도(1920) 또는 제2차 년도(1921)의 표시이며 뒷부분의 숫자는 시작되는 지면수의 표시이다.

2. 한국인의 활동상 (L'Action Coréenne)

3. 외국 언론 論調 (L'OPinion étrangère)

4. 논단 (Articles)

12. 파리위원부 부위원장 겸 위원장대리로 수고한 李灌鎔씨의 초상 (제4-5호)
13. 한국에 나와 있는 일본헌병 순찰대 (제4-5호)
14. 파리위원부 위원장대리 겸 서기장 黃玘煥씨의 초상 (제6호)
15. 서울의 大闕 (제6호)
16. 서울의 파고다 石塔 (제6호)
17. 서울 홍지동의 화강암 佛像 (제6호)
18. 맥켄지씨의 肖像 (제7호)
19-21. 한국에서의 日人의 蠻行 (제7호)
22. 쌀레 교수의 肖像 (제8호)
23. 일본 경찰이 항의 철시한 市廛의 문을 강제로 열게 하는 광경 (제8호)
24. 金允植의 초상 (제8호)
25. 독립만세 시위에 나섰다가 日警의 苛酷 행위를 당하는 한국 여인들 (제8호)
26. 일본 군대에 의하여 최근 불타버린 어느 한국 部落의 廢墟 (제9호)
27. 일본 군대들이 무고한 한국의 양민들을 虐殺하는 광경 (제9호)
28. '自由韓國'의 편집부 (제9호)
29. 민족운동의 중심지를 지적해 주는 韓國地圖 (제9호)

5. 결론

　이상에서, 프랑스어로 된 한국 관계 문헌 중에서 사회과학 분야로서는 반드시 한번쯤 짚고 넘어갈 필요가 있는 것이라는 전제 밑에서, 1920년 5월부터 1921년 5월에 이르는 기간 동안에 파리에서 10회에 걸쳐서 발간되었던 *La Corée Libre*라는 월간지를 살펴보았다. 한마디로 이 글은 *La Corée Libre*가 '어떠한' 잡지였는가를 밝혀보려는 데 역점을 두었던 것인데, 나름대로는 이 잡지를 이해하는 데 도움이 될 만한 몇 가지 중요한 대목들을 어느 정도까지는 해명하게 된 것으로 자위해 본다. 그러나 이 글을 마치게 되는 시점에서 되돌아 볼 때, 특히 두 가지 점이 여전한 아쉬움으로 남기 때문에 그것들을 여기에 지적하여 두고자 한다.

　첫째는 관련 사료의 지속적인 발굴이 병행되어야만 하겠다는 전제가 앞서는 것이기는 하지만, 이 잡지의 실체를 밝히는 데 한계가 있었다는 점이다. 발간 주체로서의 한국통신국의 전후 관계를 비교적 상세하게 논급했으면서도 편집 진용에 관해서는 한마디도 언급하지 않았던 것은 일부러 피해 갔기 때문이라는 것이 솔직한 표현이다. 이 잡지가 간행되던 기간 동안 파리위원부의 핵심적인 인물이 황기환과 윤해였다는 것은 분명한 사실이지만, 같은 기간의 전후 사정으로 보아서 이들이 잡지 일에 매여 있기는 어려운 형편이었다. 그렇다고 해서 사동발 박사와 Challaye 교수가 전담할 수도 없는 일이었다면 단 몇 명의 실무진이라도 있었을 것은 분명한 일이다. 이렇게 본다면 직접 작성한 기사 말미에 기록해 놓은 이름의 머리 글자 약칭에 주목하게 된다. 어떤 때는 2명으로 보이는 〈L. R.〉이라는 이니셜이 사용되기도 했고 또 어떤 때는 4명으로 보이는 〈N. D. L. R.〉이라는 이니셜이 사용되기도 했으며 황기환의 행동 반경 속에 Lym이라는 인물이 등장하기도 했던 것으로 보아서 이들이 편집 실무진이었던 것으로 이해된다. '한국친우회'의 서기로 이름이 오른 바 있는 Mme Matian이란 사람도 이 잡지 소속으로 되어 있었으니 이는 현지인 채용의 경우로 볼 수 있을 것 같다. 그러나 이상이 현재로서는 알 수 있는 내용의 전부이기 때문에 본문에서의 언급을 피했던 것이다.

그리고 이 잡지를 계속할 수 없게 된 사정이 일차적으로 재정적인 이유 때문이라고 보았으면서도 그것을 상황적으로만 설명했을 뿐, 재정 형편의 구체적인 내용 제시를 통해서 논거를 받쳐주지 못했던 것도 아쉬움으로 남는다. 이 점은 파리위원부의 재정 형편의 한 부분으로서, 그리고 구미위원부와의 연관 관계라는 보다 넓은 틀 속에서 더욱 소상하게 밝혀져야 할 것으로 믿어진다. 잡지의 발간 주체로서 한국통신국에 시선을 집중시키다가 보니까 파리위원부를 비껴가게 된 것은 불가피한 일이었으므로, 그에 관해서는 별고로 다룰 예정이다.

둘째는 이 잡지의 기사에 관한 내용 분석이 미루어졌다는 점이다. 물론 기사의 표제 분류를 통해서 어떠한 기사들이 다루어졌는가를 총체적으로 파악하고 자료로서의 소재를 밝혀주는 데는 도움이 되었다고 할 수 있다. 그러나 양적인 분석의 유용성 여부에 대해서는 견해를 달리한다고 하더라도 기사로서 다루었던 당시의 역사적 사실에 대한 대체적인 내용 파악과 함께 인식 내용에 대한 질적인 분석은 긴요하다고 볼 수 있다.

끝으로, 이상 두 가지의 아쉬움에 대한 피력에 더하여, 한국통신국을 정성껏 지원해 주었던 외국인으로서 Challaye 교수와 특히 사동발 박사에 대한 보다 심층적인 연구가 앞으로 나오게 되기를 바라는 희망 사항을 적어 두고 싶다.

IV

한국민족주의의
정치적 실천

개화기(開化期) 송재 서재필의 첫 번째 귀국

1. 서론

송재 서재필의 90세 평생 중 우리나라의 근대화를 위하여 가장 크게 공헌한 시기는 어느 때일까? 보는 이에 따라 다를 수도 있겠지만 대부분의 사람들은 그가 미국 망명 생활에서 귀국하여 개화 운동을 전개하였던 시기를 꼽는 데 주저하지 않을 것으로 생각한다. 그는 1895년 12월 26일에 귀국하였고, 1898년 5월 24일에 다시 미국으로 추방되었기 때문에, 그가 고국에 돌아와서 개화 운동을 벌일 수 있었던 기간은 2년 6개월도 못다 채운 매우 짧은 기간이었다. 특히 그의 90세 평생에 비하면 이 2년 반 동안은 지극히 짧은 기간이었음은 분명한 일이다. 그러나 바로 이 기간에 그가 벌인 자주 지향적이고 민중지향적인 개화 운동이 있었기 때문에 그를 우리나라의 역사적인 인물로, 근대사의 대표적인 인물로 꼽는 데 주저하지 않게 되는 것이다.

따라서 우리는 서재필의 일대기 중에서 이 기간에 그가 이룩하여 놓은 업적들을 주목하게 된다. 그가 우리나라 최초의 민간신문인 한글판 『독립신문』과 영어판 *The Independent*를 발간하였고 또한 우리나라 최초의 대중적 공개 결사체인 독립협회와 학생단체인 배재학당의 협성회를 조직하여 지도 육성하는 데 심혈을 기울였던 사실들을 주목하게 된다. 그리고 이러한 그의 활동의 역사적 중요성에 대한 인식의 폭이 넓어짐에 따라 국내외적으로 그러한 활동에 대한 연구가 다각화 심층화되고 있음은 다행한 일로서 여기서 상세한 내용을 새삼스럽게 지적할 필요는 없을 것 같다. 다만 그러한 대부분의 연구 중에서 본격적으로 서재필이라는 인물로 초점이 모아진 경우는 아직도 드문 형편이며, 활동 내용에 초점을 모으는 경우에도 예컨대 창립 이후의 독립협회에 집중되어 있는 듯한 느낌을 부인하기 어렵다. 다시 말해서 귀국 직후의 서재필에 대한 해명이 이루어진 채 일정 시기 이후의 활동에 대해서만 연구가 집중될 때 나타나는 연구의 불철저성과 지나친 상상에의 의존을 경계하지 않을 수 없다. 이 점에서 본다면 아직은 측면적인 파악을 크게 뛰어넘은 것은 아니라고 하더라도 최근 들어 서재필의 귀국 직후의 움직임과 연관된 연구 성과가 하나 둘씩 나오고 있음은 대단히 고무적인 일이라 하겠다.

따라서 본고는 서재필의 귀국 직후의 활동을 포괄적으로 밝혀내야 할 필요가 있다는 전제 하에서 제한된 사료의 가능한 활용 범위 내에서라도 그러한 필요의 한 단서를 풀어보려는 데 목적을 두고 있다. 말하자면 포괄적인 해명을 전제로 한 작업의 부분적인 착수라고 할 수 있다. 여기서 포괄적인 해명의 한 단서를 일단은 건양협회 문제에서 풀어보려고 한다. 그리고 건양협회를 포함한 서재필의 귀국 직후의 활동의 성향을 보다 넓은 시야에서 이해하기 위하여 서재필의 귀국 동기와 귀국 당시의 정치적 여건을 배경으로 파악해 두고자 한다. 서재필의 귀국 동기를 사적인 동기와 공적인 동기로 대별할 때 그의 공적인 동기는 공개 강연의 개최나 건양협회 결성과 같은 움직임과는 조화를 이루게 되지만, 회사 설립이나 이권 개입 같은 활동에서는 사적인 동기와 복합되어 복잡한 양상을 드러내는 것으로 이해되고 있다. 다만 본고에서는 공적 동기와 과련되 언급ㅇ로 한정한다. 그리고 귀국 정국이 서재필에게 투영된 정치적 여건을 이중적 구조로 파악한 것은 그가 귀국 직후에 착수한 일련의 활동이 어느만큼 독자성을 지닌 것인가를 이해하기 위함에서이다.

2. 서재필의 귀국 동기와 정치적 여건

1. 미국 망명에서 귀국한 동기

송재 서재필은, 철종이 세상을 떠나고 고종이 왕위를 이음으로써 군왕의 교체가 이루어졌던 1863년 정월에, 충청도의 한 사대부 집안의 4남 1녀 중 둘째 아들로 태어났다. 그의 출생과 때를 같이하여 개막된 고종시대의 전환기적인 격동은 근대 민족국가를 새롭게 세우려는 목적의식의 활성화와 이를 안팎에서 제약하려는 위기의 가속화 현상이 동시에 드러나고 있었던 시대 상황의 반영이었다. 임오군란(1882년)이 일어나던 해에만 18세의 나이로 과거(문과)에 합격하여 봉건적인 귀족 관료로서 입신할 수 있는 길이 보장되어 있었던 그가 인습적으로 추구되어 왔었던 안이한 출세의 길을 따르지 않고 소수정예의 개혁 세력에 가담하여 일본 도야마(戶山) 육군소년학교(현 육군사관학교의 전신)에서 무인(武人)의 길을 닦았으며 갑신정변(1884년)의 행동대장으로 활약했었던 사실은 너무도 잘 알려진 일이다. 이것은 그가 나름대로 민족사의 앞날을 내다보고 자기 시대의 역사적 과제를 스스로 수행하려는 투철한 역사의식을 지녔기 때문이었다고 하겠다.

그러나 갑신정변은 실패로 돌아갔고 이 때문에 그는 22세의 한창 나이로 부모형제와 처자식을 사지(死地)에 남겨둔 채 망명의 길을 떠나야 하는 처절한 경험을 겪지 않을 수 없었다. 박영효(朴泳孝), 서광범(徐光範)과 함께 일본을 거쳐서 미국으로 건너갔다가 이들과 헤어지게 되었던 서재필은 조국과 완전히 단절된 상태로 11년 동안 미국에서의 적응 능력을 다지기 위하여 온갖 시련과 고초를 다 겪으면서 의사로 성장하게 되었던 것은 잘 알려진 사실이다. 이러한 그에게 서둘러 귀국하도록 자극을 준 사람은 두 번째의 망명으로 미국에 들러 워싱턴에서 서재필을 다시 만나게 되었던 박영효이다. 그런데 이보다 앞서 고국 정부에서는 이미 두 차례나 서재필의 귀국을 요청한 일이 있었고, 그가 결과적으로 두 번 모두 거절하고 말았지만 막상 귀국하기로 작정하게 되었을 때는 그러한 요청들이 그의 결심을 긍정적인 방향으로 이끌어주는 중요한 단서가 되었을 것으로 이해된다. 따라서 시기적으로 앞선 그러한 사실들을 먼저 파악하여 두기로 하겠다.

서재필에 대한 고국 정부의 첫 번째 귀국 요청은 정치적 급변과 소용돌이 속에서 착수되었던 갑오개혁 초기 단계에서의 일본 측의 상황 인식과 상관된다고 볼 수 있다. 1894년 7월 23일 군사적 위협과 강압 수단을 동원하여 경복궁을 점령한 일본 측은 민씨 정권을 몰아내고 그 대신 대원군을 등장시킨 다음 초정부적 기구인 군국기무처(軍國機務處)를 급히 설치하고 내정 개혁의 명분을 내세워 조선에 대한 통제력을 강화하기 시작한다. 이러한 일본 측은 기존 정치세력의 반발을 상쇄시키는 동시에 그들이 내세운 내정 개혁의 정당성을 밑받침하여 줄 수 있는 새로운 정치세력의 형성과 그들의 동조적 역할이 필요했던 것으로 보인다. 박영효, 서광범, 서재필 등 살아 남아 있는 개화당 요인들에게 망명 생활을 청산하고 귀국할 수 있도록 일련의 조치를 취했던 것은 그렇게 함으로써 과거의 개화당 요인들이 일본 측의 기대에 부응하여 줄 것으로 판단하였기 때문이라고 하겠다.

일본 정부가 일차적으로 귀국을 주선하여 준 사람은 박영효이다. 군국기무처의 설치와 때를 같이하여 7월 28일에 일본 외무대신 무쓰(陸奥宗光)는 조선에 와 있는 오오토리(大鳥圭介) 공사에게 곧이어 있을 박영효의 본국 귀환에 대비하도록 지시하였다.[1] 이어서 그는 부산 영사 대리 에이타키(永瀧敝吉)에게 보낸 8월 4일자의 전보문을 통하여, 동경을 떠나 부산에 도착하게 될 박영효에게 필요한 지원을 해주라는 훈령을 내렸는데[2] 이로 미루어 보면 박영효가 동경을 출발한 것은 8월 6일이므로 이로써 9년 8개월에 걸친 그의 망명 생활이 막을 내리게 된 셈이다. 일본 정부는 박영효의 귀국 조치와 함께 미국에 남아 있는 서광범과 서재필의 귀국도 대원군이 요청하는 형식을 빌어서 서두르게 되었다. 즉 오오토리 공사는 8월 1일과 22일 두 차례의 전보문을 통하여 대원군의 요청을 무쓰 외무대신에게 전달하는 형식을 취하였고, 무쓰는 즉각적으로 미국 주재 전권공사 구리노(栗野眞一郎)에게 훈령하여 서광범과 서재필의 귀국을 주선하고 여비도 대여하여 주도록 지시하였던 것이다.[3]

여기서 서광범과 서재필은 일본 측의 이러한 조처에 대하여 서로 상반된 반응을 드러냈음을 유의하게 된다. "이렇다 할 직업도 없고 떠돌이 생활을 하고 있는 형편이었던"[4] 서광범은 일본 공사의 권고를 선뜻 받아들여서 9월 15일에는 미국을 떠나 일본으로 갔으며,[5] 일본에 머물면서 12

---

1) 『日本外交文書』, 제27권 제1책, p. 552. 문서번호 360의 전보내용은 다음과 같다. "Otori, Seoul. 63. Make arrangement to recall 朴泳孝. Mutsu. July 28, 1894."

2) 위에 든 『日本外交文書』, pp. 552-553. 문서번호 361의 전보문은 "Eitaki, Fusan. 朴永孝 and 5 Coreans with 2 Japanese 恒屋, 石坂 leave here 八月 六日, so when then they arrive there give them every assistance. Mutsu. Sent. 4, Aug. 1894." 로 되어 있다. 한편 박영효가 육로로 서울에 들어온 것은 8월 23일로 알려져 있다. 李光麟, "徐載弼의 독립신문 刊行에 대하여," 『震檀學報』, 제39호 (1975. 4) p. 72 참조

3) 위에 든 『日本外交文書』, pp. 556-557, 문서번호 367 참조.

4) 李光麟, 앞의 논문, p. 72.

5) 앞에 든 『日本外交文書』, pp. 555-556, 문서번호 366. 서재필은 일본 돈 700원에 해당되는 미국

296

월 9일자로 갑신정변의 반역죄가 사면되는 것을 보고[6] 12월 13일에 마침내 귀국하였다.[7] 그러나 이와는 달리 고국에 돌아갈 수 없다는 판단 아래 미국 시민권을 취득하고 적수공권(赤手空拳)의 고학으로 의과대학을 마친 후 의사 면허를 획득하고 미국 여자와 결혼하여 개업하는 등 철저하게 미국생활에 적응하여 생활 기반을 다져나가는 데 부심하였던 서재필은 일본 공사의 권고를 도무지 실감 있게 받아들이지 못했던 것 같다. 구리노 공사가 무쓰에게 보낸 9월 8일자의 기밀문서에서도,

> 서재필은 당지(當地)에서 의술 개업 면허를 얻고 Dr. Philip Jaisohn이라 칭하면서 개업하고 있는 바, 특히 동인의 처는 미국인이어서 차제에 아무리 권고하여 보아도 도저히 귀국할 가망이 없음…[8]

이라고 보고하고 있어서 그가 부정적 반응을 보이게 된 사정의 일단을 짐작할 수 있게 하여 준다. 더군다나 그가 망명길에 오르면서 신의 없는 나라라는 인상을 깊이 새기게 되었던 일본 측[9]의 권고를 무모하게 믿고 받아들이기에는 너무나 단절된 상황에 놓여 있었다고 보아야 하겠다. 결국 그는 일본 측에 의하여 주도되었던 첫 번째의 귀국 요청을 거절하였으며 이 때문에 12월 17일에 새로 구성된 김홍집-박영효 연립내각에는 박영효와 서광범만이 각각 내무대신과 법무대신으로 입각하게 되었던 것이다.[10]

돈 369.25달러를 일본공사에게 대여받고 신응희(申應熙), 정당교(鄭黨敎)와 함께 태평양우선회사 기선편으로 샌프란시스코를 떠났다.

6) 『官報』, 개국 503년 11월 13일(陰) 자.

7) 앞에 든 『日本外交文書』, pp. 554-555, 문서번호 365.

8) 주 5와 같음.

9) F. A. McKenzie, *Korea's Fight for Freedom* (Seoul: Yonsei University Press, 1969), pp. 39-40.

10) 『官報』, 개국 503년 11월 20일 칙령 제4호.

그러나 갑오개혁이 내면적으로 진척돼에 따라 서재필의 역할을 필요로 하는 국내 정치적 여건은 한층 성숙되어 갔으며, 이 때문에 서재필에 대한 두 번째의 귀국 요청은 진일보하여 고국 정부가 직접 그에게 관직을 내리는 형식으로 구체화되었음을 알 수 있다. 물론 이렇게 되기까지는, 서재필과 함께 정부를 운영하기를 열망하였던 박영효와 서광범의 집념이 당시의 상황적인 필요와 일치되었을 것으로 이해된다. 김홍집과 더불어 연립내각을 구성하였던 박영효가 1895년 5월에는 김홍집마저 몰아내고 잠시 내각총리대신을 겸할[11] 정도로 세력 확장에 활기를 보였는데 곧이어 개편된 박정양(朴定陽) 과도내각에서 6월 2일자로 서재필을 외부협판에, 윤치호(尹致昊)를 학부협판에 임명[12]하였던 것이다. 이때의 박정양은 조의연(趙義淵) 군부대신의 퇴진 문제에 대해서 박영효와 서광범의 주장에 동조하였고 또한 박영효의 지지 세력인 정동파(貞洞派)는 그 후에도 계속하여 세력 확장에 임하고 있었던 사실로 미루어 알 수 있다.[13]

그러나 서재필의 귀국을 필요로 하는 여건이 고국에서 성숙되어 갔음에도 불구하고 서재필 자신의 외부협판 취임 거부와 하루 저녁에 밀어 닥친 박영효의 2차 망명으로 말미암아 그의 귀국 시기는 다시 뒷날로 미루어지게 된다. "정부에서는 나에게 외부차관이 되어달라고 하였으나 나는 의학연구를 중지하고 싶지 않아 귀국하여 취임하기를 거절하였다"[14]고 후일 술회한 것처럼, 서재필은 이때까지만 하더라도 여러 해 동안의 뼈를 깎는 고생 끝에 겨우 마련한 의사로서의 미국생활 설계를 하루 아침에 포기하기는 어려운 심경이었던 것 같다.

---

11) 『官報』, 개국 504년 4월 27일 호외.

12) 『官報』, 개국 504년 5월 8일 호외 및 5월 12일 서임 及 사령.

13) 『日本外交文書』, 제28권, 제1책, pp. 424-427 참조.

14) 徐載弼, "滯美五十年," 閔泰瑗, 『甲申政變과 金玉均』 (서울: 국제문화사, 1947), p. 90.

이에 더하여 '음도불궤(陰圖不軌)'의 혐의로 7월 6일 밤에 면직되고, 이어서 체포령까지 내려진 박영효는 7월 8일 새벽 4시에 제물포를 탈출하여 2차 망명의 길에 오르게 되었는데,[15] 그 다음날인 7월 9일자로 서재필의 외부협판직이 취임한 일도 없이 38일 만에 의원면관되었던 것이다.[16] 이것이 "교섭의 결과 서재필이 귀국할 의사가 없다고 청원서를 제출"[17] 하였기 때문이라고 말할 수도 있겠지만, 당시 서광범이 박영효의 문제를 다루는 긴급 각의(緊急閣議)에 출석을 거부당하고 곧 이어서 사표를 제출 했었던[18] 사실로 미루어 보아 서재필의 해임이 시기적으로 박영효 사건과 관련이 있을 수 있다는 추측이 가능하다.

두 차례에 걸친 고국 정부의 귀국 요청이 "미국에서 행의(行醫)하기로 결심"[19]하였던 서재필로서는 당장은 관심 밖의 일이었을지라도, 미국에 가 있는 고국 사람들과의 접촉마저 기피하여 왔었던 그에게 고국으로 향하는 마음의 문을 열게 하여주는 계기가 되었을 것임에 틀림이 없다. 이 때문에 그는 차츰 주미공사관에도 발길을 자주 하게 되었고, 이에 따라 그곳에서 그에게 제공하는 편의도 부담 없이 받아들일 수 있을 만큼[20] 심경의 변화를 일으켜 나갔던 것으로 보인다. 바로 이럴 즈음에 그는 천만 뜻밖에도 뉴욕에 머물러 있다가[21] 워싱턴으로 찾아온 박영효를 만나게 되었던 것 같은데[22] 당시 서울에서 발간되던 일본계의 신문인 『한성신

---

15) 『官報』, 개국 504년 윤 5월 14일 호외 및 *Korean Repository*, Vol. Ⅱ, No. 6, Editorial Department 참조.

16) 『官報』, 개국 504년 윤 5월 19일 서임 及사령.

17) 愼鏞廈, "독립신문의 創刊과 그 계몽적 역할," 『獨立協會硏究』 (서울: 一潮閣, 1975), p. 7, 註7.

18) 『官報』, 개국 504년 윤 5월 19일 궁정특사 참조.

19) 徐載弼, "滯美五十年," p. 90.

20) 『尹致昊日記』 (서울: 탐구당, 1975), p. 100.

21) 『漢城新報』, 1895년 9월 23일자.

22) 金道泰, 『徐載弼博士自敍傳』 (서울: 을유문화사, 1972), p.194.

보(漢城新報)』에 보도되었던 10월 1일자의 기사[23]와 10월 25일자의 기사[24]로 미루어 보면 그 기간은 9월 하순부터 10월 하순까지 적어도 한 달은 넘을 것 같다. 박영효와 더불어 한 달이 넘도록 때로는 함께 기거를 하면서 쌓이고 쌓였던 이야기를 나누는 동안 서재필은 비로소 자기 자신을 필요로 하는 고국의 현실을 보다 실감 있게 인식하게 되었을 가능성을 짐작하기는 어렵지 않은 일이다.

서재필은 이처럼 박영효와의 재회를 통하여 보다 직접적인 자극을 받고 귀국을 서두르게 되었던 것이지만, 끈질기게 귀국을 권고한 박영효나 이를 적극적인 자세로 받아들였던 서재필이나 두 사람 모두가 현실적으로 부딪쳐 있는 한계 상황을 타개하여 보려는 절실한 욕구에서 의견의 일치를 보게 된 것으로 파악된다. 서재필의 편에서 보면, 그는 의사 면허만 획득하게 되면 미국에서의 정착 생활은 순탄하여질 것으로 생각했었는데 그것이 실제로는 유색 인종에 대한 미국 사람들의 심한 차별 때문에 직업 안정에 특별한 도움을 주지 못하는 형편이었다.[25] 이로 인하여 그는 여전히 경제적으로 곤란을 겪어야 했고 당초의 기대가 비현실적인 것이었음을 깨닫는 데서 오는 좌절감도 그 만큼 컸을 것은 당연한 일이다. 따라서 새로운 탈출구를 찾아야 할 처지에 있었던 그로서는 자신을 냉대하는 미국보다 자신의 역할을 필요로 하는 고국에 가서 적극적으로 자아를 실현하여 보려는 욕구에 급속도로 이끌려가게 되었다고 보겠다. 한편 박영효의 편에서 보면, 일본과의 밀월관계가 깨어지게 됨으로써 다시 겪게 되었던 국제적 미아의 생활을 하루 속히 벗어날 수 있기 위해서는 안으로부터

---

23) "朴泳孝: 지금 美國 화성돈府 醫師 徐載弼 집에 寄居한다더라."

24) "朴泳孝 氏: 朴氏가 지금 美國 화성돈부 의사 서재필의 집에 寓接하였는데 이제 고향에 풍운이 황락함이 있으니 하늘가에 외로운 객이 어떠한 감회가 일어날런지 아지 못할러라."

25) 앞에 든 『尹致昊日記』, pp. 100-101 참조.

그의 귀국을 용이하게 만들어 주는 여건 형성이 필요했던 것이 사실이다. 이 때문에 박영효는 서재필이 귀국하여 정치적으로 영향력을 발휘할 수 있게 되면 그러한 여건의 형성도 그만큼 쉬워질 것으로 판단했을 것으로 보인다. 순서를 바꾸어서 다시 언급하겠지만, 서재필의 귀국 목적이 전적으로 박영효의 구명 운동에 있는 것처럼 신경을 곤두세웠던 일본 측 신문 보도들도 따지고 보면 그러한 사정을 되비쳐 주고 있는 것이라고 하겠다.

그러나 서재필의 귀국 결심을, 거기에 사적(私的) 동기가 담겨져 있다는 이유만으로 과소평가할 수는 없다. 문제는 그것을 전위(轉位)시키고 정당화시켜주는 대상으로서의 공적 목표와 공적 이익이 얼마나 분명하게 설정되어 있느냐에 달려 있다고 하겠다. 이 점에서는 결과론에 치우친 회고담도 어느 정도 유용한 자료가 될 수 있을 것 같다. 서재필의 비서를 지낸 임창영(林昌榮) 박사의 저술에 의하면 박영효가 서재필에게 귀국하기를 강력하게 권하면서 "지금 개화파가 정권을 장악하고 있어 갑신정변에서 실패한 개혁정책을 실현할 절호의 기회가 왔다[26]"고 역설하였다는 것이다. 그리고 서재필 자신의 회고에서는 "박영효에게서 본국 사정을 듣게 되자, 나는 즉각적으로 국가를 위하여 큰일을 하여볼 좋은 기회가 닥쳐왔다고 깨달았다[27]"고 한 것을 보면 그의 사적 동기를 전위시키고 정당화시켜 줄 수 있는 공적인 목표가 분명하게 설정되었음을 알 수 있다. 뿐만 아니라 그러한 공적 이익으로서의 개화 정책을 실현하기에는 가장 적절한 시기라는 상황 판단 아래 기회 포착에 있어서도 기민한 결단력을 발휘하였던 것 같다.

물론 이러한 판단 밑에서 서재필에게 환기되었던 개혁 의지가 단순한

---

26) Charming Liem, *America's Finest Gift to Korea: The Life of Philip Jaisohn* (New York: The William-Frederick Press, 1952), p. 44.

27) 주 22와 같음.

갑신정변과 같은 과거의 재현이 아닌 것은 분명한 일이다. 그의 이시 숙에는 이미 '미국에서 오랫동안 마음 깊이 그리던 자유와 독립의 이상을 실천하려는"[28] 의지가 새롭게 자리 잡고 있었기 때문이다.

이에 더하여 "박씨는 내가 귀국하면 그 정형(情形) 밑에서 내가 무엇을 할 수 있을까를 생각하였다"[29]고 서재필이 회고한 데서 알 수 있듯이 막연하게나마 귀국 후에 전개할 활동 내용에 관해서 박영효와 함께 구상하여 보기도 하였던 것 같다. 이처럼 그가 박영효와 협의를 거친 후[30] 주미 공사관을 통하여 본국 정부의 지원을 받고 귀국 수속을 밟기 시작한 것은 11월 10일경[31]이며, 마침내 인천을 거쳐 귀국한 것은 망명으로 고국을 등진 지 11년만인 "1895년의 세모(歲暮)"[32] 즉 이 해 12월 26일이었다.[33]

2. 귀국 당시의 정치적 여건

여기서 먼저 주목하고자 하는 것은, 서재필의 귀국 의사 표명에 찬동하여 그의 귀국 절차를 지원하여 주었던 당시의 조선 정부와는 달리, 그러한 조선 정부에 대하여 통제권을 장악하고 있었던 일본 측은 서재필의 귀국에 상반된 반응을 보여주었다는 사실이다. 워싱턴에서의 박영효와 서재필의 만남을 보도한 바 있는 『한성신보』는 서재필의 귀국을 알리는 첫 번째의 기사에서,

…과반(過般) 미국에 도망한 박영효 씨가 해지(該地)에서 서씨의 가(家)

---

28) 위와 같음.

29) 徐載弼, "滯美五十年," p. 90.

30) 앞에 든 『尹致昊日記』, p. 101.

31) 愼鏞廈, 앞에 든 책, p. 7.

32) *Korean Repository*, Vol. 1, No. 8 (Aug., 1898), p. 54.

33) 『漢城新報』, 1895년 12월 27일자 및 『尹致昊日記』 4 (서울: 탐구당, 1975), p. 111.

에 기거한다는 말은 기왕에 보도하였거니와… 동씨(서재필)의 이번의 귀
국에 대하여는 세인들이 상상하기를 씨가 틀림없이 박 씨를 위하여 운동할
목적으로 귀국했을 것이라고…[34]

하여 박영효와의 관계에 초점을 맞추어서 서재필의 귀국을 경계의 시선
으로 바라보았음을 알 수 있다. 당시 서울에 주재하고 있었던 일본인 기
자 나카무라(中村眞南)가 본국으로 보낸 통신에서도 "서 씨가 귀한(歸韓)
하자 풍설은 곧 박영효 씨에게로 미쳤다. 서와 박 씨는 원래 동지의 사이
로… 서 씨가 홀연히 인천항에 나타나니 세상 사람들이 곧 박영효 씨에
관해 억측을 하는 것도 근거 없다고는 할 수 없다"[35]고 보도하여 거듭 박
영효와의 관계에 주의를 끌어 모았음을 유의하게 된다. 이것은 아래에서
보게 되는 바와 같이 외형상으로는 조선 정부에 대하여 통제권을 장악하
고 있었으면서도 내면적으로는 한계 상황에 도달하였던 일본 측의 정황
을 반영시켜 준 것이라 하겠다.

일본 측은 그들의 "편리한 도구"[36]로서 역할하여 주기를 기대하였던
박영효가 그들의 기대를 저버렸을 뿐만 아니라 때로는 반일 정책도 서슴
지 않았기 때문에 그를 몰아내고 말았다. 그러나 일본 측과는 대립적인
역할 관계를 형성하여 온 구미파나 친로파 또는 민씨파 등은 다른 외국
세력과의 제휴를 통하여 일본 측에 대한 견제력을 계속 확대시켜 나갔다.
삼국간섭 이후의 국제적인 고립화와도 상관되었던 이러한 세력 부식의
한계를 비상 수단으로 타개하기 위하여 일본 측이 획책하였던 것이 10월
8일의 민비시해 사건이었다. 이로 인해서 이완용(李完用), 이윤용(李允用),

---

34) 『漢城新報』, 1895년 12월 27일자.

35) 中村眞南, "徐載弼氏の周旋," 『韓山通信』(1896. 2. 3 전보 발신)

36) F. A. McKenzie, *The Tragedy of Korea* (Seoul: Yonsei University Press, 1969), p. 54.

이하영(李夏榮), 이채연(李采淵), 민상호(閔商鎬), 현흥택(玄興澤) 등은 미국 공사관에 피신하게 되었고, 이범진(李範晋), 이학균(李學均) 등은 러시아 공사관에 피신하게 되었다.[37] 또한 미국, 러시아 공사들을 비롯한 구미인들과 일본 측의 반목이 표면화되는 가운데 고종의 신변 보호를 위한 미국 선교사들의 역할도 활발하여 갔다.[38] 이러는 사이에 11월 28일, 고종을 일본의 통제 테두리 밖으로 벗어나게 하려다가 실패한 춘생문(春生門) 사건이 발생하자, 일본 측은 국제적으로 을미사변에 대한 일본의 책임을 상쇄시키려는 방향에서 이 사건을 이용하기 위하여 서양 사람들, 특히 미국 선교사들의 춘생문 사건 관련설을 널리 퍼뜨렸다.[39] 이 때문에 미국인들과 일본인들 사이의 반목은 더욱 날카롭게 되었으며 관직에서 물러나 피신해 다니는 구미파 사람들의 수는 더욱 늘어나게 되었다. 윤치호가 그의 부친 윤응렬(尹應烈)이 이 사건 관련되어 정동에 있는 언더우드(L.H. Underwood)목사 집에 피신하게 된 것도 이 무렵의 일이다.

그러나 표면상으로는 친일 세력이 주축을 이루었던 당시의 김홍집 내각은 오히려 이 사건의 배후 관련자들에 대한 일본 측의 처벌 요구에 지극히 미온적이었으며 새로 내부대신의 중책을 맡은 유길준(兪吉濬)도 조심스럽게 피신 인사들의 신변 보호를 강구하여 주는 형편이었다.[40] 이 때문에 12월 15일을 전후하여 이완용, 이채연, 민상호의 행동 범위는 사실상 미국공사관 밖으로 연장되어 있었으며,[41] 12월 22일자로 면직된 윤치

---

37) N. H. Allen, *A Chronological Index* (1901), p. 32.

38) L. H. Underwood, *Fifteen Years Among the Top-Knots* (Boston: American Tract Society, 1904), pp. 156-157.

39) 李瑄根, 『韓國史: 近代編』(서울: 을유문화사, 1963), pp. 680-695 및 『漢城新報』, 1895년 12월 5일자 참조.

40) 蘭洞生, 『京城飛信』, 1895년 12월 26일발 통신 참조.

41) 『漢城新報』, 1895년 12월 13일자 및 19일자 잡보 참조.

호[42])를 내부참서관으로 다시 기용하려는 움직임까지 보여 일본 측의 신경을 자극할 정도였다.[43] 그런가 하면 이때는 충청도에서 문석봉(文錫鳳)과 그를 지지하는 송근수(宋近洙), 신응조(申應朝)의 거병(擧兵)을 계기로 민중의 뿌리 깊은 반일 감정이 의병 봉기로 분출되기 시작할 무렵이었다.

이처럼 일본 측이 어느 방향에서도 뾰족한 묘책을 찾아내기 어려운 한계 상황에 몰려가고 있었을 때, 그들의 신경을 날카롭게 자극하는 미국 시민의 자격으로 귀국한 서재필은 미국인들의 가택 중에서 숙소를 구하던 끝에[44] 정동에 있는 아펜젤러(H.G. Appenzeller) 목사 집에 자리 잡게 되었다.[45] 박영효가 나라 밖으로 쫓겨나간 뒤에도 계속하여 법부대신의 자리를 지키다가 학부대신을 맡았던 서광범이 자처하여 주미 공사로 임명받고 워싱턴으로 향하여 출발한 지 열흘 만에 서재필은 귀국하였기 때문에 그와 함께 일하기를 열망하였던 대표적인 두 인물이 모두 나라 밖으로 나가고 없었던 때이기도 했다. 상대적으로 불리하여진 사정에 별로 상관함이 없이 서재필은 정동에 체류하고 있으면서 미국 선교사들이나 구미 외교관들 또는 피신 중에 있었던 정동파 인사들과 접촉하였고, 또 한편으로는 김홍집 내각의 요인들과 정부에 계속 남아 있었던 중도적인 개혁파(개명관료)들과도 관계를 펴 나갔던 것 같다. 이것은 그가 귀국한 지 2주 만인 1896년 1월 8일에 거행되었던 친위대 관병식(觀兵式)에 초치되어 각부 대신들과 고등관들 그리고 각국 외교사절들과 무관들이 배석한 어전에서 능숙한 영어로 통변의 솜씨를 마음껏 발휘하였고 고종의 각별한 환심도 살 수 있었다는 사실[46]에서 간파할 수 있는 일이다.

---

42) 『官報』, 개국 504년 11월 9일자 서임 及 사령.

43) 주 39와 같음.

44) 주 33의 『尹致昊日記』.

45) 金道泰, 앞에 든 책, p. 244.

46) 『漢城新報』 1896년 1월 10일자 및 12일자 참조.

사실상 이때의 김홍집 내각은 유길준을 중심으로 정동파와의 화해와 제휴의 길을 암중모색하고 있었던 때로 보인다. 이들은 일본 일변도의 의존관계를 지양하고 구미 여러 나라들과의 다변적 협조 관계를 이룩함으로써 권력 기반의 대외적 취약성을 극복하는 한편 자주적 개화의 기반을 굳히기 위해서는 무엇보다도 개화 정책의 내용과 명분을 동시에 보강시켜 줄 수 있는 역할이 절실하게 필요하였기 때문이다. 그것을 바로 구미 사정에 정통한 서재필에게서 찾게 된 것이다.

이와 같은 김홍집 내각의 반응은, 세력의 잠복에 불과한 정동파가 다시 일어나게 될 가능성을 내다보고 구미인들의 정중동(靜中動)에 불안을 감추지 못했던 일본 측의 긴장이[47] 역으로 반사된 것이기도 하다. 서재필의 귀국을 충격적인 사실로 받아들였으면서도 그에게 직접적인 행동 통제를 가할 수 없었던 일본 측은 그를 현 내각 반대 세력의 하나인 영어파(英語波, 정동파)에 준하는 미국파 또는 '미국인의 괴뢰'로 부각시킴으로써[48] 파쟁적인 대립 감정을 유발시키거나 은연중 압력을 의식하도록 작용하기에 급급하였던 것이다. 서재필의 귀국에 대한 김홍집 내각과 일본 측의 서로 어긋난 반응은 귀국 직후의 그의 동정과 활동을 이해하는 데 필요한 정치적 여건의 이중적 성격을 말하여 주는 것이라 하겠다. 서재필에게 주어진 이러한 정치적 여건의 이중성으로 미루어 보아서,

> …내각으로 말하면 김홍집이가 총리대신, 내부대신에 유길준이가 되어서 일본 세력에 의한 정권이 성립된 때이었다. 그때, 일본 공사는 고무라(小村)인데 …고무라는 나와 면회하고 한국은 미국과 사정이 다르고 민도가 뒤떨어진 나라이니 미국사상인 민권주의사상, 즉 데모크라시를 전파해서

---

47) 中村眞南, "求人の勢力及劃策,"『韓山通信』, 1896년 2월 3일발 통신.
48) 中村眞南, "朝鮮將來の政派,"앞의『韓山通信』.

는 안 된다고 주의 비슷한 말을 하였다. 그리고 김홍집과 유길준은 나에게 외부대신이 되어달라고 요청하였다. 나는 고무라의 말을 재미롭지 않게 생각하였을 뿐더러 또 정계에는 아무런 야심이 없고 환국한 주요 목적이 인민을 가르치고 인민을 지도 계발하려는 데 있었던 까닭으로 그 요청을 굳게 거절하였다.[49)]

라고 기술된 그의 회고담은 세부적인 기억의 정확성 여부에 상관없이 대체적으로 수긍되어 무방하거니와, 그가 김홍집 내각의 입각 권유를 물리치면서도 때로는 그들의 요청과 지원을 받아들이는 가운데 고국의 역사적 필요에 부응하는 활동들을 독자적으로 펴 나갈 수 있었던 이유를 여기서 알 수 있는 것이다. 서재필이 자신에게 주어진 그와 같은 이중적인 정치적 여건의 틈 사이를 최대한으로 비집고 들어가서 자신의 독자적인 활동의 기반을 다져 나갔다고 볼 수 있겠는데 그것이 얼마나 효과적이었는가에 대해서는 나카무라의 통신 기사의 내용에,

당시 세상 사람들은 서 씨의 귀한(歸韓)이 본인을 위하여 득책이 아니라는 것이 일반의 평이었지만 실제는 예상 외로 되어서 시기(時機)는 도리어 씨를 환영하게 되었다. 돌아와서 얼마 되지 않아 곧 씨는 미국인의 자격을 가졌다는 기묘한 사정으로 월봉 3백 원의 중추원 고문관으로 배명되어, 씨는 지금 실로 행운을 만난 어린 총아(寵兒)가 되었다.[50)]

라고 기록하여 놓은 데서 손쉽게 파악할 수 있다. 여기서 잠시 시야를 넓혀서 서재필에 의하여 주도된 자주 지향적 개화운동이 사회적으로 받아

---

49) 金道泰, 앞에 든 책, pp. 229-230.
50) 韓興壽, 『近代民族主義硏究』 (서울: 연세대학교 출판부, 1977), pp. 84-87.

들여지기에 용이했을 만한 객관적인 상황을 간추려 보기로 하겠다.

첫째는, 1870년대 이후로 직접 또는 간접으로 구미 문화와의 폭넓은 접촉과 수용이 이루어짐으로써 사회 전반적으로 변화가 촉진되었고 신문화로서의 개화 풍조가 광범하게 파급되어 나갔다는 점이다. 실생활로 체험하게 되었던 사회 일반이나, 군주의 피상적인 개화 동조(同調)는 더 말할 것도 없고 자주적 배타(排他)로 인해서 반(反) 개화에 흘렀던 척사 계열에서도 채서(採西) 의식이라는 긍정적 바탕 위에 완만한 사상 변용을 이루어 나가고 있었던 것이다. 그런가 하면 보은(報恩) 집회에서는 '척왜양창의(斥倭洋倡義)' 기치를 내걸었고, 1차 기포(起包) 때에는 '축멸외양(逐滅倭洋)'을 부르짖었던 동학농민군 세력까지도 2차 기포에 이르게 되면 침략적 야욕으로 출병하여 대궐을 침범한 일본을 제외하고는 다른 통상 국가들에 대하여는 점차 우호적 반응을 보이게 될 정도가 되었던 것이다.

둘째는, 위의 사실과 관련하여 일반 민중이나 관인 층에서도 배타를 위주로 하는 자주보다는 개화 수용을 전제로 하는 자주에 대한 인식이 상대적으로 높아졌다는 사실이다. 일반 민중들이 초기에는 동학운동이나 척사운동과 같이 주로 자주적 배타에 호소하는 교리적(敎理的) 동원에 의하여 민족의식을 각성시키게 되었던 것은 분명한 일이다. 그러나 대규모의 제도개혁을 단행한 갑오개혁에 있어서, 거기에 담겨진 개화 정책 자체보다는 거기에 따르는 자주권 희생에 대한 저항의식이 반사적으로 자주적 개화에 대한 열망을 한층 더 높여 주었다고 하겠다. 그리고 청일전쟁과 을미사변을 계기로 청국과 일본의 지배권이 국제적으로 한계에 몰리게 되자, 정파 사이의 세력 싸움에서 옆으로 비켜나온 중간관료층이 중심이 되어 외세 간섭을 배제하는 독자적 개화 노선을 모색하게 되었던 것이다.

끝으로, 서민대중의 점차적인 사회적 부상과 함께 개화의식층의 폭과 두께가 확대되었음을 들 수 있다. 도시와 개항장(開港場)의 서민 상공인층이나 광산 부두의 자유노동자층 또는 영세 농어민층이나 천인층이 전통적인 신분적 속박으로부터 벗어나 사회의 표면으로 떠올라오면서 이들의 사회적 요구가 증대되는 가운데 잠재적인 시민 세력으로 성장하여 갔음을 주목하게 된다. 뿐만 아니라 이들을 새로운 시민 세력으로 현재화(懸在化)시키는 데 선도적 역할을 담당할 수 있는 개화의식층으로서의 근대 지식계층과 제도적 또는 비제도적 의식집단이 형성되어 갔다는 사실이다. 해외 유학이나 여행을 통하여 근대 문명과 사조를 직접 수용할 수 있었던 준(準) 서구적 중견지식층, 새로 설립된 신식학교의 교육과정을 통하여 양산(量産)된 신예의 소장 개화지식층, 근대적 제도개혁에 의하여 새로 창출된 신식 군대와 행정 관료군(群) 및 신흥 상공인 조직, 천주교와 개신교의 교세 확장에 따라 개화문물을 수용하게 된 청년 장년 부녀층의 신도 조직 그리고 실학의 연장으로 계속하여 성장해 온 개신유학층 등이 바로 그러한 개화의식층의 제도적 또는 비제도적 집단들이라고 하겠다.

따라서 개화사상이라는 것도 소수정예의 급진개화파나 중견관료의 온건개화파에게만 전유(專有)될 수 있는 것은 아니고 보다 광범한 사회계층이나 개화의식층의 사상으로 터 잡을 수 있는 소지가 마련되었다고 말할 수 있다. 그러나 이처럼 상황적인 여건은 성숙되어 갔다고 하더라도 그와 같은 요소들이 아직은 분산 상태에 놓여 있었기 때문에 그들을 하나의 공감대로 묶어주고 그 의식의 바탕을 확장시켜 주면서 개화의식과 근대적 행동양식의 결합을 통하여 서로 배양적인 능력을 촉진시켜 주는 역할이 별도로 요청되는 상황이었다고 하겠다. 우리는 이러한 역할 수행을 서재필의 귀국 활동에서 찾게 되는 것이다.

3. 귀국 활동의 개시와 건양협회의 결성 추진

1. 활동의 윤곽

앞에서 서재필의 귀국 동기와 함께, 귀국한 그에게 주어지게 되었던 정치적 여건을 파악하여 본 것은 그의 귀국 활동이 어느 정도까지는 독자적 성격을 지니고 전개될 여지가 있었음을 이해하기 위함에서이다. 이것은 상황적으로 그럴 수 있다는 개연성으로서 뿐만 아니라 실제로 그가 귀국 직후에 착수하였던 일련의 활동 내용과 방향을 종합하여 본 데서도 드러나고 있다.

서재필이 귀국 후 처음으로 공개석상에 모습을 드러내 보인 것은 1896년 1월 8일로서, 오늘의 청와대 앞뜰인 경복궁 신무문 밖에서 그 날 오후 2시에 거행된 친위대 관병식에서의 일이다. 이것이 그가 귀국 한 지 2주일째 되는 날이었음은 이미 언급한 바 있다. 그리고 다시 열흘이 지난 1월 19일 오후 1시에 옛 남별궁 터에서 열린 서재필 자신의 공개 강연회가 그 두 번째에 해당한다. 그런데 이 두 번째의 등장을 보도한 『한성신보』의 기사에서, (1) 서재필이 우리나라 최초로 공개 연설을 했다는 것, (2) 그가 미국 귀화인이어서 월봉 300원의 중추원 고문으로 임명되었다는 것, (3) 그는 귀국 계획으로 우선 영 한문의 신문을 발간하기로 했다는 것 등의 세 가지 내용을 동시에 다루고 있는 데 주목하게 된다.[51]

여기서 먼저 지적하여 두고자 하는 것은, 세 가지의 활동 내용은 관병식 직후부터 거론되기 시작하여 이틀이나 사흘 정도의 선후 관계가 있었기는 하겠지만 대체로 1월 15일을 전후한 4일 내지 5일 동안에 연쇄적으

---

51) 『漢城新報』, 1896년 1월 20일 잡보 기사.

로 타결되었으리라는 사실이다. 강연회 초대장을 송부한다는 공문이 내부대신 유길준의 이름으로 외부대신에게 발송된 날짜가 1월 15일이었던 것으로 보아서[52] 공개 강연회 개최에 관한 서재필과 유길준 사이의 합의는 그보다 며칠이라도 앞섰을 것은 당연한 일이다. 그리고 같은 1월 15일자의 『윤치호일기』에는 "정부가 서재필에게 20년간 계약의 고문으로 초빙하기를 제의하였으나, 그는 완곡하게 이 제의를 거절하였다"[53]고 되어 있는 것으로 미루어 본다면, 서재필의 중추원 고문 계약은 빠르면 16일, 늦으면 19일에 매듭지어진 것으로 판단된다. 국·영문 신문의 발간 계획도 이와 거의 같은 때에 합의된 것으로 어림하여 볼 수 있을 것 같다.

그런데 이 세 가지의 활동 내용을 협의하는 데 깊이 관여하였던 사람이 다름 아닌 유길준이다. 그는 치안 책임자로서 그 전해 12월 중순 경 미국 공사관에 피신 중이던 이완용, 이채연, 민상호를 귀가하도록 조처하면서 그들의 신변을 보호하는 '하민물범(何民勿犯)'이라는 관표를 발급하여 주었으며, 약 40여 일 후인 이 해 1월 하순에는 따로 은신 중이던 윤치호와 현흥택에게 다시 같은 혜택을 베풀어 준 일이 있다. 그러나 그의 이러한 배려에도 불구하고 이들의 피신 생활이 완전히 끝난 것은 아관파천 이후의 일이다.[54] 시기적으로나 상황적으로나 유길준의 이러한 조처와 관련해 서재필의 활동 계획에 대한 그의 관여를 이해한다면, 그것이 협의되고 타결되는 과정에서 서재필의 독자적인 행동의 영역이 충분히 고려되었을 가능성을 짐작할 만하다.

---

52) 유길준전서편찬위원회, 『兪吉濬全書』 (정치 . 경제편)』, (서울: 一潮閣, 1971), p. 235.

53) 국사편찬위원회, 『尹致昊日記』 4 (서울: 탐구당, 1975), p. 125.

54) 『漢城新報』, 1895년 12월 13일자 및 1896년 1월 30일자 잡보 기사 참조. 위의 『尹致昊日記』, p. 129에 기록된 바로는 윤치호에게 전달된 관표(官票)의 발행 일자는 건양 원년 1월 20일로 되어 있다.

더구나 이러한 판단은 1월 25일을 전후하여 드러난 서재필의 전반적인 활동 윤곽에서 더욱 분명하여진다. 기회를 바꾸어서 가급적 상세하게 논급하겠지만, 거기에는 '건양협회'의 결성 추진 또는 '석유직수입회사'의 설립 계획과 같이 일본의 기존 세력 기반이나 이익 기반에 도전하는 새로운 조직 활동의 움직임이 담겨져 있었기 때문이다. 1월 19일에 열린 서재필의 공개 강연회는 그것이 한 번으로 그치는 것이 아니고 매주 일요일마다 정기적으로 개최하도록 되어 있었고, 이어서 그가 착수한 건양협회의 창립과도 내면적으로 연관되었던 것으로 보게 된다. 뿐만 아니라 그가 서울의 호상들을 규합하여 1월 26일에 발족시킨 '한성상무회의소'는 그 자리에서 그가 제의한 석유직수입회사 설립 안을 가결시켰던 것이다.

이 때문에 일본 측은 1월 말에서 2월 초에 이르는 사이에 서재필의 정부 측 지원자인 유길준의 퇴각을 기도하면서 서재필의 추방 공작을 펴게 되었는데, 그간에 서재필이 추진하여온 신문 발간 계획만을 가지고 그러한 일본 측의 움직임을 이해하려는 연구 경향[55]도 없지 않다. 그러한 판단이 전적으로 그르다고 말할 수는 없겠으나, 역시 서재필의 활동 윤곽을 보다 폭넓게 전체적으로 파악하지 못한 데서 나온 부분적 이해의 결과임을 부정할 수 없을 것 같다. 그것은 일차적으로 밝혀진 신문 발간 계획뿐만 아니라 이차적으로 밝혀진 건양협회의 결성 추진, 한성상무회의소의 발족, 석유직수입회사의 발기 등에 의하여 더욱 직접적으로 자극된 것으로 볼 수 있기 때문이다.

여기서 한 가지 더 지적하여 두어야 할 것은 순서를 바꾸어서 곧이어 다루게 될 공개 강연과 건양협회에 대해서뿐만 아니라 국 · 영문 신문 발간에 대해서도 서재필은 그 목적이 한가지로 사회 개량에 있음을 강조했

---

55) 李光麟, "徐載弼의 독립신문 刊行에 대하여,"『震檀學報』, 제39호 (1975. 4), pp. 80-81; 愼鏞廈, "독립신문의 創刊과 그 啓蒙的 役割,"『獨立協會硏究』(서울: 一潮閣, 1976), p. 23.

다는 사실이다. 서두에서 서재필의 일차적인 활동 계획을 보도한『한성신보』의 기사에 관하여 언급한 바 있지만 같은 기사 속에서 신문 발간의 목적이 첫째는 사회 개량을 지도하는 것이고, 둘째는 조선의 현상을 서양 각국에 알리는 것임을 서재필이 강조한 것으로 되어 있다. 그리고 공개 강연과 건양협회의 목적으로는 사회 개량과 풍속 교정이 강조되었음을 뒤에서 보게 될 것이다. 이러한 사실은 서재필이 당시의 한국사회에 대한 개혁의 성격을 주로 개량주의의 테두리 속에서 인식했거나 주장했음을 말해주는 것이기도 하겠지만 신문 발간이나 공개 강연, 사회단체 조직 등을 같은 인식 맥락의 활동으로 이해했음을 말해주는 것이라 하겠다.

따라서 다음 장에서는 초기의 활동 계획과 내용 중에서 건양협회와 관련된 문제들만을 먼저 가려내서 다루어 보고자하며, 한성상무회의소를 무대로 하는 석유직수입회사 설립 문제는 다른 기회로 미루기로 하겠다.

2. 공개 강연회 개최와 건양협회의 결성 추진

일정한 준비 기간을 필요로 하였던 신문 발간의 계획과는 달리, 착상의 시기와 거의 때를 같이 하여 실천으로 옮길 수 있었던 활동은『한성신보』가 한국 최초의 것으로 평가하였던 서재필의 공개 강연회이다. 유길준의 각별한 호의와 주선으로 첫 선을 보이게 되었던 1월 19일의 강연회 광경에 반하여 그 다음날의『한성신보』기사는 다음과 같이 보도하고 있다.

공개 강연이라. 작일 오후 1시쯤부터 남별궁에서 개설하니, 그 변사는 서재필 씨가 연설하니, 조선에서 공개하여 연설하기는 처음이라. 그 연설 방청자는 3, 4백 명이나 있는데 그 청중 중에는 유길준, 정병하, 김가진 씨 등이

더라. 유길쥰 씨가 청중에게 소개하되, 이번 연설은 그 요령만 연설하다가 차후 매 공일에 개설한다 하더라.[56]

위의 인용 내용 중에서 우리의 관심을 기울여 볼만한 대목으로는 두 가지를 꼽을 수 있다. 하나는 3, 4백 명의 청중이 운집하여 성황을 이룬 이날의 강연장에는 이 자리를 주선한 내부대신 유길준과 함께 현직 농상공부대신 징병하와 전직 농상공부대신 김가진이 참석하여 눈길을 모았다는 사실이다. 특히 김가진의 경우, 민비 시해 사건 직후 일본 주재 전권공사로 임명받았으면서도 임지로 떠나기를 계속 미루어 오던 터였다. 이처럼 내면적으로 김홍집 내각이나 일본 측에 대하여 일정한 거리를 두어왔던 그가 서재필의 강연 장소에 나타났을 뿐만 아니라 이후로는 한성상무회의소, 석유직수입회사, 건양협회 등 서재필의 연쇄적인 후속 활동에서 사회의 저명 인사로서 중추적인 역할을 담당하게 된다. 그리고 이로 인하여 그가 마침내는 경무청에 구속당하는 사태까지 빚어지게 되었음은 다시 논급하게 될 것이다.

다른 하나는 서재필의 공개강연이 처음부터 매주 일요일마다 열리는 정기적인 강연회로 계획되어 있었다는 사실이다. 이러한 당초의 계획대로 순조롭게 진행되었다면 서재필의 공개 강연은 아관파천이 일어날 때까지 모두 네 차례 열렸을 것이라는 계산이 가능하다. 그러나 그가 한성상무회의소에서 석유직수입회사 설립의 필요성을 역설한 1월 26일의 두 번째 강연이 있은 뒤부터는 그에 대한 일본 측의 위협이 노골화되었고,[57] 결국 세 번째의 강연회가 열리기로 되어 있었던 2월 2일에는 김가진이 구속되는 사태가 발생하였으므로 실증 자료의 제시 없이 이 세 번째의 강연

56) 『漢城新報』, 1896년 1월 20일자 잡보.
57) 앞의 『尹致昊日記』, p. 134.

이 열렸을 것인지의 여부를 어느 쪽으로도 속단하기는 어려운 일이다. 그리고 그 다음 주의 공개 강연도 계획대로라면 2월 9일에 열렸을 것으로 추단할 수 있다. 그러나 김가진의 구속 사태로 인해서 석유직수입회사뿐만 아니라 신문 발간과 건양협회 조직의 계획도 중단할 의사를 2월 4일에 밝혔던[58] 서재필이 건양협회 발기 모임을 하루 전인 2월 8일에 비공개적으로 가졌던 사실로 미루어 볼 때, 2월 9일의 공개 강연도 실증 자료의 민받침 없이 실제로 열렸었는지의 여부를 단정하기는 어렵다고 보아야 할 것이다.

이처럼 서재필의 강연이 두 번째 이후로는 앞날을 예측하기 어려웠지만 그것이 사회에 던져준 인상과 영향은 의외로 컸었던 것 같다. 3, 4백 명의 청중이 장내를 가득 메울 정도로 청중 동원에 성공적이었을 뿐만 아니라 이들의 집단적인 각성을 일깨워 주었다는 점에서 강연의 성과를 주목할 수 있기 때문이다.

"오(吾)가 서 씨 연설에 가서 세상에 불견 불문하던 교설을 복문하옵고 귀하야 아무리 우신 같은 인신이라도 불각하지 않을 수 없어 주야 불망하옵고 행위하기를 근(勤)하야 십더니…"[59]라고 한 어느 방청자의 고백은 이를 단적으로 말해주고 있다. 서재필의 강연이 청중에게 안겨준 감동은 비단 연설 내용에만 국한되어 있었던 것은 아닌 것 같다. "연설 필시(畢時)에 향우국기(向于國旗)하야 방청인에게 앙배헌(仰拜獻)하라 하옵고 제관민간(諸官民間)에 일시 박수하고 배헌어국기(拜獻於國旗)하야…"[60]라고 한 기록에서 보는 바와 같이, 애국심에 호소하는 국기 배례 의식에 담겨진 극적 효과를 통하여 청중의 감동을 한층 고조시켰음을 알 수 있다.

---

58) 中村眞南, "徐氏計劃を中止す," 『韓山通信』(1896. 2. 4 전보 발신).

59) 『漢城新報』, 1896년 3월 15일자 1면 "寄書."

60) 위와 같음.

이와 같은 서재필의 공개 강연은 "경륜(經綸)의 도(道)를 중설(衆說)"한 것으로 "중민의 완미(頑迷)를 근심하는" 태도에서 기인한 것으로 이해되기도 하였지만,[61] 서재필 자신은 국가의 자주적 자세 확립의 필요성을 역설하였던 첫 번째 강연회에서, 국가의 운명을 좌우하는 적극적 행위인자로서의 민중의 존재의식을 일깨우려 노력하였음에[62] 유의하게 된다. 그는 당시의 민중이 피동적으로 움직이는 무기력한 백성의 위치에서 벗어나 적극적으로 국가의 운명을 이끌어 나가는 역사 주체자로서 역할 하는 "자뢰(自賴)하는 백성"의 상을 제시함으로써 민중의 세력화를 암시하였기 때문이다. 따라서 서재필의 강연은 낮은 민도를 구실로 민권사상의 보급을 극력 통제하려고 한 일본공사 고무라(小村壽太郎)의 질시의 표적이 되었던 것은 당연한 일이다. 그가 공개 강연과 건양협회의 목적을 막연하게 "사회 개량과 풍속 교정"이라고 밝힌 이유도 미루어 짐작할 수 있다. 그러나 이러한 목적이 궁극적으로는 그가 『독립신문』의 강령으로 내세운 "한국 사람들을 위한 한국, 깨끗한 정치(Korea for the Koreans and Clean Politics)"의 실현을 풍토적으로 밑받침해 줄 수 있는 새로운 정치문화의 조성 시도와 결부되는 것이라 할 수 있다.

서재필은 정기적으로 실시하기로 계획한 공개 강연의 개시와 더불어 "사회 개량과 풍속 교정"의 목적 달성에 필요한 제반 활동을 지속적으로 주도할 조직체로서 건양협회의 결성을 추진하게 되었던 것 같다. 당시 서울에 주재하고 있었던 어느 일본인 기자의 통신보도는 서재필의 동정에 관하여,

---

61) 『漢城新報』, 1896년 3월 25일자 사설 "徐顧問論" 참조.
62) 『漢城新報』, 1896년 1월 24일자 잡보.

신문 발간을 제기하면 찬성자가 즉시 나타나고 홀로 연설회를 열어도 청중이 장내를 가득 메운다. 그러면서도 씨는 정계에서 당당한 위치를 차지하려하지 않고 도리어 사회 개량, 풍속 교정을 자기의 임무라고 선언하고 그러한 목적 하에 건양협회라는 것을 만들려고 한다.[63]

는 기록을 남겨두고 있어서, 당시의 앞뒤 사정을 파악하는 데 도움을 주고 있다. 이에 따르면 서재필은 새로 제기하는 일마다 주위의 호의적인 반응을 불러 일으켰음에도 불구하고 그것을 이용하여 정계에서 자기 위치를 확보하려 하기 보다는 오히려 독자적인 활동 영역을 구축하는 데 부심하였던 것으로 보이며, 그러한 의지의 실천적 표현이 바로 건양협회라는 사회결사체의 결성을 추진하는 일이었던 것으로 이해되는 것이다.

그런데 김홍집 내각이 1896년을 기하여 국가의 대외적 자주의 표상인 건원(健元)을 처음으로 사용하기 시작한 건양이라는 연호에서 이름을 따온 건양협회의 내부적인 결성 과정이 어느 정도까지 개방적이었는지는 분명치 않다. 다만 헐버트(Homer B. Hulbert)가 독립협회의 전신으로서 다소 내밀한 조직체(a more or less secret organization)가 있었음을 지적한 바 있는데,[64] 이로 미루어 본다면 그것이 철저한 비밀단체는 아니었다고 하더라도 후일의 독립협회처럼 완전히 개방적인 것도 아니었던 것으로 보게 된다. 서재필의 취지에 찬동하는 전·현직의 개명 관료들에게 문호가 한정적으로 개방되었으리라는 점에서 어느 정도의 폐쇄적 성격은 불가피했을 것으로 보이지만, 건양협회가 정치적 격동으로 인하여 예정되어 있었던 공개적 결성의 단계에 이르지 못한 채 내부적 결성의 단계에 머물고 말았다는 점에서도 그 내밀성(內密性)의 일단을 찾을 수 있을 것 같다.

---

63) 中村眞南, "徐載弼氏の周旋,"『韓山通信』(1896. 2. 3 전보 발신).

64) Homer B. Hulbert, *The Passing of Korea* (Seoul: Yonsei University Press, 1969), p. 150.

어찌됐든 그와 같은 건양협회의 결성 추진은 그동안 사회적 지지를 획득하지 못했던 개혁 정책의 한계를 극복하여 보려는 개명관료들의 자주 지향적 의욕이 서재필의 활동 방향과 부합했기 때문에 가능했던 것이며 그만큼 유길준의 협조가 크게 작용했다고 말할 수 있겠다. 이에 더하여 상인조합 형태의 이익집단이나 외국 세력을 배경으로 하는 준(準) 정치적 사교 단체가 이미 있어 왔다는 사실은 서재필에 의한 새로운 결사의 추진에 좋은 전례가 되었음에 틀림이 없다. 특히 후자의 예로서, 구미 세력을 배경으로 한 '정동구락부(貞洞俱樂部)'와 일본 세력을 배경으로 한 '조선협회(朝鮮協會)'가 1년 전에 처음 결성된 이래로 서로 미묘한 갈등 관계를 계속하여 왔음은 다음 인용이 밝혀주고 있다.

> 작년 본방인(일본인) 및 조선 유지가들이 조선협회를 조직하자 정동구락부라는 한 단체가 미국인과 조선인 사이에 결성되었는데, 그 이유를 잘 살펴보면 미국인 세력과 일본 세력은 사사 건건 충돌의 경향을 갖는 것이다.[65]

이유야 어떠하든 1년 전에 조직된 두 단체가 모두 한국인들을 구성원으로 포함하였으면서도 각기 구미 또는 일본이라는 대외세력을 배경으로 한 것이어서 한국인들의 능동적인 역할은 제약될 수밖에 없었다고 보아야 하겠다. 건양협회는 이와 같은 두 결사체가 보여준 한국에서의 단체 결성의 긍정적 기존성을 살리면서도 거기에 담겨진 제약성을 극복함으로써 처음으로 한국인들만의 사회 결사를 조직할 수 있는 발전적 계기를 마련한 것이다. 그러나 그렇다고 해서 건양협회의 전도가 순탄하게 전개되었던 것이 아님은 이 일을 앞장서서 추진하여 오던 김가진의 구속 사태가

---

65) 中村眞南, "米人の勢力及劃策," 앞의 『韓山通信』.

벌어지는 가운데 2월 8일 그 내부적인 결성을 보게 되었다는 데서 알 수 있는 일이다.

계동(桂洞) 조직국에서 비공개적으로 열렸었던 2월 8일의 모임에는 모두 47명이 참석해 임원을 선출한 것으로 되어 있다. 이에 관해서 김윤식은 자신이 부회장으로 선출되고, 다른 참석자들은 모두 평의원(評議員)과 간사원(幹事員)이 되었다는 기록[66]만을 남겨 놓았기 때문에, 다른 사료의 뒷받침을 받을 수 있게 되기 전까지는 막상 회장으로는 누가 선출되었는지 알 길이 없다.[67] 그리고 평의원과 간사원을 중심으로 하는 임원 구성은 당시 조선협회나 대조선인 일본유학생 친목회를 모방한 것이기는 하지만, 참석자 전원을 임원으로 충원함으로써 이들 각자에 대한 역할 부여를 통하여 적극적인 참여를 유도하도록 했다는 데 특징이 있다. 따라서 정기 강연을 주관하는 일 이외에도 "회중의 서무를 의논하고 회장의 인가를 경하야 확정"[68]하는 평의원과 "회중 사무에 각사의 주선하는 일을 장"[69]하는 간사원의 기능을 통하여 사회 개량과 풍속 교정에 필요한 여러 가지 활동을 펴나갈 조직의 기초를 마련하였던 것이다.

1월 하순부터 진행되어 온 이러한 건양협회의 결성 작업은 정동구락부에 대한 대항적 조직체로서 '조선협회'를 활용하려 보려고 시도하여 왔었던 일본 측에 대해서는 또 하나의 위협으로 이해되었을 것임이 분명하다. 그러지 않아도 일본 측은 서재필이 귀국하자마자 피신 중에 있는 정동파 인사들과 접촉을 펴왔기 때문에 신경을 곤두세워온 것이 사실이다.

---

66) 金允植, 『續陰晴史: 上』(서울: 국사편찬위원회, 1960), p. 391.

67) 그간의 앞뒤 사정으로 미루어 보아서 회장으로는 김가진(金嘉鎭)이거나 아니면 서재필이 선출되었을 가능성도 있으나, 사료의 밑받침 없이 단정할 수는 없는 일이다. 후일 독립협회를 창립하였을 때 서재필은 스스로 미국 국적 보유를 이유로 회원을 사양하고 고문에 머물러 있었던 사실로 보아서는 이때도 전면에 나서지는 않았을지도 모른다.

68) 〈大朝鮮人日本留學生親睦會規則〉 제3절 제4조.

69) 위의 〈規則〉 제3절 제5조.

이렇듯 일본 측의 신경을 자극하여 온 서재필이 그들에 대한 의존 세력 또는 연대 세력으로 간주하고 있었던 개명관료들을 그들의 영향권으로부터 벗어나서 자주지향적인 하나의 사회결사체를 중심으로 결집하도록 계기를 마련하여 주는 역할을 다시 떠맡고 나서게 되었기 때문이다.

그러나 2월 23일(일요일)의 정기 강연회에서 공개적으로 정식 발족시킬 예정이었던[70] 건양협회는 2월 11일의 아관파천으로 말미암아 공개 결성의 기회를 무한정 미루지 않을 수 없었던 것 같다. 내면적으로 자주적 개화의 기틀을 모색하고 있었던 김홍집 체제에 뿌리를 내려가면서 모든 계획을 착수하여 왔던 서재필에게 있어서 아관파천이 던져준 충격과 시련이 자못 컸을 것으로 짐작된다. 이것은 그가 일시적이기는 하지만 미국공사관에 피신을 했었고,[71] 친러파로 득세한 법부대신 이범진의 규탄의 대상이 되기도 했으며, 따라서 신문 발간 계획을 밀고 나갈 가망도 없어 보였기 때문에[72] 미국으로 되돌아갈 결심을 비치게[73] 될 정도였었다는 데서 알 수 있는 일이다. 이러한 좌절의 상황 속에서 그가 공개 강연을 계속할 수는 없었으며 또한 내부적으로만 결성되어 있었던 건양협회를 정식으로 출범시킬 여유가 없었던 것이다.

그러나 서재필은 아관파천의 보수 반동적(반개화적) 역류 현상에도 불구하고 새로 입각하게 된 정동파와 계속하여 중직을 맡고 있었던 건양협회 회원들의 지원을 받는 가운데 한때의 좌절을 말끔히 극복할 수 있었던 것 같다. 그가 3월 13일에는 그때까지 맡아오던 중추원 고문관에 더하여 농상공부의 고문관직을 겸하게 되었고, 국·영문 신문 발간의 꿈도 마침

---

70) 앞 책.

71) 『漢城新報』 1896년 2월 14일자 3면 잡보.

72) 金道泰, 『徐載弼博士自敍傳』(서울: 을유문화사, 1972).

73) 『漢城新報』, 1896년 3월 13일자 잡보 "徐載弼氏" 및 3월 25일자 논설 "徐顧問論" 참조.

내 실현을 보게 되었기 때문이다. 그리하여 4월 7일 『독립신문』 창간호를 세상에 내어놓은 서재필은 구체적인 사업 계획을 앞세워 내부 결성 단계에 머물러 있었던 건양협회의 탈바꿈을 발전적으로 시도하게 된 것이 바로 '독립협회'인 것이다.

서재필은 아관파천으로 인하여 중단되었던 공개 강연을 일단 분리시켜서 청중의 동질성을 바탕으로 한 새로운 형태 전환을 시도하게 되었는데 5월 하순부터 매주 목요일 오후 3시마다 배재학당 학도들에게 채플 시간에 이어서 '만국지리와 다른 학문상의 일'[74]을 강의하게 되었던 목요강좌가 그것이다. 배재학당에서의 그의 강연이 많은 주목을 끌게 되었음은 다음의 기록으로 알 수 있다.[75] 그리고 다른 한편으로는 제2차 김홍집 내각의 박영효 계열에 의하여 착수되었던 사대유물(事大遺物) 제거 작업의 일환으로 그 전 해(1895년) 2월에 헐어버린 영은문(迎恩門)의 옛터에 '독립문'과 '독립공원'을 세우기 위한 사업 계획을 별도로 추진하게 된다. 얼마 뒤에는 모화관(慕華館)을 개수하여 독립관으로 개칭하게 하는 일까지 포함하게 되었던 이와 같은 독립기념물 건조사업 계획은 내각과 집권 관리들의 지지를 전폭적으로 받게 된다. 따라서 이 일을 주관할 조직체(협회)의 발족이 시의적절한 것으로 인식되어 6월 7일에는 중추원 건물에서 14명으로 구성된 발기인 모임을 갖게 됨으로써[76] 다소 비밀 결사의 성격으로 명맥을 지켜왔던 건양협회를 발전적으로 탈바꿈시키는 독립협회의 내부 결성을 보게 되었던 것이다.

---

74) 『독립신문』, 1896년 5월 23일자 잡보.

75) 배재학당에서의 그의 강연이 많은 주목을 끌게 되었음은 다음의 기록으로 알 수 있다. D. A. Bunker, "Pai Chai College," *The Korean Repository*, Vol. Ⅱ, No. 9 (September, 1896), pp. 361-364.

76) 문헌에 의하면 6월 7일 중추원 건물에 모인 인원이 약 12-13명(about a dozen or so)이었다고 했으나 실제로 밝혀진 발기인의 총수는 14명이었기 때문에 실제 수에 맞추었다.

3. 건양협회의 탈바꿈: 독립협회의 창립

위에서 그 대강을 언급하였지만 서재필의 독립협회 창립 작업은 매우 신중하고도 주도면밀하게 이루어진 것으로 이해된다. 서재필과의 대담 내용을 바탕으로 하였고 그가 출국한 직후에 발표되었던 영문 계간 *The Korean Repository*의 기획 기사[77]에 의하면, 서재필이 독립문 건립안을 부각시키기에 앞서 당초에 정부 각료들에게 제기하였던 것은 '공원 설립의 득책(the advisability of establishing a public park)'이었음이 드러나 있다. 이 제안이 차츰 내각과 고급 관리들의 호의적인 반응을 불러일으키게 되자 기회 포착에 기민하였던 서재필은 그가 제의한 사업을 밀고 나갈 단체 결성(formation of a society to carry out the suggestions)의 필요성을 아울러 역설하게 되었다고 한다. 그리하여 마침내는 "열두 서너 사람의 고급 관리들이 6월 7일 중추원 건물에서 회합을 갖고 독립협회라는 이름의 단체를 조직하게 되었다"는 것이다. 서재필은 이처럼 독립협회의 내부 결성이 이루어지기를 기다려서, 그 자리에서 비로소 독립협회가 해봄직한 하나의 큰 사업(a grand thing for the society)으로서 독립문 건립 계획을 구체적으로 제안하기에 이르렀다는 기록이다.

이처럼 6월 7일의 발기인 모임에서는 이미 기본적인 윤곽이 확정지어졌음에도 불구하고, 서재필은 독립협회 결성과 독립문 건립 계획에 관하여 국왕의 재가를 받아낼 때까지 그에 관한 발설을 최대한으로 억제하여 왔던 것이 분명하다. 이것은 그가 6월 20일에 이르러서야 "오늘 우리들은 국왕 폐하께서 서대문 밖에 있는 영은문 헐린 자리에 독립문이라고 불려

---

77) Editor, "The Independence Club," *The Korean Repository*, Vol. V, No. 8. (August, 1898), pp. 281-287.

질 새로운 문을 세우기로 결정 내리신 사실을 기쁘게 생각한다"[78]고 처음으로『독립신문』에 그 계획의 일단을 밝힌 데서 알 수 있다. 서재필이 독립문 건립의 목적과 필요성을 사회 일반에게 공개적으로 주지시키기 시작한 것도 바로 이날부터의 일이다.[79] 물론 이때는 독립협회의 내부 결성을 마친 지도 2주가 가까워올 무렵이었지만 이때까지도 독립협회에 관해서는 계속하여 언급을 삼가하여 온 것이 사실이다. 그리고 이러한 조심성은 독립협회의 결성을 공개적으로 매듭짓기로 되어 있었던, 그래서 후일 그 창립총회일로 꼽히게 되었던 7월 2일의『독립신문』사설에서도 비슷하게 드러나 있다. 독립협회의 이름은 전혀 언급하지 않은 채로 "일간에 조선을 사랑하는 사람들이 중추원에 모여 모화관을 고쳐 독립 공원지를 만들 일을 의론할 터"[80]라고 하여 극도로 표현의 절제와 조심성을 견지하였기 때문이다.

독립협회의 공개결사화 이전 단계에서 보여주었던 서재필의 이와 같은 신중한 태도는 독립협회의 창립 총회가 성공적으로 마무리 지어진 직후까지도 연장된 듯한 감이 없지 않다. 독립협회의 창립 총회가 치러진 사실을 처음 보도한 7월 4일자『독립신문』의 논설에는 독립협회의 발기인 14명의 명단과 함께 새로 선출된 임원 20명의 명단이 소개되어 있는 반면에 정작 '독립협회'라는 조직체의 이름은 전혀 거명 되어 있지 않기 때문이다.『독립신문』에 독립협회의 이름이 오르기 시작한 것은 그 이후의 일이다.

이상에서 본 바와 같이 독립공원 건립론의 제기에서부터 비롯되었던 서재필의 독립협회에 대한 조직의 착수는 그가 배재학당에서 목요 강좌

---

78) *The Independent* (June 20th, 1896), Editorial.

79) 『독립신문』, 1896년 6월 20일자 논설.

80) 『독립신문』, 1896년 7월 2일자 논설.

를 개시한 5월 하순과 때를 같이할 것으로 생각된다. 이때는 서재필이 『독립신문』의 창간 작업에서 어느 정도 헤어 나올 수 있었던 시기였을 뿐만 아니라 실제로 6월 7일에 열렸던 발기인 모임에 앞서 필요했을 준비 기간으로 보아서도 그랬음직한 때이다. 결국 서재필은 열흘 이상 보름 정도의 준비 기간을 거쳐서 14명으로 구성된 발기인회를 열 수 있었으며, 이 자리에서 독립문(Independence Arch)의 이름은 물론, 그 모금운동의 주체가 될 결사체로서의 독립협회의 이름도 확정지어진 것으로 생각된다. 서재필은 이어서 독립문의 건립과 독립협회의 결성에 관한 국왕의 재가를 받아 냄으로써 그가 추진하는 사업에 대한 정치적 보장도 확보하게 되었음이 분명하다. 그러나 서재필은 독립협회의 공개적인 결성이 기정사실화될 때까지는 철저하게 독립문 건립계획을 전면에 내세우고 독립협회의 창립에 대해서는 주위의 시선을 벗어나게 함으로써 독립협회의 출범을 안전하게 유도하였다고 평가할 수 있다.

독립협회의 창립 과정에서 보여준 서재필의 이러한 치밀한 신중성은 그의 기민한 판단력과 상반되는 것임은 두말할 나위도 없는 일이지만 다른 한편으로는 그가 건양협회의 결성을 추진하던 과정에서 겪어야 했던 시련에서 얻은 교훈의 결과로 볼 수가 있다. 귀국 직후 서재필은 여러 가지 사업계획을 동시에 추진함으로써, 특히 일본 상인들과의 이해 대립을 날카롭게 했던 석유직수입회사의 발기를 병행함으로써, 그리고 '풍속 교정과 사회 개량'을 내세운 사회운동의 주체로서 건양협회의 결성을 정면에 내세움으로써, 앞장서 일하던 김가진의 구속 사태를 야기시켰다는 사실을 상기한다면 건양협회 결성에서 얻은 그와 같은 체험은 독립협회의 창립을 위해 더욱 값진 교훈이 되었을 것임이 분명하다. 그리하여 앞서 발기인 모임이 열린 지 25일째 되는 1896년 7월 2일 오후, 새로 외부(外部)가 옮겨가기로 예정되어 있었던 같은 중추원 건물에서 한국 최초의 공개 결사체로서 주목을 받게 될 독립협회가 공개 결사로서의 첫 발을 순조롭게 내딛게 되었던 것이다.

돌이켜 보면, 서재필은 귀국 직후 사회 개량이라는 목표를 내세운 활동 계획의 일환으로 건양협회의 결성을 추진하였던 만큼 그의 개혁 의지에 대한 민중적 지원을 확보하고, 나아가서는 민중의 세력 형성을 도모할 활동 주체로서의 역할을 거기에서 기대했음 직하다. 그것은 갑신정변의 실패에 대한 자기 반성의 하나로 그가 뼈저리게 의식했던 '일반 민중의 성원'[81]을 새로운 차원에서 모색하려는 욕구의 반영으로 볼 수 있기 때문이다. 그러나 김홍집 체제의 기존성 위에 뿌리를 내리려 했었던 건양협회는 거기에 착근할 겨를이 마련되기도 전에 그 김홍집 체제를 전면 부정하여 버린 아관파천에 직면하게 되었다. 그리고 아관파천에 담겨진 그러한 부정적 작용은 후일로 미루어져 있었던 건양협회의 공개적 발족에도 투사될 수밖에 없었다. 따라서 서재필은 민중 지향적인 운동 주체로서 결사체를 결성하려는 욕구만은 계속 추구하여 나가면서도 아관파천이 몰고 온 부정적 작용을 중화시키기 위해서는 내부 결성 단계에 머물러 있었던 건양협회를 공개 결사로 발돋움시키기보다는 새로운 발전적 형태로 탈바꿈시킬 필요가 있었을 것으로 보인다. 이러한 필요에 따라 서재필이 새롭게 착수한 것이 바로 독립협회의 창립 작업이라 하겠다.

일찍이 건양협회와 독립협회의 관련성에 관하여 논급한 이로서는 호암(湖岩) 문일평(文一平)을 꼽을 수 있다. 그는 독립협회를 키워온 주도적인 인물로서 서재필, 윤치호, 이상재 세 사람을 들고 이들의 역할을 평가하는 내용에서 "최초에는 관료의 일 구락부에 지나지 못하던 건양협회가 명실이 상부한 정치적 결사가 된 것은 이 3 거두의 힘이 크다"[82]고 지적한 바

---

81) 徐載弼, "回顧甲申政變," 閔泰瑗, 『甲申政變과 金玉均』 (서울: 국제문화협회, 1947), p. 81.

82) 文一平, 『湖岩全集』, 제1권, 정치외교편 (서울: 조선일보사출판부, 1973), p. 155.

있다. 문일평은 이러한 논급을 통하여 건양협회와 독립협회의 직접적인 연결 관계를 밝혀준 것은 아니지만 독립협회가 건양협회의 후신임을 암시한 것으로 이해된다. 이것은 강재언이 위에 소개한 문일평의 글을 그의 논문 속에 인용하는 자리에서 "…관료의 일 구락부에 지나지 않던 건양협회(독립협회의 전신)가…"[83]라고 나름대로의 주석을 붙여 놓은 데서도 알 수 있다. 일본인 사학자 와타나베(渡部學)의 경우에도 "독립협회는 1896년 3월에 설립되었던 건양협회가 발전적으로 개조된 것"[84]이라고 하면서 별도의 입증 자료를 제시하고 있지 않은 것으로 보아 문일평의 논급에다 김윤식의 기록을 연결시켜서 나름대로 파악한 내용이 아닌가 싶다.

여기서 우리가 유의하게 되는 것은 문일평의 논급이나 또는 이에 근거를 두고 있는 다른 소견들은 한결같이 건양협회와 독립협회의 전후 연결 관계를 일단 수긍하고 있으면서도 그 이상의 어떠한 근거를 제시할 수 없었기 때문인지 건양협회와 서재필을 직접적으로 연결시켜서 파악하고 있지 못한다는 사실이다. 이 때문에 서재필과 건양협회에 대한 인식에 있어서 양자 사이에 일정한 거리감을 개입시키게 되기가 쉽다. 그리고 바로 그러한 거리감은 건양협회가 서재필과는 무관한 별개의 조직체였던 것으로 인식하게 만드는 작용을 하는 것 같다. 이렇게 되면 서재필은 본래 자신과는 관계 없는 조직체로 존재 하고 있던 건양협회의 세력을 끌어들여 독립협회 창설 세력의 일부로 삼았었던 것처럼 이해하기가 십상이다. 이와 같은 이해의 틀 속에서 독립협회의 창립 배경을 파악한 전형적인 예를 신용하 교수의 경우에서 찾아볼 수 가 있다. 신 교수는 "서재필이 독립협회를 조직하려고 구상하였을 때 국내에는 그의 견해와 보조를 같이하는

83) 姜在彦, 『近代朝鮮の變法思想』(동경: 日本評論社, 1973), p. 155.
84) 渡部學, 『朝鮮近代史代』(동경: 勁草書房, 1973), p. 90.

3개의 관료 세력이 서재필 귀국 전에 이미 형성되어 있었다"[85)는 전제 하에서 독립협회 창립 세력의 하나로서 '건양협회 세력'을 제시한 것이다.

신 교수는 건양협회 결성 이전의 건양협회 세력의 존재를 전제하고 있다는 점에서 그의 파악은 매우 예리하고 정확한 일면이 있다. 그러나 신교수는 이들의 존재 의미는 정도 이상으로 중요시한 반면에 서재필의 역할에 대해서는 상대적으로 과소평가할 수밖에 없었다. 서재필 귀국 전에 이미 이들의 세력이 존재하고 있었다면 그것은 중요한 사실임이 분명하지만, 신 교수 자신도 건양협회를 매개시켜서 비로소 이들을 하나의 세력으로 인식했던 것임을 상기한다면 그 이전까지는 개별 분산적이었거나 잠재 세력에 불과했었던 이들을 건양협회의 결성을 통하여 현재적 세력으로 결사화시키려고 노력했던 서재필의 역할이야말로 더욱 중요한 의미를 지닌다고 보아야 할 것이다.

여하튼 신용하 교수가 건양협회와 독립협회의 연관성을 긍정적으로 이해하였음에 반하여, 이러한 관점을 정면으로 부정하고 나선 대표적인 예를 이광린 교수의 경우에서 찾아볼 수 있다. 이광린 교수는 안경수(安駉壽), 이완용, 김가진, 이윤용, 김종한(金宗漢), 권재형(權在衡), 고영희(高永喜), 민상호, 이채연, 이상재, 현흥택, 김각현(金珏鉉), 이근호(李根浩), 남궁억(南宮檍) 등 14명의 독립협회 발기인들 중에서 건양협회 세력이 포함되었을 가능성이 희박하다는 이유를 다음과 같이 설명하고 있다.

…건양협회의 발기인 중에 아관파천 뒤에도 계속 정부의 요직을 차지하였던 사람이 과연 몇 사람이나 되었던지 의문시된다. 그러므로 건양협회의 발기인과 독립협회의 발기인과는 전혀 다른 계열에 속하는 사람들이었다. 결

---

85) 愼鏞廈, "獨立協會의 創立과 組織," 『獨立協會硏究』 (서울: 一潮閣, 1978), p. 82.

국 독립협회 결성에 건양협회 세력이 들어 있다는 설은 있을 수 없다고 생각된다.[86]

　우리가 독립협회 발기인의 명단을 갖고 있으나 불행하게도 건양협회 구성원들의 명단을 갖고 있지 않으므로 이 교수의 논거를 전적으로 긍정 또는 부정하기는 쉬운 일이 아니다. 다만 독립협회 발기인들 중에는 안경수나 정동구락부 계열로 볼 수 있는 이완용, 이윤용, 민상호, 이채연, 현흥택과 같이 춘생문 사건으로 피신 중이던 사람들이 있었으므로 이들이 건양협회에 속할 수 없었다는 것은 자명한 일이다. 그리고 김가진은 이미 밝혀둔 바와 같이 건양협회 조직의 선봉장이었으므로 결국 그 밖의 사람들이 문제라고 하겠는데, 서재필이 귀국하여 건양협회의 세력 규합에 손을 대던 때에도 이들의 대부분은 정부의 중직을 맡고 있었다는 데 유의할 필요가 있다. 『관보』[87]에서 확인할 수 있는 것만을 들더라도 김종한(궁내부 협판, 총호사, 비서원경 전 의사장), 권재형(내각총서), 고영희(농상공부 협판), 이상재(학부참서관), 김각현(외부 참서관), 남궁억(내부 토목국장) 등 거의 전원이 해당된다. 이들이 아관파천 뒤에도 계속 중직을 맡았음을 미루어 보더라도 비교적 중도적인 입장을 지켜왔던 이들 중에서 건양협회 관여자들이 다수 있었을 가능성을 일방적으로 배제하기는 어려운 일이다.
　그러나 무엇보다도 중요한 것은 독립협회건 건양협회건 모두 서재필에 의하여 결성 동기가 부여되었다는 사실이다. 이 점은 두 결사체의 서로 다른 이름이 한 가지로 표방하는 이념의 상통성에서도 잘 드러나고 있다. 청나라에 종속적 지위를 부정하고 대외적으로 조선의 자주독립을 선양하기 위한 일세일원(一世一元) 연호 사용 결정에 따라 채택된 건양 연호 속

---

86) 李光麟, 「徐載弼의 開化思想」, 『東方學誌』, 제18집(연세대학교 국학연구원, 1978.6), P.31.
87) 아세아문화사에서 발간한 『舊韓末官報』 제3권(1895年 下)과 제4권(1896年 下)에서 확인함.

에 담겨 있는 함축적인 의미는 건양협회를 거쳐서 독립협회로 이어지는 이념의 공통적 터전이라고 하겠다. 따라서 시기의 선후 관계에 따르는 정치변동에의 대응이라는 의미 이외에 이 두 결사체에서 별개의 조직 동기를 가려내기는 어려운 일이다. 이 때문에 건양협회에서 겪은 서재필의 시행착오는 독립협회의 치밀한 창립 설계로 연결되는 것이다.

4. 결론

미국 망명 생활에 뿌리를 내리기 위하여 심혈을 기울여 온 서재필에게 갑오개혁 기간 중 두 차례나 귀국할 기회가 열려진 일이 있었음은 앞에서 살펴본 바와 같다. 그러나 실제로 서재필이 서둘러 귀국하게 된 것은 2차 망명길에 미국에 들러서 서재필을 만나게 되었던 박영효의 자극 때문이었다. 국내적으로 자신의 귀국을 용이하게 만들어 줄 여건 형성이 필요했던 박영효는 서재필이 귀국하여 활동함으로써 그러한 상황이 이루어지기를 기대하였다. 한편 유색 인종에 대한 차별로 의사로서의 생활 안정을 기대하기 어려웠던 서재필은 거기에서 오는 좌절을 극복하기 위해서도 새로운 탈출구를 찾을 필요가 있었기 때문에 자신의 역할을 갈망하는 조국에 가서 자아를 실현하여 보려는 욕구에 급속히 이끌려가게 되었다. 그리하여 서재필은 이러한 사적인 귀국 동기를 전위시키고 정당화시켜주는 대상으로서의 공적 목표와 이익을 조국의 자주 독립과 근대적 발전에의 기여로 설정한 후에 조국을 떠난 지 11년만인 1895년 12월 26일 귀국하였다.

그러나 당시의 김홍집 정부와 그리고 이 김홍집 정부를 통제하고 있었던 일본 측은 미국 시민의 자격으로 귀국한 서재필에 대하여 서로 상반된 반응을 보여주었다. 을미사변 이후로 구미 세력들과의 갈등이 심화되었고 김홍집 내각에 대한 내면적인 통제에도 한계를 드러내게 되었던 일본 측은 서재필의 귀국을 극도로 경계하면서도 직접적인 행동 제약을 가할 방도를 찾지 못해 부심했다. 이와는 반대로 일본 일변도의 대외적 의존관계를 지양하고 다변적인 협조 관계를 통하여 대외적 권력 기반의 취약성을 극복하려고 암중모색 중이었던 김홍집 내각은 자주적 개화의 기반을 다지고 개화 정책의 내용과 명분을 동시에 보강시켜 줄 수 있는 역할을 서재필에게서 기대하였다.

이와 같이 귀국한 서재필에게 주어지게 되었던 정치적 여건의 이중적 성격은 그가 김홍집 내각의 입각 권유를 물리치면서도 그들의 다각적인 협조를 받는 가운데서 독자적으로 활동을 전개해 나갈 수 있었음을 이해하게 해준다. 서재필의 활동 윤곽이 1차적으로 드러난 것은 그가 우리나라 최초의 공개 강연을 가진 바 있는 1896년 1월 19일 경으로 공개 강연회 개최, 중추원 고문관 취임, 국·영문 신문의 발간 계획 등이 그것이다. 그러나 곧 이어서 1월 25일 경에는 건양협회의 결성 추진, 한성상무회의소의 설립과 석유직수입회사의 발기 등 새로운 활동 내용이 2차적으로 밝혀지게 되었다. 두 차례에 걸쳐서 드러난 이러한 활동 윤곽 중에서 특히 공개 강연, 건양협회, 신문 발간 등은 사회 개량이라는 표현으로 제시된 서재필의 개혁 의지의 실천과 직접적으로 연결되는 활동 내용들이었음을 유의하게 된다.

이처럼 귀국 직후에 드러난 서재필의 활동 계획 중에서 특히 우리의 관심을 모으는 것은 후일의 독립협회의 창립과도 긴밀하게 연결되는 대목의 내용이다. 서재필이 공개 강연의 개최와 더불어 건양협회의 결성을 추진하게 되었던 사실이 그것이다.

매주 일요일마다 정기적으로 개최하기로 작정되었던 서재필의 공개 강연회는 실제로 몇 회까지 열렸는지 정확하게 알 만한 자료가 아직은 미비한 상태다. 그러나 그 전도가 그리 순탄하지 못했을 것은 분명하다. 한성상무회의소의 처음 모임과 서재필의 두 번째 강연회가 겸해서 열렸던 자리에서 석유직수입회사 설립안을 만장일치로 가결시킨 것이 빌미가 되어 앞장서서 일해 온 김가진의 구속 사태가 발생하였고 얼마 후에는 아관파천이 일어났기 때문이다. 이처럼 서재필의 공개 강연이 오래 지속되기 어려운 여건이었지만 3, 4백 명에 달했던 청중 동원이라든가 국기 배례의 극적 효과와 더불어 청중을 감동시켰던 강연 내용으로 보아서 공중적 감정 이입을 통한 근대 의식의 전파와 민중 계도의 선구적 의의를 찾을 수 있다. 그리고 서재필이 이러한 공개 강연에서 반사된 주위의 호의적 반응을 이용하여 정계에서 자기 위치를 확보하려 하지 않고 오히려 독자적인 활동 영역을 구축하려고 노력한 실천 의지의 표출이 건양협회의 결성 추진이라 하겠다.

서재필의 건양협회 조직 구상은 그동안 사회적 지지를 확보하지 못해 고심하던 개명관료들의 자주 지향적 개화 의욕과 부합하였던 것으로 보인다. 따라서 정동구락부나 조선협회가 선례로서 보여준 단체 결성의 긍정적 기존성에 터하면서도 거기에 담겨진 외세 배경의 한계를 극복함으로써 조선 사람들만의 사회 결사를 중심으로 이들이 결집할 수 있는 발전적 계기를 마련해 준 것이다. 그리고 이를 통하여 서재필은 장차 자신의 개혁의지에 대한 민중적 지지를 확보하고 나아가서는 민중의 세력 형성을 도모할 활동 주체로서의 역할까지도 기대하게 된 것이다. 그러나 건양협회가 실제로는 서재필에 대한 일본 측의 추방 공작이 진행되었고 조직 작업의 선봉에 나섰던 김가진이 구속당한 어려운 상태 하에서 2월 8일에 내부 결성을 보게 되었고, 그런 중에서도 2월 23일로 예정하고 놓았던 공개 결사로의 발돋움은 아관파천이라는 돌발 사태로 인하여 무한정 미루어지고 만 것이다.

본래 김홍집 체제에 뿌리를 내리려 했었던 건양협회는 김홍집 체제에 대한 아관파천의 부정적 작용을 벗어나기가 어려웠다. 이 때문에 서재필은 내부 결성 단계에 머물러 있었던 건양협회 조직 그대로를 공개 결사로 발돋움시키기보다는 새로운 발전적 형태로 탈바꿈시킬 필요가 있었다. 이러한 필요에 따라 구체적인 사업 계획을 전면에 내세우고 새롭게 착수한 것이 독립협회의 창립 작업이다. 서재필은 자신의 개혁의지를 앞세운 사회운동 주체로서 건양협회의 결성을 전면에 내세움으로써 부딪치게 되었던 시련을 거듭하지 않기 위해서 독립협회의 창립 작업을 매우 신중하고도 주도면밀하게 진행하였다. 서재필은 중단되었던 공개 강연을 배재학당 학도들 상대의 목요 강좌로 전환시킨 5월 20일경부터 독립공원 건립안을 주장하면서 사실상 독립협회의 조직에 착수한 셈이다. 그리하여 6월 7일에는 14명의 발기인 모임을 통하여 독립협회의 내부 결성과 독립문 건립에 관한 사업 계획을 확정하였고, 6월 20일에는 국왕의 재가를 받아 정치적 보장을 확보하였으며, 이어서 사업 계획을 사회 일반에게 충분히 주지시킨 다음 7월 2일 창립 총회를 가짐으로써 공개적인 결성이 기정 사실화될 때가지 구체적인 사업 계획을 앞세워 독립협회의 출범을 안전하게 유도하였던 것이다.

서재필에 의하여 제기되었던 건양협회의 결성 동기가 새로운 탈바꿈의 형태로 서재필이라는 동일 인물에 의하여 독립협회로 연결되었음은 서로 다른 이름으로 표방되었던 이념의 상통성에서도 드러나고 있다. 1896년에 처음 사용하게 되었던 건양 연호에 담겨져 있는 함축적인 의미는 건양협회를 거쳐서 독립협회로 이어지는 이념의 공통적 기반이다.

이렇게 볼 때, 서재필을 중심으로 하는 독립협회의 창립 배경에 관한 기술은 당연히 서재필의 건양협회 결성 동기에서부터 시작되어야 한다.

그리고 독립협회와 건양협회의 연관성을 전면 부정하거나 또는 서재필의
주도적인 역할을 외면한 채 독립협회와 건양협회의 연관성만을 수긍하는
종래의 인식은 수정되어야 마땅하다.

정치가로서의 용재 백낙준

1. 서론

용재 백낙준의 모습이 우리들에게는 교육자 · 교육 행정가로서, 그리고 사학자 · 교회사가로서 보다 뚜렷하게 각인되어 있음을 부인할 수 없다. 그는 1979년 5월에 가진 어느 신문 기자와의 인터뷰에서 "교육을 통한 민족과 국가에의 봉사, 이것이 내가 살아 온 평생"이라고 자신의 생애를 한마디로 명쾌하게 단정한 일이 있다. 그럼에도 불구하고 그 '민족과 국가에의 봉사'를 보다 전문적인 활동 영역으로 한 단계 독자화시켰던 또 하나의 모습이 있다. 그것은 정치가로서의 용재의 모습이다. 그의 생애 전체에 비추어 본다면 비록 작은 부분에 해당할지 모르지만 그가 분명히 한 사람의 정치가로서의 발자취를 남겨 놓은 것은 엄연한 사실이기 때문이다.

그런데 용재는 전업 정치가들과는 너무도 다르게, 그리고 여느 아마추어 정치가들과도 전혀 같지 않게, 자신을 정치가로 인식하는 데 대단히 인색하였을 뿐만 아니라 스스로의 정치적 역할 수행에 대해서도 대체로 소극적으로 인식했었던 것으로 보인다. 심지어는 자신을 회고하는 말년의 글들[1] 속에서조차도 한 때의 자신의 정치 활동에 대하여 특별한 언급이 없었을 정도로 스스로의 비중을 크게 두지 않았던 것이 아닌가 싶기도 하다. 그만큼 정치가로서의 용재의 모습을 세밀하게 확인하는 작업은 쉽지 않으며 또한 건져 낼 것도 그리 많을 것 같지 않다는 의구심마저 들기도 한다.

그렇다면 용재의 정치 활동은 한 때의 우연한 외도로서만 지나쳐 보아 넘겨도 상관없다는 말인가. 그렇지는 않다고 생각한다. 자신의 모든 활동을 궁극적으로 국가와 민족에의 봉사로 귀결시켰던 용재가 결국 정치가로서의 길을 택하게 되었던 것도 같은 맥락에서 이해할 수 있는 일이기 때문이다. 또한 그가 어려서부터 민족주의적 교육 환경에서 성장했으며 자유주의적, 국제주의적 사상 풍토의 미국 유학을 마치고 돌아와서는 그가 교직에 종사했던 연희전문학교나 그가 다각도로 봉사 활동을 펼쳤던 교회가 모두 그의 표현대로 "민족주의의 잠복처"였다는 점에서 그가 일관되게 다져온 자유주의적 민족주의자로서의 활동의 연장선상에서 역시 그것을 파악할 수 있기 때문이다. 그리고 이러한 용재가 해방 이후로는 날이 갈수록 국가적 차원에서 공인으로서의 역할과 자리매김을 확장시켜 나가게 되었다는 사실은 공인으로서의 그의 활동이나 역할이 자연스럽게 정치 영역으로 이어질 소지가 있었던 것임을 수긍하게 되는 것이다.

그는 교육에 힘쓰는 한편 민족을 생각하고 자유정신을 드높이는 데 열의와 정성을 아끼지 않았다. 30개월 동안의 문교부 장관이나 불발로 그친 국무총리 임명은 물론이려니와 70년대까지 활발하게 국제 활동을 펼치면서 자유정신을 널리 전파했다. 그리고 그에게 정계에의 진출을 자극했던

---

1) 대표적인 것으로는, "민족교육 참여 첫 10년"이란 제목으로 『새교육』(1968. 1)에 연재되었다가 다시 『시냇가에 심은 나무: 나의 인생관』(서울: 휘문출판사, 1971)에 수록됐던 "백양동천에 묻은 세월"이란 글과, 『연세춘추』, 1981년 8월 17일자부터 15회에 걸쳐 연재되었던 "나의 삶을 되돌아보며"라는 글을 들 수 있다.

4 · 19 직후의 정치적 지각 변동과 대학 총장으로서의 그의 정년이 맞아 떨어지는 시점에서 본격적인 정치 활동을 시작하여 참의원 의장을 지냈다. 그는 5 · 16이라는 타의에 의한 정계 퇴진 이후에도 무게 있는 재야 인사로서 정국을 풀어 가는 데 일익을 담당하면서 때로는 대통령 후보감으로까지 거론되기도 했었음을 우리는 기억하고 있다.

이러한 정치가로서의 용재의 삶을 되새김하여 보려는 것이 이 글의 목적이라 할 수 있다. 민족주의자로서의 사회 인식과 공인으로서의 역할 수행, 나아가서는 국제 사회에서 자유와 평화를 떠받들고 반공 활동을 펴나갔던 민간 외교관으로서의 면모를 먼저 더듬어 볼 것이다. 다음으로는 초대 참의원 의장직을 맡고 정치에 관여하던 시절을 전후한 그의 생각과 활동을 살펴볼 것이다. 끝으로 재야 원로로서의 용재의 정치적 역할과 무게를 점검하여 볼 것이다. 이러한 고찰을 통하여 결국 용재는 어떠한 유형의 정치가였을까 하는 물음에 대한 소박한 해답을 결론으로 도출해 보기로 하겠다.

2. 민족주의자 용재의 공인으로서의 위상과 국제 활동

어릴 적의 용재는 위정척사론의 흐름과 실력양성론의 흐름이 합류하는 접점에서 민족의식의 바탕을 마련하게 된 것으로 보인다. 시국을 바로 잡기 위하여 임금에게 지어올린 최익현, 송병선, 곽면우의 상소문을 그가 베껴가지고 다니면서 읽었다고 한 것은[2] 전자의 흐름을 말하는 것이며, 안창호, 안태국, 최광옥, 이승훈 같은 지사들의 피 끓는 연설과 정성스런

---

2) 백낙준, 윗글 (1971), p. 22.

깨우침에 스스로 감동을 받았다고 한 것은[3] 후자의 흐름을 말하는 것이기 때문이다. 밖으로의 표명과 행동으로서가 아니라 안으로의 감성과 관념으로서 지니게 되었던 그러한 민족의식은 그의 미국 유학 생활을 통하여 자유주의·국제주의와 접목되면서 새로운 차원에서 폭넓게 자유와 평화 정신을[4] 수용하게 되었음이 분명하다. 그러나 귀국 후 강권적인 일제 식민 통치의 극도로 제약된 상황 하에서는 그러한 정신을 드러내서 펼치기는 고사하고 민족의식조차도 잠복 상태로 은폐하거나 간접적인 형태로 표현할 수밖에 없었던 것 같다. 그는 연희전문이 국학의 요람으로 터 잡을 수 있도록 남다른 열성을 기울였으면서도 '신간회'에는 직접 가입하지 않은 채로 그 지도자들과의 교유를 유지했는가 하면 '수양동우회' 사건이나 '흥업구락부' 사건도 조심스럽게 피해갔던 것이다.

이 때문에 그는 일제에 정면으로 대결하여 민족의 해방을 쟁취하기 위한 실천적 투쟁을 도모하는 방향에서 자신의 민족주의를 자리 잡게 한 것이 아니라 자신에게 주어진 현실적인 여건 하에서 궁극적으로 민족을 위하는 실천 가능한 길이 무엇인가를 가리고 수행하는 방향에서 현실적이고 관념적인 민족주의자로서 자리를 굳히게 된 것으로 이해된다. 생각하기에 따라서는 자신의 정치적인 입지를 얼마든지 유리하게 이끌어 갈 수 있었음 직하였던 미군정 하에서도 그가 여전히 교육자로서의 역할에 자족하고 충실할 수 있었던 것은 그러한 인식 때문이었던 것으로 보인다.

그러나 몇몇 사회단체와 연희전문·이화여전 등의 학교 및 교회의 테두리로 행동 반경을 사실상 한정시켰었던 일제 하에서와는 달리 해방 후의 용재의 사회적 지명도와 공인으로서의 역할은 대단히 빠른 속도로 전국적인 차원으로 확장되어 나갔음에 유의할 필요가 있다. 그가 서울대학

---

3) 윗글, p. 23-24.
4) 윗글, p. 32.

의 전신인 경성대학을 일제로부터 인수하는 작업을 수임받은 것이 계기가 되어 경성대학 총장 물망에까지 오르게 되었고 법학부장 직을 수행하면서 아무런 인연이 없었던 서울대학의 재건에 진력하게 되었던 것은 널리 알려진 사실이다. 물론 그의 공인으로서 위상을 한층 더 드높여 주었던 것은 전쟁으로 초토화된 국민 교육을 재건하기 위하여 종횡무진하게 기상천외의 방법들을 강구하면서 외원을 끌어들이는 데 심혈을 기울였던 전시 문교부 장관으로서의 역할 수행이었다고 할 수 있다. 그가 같은 장관 재직 중에 국무총리로 지명을 받게 되었던 것도 그러한 그의 역량에 대한 이승만 대통령의 확고한 믿음과 적극적인 평가가[5] 있었기 때문이었다고 보아야 하겠다.

이처럼 공인으로서의 용재의 위상은 계속하여 드높여지고 있었지만 그것이 특히 국내 정치적 연관 속에서는 반드시 낙관적인 전망만을 가능하게 했던 것은 아니다. 그가 해방 직후 경성대학 총장 물망에 올랐을 때 그는 연희전문학교 동료 교수였던 백남운을 앞세운 좌익 세력의 거센 반대에 부딪혔을 뿐만 아니라 국내 보수 진영으로부터도 달갑지 않게 여기는 난관의 벽에 부딪힘으로써 좌절을 맛본 일이 있었다. 그는 현직 문교부 장관으로 있으면서 이승만 대통령의 그에 대한 국무총리 임명 승인 요청이 국회에서 부결되는[6] 좌절을 겪기도 하였다. 이러한 경험으로 말미암아 용재는 자신을 필요로 하는 객관적 여건이 충분히 조성되어 있지 않은

---

5) 『제8회국회임시회의록』, 제52호 (1950년 11월 18일). 국회에서 그의 임명 동의가 부결된 후 이승만 대통령이 재심을 요청하는 내용 중에 "白長官의 信望과 人格이 相當하고 國家多事한 이때에 爲國盡誠하는 適當한 人物임으로……"라는 표현이 있다.

6) 『제8회국회임시회의록』, 제42호 (1950년 11월 3일). 이날 국회 본회의는 이승만 대통령의 요청에 대하여 토의 없이 무기명 투표로 표결에 들어갔으며 재석 123명 가운데 찬성 21표, 반대 100표, 기권 2표로 부결시켰다. 이승만 대통령은 11월 15일자로 국회에 재심을 간곡하게 요청했으나 부결된 의안을 같은 회기 안에 다시 상정할 수 없다는 의장의 해석을 18일의 본회의가 수용하는 방향으로 처리되었다.

상황 아래에서는 섣부르게 나서려고 하지 않는, 정치적 역할 인지에 대한 소극적 태도를 굳히게 되었던 것으로 이해된다.

그러나 당시의 여건으로서는 타인의 경쟁적 추종이 거의 불가능했었던 국제적인 활동 영역에서는 공인으로서의 용재의 역할 수행이 순탄했고 따라서 그의 역할 인지도 적극적이었던 것으로 평가된다. 전형적인 자유주의적 민족주의자로서의 정신 세계를 가꾸어 온 용재의 국제 활동은 세계가 냉전 구조로 틀지어가고 있었던 시대 상황에 따라 자연스럽게 자유와 반공에 초점을 모으게 되었다고 말할 수 있다. 용재는 1947년 인도 뉴델리에서 열렸던 '범아세아대회'에 참석한 이래 활발한 국제 활동을 펼쳤는데 이후에 계속 이어진 용재의 주요한 국제 활동들은 모두 같은 맥락에서 이해할 수 있다. 해방 직후부터 그는 열강의 세력 각축 속에서 우리 민족의 운명이 결정되었던 한말의 역사 상황이 거듭될 수 있음을 상기시키면서[7] 국민들의 각성을 촉구하였다. 그리고 뉴델리 회의에서는 아시아 국가들을 향하여 북에서 내려오는 공산 진영의 세력과 남에서 올라오는 자유 진영의 세력이 충돌할 가능성이 크다고 예단한 바[8] 있는데, 불행하게도 그의 판단이 3년 후에 한국 전쟁의 발발로 적중하게 되었던 것은 다 아는 일이다. 그는 한국과 같은 작은 나라가 국제 사회에서 평화와 안전을 유지하면서 온전하게 살아남기 위해서는 집단 안전 보장 체제에 능동적으로 참여해야 한다고[9] 보았던 만큼 스스로 국제적 활동에 적극성을 보이게 되었던 것은 당연한 일이다.

용재가 1952년 10월말 3개월 동안의 해외 체류 기간을 필요로 하는 '유

---

7) 백낙준, "한국을 위요한 국제정세의 今昔," 『한국의 현실과 이상』 상 (서울: 동아출판사, 1963), p. 290 ; 백낙준, "난국극복에의 국민태세," 『신천지』 (1953. 10월), p. 14-18.

8) 백낙준, "아시아 반공운동의 진로," 백낙준, 윗글 (1963), p. 300.

9) 백낙준, "以友安保" 『한국일보』, 1970년 11월 15일자.

네스코 제7차 총회'에 한국 수석대표로 참석하기 위해서 문교부 장관직을 자청하여 사임할 정도로[10] 이 국제 활동에 대한 열의가 남다른 바가 있었던 것도 그러한 때문이라 할 수 있다. 그는 1955년 9월 필리핀 마닐라에서 열린 '아세아 반공대회 제1차 총회'에 한국 측 수석대표로 참석하였고, 1956년 3월과 1956년 11월에도 연속하여 국가 대표로서 활발한 국제 활동을 펼쳐 나갔다. 1958년 4월에는 '아세아 반공대회 제4차 총회'가 열렸던 태국 방콕에 한국 수석대표로 참석하여 차기 회의지로 결정된 '서울 총회'의 의장으로 추대되었다. 1959년 6월에는 '아세아 반공대회 제5차 총회' 의장직을 맡아서 아세아 각국의 인사들과 함께 회의를 주도하였다. 이어서 1960년 6월 대북에서 열린 '아세아 반공연맹 제6차 총회'에 한국 측 수석 대표로 참석하였고, 1967년에는 스위스 제네바에서 열린 '세계 평민 평화회의'에 참석하기도 했다. 또한 1972년 8월에는 멕시코시티에서 열린 '제6차 세계 반공연맹 세계대회'에 한국 측 대표로 참석하였다.[11]

요컨대, 용재는 기회 있을 때마다 전 세계에 자유 정신을 구현하여 인류의 평화를 이룩해야 한다는 주장을 펴나가는 데 앞장서 왔을 정도로 이 상주의적 측면을 강하게 드러내고 있었으면서도, 약육강식의 논리가 지배하는 국제 사회의 속성을 정확하게 파악하고 거기에 긴밀하게 대응하기를 역설하는 현실주의적 측면도 겸하여 지니고 있었음을 지나칠 수 없다. 그는 힘의 논리가 지배하는 국제 사회에서 우방과의 관계 증진의 중요성을 힘주어 말했고 또한 안보 문제에 관한 한 당리당략을 벗어나서 초당적으로 대응하는 대동 단결의 자세가 정립될 때 민족 번영을 이룩할 수 있다고 자주 강조했던 것이다.

이처럼 한국을 대표하는 자유 수호의 민간 외교관으로서 적극적으로

---

10) 『동아일보』, 1952년 10월 26일자, p. 6.
11) 백낙준, 『한국의 현실과 이상』 하 (서울: 연세대학교 출판부, 1977), p. 10-11.

역할을 수행하는 과정에서 국내외적으로 다져진 공인으로서의 위상과 명성 때문에 그의 정계 진출도 그만큼 용이하게 이루어진 것으로 이해할 수 있다. 특히 한국 사회에서 이러한 그의 국제적 명성의 절정을 장식했던 것은 서울에서 열린 '아세아 반공대회' 의장으로서의 역할이었던 것으로 보인다. 그는 한국인들의 이목이 집중되는 역사의 현장에서 그의 국제 사회에서의 명성과 역량, 그리고 능숙한 사회 솜씨를 유감없이 발휘하여 국제 사회 어디다 내놓아도 손색없는 자랑스러운 존재라는 인상을 국민들의 마음 속에 깊이 심어주게 되었는데[12], 이것이 그가 정계에 진출하기 1년 전인 1959년 6월의 일이었음을 기억해 둘 필요가 있는 것이다. 이 점은 용재가 정계를 물러난 후에도 상당 기간 그의 생활에 지속적인 의미를 부여하게 되었던 것으로 보아도 무리가 없을 것이다.

3. 용재의 자유 민주주의 정신과 의정 활동

용재는 어린 시절에 싹튼 민족정신, 프린스턴대학에서 전공한 역사학, 펜실베이니아 대학원 여름 학기에 수학한 정치학적 소양,[13] 그리고 대학 교직에서 갈고 다진 교육과 연구와 행정의 경험을 바탕으로 그동안 한국 근대화의 길목에서 자유민주주의자로서 지도적 역할을 감당해 왔던 것이 사실이다. 용재는 인간의 존엄성, 자유, 민주에 대한 신념을 비교적 일관되게 견지해 온 것으로 보인다. 용재에게 있어서 자유는 자제와 절제를 통하여 비로소 얻어지는 것이며 민주주의는 인권을 바탕으로 한 것일 뿐

---

12) 당시 국내의 신문들은 앞을 다투어 아세아 반공대회 의장으로서 용재의 자랑스러운 모습을 묘사하는 데 열을 올리고 있었던 것은 그 좋은 예라 하겠다.

13) 백낙준, 윗글 (1971), p. 31.

만 아니라 공평과 정의를 겸비한 것으로서 형식과 내용이 함께 갖추어진 상태를[14] 의미하는 것이다. 용재는 그만큼 자유민주주의에 대한 인식에 철저하였고 그에 대한 나름의 확고한 신념도 지녔던 것으로 이해된다.

그러나 용재는 자유민주주의의 이상을 소중하게 생각했으면서도 현실 정치에 대해서는 비교적 관대한 태도를 견지했었던 것으로 보인다. 정치가는 이상을 목적으로 하기 보다는 현실을 더 무게 있게 생각해야 하며, 최고선을 얻기보다는 폐해가 비교적 적은 것을 취하는 것이 바람직하다는 것이 용재의 인식이다. 이것을 일단은 이상과 현실에 대한 조화의 시각으로 이해할 수 있겠으나 그것이 그의 정치 활동에 어떻게 투영되었는지는 별도의 분석을 필요로 한다.

용재의 활동이 정치적으로 의미 있는 것으로 주목을 끌기 시작한 것은 물론 문교부 장관 재직 시절부터라고 할 수 있다. 문교부 장관으로서 용재는 자립인 교육, 자유인 교육, 평화인 교육을 교육 목표로 설정했다고[15] 한다. 곧, 평화를 사랑하고 자유 민주 정신에 투철한 시민을 길러내는 정치 교육을 목표로 삼은 것이라 할 수 있다. 단순한 교육 행정 관료의 수준을 넘어서서 역사를 투시하는 그의 정치적 식견 때문에 한국 전쟁 중에도 교육이 중단 없이 계속될 수 있었던 것인데, 이것은 두 말할 필요도 없이 국가의 백년대계인 교육은 전쟁 중에도 중단할 수 없다는 그의 확고한 결단으로 해서 가능했던 것이다.

이러한 용재의 정치 활동이 본격적으로 이루어진 것은 참의원 의원에 출마하여 당선된 때부터라고 보아야 하겠다. 그것이 1960년에 발생한 4 · 19 이후부터라는 점에서 그와 4 · 19와의 관계를 먼저 짚어 둘 필요가

---

14) 백낙준,' "이건 내 자유요," 『샘터』 (1974. 2), p. 20-21 ; 백낙준, "사회적 변천과 민의," 『사상계』 (1953. 8), p. 168.

15) 백낙준, "문교부장관시절(1)," 백관익 (엮음), 『내일을 위하여: 백낙준박사 대담모음』 (서울: 정음문화사, 1989), p. 298.

있다. 4·19 당일 시위를 마치고 돌아온 연세대 학생들을 향하여 "어른들이 실천할 용기가 없어서 못한 일을 우리의 젊은 아들딸들이 해낸 것은 장한 일"이라고[16] 격려를 아끼지 않았던 대강당 앞에서의 그의 명연설은 오래도록 후일담으로 전해지고 있다. 이 연설이 있은 직후 사회 일각에서는 그러한 용재의 '경거망동'을 비판하고 이승만 대통령에게 사과할 것을 요구하기도 했다는 것이다. 그러나 몇 해 전부터 자유당 정권과 일정한 거리를 두어 왔던 용재로서는 독재 정권에 항거하여 자유를 외치며 분연히 일어난 학생들의 행동을 정의로운 것으로 판단하고 그들의 편에 설 수 있었기 때문에 끝내 뜻을 굽히지 않았고 사과도 하지 않았음은 물론이다.

4·19를 계기로 자유당 정권이 무너지고 정치적 지각 변동의 파장이 크게 일고 있는 상황 속에서 내각 책임제·양원제·지방자치제를 골간으로 하는 제2공화국의 민주화를 향한 제도적 장치의 하나로 의회를 새로 구성하는 일이 추진되면서 1960년 7월 29일 민의원 선거와 동시에 초대 참의원 선거를 실시하게 되었던 것은 다 아는 일이다. 따라서 참의원 의원 선거를 앞두고 용재의 주변에서는 자연스럽게 그의 정치 참여를 권유하는 사람들이 많았지만 용재는 망설이는 편이었던 것 같다. 그러는 사이 몇몇 친구들이 서울 지구 참의원 입후보자로 용재를 등록해 버렸다는 것이다. 이때는 그가 오랜 세월 동안 몸담아 왔던 연세 학원에서 정년을 맞게 되는 시점이었기 때문에 그의 정계 진출을 요망하는 시대적 상황과도 잘 맞아떨어지게 되었던 것임은, 출마에 소극적이었던 그가 일단 선거 전에 뛰어든 다음부터는 적극성을 보이게 되었고 마침내 38만 여 표를 획득하여 서울 지구 최고 득표자로 임기 6년의 참의원 의원에 당선되었다는 사실 하나만으로도 충분히 설명할 수 있다. 그가 독자적인 정치 세력

---

16) 백낙준, "4·19특별담화,"『연세춘추』, 1960년 4월 27일자.

이나 고정된 지지 세력을 갖고 있지 않았던 무소속으로서 참의원 의장을 선출하는 최초의 임시회의 (1960. 8. 8) 석상에서 소선규를 당선시키려던 민주당 구파의 전략에 의연히 맞서 초대 의장에 선출될 수 있었던 것도[17] 해방 이후 꾸준하게 공인으로서 다져온 그의 신망과 지명도에 걸맞게 그의 정치적 역할에 대한 국민적 기대가 높아지고 있었기 때문임을 짐작하게 해 준다.

국회의원으로서 용재가 추구했던 정치 활동의 목표는 그가 입후보했을 때 내걸었던 "나의 정견"과 초대 참의원 의장으로서 양원 합동의 제36회 국회 개원식에서 그가 행한 "개회사"의 내용에[18] 잘 드러나 있다. 4·19 혁명 정신을 계승하여 정치적 부패를 일소하고 정치·경제·사회·교육·언론·문화의 각 분야에서 개혁을 단행하여 4월 혁명의 성과를 거두며, 대의 정치의 기초를 확립하고 평화적으로 정권을 교체하는 아름다운 전통을 이룩하는 등 자유 민주주의가 견실하게 뿌리내리게 하려는 것이 그의 목표였다고 하겠다. 그가 이끄는 참의원의 시급한 당면 과제 또한 자유당 정권의 반민주적 유산과 4·19 혁명의 후유증을 말끔하게 정리하면서 민주국가의 초석을 다져주기를 바라는 국민적 열망에 효과적으로 따르기 위해서 민의원과 보조를 같이하여 개혁의 입법적인 기틀을 다져주는 일이었던 것이 사실이다.

이 때문에 용재는 국회가 착수한 이른바 특별 개헌과 혁명 입법이라고

---

17) 『제36회국회참의원속기록』, 제1호 (1960년 8월 8일). 참의원 의원의 정수는 58명이었으나 경상남도와 전라남도의 재선거로 말미암아 당선이 확정된 의원 43명 중에서 42명이 출석한 가운데 이날 의장 선거를 실시했다. 자파 의원을 당선시킨다는 민주당 구파의 투표 전략에도 불구하고 1차 투표에서 백낙준 20표, 소선규 11표, 고희동 9표, 무효 2표가 나왔다. 과반수(22표) 득표자가 없어서 2차 투표에 들어갔는데 그 결과 백낙준 36표, 고희동 2표, 무효 4표가 나왔기 때문에 용재는 압도적 다수표를 획득하여 의장에 선출되었다.

18) 백낙준, "나의 정견" (1960년 7월 작성); 백낙준, "대한민국 제36회 국회 개회사" (1960년 8월 8일).

하는 혁명적인 개혁 입법에 대한 일부 의원들의 방해 공작을 무릅써 가면서 11월 28일에는 먼저 개헌안을 통과시키게 된다.[19] 그는 같은 맥락에서 계속하여 '반민주 행위자 공민권 제한법'을 제정하고 심사하는 절차를 거쳐 1961년 3-4월에 동료 의원 8명(박철웅, 김장섭, 한광석, 황성수, 송관수, 김대식, 오범수, 강경옥)의 의원 자격을 박탈하는[20] 고통스런 작업을 수행하지 않을 수 없었다. 그가 참의원 의장으로서 현안 문제로 대두되었던 '부정 축재 처리'를 위한 법적인 근거 마련, 군납 부정을 조사하기 위한 대응책 수립, 절량 농민을 구호하기 위한 세심한 배려와 노력을 기울였음은 물론이다.

민주당이 신·구파로 갈리고 구파가 다시 신민당으로 딴 살림을 차려 나갈 정도로 정치 세력 사이의 갈등과 대립이 극에 달하여 있었던 당시의 정황으로서는 무소속 의장직의 수행이 차라리 '속편한 노릇'이었을 런지도 모른다. 그만큼 용재는 후일에도 불편부당의 정신으로 파당을 배격하고 중립적인 역할에 충실할 수 있었음을 자랑스럽게 여긴 바 있다. 하지만 그가 어느 쪽에서도 적극적인 지지를 확보하기 어려웠다는 점에서는, 비중이 큰 정치인으로서 역할을 수행하는 데 한계를 느끼지 않을 수 없었을 것으로 보인다. 그는 의장 선거를 앞두고 이인과 더불어 초당적인 조

---

19) 『제37회국회 참의원회의록』, 제39호 (1960년 11월 26일) 및 제40호 (1960년 11월 28일). 당초에는 11월 26일에 표결할 예정이었으나 개헌 의결 정족수 39명보다도 부족한 35명만의 출석으로 무산되고 말았다. 11월 28일자 『동아일보』를 보면, 11월 27일 민의원 예결위에서는 이것을 참의원의 개헌 표결 기피로 단정하고 강력하게 용재의 책임을 추궁했다. 이에 대하여 용재는 "의원들의 국외출장, 지방선거관계 하향, 그리고 구자유당계 의원들의 자숙 태도로 성원되지 않았다"고 밝히고 28일에는 "반드시 성원도 되고 통과도 될 것"이라고 장담한 바대로, 이날의 본회의에는 52명이 출석하여 찬·반으로 구별한 기명 투표 결과 찬성 44표, 반대 3표, 무효표 2표, 기권 3표로 통과되었던 것이다. 이듬해 의원 자격을 상실한 8명의 의원 중에서 6명이 반대, 무효·기권 불참자에 들어 있었고, 황성수와 송관수 2명만이 찬성자에 들어 있었던 것은 흥미 있는 일이라 하겠다. 용재가 구자유당계의 방해를 무릅써야 했던 단면을 이해할 만하다.

20) 『제37회국회참의원회의록』, 제61호 (1960년 12월 29일) 및 『제38회국회참의원회의록』, 제27호 (1961년 3월 9일): 제51호 (1961년 4월 25 일).

각을 주장했는가 하면, 참의원의 이인을 앞세우고 민의원의 서민호와 연합하는 무소속 원내 교섭 단체의 발족을 구체적으로 협의하기도 했다. 결과적으로는 민의원의 무소속이 '민정 구락부'를 결성하고 참의원의 무소속이 '참우 구락부'를 결성하여 따로 교섭 단체를 등록하게 되었지만, 의장의 당적 이탈 문제가 제기되면서 국회법 개정이 논의되는 단계에서도 그를 중심으로 하는 신당론을 긍정적으로 관망하는 자세를 견지하였다는 사실은 그러한 용재의 느낌의 일단을 말해주는 것이라고 하겠다.

게다가 그의 의장 시절이 전적으로 유쾌할 수만도 없었다고 말할 수 있다. 그가 의사봉을 잡은 지 한 달도 되기 전부터 그는 참의원 무용론에 시달려야 했으며 참의원을 가리켜 정치적 '덤'으로 생긴 혹이라느니, 반혁명 세력의 소굴이라느니, 입법에는 뜻이 없고 취직 알선에만 동분서주한다느니 하는 비난의 눈총을[21] 혼자서 막아내야 했던 것이 그 하나라 할 수 있다. 그런가 하면 그가 필생의 정성으로 가꾸었던 연세대학교가 '학원 민주화'의 열기에 휩싸이면서 그를 연세대학교의 이승만으로 몰아세우는 농성 사태가 장기화되었던 것은 그 둘이라 할 수 있다. 이에 더하여 동료 의원들의 공민권 제한(의원직 상실)이 전제되는 반민주 행위자 심사 과정에서 3·15 선거 때 자유당의 '중앙선거대책위원회' 지도 위원의 직함을 갖고 있었던 그의 전력을 문제 삼아 이재형 '민정 구락부' 총무와 함께 그를 심사 대상으로 넣어야 한다는 논의가 한때 제기되기도 하는[22] 형편이었던 것이 그 셋이라 할 수 있다.

---

21) 『동아일보』, 1961년 4월 8일자에 실린 "革命1年 ①: 參議院"이란 기획 기사 볼 것.

22) 『동아일보』, 1961년 2월 18일자, p. 1. 당시의 사정을 살펴보면, '반민주 행위자 공민권 제한법'의 제5조(심사 케이스)를 열거 규정으로 보지 않고 예시 규정으로 보는 경우에는 용재와 이재형도 심사 대상이 된다는 것인데, 2월 17일 국회심사위원회에 참석한 6명의 위원 가운데 한 사람만이 열거 규정으로 해석하고 다섯 사람은 예시 규정으로 해석하여 격론이 일게 되었던 것이다. 그러나 양원의 법사위원들은 대부분이 정치적 보복의 오해가 있는 예시 규정론에 반대하는 의사를 폄으로써 심사위원회의 분위기가 반전되었던 것이다.

물론 정계에 진출한 용재로서는 영광 뒤의 그만한 시련쯤은 능히 감내할 수 있었을 것임에 틀림이 없다. 그러나 5·16 군부 쿠데타로 말미암아 6년 임기의 참의원 의원직을 10개월도 제대로 채우지 못한 상태에서 강제로 정계를 물러나지 않을 수 없었던 당시를 기억한다는 것은 여생을 조국의 의회 민주주의 정착에 바치기로 각오하고 모처럼 정계에 발을 내딛었던 그로서는 되짚어 보기조차 싫은 고통이었을 것으로 짐작된다.

4. 재야 원로로서의 용재의 정치적 관여

타의로 정계에서 퇴진한 이후 용재의 활동을 정치적으로 밀착시켜서 이해하는 데는 일정한 한계가 있다. 그는 5·16 직후에는 더 말할 필요도 없거니와 1963년의 이른바 '민정 이양 정국'에서도 해외 장기 체류의 방식을 통하여 스스로 정치권 밖으로 벗어나 있으면서 정치적 역할을 현실적으로 배제하였기 때문이다. 그러나 박정희의 대통령 중임 진출을 막으려는 1966-1967년의 '문민 정부를 모색하는 정국' 아래에서는 그가 재야 원로로서 국가와 민족에 대한 마지막 큰 봉사로 생각하고 심도 있게 정치에 관여하게 되었음을 주목하게 된다. 용재는 4·19가 터진 직후에 비상사태 수습책과 국무원 개편에 대한 협의 목적으로 변영태, 허정, 김현철, 윤치영 등과 함께 경무대에 초치된 바[23] 있었고 5·16 다음날에는 윤보선 대통령의 요청으로 청와대에 들어가서 변영태, 김도연, 장도영 및 언론사 대표(최두선, 장기영, 홍종인)들과 함께 사태 수습책을 협의한 바[24] 있었

---

23) 『동아일보』, 1960년 4월 22일자, p. 5. 당초에 4월 21일 오전 10시 반으로 잡혀 있었던 이 모임이 매카나기 대사의 갑작스러운 경무대 방문으로 다음날로 미루어졌으나 실제로 성사되지는 않은 것 같다.

24) 『동아일보』, 1961년 5월 17일자, p. 1.

을 정도로 이미 원로 정치인으로서의 위상이 다져져 있었던 것만은 확실하다. 그러한 용재의 정치적 관여가 재야 원로로서 1966-1967년의 정국에 어떻게 상관지어지게 되었는가를 살펴보기로 하겠다.

야권의 민간 정치인들에게 있어서 1967년은 5·16 군사 정권에 이어 윤보선과 대통령 자리를 겨루어 이기고 집권한 박정희의 지나온 통치 행적에 심판을 내려야 할 결단의 해로 예상되어 있었다고 말할 수 있다. 그런데 현직 대통령인 박정희는 오히려 중임 집권을 위해 일 년 전부터 총력전을 펼칠 태세로 온갖 힘을 다 기울이고 있었음에 반해서, 야당은 '한일협정' 반대 투쟁에서 강·온 노선을 달리하게 되었던 후유증으로 말미암아 '빙탄불상용격'으로 여전히 세가 갈리고 반목과 대립을 드러내는 등 혼미를 거듭하고 있었던 형편이다. 신한, 민중 양당으로 갈라져 있는 야권에서 윤보선의 강경 노선을 따르는 신한당은 1966년 초반에 일찌감치 윤보선을 대통령 후보감으로 결정해 놓고 있었지만 오히려 제1야당인 민중당은 대통령 후보로 내세울 인물조차 정하지 못하여 노심초사하고 있었다. 이 때문에 민중당은 새로운 활로를 찾기 위하여 외부 인사 가운데 대통령 후보를 영입하려 했는데, 참의원 의장을 지낸 용재가 그 첫 번째 교섭 대상으로 꼽히게 되었던 것 같다.

용재는 민중당으로부터 제의 받은 대통령 후보 수락 요청에 대하여 어느 정도 유보의 자세를 보이는 듯 했지만 결국 고사의 뜻을 분명하게 밝히게 되었는데, 그것이 1966년 9월의 일이다. 5·16으로 인하여 정계를 강제 퇴진한 후에 그가 어느 누구보다도 철저하게 정치와의 절연을 감행했다는 사실에 비추어 그러한 그의 결단을 이해할 수도 있을지 모른다. 그러나 보다 현실적으로는 객관적인 여건이 성숙되어 있지 않은 상황 하에서는 결코 나서려 하지 않는, 오랜 동안 그가 견지해 온 태도와도 무관하지 않다고 보아야 할 것 같다. 야당 세력이 하나로 뭉쳐서 전력투구하는 자세로 대결하더라도 이기기 어려운 박정희라는 맞적수를 목전에 놓아둔 채 야당 후보들 간의 대치 국면을 그러한 용재가 수용할 수 없었던 것은 너무도 당연한 일이기 때문이다. 이 점에서 우리는 용재가 민중당의 제의를 사절하는 단계에서 "우리나라 의회민주주의의 신장을 위하여 선의의 투쟁을 할 수 있는 양당 정치의 성취를 대망하면서 야당 통합을 주창"하게[25] 되었던 배경을 이해할 수 있다.

물론 신한당과의 치열한 경쟁 관계에서 독자적으로 대통령 후보 만들기에 골몰하였던 민중당의 속사정으로 보아서 그때만 해도 '공자 말씀' 같았을 용재의 주장을 선뜻 받아들이기 어려웠던 것은 분명하다. 민중당이 이범석과도 교섭하고, 그와 병행하여 유진오와도 교섭하게 되었던 것은 그러한 연유 때문이라 할 수 있다. 민중당의 대통령 후보 영입 작업은 이처럼 난항을 거듭한 끝에 마침 내 유진오를 추대하는 데 성공하게 되었던 것이다.

그런데 1966년 연말로 접어들면서 신한당과 민중당이라는 두 야당에 윤보선과 유진오라는 두 대통령 후보의 존재를 용납하지 않으려는 새로운 변수의 작용이 야당가에 일기 시작했음을 유의하게 된다. 이미 현직 대통령의 이점을 최대한으로 활용하고 있었던 여당의 박정희 후보와 정면 대결하여 정권을 교체하는 데 성공하기 위해서는 야당이 새롭게 변신해야 한다는 여론이 끓어오르게 되었던 것이며 그 결과 신한, 민중 양당의 통합과 대통령 후보의 단일화라는 해법이 제시되기에 이르렀다. 그리고 이를 위한 작업이 새로 결성된 '야당 대통령 후보 단일화 추진위원회'를 중심으로 진행되어 나갔다. 그러나 양당의 정략적 이해관계로 말미암아 야당 통합과 대통령 후보 단일화 작업은 한발도 앞으로 내밀지 못하고

---

25) 백낙준, "4자회담 종결후 성명서."

있었기 때문에 '야당 대통령 후보 단일화 추진위원회'는 해체 직전까지 몰리게 되었다. 이러한 답보 상태를 타개하기 위하여 신한당 주류의 반대를 무릅쓰고 윤보선이 제의하게 된 것이 이른바 '4자 회담'이라 할 수 있다.

윤보선이 당시의 최고 함량급의 인사로 지목되는[26] 용재와 이범석, 그리고 유진오와 자신을 하나로 묶어서 일괄 타결의 기회를 포착하려는 전략으로 '4자 회담'을 제의하게 되었던 것임은 두 말할 나위도 없다. 그런데 바로 이 '4자 회담'에 새로운 돌파구를 열어준 사람이 다름 아닌 용재였던 것이다. 1967년 1월 26일 아침 윤보선의 방문을 받은 용재는 '4자 회담'이 성사되도록 물꼬를 트는 역할을[27] 떠맡고 나섰기 때문이다. 당시 민중당은 '신설 합당'을 주장하고 신한당은 '흡수 합당'을 주장하면서[28] 팽팽하게 맞서 있었을 뿐 아니라 윤보선은 유진오를, 유진오는 윤보선을 견제하기 위하여 백낙준과 이범석의 이름까지 대통령 후보의 물망에 오르내리게 할 정도로 상대의 의중을 탐색하는 데만 열을 올리는 상황이었다. 그리고 네 사람에게 각기 대통령 후보로 나서야 한다는 격려 전보가 쇄도할 정도로 후보 단일화 작업을 깨기 위한 여권의 공작까지도 가세되는 상황이었다. 용재는 이러한 대치 국면의 가닥을 풀어 나가기 위한 첫 시도로서 스스로 대통령 후보로 나서지 않을 것임을 천명하였고, 이범석도 곧바로 그의 뒤를 따르게 되었던 것이다.[29]

결국 유진오와 윤보선 두 사람에게 대통령 후보와 당수의 역할을 분담시킨다는 데 합의가 이루어지고 합당 문제도 가닥이 잡혀 나갔다. 마침내 1967년 1월 27일 필동 유진오의 자택에서 열린 '제2차 4자 회담'에서는[30]

26) 『경향신문』, 1992년 8월 28일자.
27) 『동아일보』, 1967년 1월 26일자, p. 1.
28) 『동아일보』, 1967년 1월 25일-27일자, p. 1.
29) 백관익 (엮음), 윗글, p. 312.
30) 『동아일보』, 1967년 1월 28일자, p. 1.

민중, 신한 양당은 신설 합당의 방법으로 통합하며 대통령 후보와 당수를 누가 맡을 것인가의 문제는 언질이 될 만한 수준에서 논의를 멈추고 제 3·4차 회담에서 결론을 내리기로 합의하는 진전을 보이게 되었다. 4차까지 계속된 회담 과정에서 양당의 주류는 각기 윤보선과 유진오에게 압력을 가하여 당수보다는 대통령 후보를 맡도록 종용하는 분위기가 역력하였지만 이러한 분위기 속에서 결국 결정권은 용재와 이범석에게로 돌아갈 수밖에 없었다.

용재는 유진오를, 그리고 이범석은 윤보선을 각각 대통령 후보로 추천하는 입장이었으나 두 사람은 서로 상반된 견해를 놓고 장시간에 걸친 사심 없는 토론을 유익하게 이끌어 나갔다.[31] 토론의 핵심은 당선 가능성이었는데, 윤보선과 유진오 두 사람 가운데 누가 더 많이 득표할 수 있으며 누가 국민에게 더 많이 알려져 있는가, 그리고 누가 대여 투쟁에서 더 이점이 있는가 하는 문제를 집중적으로 논의했다. 그리하여 결론을 이끌어 낸 것이 윤보선 대통령 후보, 유진오 신당 당수라는 역할 분담이었다. 처음에는 유진오를 대통령 후보로 밀었으나 장시간의 합리적인 토론을 거친 끝에 새로운 결론에 도달할 수 있었음을 용재는 다행스럽게 여긴 것 같다. 그리하여 결렬의 고비를 넘기고 당초의 주장대로 통합 야당의 실체를 확인할 수 있었던 그의 정신적 바탕이 "공약 7장"에[32] 잘 나타나 있다고 보겠다.

'4자 회담' 후 용재는 성명서를[33] 발표하여 무게 있는 재야 원로로서

---

31) 『동아일보』, 1967년 2월 6일자, p. 1.

32) 백낙준·유진오·윤보선·이범석, "4자 회담의 공약 7장," 백낙준, 윗글 (1971), p. 381. 야당 통합의 과업이 성취된 것은 정권 교체를 갈구하는 거족적인 국민 여망의 소산이라고 못을 박고 이들이 실천 목표로 설정한 일곱 가지 기본 공약이 ① 의회 민주 정치의 실현, ② 공명 선거, ③ 선명 야당, ④ 보복 행위의 배제, ⑤ 국제 신의의 엄수, ⑥ 자유 경제 체제, ⑦ 민족 국가의 완성 등이었다.

33) 백낙준, "사자회담 종결 후 성명서," 백낙준, 윗글 (1971), p. 383.

자신의 초당적 입장과 이에 바탕을 둔 활동의 성과를 확인하였다. 그러나 이러한 용재의 초당적 노력으로 야당 통합은 이루어졌으나 평화적 정권 교체가 성취되지 못했던 것은 참으로 애석한 일이다.

용재가 1970년대 들어서서도 3선 개헌 이후의 장기 집권에 반대하는 여론을 불러일으키는 데 남은 힘을 다 바치는 등 정치권에 날카로운 비판을 가하면서 국민의 각성을 촉구하는 데 정성을 다했던 것도, 재야 원로로서 그의 마지막 국가와 민족에 대한 봉사가 바람직한 결실로 이어지지 못한 것에 대한 자괴심 때문이었는지 모르겠다. 그가 자신의 경륜을 바탕으로 민족의 통일에 대한 전망을 제시하는 데 마지막 심혈을 기울였던 것은 못다 한 봉사의 마무리로 생각했었음 직한 일이다.

5. 결론

용재의 생애 가운데서 본격적인 정치가 시절로 기록될 만한 기간은 실제로 1년을 넘지 못한다. 그것도 평생을 몸 바쳐 온 연세 학원을 정년으로 물러난 다음의 일이다. 그러기에 생각하기에 따라서는 무게 중심을 둘 만한 일이 못된다고 여길 수도 있다. 그러나 이 글 머리에서 밝힌 바와 같이, 그의 정계 진출이 단순한 외도라거나 우연일 수는 없다는 것이 필자의 기본적인 관점이다. 용재의 사상을 전면으로 내세워 논의할 단계는 아니지만 민족주의에 초점을 모아 본다면, 자유주의와 국제주의를 두 바퀴로 삼아 끌고 가는 수레가 곧 그의 민족주의라고 할 수 있다. 말하자면 자유주의와 국제주의에 뿌리를 깊이 내리고 있는 민족주의자로서의 용재가 공인으로서의 역할을 넓히고 위상을 높여 가는 과정에서 자연스럽게 연결될 수 있었던 것이 그의 정치가로서의 역할이었다고 할 수 있다. 그리고 비록 그 기간은 짧았지만 그것이 있었기 때문에 그 후 재야 원로로서 그의 정치적 관여가 가능했다고 말할 수 있다. 결국 용재의 생애를 그러한 앞뒤의 정치적 행적과 연관시켜서 관찰할 수 있는 기간은 상당히 길게 잡을 수 있다는 말이 된다.

이렇게 긴 눈으로 용재의 정치적 삶을 관통해 볼 때, 정치가로서의 유형을 어떻게 가늠해 볼 수 있겠는가 하는 데 관심이 모아진다. 사실 어떠한 경우에도 용재를 전업 정치가로 볼 수 있는 여지는 없다. 정치가에 따라서는 아마추어로 시작했지만 전업으로 자리를 굳히게 되는 경우도 얼마든지 있을 수 있다. 그러나 '참의원 임기 6년을 모두 채울 수 있었더라면' 하는 가정이 부질없이 되어버린 용재에게 있어서는, 그가 장관직에 있었을 때나, 참의원 의장직에 있었을 때나, 재야 원로로서 야권 통합과 대통령 후보 단일화의 지렛대 구실을 하게 되었을 때나, 전업 정치가로서 처신했을 만한 자취를 찾아보기 어렵다는 것이 필자의 판단이다. 용재가 일생의 좌표로 설정한 '국가와 민족에의 봉사'라는 인식의 틀 속에는 그가 수행한 교육자·교육 행정가로서의 역할이 크게 자리하고 있었던 것이 사실이지만, 따지고 보면 문교부 장관도, 참의원 의장도, 국제회의 국가 수석대표도, 재야 원로도 모두 그러한 인식틀 속에서 자연스럽게 수용된 역할들이었음을 지나칠 수 없는 것이다.

그러나 용재가 국가와 민족에 대한 봉사의 일환으로 생각했던 아마추어로서의 정치는 본직으로서의 교육과는 달리 일정한 조건이 전제되었던 것임을 유의할 필요가 있다. 그는 자주 "국민이 나의 국민에 대한 봉사를 원치 않는다면 그것으로 그만"이라는 견해를 피력했는데, 이것은 국민이 그를 필요로 하는 경우에만 정치에 나서겠다는 뜻으로 해석할 수 있다. 아마추어 정치가로서의 용재는 그를 필요로 하는 객관적인 여건이 충분히 조성되어 있다고 판단되지 않을 때에는 좀처럼 정치에 나서려고 하지 않는 태도가 강했는데, 이것은 공인으로서의 그의 역할이 확장되고 위상이 높아지는 과정에서 본의 아니게 몇 차례의 좌절을 겪게 되었던 사실과도 무관하지 않은 것임을 분석한 일이 있다. 그는 그만큼 정치에 나설 때는 조심스럽고 신중했던 것으로 보인다. 말하자면 그는 자신의 신념을 정치적으로 펴기 위하여 어떠한 악조건에도 상관없이 그것을 밀고 나가는 유형의 정치가는 아니었다. 이 점에서 그는 지사형의 정치가와도 구별된다.

이러한 용재의 정치적 발판은 무엇이었을까. 그는 자신을 떠받들고 추종하는 독자적인 정치 세력을 가져 본 일도 없고 키워본 일도 없다. 그의 주변에는 그를 편하게 모시는 많은 사람들이 있었지만 그들이 정치적으로 그의 후광을 입을 수는 있었어도 그에게 음으로 양으로 결정적인 역할을 보태주기에는 한계가 있었다. 이것은 정치가로서의 그의 입지를 사실상 제약하는 조건이었음에 틀림이 없다. 그가 기회 있을 때마다 강조했던 '불편부당'은 고질적인 정쟁의 폐해를 바로 잡아보려는 일념에서 제시된 것이기는 하겠지만, 생동적인 역학 관계를 곧이곧대로 드러내는 정치의 현장에서 지지 세력을 갖지 못한 거물급 정치가가 일념으로 주문하기에는 공소한 개념이었음도 사실이다. 그러나 그는 바로 이러한 이유, 곧 '권력 정치를 초월한 정치가'로 인정받았기 때문에 1962년 말 뉴욕대학의 학교장(章)을 받을 수 있었던 것도 사실이다.

용재가 정치가로서의 역할 수행을 남발하지 않고 항상 자제하는 자세를 견지했던 반면에, 일단 정치의 장에 모습을 드러낼 때는 중인의 관심을 자신에게 집중시키는 절제된 스타적 기질을 유감없이 발휘했다는 사실을 여기서 되짚어 볼 필요가 있다. 말하자면 용재는 철저하게 자신의 명성을 업고 정치를 한 사람이다. 그만큼 그는 전국적 차원의 거물급 정치가로서의 자신의 명성을 관리하는 데도 세심했던 것으로 파악된다. 그리고 연세대학교는 그러한 그의 명성이 시들지 않고 살아 움직이도록 지속적으로 생명력을 공급해 주는 온상의 역할을 감당했다고 말할 수 있다. 한마디로 용재는 오랜 세월 동안 자신이 가꾸고 관리해 온 경륜과 명성에 의지하여 정치가로서 입신한 대표적인 인물로 꼽을 수 있으며 이 점에서 그를 명망가형의 정치가로 규정해 두려는 것이다.

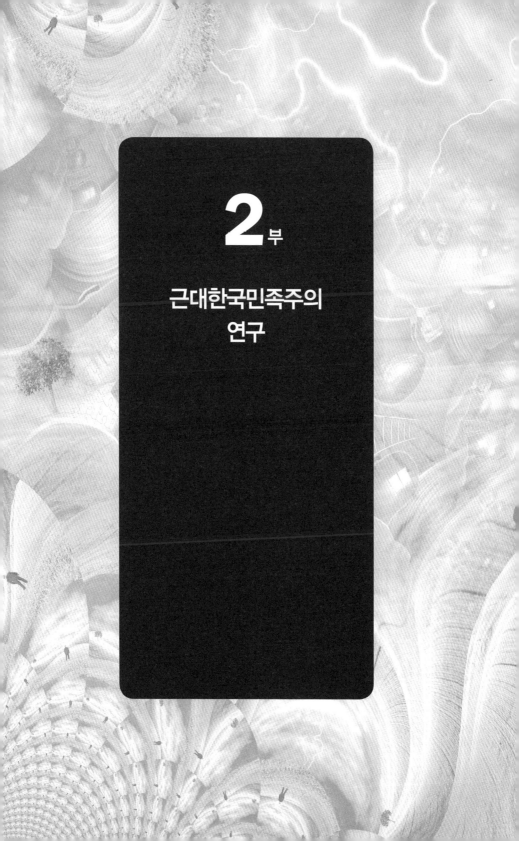

2부

근대한국민족주의
연구

서론: 한국 근대사연구의 정치적 시각과 독립협회

1. 개화기에 대한 문제의식의 단서

최근 우리 학계에서의 개화기에 관한 연구 활동은 날로 높아가는 민족사의 방향 모색에 발맞추어 역사학 전공자들뿐만 아니라 인문 사회과학도들의 폭넓은 참여를 통하여, 광범한 전문 분야에서 다양한 시각으로 활발히 진행되고 있다.[1) 그런데 그러한 개화기에 관한 연구열이 반드시 어떤 특정한 각도에서만 파악될 수 있는 것은 아니라 하더라도 정치 경제 사회와 같은 사회과학의 연구 영역에서는 역시 1960년대 벽두부터 일기 시작한 '조국근대화'의 원망을 주체적으로 성취하려는 의욕에서 상승적으로 제고되었다는 사실마저 간과할 수는 없을 것이다. 우리의 근대사에서 '개화'와 '근대화'를 동일개념으로 단정할 수는 없어도 서로의 긴밀한 연관성은 인정할 수 있기 때문이다.

하나의 바람직한 사회 구현체로서의 근대화의 목표는 넓은 의미에서 볼 때 근대사의 보편상에 조응하는 것이라고 말할 수 있다. 그러나 그 목표에의 도달 경로인 근대화의 과정은 우리 나름의 특수한 역사와 전통에

---

1) 金炳翼, "開化時代史 연구활발," 『東亞日報』, 1973年 2月 6日字 참조.

뿌리를 두고 있는 것이기 때문에, 다른 사회의 그것과 한가지로 동일 궤도일 수 없는 '독자적인 길'[2]이라는 이해가 점차 높아가고 있다. 결국, 전통 사회와 근대 사회를 이어주는 연속체로서 뿐만 아니라 현재에도 진행되고 있고 앞으로도 성취되어야 할 종합 과정의 성격을 지니고 있는 근대화에 대한 목적 의식은 '과거와의 단절'에서가 아니라 오히려 '과거와의 연속'에서 그 방향 감각을 바로 할 수 있을 것으로 생각된다.

이렇게 본다면, 개화기의 역사적 대응으로 시현된 근대화 운동에 대한 관찰을 통하여 거기에서 발견되는 시대적 제약을 극복하고 당시의 긍정적 결과를 오늘로 연결되는 발전 과정의 디딤돌로 재인식해 보려는 노력은 과거에 대한 보다 적확한 인식에 의하여 근대화의 현실 감각을 새롭게 하고 미래의 가능성을 올바로 파악하기 위한 기초 작업의 뜻이 있다고 하겠다.

그러나 개화기에 국한됨이 없이 과거와의 연속에서 오늘을 되새겨 보려는 대부분의 연구가 과서와의 단절을 전제하였던 서구 중심의 단선적인 역사발전 모형이 우리에게 보탬이 크지 못했다는 자기반성에서는 인식을 같이 하면서도, 오늘과 내일을 바라보는 사안까지를 반드시 같이 하는 것은 아니다. 우리의 과거를 긍정적으로 이해하고 평가하려는 역사 분석 가운데는 이미 2세기에 가까운 구미 문화와의 복합 과정을 통하여 체현된 발전적 변형과 그 이전의 과거를 논리적으로 연결시키지 못하는 사례들을 눈여겨 볼 수 있다.[3] 그러한 경우, 우리의 과거를 긍정적으로 재인식한다는 명분 밑에서 지구석으로 작용하는 우리 현실의 전근대적 잔재

---

2) 독자적인 근대화에 관한 논의는 다음을 참조할 것. 車基璧, 『近代化政治論』 (서울: 博英社, 1969), 12-15面.

3) 이곳에서는 그러한 연구사례들을 직접 밝히지 않으려고 한다. 그것들을 밝히는 이상은 각기의 논지를 구체적으로 거론해야 마땅하나, 그렇게 되면 이곳에서의 문제제기의 초점을 흐리게 할 염려가 있기 때문이다.

를 정당화시키고 오늘로 이어지는 근대적 발전을 호도해 버리는 또 다른 하나의 역사적 단절을 빚어낼 위험이 있다.

우리가 문화의 관점에서 근대화를 논의할 때 전적으로 구미적인 것에 집착할 필요는 없지만, 그렇다고 그것이 외래적인 것이라는 이유만으로 배격할 필요도 없다. 이것은, 민족 문화가 독자성을 지녔다고 하여 고유한 정형처럼 생각하기 쉽지만, 광범한 이질 문화와의 역동적인 복합 작용에서 연유되는 발전성을 간과할 수 없는 데서 분명하다. 조지훈(趙芝薰) 선생도 지적한 바 있듯이, 문화는 이동함으로써 생명을 유지하고 복합함으로써 발전되는 만큼 제 민족만의 순수한 고유 문화는 사실상 존재할 수 없으며 문화 자체가 복합적 성격을 지니는 이상 한국 문화도 하나의 복합 문화임[4]은 너무나 당연한 일이다.

"한국인이면 너 나 없이 한국인으로서의 주체성은 생래적(生來的)으로 가지고 있다"는 전제를 어느 면에서는 긍정할 수 있다고 볼 때, "지금 우리에게는 빨리 애서 흡수해야 할 것이 얼마든지 있다"는 천관우(千寬宇) 선생의 주장[5]은 수긍되어 무방하다. 문화 동화의 교호 작용을 깊이 따지지 않더라도 외래 문화의 수용이 단순한 기존 문화의 단절이나 그에의 대치가 아니고 전통이라는 그릇 속에서 구상화되는 우리 나름의 변형일 수밖에 없다. 문제는 외래 문화의 수용과 동화 과정에서 나타나게 되는 갈등과 긴장만을 부정적으로 확대시켜 볼 것이냐 아니면 그러한 갈등의 탄력있는 극복을 통한 창조적 적응을 겸하여 보면서 주체적인 대응과 능동적인 수용에의 의지를 더욱 지켜나갈 것이냐에 달려 있다고 하겠다.

이와 관련하여 전통에 대한 인식의 혼란을 가름해 둘 필요가 있다. 왜냐하면 우리가 근대화의 출발을 과거에의 연원에서 확인하려 할 때 우리

---

4)   趙芝薰, 『韓國文化史序說』(서울: 探求堂, 1968), 22面.
5)   千寬宇, "韓國史를 어떻게 볼 것인가," 『知性』(1972.3), 18面.

나름의 전통을 강조하게 되는 것은 당연한 일이지만, 흔히 말하는 전통에는 두 가지의 상반된 내용이 함께 들어 있기 때문이다. 그 하나는 근대화의 목적 의식으로 보아 마땅히 극복하고 청산해야 할 과거로서의 전근대적 봉건성[6]으로 인식되는 전통이다. 다른 하나는 그러한 전근대적 봉건성을 지양하고 사회 변화에 적응하기 위하여 일찍부터 마련되었던 내재적 능력과 근대적 요소로서 인식되는 전통이다. 전자를 보수적 전통이라 하고 후자를 진보적 전통이라 한다면, 우리의 근대화 과정에서 계승 발전시켜야 할 전통은 이와 같은 선택적 의미에서의 진보적 전통이라 할 수 있다. 또한 이러한 보수-진보의 시각에 관계없이 한국사회의 독자성 지속에 필요한 문화적 전통도 여기에 포함되어야 할 것은 물론이다.

그런데 개화기의 우리에게 있어서는 전통 사회의 전근대적 봉건성을 지양하고 전통의 선택적인 계승 발전과 근대 문명의 합리적인 수용 착근을 통하여 근대적인 시민사회 내지는 국민국가를 이룩하려는 근대화 추구의 노력 자체가, 보수적 전통의 부단한 거부 반응을 무릅쓰면서 진보적 전통을 쌓아 올리려는 동기 부여로서의 국민적 각성과 정책적 실현을 촉구하는 목적 의식에서 비롯된 것이었다. 이 때문에, 거기에는 개신의지적인 민족주체의식의 변증법적 대응이 전제될 수밖에 없었다. 뿐만 아니라 근대화의 외부적 충동의 진원이었던 열강이 근대 문명의 공급자 전수자로서 보다는 오히려 제국주의적 경제침략자로서의 성격을 더욱 두드러지게 드러내 왔기 때문에, 그에 맞서는 반제국주의적 민족자주의식의 지속적 활성화가 자위적 근대화의 보루였음을 간과할 수 없다.

---

6) 여기에서 말하는 봉건성이란 반드시 봉건체제의 존립을 전제하는 것은 아니다. 조선사회의 봉건성 문제는 뒤에 다루기로 하고 일단은 전통체제의 전근대적 속성을 포괄하는 뜻으로 사용한다.

2. 한국 근대사의 정치적 성격

근대화에로의 역사 과정을 근대사로 규정한다면, 우리의 근대사는 사회의 안팎에서 끊임없이 몰아치는 대내적·대외적 모순을 극복하면서 역사 발전을 추진하는 근대화의 원동력을 민족주의 역사 의식에서 창출해 왔다고 말할 수 있다. 물론 이러한 민족주의는 근대화를 지향하는 동기에서 그 본질이 체현되는 것이기 때문에 반제국주의로 일관되는 협의의 그것이나 또는 보수적 반작용을 내향화하는 자주적 배타로서의 그것과는 인식의 범주를 달리한다. 여기에서 한국의 근대 사상을 '국가간의 상호의존적 개방체제를 전제로 하는 근대화 지향적 민족주의의 성장 과정'으로 이해한다는 것은 근대사에 있어서의 한민족의 역사주체적 성격과 정치의 자율적 성격을 밝히는 데 도움이 된다.

첫째로, 이러한 우리 근대 사상의 설정은 일제의 식민사관에 의하여 그릇 조장된 우리 근대사에 대한 분단적 인식을 바로잡는 길이 될 수 있다. 일제의 어용학자들이 역사인식에 있어서 우리의 근대를 그 이전의 역사로부터 단절시켜 놓았을 뿐만 아니라 문화공동체로서의 역사적 정통성의 연장 공간인 한반도에서 그 역사 주체인 한민족을 증발시켜 버린 채 한민족 부재의 한국 근대사를 꾸며 왔음은 일본 사학자의 반성에서도 지적되고 있다.[7] 이러한 분단화의 음모는 결과론을 앞세운 현상적 분석에서 부상된 일본 제국주의의 침략과 지배의 역사를 한국 근대화와 동일시함으로써 한국에 대한 일본의 경제침략과 식민통치를 정당화시키려는 의도에서 발상된 것으로 볼 수 있다.

이처럼 분단적 인식에서 기술된 한국 근대사는 일제의 자본주의 군국

---

7) 渡部 學 編, 『朝鮮近代史』(東京: 勁草書房, 1973), 3-7面.

주의의 발전 과정과 궤도를 같이한 한국의 식민지화 과정[8]에 불과하다. 거기에서는 한민족의 주체적인 자기발전의 근대사는 고의적으로 배제되었고, 그 대신 한국 근대화를 강압적으로 억제한 일제의 팽창 정책을 한국 근대화의 선의의 주체로 위장시키려는 기만이 자행될 수 있었다. 그 대표적인 예로 지적될 수 있는 '일선동조론(日鮮同祖論)'이나 '타율성사관(他律性史觀)' 또는 '황국사관(皇國史觀)' 등은 각기 입론의 바탕은 달라도 한국사의 주체성을 부인하고 일제의 강점적 지배를 합리화한 점에서는 인식 방법을 같이하고 있다.[9] 그리고 아시아 민족주의의 맹주로서의 일본의 역할을 내세워 같은 아시아 국가에 대한 침략을 정당화시킨 '아시아주의'의 허구도 그 예외는 아니다.[10]

한국 근대사가 일본의 한국에 대한 침략사와 동일할 수 없으며 일본 근대사의 공간적 연장일 수도 없다. 그것은 근대화를 지향하는 한국 민족의 주체적 자기 발전의 역사로 보아야 할 것이다. 따라서 일본의 제국주의적 침략 과정은 한국 근대화를 억압한 대외적 모순의 관점[11]에서 파악되어야 하며 한국 근대사의 중요한 일국면은 역시 이러한 모순을 극복하고 끊임없는 자기발전의 기틀을 다져나간 한민족의 독립운동 과정에서 파악되어야 한다. 다른 시대사의 경우와 마찬가지로 우리의 근대사도 본원적으로 한민족을 주체로 기술되어야 할 이유가 여기에 있거

---

8) 朝鮮史研究會 旗田巍 編, 『朝鮮史入門』(東京: 太平出版社, 1973), 9面.

9) 秋憲樹, "臨政과 三均主義에 關한 小考," 『교육논집』 6 (연세대학교 교육대학원, 1973), 145-146面 및 上揭, 『朝鮮史入門』, 12面.

10) 竹内 好, "アヅア主義展望," 竹内 好 편, 『現代日本思想大系 9: アヅア主義』(東京: 筑摩書房, 1973), 7-63면 및 동서에 수록된 樽井藤吉, "大東合邦論"과 尾崎秀實, "東亞協同體의理論とその成立의 客觀的基礎"를 참조할 것.

11) 식민통치로 귀결된 일본의 침략과정은 반봉건적인 지배체제를 구축함으로써 대외적 모순과 함께 대내적 모순이라는 이중 구조를 지니게 되었음을 유의해야 한다. 이것은 일제 하에서의 항일 독립운동이 일본을 두 번째의 문제제기에서 밝힐 반침략 반봉건의 공동 투쟁 대상으로 삼게 되었음을 의미한다.

니와 근대화 지향적 민족주의의 성장이라는 한국 근대 사상은 바로 이를 위한 지침이 될 수 있다. 우리는 조선후기의 전통 사회의 테두리 안에서 내재적 발전을 이룩한 자생적 근대화의 준비와 이를 토대로 한 근대 민족주의의 태동과 발전적 흐름에 대한 인식을 체계화함으로써 식민사관이 몰고 온 분단적 인식을 바로 잡을 수 있을 뿐만 아니라 한국 근대사의 독자성과 아울러 그 세계사적 보편성과의 관계도 구명할 수 있을 것이다.

둘째로, 한국 근대화의 원동력이 민족주의 역사 의식에서 창출되었다는 전제는 한국 근대사의 자주적 반침략과 진보적 반봉건의 개혁지향성과 그러한 성향에서 집약되는 정치 과정에 대한 독립변수적 분석 시각을 파악하는 전망을 열어준다. 여기서 먼저 지적할 것은 근대화의 목적 의식이 역사 발전의 줄기를 넓혀감에 따라서, 체제 안에 온존된 전근대적 전통성의 지구적 작용과 체제 밖으로부터 기인된 제국주의적 경제 침략의 도전적 위협은 한국 사회가 필연적으로 극복해야 할 갈등과 긴장, 모순과 부조리의 진원으로 인식되어진다는 사실이다.

이 때문에 대내외적으로 중첩된 근대화의 이중적 제약 내지 불균형을 동시에 해소 · 흡수하려는 개혁의지의 활성화에서 한국 근대화의 역사적 과제가 설정되었으며, 이 두 가지는 모두 밖으로의 자기팽창에서가 아니라 안으로의 발전과 자기방어에서 민족주체의식에로 수렴되었다고 말할 수 있다. 우리가 이와 같은 근대화의 역사적 과제의 수행 방향에서 한국 근대사의 성격을 추적한다면, 조기준(趙璣濬)교수가 제시한 이른바 식민지 또는 반식민지로 전락한 아시아 제 민족의 근대사에 공통되는 반제 반봉건투쟁[12]은 바로 그러한 역사적 과제와 직결된다는 점에서 한국 근

---

12) 趙璣濬, "韓國史에 있어서의 近代의 性格," 韓國經濟史學會 編, 『韓國史時代區分論』(서울: 乙酉文化社, 1970), 206-211面 참조.

대사에도 적용되는 기본 성격으로 상정할 수 있다. 뿐만 아니라, 자기방어로서의 반침략적 자주와 자기혁신으로서의 반봉건적 진보라는 근대화의 과제가 본질적으로 정치 과정의 성격을 지닌 것임을 유의할 필요가 있다. 이러한 이중적인 과제의 수행은 한국의 근대화를 제약하는 대내외적 모순에 대결하는 정치적 대응으로서 근대적 시민사회 내지는 국민국가와 자주적 개방체제에로의 이행을 도모하는 개혁지향적 과정이기 때문이다. 그러한 개혁의지에 담겨진 근대 국가의 상(像)이 곧 주권국가와 국민국가이며 또한 이러한 양면성의 근대국가를 건설하는 과정에서 내재적으로 작용한 이념적인 원동력이 바로 민족주의라 하겠다.

물론 그러한 과제 설정의 원초적 계기가 된 한국 사회의 대내외적 모순 자체는 어느 정도 경제적 측면과도 상관성을 지닌 것이었으며 또한 그것을 극복해 나가려는 노력 속에도 경제적 동기가 섞여 있었음은 분명하다. 그러나 거기에 담겨진 경제적 함의는 소극적 · 잠재적이었음에 반하여 민족주의로 통합된 반침략 · 반봉건 운동의 개혁지향에 내포된 정치적 함의는 적극적 의도적이었음을 간과할 수 없다. 그리고 이러한 개혁지향의 정치 과정에서 한국 근대사의 기본 성격을 표출시킬 수 있다는 점에서 근대사 분석에 있어서의 정치의 자율성 즉 정치 과정의 독립 변수로서의 분석 시각을 설정할 수 있는 것이다.

흔히 근대사에 있어서 경제 관계의 전제로 삼고 있는 자본주의적 경제 성장 척도가 제국주의 열강 자체의 근대화나 대외적 팽창 도구로서는 제 구실을 다했지만 침략을 당하는 편의 발전 지표로서도 반드시 그러했던 것은 아니다. 다시 말해서 역사 인식으로서의 근대의 개념이 처음으로 비롯되었던 서구 사회에서는 경제계급으로 출발한 시민계급의 경제적 가치가 근대의 기조적인 역사 추진력으로 작동했음을 인정할 수 있다. 그러나 자본주의의 경제 침략과 식민통치의 대상이 되었던 우리의 근대 상황에서는 계량적으로 측정되는 침략정당화적인 경제성장 척도가 그대로 적용될 수는 없는 일이다.

우리에게 있어서는 오히려 근대화의 대내외적 제약에 주체적으로 대응하는 정치적 활성화가 보다 중요한 의미를 지니게 되며 그러한 정치 대응의 집약적인 표상이 바로 근대화 지향적 민족주의의 성격을 규정하는 자주적 반침략과 진보적 반봉건의 개혁 운동이라 할 수 있다. 따라서 근대화 혁명의 주도층인 동시에 근대 사회의 중추 세력으로 인정되는 시민계급에 대한 우리의 인식도 자본주의사회의 산업력과 사회변동을 담당하는 중산적인 경제계급의 전형에 고착시킬 필요는 없다. 그보다는 근대화의 과제 수행을 담당 지원하는 민중 대열로서 근대적인 가치 관념과 행동 정향을 공유하는 잠재적 내지는 현재적 의미에서의 정치세력으로 파악할 필요가 있다.

그러나 정치 관계를 준거로 하는 한국 근대사의 파악이 포괄적인 종합 과정으로서의 근대화의 성격을 부정하는 것은 아니다. 이것은 서구의 근대 사상에 얽매여 경제발전은 근대화의 독립 변수로 주시하면서도 정치적 근대화는 경제적 근대화의 결과 즉 근대화의 종속 변수로 파악하려는 인식 방법[13]을 지양하려는 데 본뜻이 있다. 이미 지적한 바와 같이 대내외적 모순에 주체적으로 대응한 정치과정의 독립 변수로서의 중요성을 간과할 수 없기 때문이다. 또한 그렇다고 해서 근대화의 경제사적 분석 시각의 중요성이 배제되는 것은 아니다. 다만 자본주의적 성장 척도가 제국주의의 경제침략을 정당화시켜 준 도구라는 점에서 반침략적·반봉건적 변혁지향의 정치 과정과 상응하는 경제 형태의 성격 구명이 필요할 따름이다.

---

13) John H. Kautsky, *The Political Consequences of Modernization* (New York: John Wiley & Sons, Inc., 1972), pp. 8-11.

지금까지 두 가지 측면에서 접근하여 본, 근대화 지향적 민족주체의식의 성장이란 관점에서의 한국 근대 사상은 근대화의 목표 달성을 위한 민족주의의 존재 가치를 말해 주기도 한다. 외세의 침략에 대한 자주적 대응이라 하더라도 근대화의 목적 의식을 결여한 민족주의라면 그 존재 가치는 한계를 지닐 수밖에 없다. 근대화의 역사적 지향을 자주와 진보에로 초점을 모을 때, 대외적인 자주의 실현이 대내적인 진보의 성취와는 상호 보완적인 관계를 지니는 경우와 그렇지 않고 상호 배타적인 관계를 지니는 경우를 각기 상정할 수 있다. 둘 다 모두 민족주의의 범주 안에서 파악할 수는 있지만 근대화 지향이라는 전진적 시각에서 양자를 구별해 볼 필요가 있는 것이다.

여기에서 우리는 근대화의 역사적 과제를 대외적 차원의 반침략(=자주)과 대내적 차원의 반봉건(=진보)으로 파악하면서도 그것을 개별적 이원성으로 보지 않고 민족주의로 통합되는 양면적 일체성으로 보게 되는 소이가 발견된다. 이것은 자주만을 고집할 때는 진보에 역행되는 보수적 반동화가 가능하고, 진보만을 내세울 때는 패배적인 자기 부정 또한 가능하다는 점에서 뿐만 아니라 밖의 침략 세력과 안의 봉건 세력 사이의 결탁에서 오는 모순의 상승적 합병 증상에 유기적으로 대응해야 할 역사적 필요성 때문이기도 하다. 따라서 이시적(異時的) 개별화의 개념으로서가 아니라 동시적 통합화의 개념으로서 자주와 진보를 민족주의에 수렴시킬 수 있는 대중적 개혁 운동이 정치사회적으로 가능할 때 근대화의 역사적 전기는 마련된다고 말할 수 있다.

3. 문제의 소재와 연구 초점: 독립협회의 정치 이념

이상과 같은 한국 근대사의 시각과 문제의식을 개화기의 역사 상황에 비추어 본다면, 우리는 한국 근대화의 발전적 전기를 독립협회의 정치 활동에서 찾을 수 있을 것 같다. 독립협회를 주제로 하는 이 연구의 목적도 바로 이 점에 있는 것이다. 그런데 여기서 말하는 근대화의 발전적 전기란 소수의 정예적 시도나 혹은 외부적 충동에의 피동적 동조로서의 '근대화의 계기'가 아니라 민중의 자각적인 주체의식에 뿌리를 내린 적극적인 대응으로서의 '근대의 출발'을 뜻한다고 보아야 하겠다.[14] 그러나 적극적 의미의 그러한 발전적 전기도 역시 소극적으로 파악되는 근대화의 계기가 하나하나 축적되는 가운데서 기틀이 마련되었다고 말할 수 있다.

따라서 독립협회의 출현 자체도 역사적 우연의 산물로서가 아니라, 근대 사회에로의 과도적인 전환 과정의 역사적 결실로 이해할 수 있다. 물론 이러한 이해는 역사의 발전 단계를 파악하기 위한 작업 가설로서의 시대 구분[15]을 전제로 한다. 조선 후기에 있어서의 정치 · 사회 · 경제 · 사상 사이의 함수관계적 변동을 내재적으로 포괄하는 '전통적 과도기'와 충격적으로 밀어닥친 외세의 도전에 전진적으로 대응하기 시작한 1860년대 이후의 '근대적 과도기'라는 시대 구분의 설정이 그것이다. 결국 이런 단계적 발전의 가정 위에 개연성을 구축한다면, 전통적 과도기의 내재적인 변화발전을 밑거름으로 하여 축적되기 시작한 근대적 과도기의 근대화 계기들과 구조 · 제도 · 환경의 변화가 복합적으로 작용하는 가운데 공개

---

14) 高柄翊, "韓國近代化의 起點問題," 歷史學會 編, 『韓國史의 反省』 (서울: 新丘文化社, 1973), 250-268面 참조.

15) 車河淳, "時代區分의 理論的 基礎," 『歷史學報』 45 (1970), 144面 및 車河淳, 『歷史와 知性』 (서울: 탐구당, 1973), 73面.

결사체로서의 독립협회의 출현이 가능했다고 보겠다.[16]

그러나 근대화의 계기들이 축적됨으로써 공개결사체가 출현될 수 있었다는 역사적 사실만으로 근대의 출발이 당연한 논리로 귀결되는 것은 아니다. 독립협회에서 비롯되는 한국 근대화의 역사적 전기가 인정되려면 그 이전과는 구별되는 발전적인 징후가 근대화 주도체로서의 독립협회의 집단적 정치 활동 가운데서 농도 짙게 적출되어야 하겠다. 그러기 위해서는 그 이전까지는 파행적이었거나 불균형적이었던 근대화의 이중적인 역사적 과제 즉, 자주와 진보 또는 반침략과 반봉건 운동이 독립협회를 통하여 민족주의로 통합 조화되는 가운데서 대중적 개혁 운동으로 발전될 수 있었던 소지를 구명해야 할 것이다.

이 때문에 우리는 근대적인 가치와 태도 정향을 민중의 자각적인 주체의식으로 확산시키고 국민의 집합적인 의사를 계도(啓導)적으로 표출 취합하여 정책 결정에 매개시킬 수 있었던 공개결사체로서의 정치적 근대화 지향과 그리고 민족주의 정치이념 주도체 내지는 대중동원 주체로서의 독립협회의 구조적 성격을 이해할 필요가 있다. 뿐만 아니라 근대화의 계기적 시도가 축적되고 대내외적으로 위기 의식이 첨예화되었던 발전적 위기 상황 하에서 그와 같은 성격의 공개적인 정치결사체가 최초로 등장하여 정치적 영향력을 집중적으로 장악하고 당면한 근대화의 역사적 과제를 수행했다는 점에서 독립협회를 이른바 역사적 상황설(historical situation theories)[17]에 입각한 한국 근대 정당의 발생 기원으로 파악해 보

---

16) 韓興壽, "獨立協會의 政治集團化過程," 『社會科學論集』 3 (延世大學校 社會科學硏究所, 1970), 40-41面.

17) Joseph Lapalombara and Myron Weiner, "The Origin and Development of Political Parties," Joseph Lapalombara and Myron Weiner (eds.), *Political Parties and Political Development* (New Jersey: Princeton Univ. Press, 1966), pp.7-21. 여기서 정당발생기원설(政黨發生起源說)로 제시한 것은 ① 초기의 의회와 정당의 출현 사이의 상관관계에 초점을 두는 제도설(institutional theories), ② 정당이 대두되는 시점에서 체제가 당면한 역사적 위기나 역사

려는 시도도 필요한 것이다.

그러나 이 연구에서는, 위에 지적한 여러 문제의 소재를 염두에 두고 그 중의 하나이면서도 전체적인 파악의 핵심이 되는 정치이념의 분석에 초점을 모으려고 한다. 따라서 여기에서는 먼저 이 연구의 내용 구성과 관련된 이론적 전제로서 근대화의 동인에 관한 관견부터 피력해 보기로 하겠다. 근대화는 근대성(modernity)에 이르는 과정이며, 또한 근대성은 인간의 가치와 태도를 뜻하는 마음의 상태(state of mind)인 동시에 인간의 물리적 사회적 환경을 의미하는 존재의 상태(state of being)이기도 하다.[18] 이 점에서 근대화의 동력원(energy source)은 창의와 쇄신의 마음가짐으로 집약되는 근대적인 가치와 태도의 동기 부여와, 그리고 제도와 환경의 분화와 전문화로서의 구조적 변화 과정에 포괄된 기회와 유인이라는 두 가지 형태로 유별(類別)된다. 이 중에서 어느 것을 다른 것에 앞서는 독립 변수로 보느냐에 따라서 인간의 정신적인 동인을 우선시하는 심리론적 전망과 환경적 동인을 앞세워 보려는 제도론적 전망이 서로 엇갈리고 있다.[19]

그러나 이 두 가지 전망의 어느 하나에 서기보다는 가치 · 태도와 환

적 과제에 초점을 두는 역사적 상황설, ③ 정당을 보다 광범한 근대화 과정과 관련시키는 발전설(developmental theory) 등의 세 가지다.

18) F. LaMond Tullis, *Politics and Social Change in Third World Countries* (New York: John Wiley & Sons Inc., 1973), p. 24.

19) 車基璧, 『近代化政治論』, 16-17面 참조. 동서에서 제시되지 않은 전자의 예로는 David McClelland, *The Achieving Society* (New Jersey: Van Nostrand, 1961) 및 David McClelland, "The Impulse to Modernization," in Myron Weiner (ed.), *Modernization: The Dynamics of Growth* (Basic Books, 1966)을 둘 수 있으며 후자의 예로는 Albert O. Hirshman, "Obstacles to Development: A Classification and Quasi-Vanishing Act," in Harvey Kebschull (ed.), *Politics in Transitional Societies* (N.Y.: Appleton-Century Crofts, 1968); Daniel Lerner, *The Passing of Transitional Society: Modernizing the Middle East* (N.Y.: The Free Press, 1958) 및 Alex Inkeles, "Making Man Modern," *The American Journal of Sociology*, Vol. 75, No. 2 (September. 1969)를 들 수 있다.

경·제도라는 두 가지 동인을 상호배양적(相互培養的) 관계에 있는 것으로 보면서, 시대적 상황에 따라 그 우선 순위가 다를 수 있음을 인정하는 거시적 전망의 적응적 창의론(adaptive inventionism)[20]에 서는 것이 폭 넓은 이해의 기반을 구축하는 데는 오히려 유용성이 있는 것으로 생각된다. 따라서 우리는 독립협회의 출현을 시대적 개연성 위에 터 잡게 하는 데서 환경적 동인의 촉진적 작용을 수긍하면서도 개화기의 과도적 상황에서 역사적 필요성으로 인식되었던 주도적 요인으로서의 근대화 지향적 민족의식의 능동적 작용을 인정할 수 있다. 이 점에서 우리는 심리론적 전망의 한계에 일방적으로 사로잡히지 않고서도, 독립협회의 활동을 선도적으로 이끌어간 근대화의 동인을 북학사상에 뿌리를 두고 근대적 과도기에 활성화되었던 개화사상의 생동상(生動像)으로 파악할 수 있는 것이다.

이것은 발전과 위기라는 두 예각의 근대적 과도기의 역사 상황을 앞세워서 민족주체의식의 성장을 파악해 보려는 Ⅱ·Ⅲ장의 이론적 전제가 된다. 따라서 Ⅱ장에서는, 이러한 적응적 창의론의 거시적 전망에 입각하여 역사적 환경을 파악하기로 하되 그것을 역사 상황의 인식을 위한 제(諸)개념의 제시로 한정시키고자 한다. 우선 근대화라는 역사 변화의 상황적 조건을 파악하기 위하여 변화의 시발점으로 소급되어지는 근세 조선의 전통 사회적 성격에 관한 개념을 종합적으로 정리한 다음, 전통체제의 변화억제적 체제보전 능력과 변화수용적 체제적응 능력을 준거로 하여 발전 단계로서의 전통적 과도기와 근대적 과도기를 구분하고, 발전적 측면과 위기적 측면에서 근대적 과도기의 역사 상황을 파악해 보기로 하겠다. 그리고 Ⅲ장에서는 이러한 발전적 위기 상황에서 촉발된 주체적 대

---

20) Tullis, *Politics and Social Change*, pp. 38-41.

응 의식으로서 근대화의 정신적 동인이 되었을 뿐 아니라 독립협회의 사상적 주류를 이루어준 개화사상의 전통적 연원을 밝힌 후에, 근대 민족주의의 분석 도식에 따라 개화사상을 다른 민족주의 원류와 비교하기로 하겠다.

　이러한 접근이 거시적 전망에서 독립협회의 역사적 환경과 사상적 배경을 이해하는 데 뜻이 있음은 물론이다. 그러나 민족주의 분석 도식의 제시에서 보게 되는 바와 같이, 이념형으로서의 개화사상의 성격 구명 자체가 이 연구의 초점이 되는 독립협회 이념 분석의 작업 일부임을 부정할 수 없다. 넓은 의미에서 독립협회의 사상도 개화사상이기 때문이다. 뿐만 아니라 근대적 과도기라는 시대적 배경의 설정에서 당연한 과제로 제기되는 것이 정치이념의 해명이다. 과도기적 역할 분화에 따르는 전통과 근대성 사이의 갈등과 단절을 해소시키는 방법으로 인정되는 요소가 "근대화의 도구로서의 정당"[21]과 "근대성의 표현으로서의 이데올로기"[22]이기 때문이다. 여기에서 혁신적 역할의 동원 체계로서의 정당적 성격은 논외로 하더라도,[23] 정치이념이 변혁기의 사회에서 발휘하는 정치적 기능의 중요성마저 과소평가될 수는 없는 것이다.

　앞에서 자주=반침략과 진보=반봉건을 통합하는 근대화 지향적 민족주의를 한국 근대의 역사상으로 보았거니와 거기에 함축된 '근대성의 표현'을 IV · V · VI 장에서 밝히려고 하는 것이다. 그것은 개화사상의 발전적 형태로 전개된 독립협회의 정치이념을 구조적으로 파악하는 데서 가

---

21) David E. Apter, *The Politics of Modernization* (Chicago: The Univ. of Chicago Press, 1969), Chapter 1, 2, 4, 6 참조. Apter는 비양립성의 관계에 있는 세 가지의 역할 유형, 즉 전통형 · 적응형 · 혁신형을 들고 있다. 그리고 해결방법으로 제시한 것이 화해체계(reconciliation system)와 동원체계(mobilization system) 이다.

22) Georges Balandier, *Anthropologie Politique* (Paris: PUF, 1968), pp. 215-230 참조.

23) 독립협회의 정당적 기능에 관해서는 별고로 다룰 예정임.

능하다. 물론 그것이 구조적 분석이라고 해서 내면적 문맥에 대한 의미론적 접근에 그치는 것은 아니다. 근대화의 정신적 동인 즉, 가치와 태도를 이데올로기의 관점에서 볼 때, 그것은 각기 이념과의 불가분 관계에 있는 내면적 행태(가치)와 외면적 행태(태도)를 뜻하는 것이기 때문에, 외면적 맥락의 기능적 접근도 병행하지 않을 수 없다. 따라서 독립협회의 정치이념을 근대화 지향적 민족주의의 관점에서 구조적으로 파악하기 위하여, 그 구성 요소를 다음 세 가지의 틀로 분해하고 각기의 이념적 기능성을 근대화의 각도로 모아보고자 한다.

첫째, 정치이념의 구조적 분석에 있어서 일차적으로 제기되는 것이 목표 또는 이상을 뜻하는 궁극적인 가치의 문제라고 보았을 때,[24] 먼저 가치수렴적인 지상 목표로서의 상위 개념을 가려낼 필요가 있게 된다. 따라서 IV장에서는, 외연의 자주와 내포의 자강이라는 표리일체적(表裏一體的) 양면성의 독립을 가치포괄적 목표의 상징 개념으로 보고, 또한 그러한 목표 달성의 동기 부여에서 근대화 지향의 하위 개념이 분화된 것으로 파악하여 그것을 근대화의 원동력으로 연역하기로 하겠다.

둘째, 독립이라는 상위 개념의 이념적 목표를 실현하기 위한 실천적 과제로서 제시된 내실자강(內實自强)의 정책적 내용 속에서 독립의 하위 개념을 가려낼 필요가 있다. 자강실책(自强實策)이라는 목표 실현 방법으로 제시된 개명진보(開明進步)·국권자립(國權自立)·민권자수(民權自修)가 상호불가분적 관계에 있는 독립의 하위 개념일 뿐 아니라 근대화를 추구하는 정책적 지향임을 V장에서 밝히기로 하겠다.

셋째, 가치포괄적 목표의 실현 방법으로 제기된 이러한 근대화의 지표는 근대적 질서의 독자적 구축에 의한 전근대적 질서의 극복을 전제로 하

---

24) 李克燦, 『政治學』(서울: 法文社, 1969), 186-187面.

기 때문에 왕성한 개구혁신(改舊革新)의 의지를 요청하게 된다. Ⅵ장에서는, 이러한 개신의지가 터 잡는 정당화 논거와 그 발전적 표상을 통하여 근대화의 추진력이 대중 행동으로 작동될 수 있었던 심리적 기반을 밝히기로 하겠다.

이와 같은 세 가지 틀은 유기적인 구조성을 지녔다는 점에서 그것을 다음과 같이 도식화할 수 있으며, 그에 따라 독립협회의 정치이념을 구조적으로 파악함으로써 집단활동의 이념적 성격을 유기적으로 해명하려는 것이다.

지금까지의 서술에서 알 수 있듯이, 한국 근대사에 대한 거시적 시각 속에서 독립협회의 정치이념을 집중적으로 분석하려는 것은 역사 분석에서 중시되는 원근투시법의 적용이라 할 수 있겠다. 그러나 근대화 과정을,

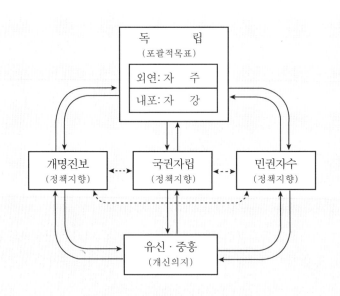

[그림 1] 독립협회 정치이념의 구조 도식

체제의 개혁을 통한 체제의 유지를 도모하는 대규모의 역사적 변혁으로 보려는 동태적 인식의 필요성을 배제할 수 없다. 따라서 과거에 연원하는 한국 근대화 과정을 원근투시법에 의하여 동태적으로 인식하려는 이 연구의 목적이 일차적으로는 앞에서 지적한 바 있듯이 한국 근대화의 발전적 전기를 정치이념의 테두리에서 구명하려는 데 있지만, 다른 한편으로는 자주와 민주를 민족주의로 조화시킬 수 있는 정치사관의 정립을 요청하는 오늘의 역사적 필요성에 부응하려는 데 있다.

II

전통체제의 유지 · 변화와 과도기의 역사 상황

1. 전통체제의 성격과 전통적 과도기

근대화를 근대성에로 이끌어가는 과정이란 뜻에서 역사적 연속체 (continuum)로 파악할 때, 그 양극에 서로 대칭적 의미의 이념형(ideal type)인 전통(전근대) 사회와 근대 사회를 설정할 수 있다. 그리고 이 두 이념형을 이어주는 연속 과정을 몇 개의 단계로 구분하여 근대화에로의 변화 과정을 단계적 발전으로 가늠할 수 있다. 여기에서 독립협회의 역사성이 근대의 출발로 이해될 수 있기 위해서는 (1) 근대화의 역사적 과제로 인식되는 반봉건의 대상 즉 전근대적 전통의 귀속체로서의 전통 사회와, (2) 독립협회의 출현에 이르는 근대적 변동을 포괄하는 이행기적 과도기의 시대구분에 대한 예비적인 개념 정리가 필요하다.

변화는 그 변화가 자리 잡기 이전의 조건과 함수적인 영향 관계에 있기 때문에 근대화라는 변화 과정을 올바로 이해하기 위해서는 변화의 시발점으로 소급되어지는 전통 사회의 성격을 먼저 가려야 한다.[1] 우리의 근대로 접속되는 전통 사회, 즉 근세 조선에 대한 성격 파악이 필요한 것은

---

[1] John H. Kautsky, *The Political Consequences of Modernization* (New York: John Wiley and Sons, 1972), pp. 15-16 참조.

이 때문이다. 물론 그것이 한마디로 규정되기는 어려울 뿐 아니라 실제로도 학자들의 보는 각도와 입론의 차이에 따라 다양하게 규정되고 있는 실정이다. 그러나 그것이 다양하다고 하더라도 다소의 쟁론을 희석화시켜 놓고 보면, 서로의 긴밀한 상관성을 인정하게 되며 따라서 사회 · 체제 · 국가로서의 근세 조선의 전통적 성격은 그러한 여러 가지 측면의 총체적 개념으로 이해될 수 있다.

첫째로, 시대 구분의 삼분법론이나 근세 조선 사회의 가치체계 및 계층구조에 접근시킨 사회일반론적 개념 범주를 살필 수 있다. 발전단계론의 보편성에 입각할 때 지나치게 단순화시킨다는 비난을 받게 되지만, 거기에서 고대사회 다음 단계로서의 '중세사회'[2] 또는 노예사회 다음 단계로서의 '봉건사회'[3]를 근세 조선의 역사적 위상으로 보게 된다. 여기에서 봉건제 논의는 미루더라도 농경사회와 민속사회(folk society)로서의 인습적 협업성과 비유동적 정태성, 그리고 동족부락 위주의 촌락공동체를 사회생활의 모체로하는 공동체 사회(communal society)로서의 혈연과 지연을 복합한 제1차적 사회관계의 지배성과 지연적(地緣的) 족당 사이의 자기봉쇄적 분절성을 간파할 수 있다.

한편, '유교국가'(confucian state)[4]로서의 근세 조선은 유교가 정통적 통치이념으로서 정치적 지배와 유착되는 가운데 모든 생활 영역을 포괄하는 보편적 가치체계로 정립되었음을 뜻하거니와 거기에서 나타나는 덕치주의적 · 교조주의적 준거의 사고 정향과 가부장제적 · 계서적(階序的) 예관념으로서의 대내외적 질서 규범 및 상공업 억제의 농본주의적 경제구

---

2) 趙璣濬,『韓國經濟史』(서울: 日新社, 1962), 第五篇.

3) 李清源,『朝鮮社會史讀本』(東京: 白楊社, 1936), 第三篇.

4) Sohn Pow-key, Kim Chol-choon and Hong Yi-sop, *The History of Korea* (Seoul: KNC for UNESCO, 1970), Part IV-Chapter 1.

조를 보게 된다. 그리고 이러한 사회에서 가치우월적인 위치에 있는 유학 지식층 양반이 사회의 주도적인 지배 세력을 형성하게 되는 '양반사회'[5] 의 성격을 드러냄으로써 양반의 관직 독점 내지는 관직에의 직업한정성, 신분계층 사이의 배타적 차별 관계와 수직적 계층 이동의 봉쇄를 전제한 양반의 면역특권 및 직업과 신분의 세습적 동일성을 일반화시키는 신분 사회적 특징을 간파하게 된다.

둘째로 들 수 있는 것은, 농경사회 · 민속사회 · 공동체사회의 기반 위에 구축된 유교 · 양반사회의 통치구조적 성격에 초점을 모은 개념 범주이다. 먼저 근세 조선의 정치 형태가 전국적 통일 권력으로서의 통치권의 계기와 정당성이 관념적으로 신성한 전통과 군주의 권위로부터 나오는 전제군주체제라는 점에서 지배의 전통주의적 권위주의적 · 전제주의적 성격을 지적할 수 있다. 그러나 정권 성립의 기본적 계기가 친명 정책과 아울러 유교주의적 관료기구의 재편 · 강화에 실재했음을 인정한다면, 보다 함축적인 정치적 특질은 미분화된 광범한 권력정치의 행사를 통치기구로서의 유학지식층 양반관료군이 전담하는 데서 오는 관인지배 또는 관료정치의 압도적 현상에서 파악될 수 있다. 따라서 근세 조선에서 집중적으로 나타나는 관료정치의 동양적 특성을 국가 형태로 압축시킨 것이 '관인국가'[6]이다. 그러나 이러한 관료정치의 양반사회적 계층성에 눈을 돌릴 때 '양반관료국가'[7]가 부각되고 이와는 달리 국민 · 국토 · 통치기관 · 행정 운영 · 상공업 활동 등에 대한 전국적 중앙 통제 내지는 중앙집권적 장악 현상에 눈을 돌릴 때는 '집권적(전제) 관료제' 또는 '관료적 집

5) 李基白,『韓國史新論』(서울: 一潮閣, 1967), 9 · 10章.

6) 金龍德,『國史槪說』(서울: 東華文化社, 1958), 89-95面; 旗田巍,『朝鮮史』(東京: 岩波書店, 1970), 115-120面; 金雲泰,『朝鮮王朝行政史: 近世篇』(서울: 乙酉文化社, 1970), 7面.

7) 韓㳓劤,『韓國通史』(서울: 乙酉文化社, 1970), 第五篇; 국사편찬위원회,『한국사』9 (서울: 探求堂, 1973). Ⅰ.

권제'[8]가 부각된다. 우리는 이 후자를 정치 형태로 이어줌으로써, '중앙집권적 관료적 전제군주제'[9]라는 연쇄 구조의 정치체제를 파악할 수 있거니와 거기에서 반사되는 정치권력의 기존성과 반다원주의, 누적적 불균등성 및 장악적 지배와 예속적 복종의 사회관계 양식을 눈여겨 볼 수 있다.

끝으로, 이와 같은 통치구조의 특성을 생산양식의 함의를 지니고 있는 보편적 발전단계론과 결합시킨 개념 범주를 들어 볼 수 있다. 이러한 범주의 공통점은 근세 조선을 노예제 사회 다음 단계의 봉건제 사회로 보는 한편으로, 서양의 분권적 봉건사회와 구별되는 집권적 봉건사회로 보는 데 있다. 이것은 봉건제라는 동일 척도를 가지고 한국사와 세계사를 보편화시키면서도, 중앙집권과 지방분권이라는 권력 소재의 차이로 동서양을 유별하려는 역사 인식에서 비롯된다. 근세 조선을 '동양적 봉건사회,'[10] '집권적 봉건사회(국가)'[11] 또는 '관료적 집권봉건제'[12]로 규정하는 데서 보는 바와 같이 다소 한국적 특성 표현은 다르지만 전근대 사회로서의 성격 부여가 일치되는 것은 그러한 역사 인식의 공통성 때문이다.

그런데 근세 조선을 봉건사회로 규정하는 논거는 흔히 사적 지주의 독점적인 토지소유에 입각한 농노(노비·양민)의 토지 경작에서 찾고 있다. 물론 이것은 집권적 통치권력으로 말미암아 지주의 독립성이 크게 제약

---

8) 집권적 관료제는 李丙燾, 『新修國史大觀』(서울: 普文館, 1960), 325面 및 李弘稙 外, 『國史新講』 (서울: 一潮閣, 1960), 209面에서, 전제관료제는 姜志元, 『近代朝鮮政治史』(서울: 大學生活社, 1950), 27面에서 그리고 官僚的 集權制는 全錫淡, 『朝鮮經濟史』(서울: 博文出版社, 1949), 54面 에서 볼 수 있다.

9) 曹佐鎬, "아시아적 官人支配의 韓國的 傳統," 歷史學會 編, 『韓國史의 反省』(서울: 新丘文化社, 1973), 71-81面.

10) 崔虎鎭, 『韓國經濟史』(서울: 博英社, 1970), 第五篇.

11) 白南雲, 『朝鮮社會經濟史』(서울: 改造社, 1933), 3面; 韓㳓劤·金哲埈, 『國史槪論』(서울: 明學社, 1954), 255-309面; 渡部 學, "李朝 政治過程," 朝鮮史研究會·旗田巍 編, 『朝鮮史入門』(東京: 太平出版社, 1973), 191-199面.

12) 全錫淡, 『朝鮮史敎程』(서울: 乙酉文化社, 1948), 第5章.

되었다는 점과 소작인 중에는 법률상의 자유 신분인 양민의 비중이 상대적으로 컸다는 점 등 자체의 특수성을 전제한 것이다. 그러나 여기에서 볼 수 있는 농노사회적 성격은 인정하면서도 봉건 영주가 없었다는 사실을 들어 그것을 봉건제 존립의 근거로는 보지 않으려는 반론[13]이 있기 때문에 아직은 단정을 어렵게 한다. 따라서 근세 조선에 대한 봉건성의 적용은 전통 사회의 전근대적 속성을 포괄하는 일반적 의미로서나 아니면 농노사회적 구조의 생산양식을 통칭하는 의미로 한정시킬 수밖에 없다.

이상에서 근세 조선의 전통 사회적 성격을 함축하는 개념들을 세 가지 범주로 나누어 정리해 보았거니와 다시금 종합적인 역사 과정에서 동태적으로 인식할 필요가 있다. 그러한 표징적 요소들은 서로 유기적인 상관성을 지니면서 하나의 총체적 구조로서의 전통체제를 엮어 나갔을 뿐만 아니라 정적인 고정 상태에 머물러 있지 않고 그 체제의 테두리 안에서 항상 변화 상황에 대응하여 움직여 왔다고 보아야 하기 때문이다. 이것은 통치구조에 집중시켜 보더라도 마찬가지이다. 유학지식층 양반관료군이 집단적으로 통치 과정에 참여했고 또한 그들의 유교주의 이념이 어느 모로나 군주의 행동을 통제했다는 점에서 "제한군주정치를 실현하기 위한 조선조 특유의 정치 형태"[14]라고 말 할 수 있지만, 이것을 지나치게 강조할 때는 정태적인 인식의 결과를 고정 관념에서 정칙화(定則化)할 우려도 있는 것이다.

법전의 토대 위에서 통치권이 행사되었다는 측면적인 이해만으로 군주의 권력(왕권)이 법령에 의해 결정되었다고 보기도 어렵다. 이보다는 오히려 세력과 세력 사이의 상호작용과 견제 및 이에 대응하는 군주 개개인의 성격 특성(personality traits)과 같은 복합적 요인에 의하여 상황적으로 규

---

13) 李基白, "韓國史의 時代區分問題,"『民族과 歷史』(서울: 一潮閣, 1972), 8-9面.

14) 崔昌圭, "韓國의 政治法制," 서울大 東亞文化研究所 編,『韓國學』(서울: 玄岩社, 1972), 450面.

정되었다고 볼 수 있다. 조선 왕조의 군주들 중에는 신민에 대한 생살여
탈권을 극대화시켰던 절대군주가 있는가 하면 그의 주변 및 배후 세력에
완전히 장악되어 명맥만을 유지한 군주도 있다. 실제로 왕권은 정치권력
의 기존성[15]과 권력관계의 긴장성, 즉 팔레이스(Palais)의 지적처럼 권력
정치의 평형을 추구하는 탕평 긴장의 상황적 유동에 따라 그와 같은 절대
군주나 명목상 군주의 어느 하나라기보다는 그 중간의 어느 위치에 놓이
게 되는 갖가지의 행동 가능성을 담고 있는 것이다.[16]

　이처럼 긴장 속에 얽혀서 서로 대립하는 다수의 세력과 이해의 결집체
로 작용한 정치권력의 평형적인 대립은, 군주와 군주의 절대권을 억제하
는 척족·관료군·교리적 통제기구·지방 세력 사이의 관계에서만 볼 수
있는 것은 아니다. 그것은 정부와 양반특권층 사이의 관계에서나 심지어
는 국가와 일반 국민 사이의 관계에서도 찾아 볼 수 있다. 말하자면 전통
체제의 안정은 전제군주체제에 담겨진 정치권력의 기존성 확보와 각 세
력 상호간의 중화작용, 즉 정치적 긴장의 평정화에서 나오는 동적인 균형
의 소산이다. 그런데 이러한 체제의 안정은 어느 때던지 어느 방향으로나
기울어질 수 있는 동적인 균형의 상태에 놓여있기 때문에 자칫하면 깨지
기 쉬운 균형의 경사화(傾斜化)를 조정하고 개선하려는 데서 상황 변화에
대한 체제의 대응 능력이 작용했음을 유의할 필요가 있다.

　여기서 우리는 근세 조선의 전통체제가 통치 기반을 확립하고 안정 기
조를 지속시켜가는 과정에서 주기적으로 단행된 만성적인 한계 조정으로

---

15) 정치권력의 기존성에 관하여는 李廷植, "韓國政治權力描造論序說,"『東國大 論文集』(1967),
　　257-270面 참조.
16) 이하에서의 세력간의 평형적 대립과 긴장 및 한계조정에 관하여는 제임스·팔레이스, "李朝時
　　代의 安定," 亞研 韓國研究室 編,『韓國의 傳統과 變遷』(서울: 高大出版部, 1973), 283-300面
　　또는 James B. Palais, "Stability in Yi Dynasty Korea: Equilibrium Systems and Marginal
　　Adjustment," *Occasional Papers on Korea*, No. 3 (1975), pp. 1-18 참조.

서의 개혁을 눈여겨 볼 수 있다. 정치에 개재(介在)된 제(諸)세력간의 견제와 균형을 포용한 유동적인 평형 대립에 있어서, 어느 한 쪽 방향으로 기울기 쉬운 경사화(불균형 증대)의 성향이 좁은 시폭(時幅)의 항시성을 보이게 되고 그것을 그 때 그 때의 형편에 따라 완화시키려는 데서 만성적이고 주기적인 개혁의 성격을 띠게 되었다고 할 수 있다. 뿐만 아니라 이를 위해서는 주로 임기응변적인 해결책을 채택했기 때문에 전면적인 최적의 상황이 아니라 소폭적인 한계 상황만을 만들어내는 한계 조정성을 띠게 되었다고 말할 수 있다.

유교의 도덕적인 호소와 엄격한 형벌에 의존하였던 이와 같은 전통체제의 개혁 능력은 두 가지 방향의 작용에서 신축성을 보여 주었다. 그 하나는 군주의 절대권 행사를 통하여 기존 법률의 엄격한 집행으로부터 국가에 대한 의무의 면제나 사면을 가능하게 해준 것이고, 다른 하나는 법률과 상치되는 새로운 상황의 관습이라 하더라도 법금(法禁)하는 것을 막음으로써 그것의 기정사실화를 가능하게 해준 것이다. 물론 한계 조정으로서의 개혁의 목적이 체제의 안정과 유지에 있었던 만큼, 일차적으로는 전통체제의 기존성을 유지하기 위한 변화에의 대응 능력에 집중되었다고 할수 있겠거니와 이러한 능력에 담겨진 변화억제적 기능은 왕조 체제가 강압적으로 해체된 시기까지 적용될 수 있다. 그러나 과거의 법률은 고치지 않고 그대로 둔 채 새로운 상황을 기정사실화 해버리는 경우가 허다했다는 점에서는, 한계 조정의 테두리이긴 하지만 기존성에의 부분적 변화를 긍정함으로써 평형 대립의 균열에서 생기는 새로운 긴장과 모순을 내재적으로 흡수·소화시켰던 변화 수용적 기능의 대응 능력도 이해하게 된다.

이처럼 주기적인 개혁을 통하여 변화에 대응한 전통체제의 능력은 기존성을 유지시키는 체제보전 능력이었을 뿐만 아니라 변화 상황을 현실화시키는 체제적응 능력이기도 했기 때문에 어느 때나 기울기 쉬운 탕평 긴장을 간단없이 평형화시키려는 조정·개혁의 동태적 과정에서 체제의 안정과 함께 체제의 변화가 계속되었음을 알 수 있다. 이것은 전통적 통치구조가 대내외적으로 팽대되는 긴장과 모순의 압박을 안은 채 안정 기조 위에서 장기화를 누리는 가운데 꾸준히 계속되었던 내재적 발전의 변화 과정을 이해하는 데 도움이 된다. 그러나 그러한 변화 과정이 한편으로는 전통체제의 지구적 구심 작용 속에서 변화억제적 기능을 앞세운 만성적인 한계 조정으로서의 개혁 능력에 수반된 것이기 때문에 근대적 발전에로 직결되기에는 아직도 이른 과도기적 한계성을 지녔던 것임도 간과할 수 없다.

따라서 우리는 전근대와 근대 사이의 중간시기를 2단계의 과도기, 즉 전통적 과도기와 근대적 과도기로 구분함으로써 그러한 이행기적 변화 과정을 단계적 발전으로 인식하는 작업 가설로 삼을 수 있다. 전통체제의 적응 능력에서 발휘된 변화의 현실화는 근세 조선의 전(全)기간을 통해서 확인될 수 있지만, 역시 내재적인 발전 과정으로서의 과도기의 시발은 천관우(千寬宇) 선생의 견해처럼 대내외적 긴장 요인이 두드러지면서 전통체제의 변질을 드러내기 시작한 왜·호란과 대동법 성립 이후로 보는 것이 옳을 것 같다.[17] 그러나 전통적 봉건성과 근대적 진보성의 혼재 상황만을 지나치게 의식한 나머지 오늘에까지도 연장되어지는 과도적 현상에 집착하게 된다면 작업 가설로서의 과도기의 하한선 마저 흐려버릴 염려가 있으므로, 과도기 안에서 이루어진 변화 과정의 단계적 진전에 눈을 돌릴 필요가 있는 것이다.

양란 이후에 진행된 변화 과정에서 내발적으로 돋아난 근대적 요소는 천관우 선생이 이 분야의 연구 결과를 종합·적시한 것처럼, "실학을 비롯한 정신문화사적 사상에서, 자본주의 맹아를 중심으로 본 경제사적 사

---

17) 千寬宇, "韓國史上의 中世·近代의 界線," 韓國經濟史學會 編, 『韓國史時代區分論』(서울: 乙酉文化社, 1970), 103-135面.

상에서, 그리고 근대적 계급의 맹아를 중심으로 본 사회사적 사상에서"[18] 찾아볼 수 있다. 아직도 가설의 범위를 벗어난 것은 아니지만, 정부의 수요를 요공(徭貢)이 아닌 구매로 조달하는 대동법에로의 세법의 전환은 상품 및 화폐의 유통 경제를 열어주고 상인자본군과 자유상공인층을 출현시켜주었다는 점에서 그것이 자본주의의 발생에 던져주었을 파급 효과를 중시하지 않을 수 없다. 특히 노비제도의 형해화(形骸化)와 함께 상품경제의 전개를 매개로 한 농민층의 분해와 양반관료지주층, 특권상인층, 재(在)촌상인겸 지주층, 빈농·소작농·임금노동자층 등의 계급적 분화에서는 근대 계급의 태동을 간파하게 된다. 실학은 양명학을 내면화하고 서학을 수용하는 가운데서 이러한 사회적 사상을 사상적으로 유도하고 반영한 개신유학이라 할 수 있다.

그러나 전통 사회 내부로부터 싹트기 시작한 이러한 근대적 요소들이 18세기 후반기 또는 19세기 초반기에 이르는 동안에 계속 성장해 온 것은 사실이지만, 그것을 근대화의 맹아로 인정한다고 해서 사회변혁의 추진력으로까지 성장된 것을 뜻하는 것은 아니다. 그것이 국지적·부분부(部分部)인 혼재 상황의 것이었을 뿐만 아니라 자체로서의 독자적인 근대 질서를 형성하여 전통 질서에 맞서기 보다는 그와 결탁하거나 그의 비호를 받는 경우가 더욱 일반적이었다는 것은 체제적응 능력으로서의 개혁의 한계 조정성과 유기적인 상관이 있음을 말해 준다. 위축된 국가의 재정을 확보하려는 긴급한 필요성에서 채택된 세법 개혁(대동법)만 하더라도, 그것이 체제의 보전을 위한 변화에의 적응이었음을 부정할 수 없으며 또한 그것이 전국적으로 실시되기까지만도 1세기(1608~1708)를 소요했다는 사실은 최소한의 균형점 이동을 통하여 변화에 적응하려는 전통체제의

---

18) 上揭, "韓國史上의 中世·近代의 界線," 122面.

개혁 능력에 담겨진 한계 상황과 깊은 연관이 있는 것이다.

이렇게 본다면, 전통 사회의 내발적인 근대적 요소들은 변화 상황에서 야기되는 긴장과 모순을 전통체제의 구심적인 작용 범위 안에서 흡수·해소시킴으로써 체제의 안정을 계속 유지하려는 데서 나온 내재적 발전의 소산이라 하겠다. 이러한 변화 과정에서 기정사실화되는 변화의 폭은 전통질서의 정통성이 유지되는 테두리로 한정되고 한계 조정으로는 해결되지 못하는 만성적인 불균형을 그대로 안고 있기 때문에, 점진적으로 평형의 중심이 이동하는 발전을 보인다고 해서 근대적 발전에로 직결되는 것은 아니다. 따라서 근대적 요소의 발아를 내재적으로 담고 있는 조선 후기의 역사적 발전은 근대 사회 지향의 목적 의식이 전제되었다고 보기는 어렵지만 자생적 근대화의 내재적 준비기 또는 근대화 과제를 능동적으로 수행할 수 있는 내재적 능력의 준비기라고 말할 수 있다. 이 때문에 우리는 만성적 모순을 지닌 채로 전통체제의 테두리 안에서 내재적 발전을 이룩했다는 의미에서 과도기의 제1단계를 전통적 과도기로 규정하는 것이다.

2. 근대적 과도기의 역사 상황

이와 같은 과도적 역사 상황이 어느 한 시점에서 갑작스럽게 전환된 것은 아니다. 1860년대 이후로 잡아 볼 수 있는 제2단계에서도, 근대적 요소가 상대적으로 증대되긴 했지만, 체제내적인 모순의 누적과 함께 전통체제의 지구적인 구심 작용이 여전히 계속되었다는 사실은 과도기적 역사 상황의 지속화를 말해준다. 그러나 이러한 과도기의 지속성과 아울러 그 전환성에 대하여도 눈을 돌릴 필요가 있다. 근대 문명이라는 긍정적 측면과 경제 침략이라는 부정적 측면을 함께 지니고 충격적으로 밀어닥친 열강의 위협적인 도전에 역동적으로 대응하기 시작한 시점에서, 과도기 안에서의 단계적 전환성을 찾을 수 있기 때문이다.

한국근대화의 역사과정에서 외생적 요인이 압도적 비중을 차지하게 되었고 또한 제국주의의 침략에 맞서 자위적 근대화의 역사적 과제를 수행하게 되었다는 사실에 비추어 볼 때, 부정적으로나 긍정적으로나 태서(泰西)에의 역동적 대응의 개시는 역사 전환의 중요한 계기가 아닐 수 없다. 외세에 대한 부정적 반발로서의 '쇄국'과 피동적 동조로서의 '개국'에 대하여 외관상의 표현만큼 상반된 역사성을 부여하기 어려운 것은 동일 대상에 대한 반응의 시차적 추이성 때문이다. 뿐만 아니라 개물사상(開物思想)을 매개로 실학과 연결되는 능동적 개국 주도의 개화사상의 역사의식이나 쇄국 또는 부정적 반발에 담겨진 위정척사사상과 동학사상이 모두 개항 이전에 태동 되었으며 그 뒤의 역사 과정에서 각기 중요한 구실을 맡게 된 근대 민족주의의 사상적 원류였음을 주목하게 된다. 이러한 태서에의 대응이 대외적 인식 정향에 한정되지 않고 대내적 인식 정향을 복합했던 것임은 두말할 나위도 없다.

이 때문에 우리는 1860년대를, 한국근대화의 기점으로 보려는 시도[19]와는 달리, 지속적인 과도기 안에서의 전진적 발전단계에로의 전환으로 파악할 수 있으며 따라서 그 이후 독립협회의 출현에 이르는 기간을 제2단계의 과도기로 규정하게 된다. 물론 이 기간에 표출된 모든 역사적 대응이 한결같이 전통적 과도기에 마련된 근대화의 내재적 능력에 뿌리를 내렸거나 근대 지향에로 귀결되었던 것이 아님은 역사적 제약으로서의 과도기의 전제가 말해준다. 한국 근대화의 역사적 지표로 설정할 수 있는

---

19) 李瑄根, "近代化의 起點問題와 1860年代의 韓國," 前揭, 『韓國史時代區分論』, 153-182面 참조.

자주와 진보가 동시 병행적이지 못했고 파행적이었던 이유도 여기에 있다. 상대적으로, 자주적 반침략의 대응은 근대적 진보의 개혁의지를 결여했고 반대로 진보적 반봉건의 대응은 제국주의의 침략에 대한 자위적 태세에서 취약성을 드러냈으며 또한 그 틈을 이용하여 내부의 봉건세력과 외부의 침략세력이 결탁하게 되었던 사실을 간과 할 수 없는 것이다.[20]

그러나 이와 함께 중요한 의미를 지니는 것은 소수집단의 정예적 시도로서거나 아니면 외부적 충동에의 피동적 동조로서거나 간에 근대화의 계기들이 여러모로 이 기간에 축적되었다는 사실이다. 부정적 반발로서의 쇄국을 선행함으로 해서 이루어졌던 개국에의 시발은 전통적인 사대교린의 동양적 국제관계의 테두리를 벗어나 국가간의 상호의존과 동렬관계를 반사시키는 근대적 국제관계의 개방체제로 들어서는 길을 열어주었다고 하겠다. 뿐만 아니라 강화도조약에서 비롯된 구미 열강과의 통상무역과 외교관계의 수립은[21] 근대적인 문물·제도·사조(思潮)의 폭넓은 수용을 통하여 사회 전반에 걸친 변화 작용을 촉진시켰으며 정치제도의 변화를 자극시켰던 것이 사실이다.

특히 갑신정변(甲申政變)·동학농민혁명(同學農民革命)·갑오경장(甲午更張)·의병·독립협회 활동 등 일련의 근대화 운동 내지는 국권수호 운동이 전개된 것도 이 기간의 일이다. 흔히 이러한 운동에 비쳐진 국내외적인 한계 상황 때문에 발전의 지속성보다는 단절성을 더욱 두드러지게 의식하기 쉽다.[22] 그러나 최제우(崔濟愚)의 창도에서 비롯되는 1860년대의 농학사상과 척사사상이 1894년의 농민혁명과 1895년의 의병운동으

---

20) 金泳鎬, "侵略과 抵抗의 두 가지 樣態," 『新東亞』, 1970年 8月號, 76-86面 참조.

21) 1896년까지 부산·인천·원산 등 3항이 개방되었으며, 일본·미국·영국·중국·독일·이태리·로서아(露西亞)·불란서(佛蘭西)·오지리(澳地利) 등 9개국과 외교관계를 맺었다.

22) 高柄翊, "韓國近代化의 起點問題," 前揭, 『韓國史의 反省』, 265-268面 참조.

로 이어졌고 북학의 개물사상에 연원하는 1870년대의 개화사상이 갑신정변과 갑오경장을 거쳐 독립협회로 계승·발전되는 가운데 주권국가 내지는 국민국가에의 지향이 계기적으로 전진되었음을 알 수 있다. 이처럼, 한편으로는 봉건적 지배 권력의 견인적 타성과 전통체제의 구심 작용이 지속되었으면서도, 다른 한편으로는 사회 전반적인 변화를 촉진시켜 주는 근대 문명의 수용 확대와 더불어 국제적인 개방체제와 근대 사회 지향의 목적 의식이 활성화되었기 때문에 우리는 제2단계의 과도기를 과도기의 지속성과 함께 단계적 전환성을 동시에 드러낸 근대적 과도기로 규정할 수 있는 것이다.

다각도로 근대화의 계기들이 축적되었던 이와 같은 근대적 과도기가 역사 변화의 흐름 속에서 전통적 과도기와 근대의 출발기를 이어준 교량적인 발전 단계였다는 점에서는 전진적 발전의 역사 상황을 이해하게 된다. 그러나 그것은 항상 밝은 미래만을 전망할 수 있는 지속적인 균형의 발전이 아니었고, 안으로부터의 봉건적 전통의 집요한 거부 작용과 밖으로부터의 침략 세력의 가속적인 위협을 무릅쓰는 좌절과 시련이 중첩된 우회적 발전, 이른바 상황에의 과도적 도전을 연상시키는 변증법적 변화로 파악되기 때문에, 근대적 과도기의 역사 상황을 발전적 측면에서만 이해하기는 어렵다. 오히려 근대화의 역사적 과제가 그러한 암영으로 인하여 첨예화되었던 갈등과 모순을 극복하려는 데서 설정된 것임을 인정한다면, 위기 상황으로서의 역사 변화에 대한 이해가 더욱 긴요하다고 하겠다.

일찍이 경험하지 못했던 정치적 격동 속에서 정통성·통합성·참여성의 위기를 촉발시킨 대내적 모순의 동인을 먼저 두 가지의 변화 격차에서 야기된 불균형 요인으로 파악할 수 있다. 하나는 한계 수정적인 전통체제의 개혁 능력만으로는 충분히 해소될 수 없었던 만성적 모순의 누적화와 그러한 과도기의 지속화에 따라, 전통체제의 자폐적 기존성의 견인적 타성과 기정사실화된 역사 변화의 현실성 사이에 간격이 넓혀짐으로써 가중된 불균형이다. 체제 안정의 동적 균형을 마련해 주기도 하였던 당쟁의 평형 대립적 기능의 퇴화로 장기화된 일당 전제의 세도정치와 상품경제의 전개를 계기로 더욱 노골화되었던 양반 관료의 자의적·폭력적 주구(誅求), 행정기구의 강권적 수탈 도구화 및 이러한 모순의 첨예화로 빚어진 민란이라는 탈규범적 이익표출의 계기적 만연 현상을 손쉽게 찾아볼 수 있다. 이와 같은 대내적 모순으로 인한 위기의식의 팽대현상은 1860년에 포교를 개시한 동학 창도의 내적 동기에서 뿐만 아니라 수취체제의 문란에 국지적으로 저항한 민중봉기의 유발 동기에서도 간파할 수 있다.

다른 하나는 18세기를 전후한 근대적 요소의 유입과 개항 이후 급속화된 구미 선진 제국과의 접촉 및 이를 통로로 확대 수용하게 된 근대 문명과의 대조를 통하여 전통체제의 낙후적인 격차를 노출시키고, 전통 질서의 고수와 근대 질서의 창출이라는 대립적인 역할 분화를 자극시킴으로써 폭을 넓혀나간 전통성과 근대성의 갈등과 부조화이다. '서계문제'(書契問題)에 대한 반응에서 그 조짐을 보이기 시작한 과도기적 역할 분화는 개항이라는 한일 수교에로의 의사결정 과정에서 상이한 반응들이 집단적으로 표출됨으로써 더욱 촉발되기에 이르렀다. 쇄국을 고수하던 대원군의 교체세력으로 등장하여 집권 연장의 현실적 수단으로 한일 수교를 인식한 민씨 세력, 국가 안위 문제와 직결시켜 대외적 충돌을 막으려는 현실적 입장에서 수교를 밀고 나간 일부 관료층, 같은 국가 안위의 관점에서 외세 침략의 발단을 본원적으로 막으려 한 척화위주의 전통적 유학지식층, 개항 추진 관료와 '양정탐문(洋情探聞)'의 예각에서 근대 지향의 개국통상론을 펴나간 소수정예의 개화당 세력 등으로 이어진 역할 분화가 그것이다.

그러나 이것을 단순화시켜 본다면 전통적 보수와 근대적 진보를 추리게 된다. 이런 뜻에서 전통적 보수세력은 근대적 진보세력의 계기적인 도전에 대응해야 했고 근대적 진보세력은 전통적 보수세력의 부단한 거부 반응을 무릅써야 했기 때문에, 서로의 긴장과 불균형의 역학관계를 자극함으로써 야기되는 위기의식의 역동화를 보게 된다. 일찍이 볼 수 없었던 사회변화와 격동의 와중에서 봉건적 집권세력은 그들대로 근대적 제도를 부분적으로 채택하는 개혁을 빈번하게 단행했지만, 본질적으로 기존성의 타성적인 견인 작용과 한계 조정의 테두리를 벗어날 수 없었던 그러한 개혁 능력과 근대적 진보세력의 근대국가지향적 개혁 의지 사이에는 쉽사리 메우기 어려운 변화 격차의 간극이 가로놓여 있었음을 간과할 수 없다. 또한 이 때문에 중간매개적 역할의 틈입도 가능했다고 하겠다.

다음, 근대적 과도기의 위기 상황을 표출시킨 또 하나의 동인은 대외적 모순의 첨예화에서 찾을 수 있다. 선진 사회와의 빈번한 접촉에서 자극된 대내적 갈등의 심화는 국제적 개방체제와 근대 사회 지향이라는 긍정적 측면의 세계사적 질서에로의 한국사의 전환 과정에서 나타난 진통과 부작용의 결과라고 하겠으며, 이것과 계기적으로 결부되는 대외적 모순의 위기 상황은 그 부정적 측면에서 파악할 수 있다. 다시 말해서 새로운 세계사적 질서의 일환으로 구축된 근대적 국제정치질서가 한편으로는 개별 국가의 병존 관계를 원칙으로 하는 개별주의에 바탕을 두고 있었으면서도 다른 한편으로는 부국강병과 약육강식에 담겨진 '힘의 원리'에 기초하고 있었기 때문에, 열강의 제국주의적 침략을 당연한 것으로 수긍하지 않을 수 없었다. 우리의 전통체제가 안주하여 민족 보전의 길을 체득해 왔던 동양적 국제질서의 해체를 강요하는 그와 같은 근대적 국제정치질서를 앞세우고 위협적으로 몰아닥친 열강의 도전은 개방체제에로의 전도를 열어주는 데 그치지 않고 대외적 모순을 가속화시키는 진원이 되었다. 우리는 그러한 세계사적 질서의 부정적 측면을 넓게는 제국주의 열강의 아시아 침략이라는 서세동점(西勢東漸)의 역사적 배경에서, 그리고 좁게는 구미열강의 지원밑에서의 일본의 한국 침략이라는 식민지화의 역사적 위기에서 간파하게 된다.

한민족의 생존을 위협하고 근대적 진보를 억제한 이와 같은 대외적 모순의 제국주의적 침략은 경제 침략과 이권 쟁탈이라는 소극적 방법과 국가주권에 대한 무력적 강압과 폭력적 지배라는 적극적 방법을 병행했을 뿐 아니라 내부의 봉건세력과 결탁을 자행했다는 점에서 위기의식의 병발적(並發的)인 고조화 현상을 눈여겨 볼 수 있다. 대외적 모순으로 발단된 위기의식은 구미인들의 잠입과 양화(洋貨)의 범람 및 외국 상선의 통상 요구에서 그 전조를 찾을 수 있지만, 그것이 영·불연합군에 의한 북경성 함락과 러시아의 연해주 7백리 점령으로 인한 한·러의 접경에서 역동화되었고, 개항 이후에는 더욱 가속적으로 고조되었음을 유의할 필요가 있다.[23]

한편 안으로부터의 외세와의 결탁 현상은 균형의 경사화로 위축된 체제의 긴장관리 능력의 한계 상황과도 상관된다. 민비 척족세력 및 봉건적 보수집권세력이 정치권력의 타성적 견인작용과 권력관계의 긴장 및 이로 인한 정치적 불안으로부터 자파 세력의 안전을 확보하기 위하여 구교의 회복이라는 전통적 의식에서 일본에의 개국을 서둘렀는가 하면 임오군란·갑신정변·동학농민혁명에 청·일의 병력을 끌어들였으며 을미사변·아관파천을 전후하여 러시아세력을 유인하였던 것은 그 현저한 예이다. 그러나 이것이 민중적 기반을 미처 구축하지 못했던 개화파에게도 반사되었음을 지적할 수 있다. 그러는 동안에 일본은 청국과의 경쟁 관계에

---

23) 韓㳓劤 "開港當時의 危機意識과 開化思想," 『韓國史研究』 2 (1968. 12), 105-139面 참조.

서, 그 다음은 러시아와의 경쟁 관계에서 청·러와 마찬가지로 적극적 방법의 침략을 자행했는가 하면 한국에서의 지위 변동에 상관없이 소극적 방법의 경제 침탈도 계속했으며 그러한 이권 쟁탈에 구미 열강이 끼어듦으로 해서 위기 상황은 더욱 병발적으로 악화되었던 것이다.

이렇게 볼 때, 대내외적으로 중첩된 근대적 과도기의 위기 상황은 1890년대로 접어들면서 가일층 심화되었으며 이로 인해서 사회 일반의 위기의식도 계속 팽배되었음을 알 수 있다. 그리고 이러한 위기의식을 자율적으로 극복하여 자기 전개적인 발전의 기틀로 삼으려는 민중의 집단적인 실천 의지가 1894년에서 1898년에 이르는 사이에 집중적으로 분출되었음을 눈여겨 볼 수 있다. 서민층의 자발적 조직에 의하여 최대 규모의 민중운동을 일으켰던 동학농민운동(1894~95), 민비의 살해와 단발령으로 격앙된 민중의 분노를 항일운동의 동력으로 전환시켰던 의병운동(1895~96), 그리고 근대적인 대중결사와 대중매체를 매개로 민중의 대거 참여를 유도했던 독립협회의 대중계몽운동 내지는 자주민권운동(1896~98) 등이 그것이다. 따라서 이 기간은 자민족의 국가체제를 위기로부터 탈출시키기 위한 최후 보루로서의 성격을 강하게 노출시킨 이와 같은 일련의 민중운동이 계기적으로 속발(續發)되었던 만큼 한국 근대사에 있어서 가장 주목할 만한 중대한 의미를 갖는 시기라고 하겠다.

III

개화사상의 생성과 근대 민족의식

1. 개화사상의 전통적 연원: 개물사상(開物思想)의 역사적 변이

앞에서 근대적 과도기의 역사 상황을 발전적 측면과 아울러 위기적 측면에서 파악해 보았거니와, 그것이 실상은 병렬적인 개별 상황으로서가 아니라 복합적인 전일체(全一體) 상황으로서 주체적 내지는 자주적 민족의식의 대응을 촉발시켜 준 발전적 위기 상황이었다고 말할 수 있다. 부정적 작용으로거나 긍정적 작용으로거나 간에, 세계사적 질서에로의 진입을 전제했던 것이 근대적 과도기였다. 따라서 이러한 상황의 긍정적 작용에서는 국제적 개방체제와 근대 사회의 실현을 도모한 발전적 대응이, 그리고 그 부정적 작용에서는 위기 상황을 표출시킨 대내외적 모순의 극복을 촉구한 자위적 대응이 모두 민족주의의 동력원으로 취합될 수 있었던 것이다.

물론 우리 역사의 이와 같은 근대적 전개 과정에서 가장 생동적인 역사의식으로 작동해 온 통합기능적인 이념상이 그와 같은 민족주의였다고 해서 그것을 어느 하나의 줄기만으로 파악할 수 있는 것은 아니다. 왜냐하면 변화 격차와 불균형의 요인 또는 위기 상황의 동인(動因)이 여러모로 나타났듯이 그에 대응하는 역사의식도 과도기적 역할 분화와 결부되어 여러 줄기로 나타났기 때문이다. 그런 만큼 근대적 과도기에 대두되었다고 해서 근대 민족주의의 모든 원류를 한결같은 근대화의 동인으로 보기는 어렵다. 여기에서 특히 개화사상에 초점을 모으려는 이유는 그것이 몇 줄기로 파악될 수 있는 근대 민족주의의 원류 가운데서 근대화 동인의 대표적인 구실을 했을 뿐 아니라 근대화의 발전적 전기를 이루어 놓았다고 생각되는 독립협회의 사상적 지주가 되었다는 데에 있다. 이제 개화사상의 전통적 연원을 개물사상의 역사적 변이라는 각도에서 추적한 다음 다른 근대 민족주의의 원류와 비교하여 그 발전적 면모를 가려보기로 하겠다.

개화사상에 관한 종래의 인식 가운데는 개화기라는 시기 설정과의 관련에서 비롯되는 두 가지의 단절이 있다. 하나는 그 시기의 상한선을 1876년의 개국과 일치시키려는 의도와 결부된 것으로, 개화사상이 우리의 전통과는 관계가 없는 밖으로부터의 직수입 사상이라는 인식이다. 전통으로부터의 이러한 인식의 단절은 최근 개화사상을 실학의 내면적인 연속으로 밝혀 준 연구 업적을 통하여 어느만큼 극복되어가는 것으로 보인다.[1] 다른 하나는 그 시기의 하한선이 말해주듯이 개화사상이 일본에 의한 주권강탈과 함께 종결되었다는 인식이다.[2] 이러한 인식의 단절도 국권회복운동으로 표출된 애국계몽 민족운동과 그 이후의 연맥(連脈)을 확인하는 데서 뿐만 아니라 근대화의 과제가 아직은 미래지향적 성격의 여지를 남겨두고 있는 역사적 위상으로 보아 오늘로 이어지는 개화사상의 근대화 지

---

1) 몇 가지 예를 들면 다음과 같다. 千寬宇, "韓國實學思想史,"『韓國文化史大系 6: 宗敎・哲學史』(서울: 高大 民族文化硏究所 出版部, 1970), 959-1051面; 金泳鎬, "開化思想,"『韓國現代史 6: 新文化 100年』(서울: 新丘文化社, 1971), 24-47面; 金泳鎬, "實學과 開化思想의 聯關問題,"『韓國史硏究』8 (1972. 9), 62-80面. 그리고 李光麟,『韓國開化史硏究』(서울: 一潮閣, 1969) 및『開化黨硏究』(서울: 一潮閣, 1973)는 이를 위한 중요한 디딤돌이 될 수 있다.

2) 崔昌圭, "開化槪念의 再檢討,"『近代韓國政治思想史』(서울: 一潮閣, 1972), 166-186面.

표를 파악하고 그 지적 유산을 되살림으로써 극복될 수 있는 것이다.

이렇게 본다면, 실학과의 연관성 확인으로 개화사상의 전통적 연원을 추적하려 할 때 무엇보다도 먼저 박규수(瓛齊)라는 교량적 역할 수행자를 중심으로 한 신채호(丹齊)·이광수(春園)·문일평(湖岩)의 논거를 들지 않을 수 없다. 이들은 한결같이 김옥균(古筠)이 주도했던 개화당의 사상사적 계보가 박규수를 매개로 북학파의 중심 인물인 그의 조부 박지원(燕巖)에게로 거슬러 올라갈 수 있음을 밝혀 주고 있기 때문이다.

신채호(申采浩)의 논고[3]에 의하면, 김옥균(金玉均)이 중국중심주의의 화이명분론적(華夷名分論的) 세계관에서 벗어나 국가의 자주독립 의식에 눈을 뜨게 된 것은 연암이 구입해 온 지구의에 담겨진 다원론적 세계관의 개별국가 중심주의적 사고를 박규수(朴珪壽)에게서 깨우쳐 받은 때부터라 하겠다. 더구나 박규수의 집 사랑에서 개화당의 핵심 세력이 규합되었고 그의 연암문집 강의, 외국 형편과 시국 담화, 외래 사상 고취 등을 통하여 평등론·민권론·시무학(時務學)의 개화사상이 싹트게 되었음은 이광수(李光洙)의 회견기로 남겨 진 박영효(朴泳孝)의 회고담[4]으로 알 수 있다. 이 때문에 문일평(文一平)은, 박영효와 유길준(兪吉濬)에게서 들은 말을 토대로 "박규수로써 근대 개화당의 원조로 삼는 것이 마땅하다"고 확언한 바 있거니와 박영효가 김옥균과 처음 만나게 된 곳도 바로 박규수의 집 사랑이었다고 한다.[5]

이처럼 연암의 실학이 그의 손자인 박규수를 매개로 개화당이라는 (비밀)결사적 정치집단으로 이어졌다는 것은 전통의 계승과 함께 근대적 역

---

3) 申采浩, "地動說의 效力," 『丹齋申采浩全集補遺』 (서울: 螢雪出版社, 1975), 147-148面.

4) 李光洙, "朴泳孝氏를 만난 이야기," 『李光洙 全集』 17 (서울: 三中堂, 1962), 400-403面. 박영효가 기억한 '외국형편과 시국담화(外國形便과 時局談話)' 및 유길준이 기억한 '시무의 학(時務의 學)'은 아래의 문일평 기록에 의함.

5) 文一平, "名相朴珪壽 옛터," 『湖岩全集』 3 (서울: 朝鮮日報 出版部, 1939), 266-268面.

할 분화를 파악하는 데 중요한 의미를 지닌다. 물론 우리가 개화사상을 보다 광범하고도 포괄적인 것으로 이해할 때, 그와 같은 단일 계보로만 한정해 볼 수는 없다. 연암의 실학사상이 박규수 한 사람만을 거쳐서 개화사상으로 연결되었던 것은 아니며 또한 개화당 요인들만이 박규수의 영향을 받았던 것도 아니다. 뿐만 아니라 연암 이외에도 크고 작은 실학 인맥이 서로 겹쳐지는 가운데 개화기로 확산되었거니와 1880년대의 개화 사상 속에는 실사구시(實事求是), 이용후생(利用厚生), 부국강병, 부강, 실용 등 실학 개념의 인식이 연장되고 있음을 간과할 수 없다.[6] 여기에서 우리는 보다 근원적인 파악을 위하여 양자 사이의 사상 내재적인 인식의 공통성, 즉 문화 변화를 수용하는 전통적인 인식 준거로서의 '개물사상(開物思想)'의 역사적 변이에 대한 이해가 필요하다.

1890년대 후기의 괄목할 만한 개화론자의 한 사람이었으며 특히 독립협회의 전통계승적 이념 구축에 공헌한 바 있는 신용진(汕雲)은 개화의 뜻을 "개물성무(開物成務)하고 이풍역속(移風易俗)함으로써 문명지화(文明之化)에 이르는 것"[7]으로 풀이하였으며 또한 황현(梅泉)도 "개물성무(開物成務)하고 화민성속(化民成俗)하는 것"[8]이라고 하여 같은 뜻으로 보았음을 알 수 있다. 그런데 여기에서 유의할 것은 이들이 모두 이풍역속 또는 화민성속으로 귀결되는 개화에 대한 인식의 출발을 실학과의 연관 개념으로 볼 수 있는 개물성무에서 찾았다는 사실이다. 본래 개물성무란 생성과 발전을 중시한 『주역』 이론의 하나로서,[9] 사물을 개발하고 사업을 성취하는 것을 의미한다. 이것이 유학에서 인의 · 명분론과 함께 또 다른

---

6) 金泳鎬, "實學과 開化思想의 聯關問題," 65-70面; 千寬宇, "朝鮮後期 實學의 槪念再論," 『韓國史의 再發見』(서울: 一潮閣, 1974), 116-120面 참조.

7) 辛龍鎭, "芻說," 『大朝鮮獨立協會會報』18 (1897. 8.15), 2面.

8) 黃玹, "言事疏," 『續近代韓國名論說集』(新東亞 1967年 1月號 別冊附錄), 38面.

9) 『周易』, 繫辭上傳, 第十一章, "子曰夫易何爲者也 夫易開物成務 冒天下之道 如斯而己者也."

하나의 중요한 측면을 이루는 민생 · 이용후생 · 무실과 깊은 연관을 지니면서 동양사상의 중요한 요인으로 구축되어 왔음을 부정할 수 없다.

그러나 『주역』에서 말하는 개물성무의 이른바 개발사업이란 어디까지나 치민(治民)의 사업에 불과한 것이며 이용과 후생의 궁극적인 목적이 정덕(正德)을 앞세우고 성명(性命)의 이치에 순응하여 천도를 확립하는 데 있는 것임은 『서경』과 『주역』에서 보는 바와 같다.[10] 따라서 '형이하'로서의 이와 같은 고전적인 개물성무가 '형이상'으로서의 초월적인 통치질서의 확립을 위한 수단으로서만 존재가치를 지닌데다가 그러한 형이상(體 · 道 · 理 · 靜 · 性)의 절대화를 도모하기 위하여 형이하(用 · 器 · 氣 · 動 · 情)의 준별과 억제를 이론화한 성(性)=리(理)의 정통주자학[11]을 정치이념으로 수용한 조선 왕조의 통치 과정에서는 극도의 제약을 받게 되었음을 알 수 있다.

여기에서 우리는 사물의 개발과 사업의 성취가 절대권력의 유지에 필요한 관수(官需)와 특권적 지배층의 수요에 대한 공급 한도로 억제되고, 성리학적 통치이념의 정치적 지배와 상공업 억제의 농본주의적 경제 기반 사이의 유착 상태가 지속되는 가운데에서 쌓여간 사회적 모순과 부조리를 수긍하게 된다. 그리고 이에서 비롯되는 변동 상황과 불균형에 대한 유학의 사상적 대응은 Ⅱ장에서 본 전통체제의 이원적 개혁 능력에서 유추할 수 있는 바와 같이, ① 변화억제적 체제보전 능력과 ② 변화수용적 체제적응 능력으로 구별할 수 있다. 전자는 정통 주자학의 이기이원론(理氣二元論) · 주리론(主理論)에 기저한 도학(道學)적인 수신론을 보다 철저하게 고수 · 착근시키려는 데서 제도개혁의 길을 찾았던 이황(退溪)에게

---

10) 『書經』, 虞書, 大禹謨, "正德 利用 厚生 惟和" 및 『周易』, 說卦傳, 第二章, "昔者 聖人之作易也 將以順性命之理 是以立天之道 曰陰與陽."

11) 島田虔次, 『朱子學と陽明學』 (東京: 岩波書店, 1974), 93면 참조.

서 볼 수 있고, 후자는 세종조에 활기를 드러낸 바 있는 개물성무의 실효를 이기일원론(理氣一元論)·주기론(主氣論)에 근거한 순환논리적 변통론(變通論)12)으로 재생시키려고 시도하였던 서경덕(花潭)·이이(栗谷)에게서 볼 수 있다.

말하자면 보편주의적 실천윤리에서 변화억제적 체제보전의 사상적 대응 능력을 마련한 퇴계의 유학과는 달리, 상황주의적 제도개혁론을 주창한 화담과 율곡의 유학은 성리학에서 억제되어온 유학 전통의 개물사상을 부양시키고 그것을 인식 준거로 삼아 변화수용적 체제적응의 사상적 대응 능력을 마련함으로써 실학이 터 잡을 수 있는 단초적 계기를 이루어 놓았다고 하겠다. 이처럼 화담·율곡까지 거슬러 올라갈 수 있는 근세실학, 특히 북학파로 통칭되기도 하는 이용후생학파의 실학사상은 왜란·호란 이후에 과도기를 겪게 되는 전통체제의 테두리 안에서 정통 주자학을 사상 내재적으로 극복한 개물사상의 표징이다. 경험주의와 공리주의라는 두 가지의 인식 준거로 파악해 볼 수도 있는 이러한 실학사상이 고전적인 개물성무의 단순한 재생이 아니라 재생적 변용(變容)임은 다음 두 가지로 분명하다.

첫째로, 실학의 개발 사업은 고전적인 치민 사업이 아니라 이용과 후생을 정덕보다 앞세우는13) 후민생(厚民生)사업이며 따라서 그 목적도 천도의 확립 보다는 인본주의에의 봉사를 더 큰 뜻으로 내재하고 있다. 이 점에서 우리는 공리적·주체적 인간관, 인간의 물욕에 대한 과감한 긍정, 개발 대상으로서의 자연관, 사·농·공·상의 동등직업관, 그리고 산업개발론과 상업의 역할을 독자화한 사회분업론 및 유통경제론 등의 이론적 소

---

12) 朴忠錫, "李朝後期における 政治思想の展開," 『韓』 14 (東京: 韓國研究院, 1973. 2), 3-10面 참조.

13) 金泳鎬, "韓末西洋技術의 受容," 『亞細亞研究』 31 (1968. 9), 301-302面. 여기에서 논거로 삼은 것은 박지원의 『연암집』, 洪範羽翼序 (利用然後 可以厚生 厚生然後 德可以正矣)이다.

재를 파악할 수 있다.

둘째로, 개발 대상으로서의 변통론의 적용 범위가 형이하의 사물에 국한되지 않고 형이상에 대한 상대적 이해와 함께 이기불가분론의 체 · 용 일치로 확대되고 있어서,[14] 기존의 권력구조와 국제질서관에 대한 새로운 변혁 의지를 마련하고 있다. 생산력을 저해하는 구질서의 변혁에 역점이 있긴 하지만 유교지배체제의 논리적 근간인 명분론적 구질서에 대한 부분적 개조론과 그 지반 세력인 양반에 대한 공격론, 그리고 화이명분론에 입각한 동양적 국제질서관의 표현인 천원지방설, 부국강병론과 개국통상론 등은 정치와 문화의 구조를 다원적 · 상대적 · 개별적 가치의 차원에서 변혁의 대상으로 인식했음을 말해준다.

이용후생학파의 이와 같은 개물사상은 계몽사상으로서의 초기적 성격과 그 역사적 제약 때문에 논리 체계가 미숙하였고 본원적 접근을 피하는 산발적인 시무책(정책론)에 치중한 것이 사실이다. 또한 다수의 학자군을 형성했으면서도 결사의 형태에 이르지 못하고 개별적인 학문 활동에 안주했기 때문에 구질서의 모순에 대한 인식은 부분적 · 개인적 차원에 머물렀고 서학과 태서에 대한 의식도 북경과의 일정한 거리감을 개재시킨 정태적 성격의 것이었음을 간과할 수 없다. 그러나 실학으로 재생된 그와 같은 개물사상의 변용에서는, 혼재된 상태로라도 "전근대의식에 대립되는 근대의식과 몰민족의식에 대립되는 민족의식"이 준비되었기 때문에,[15] 다음 단계의 세계사적 질서에 진입하게 되었을 때 자기발전적인 근대 민족의식의 창출이 가능했다고 말할 수 있다.

---

14) 성리학에서 이단시되었던 양명학의 인식논리에서 체(體, 形而上)와 용(用, 形而下)의 일치화를 볼 수 있거니와 전통적 과도기에 있어서의 양명학의 작용에 관한 연구로는 鄭寅普, "陽明學演論," 『薝園國學散藁』(서울: 文敎社, 1955), 145–300面을 들 수 있다.

15) 千寬宇, "朝鮮後期 實學의 槪念再論," 112面. 여기에서 근대의식과 민족의식을 병렬적 개념으로 파악하고 있어서 양자의 상위개념으로서의 민족의식을 배제하고 있으나 그대로 인용했음.

결국, 거리를 압축하면서 충격적으로 밀어 닥쳐온 구미 열강의 위협적인 도전에 역동적으로 대응해야 할 역사의 분기점에서, 근대적 과도기로 넘어가는 과도기의 지속과 전환에 따라 실학으로서의 개물사상도 새로운 형태로의 변이가 불가피하였으니 그것이 바로 개화사상의 터전인 것이다. 근세 실학이 정통주자학을 사상 내재적으로 극복한 전통적 과도기의 개물사상이라면, 개화사상은 이러한 실학의 전통을 이어받고 태서의 근대 문명을 더욱 폭넓게 섭취하여 국제적 개방체제와 근대 사회에로의 지향에 따르는 적응 능력을 능동적으로 개발한 근대적 과도기의 개물사상이라 하겠다.

2. 근대 민족주의의 원류와 개화사상

우리는 새로운 세계사적 질서에로의 진입을 전제로 하는 근대적 과도기의 전환적인 역사 상황에서 국제적 개방체제와 근대 사회의 지향이라는 불가분의 동시적인 과제가 설정되었음을 인정한다면, 그러한 역사 상황의 암영(暗影)으로 말미암아 첨예화된 대내외적 모순과 위기에 자주적으로 또는 주체적으로 대응하려는 역사의식의 발동에서 근대 민족주의의 원류를 헤아려 볼 수 있다. 따라서 우리의 근대 민족주의를 올바로 파악하기 위해서는 근대화의 이중적 과제와 결부시켜 대내적 차원과 대외적 차원의 분석 기준 모형을 마련한 다음 이 두 가지 차원을 명시적으로 포함하는 하나의 틀로 구성된 개념적 계서(도식)가 필요하다. 그러한 민족주의의 사상적 동력원으로서의 역사의식을 대외적인 긴장과 위기에 대한 대응의식으로만 파악하기 어려운 것은 거기에 대외적 차원과 함께 대내적 차원, 즉 사회 내부의 전통적 질서에 대한 인식 정향이 복합되어 있기 때문이다.

이러한 필요에 따라 대외적 차원에서는 두 가지의 분석 기준 모형을 설정할 수 있다. 근대적 과도기에 도전해 온 일본과 구미 열강이 우리에게는 제국주의적 침략이라는 부정적 측면과 근대 문명 전수라는 긍정적 측면을 함께 지니고 있다. 따라서 이 두 가지 측면을 구별하지 않고 일체적으로 배격함으로써 민족 보전의 길을 찾은 ① 자주적 배타형의 대응의식과, 이 두 가지를 구별하여 그 부정적 측면에 대처하면서 긍정적 측면을 능동적으로 받아들임으로써 민족보전을 추구한 ② 주체적 개방형(수용형)의 대응의식을 가려낼 수 있다. 그리고 대내적 차원에서도 마찬가지로 전통체제의 지배질서와 주자학적 규범을 고수하거나 재확립함으로써 체제유지의 길을 찾은 ① 전통적 보수형의 대응의식과, 과거의 전통을 선택적으로 계승하면서 기존체제의 근대적 개혁을 통하여 변화에 대응하는 체제의 적응능력을 모색한 ② 근대적 진보형의 대응의식을 구별해 볼 수 있다.

[표 1] 근대 민족의식 분석 기준 모형

대 외 적 차 원	대 내 적 차 원
① 자주적 배타형	① 전통적 보수형
② 주체적 개방형	② 근대적 진보형

각기 두 가지의 분석 기준 모형으로 파악할 수 있는 이와 같은 대외적 차원의 역사의식과 대내적 차원의 역사의식을 서로 결합시킬 때, ① '자주적 배타와 전통적 보수'의 제1형, ② '자주적 배타와 근대적 진보'의 제2형, ③ '주체적 개방과 전통적 보수'의 제3형, ④ '주체적 개방과 근대적 진보'의 제4형 등 근대 민족주의의 네 가지 이념형(ideal types)을 추출할 수 있다. 그리고 이 네 가지의 이념형들을 각기 근대적 과도기의 역사적 실재로서 작용한 가장 유사한 사상 체계 또는 세력 계보에 대입시켜 본다

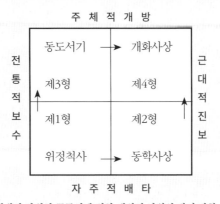

[그림 1] 근대 민족주의 분석 도식

면, 제1형으로서의 위정척사(衛正斥邪), 제2형으로서의 동학사상(同學思想), 제3형으로서의 동도서기(東道西器), 제4형으로서의 개화사상(開化思想) 등을 근대 민족주의의 기본 원류로 파악하게 된다.

　이상의 분석 기준 모형과 개념 도식에 의거해 볼 때, 대외적인 자주(반침략)와 대내적인 진보(반봉건)를 하나로 묶어준 사상 체계라는 점에서 이념형으로서의 동학사상과 개화사상을 근대화 지향적 민족주의의 양대 주류로 인정하게 된다. 그러나 근대적 국제관계 내지는 세계사적 질서에로의 진입 과정에서 필연적으로 요청된 것이 국가간의 상호의존 관계를 전제한 개방체제이기 때문에, '근대적 진보'에 '자주적 배타'를 결합시킨 동학사상보다는 '주체적 개방 또는 수용'을 결합시킨 개화사상이 근대화를 지향하는 민족주의의 표준형(modal type)에 더 가깝다고 하겠다.[16]

---

16) 전주(前註)에서도 지적한 바 있거니와 천관우씨와 김영호씨는 근대의식과 민족의식 또는 진보의식과 자주의식을 상위 개념이 전제되지 않은 병렬적 개념으로 파악하기 때문에 민족의식을 자주의식으로 한정시킬 뿐 아니라 자주의 개념 분화를 중시하지 않고 있다. 주 1)에 제시한 논문 참조.

물론 초기의 개화사상이나 개화자강 계열이 이념형에서만큼 명확한 성격을 표출시킬 수 있었던 것은 아니며, 따라서 위정척사·동도서기·동학사상·개화사상 등 네 가지의 민족주의 원류가 실제에 있어서도 한계 구별이 명확했던 것은 아니다. 이것은 대외적 위협과 대내적 갈등으로 중첩된 위기의식과 과도기가 지속되는 역사적 제약, 그리고 시행착오가 거듭되는 격동 속에서 상황적으로 모색된 생성기적 성격으로 미루어도 알 수 있다.

그만큼 바람직한 대응의 민족의식이, 얕은 뿌리의 북학에 근저하는 개화사상으로 합류되기에는, 존왕양이(尊王攘夷) 사상에 깊은 뿌리를 내리고 있는 위정척사의 줄기찬 반작용과 때로는 중도영합적인 동도서기의 중화 작용마저 곁들여, 상충·대립과 혼미의 대가가 너무 컸음은 좌절과 재기로 이어진 개화의 역정이 말해주고 있다. 뿐만 아니라, 전통체제의 지구적인 구심 작용과 인식 준거로서의 유학사상의 계속적인 작용 범위 안에서 개화사상의 터전이 마련되었음을 간과할 수 없다. 이 때문에 우리에게는 더욱 더 비교의 기준을 명확히 할 필요가 있는 것이며, 따라서 여기에서는 앞에 제시한 분석 도식에 의거하여 이념형으로서의 근대 민족주의 원류를 비교하는 기초 개념을 정리함으로써 독립협회의 사상적 맥락을 거시적으로 파악하기 위한 개념적 전제로 삼고자 한다.

대외적인 위기 상황에 직면하여, 유교주의 통치 이념을 구축해 온 주리적 정통 주자학만을 정학으로 재확인하고 서학이나 유학 내부의 주기론까지도 사학으로 이단시함으로써 자기 보전의 자존의식을 일깨운 위정척사의 존왕양이와 화이명분적 국제질서관에 입각한 대응책이 바로 쇄국양이정책이다. 이러한 위정척사사상은 중국의 우월적인 국제지위관을 자기에게 대위시킴으로써 소화(小華)적 존재로 자부하는 자존의식을 작동시킨 것이라 하겠다. 그것은 천주교와 실학을 탄압한 신유(1801)·기해(1839) · 병오(1846)의 사옥(邪獄)과 이양선의 출몰에서 비롯된 병인(1866) · 신미(1871)의 양요(洋擾)를 통하여 사상적 가동화와 정착의 지반을 구축하고 열강의 침략에 대항하는 반침략주의적 애국사상을 동원함으로써 내수외양(內修外攘)의 자주적인 정치 실천과 함께 국론 통일에 기여한 것이 사실이다. 그리고 가속화된 일제의 침략에 대응하여 저항적 민족주의의 분출을 형성한 의병운동의 정신적 지주가 되었음은 다 아는 일이다.[17)]

이러한 위정척사사상을 한민족의 고유의식 내지 자주의식의 주류로 보거나 자체 내에 역사적 전진성을 지닌 민족의식으로 보거나 간에 그 인식 논리의 골간에 유의할 필요가 있다. 다시 말해서 정통 주자학의 인식 논리에 바탕을 두고 전통적인 통치규범을 재확립하려는 목적 의식과 이를 지키기 위한 배타주의의 고집에서 구미 열강의 제국주의적 침략과 근대 문명 전수를 하나로 묶어 척사의 대상으로 인식했던 것이 이념형으로서의 위정척사의 기본 논리라 하겠다. 척양(斥洋) · 척왜(斥倭)로 표출된 이러한 논리에서 눈여겨 보아야 할 것은 역사적 경로로서 조만간에 이루어질, 또는 이미 착수된 국제적 개방체제와 근대 사회에로의 전환에 필요한 적응 능력으로서의 자율적 개혁과 능동적 대응을 억제한 시대역행적인 제동작용인 것이다.

이와는 달리 북학의 개물사상에서 지적인 전통을 계승하여 쇄국 다음에 올 개국에의 능동적 대응자세를 준비한 것이 개화사상이다. 자기나라 중심의 방위 감각을 깨우친 지원설(地圓說) · 지동설(地動說)과 개별국가

---

17) 이에 관해서는 崔昌圭, "義兵運動올 통해서 본 民族意識의 成長過程," 『韓國政治學會報』 3 (1969. 12), 27-50面 및 "韓民族의 自主意識," 『新東亞』 (1970. 3), 62-78面; 洪淳昶, "衛正斥邪思想과 民族意識," 『嶺南史學』 1 (1971), 1-13面; 姜在彦, "鎖國攘夷と衛正斥邪思想," 『近代朝鮮の思想』 (東京: 紀伊國屋書店, 1972), 13-49面; 金龍德, "朱子學的 民族主義論," 歷史學會編, 『韓國史의 反省』 (서울: 新丘文化社, 1973), 138-149面 참조.

의 가치추구를 도모한 공리적 사고의 활용을 통하여 폐쇄적·보편적인 화이양분적 중화관과 계서적 국제질서관을 타파하고 근대적 국가평등관에 입각한 개국과 부국강병이 국제적 고립을 주체적으로 극복하는 열강에의 대응책임을 인식한 것이다. 제국주의적 침략 세력을 경계하되 이를 자주적으로 이용하면서 열강 제국을 부강으로 이끌어준 근대 문명을 섭취하여 근대화를 기도한 개화사상의 논리는 능동적 개국과 주체적 수용에 의하여 국제적 개방체제와 근대 국가에로의 전환을 동시적인 과제로 인식한 것이라 하겠다.

이 때문에 개화사상이 실학과의 접속기인 1870년대에는 주로 개국론과 부국강병론으로 표상되지만, 개국의 문호가 점차로 넓어진 1880년대에는 외교관계를 맺게 된 구미 제국과 직접적인 접촉을 꾀하는 한편 중국과 일본의 통로를 중개로 서양의 근대 문명을 폭넓게 수용하고 사상적 저변을 확대시켜 나가는 가운데 변법자강과 자주독립을 강구하면서 다양한 개념 분화를 이루게 된다.[18] 이러한 개화사상의 활성화 과정에서 새로운 절충 형태로 정립된 것이 동도서기 사상이다. 물론 이것이 중국의 중체서용(中體西用)이나 일본의 화혼양재(和魂洋才)와 상응하는 개념임은 잘 알려진 사실이다.

서양 문명의 장점은 능동적으로 받아들이되 과학문명과 기술에 국한시키고 전통체제의 질서규범은 고수한다는 이와 같은 인식논리가 정통 주자학의 본(本)·말(末), 도(道)·기(器) 또는 체(體)·용(用)의 양분법론을 원용한 것임은 두말할 나위도 없거니와 동도를 위정과 일치시키고 서기를 개화에 대입함으로써 위정척사와 개화사상 사이의 중도적 영합을 꾀한 것이라 할 수 있다. 이러한 동도서기는 서양 문명의 수용에 능동

---

18) 李光麟, 『韓國開化史硏究』(서울: 一潮閣, 1970), 20-26面 참조.

적이었을 뿐 아니라 의타적 개화와는 달리 자주성이 강했다는 점에서 통칭적인 개화와 혼용되거나 자주적 개화로 평가되기도 하고[19] 때로는 위정척사의 논리적 발전에서 나온 채서의식(採西意識)으로 파악되기도 한다.[20] 그 사상의 뿌리를 실학의 계열에서 추적할 때는 위정척사론에 대항하는 온건 개화론자의 사상 체계라고 하겠지만[21], 다른 한편으로는 전통적인 유학층이 기정사실화된 개국의 현실 속에서 척사의 한계를 의식하고 개화에 기운 것이기도 하기 때문에 어느 하나의 줄기로 단정하기는 어렵다.

문제는 동도서기라는 사상 체계를 어느 하나의 차원에서만 보려는 데 있다. 대외적 차원의 주체적 개방성만을 기준으로 해서 동일시할 때는 개화사상으로 보이고, 대내적 차원의 전통적 보수성만을 가지고 동일시할 때는 위정척사로 보인다. 그러나 그 기본 실체는 이 두 가지의 복합으로서 의리 명분을 앞세우는 보수형과 이상 실현에 조급한 개혁형 사이에서 현실주의의 지반을 구축한 중도영합적인 적응형으로 보인다. 물론 이러한 중도영합적인 현실 긍정성 때문에 개화 긍정론의 지반 확대에 공헌했고 시간의 흐름이라는 역사적 추세에 따라 개화사상에로의 경사화도 가능했다고 하겠다. 그러나 다른 한편으로는 이로 인해서 개화사상에 함유된 근대화 지향의 개혁의지를 혼돈시키는 원인이 되었음도 간과할 수 없는 일이다. 진보를 실현하기 위한 개혁 자세의 완급에 따라 개화사상을 온건 개화론과 급진 개화론으로 나눌 수는 있겠으나 자주 개화론이라는 이름 아래 동도서기를 온건 개화론과 동일시하는 데는 무리가 있다.[22]

---

19) 韓㳓劤, "開港當時의 危機意識과 開化思想,"『韓國史研究』2 (1968. 12), 130-134面 참조.

20) 崔昌圭,『韓國의 思想』(서울: 瑞文堂, 1973), 194-204面 참조.

21) 金泳鎬, "侵略과 抵抗의 두 가지 樣態,"『新東亞』(1970. 8), 87面.

22) 갑오경장이 진행되던 1894년 10월에 올린 신기선(申箕善)의 상소를 자주개화론으로 부각시키고 있으나(讀書新聞社編,『韓國史를 빛낸 名論說』, 84-88面), 이 상소문맥 속에는 숨겨져만 있던 그

이념형으로서의 개화사상은 외세 침략의 기지가 된 맹목적 의타주의의 개화 표방과 구별될 뿐 아니라, 전통적 규범의 고수라는 목적 의식에서 개화의 이용 가치에 동조한 동도서기와도 구별된다. 개물사상을 매개로 실학과 연결되는 개화사상은 개발 사업의 성취가 체제 개혁의 원인이 될 수 있다는 의식구조에 저초(底礎)한 것이어서 체·용 일치를 내용으로 하는 인과론과 깊은 관계가 있다. 『시경』과 『효경』에서 사회 풍속의 개량을 의미했던 '이풍역속'[23]이나 『예기』에서 백성을 교화하여 선량한 풍속을 만드는 것을 뜻했던 '화민성속'[24]은 정치체제를 포함한 내면적 사회체제로서의 문화의 변화(변법)를 말한다. 결국 개물성무의 후민생(厚民生)이 이풍역속이나 화민성속의 변법과 결합될 때 근대 사회의 전형인 문명지화(文明之化)에 이른다고 본 것이다.

이러한 체·용 일치의 인과 논리는 문화 변화라는 원인이 있음으로 해서 체제 개혁이라는 결과가 가능함을 말해 준다. 우리는 갑신정변·갑오경장·녹립협회로 이어지는 근대적 진보의 확산적인 개혁 의지를 볼 수 있다. 개화사상은 대외적 모순을 대내적 발전의 계기로 삼으려는 목적 의식 때문에 개별적인 학문 활동에만 머물지 않고 집단적으로 구국운동의 정치실천 의욕을 드러낸다. 그러나 개혁 의지의 인과론적 명제에도 불구하고 대중적 기반을 구축하지 못한 채 위로부터의 정치개혁이라는 결과를 앞세우려던 시행착오를 거듭한 뒤에야 비로소 사상의 대중적 가동화를 통한 아래로부터의 문화 변화라는 원인에 대한 의식이 체현되었음을

의 보수적 반동성이 아관파천뒤 학부대신이 되어 1896년 9월에 발간배포한 그의 "유학경위(儒學經緯)"란 저서에서는 여러 모로 노출되어 있는바, 두 기간의 상황적인 차이에 따라 전통적 보수성의 진폭이 다르게 나타남을 알 수 있다. 상세한 내용은 별고로 다룰 예정이다.

23) 『孝經』, 移風展俗, 莫善於樂.

24) 화민성속이 변법을 뜻하는 것임을 박영효의 개화상소에서도 나타난다. 朴泳孝 建白書," 『日本外交文書』第21卷, 297面, 其法紀安民國條 참조.

본다. 대중매체와 대중동원 주체의 정치결사를 구사함으로써 정치개혁의 전진기지를 마련했던 개화사상의 발전적 전기를 독립협회활동에서 찾을 수 있기 때문이다.

한편, 1862년의 임술민란 이래 봉건관료와 지주의 자의적인 가렴주구에 저항하여 농민 · 광산노동자 · 어민의 생존권을 지키려는 잔반(殘班) 주도의 민란이 전국 각지에서 속출됨에 따라, 이러한 자기표명적 · 탈규범적 이익표출 집단의 비조직적 요구를 횡적으로 연결시켜 주는 사상적 계기뿐만 아니라 조직적 매개체로서의 일정한 역할을 담당함으로써 서민 대중 속에 근대 민족의식을 응집시켜준 사상 체계로서 동학을 들 수 있다. 본래 동학은 서학에 대한 적대 의식 내지는 변명 의식에서 자주적 대응으로 이름 붙여진 것으로, 천령의 강림(강령)에 의하여 천인의 합일을 체득하고 그 강령(降靈)을 다른 사람들에게 다시 체득케 함으로써 광제창생(廣濟蒼生) 하려는 최수운(崔水雲)의 종교이다.[25]

그런데 이러한 광제창생은 시운관(時運觀) · 귀신관(鬼神觀)의 조화 신앙을 매개로 윤리적 요구와 세속적 요구를 결합시키고 종교의 이상인 시천주(侍天主)의 후천개벽 즉 만민평등의 지상천국을 현세화함으로써, 단순한 종교적 수도나 정신적 해탈에 머물지 않고 민중의 현세적 욕구를 사회 개조에의 의지로 취합시켜 주었기 때문에[26] 도처의 민란을 동학혁명의 대열로 조직화할 수 있었다고 하겠다. 이처럼 보편적 종교로서가 아니라 민중의 시대적 요구를 반영한 민족 종교로서의 동학에 담겨진 사회사

---

25) 崔東熙, "東學의 基本思想," 韓國思想研究會 편, 『韓國思想叢書』Ⅲ(서울: 景仁文化社, 1973), 188-198面. 이밖에도 동서에는 金義煥, "東學思想의 歷史的 背景,"; 金庠基, "東學運動의 歷史的 意義,"; 李瑄根, "東學運動과 韓國의 近代化,"; 申一澈, "韓國의 近代化와 崔水雲,"; 李光淳, "水雲先生과 東學創道" 등이 수록되어 있다.

26) 韓沽劤, "東學思想의 基本構造," 『人文科學』 22 (서울: 延世大學校 人文科學研究所, 1969), 177-182面 및 金龍德, "東學思想에 관한 諸說의 檢討," 『韓國史의 探求』(서울: 乙酉文化社, 1974), 152-160面 참조.

상적 성격은 민족의 대내외적 모순에 대응한 창도(創道)동기에서 보여준 밑으로부터의 자기보전 혁명이라는 보국안민의 목표 설정에서 찾을 수 있다.

1860년 4월의 위기 상황을 전제로 한 순망지환(脣亡之患)[27]이나 순망지탄(脣亡之歎)[28]의 대외적 위기를 자주적으로 극복하려는 외적 동기에서 보국안민의 목표가 설정되었을 뿐 아니라, 누천년(累千年)의 유도(儒道)·불도(佛道)가 운을 다했다는 대내적 위기의식에서 요순지치(堯舜之治)와 공맹지덕(孔孟之德)을 부정하고 국태민안의 후천개벽을 이루려는[29] 진보적 대응에서 또한 보국안민의 목적이 설정되었음을 알 수 있다. 이러한 동학사상의 대외적 자주의식과 대내적 진보의식은 이미 교조신원(敎祖伸寃)·금폭운동(禁暴運動)을 초월한 1893년 4월의 보은집회와, 그리고 지방 관리의 착취에 항거한 고부민란의 성격을 민족주의적 봉기로 변모시켜준 1894년 3월의 전봉준(全琫準)의 동학기포(東學起包)에서 명백하게 드러난다. 즉 보은집회에서는 '소파왜양(掃破倭洋)'의 목적과 함께 무력 봉기로 외세에 대항하는 민족적 저항의 중심체임을 선언한 것과[30] 전봉준의 동학기포에서는 제세안민(濟世安民)의 기본 방향과 함께 왜이(倭夷)를 축멸(逐滅)하여 민족국가를 보위하고 권문귀족을 진멸하여 사회개혁을 단행한다는 것[31]이 그것이다.

---

27) 『東經大典』, 論學文, "夫庚申之年 建巳之月 天下紛亂 民心淆薄 莫知所向之地…西洋之人 道成德立 及其造化 無事不成 攻鬪干戈 無人在前 中國消滅 豈可無脣亡之患耶…"

28) 『동경대전』, 布德文, "西洋 戰勝攻取 無事不成 而天下盡滅 亦不無脣亡之歎 輔國安民 計將安出…"

29) 『龍潭遺詞』, 敎訓歌 및 夢中老少問答歌 참조.

30) 國史編纂委員會, 『東學亂記錄』 上 (서울: 探求堂, 1974), 108-119面; 金龍德, "韓日風雲史," 前揭, 『韓國史의 探求』, 123面.

31) 동학기포의 사대명의는 ① 不殺人 不殺物, ② 忠孝雙全 濟世安民, ③ 逐滅倭夷 澄淸聖道, ④ 驅兵入京 盡滅權貴, 大振紀綱 立定名分, 以從聖訓으로 되어있다. 정교, 『대한계년사』 상 (서울: 우종사, 1957), 74면.

이와 같이 하나의 단순한 농민반란이나 민란에서 동학의 이념으로 무장한 민족주의적 봉기로 변모되었던 동학농민혁명에서 다음 몇 가지의 문제점을 지적할 수 있다. 첫째로, 민란의 요구를 횡적으로 연결시켜 주는 사상적 계기나 인식 매체로서의 역할이 동학에 있었다고 하더라도 혁명의 주체는 교단의 범위를 넘어서 농민 일반에게로 확대되었으며 또한 민란의 소지가 완전히 가셔진 것도 아니라는 점이다. 둘째로, 침략에 대항하는 자주성과 전통적 지배질서에 항거하는 진보성이 뚜렷하다고는 하지만 새로 실현할 근대 사회에 대한 대안 또는 그 구체상이 마련되어 있지 않았기 때문에 지상천국의 건설이 공상적인 테두리를 넘지 못했고, 따라서 무속적인 조화 신앙이 세력 확장의 추진력이 되었다고 하더라도 현실성 있는 미래상의 제시가 어려웠다는 점이다. 끝으로 외래 문화의 극단적 배격을 앞세운 근대 정치의식의 결여와 국제정세에 대한 인식 부족은, 혁명 자체의 능률과 성공은 고사하고 기회만을 노리는 청·일의 무력 군사개입을 초래하는 원인이 되었다는 점이다.[32] 그러나 위로부터의 광범한 개혁을 단행하게 된 갑오경장의 결실을 동학농민혁명의 간접적인 성과로[33] 보아도 무방할 것이다.

---

32) 鄭萬得, "開化期 歷史意識의 類型," 『東西文化』 4 (大邱: 啓明大學 東西文化研究所, 1970), 197-198面 참조.

33) 金庠基, "東學運動의 歷史的 意義," 前揭 『韓國思想叢書』 Ⅲ, 186面; 李瑄根, "동학운동과 한국의 근대화과정," 上揭書, 212面 및 金龍德, "韓日風雲史," 127-128面, "…법령제도상으로나마 2천년 래의 사회적 전통에 대한 근본적 개혁을 실시한 것으로, 이는 봉건제의 종막을 의미하는 갑오개혁으로써… 전주화약 때 동학군에 의해 정부에 제출된 요구조건 및 집강소시대의 폐정개혁에 나타난 민의의 반영이니 동학운동의 간접적인 성과라고 할 만하다."

IV

가치포괄적 목표와 근대화의 원동력

1. 개화의식의 확대와 목표로서의 『독립(獨立)』

독립협회의 결성을 본 1896년에 이르기까지 개화사상이 사회적으로 확대될 수 있었던 객관적 여건을 다음 몇 가지로 요약할 수 있다.

첫째로, 개항 20년 동안에 구미 문화와의 폭넓은 접촉과 수용이 이루어 짐으로써 사회 선반적인 변화가 촉신되었고 신(新)문화로서의 개화 풍조가 광범하게 파급되었다는 점이다. 실생활로 체험하는 사회 일반이나 군주의 피상적인 개화 동조는 말할 것도 없고 자주적 배타주의 때문에 반개화에 흘렀던 척사계열에서도 채서(採西)의식의 긍정적 바탕 위에 사상 변용을 이루게 되었으며, 보은취회(報恩聚會)에서 '척왜양창의(斥倭洋倡義)'의 기치(旗幟)를 내걸었고 1차 기포에서 계속 축멸왜양(逐滅倭洋)을 부르 짖었던 동학 세력까지도 2차 기포에서는 침략적 야욕으로 출병범궐(出兵犯闕)한 일본을 제외하고는 다른 통상 국가들에 대하여 점차로 우호적 반응[1]을 보이게 될 정도였던 것이다.

둘째로, 일반 민중이나 관료층에서도 배타 위주의 자주보다는 개화 수

---

1) 韓國編纂委員會, 『東學亂 記錄』 下 (서울: 삼일인쇄주식회사, 1959), 538面 全琫準 供草記 參照.

용의 자주에 대한 의식이 더욱 높아졌다는 사실이다. 처음에는 일반 민중이 동학운동이나 척사의병운동과 같은 자주적 배타에 호소하는 교리적 동원에 의하여 민족의식을 각성하게 되었지만, 대규모의 제도 개혁을 단행한 갑오경장의 개화 정책 자체보다는 거기에 따르는 자주권의 희생에 대한 저항의식이 강했기 때문에 반사적으로 자주적 개화에 대한 열망은 더욱 높아졌다고 하겠다. 그리고 청일전쟁과 을미사변을 계기로 한국 정부를 강압적으로 통제하던 청국과 일본의 지배권이 국제적으로 한계에 몰리게 되자, 민비와 대원군의 세도 각축에서 비껴선 관료층이 중심이 되어 외세간섭을 배제하는 독자적 개화노선을 모색하게 되었던 것이다.

끝으로, 서민 대중의 사회적 부상과 함께 개화의식 계층이 확대되었음을 들 수 있다. 도시의 서민상공인층이나 광산·부두의 노동자층 또는 농·어민층이나 천인층이 전통적인 신분적 속박으로부터 벗어나 사회의 표면에 부상되었고 이들의 사회적 요구가 증대되는 가운데 잠재적인 시민세력으로 성장해 갔음을 유의하게 된다. 뿐만 아니라, 이들을 근대 시민 세력으로 현재화시키는 데 주도적 역할을 담당할 수 있는 개화의식층으로서의 근대 지식계층과 제도적·비제도적 집단이 형성되어 갔다는 사실이다. 해외 유학이나 여행을 통하여 근대 문명과 사조를 직접 수용할 수 있었던 반서구적 중견지식층과 신식 학교 교육에 의하여 양산된 신예 소장 개화지식층, 근대적 제도 개혁에 의하여 새로 창출된 신식 군대와 행정관료군 및 신흥 상공인 조직, 천주교와 개신교의 교세 확장에 따라 개화문물을 수용하게 된 청·장년·부녀층의 신도 조직, 그리고 실학의 연장으로 계속 성장해 온 개신유학자층 등이 바로 그러한 개화의식층의 제도적 또는 비제도적 집단군이라고 하겠다.

따라서 이제는 개화사상군이 소수 정예의 급진 개화파나 중견 관료의 온건 개화파에게만 전유될 수 있는 것이 아니었고 보다 광범한 시민 계층 또는 개화의식 계층의 사상으로 터 잡을 수 있는 소지가 마련되었다고 할 수 있다. 그러나 이처럼 객관적 여건이 성숙되었다고는 하지만 여전히 계속되는 전통체제의 구심 작용과 정치권력의 견인 작용 하에서는 그와 같은 개별적인 요소들은 분산 상태에 놓여있었기 때문에 그들을 하나의 공감대로 묶어주고 나아가서는 그 의식의 저변을 확대시켜 줄 수 있는 역할이 별도로 요청되었음을 유의하게 된다. 그리고 이러한 역할의 구심점을 우리는 독립신문과 독립협회를 중심으로 해서 전개된 서재필(徐載弼)의 활동에서 손쉽게 찾을 수 있다. 그는 갑신정변의 주역을 맡았던 사람의 하나로 개화사상의 정통을 계승하였을 뿐만 아니라 언론·출판(독립신문, 대조선독립협회회보, The Independent), 집회(강연회·주간토론회), 결사(건양협회→독립협회)와 같은 근대적인 대중매체와 대중동원 양식 및 민주주의의 행동 양식을 새롭게 구사함으로써 개화사상을 대중의 사상으로 한 단계 높여주는 데 공헌했기 때문이다.

그런데 이와 같은 모든 활동의 주노제가 되었던 것이 독립협회이며, 한국최초의 대중적인 공개 결사체로서의 독립협회가 그 활동 추이에 따라 점차 드러내게 되었던 것이 공익성을 표방하는 정치 결사체로서의 성격이었다.[2] 물론 공공 결사체라고 해서 공익성만을 중시하는 것은 아니고 사익성도 겸하여 인정하게 되는 것이지만, 그래도 한 국가 사회의 시대성을 선도하는 정치이념을 표방하고 제시하는 것은 긴요하고 바람직한 일이 아닐 수 없다. 뿐만 아니라 공공적인 정치 결사체와 정치이념은 불가분의 관계에 놓여 있다고 보아야 할 것이다. 특히 국가 사회의 첨예화된 위기상황 하에서 역사적 사명을 절감한 정치결사체로서는 사회에 어떠한 이념을 제시하고 또 그것을 어떻게 추구하느냐에 따라서 정치활동의 방향과 기능

---

2) 이에 관하여는 이미 밝힌 바 있다. 韓興壽, "獨立協會의 政治集團化過程," 『社會科學論集』 3 (서울: 延世大學校 社會科學研究所, 1970.6).

및 정치 결사체로서의 실체적 성격을 가늠하게 되리라고 믿는다.

독립협회의 이념적 골간에 관해서는 한국의 정치적 근대화의 역사적 방향 제시와 관련시켜 민족주의와 민주주의라는 동시적 양면성을 지닌 두 가지 요소로 밝힌 바 있다.[3] 그러나 이것이 아직은 미답(未踏)상태일 때 사상과의 연맥을 앞세우면서도 독립협회의 활동 내용을 이해하는 데 치우쳤다는 점에서, 그 후 새로운 자료의 발굴을 통하여 보다 종합적으로 또는 심층적으로 독립협회의 사상 규명에 주력한 박성근(朴性根) · 유영렬(柳永烈) · 신용하(愼鏞廈) · 전봉덕(田鳳德)등 제씨의 연구 논문[4]은 보다 귀중한 성과로 인정된다. 그럼에도 불구하고 여기에서 시각을 달리하여 재검토하려는 것은 그러한 연구 성과들이 정치 결사로서의 독립협회에 대한 기능적 파악으로 직결되는 것은 아니기 때문이다. 따라서 독립협회의 사상을 정치 결사체의 실천 행동 내지는 정책지향적 성격을 띤 정치 이념으로 파악하고 그것을 다시 구조적으로 접근할 필요가 있게 된다.

이렇게 볼 때, 독립협회에 이르기까지 분화 · 발전 되어온 개화사상의 다양한 함의를 한데 묶어 구조적으로 파악한다면 '독립'이라는 상징 개념에로 수렴되는 근대 민족주의의 이념상이 가치포괄적인 최상의 목표로 부각됨을 알 수 있다. 말하자면 독립협회의 모든 집단 활동의 원리로 적용되는 궁극적인 가치와 목표로서의 기본 개념은 과도적 국가관을 모태로 하는 근대 민족주의이며 이를 집약적으로 표현해주는 상징적 개념이 바로 '독립'이다. 따라서 '독립'은 독립협회의 집단 활동을 스스로 정당화시켜 주는 정치교의적인 상징 개념이라고도 할 수 있다. 독립협회는 자체

3) 韓興壽, "獨立協會에 關한 研究: 韓國民族主義 · 民主主義運動의 初期現象, 1896~1898" (延世大學校 大學院 碩士學位論文, 1963. 6).

4) 朴性根, "獨立協會의 思想的 研究," 『韓國史學論叢』 (서울: 新丘文化社, 1969); 柳永烈, "獨立協會의 民權思想研究," 『史學研究』 22 (韓國史學會, 1973. 6); 愼鏞廈, 『獨立協會의 社會思想研究』 (서울: 韓國文化研究所, 1973. 11); 田鳳德, "徐載弼의 法律思想," 『韓國史研究』 10 (1974. 9).

조직의 명칭뿐만 아니라 기관지인 신문과 잡지의 명칭이나 창설 사업으로 추진한 독립문·독립관·독립공원 등의 명칭에서도 '독립'이란 상징을 공통적으로 사용하고 있다.

초대 회장 안경수(安駉壽)는 독립협회회보(獨立協會會報) 창간호의 서문[5]에서, 자유 실현의 궁극적 목표가 가치포괄적인 '독립'의 성취에 있음과 아울러 독립협회의 설립 목적도 그러한 '독립'의 개념을 상징 조작을 통하여 민중의 의식 구조로 교화시키는 정치적 의사소통 기능의 수행에 있음을 밝히고 있다. 그는 "이미 자유이면 그것은 또한 이미 독립이거늘 어찌하여 반드시 독립이란 강목을 내세워 협회를 설립하는가?"라고 문제를 제기한 다음, "무릇 등나무 덩굴이 기둥에 붙어 엉켜있는 것을 떼어 놓아 자유롭게 한다면, 꾸불꾸불 땅으로만 뻗어갈 것이니 어찌 그 나무가 우뚝 서 독립한 것과 같을 수 있겠는가? 그러므로 이제 협회에서 독립이라 칭하는 것은 떼어놓은 등나무의 기둥을 세워 주는 것을 말하는 것이지 등나무의 넝쿨이 기둥을 떠나게 하는 것을 말하는 것은 아니다"라고 자유와 독립의 관계를 등나무와 기둥의 관계로 비유하고 있다. 여기에서 독립은 자유이면서도 또한 자유를 초월한 개념이며 자유가 성립될 수 있는 표준임을 알 수 있다.

그러나 '독립'이라는 상징 개념이 독립협회의 집단활동 원리로 적용되는 궁극적인 가치포괄적 목표임을 보다 적절하게 밝혀주고 있는 것은 독립협회 사건으로 투옥되어 옥중에서 집필한 이승만(李承晩)의 "독립정신"이라 하겠다. 그는 이 책의 후록에서 '독립주의의 긴요한 조목'으로 (1) 세계와 마땅히 통하여야 할 줄로 알 것, (2) 법으로써 각각 몸과 집안과 나라를 보존하는 근본을 삼는 것, (3) 외교를 잘할 줄 알아야 할 것, (4)

---

5) 安駉壽, "獨立協會序," 『大朝鮮獨立協會會報』 1 (1896.11.30), 1-5面.

국권을 중히 여길 것, (5) 의리를 중히 여길 것, (6) 자유권리를 중히 여길 것 등 여섯 가지를 들고 있다.[6] 그는 독립협회의 민족주의적 이념의 상징인 '독립'이 단선적인 대외적 표상에 그치지 않고 여러 가지의 대내적 정책 대응을 포괄하고 있음을 말해주고 있다. 따라서 독립협회의 정치적 결사화를 정당화시켜 준 교의(敎義)적 표상이기도 한 이러한 독립의 개념은 이어서 밝히게 되는 바와 같이 자주(自主)라는 외연의 대외적 태도 정향과 자강(自强)이라는 대내적 정책 실현을 함께 지니고 있음에 유의하게 된다. 즉, 주권국가의 지표인 자주와 국민국가의 지표인 자강의 표리일체적 양면성을 보이고 있는 것이 근대국가의 건설 목표인 '독립'이라 하겠다. 그리고 이러한 외연의 자주와 내포의 자강을 독립으로 일원화시켜주는 가치수렴적인 민족주의가 근대화를 지향하는 독립협회의 이념적 원동력인 것이다.

2. 독립의 외연: 『자주(自主)』

독립협회의 이념적 표상인 독립의 외연적 개념은 자주이다. 이것은 개항을 계기로 새로운 차원에서 가속화된 외세의 간섭과 침탈의 위협으로부터 국가의 자주권을 수호·강화하려는 자각적인 대응의 관념 양태라 할 수 있다. 강화도조약 제1관(款)에서 "조선국 자주지방(朝鮮國 自主之邦)"[7]이 명시됐지만 그것은 청국의 전통적 개입을 배제하고 대한 침략 정책을 밀고 나가려는 일본 측 의도의 반영에 불과했기 때문에, 그로 인해

---

6) 李承晩, 『獨立精神』(國際聯合承認記念版, 1947), 299-342面. 원본은 1904년 한성감옥서에서 탈고되었으나 출옥 후 1910년 미국에서 초판됨.

7) 『高宗實錄』, 卷十三, 丙子二月初三日條, 修好條規 第一款 참조.

서 한국의 자주권이 확보될 수 있었던 것은 아니다. 오히려 임오군란 후로는 김옥균(金玉均)의 말처럼, 민비 척족 세력과 원세개(袁世凱)의 결탁이 자행됨으로써,[8] 새로운 형태로 대(對)청 종속관계가 강화되는 결과마저 빚게 된 것이 사실이다. 이 때문에 개화당이 갑신정변의 정강 첫머리에 내세운 것은 청국에의 종속관계를 상징하는 조공허례의 폐지[9]였음을 알 수 있다.

이러한 소수정예의 위로부터의 자주화 시도에 담겨졌던 자기모순은 김옥균의 술회대로 "당시의 내외사정상 만부득이(萬不得已)에서 출(出)한 자"[10]로 수긍하더라도, 서재필의 자기 반성처럼 "너무나 타(他)에 의뢰하려 하였던 것"[11]임은 분명한 일이다. 그러나 갑신정변에 실패한 개화당세력이 망명 생활에 쫓기면서도 자주의식에 의연했던 것은 해외에서이긴 하지만 계속하여 개국 연호를 사용한 것만으로도 짐작된다. 흔히 "개화에 대한 상소"라고 부르는 1888년의 박영효 건백서[12]에는 "개국사백구십칠년"이라 되어 있고, 그 이듬해(1889) 이들이 동경에서 결성한 대조선 청년보국회 서문[13]에는 "대조선 사백구십팔년"으로 되어 있는 것이 그 예다. 우리 정부에서 국내외 공사 문첩에 개국 기년(開國紀年)을 쓰기로 공식적으로 결정한 것은 갑오개혁이 착수된 1894년 7월30일의 일이다.[14]

---

8) 金玉均, "巨文도 事件에 대한 上疏,"『近代韓國名論説33篇集』(新東亞, 1966.1 別冊부록), 8-11面; 閔泰瑗,『甲申政變과 金玉均』(서울: 國際文化社, 1947), 68-75面.

9) 金玉均, "甲申日記," 上揭,『甲申政變과 金玉均』, 148面.

10) 金玉均, "巨文島事件에 대한 上疏," 9面.

11) 徐載弼, "回顧 甲申政變," 前揭,『甲申政變과 金玉均』, 82面.

12) 『近代韓國名論説 33篇集』(新東亞, 1966.1 別冊부록)에서는 "개화에 대한 상소"로 표제를 붙였으며, 그 출전인 일본외교문서 제21권에는 "朝鮮國ニ 內政 關スル朴泳孝建白書"로 되어 있다.

13) 한지전면 120cm 50cm로 되어있는 모필석판인쇄본. 동경 한국연구원에 의해 그 사본이 보관되어 있다.

14) 草記, 甲午六月二十八日條, 議案,『舊韓國官報』1 (서울: 亞細亞 文化社, 1973), 275面, "從今以後國內外 公私文牒 書開國紀年事."

물론 이것은 박영효의 귀국보다도 일주일이나 앞선 일이기 때문에, 개화파의 직접적인 영향의 결과로 보기는 어렵지만 그렇다고 해서 그들의 지속적인 노력이 과소평가될 수 있는 것은 아니다. 청의 종주권을 부정하는 국제 상황에 대한 피동적 동조로서의 성격이 내재되었을지언정 주권국가의 자주적 표상인 개국 연호의 사용에서 시범적인 역할을 제시했고, 국가의 자주독립을 최초로 중외(中外)에 선포한 근대적 국가의식의 표현인 '독립서고(獨立誓告)'와 '갑오윤음(甲午綸音)'의 내용 작성에서는 박영효와 서광범(徐光範)이 직접 참여함으로써 개화당의 정치이념을 반영할 수 있었기 때문이다.[15] 뿐만 아니라 "공고자주독립지기(鞏固自主獨立之基)"의 결의 아래 "할단부의청국려념, 확건자주독립기초(割斷附依淸國慮念, 確建自主獨立基礎)"를 홍범14조의 첫머리로 내세운 독립서고[16]와 "확건아자주독립지홍업(確建我自主獨立之鴻業)"및 "공고아자주독립지기(鞏固我自主獨立之基)"를 당부한 갑오윤음은[17] 독립협회가 독립 이념을 주장할 때 내세우는 직접적인 논거여서,[18] 독립협회의 가장 가까운 이념적 배경으로 추단(推斷)된다. 그리고 이와 함께 독립협회의 창설자인 서재필의 귀국을 강권한 사람이 다름 아닌 2차 망명 때의 박영효였다는 사실은 개화당 → 갑신정변 → 갑오경장 → 독립협회로 이어지는 개화사상의 발전적 흐름 속에 담겨진 자주의식의 유기적 연관성을 말해준다.[19]

---

15) 李瑄根,『韓國史 現代篇』(서울: 乙酉文化社, 1964), 333-338面 참조.

16) 大君主 展謁 宗廟 誓告文, 維開國五百三年 十二月十二日 (양 1895. 1. 7), 前揭,『舊韓國官報』1, 819-833面.

17) 勅令, 開國五百三年 十二月十三一(양 1895. 1. 8)條, 上揭,『舊韓國官報』1, 835-852面.

18) 신용진은 그의 "獨立協會論,"『大朝鮮獨立協會會報』7 (1897. 2. 28), 10-13面 및 "時局槪論," 同會報 18 (1897. 8. 15), 1-2面에서 "…何幸時運丕變 天心泰回 伏惟我聖上陛下 勵精圖治 洞察宇丙大勢 順天應人 確建獨立基礎誓告…"라고 이를 지적하고 있다.

19) 이 밖에도 "큰 됴선 졀믄사람에 나라를 보젼헐 모딈에 밍셰헌 글"(大朝鮮靑年保國會誓文)에서는 순국문제 다음에 순한문제를 병기하고 있으며, 獨立誓告 · 甲午綸音에서는 이 두 가지 문제에다 국한문혼용체를 추가하고 있는데, 이것은 순한문제와 순국문제를 병용한 척사윤음(1839, 1881)의

갑오경장을 계기로 우리의 자주독립이 자주 거론되었지만, 한국을 둘러싼 열강의 불안정한 세력균형 속에서 확인된 그러한 "조선지자주독립"은 실상 열강 상호간의 견제적 방편이었으며 각기 대립적인 국가이익을 앞세운 동상이몽의 것이었다. 이 때문에, 아무래도 그것을 우리의 입장에서 보았을 때는 그것이 명목상의 것에 불과했음은 "우리가 이제 무수히 독립이란 글자를 말하지만 실제로 가진 것은 한자도 없다"[20)는 고백으로 반사되고 있다. 뿐만 아니라 "생각컨대 우리 억조 중생 가운데서 독립이란 말의 귀착하는 취지를 능히 알 수 있는 자는 비교적 몇 사람 안 된다"[21)는 말을 빌릴 필요도 없이 집권층이나 일반 국민의 독립에 대한 이해도 피상적인 것에 불과했음을 간과할 수 없다. 그러나 그럴수록 능동적인 자주의 대응 자세가 절실했던 상황이었음은 대외적 모순으로 팽배된 위기의식이 말해 주고 있다. 주체적인 대비책이 강구되지 못한 채 급격하게 국제 사회에 노출됨으로 해서 국내 사정이 더욱 악화되어 갔음을 개탄한 귀국 직후의 서재필의 술회[22)나 '동왜(東倭)'와 '북호(北胡)'의 양란 후에도 아무런 반성이 없었기 때문에 "마침내는 업드러지고 꺼꾸러져 오늘의 일대 난국에까지 이르렀으니 무릇 동포혈기 가진 자로서 어찌 한심하고 통곡하지 않을 수 있겠는가?"[23)라고 탄식한 안경수의 울분은 그 단적인 예라 하겠다.

형식과 일맥상통한다. 그리고 독립협회의 전신이 최초의 건원 즉 대외적 자주를 표방하는 건양연호에서 명칭을 딴 건양협회였으며 『독립신문』에서는 순국문제가 『大朝鮮獨立協會會報』에서는 순국문체 · 순한문체 · 국한문혼용체가 계승되고 있다.

20) 安駉壽, "獨立協會序," 3面, "我今無數言獨立字者 實無一字之我有也."

21))安駉壽, "獨立協會序," 2面, "念今億兆我家, 能知獨立之歸趣者, 較無幾人矣."

22) Philip Jaison, "What Korea Need Most," *Korean Repository*, Ⅲ-3 (March, 1896), p. 108.

23) 安駉壽, "獨立協會序," 1面.

"슬프다. 우리나라가 두셋 강한 나라 틈에 끼어서 그 여러 나라의 업신여기

고 욕되게 하는 것을 입으되, 능히 떨쳐 일어나지 못하고 버러지처럼 꿈질

꿈질 남의 속국이나 종 같아서, 형세가 위태하여 알을 쌓아 놓은 것 같으니,

의리가 있는 사람이야 어찌 이걸 보고 차마 남의 일 보듯 하겠읍니까?"[24]

라고 일찍이 대조선청년보국회가 문제를 제기했던 것처럼 독립협회도 대
외적 모순에서 발단된 위기 상황을 체념과 무기력에의 퇴행으로 방관하
지 않고 그것을 구국 의지의 활력소로 삼아, 위기 극복의 주체의식을 체
현함으로써 자주의 논리를 정립하게 된다.

열강의 불안정한 세력균형으로 얻어진 외세에 의한 독립이나 특정 외
국의 강압 하에서 이루어진 타력에 의한 개화는 외세의 간섭과 침탈을 조
장·자초할 뿐임을 절감한[25] 독립협회는 ① 외세에의 종속적 의존(의뢰,
의부)과 그로 인한 ② 외세로부터의 굴욕적 수모(외모, 치욕)를 자주에 역
행하는 대외적 위기의 핵심적 소재로 보고 있다.[26] 따라서 이를 극복하는
자주의 논리는 이 두 가지의 역리에서 성립된다. 그 하나는 외세에 의부
(依附)하지 말 것(不附他國 또는 不依於他國)[27]인데, 이것은 헌의6조의 첫
머리에 "물의부어타국인(勿依附於他國人)"이라는 규정(제1조 외국인에게 의
부치 말고 관민이 동심합력하여 전제황권을 공고케 할 사(事))으로 반영되었으며,
다른 하나는 외모(外侮)를 막을 것(外禦人侮, 禦侮 또는 外侮防禦)[28]인데,

---

24) 大朝鮮靑年保國會誓文 (東京: 1889), 前文.

25) 『독립신문』, 제2권, 제88호 (1897. 7. 27), 논설.

26) 『독립신문』, 제3권 제3호 (1898. 1. 20), 제3권 제35호 (1898. 3. 24), 제4권 제33호 (1899. 2. 17)의
논설란 참조.

27) 辛龍鎭, "芻說,"『大朝鮮獨立協會會報』18 (1897. 8. 15), 2面.

28) 本會員, "頌獨立協會,"『大朝鮮獨立協會會報』1 (1896. 11. 30.), 5面; 安駉壽 "獨立協會序," 4
面; 安明善, "北米合衆國의 獨立史를 閱하다가 我大朝鮮獨立을 論함이라,"『大朝鮮獨立協會會
報』4 (1897. 1. 15), 8面; "祝賀新年," 同會報' 1面.

이것은 다음의 자강으로 연결된다. 이승만은 "한 사람이나 한 나라이나 제가 제 일을 하는 것을 자주라 이르며, 따로 서서 남에게 의지하지 않는 것을 독립이라 이르나니"[29]라고 하여 자주와 독립의 개념을 분화시켰는데 이것은 불부타국(不附他國)과 어외모(禦外侮)의 자주 논리가 주체의식 위에 터 잡음을 말해준다. 여기에서 자주란 곧 "조선 사람이 조선의 주인이 되는 것" 또는 "우리나라 일은 우리나라 사람이 할 터이니 외국 사람들은 상관 아니 하여도 무방함"을 뜻하며,[30] 나아가서는 "한국 민중을 위한 한국"[31]을 뜻하는 것이기 때문이다.

독립협회는 자주의 논리가 터 잡는 이러한 주체의식의 사회적 기반, 즉 자주의 주체를 집권층은 물론 만민평등관에 기초한 국민 각자에게로 귀일시키고 있다.[32] 따라서, 자주독립을 보유하지 못한 국가는 타국에 부용(附庸)하는 속국이 되어 신첩(臣妾)과 노예의 치욕을 당할 수밖에 없기 때문에 국가의 가장 귀한 독립은 자주에 달려 있다고 설파한 신용진은 자주 실현의 첩경을 국민 각자의 자주성신(自主之氣) 배양에 두고 이를 위한 국민의 화합 단결을 촉구한 것이다. 말하자면 자주의 주체인 국민의 자주정신 배양을 국민의 화합·단결에서 찾고 이를 위한 주도체로서의 역할을 독립협회에 부여하고 있음을 알 수 있다.[33]

그런데 독립협회는 이러한 국민적 단합을 촉구하는 주체의식의 심리적

---

29) 李承晩, 獨立精神, 48面;『독립신문』, 제3권 제88호 (1898. 7. 15), 논설. "독립이라 하는 것은 스스로 믿고 남에게 기대지 아니한다는 말이라."

30) 『독립신문』, 제2권 제27호 (1897. 3. 6), 제3권 제35호 (1898. 3. 24), 논설.

31) *The Independent* (April 7th, 1896), Editorial, "Korea for Koreans."

32) 『독립신문』, 제1권 제32호 (1896. 6. 18), 제3권 제1호 (1898. 3. 24), 논설 및 *The Independent* (April 7th, 1896), Editorial 참조.

33) 신용진, "독립협회론," 12면. "…國之所以爲國者 以其有自主獨立之權也 若無其權則 必爲附庸藩屬猶臣妾奴隸之恥耳 是以有國者 必貴獨立 而獨立者 必擅自主也…故連國一方者 必欲自主則 先養其國人自主之氣也 養氣之道 莫如人心之和合 衆力之固結 此會之所由成者也."

참여 동기를 구국의지의 애국심에 호소함으로써 자주의 국민화를 꾀하고 있다. "독립(獨立)의 실(實)은 국민(國民)이 심(心)을 합(合)하고 체(體)를 단(團)하여 그 국(國)을 애(愛)하며 그 국(國)을 보(保)함에 과(過)치 아니하나니"[34]라고 한 안명선(安明善)의 주장은 국민의 합심·단결을 통한 애국과 보국이 명실상부한 자주독립임을 말해준다. 『독립신문』에서도 애군·애민하는 것만이 자주독립을 이룩하는 길이며[35] 또한 사심을 버리고 합심하는 것이 애국·애군·애민의 길[36]임을 역설하고 있다. 이와 같이 독립협회는 대내외적 모순이 가져다준 위기의식을 딛고 일어서는 국가자주화의 가치를 국민 단합을 통한 애군·애민·애국에 귀착시키고 "진충갈력지동량(盡忠竭力之棟樑)"[37]임을 자임하여 전통적인 충군사상을 애국주의로 이어줌으로써 신민(臣民)적 문화를 토대로 하는 과도적 국가관 위에 근대 민족주의의 터전을 마련하고 있다.

이것은 충효지도(忠孝之道)를 미덕으로 삼는 유학자들과 보수적인 고급 관리들까지도 동원할 수 있게 해주었을 뿐만 아니라 군권체제와의 공존을 가능하게 해 준 요인이 된다. 그러나 기존체제의 유지에서 그 정당성의 논거를 확보한 이와 같은 애국주의를 근대 민족주의로 성격지어 줄 수 있는 이유는 그 기저에 애민사상으로 표출되는 자유민권의 국민국가상이 자리 잡고 있다는 데서 찾을 수 있다. "국자아국 민자아민(國自我國民自我民)"[38]을 전제로 하는 독립의 이념은 만민평등과 자유민권의 국민을 애국사상의 기본으로 삼고 있기 때문이다. 따라서 독립협회는 참다운 국가자주화의 전제로서 국민의 민족적인 자각과 자주정신을 함양하는 합

---

34) 安明善, "北米合衆國의 獨立史를 閱하다가 我大朝鮮獨立을 論함이라," 8面.

35) 『독립신문』, 제1권 제33호 (1896. 6. 20), 제1권 69호 (1896. 9. 12), 논설 참조.

36) 『독립신문』, 제1권 제2호 (1896. 4. 9), 제1권 제39호 (1896. 7. 4), 논설 참조.

37) 本會員, "頌獨立協會," 5面.

38) 安駉壽, "獨立協會序," 1面.

심·단결을 통한 국민적 통합을 선양하고 자주의 주체를 총체적인 국민에 귀일시킴으로써 애국주의를 매개로 국가주의와 국민주의의 조화적 통합을 꾀하고 있다. 또한 여기에서 국민국가를 지향하는 근대 정치의식의 원동력이 민족 단위의 자기 정립의 논리로 작동되었다고 하겠다.

3. 독립의 내포 : 『자강(自强)』

다음은 독립협회의 기본 이념인 독립의 내포적 개념이 '자강'이라는 데서 민족주의이념의 성격적 특징을 찾을 수 있다. 애군·애민·애국의 삼위일체를 기조로 하는 독립협회의 민족주의는 몰자주(沒自主)의 원인이 되었던 외세에의 종속적 의존과 외세로부터의 굴욕적 수모를 벗어나려는 역사적 자각에서 비롯된 자주의 욕구 실현을 안으로 향한 대내적 자강의 성취에서 찾고 있다. "무릇 자주란 내실자강(內實自强)하여 흘연독립(屹然獨立)함으로써 타국의 세력에 의부(依附)하지 않는 것"[39]이라고 한 신용진의 풀이는 독립의 개념이 외연과 내포로 분화됨을 명시해 준 것이라 하겠다. 여기에서 외세에 의존하지 않는 길이 내실자강에 있음을 밝히고 있거니와 외세에 의존하면 외모가 불가피하기 때문에 어모(禦侮)의 길이 또한 자강에 있다는 점에서 독립협회는 스스로 "자강금모지초질(自强禁侮之礎礩)"[40]임을 자처하게 된 것으로 보인다.

이러한 내포의 자강이 외연의 자주와 함께 독립으로 수렴되고 따라서 자강이 독립의 전제로 인식된 것임은 "자강한 뒤에라야 독립은 가능하

---

39) 辛龍鎭, "芻說," 2面. "夫自主者 內實自强 屹然獨立 不附他國之勢也."
40) 本會員, "頌獨立協會," 5面.

고 자강하지 않으면 독립은 있을 수 없다"[41])는 주장에서 분명하다. 또한 이런 뜻의 자강은, 위정척사의 배타적 자주(척사)에서 대내적으로 반사되는 보수적 반동(위정)의 전제적 강화와 구별될 뿐 아니라 몰자주적인 개화 지상주의에서 열등 의식을 자초하는 개화로서의 자강과도 구별된다. 그것은 양자택일의 시점에서[42]) 독립의 내실을 도모하기 위한 개화로서의 근대적 진보를 국력의 자주적 배양으로 이어주는 자강[43])이어야 하기 때문이다. 물론, 개항을 계기로 개화라는 말이 일본에서 들어왔듯이 자강이라는 말이 중국에서 들어온 것은 엄연한 사실이고,[44]) 그로 인한 영향을 부정할 수 없으며 또한 개별적인 용어 사용에서는 그것이 답습되는 여지를 남기고 있다 하더라도, 인식 구조상의 위치 변용마저 도외시 할 필요는 없다. 자주가 자주독립으로 이어지듯이 자강도 자강독립으로 이어지는 것이다.

이것은 자강10조를 독립의 필수조건으로 개진한 "독립론"의 인식구조에서 그대로 나타나고 있다. 그러나 한학과 유교문화를 바탕으로 하는 개신(改新)유학층의 회원들에게 있어서는 자강에 대한 인식이 유학의 지식 유산을 매개로 수용된 것임도 간과할 수 없는 일이다. 이들이 '개물성무(開物成務)'를 개화에 대한 인식의 출발로 삼듯이' 전기의 "독립론"에서 자강의 어원을 『주역』의 '자강불식(自强不息)'[45])에서 찾았을 뿐 아니라, 자강의 전의(轉義)를 '무기실정(懋其實政)'으로 보면서 자강을 천도(天

---

41) 筆者未詳, "獨立論," 『朝鮮獨立協會會報』 13 (1897. 5. 31), 1面. "自强然後 可以獨立 非自强 無以獨立."

42) 『독립신문』, 제2권 제24호 (1897. 2. 27), 논설.

43) 辛龍鎭, "芻說," 2面. "…故獨立者 必自强 而自强者 必開化 開化之要 在於政敎保國安民…"; 『독립신문』, 제1권 제18호 (1896. 5. 16), 논설.

44) 李光麟, 『韓國開化史硏究』 (서울: 一潮閣, 1970), 21-23面 참조.

45) 筆者未詳, "獨立論," 1-9面, 여기에서 자강의 어원을 "易曰 天行健乾 君子以自强不息 是由觀之"(1面)라고 밝히고 있는데, 이것은 『주역』, 卦爻辭, 乾爲天條에 있는 말을 인용한 것이다.

道)와 군도(君道)로 치켜세우고 있다. 따라서 자강의 길이 일차적으로는 '성의(誠意)'와 '정심(正心)'에 있고 이차적으로는 '수제(修齊)'와 '치평(治平)'에 있는 것으로 보는 것은 당연한 귀결이다. 이것이 표면적으로는 전통적인 유교주의 정치이념에 입각하여 통치자에게 건의하는 국권자립의 치국책(治國策)과 서정쇄신(庶政刷新)의 내치책(內治策)으로 이해된 것임은 ① 정군심(正君心),[46] ② 절재용(節財用),[47] ③ 거현재(擧賢材),[48] ④ 신상벌(信賞罰),[49] ⑤ 무군정(務軍政), ⑥ 택수령(擇守令), ⑦ 찰민은(察民隱),[50] ⑧ 후민성(厚民生), ⑨ 정민지(定民志), ⑩ 무개화(務開化) 등을 제시한 자강10조의 표현 양식을 통해서도 알 수 있다.

이러한 自强10條는 1864年 1月 지사(知事) 김병국(金炳國)이 새로 등극한 고종에게 소진(疎陳)한 ① 돈성효(敦聖孝, 供歡三殿), ② 무성학(懋聖學, 先立根本), ③ 숭검덕(崇儉德, 以單奢侈), ④ 경대신(敬大臣, 以尊體貌), ⑤ 절재용(節財用, 以固邦本), ⑥ 진기강(振紀綱, 以勵風俗), ⑦ 개언로(開言路, 克廣聰聽), ⑧ 택수령(擇守令, 以務字恤), ⑨ 초현준(招賢俊, 以資丕沃) 등의 승찰9조(乘察九條)[51]와도 부분적으로 중복되는 가치 구조를 드러내고 있다. 물론 그러한 인지의 표현이 독립협회 이념의 시대적 제약을 의

---

46) 正君心에 대하여 "正君心以正朝廷 正朝廷以正百官 正百官以正四方 君心正則 朝廷四方莫敢不正"이라고 하여 君主의 責任이 重大함을 밝히고 君主의 仁·義·禮·智·信에 대한 崇尙을 역설하면서 "君子之德風 小人之德草 草上之風必偃"이라고 그 正當性을 『論語』에서 찾고 있다. 『論語』, 顏淵, 十九 참조.

47) 여기에서는 "孔子以節用愛民 爲治國之要"라고 했는데 『論語』, 學而, 五의 "道千乘之國 敬事而信 節用愛人 使民以時"를 採用한 것으로 보인다.

48) 이에 관해서는 『論語』, 子路, 二의 "仲弓爲季氏宰 問政 子曰先有司 赦小過 擧賢材"를 참고할 것.

49) 信賞罰의 論據로서는 『論語』, 爲政, 三의 "子曰道之以政 齊之以刑 民免而無恥 道之以禮 齊之以德 有恥且格"과 『書經』, 商書, 中虺誥의 "…德懋懋官 功懋懋賞…"을 제시하고 있다.

50) 어린 백성의 숨은 근심을 걱정하지 않을 수 없는 이유를 여기에서는 『書經』, 夏書, 五子之歌에 나오는 "民惟邦本 本固邦寧"에서 찾고 있다.

51) 『承政院日記』, 高宗元年 甲子正月十日條. 그러나 『高宗實錄』의 같은 날 記錄에는 副護軍 申直模의 疏陳九條로 되어 있다.

미할 수도 있겠으나, 외형적으로 유사한 김병국의 승찰9조와는 달리, 전반적인 내용 구성에 있어서나 특히 후민생·정민지·무개화에 있어서는 진보적인 근대 가치를 적절히 표출시키고 있는 데 유의할 필요가 있다. 이것은 전통 문화의 지적 유산이 존재했기 때문에 새로운 상황 변화(세계사적 보편성)에 대한 독자적 인식(한국사적 특수성)이 가능했다는 점에서, 오히려 변화에 적절하게 대응할 수 있는 적응 능력의 소지로 풀이될 수 있는 것이다.

비슷한 자강론을 『독립신문』에서도 손쉽게 찾을 수 있다. "백성이 부하면 나라가 강하고 백성이 편하면 나라가 보존된다"는 전제 밑에서 사회의 부조리를 제거함으로써 독립의 실효를 거둘 수 있다는 민부국강(民富國强)의 지시론(知時論)[52]은 자강론의 다른 표현이기도 하다. 독립의 내실화를 위한 시세를 깨닫는 자강의 사례가 재물의 절제, 사치의 금지, 무위도식·허례·낭비의 근절이며[53] "민폐되는 광산과 주권(鑄權)과 삼정과 어사와 시찰과 각색 도가와 잡세와 쓸데없는 관원들과 탐관오리를 일절 파하여 버리는 일"[54]임을 인정한다면, 그것은 누적된 사회적 모순을 지양하는 사회정책적 대응책이라 하겠다. 또한 이러한 민부국강의 지시론과 같은 범주에서 파악할 수 있는 것이 시무론이라 할 수 있다. 조정국의 ① 인민교육(人民敎育), ② 인재선택(人材選擇), ③ 전답개량(田畓改良), ④ 재정확보(財政確保), ⑤ 조세개혁(租稅改革), ⑥ 군대양성(軍隊養成) 등 시무6조[55]나 양주국의 ① 큰집을 중건함, ② 보필을 얻음, ③ 관찰사와 군수를 가림, ④ 신(信)을 닦고 법(法)을 세움, ⑤ 개화진보, ⑥ 명분의 그릇됨, ⑦

---

52) 『독립신문』, 제1권 제94호 (1896. 11. 10), 논설.

53) 『독립신문』, 제1권 제94호 (1896. 11. 10), 제1권 제106호 (1896. 12. 8), 제2권 제120호 (1897. 10. 9), 논설.

54) 『독립신문』, 제3권 제87호 (1898. 7. 14), 논설.

55) 『독립신문』, 제2권 제55호 (1897. 5. 11), 조정국씨 시무론 참조.

결은개량(結隱改良), ⑧ 인구와 가호의 사실(査實), ⑨ 장수는 도리 아는 이로 가릴 것, ⑩ 저울·자·말·되를 통일함, ⑪ 서민의 공동묘지 마련함 등 시무11조[56]는 모두 시폐(時弊)와 민막(民瘼)을 바로잡아 독립의 내실을 다지려고 한 자강책인 것이다.

이밖에도 독립의 전제 조건으로 제기된 국가부강책으로서는 개명진보(開明進步)를 앞세운 국민의 체력 증진, 치도(治道), 영농 개발, 광산 개발, 어업 장려, 치산치수, 제조업·무역·공업 진흥[57] 등이 있는가 하면, 민권자수(民權自修)를 앞세운 중의정치(衆意政治), 애국·애민하는 정부, 백성의 권리 보호, 인민의 생명과 재산 보호 등[58] 다양한 면모를 보이고 있다. 『독립신문』의 강령은 이것을 간결하게 요약하여 "한국 민중을 위한 한국, 참신한 정치, 대외적 우호관계의 강화, 한국 자본에 의한 한국 자원의 점진적이고도 지속적인 개발"[59]이라고 말하고 있다. 이처럼 자강10조를 비롯한 민부국강의 지시론에서의 사회적 부조리의 근절 방안들 또는 시무6조와 시무11조, 그 밖의 여러 가지 국가부강의 자강책들이 모두 대내적 모순을 극복하려는 안으로 향한 것들이기 때문에, 많은 실천 방안의 지표 속에 포괄되는 자강독립의 하위 개념들임을 알 수 있다. 이 때문에 독립협회도 스스로 그와 같은 자강의 제(諸)과제를 선도적으로 수행하기 위하여 4천년 역사상 최초로 세운 건물에 비유되는 10가지의 기능체[60]로 자임한

---

56) 『독립신문』, 제2권 56호 (1897. 5. 13), 제2권 제57호 (1897. 5. 15), 양주국씨 조목 참조.

57) 『독립신문』, 제1권 제12호 (1896. 5. 2), 제1권 제15호 (1896. 5. 9), 제1권 제48호 (1896. 7. 25), 제1권 제55호 (1896. 8. 11), 제2권 93호 (1897. 8. 7), 제3권 68호 (1898. 6. 14), 각 논설란 참조.

58) 『독립신문』, 제1권 제104호 (1896. 12. 3), 제2권 제28호(1897. 3. 9), 제3권 4호 (1898. 1. 11), 제3권 제50호 (1898. 4. 28.), 각 논설란 참조.

59) *The Independent* (April 7th, 1896), Editorial

60) 本會員, "頌獨立協會," 5-6面. 여기에서 독립협회라는 건물의 양자(樣子)를 ① 盡忠竭力之棟樑 ② 自强禦侮之礎磶 ③ 大庇萬民之檐桶 ④ 廣納四海之階庭 ⑤ 禮樂刑政之房堗 ⑥ 文章武略之軒窓 ⑦ 依倚聖賢之墻壁 ⑧ 羅列英俊之欄杆 ⑨ 根德本行之廚竈 ⑩ 貯才畜藝之倉庫의 열 가지 기능체로 묘사하고 있다.

것이다.

여기에서 우리는 독립협회가 국가의 대외적 모순에서 비롯된 자주의 욕구 실현을 안으로 향한 내실자강에서 찾았고, 따라서 많은 하위 개념의 목표 달성 방법으로서 자강실책의 정책 대안을 강구하게 되었다는 사실에 주목할 필요가 있다. 이 때문에 독립협회는 대외적 모순에 부정적으로 반발하는, 이른바 이용희(李用熙) 교수가 한국의 근대 민족주의를 한 묶음으로 지적한 것처럼 일의적인 '저항의 민족주의'[61]를 택한 것이 아니라, 오히려 밖으로부터의 모순을 안으로의 자기발전의 계기로 삼아 자성(自省)·자수(自修)·자립(自立)을 모색한 '자강의 민족주의'를 정립한 것이다. 따라서 대외적인 자주의 자세를 대내적인 자강에서 추구한 독립협회는 독립의 기초를 확립하는 정책적 구현을 통하여 안으로 향한 근대화의 지향 목표를 상호불가분의 관계에 있는 ① 개명진보(開明進步), ② 국권자립(國權自立), ③ 민권자수(民權自修)로 인식하게 되었다고 하겠다. 독립신문의 다음과 같은 논설은 이러한 자강 개념의 포괄성을 잘 말해 주고 있다.

"조선이 어찌하였든지 신식(新式)을 점점 시행하여 법률과 기강이 서고 규칙과 장정(章程)이 시행되며, 국고의 재산이 늘어 정부를 확장하여 남의 나라같이 되며, 지방관들이 정부 명령과 규칙을 가지고 백성을 다스려 돈 한 푼이라도 정부에서 받으란 것 이외에는 받지 말며, 백성을 애증 간에 법률만 가지고 상벌을 주며, 농무(農務)와 상무(商務)와 공무(工務)를 아무쪼록 성하게 하여 주며, 젊은 사람들과 아이들을 남녀 무론하고 교육을 시켜 무슨 노릇을 하여 먹든지 하게 하여 주며, 외교를 친밀히 하여 외국과 틈이

---

61) 李用熙, "韓國民族主義의 諸問題," 『國際政治論叢』 6 (韓國國際政治學會, 1967), 12-18面 참조.

어기지 않게 하며 그런 중에도 조선 전국 체통과 독립권을 남에게 잃지 말며, 조선 이름을 아무쪼록 세계에 빛내며, 조선 국기를 세계 대해대양에 왕래케 하며, 조선 대소 인민이 태서 각국 백성과 같이 세계에 행세가 되게 하여 주며, 조선 대군주 폐하의 위엄과 영광과 권력이 아라사 황제와 영국 여왕과 미국 대통령과 같이 세계에 빛나게 하며, 인민의 재산이 부요하고 해육군(海陸軍)이 강하여 조선 사람이 어느 나라를 가든지 어느 나라 사람이 조선을 오던지 동등이 되게 하여 보는 것이 제1책이요."[62]

---

62) 『독립신문』, 제2권 제24호 (1897. 2. 27), 논설.

목표 실현 방법과 근대화 지향

1. 개명진보(開明進步)

독립협회는 독립의 내포 개념인 자강의 정책적 실현 방향을 일차적으로 '개명진보(開明進步)'에 두고 있다. 개화·문명·문명개화·개화문명의 뜻을 한마디로 함축하는 '개명'을 근대의 표징인 '진보'로 귀착시켜 준 것이 바로 '개명진보'이다. 그런데 이러한 개명진보의 목적이 어디까지나 나라를 참사랑하는 부국의 길이요,[1] 민중의 자발적인 합심·노력으로 민부국강의 자강독립을 성취하는 길이요,[2] 또한 우리나라를 세계의 상등국(上等國)으로 올라서게 하는 길[3]이라고 본 데서, 독립이라는 상위 개념의 목표를 실현하기 위한 하위 개념으로서의 개명진보의 위치가 설정되었음을 알 수 있다. 이것은 일찍이 "개명의 길로 나가서… 부강의 나라"로 만드는 것이 '보민과 호국'의 목표를 달성하는 한 길임을 밝힌 박영효의 주장[4]이나 "독립은 오로지 자강이며 자강은 오로지 개화인데, 개화의 요체

---

1) 『독립신문』, 제1권 제37호 (1896. 6. 30), 제1권 제38호 (1896. 7. 2), 논설 참조.

2) 『독립신문』, 제1권 제81호 (1896. 10. 10), 제2권 제100호 (1897. 8. 24), 제2권 제125호 (1897. 10. 21), 각 논설란 참조.

3) 『독립신문』, 제2권 제22호 (1897. 2. 23), 논설 참조.

4) 朴泳孝, "開化에 대한 上疏," 『近代韓國名論說 33篇集』(新東亞, 1966. 1 別冊附錄), 15面.

는 정교 · 보국 · 안민에 있다"[5]고 설파한 신용진의 주장이 또한 밑받침해주고 있다.

이러한 개명진보는 실용과 효용의 공리적 사고, 과학과 실증의 합리적 사고, 그리고 인권 존중과 자유 평등의 민주적 사고를 진보라는 근대화의 생동상(生動像)으로 인식한 데에 그 핵심이 있다. 이것은 서구 문화의 근대적 표상이기도 하다. 이 때문에 독립협회가 새로운 서구 문명의 수용을 진보의 과제로 인식하고[6] 서양의 지식을 시급히 받아들여 국가 문명을 진취시키려고 했는가 하면,[7] 평등과 박애로 국민적 단합을 이끌어 줄 수 있는 정신적 요소로서 천주교와 기독교에 의한 인민 교화도 긍정했음[8]을 알 수 있다. 그러나 그렇다고 해서 독립협회의 개명진보가 외래 문화의 일방적 수입과 전통 문화의 전면적 단절을 뜻한 것은 아니다. 그것은 문화적 전통의 선택적 계승을 통한 신구 문화의 통일적 조화[9]와 나아가서는 민족문화의 새로운 전통 수립을 전제한 것이다.

개명진보에 대한 인식의 출발로 삼았던 개화의 개념을 "옛적의 더럽게 물들은 것을 버리고 새 법의 문명한 것을 준행하여 위로 나라를 돕고 아래로 창생(蒼生)을 보하는 것"[10]으로, "야만(野蠻)과 반개(半開)와 개명(開明)을 구별하는 것[11]으로, 또는 "우(愚)를 열(開)고 완(頑)을 바꾸(化)는 것"[12]으로 보았다고 해서 과거의 문화적 전통을 한 묶음의 구염(舊

---

5) 辛龍鎭, "芻說," 『大朝鮮獨立協會會報』 18 (1897. 8. 15), 2面.

6) 『독립신문』, 제3권 제24호 (1898. 2. 26), 논설란 (유지각한 친구의 글) 참조.

7) 『독립신문』, 제3권 제11호 (1898. 1. 27), 논설란(유지각한 친구의 글) 참조.

8) 『독립신문』, 제1권 제65호 (1896. 9. 3), 제3권 제104호 (1898. 8. 3), 논설 참조.

9) 『독립신문』, 제1권 제22호 (1896. 5. 26), 제2권 제46호 (1897. 4. 20), 논설 참조.

10) 『독립신문』, 제2권 제85호 (1897. 7. 20), 잡보.

11) 南舜熙, "地理人事之大關," 『大朝鮮獨立協會會報』 7 (1897. 2. 28), 9面.

12) 筆者未詳, "獨立論," 『大朝鮮獨立協會會報』 13 (1897. 5. 31), 8面, 務開化條.

染) · 야만(野蠻) · 우완(愚頑)으로 몰아세운 것은 아니다. 물론 근대화 지향의 세계사적 질서가 전제되었던 까닭에, 문명과 개명과 '열고 바꿈'의 현실적 대안을 서구의 근대 문화로 압축시켰던 것은 사실이다. 그러나 단군 이후 조선 왕조에 이르기까지 "수천백년 이래 나라는 스스로 우리나라요 백성은 스스로 우리 백성이라 그 정치와 교화가 우리로부터 나오지 않음이 없으니…나라가 작은 것도 아니고 백성이 약한 것도 아니고 정치와 교화가 개명하지 못한 것도 아니다"[13]라고 주장 할 만큼, 그 밑바탕에는 오랜 문화민족으로서의 긍지와 개명의 전통적 능력에 대한 자의식이 깔려 있음을 알 수 있다. 뿐만 아니라 당시의 개화를 '과거로부터의 단절'로 보지 않고 고대 이래 조선 왕조의 '문명지치(文明之治)'에 이르기까지 계속되어 온 문화발전의 제(諸)단계에 뒤따라 이어지는 또 하나의 발전 단계로 이해하고 있는 것이다.[14]

이와 같은 자기 갱신의 주체적 발전 사관 위에 터 잡은 독립협회의 개명진보는 학문의 '허(虛)'를 배격하고 '실(實)'을 숭상하는 실학의 전통에 뿌리를 내렸기 때문에, '껍데기 헛문서'[15]의 독립을 '실상(實相)'의 독립으로 바꾸어 놓으려는 데서 "이용후생과 부국강병의 실사구시하는 일"[16]을 자주의 내실화로 이어주고 있다. 개발 사업을 뜻하는 『주역』의 '개물성무(開物成務)'를 매개로 실학과 개화사상이 연결되었음은 앞에서 밝힌 바 있거니와 여기에서 우리는 이용후생의 실학이 독립협회의 개명진보에서 발전적으로 재현되었음을 유의할 필요가 있다 "개화란 말은 아무것도 모르는 소견이 열려 이치를 가지고 일을 생각하여 실상대로 만사를 행하자

---

13) 安駉壽, "獨立協會序,"『大朝鮮獨立協會會報』1 (1896. 11. 30), 1 面.

14) 筆者未詳, "獨立論," 8面, 務開化條.

15) 金道泰,『徐載弼博士自叙傳』(서울: 乙酉文化社, 1972), 235面.

16) 安駉壽, "獨立協會序," 1面.

는 뜻"[17] 이라고 한 것이나 또는

"개화라 하는 것은 서로 좋아하며 있는 것과 없는 것을 서로 자로(有無相
資)하며 나라를 부케하고 군사를 강(强)케하고 이로움을 따르고 장사를 흥
왕(興旺)케 하며 헛되이 꾸미는 것을 버리고 실상(實相)일을 힘쓸 따름"[18]

이라고 한 것은 실학의 사실상의 답습이라 할 수 있다. 그리고 "독립론"의
무개화조(務開化條)는 물론 특히 후민생조(厚民生條)에서는 이용후생이
란 용어를 실학에서와 마찬가지의 개념으로 사용하고 있어[19] 단순한 실
학의 계승이나 재현으로 보기 쉽다.

그러나 앞에서도 지적한 바 있듯이 자강의 내용을 구성하는 무개화나
후민생이 그 상위 개념인 독립의 목표 달성을 위한 하위 개념으로서의 성
격을 명확히 하고 있는 것은 개명진보가 인식 구조의 변용을 통한 실학
의 발전적 재현임을 말해 준다. 다시 말해서 "개명하여 공평 정직한 실학
문을 국중에 퍼뜨려 중인이 다 각기 직업을 하고 나라이 부강하여 세계에
투철한 문명진보한 자주독립국을 만들자는 것은 정도"[20] 라고 한 것은, 실
학에서는 내재적인 '민족의식'의 상태로 머물렀던 자주독립에의 목표가
개명진보의 상위 개념으로 명확히 설정되었음을 뜻한다. 그러나 실학의
전통을 전진적으로 개명진보에 연결시켜준 인식구조상의 그와 같은 변용
적 발전이 한편으로는 문호개방을 통로로 구미의 근대 문명과 과학기술

---

17) 『독립신문』, 제1권 제37호 (1896. 6. 30), 논설. 여기에서는 "개화라는 말을 당초에 청국에서 지어
낸 말"이라고 했다.

18) 『독립신문』, 제2권 제56호 (1897. 5. 13), 논설란, 양주국의 시무11조.

19) 筆者未詳, "獨立論," 6-7面, 厚民生條 참조.

20) 『독립신문』, 제3권 제55호 (1898. 5. 10), 논설.

의 장점을 주체적으로 수용하는 상황적 적응을 통하여,[21] 대외적 부조리의 극복과 사회 발전의 합리화를 추구하게 된 것과도 유기적인 상관이 있음을 간과할 수 없는 일이다.

자주독립의 기초를 확립하려는 주체의식에서 자강의 내실화로 투영된 이와 같은 개명진보의 특징은, 먼저 근대 문명과 신학문의 주체적 수용을 촉구하는 데서 표출된 계몽적 내지는 교육적 성격에서 찾아볼 수 있다. 외세(일본)에 의하여 개화 정책이 추진될 때, 거센 반작용에 부딪혀 거국적 개혁 운동으로 성공하지 못하는 요인을 독립협회는 두 가지로 보고 있다. 하나는 상투나 망건의 폐지와 같이 우리에게 시급하지도 않고 각자의 임의에 맡겨 두어도 그만일 지극히 피상적인 개혁을 강압적으로 단행함으로써 우리 사회에서 절실히 요청되는 본질적 개혁만을 어렵게 만든다는 것이다.[22] 다른 하나는 외세에의 의존성을 심화시킴으로써 자주독립의 목표 달성과는 역행되는 결과를 초래하게 된다는 것이다.[23] 독립협회가 의타적 개화를 배격한 이유가 여기에 있거니와, 이 때문에 개화의 주체와 객체의 일원화를 가장 시급한 일로 생각했음을 알 수 있다. 이런 뜻에서 귀국 직후의 서재필은 정부 관리를 포함한 국민 대중을 자각적으로 개명진보의 대열에 능동적으로 참여시킬 수 있는 최선의 길을 민중 계몽과 교육 확대로 보았던 것이다.[24]

이와 같이 개명진보의 급선무가 교육에 있다고 본 독립협회는 교육 주도의 개명진보에서 두 가지의 실천적 성격을 드러냈는데, 그 중의 하나가

---

21) 『독립신문』, 제3권 제8호 (1898. 1. 20)

22) *The Independent* (April 11th, 1896), Brief Notice 및 『독립신문』, 제1권 제12호 (1896. 5. 26), 논설 참조.

23) 『독립신문』, 제2권 제88호 (1897. 7. 27), 논설 참조.

24) Philip Jaison, "What Korea Needs Most," *The Korean Repository*, Ⅲ-3 (March, 1896), pp. 108-110 참조.

교육의 필요성을 역설하고 각종 교육 시책의 제시와 함께 그것을 정책적으로 반영시키려고 노력한 것이라 하겠다. 독립협회가 교육을 개명진보의 일차적인 과제로 본 이상 그 필요성을 되풀이 역설한 것은 당연한 일이다.[25)]

이러한 독립협회가 '실상학문(實相學問)'과 신학문(新學問)으로 인민을 개화시키기 위하여 신학문을 도입·번역·출판하는 사업에 지각있는 사람들이 다수참여할 것[26)]과, 그리고 교육기관(학교)의 대폭 증설과 교육기회의 확대를 촉구했으나, 특히 기초 교육으로서의 '동몽교육'(아동교육)과 그리고 남녀평등·기회균등·여권신장·균형교육을 도모하는 '여성교육'을 가장 중요시했기 때문에, '소학교'와 '여학교'의 설립을 위한 재정지원을 가장 우선적으로 정부에 건의했음을 알 수 있다.[27)]

아동교육과 여성교육 다음으로 독립협회가 관심을 기울였던 것은 기술·직업교육이다. 상무회의소에 의하여 추진된 '상무학교'의 건립을 간접적으로 지원하면서[28)] 또 한편으로는 '공장학교' 설립을 위한 과도적 조치로서, 목공·철공·제지·제(製)유리·견직·제혁·과수곡물재배·양축(養畜)·제복(製服)·제화(製靴)·제립(製笠) 등 기술직의 훈련·실습

---

25) 제1회 주간토론회에서 "조선의 급선무는 인민의 교육임"(1897. 8. 29 실시)을 논제로 삼았거니와 『독립신문』, 제2권 제46호(1897. 4. 20) 및 제3권 제113호(1898. 8. 13)의 논설에서도 교육에 의한 인민계발을 개명진보의 제일 급한 일이라 했다. 이밖에도 안창선, "교육의 급무," 『大朝鮮獨立協會會報』7(1897. 2. 28), 6-8面을 들 수 있다.

26) 『독립신문』, 제1권 제9호(1896. 4. 25), 제1권 제25호(1896. 6. 2), 제1권 제81호(1896. 10. 10), 제2권 제110호(1897. 9. 6), 각 논설 참조. 또한 '실상학문'이 나 신학문으로는 농학, 상무학, 정치학, 법률학, 의약학, 산학(수학), 지리(지)학, 광학, 전기학, 중학, 천문학, 병학, 공학, 기(기)계학, 화학, 생물학, 물리학, 이재학(理財學), 산림학, 사학(각국사기), 격치학(格致學), 제조학, 기학 등 다양하게 표현·제시되고 있다. 때로는 '실상교육'이란 말을 쓰기도 한다. 『독립신문』, 제2권 제88호(1897. 7. 27), 논설.

27) 『독립신문』, 제1권 제6호(1896. 5. 12), 제1권 제6호(1896. 9. 5), 제2권 제58호(1897. 5. 18), 제2권 제59호(1897. 5. 20), 제3권 제1호(1898. 1. 4), 제3권 제80호(1898. 7. 6), 제3권 제137호(1898. 9. 13), 각 논설란 참조.

28) 『독립신문』, 제2권 제46호(1897. 4. 20), 잡보 참조.

을 위한 기능공 양성소로서의 '권공장(勸工場)' 설치를 정부에 건이한 것을 들 수 있다.[29] 그리고 1898년 7월 15일 종로에서 개최된 사민회의(士民會議)의 건의 형식으로 학부에 요청한 '의술학교'의 설립 주장[30]도 같은 범주에 속한 예라 하겠다. 그러나 '고등학교'와 '대학교'의 설립에 관해서는, 외국 학제의 소개와 교육 정보의 제공에 그쳤을 뿐[31] 국가 재정에 의한 설립은 불요불급(不要不急)한 것으로 보았는데,[32] 이것은 당시의 가장 절실한 교육적 요청이 무엇인가를 깊이 헤아린 상황 판단의 결과라 할 수 있다. 뿐만 아니라 독립협회가 외국어 교육의 현실적 필요성을 인정하면서도 다섯 외국어로 나누어 설립된 각 외국어학교 학생들의 외세의존적인 분파 작용을 방지하고 자주적인 외국어 교육을 실현하기 위하여 외국어학교의 통합을 주장한 것이나 '무관학교(武官學校)' 설립을 주장한 것은[33] 그러한 상황 판단의 또 다른 하나의 본보기라 하겠다.

이와 같은 교육 주도의 개명진보는 그것이 정책적 제시만으로는 실현되기 어렵기 때문에, 독립협회 스스로가 자주적 개화의 주도체로서 시급한 교육적 임무를 직접 떠맡고 나온 데서도 그 실천적 성격을 찾을 수 있다. 국민 대중에게 개명진보의 필요성을 인식시키고 그들의 능동적 참여 동기를 유도하려고 노력한 자체가 당초부터 계몽적 내지 교육적 성격을 지닐 수밖에 없었기 때문이다. 독립협회의 개명진보에 담겨진 교육적 기

---

29) 『독립신문』, 제1권 제70호 (1896. 9. 15), 논설 참조. 이러한 건의에 따라 농상공부는 1898년에 불란서의 기사진(技師陣)을 초빙하여 목장, 니장, 와장, 피장, 사기장, 유리장, 전기장을 양성할 '공장학교'설립을 구체화시켰다.

30) 『독립신문』, 제3권 제90호 (1898. 7. 18), 잡보 참조.

31) 이에 관해서는 『大朝鮮獨立協會會報』 5 (1897. 1. 30), 17-19面 및 同會報 14 (1897. 6. 15), 1-6面, 18-20面 참조.

32) 『독립신문』, 제3권 제80호 (1898. 7. 6), 논설. "아직 고등학교나 대학교에는 돈한푼이라도 쓰지 말고 우선 소학교를 많이 배설하여 동몽(童蒙)들을 교육하기 바라며…"

33) 『독립신문』, 제3권 제82호 (1898. 7. 8), 논설 및 『독립신문』, 제3권 제142호 (1898. 9. 19), 제3권 제144호 (1898. 9. 21), 논설란(유지각한 친구의 글) 참조.

능은 독립신문이나 독립협회 회보를 매개로 해서 뿐만 아니라 강연회나 주간 토론회와 같은 독자적인 활동을 통해서도 그대로 드러나고 있다. 사실상 신문 · 잡지나 강연회 · 토론회의 특수한 목적이 민중계몽적인 교육에 있었던 것임은 두말할 나위도 없다.[34] 특히 기관지로 펴낸 반(半)월간 회보의 수록 논제에 있어서 이론과학 · 응용과학 · 산업과학 · 사회과학 등의 제(諸)영역을 망라하는 이른바 실상학문과 신학문의 지식체계가 압도적 비중을 차지하고 있으며 겸하여 해외소식과 해외정보자료가 다양하게 소개되고 있는 것도 그러한 교육적 기능 때문이라 하겠다.[35]

이러한 대중매체와 공중(公衆)집회를 수단으로 했던 교육적 기능에 담겨진 독립협회의 개명진보에서 지적할 수 있는 중요한 의미는, 첫째로 서구의 근대적인 문물 제도에 대한 외형적인 수용을 지양하고 그 내면의 본질성, 즉 경험적 · 합리적 · 실용적 · 공리적인 과학의 논리 · 사고 · 인식 · 태도[36]와 그리고 이를 토대로 한 발명 · 탐구 · 개척의 정신[37]을 개명진보의 동력원으로 삼음으로써 창의와 쇄신의 진보적 가치 · 태도를 민중 속에 확산시킬 수 있었다는 데 있다. 둘째로, 외래의 신학문만을 고집하

---

34) 『독립신문』, 제3권 제5호 (1898. 1. 13), 논설에서 "당장 되어 가는 급한 물정은 신문지와 연설로 교육시켜야 한다"고 스스로 독자적인 교육기능을 인정하고 있다. 그밖에도 『독립신문』, 제2권 제65호 (1897. 6. 3), 제2권 제149호 (1897. 12. 16), 제3권 제43호 (1898. 4. 12) 및 제3권 제97호 (1898. 7. 26)의 논설란 참조.

35) 韓興壽, "獨立協會會報의 內容分析" 『社會科學論集』 6 (延世大學校 社會科學硏究所, 1973), 31-33面, 44-47面, 50-55面 참조.

36) 예컨대 서재필은 『독립신문』 제2권 제71호~제2권 제87호 사이에서 한 호를 제외한 총 16호에 걸쳐 각종 동물을 다루는 '생물학 개론'을 강의 한 다음, "그 학문을 써먹자는 것이 아니라…마음쓰기와 생각하기를 세밀히 하고 긴요하며 실지를 생각하는 길이 나서 … 이치와 차례가 있게 실상을 보고 생각하는 고로, 경영과 의사와 생각이 그 길로 가는지라"라고 하여 사물에 대한 과학적 인식의 필요성을 강조했으며, 『獨立協會會報』 第1號 (13-19面)와 第2號 (6-9面)에 연재한 그의 "공기론"에서도 병균의 공기오염과 관련하여 의학상식을 과학적 논리에 기초하여 설명하고 있다.

37) 예컨대 『독립협회회보』의 제8호(6-11면)와 제9호(8-11면)에서 발명왕 James Watt를 다룬 "汽機師互特傳"이나 제18호(3-8면)에서 탐험 · 항해의 개척자들인 James Cook(古克傳), Ferdinando Magellan (麥折倫傳), John Flanklin(富蘭克令傳), Mung Park(蒙哥巴克傳), David Rivingston(立恒士敦傳) 등을 다룬 "탐지명인전략(探地名人傳略)"을 들 수 있다.

거나 구학문의 무익성·무용성만을 공격한 것이 아니라 한민족의 우수성에 대한 믿음[38]과 민족문화의 자랑스러운 유산을 일깨워 주고 특히 한글 사용[39]과 국사 교육[40]의 필요성을 각성시켜 줌으로써 중국관으로부터 한국관에로의 역사관의 전기를 이루었을 뿐 아니라 자주적 진보의식에 바탕한 근대 문화의 대중적 수용에 기여할 수 있었다는 점이다. 끝으로 독립협회에 의하여 계몽적으로 보급된 개명진보의 내용 속에는 국권자립과 민권자수의 내용도 포함되어 있었으나 "협회는 본래가 하나의 교육적 내지는 사회적 단체이며 정치와는 거리가 멀다"[41]는 인식이 보편적이어서 [42] 교육적 기능의 안전지대에서 대중세력에 대한 "강연과 토론회를 통한 민권의식의 고양과 정치적 계도"[43]가 가능했다는 사실이다.

자주독립의 기초를 확립하려는 내실자강의 주체의식에서 투영된 개명

---

38) 『독립신문』, 제1권 제104호 (1896. 12. 3), 논설.

39) 한글 전용을 기본 원칙으로 내세운 『독립신문』 창간호(1896. 4. 7)에 민족 글자로서의 국문의 우수성, 배우기 쉽고 읽기 쉬운 실용성, 상하귀천이 다 쓸 수 있는 평등성이 제시되었거니와 주시경(당시 상호)의 "국문론," 『독립신문』, 제2권 제47호 (1897. 4. 22.), 제2권 제48호 (1897. 4. 24), 제2권 제114호(1897. 9. 25), 제2권 제115호(1897. 9. 28), 각 논설란이나 윤치호의 "국문론," 『독립신문』 제2권 제62호 (1897. 5. 27), 잡보 이외에도 『독립신문』, 제2권 제92호 (1897. 8. 5), 논설에서는 "우리나라에도 좋은 것이 있다고, 자랑하는 것이 독립하는 사람의 승벽"이라고 하면서 국문교육을 강조하고 있다. 경응의숙 유학 당시 유학생친목회 부회장이었던 신해영(申海永)은 『親睦會會報』第15號 (10-13面)에 실었던 "한문자와 국문자의 손익여하"란 글을 『獨立協會會報』 第15號 (10-13面)와 第16號 (1-5面) 나누어서 옮겨 실었으며 지석영은 "국문론"을 『獨立協會會報』 第1號 (11-13面)에 순한글로 싣고 있다.

40) 독립협회는 우리의 민족사·국사를 '대한사기(大韓史記)' 또는 자기사기(自己史記)'라고 표현하고 있는데, 오늘의 위치에서 과거를 돌이켜 보고 미래의 방향을 설정하는 역사교육을 강조하면서 특히 우리의 교육을 역설하고 있다. 그리고 독립협회의 활동이 내일의 사기에 기록될만한 일이라고 주장함으로써 왕성한 주체적인 역사 의식을 표출시키고 있다. 『독립신문』, 제1권 제73호 (1896. 9. 22.), 제2권 제92호 (1897. 8. 5), 제2권 제93호 (1897. 8. 7), 제2권 제97호 (1897. 8. 17), 제2권 제101호 (1897. 8. 26), 제3권 제5호 (1898. 1. 13.), 제3권 제28호 (1898. 3. 3.), 각 논설란 참조.

41) *The Korean Repository* IV-11 (November, 1897), Editorial Department, p. 437.

42) 독립협회가 서재필의 해고를 반대하고 대정부공세(對政府攻勢)에 나섰을 때, 의정부참정 박정양(朴定陽)은 "귀회(貴會)의 목적이 인민개명(人民開明)이 아니냐"고 반문하는 데서도 나타난다. 鄭喬, 『大韓季年史』上 (서울: 宇鍾社, 1957), 187-188面 참조.

43) 韓興壽, "獨立協會의 政治集團化過程," 『社會科學論集』 3 (延世大學校 社會科學研究所, 1970), 29-34面 참조.

진보의 또 하나의 특징, 앞에서의 교육적 기능과도 관련되는 것으로 국민 대중의 생활과 직결되는 '후민생'과 사회 발전의 합리화에 근본 뜻을 두었다는 데서 찾을 수 있다. 독립협회가 만민평등의 인본주의를 개명진보의 척도로 보았음은 『독립신문』에서

> "…윗사람이 아랫사람을 대접하는 것과 강한 사람이 약한 사람을 대접하는 것과 사나이가 여편네를 대접하는 것과 어른이 아이를 대접하는 것을 가지고 그 나라가 개화되었는지 안되었는지 개화가 되었다면 얼마큼 되었는지 아는지라"[44]

라고 하여 상위자와 하위자, 강자와 약자, 남자와 여자, 연장자와 연소자 사이의 차별 대우의 정도를 가지고 개화의 상태를 측정한 데서 알 수 있다. 인격의 사회적 평등을 전제한 이와 같은 개명진보는 이미 갑오경장에서 형식적인 개선이 있었음에도 불구하고 현실적으로는 여전히 국민 대중을 구습으로 차별하는 요소를 제거하려는 노력에 그 실천적 과제가 제기되었음을 본다.

소학교와 여학교의 설립을 가장 우선적으로 촉구한 데서도 알 수 있듯이, 독립협회가 어린이와 여자의 보호 육성은 물론 조혼 금지의 법제화와 자유연애결혼론, 과부개가의 법제화와 축첩제도의 폐지론 및 기생제도 폐지론을 제기하고[45] 여전히 자행되는 악형·사형·인신매매·범죄 혐의자 암살형 등의 폐지를 촉구한 것은[46] 악습 폐지를 통한 사회 발전과

---

44) 『독립신문』, 제1권 제76호 (1896. 9. 28), 논설.
45) 『독립신문』, 제1권 제27호 (1896. 6. 6), 제3권 제18호 (1898. 2. 12), 제1권 제7호 (1896. 4. 21), 제1권 제31호 (1896. 6. 16), 논설 참조.
46) 『독립신문』, 제2권 제49호 (1897. 4. 27), 제2권 제123호 (1897. 10. 16), 제2권 제147호 (1897. 12. 11), 제3권 제25호 (1898. 3. 1), 각 논설란 참조.

함께 피차별 계층의 편에서 개명진보의 필요성을 의식한 것이라 하겠다. 이러한 민중의식은 가난을 딛고 일어서야 할 민생 문제로 나타났기 때문에, 민중의 생업을 절감한 독립협회가 정부에 대하여 인민의 의식주에 대한 해결책을 강구하고 보호해 주라고 주장한 것은 당연한 일이다.[47] 따라서 독립협회는 인민의 생업을 위한 기술 연마와 인민에게 유익한 사업(학교, 도서관, 병원, 맹아원 등)과 후생 사업의 지역적 균형을 주장했거니와 앞에서 지적한 '권공장'의 설치 건의도 인민에게 일인일기(一人一技)의 생업 수단을 습득시켜주기 위한 방안이었음을 간과할 수 없다.[48]

그러나 독립협회가 일반 민중에 대하여 나태 · 의뢰심 · 의심 · 능멸 · 불신의 생활 태도를 버리고 무당 · 판수의 미신을 타파하여 비생산적 생활을 지양하고[49] 바른 몸가짐과 강건한 체력과 활달한 기상으로 합리적 생활 태도를 기를 것을 계도했으며[50] 양반층과 정부에 대하여는 국가의 경제력과 민중의 생산 의욕을 좀먹는 양반 유식층의 친족에 기대어서 놀고 뜯어먹는 악습을 버릴 것, 또 그 원인이 되는 직업 귀천 의식과 문벌 · 지체 의식을 버리고 능력 본위의 사고를 기를 것, 황폐한 농지를 개간하고 공장을 세워 제조 기술을 가르쳐서 유식층의 생활 수단을 마련해 줄 것[51] 등을 건의한 것은 무엇보다도 먼저 구습을 버리고 생활의 합리화를 이루어야 한다고 보았기 때문이다. 물론 독립협회는 민생을 위협하는 보

47) 『독립신문』, 제3권 제2호 (1898. 1. 6), 제3권 제42호 (1898. 4. 9), 논설란 참조.

48) 『독립신문』, 제1권 제28호 (1896. 6. 9), 제1권 제70호 (1896. 9. 15), 제1권 제98호 (1896. 11. 19), 제2권 제66호 (1897. 6. 5), 논설 참조.

49) 『독립신문』, 제1권 제14호 (1896. 5. 7), 제2권 제2호 (1897. 1. 7), 제2권 제109호 (1897. 9. 14), 제3권 제7호 (1898. 1. 18), 제3권 제76호 (1898. 7. 1), 논설 참조.

50) 『독립신문』, 제1권 제12호 (1896. 5. 2), 제1권 제98호 (1896. 11. 19), 제1권 제108호 (1896. 12. 12), 논설란 참조.

51) 『독립신문』, 제1권 제11호 (1896. 4. 30), 제1권 제106호 (1896. 12. 8), 제2권 제19호 (1897. 2.16), 제2권 제85호 (1897. 7. 20), 제3권 제2호 (1898. 1. 6), 제3권 제30호 (1898. 3. 15), 논설 또는 잡보란 참조.

다 근원적인 폐단이 양반 관료의 민폐에 있다고 보았기 때문에 관료의 탐학 · 토색 · 늑징 · 가렴 · 무명잡세 · 주구 등 탐관오리의 수탈 · 착취와 매관매직 및 광산 · 삼정(蔘政) · 도고(都賈)의 민폐를 신랄하게 공격하고 그 시정을 촉구했음을 알 수 있다.[52]

　이처럼 독립협회가 대중 전달 방식에 의하여 광범한 사회 폐습의 타파와 부정부패의 근절 등 대내적인 부조리의 극복에 힘쓰는 한편 국민의 각종 보건 위생과 생활 환경 개선에 노력하면서[53] 농업 · 임업 · 축산업 · 양잠업 · 광업 · 수산업 · 제조업 · 제사업 · 금융업 · 운수업 · 공예 · 관광 등 각종 산업의 개발과 기술 개량 및 상업 진흥에 관한[54] 지식 보급과 민중 계몽 또는 때에 따라 정책 건의에 임했다는 것은 후민생과 사회 발전의 합리화에 뜻을 둔 자주적 진보의식 때문이라 하겠다. 따라서 독립협회의 개명진보는 외세 침략의 전초 기지가 되었거나 척족 세도의 연장 수단이 되었던 의타적 · 피동적 개화와는 구별된다. 그러나 집권층이나 전통적 지식층 내부에서 성장한 동도서기의 채서의식과는 표면적인 상사성(相似性)을 지녔을 뿐 아니라 서구의 근대적 문물제도가 계속 도입되는 과정에 있었던 당시로서는 집권세력과의 마찰은 있었어도[55] "충애(忠愛)의 실심(實心)으로 개명진보에 주의(注意)"[56]하는 독립협회의 자강사상이 널리

---

52)　『독립신문』, 제1권 제71호 (1896. 9. 17), 제2권 제25호 (1897. 3. 1), 제2권 제31호 (1897. 3. 16), 제2권 제33호 (1897. 3. 20), 제2권 제55호 (1897. 5. 11), 제2권 제82호 (1897. 7. 13), 제3권 제75호 (1898. 6. 30), 제3권 제74호 (1898. 6. 28), 제3권 제87호 (1988. 7. 14), 논설 및 잡보 참조.

53)　『독립신문』, 제1권 제12호 (1896. 5. 2), 제1권 제15호 (1896. 5. 9), 제1권 세19호 (1896. 5. 19), 제1권 제36호 (1896. 6. 27), 제1권 제38호 (1896. 7. 2), 제1권 제45호 (1896. 7. 18), 제1권 제103호 (1896. 12. 1), 제2권 제39호 (1897. 4. 3), 제2권 제103호 (1897. 8. 31), 제2권 제104호 (1897. 9. 2), 각 논설란 참조.

54)　다음 항의 '국권자립'에서의 중복을 피하기 위하여 여기에서는 상론(詳論)을 생략한다.

55)　새로 학부대신의 자리에 앉은 신기선(申箕善)의 개화에 대한 반동작용은 그러한 한 예이다. *The Independent* (June 6, 1896), Editorial 및 "The Memorial of the Minister of Education," *The Korean Repository*, Ⅲ-6(June, 1896), pp. 248-250 참조.

56)　『皇城新聞』, 제1권 제16호 (1898. 9.23), 雜報, 仁川支會會員 李用錫의 書信內容.

보급될 수 있었다고 하겠다.

2. 국권자립(國權自立)

독립협회가 추구한 또 다른 하나의 내실자강의 정책적 실현 방향은 '국권자립'이다. 독립협회는 국가가 국가일 수 있는 이른바 국권의 존립 기반을 '자수'와 함께 '자립'으로 보고 있다.[57] 이러한 국권자립 의식은 의타적임으로 해서 자강과는 역행되었던 개화의 역사적 시행착오에 대한 자성적인 재인식이다. "근일에 소위 개화당이라 하는 사람들도 말로만 개화를 좋다하지 실상은 남에게 의지하는 것을 주선하는 사람들이라"[58]고 분별없는 개화 표방자들에게 비난의 화살을 던진 것은 그 좋은 예라 하겠다. 그것은 외세의 경제적 침식을 초래하고 국가의 종속적 지위를 새로운 형태로 심화시킨 의타적 개화나 대외적 영합의 모순을 극복하려는, 따라서 외세의 내정 간섭과 국권 침해를 배격하는[59] 자주적 개화의 논리적 귀결이기도 하다.

우리에게는 근대 문명이라는 긍정적 측면과 제국주의적 침략이라는 부정적 측면을 함께 지닌 열강에 대하여, 초기의 개화론은 대내적 모순의 지양을 위한 긍정적 대안으로 보는 데 기울어 부정적 측면에 소홀했고 또한 척사론은 제국주의적 침략을 안으로 끌어들이게 하는 부정적 요소로만 보아 한 묶음으로 배척한 것이 사실이다. 그러나 그와 같은 열강의 두

---

57) 『高宗實錄』, 卷三十七, 光武二年 二月二十二日條, 中樞院一等議官 安駉壽等 疏略, "…國之爲國有二焉 曰自立而不依賴於他國也 曰自修而行政法於一國也 此二者…陛下之一大權也, 無是權則無其國也"

58) 『독립신문』, 제2권 제88호 (1897. 7. 27), 논설.

59) 『독립신문』, 제1권 제18호 (1896. 5. 16), 제3권 제39호 (1898. 4. 2), 논설 참조

가지 측면을 동시적인 양면으로 파악하고 그 긍정적 측면에 대한 적극적인 수용 자세와는 다른 방향에서 부정적 측면에도 대응함으로써 어느 한 측면으로만 대응할 때 빠지기 쉬운 자기모순을 극복한 것이 독립협회의 국권자립 정책이다. 따라서 열강의 부정적 측면에의 대응이라는 점에서는 독립협회의 국권자립이 척사론에의 동화 의식이라 하겠지만 거기에 근대적 진보의 대안이라는 긍정적 측면이 전제되었기 때문에 단순한 동화가 아니라 발전적 통합이라 할 수 있다.

말하자면 주체적인 문호 개방을 전제한 이러한 의식의 통합은 외세에 대한 두 가지의 상반된 대응의 조화를 의미한다. 따라서 외세에의 종속적 의존과 그로 인한 대외적 수모를 막고 한걸음 더 나아가서는 '타국과 동등한 군권(君權)'과 '타국 인민과 동등한 백성'을 바라는[60] 국권자립의 욕구 발현이 외세에 대한 부정적인 반발·배격·저항의 형태로서가 아니라 외세가 지닌 두 가지 측면의 상극화로 인한 자기 모순을 극복하려는 정책적 모색으로 구체화된 것은 당연한 일이다. 물론 그 밑바탕에는 약육강식과 적자생존의 원리가 냉혹하게 지배하고 있는 국제사회의 긴장 상황에 대한 현실주의적 파악과 그리고 거기에서 촉발되는 위기 의식과 함께 강렬하게 충동되는 자기 보존에의 욕구가 짙게 깔려 있음을 간과할 수 없는 일이다.[61]

이와 같이 문호 개방과 수호 통상의 국제관계를 긍정하면서도 국제적 긴장에 대한 현실주의적 상황 판단과 자존 의욕을 바탕으로 한 독립협회

---

60) 『독립신문』, 제1권 제50호 (1896. 7. 30).

61) 피체손, "구라파론,"『大朝鮮獨立協會會報』3 (1896. 12. 31), 8-11面 및 "동양론,"同會報 6 (1897. 2. 15), 9-12면에서, 그리고 동병상련의 버어마(論緬甸)와 안남(論安南)을 다룬 동회보 15 (1897. 6. 30), 6-8면과 동회보 16 (1897. 7. 15), 7-9면에서 그와 같은 상황의식을 눈여겨 볼 수 있으며『독립신문』의 논설에서도 발견된다.『독립신문』, 제1권 제52호 (1896. 8. 4), 제2권 제8호 (1897. 1. 21), 제2권 제14호 (1897. 2. 4), 제2권 제30호 (1897. 3. 13), 제3권 제36호 (1898. 3. 26), 논설 참조.

의 국권자립 의식에서 비롯된 일차적인 정책적 반영이 자주외교론이리 하겠다. 독립협회는 당시의 한국을 둘러싼 국제적 긴장을 러·불·일의 각축으로[62] 보기도 했지만, 대체로는 청·일·러의 각축으로 보았기 때문에,

"조선이 아라사와 청국과 일본 사이에 있어 그 중에 약하고 그 중에 작은 고로 정신을 차려 일을 안 하면 이 여러 크고 강한 나라 틈에서 나라를 보존하고 독립이 되어 견딜 수가 없는 것은 아마 대강 지각 있는 조선 사람들도 알리라. 다만 조선 지탱할 획책은 무엇인고 하니 아무쪼록 외국들과 교제를 잘하여 그 나라들이 조선을 두려워서 못 뺏을 것이 아니라 이 나라 사랑하여서 아니 뺏길 방책을 하는 것이 조선 정치상에는 제일 긴요한 조목이라."[63]

고 한 것처럼 그러한 와중에서의 독립 유지를 위한 최선의 정책 대안으로 선린 외교를 제시했음을 알 수 있다. 이러한 선린 외교는 "외(外)로 교제의 도를 명치 못하며 충근부강(忠勤富强)의 책(策)과 비예공탈(睥睨攻奪)의 환을 막연히 지(知)치도 못하고 문(聞)치도 못한 것 같으니 …외교를 선히 하여 열국과 교통을 편케"[64]하자는, 말하자면 국제 사정과 외교의 필요성에 어두웠던 지난날에 대한 자각적 반성과 "대한국은…외국과 동등 약조를 하고…세계에 매인 데가 없는"[65] 주권독립국이라는 자주의식

---

62) 『독립신문』, 제2권 제120호 (1897. 10. 9), 논설 "지금 형편이 西北으로 아라사와 법국이 머리와 우편팔을 잡아다리고 東南으로는 두팔을 일본이 잡아다리는 모양이라."

63) 『독립신문』, 제1권 제60호 (1896. 8. 22), 논설.

64) 安明善, "北米合衆國의 獨立史를 閱하다가 我大朝鮮獨立을 論함이라," 『大朝鮮獨立協會會報』 4 (1897. 1. 15), 8面.

65) 『독립신문』, 제 2권 제127호 (1897. 10. 26), 논설.

이 복합된 자주외교인 것이다.

독립협회가 자주외교를 실현하기 위하여 먼저 배격해야 한다고 생각한 것은 밖의 침략 세력과 안의 봉건 세력의 영합을 뜻하는 특정 강대국 일변도의 차별적인 의존 외교이다. 임오군란 뒤에는 청국에, 동학란 뒤에는 일본에, 그리고 아관파천 뒤에는 러시아에 각각 의존하였던 어느 한 나라 일변도의 외교는 외세의 내정 간섭과 이권의 일방적 양여 및 그로 인한 국제 분쟁의 불씨를 끌어들이는 것이기 때문에, "한당(漢唐)의 경계를 가지고"[66] 사대교린의 전통적 사고를 습용(襲用)하는 그러한 외교정책은 자주독립을 위태롭게 만들 뿐이라고 본 것이다.[67] 따라서 어느 한 나라에 의존하지 않고 각국과 화친함으로써 독립을 유지하는 자주외교에 입각한 다변적인 선린 외교를 촉구하게 되었거니와[68] 독립협회가 그 구체적 방법으로 제시한 것이 세력균형을 토대로 하는 등거리의 무차별 평등 외교라 하겠다.

당시 일·러간의 한국문제 협상 체결[69]에 대한 한국 내 여론을 본국에 보고한 내용에서 일본 신문 서울 주재 기자는 한국 독립 유지에 관한 대외 태도 집단을 러시아파·일본파·독립파·각국 협동론자 등으로 표현하면서 일·러의 간섭에 반대한 박영효와 그 지지세력의 '독립파'와, 그리고 러시아의 남하 정책 및 일·러간의 '조선 분할론'을 저지하기 위하여 조약국 전체와의 공동 협조를 주장한 서재필과 독립협회 세력의 '각국 협

---

66) 『독립신문』, 제3권 제15호 (1898. 2. 5), 잡보.

67) 『독립신문』, 제2권 제67호 (1897. 6. 8), 제2권 제107호 (1897. 7. 9) 제3권 제39호 (1898. 4. 2), 논설 참조.

68) 『독립신문』, 제3권 제8호 (1898. 1. 20), 제3권 제9호 (1898. 1. 22), 논설란 참조.

69) 1896年 5月 16日의 Waeber-Komura Memorandum과 同年 6月 9日의 Lobanov-Yamagata Protocol.

동론자'를 구별하고 있다.[70] 그러나 그가 따로 나눈 '독립파'와 '각국 협동론자'가 안으로 서로 연결되는 것임은 양자의 계보를 따지지 않더라도 분명하다. 서재필이 『독립신문』 논설에서

> "한 당은 일본을 믿고 일을 하려하며 또 한 당은 아라사를 믿고 무슨 일을 하려하며 또 그 외에 미국당 영국당 각색당이 있으나…국중에 외국당이란 것은 하나도 없이 모두 조선당이 되도록 일을 하는 것이 일도 되려니와 우선 나라에 튼튼한 일이니…"[71]

라고 역설한 '조선당'이나 그가 광무협회에 가서 강조한 '대한당'[72]이 모두 자주외교라는 바탕 위에서 볼 때에는 앞에서의 '독립파'와 상통하는 것이며 또한 다변적 선린외교라는 점에서는 '각국협동론자'와 일치되는 것이기 때문이다.

　열강의 국제관계를 세력균형이라는 현실주의적 시각에서 파악한 독립협회는 내실자강의 준비 기간을 확보하기 위해서는, 국가이익에 따라 어제의 적대국이 오늘의 동맹국이 되고 또 어제의 동맹국이 오늘의 적대국이 되기도 하는 열강 상호간의 견제와 균형을 능동적으로 주도할 필요성을 인식하고 있다. 따라서 독립협회는 청국 문제로 러시아와 대립되고 있는 영국이 한국 문제로 또한 러시아와 대립되고 있는 일본과 동맹할 가능성과 그것이 청일전쟁과 같은 형태의 러일전쟁으로 나타날 가능성을 미리부터 예측하였고 이 때문에 더욱 적극적으로 등거리 외교를 주창하게

---

70) 芙蓉生, "日露協同に對する 韓人の 意向,"『漢城通信』(1896. 5. 29 發信電報) 참조.

71) 『독립신문』, 제2권 제61호 (1897. 5. 25), 논설 참조.

72) 『독립신문』, 제3권 제21호 (1898. 2. 19), 논설 참조.

되었음을 알 수 있다.[73] "외국 교제할 때에는 조금치도 편벽됨이 없이 각국을 똑같이 대접하고 똑같이 친밀히 대접하여 각국 사이에 시기가 생기지 않도록"[74]하자는 것이나 "각국을 공체(公體)로는 애증과 등분이 없이 공평하게 모두 친구로 대접하고 내 권리만 조금치도 남의 나라에 뺏기지 말"[75]자는 것이 그것이다.

독립협회는 열강 상호간의 견제와 균형을 지속시킴으로써 내실자강의 호기를 스스로 마련하려고 한 이와 같은 등거리 평등 외교의 원칙을 후(厚)·박(薄)과 친(親)·소(疏)와 원(遠)·근(近)과 강(强)·약(弱)의 차별을 버리고 국제 공법을 함께 지키며 우의를 서로 닦는 데서 찾았으며[76] 이와 관련해서 제시한 것이 공평·정직·신의의 외교 원칙이다.[77] 이와 같은 외교 원칙의 준행이 국제 여론으로부터의 고립을 막는 길로 파악한 [78] 독립협회는 그것을 정당한 절차에 의하여 결정된 국가간의 약속을 성실히 준수하는 의무로만 본 것은 아니고 한국의 참여나 동의 없이 결정된 한국에 관한 타국간의 협정에 구속받지 않는 권리로도 본 것임을 간과할 수 없다.[79] 이밖에도 신변 보호의 목적을 벗어나 치외법권을 남용하는 외국인들의 범법 행위나 한국인에 대한 학대와 행패 및 친선을 해치는 행위에 대하여 철저한 규제와 단속을 요구한 것은[80] 자주외교를 주장한 독립

---

73) 『독립신문』, 제1권 제49호 (1896. 7. 28), 제2권 제61호 (1897. 5. 25), 제2권 제94호 (1897. 8. 10), 제2권 제107호 (1897. 9. 7), 논설 참조. 영일동맹(英日同盟)이 정식 체결된 것은 1902년 1월 30일의 일이며 이것이 러일전쟁(露日戰爭)과 직결되는 것임은 다 아는 일이다.

74) 『독립신문』, 제2권 제61호 (1897. 5. 25), 논설 참조.

75) 『독립신문』, 제2권 제94호(1897. 8. 10), 논설 참조.

76) 辛龍鎭, "芻說," 3面.

77) 『독립신문』, 제1권 제96호 (1896. 11. 14), 제3권 제107호 (1898. 8. 6), 제3권 제122호 (1898. 8. 24), 각 논설 및 제3권 제15호 (1898. 2. 5), 잡보 참조.

78) 『독립신문』, 제2권 제26호 (1897. 3. 4), 논설 참조.

79) 『독립신문』, 제2권 제26호 (1897. 3. 4), 논설 참조. 일러비밀조약(日露秘密條約)에 관한 견해.

80) *The Independent* (June 16, 1896), Editorial ; 『독립신문』, 제1권 제10호 (1896. 4. 28), 제1권

협회로서는 당연한 일이라 하겠다.

녹립협회의 국권자립 의식에서 비롯된 또 하나의 정책적 반영은 영토 보전을 포함한 자주국방론이라 하겠다. 강대국 일변도(強大國一邊倒)의 차별적 의존 외교로 인한 손실 중에서도 국권 상실의 치명적 원인이 되는 것으로 파악한 것이 영토의 할양이나 조차이기 때문에 국토의 조계지 확대를 적극적으로 막으려는 데서 활성화된 것이 독립협회의 영토 수호 의식이다. 따라서 이것은 독립협회가 '편후(偏厚)·편박(偏薄)'[81]의 차별적 의존 외교를 지양하려고 노력한 직접적인 목적 의식이기도 하다. 일본에 의존할 때는 일본의 요구에 따르고 또한 러시아에 의존할 때는 그러한 전례에 따라 러시아의 조차 요구를 허락해 준다면 "온 나라 토지를 차례로 다른 나라 사람에게 허락하여 빌리기에 겨를 치 못할지니 우리나라 사람들은 어느 땅에 가서 살리요"[82]라고 한 것은 바로 이점을 분명히 한 것이다.

독립협회는 "아라사 군사가 청국 내지(內地)에 유진(留陣)케 하는 것과 항구를 빌려주는 것은 국권에 큰 상관이 있는 일"[83]이라고 보았고 따라서 "선왕의 강토는 척촌(尺寸)이라도 남에게 넘겨주는 것이 불가하다"는 전통적 가치 위에 수용한 이른바 "근일에 월남이 사이공 강구외(江口外)의 해도(海島)와 해만(海灣)을 불란서에 할양함으로써 마침내 그 속국이 되었고 청국이 교주만을 프러시아에 조차해 줌으로써 결국 분할 상태에 이르게 되었다"[84]고 하는 타산지석의 교훈이 영토 보전 의욕을 굳히는 데

제15호 (1896. 5. 9), 제1권 제22호 (1896. 5. 26), 각 잡보 및 제2권 제3호 (1897. 1. 9), 제3권 제58호 (1898. 5. 19), 제3권 제81호 (1898. 7. 7), 각 논설 참조.

81) 鄭喬, 『大韓季年史』上, 179面.

82) 『독립신문』, 제3권 제29호 (1898. 3. 10), 논설란, 3月 6日 外部大臣에게 보낸 편지 내용.

83) 『독립신문』, 제1권 제95호 (1896. 11. 12), 논설 참조.

84) 鄭喬, 前揭書, 176面.

중요한 구실을 한 것이라 하겠다. 이 때문에 독립협회가 "대한 토지는 선왕의 간신코 크신 업(業)이요 1,200만 인구의 사는 땅이니 한 자와 한 치라도 다른 나라 사람에게 빌려주면 이는 곧 선왕의 죄인이요 1,200만 동포의 원수"[85]라고 규정했음을 알 수 있다. 정부에 대한 집단적인 감시와 통제의 방식을 빌어 러시아에 대한 절영도 조차를 금지시켰고 그 선례가 된 일본의 절영도 석탄고 기지 철거를 주장했으며 또한 목포 증남포의 러시아 기지화를 반대한 것은 영토 보전 의식의 안으로 향한 정책적 실현이라 하겠다.[86]

따라서 이와 같은 영토 수호에 담겨진 국가 안보의 길이 궁극적으로는 군사력 확보에 의한 자주국방에 있는 것으로 본 것은[87] 당연한 일이다. 자위의 목적보다는 해외 침략 수단으로서의 뜻이 더 큰 열강의 육군 병력과 해군 함대의 군사력에 관한 비교 자료를 제시함으로써 열강의 무력적 위협에 대한 자위적 경각심을 촉구한 독립협회는 영·불·러·독·이·미 등 6강국의 동양 힘대가 칭일진쟁 진보다 급증했음을 들어 "기동양해안(其東洋海岸)에 거하는 국들은 자국자위의 용의(用意)를 편시(片時)도 태(怠)치 말 것"을 강조하고 있다.[88]

이 때문에 독립협회는 구주 열강의 동양 쟁탈을 막기 위한 방법으로 동양 삼국의 결속을 주장하기도 했지만[89] 그로 인해서 일본이 내세운 '아시아주의'의 가구(假構)에 일방적으로 말려들었다고 단정하기 어려운 것은

---

85) 第22回 週間討論會 論題.

86) 韓興壽, "獨立協會에 關한 硏究"(延世大學校 大學院 碩士學位 論文, 1963. 6), 66-75面 참조.

87) 『독립신문』, 제1권 제87호 (1896. 10. 24), 제2권 제135호 (1897. 11. 13), 논설 참조.

88) 『大朝鮮獨立協會會報』 外報欄에 실은 "列國東洋艦隊의 勢力이라," 第2號, 16-17面; "歐洲諸國 陸軍兵數," 및 "歐米諸國 海軍 軍鑑數," 第5號, 21-23面; "列國陸軍表," 第18號, 18-20面의 統計資料 참조.

89) 『독립신문』, 제3권 제41호 (1898. 4. 7), 논설 참조.

군비 강화에 치중한 일본의 예산 편성이 자체 방위보다는 러일전쟁 준비에 복석이 있다고 보고 경계를 풀지 않은 데서 알 수 있나.[90] 독립협회가 "남의 나라 권리 뺏기를 좋아하는 나라도 많이 있는지라…이런 무리한 일을 못하게 하는 방안은 암만 저들이 뺏으려 하더라도 내가 뺏기지만 아니하였으면 그들이 그 무리한 일을 못하는 법"이라고 자위권 발동의 필요성과 자중지란의 경계[91]를 앞세우면서 '군비 확장'[92]과 '국부병강(國富兵強)'[93]을 강조한 이유가 여기에 있는 것이다.

이러한 독립협회의 자주국방론은 두 가지로 나누어 볼 수 있다. "자립으로 말하면…군사의 권을 자조할 것이어늘 남이 잡게 하여"[94] 그렇지 못한 현실을 단계적으로 시정할 방침을 제시함으로써[95] 러시아의 지배하에 들어간 군사권의 자립과 군대 양성의 자주화를 도모한 것이 그 하나이다. 정부로 하여금 우리 군부를 장악하고 있는 러시아의 군사 교련관들을 해고시키고 이를 계기로 외국인 고용을 금지하는 원칙을 세우게 했으며 이 원칙에 따라 황실 보호 구실로 고용한 외인 부대를 몰아낸 것은 그 실천적 성과라 하겠다.[96] 다른 하나는 군비 확장 내지는 강병책의 제시이다. 독립협회가 폐지된 구(舊)군사제도에 대신할 새로운 군사제도의 확립을 촉구하면서,[97] 내우외환을 막기 위한 방법으로 ① 육군의 확충, ② 해군의

---

90) 『독립신문』, 제2권 제5호(1897. 1. 14), 논설 참조.

91) 『독립신문』, 제2권 제95호 (1897. 8. 12), 제3권 제92권 (1898. 7. 20), 논설 참조.

92) 安明善, "北米合衆國의 獨立史를 閱하다가 我大朝鮮獨立을 論 함이라," 8面.

93) 『독립신문』, 제3권 제74호 (1898. 6. 28), 논설 참조.

94) 『高宗實錄』, 卷三十七, 光武二年 二月二十二日條, 獨立協會上疏, "以言乎自立…兵權焉宜其自操 而操之在人 甚至於臣工黜陟 亦或有不得自由者焉."

95) 먼저 러시아의 군사 교련관들에게 '군사 조련'을 전담시키지 말고 교관만을 양성시키게 하되 구령도 '조선말'로 할 것, 그런 다음에는 군사 교련관을 우리 교관으로 완전히 교체시킬 것을 제시하고 있다. 『독립신문』, 제2권 제112호 (1897. 9. 21), 제2권 제126호 (1897. 10. 23), 논설 참조.

96) 韓興壽, "獨立協會에 關한 研究," 52-59面 및 62-66面 참조.

97) 『독립신문』, 제1권 제21호 (1896. 5. 23), 논설 참조.

창설 및 확장, ③ 민병대의 조직, ④ 군사 훈련의 정신적 강화와 국군의 정
병화, ⑤ 병기의 생산·보강과 과학화, ⑥ 범국민적 상무정신의 앙양 등을
제시한 것은[98] 투철한 자주국방 의식 때문이라 하겠다.

　끝으로 들 수 있는 국권자립의 정책적 반영은 자립경제론이다. 이것은
외세의 자본주의 경제 침략과 이권 쟁탈을 막고 한국 자본으로 한국 자
원을 개발함으로써 국민의 생업을 보호하고 국가의 부강을 이룩하며 외
세에 의하여 장악된 국가의 재정권을 되찾으려는 자주의식의 발로라 하
겠다. 당시 사소한 '먹사리'에 이르기까지 외국 상품이 범람하고 있는 현
상, 외국인들이 상권을 독점하고 토지 가옥과 농지를 점매하고 있는 현
상, 그리고 시전 상인들이 실직하고 일반 서민의 생계가 막연한 이유가
모두 전국의 상업·공업·농업을 "타국 사람에게 빼앗긴" 때문으로 파악
한[99] 독립협회는 일본인 고리대금업에 대하여도 "아이의 눈을 가리고 손
에 든 떡을 뺏어가는"[100] 약탈 행위로 규정짓고 있다. 이 때문에 독립협
회는 외국인을 유익한 존재로만 보지 않고 "조선 흥망을 상관지 않는 외
국 사람은 조선에 거머리와 같은"[101] 존재로 보고 있다. 그러나 이러한
외국인들의 경제 침탈이, "근일에 어리석은 생각이 있어 외국을 잘 사귀
면 조선서는 아무 일도 아니하고 구수(舊守)나 하고 옛적 못된 버릇이나
하고 있어도 외국이 잘 보아줄 줄로 아는 사람이 혹 있으나"[102] 라고 했

---

98) 筆者未詳, "獨立論," 4面, 修軍政條; 筆者未詳, "大礮與鐵甲論,"『大朝鮮獨立協會會報』12
　　(1897. 5. 15), 1-3面 참조;『독립신문』, 제1권 제23호 (1896. 5. 28), 제1권 제41호 (1896. 7. 9), 제
　　1권 제53호 (1896. 8. 6), 제2권 제21호 (1897. 2. 20), 제2권 제24호 (1897. 2. 27), 제2권 제29호
　　(1897. 3. 11), 제2권 제55호 (1897. 5. 11), 제2권 제64호 (1897. 6. 1), 제2권 제95호 (1897. 8. 12),
　　제3권 제32호 (1898. 3. 17), 논설 참조.
99) 筆者未詳, "獨立論," 7面, 厚民生條;『독립신문』, 제2권 제93호 (1897. 8. 7), 제2권 제120호
　　(1897. 10. 9), 제3권 제146호 (1898. 9. 23), 제3권 제147호 (1898. 9. 24), 논설 참조.
100)『독립신문』, 제1권 제17호 (1896. 5. 14) 및 同日字 *The Independent*, Editorial.
101)『독립신문』, 제1권 제20호 (1896. 5. 21), 논설 참조.
102)『독립신문』, 제2권 제93호 (1897. 8. 7), 논설 참조.

듯이 민중의 수수방관이나 수구봉건 세력의 대외적 영합과 관계된다고 보았기 때문에 우선은 사상적인 내실자상에서 경제자립을 촉구하게 된 것이다.

독립협회는 "국중(國中)에 식재민(殖財民)이 생재민(生財民)보다 많을 지경이면 그 나라는 오래 지탱하지 못하는 법이라"[103]고 하여 생산 활동을 중시하였고 따라서 외국 상품의 수입 억제와 생활 수단으로서의 기능 습득을 통한 국민 생업의 보장, 나아가서는 민부국강의 자립경제를 도모하는 방법으로 '권공장'이나 '제조소'의 설치를 장려하는 데[104] 그치지 않고, 과거에 집착하지 않는 창조적 의지의 정신 자세[105]로 각종 산업의 개발에 임할 것을 촉구했음을 간과할 수 없다. 계몽과 정책 제시의 성격을 지닌 내용을 간추려 보면,

(1) 기술 · 기구 · 품종의 개량을 통한 농업 입국의 산업구조를 지속시키되, 미곡 생산 일변도의 농업구조를 탈피한 영농의 다각화와 특용작물 재배의 지역적 분업화에 주력하여 농지 개간 · 산지 개발과 함께 잡곡 · 채과(菜果) · 인삼 · 연초 · 저마(苧麻) · 목화 · 향일규 (해바라기) · 관상수 · 풍치림 · 목재림 등의 식재와 양계 · 양돈 · 목우 · 목양 · 상잠(桑蠶) 등의 유축 농업에 힘쓸 것,[106]

---

103) 『독립신문』, 제2권 제64호 (1897. 6. 1), 논설.

104) 『독립신문』, 제1권 제11호 (1896. 4. 30), 제1권 제70호 (1896. 9. 15), 제2권 제93호 (1897. 8. 7), 제2권 제120호 (1897. 10. 9), 각 논설란 참조.

105) 『독립신문』, 제1권 제48호 (1896. 7. 25), 논설.

106) 南下學農齊主人, "農業問答,"『大朝鮮獨立協會會報』 5 (1897. 1. 31), 1-4面 ; 東海牧者 "養鷄說,"同會報 6 (1897. 2. 15), 4-5面 ; 池錫永, "桑蠶問答," 同上會報 5-9面;"打米機器圖說,"同會報 11 (1897. 4. 30), 5-10面; 瑪高溫, "有益之樹易地遷栽 · 向日葵之用 · 城市多種樹木之益,"同會報 3 (1896. 12. 31), 4-8面;『독립신문』, 제1권 제11호 (1896. 4. 30), 제1권 제26호 (1896. 6. 4), 제1권 제48호 (1896. 7. 25), 제1권 제55호 (1896. 8. 11), 제1권 제56호 (1896. 8. 13), 제2권 제64호 (1897. 6. 1), 제3권 제123호 (1898. 8. 25), 논설 및 *The Independent* (June

(2) 주식 형태로 동원한 민간 자본으로 회사를 설립하여 생산(제조)과 무역을 기업화하고 은행을 설시하여 민간 금융을 원활히 함으로써 외국 상인의 부당 이득과 상권 독점을 막고 상업을 진흥시킬 것,[107]

(3) 민간 및 정부의 투자로 금·은·동·철·석탄 등의 광산을 개발하고 국내 자원과 특산물의 개발·가공으로 수출을 진흥시 킬 것,[108]

(4) 내자 동원과 외자 도입으로 도로·철도·전선·윤선(輪船) 등 교통·통신과 통상·운수의 기틀을 마련하여 산업 발전을 이룩하고 인민의 통행과 위생을 이롭게 할 것,[109]

(5) 어선·항해술·어로 장비·판로 개척 등을 구비함으로써 일·청의 '조선 바다'에서의 어획을 막고 그들과 원양에서 경쟁할 수 있는 어로 사업 및 해산 자원 개발이 가능하도록 정부에서 지원해 줄 것[110] 등이다.

여기에서 우리는 국권자립이 개명진보와 불가분의 관계에 있음을 알 수 있거니와 1896년 1월 26일 서재필의 주동으로 결성된 서울상무회의소에서 그의 제의로 가결되었던 석유직수입회사 설립안,[111] 이러한 상무

4, 1896), Editorial 참조.

107) *The Independent* (September 5, 1896), Editorial;『독립신문』, 제1권 제26호 (1896. 6. 4), 제1권 제37호 (1896. 6. 30), 제2권 제12호 (1897. 1. 30), 논설 및 잡보 참조.

108) 『大朝鮮獨立協會會報』第7號의 "工藝說," 第10號의 "紡織機器說," 第10號에서 第15號까지 연재된 "鑛學論," 참조.

109) 『독립신문』, 제1권 제15호 (1896. 5. 9), 제1권 제38호 (1896. 7. 2), 제2권 제103호 (1897. 8. 31), 논설; *The Independent* (December 8, 1896), Editorial 및 筆者未詳, "創造鐵路宜先使民人咸知利益說,"『大朝鮮獨立協會會報』16 (1897. 7. 15), 9-11面 참조.

110) 『독립신문』, 제2권 제62호 (1897. 5. 27), 논설 참조.

111) 김홍집(金弘集) 내각 당시로 일상들의 방해와 일본 정부의 압력으로 서재필과 함께 앞장섰던 김가진(金嘉鎭)을 구속함으로써 중단되었다.

회의소 회원들과 독립협회 창립 회원들에 의하여 설립된 조선은행,[112] 서 새필과 독립협회 회원들의 발기와 참여로 설립되었으나 공장 건립 단계에서 중단되었던 대조선저마제사주식회사,[113] 그리고 초대 회장 안경수에 의하여 편찬·간행된 『농무요람』[114]과 또한 그와 독립협회 회원들에 의하여 설립되었던 서울주식회사(군복제조)·마차회사(하천준설 및 도로공사)·전등회사·삼포회사[115] 등은 그러한 자립경제를 실현하기 위한 개별적 노력의 증좌(證左)라 하겠다. 그러나 국민의 생산 활동을 장려하는 계몽이나 정책적 제시 또는 스스로 나선 내자 동원에 의한 산업자본 육성의 노력만으로는 자립경제의 목표 달성이 어려웠기 때문에, 자구적인 정책 대응을 겸하게 된 것을 알 수 있다. 국가 경제의 대외적 의존성을 높여주는 외원이나 외채에 대한 반대 의사,[116] 시장을 석권하는 외국 화폐에 대비하는 독자적인 화폐 정책의 촉구,[117] 청국 상인의 인천항에서의 징세 부당성 지적 및 외국인 상업활동 규제 요구[118] 등이 그 예라 하겠다.

이러한 독립협회로서는 정부가 국가의 재정·금융권과 각종 경제 이권을 열강에 넘겨주는 일이 자립에의 역행이며 국권과 독립권의 상실로 보지 않을 수 없었으며[119] 또한 그것은 "전국을 타인에게 방매함이요…전체

---

112) 발기인(發起人) 7명 중 독립협회 창설회원은 김종한(金宗漢)·안동수(安銅壽)·이완용(李完用)·이채연(李采淵) 등 4인이며 상무회의소 회원은 이근배(李根培)·윤규섭(尹奎燮)·이승업(李承業) 등 3인으로 전원이 이에 해당한다. 이들 중에서 김종한(金宗漢)과 이승업(李承業)이 이듬해 따로 한성은행(漢城銀行)을 설립하게 된다.

113) 『독립신문』, 제2권 제69호 (1897. 6. 12), 논설 및 『日韓通商協會報告』 22 (1897. 6), 雜報 참조.

114) 南下學農齊主人, "農業問答," 1面 및 東海牧者, "養鷄說," 5面 참조.

115) 芙蓉生, "安駒壽と會社," 『漢城通信』 (1897. 6. 10 發信電報); 『日韓通商協合報告』 18 (1897. 2), 雜報 및 『독립신문』, 제2권 제12호 (1897. 1 30), 논설 참조.

116) 『독립신문』, 제1권 제111호 (1896. 12. 19), 제2권 제26호 (1897. 3. 4), 논설 참조.

117) 『독립신문』, 제3권 제44호 (1898. 4. 14), 제3권 제71호 (1898. 6. 1), 제3권 제84호 (1898. 7. 10), 논설 참조.

118) 『독립신문』, 제1권 제69호 (1896. 9. 12), 제3권 제146호 (1898. 9. 23), 논설 참조.

119) 鄭喬, 『大韓季年史』 上, 174面, 228面 및 『독립신문』, 제2권 제129호 (1897. 10. 30), 제3권 제29

정부를 타인에게 양여하는"[120] 매국 행위로 보았기 때문에 민감한 반응을 드러내게 된 것은 당연한 일이다. 독립협회가 정부에 대한 집단적 통제방식을 빌어, 탁지부의 러시아 고문관을 몰아내고 러한은행(露韓銀行)의 문을 닫게 함으로써 국가의 재정권과 금융권을 지켰으며, 외국 상인의 거류지를 조계지로 한정시키고 상업 활동을 규제하여 시전 상인과 농민의 권익을 보호하도록 요구했을뿐 아니라, 삼림 채벌권과 철도·전선 부설권 및 금·은·동·철·석탄 채광권 등 각종 경제 이권을 열강의 손에 넘겨주는 것을 반대하고 그 보호를 촉구함으로써[121] 자립경제의 실현을 열망한 것은 안으로 향한 국권자립의식의 발로라 하겠다. 그런데 외국 상인의 거류지 제한 요구와 임업·광산·철도의 이권 반대에 있어서는 "대한 13도 강산이 모두 청인과 일본의 땅이 될 염려"[122]와 "본국의 토지는 선왕의 강토이며 인민의 생업지"[123]라는 영토 보전 의식이 바탕을 이루었거니와 이러한 모든 국권자립 의식은 국민발안에 의한 입법통제의 성격을 지닌 헌의6조[124]로 입법화되기에 이르렀음을 유의할 필요가 있다.

3. 민권자수(民權自修)

국권자립의 정책적 실현에서 표출된 정부에 대한 집단적 통제력 행사

호 (1898. 3. 12), 제3권 제38호 (1898. 3. 31), 논설 참조.

120) 筆者未詳, "東方各國이 西國工藝를 倣效하는 總說이라,"『大朝鮮獨立協會會報』 7 (1897. 2. 28), 6面.

121) 韓興壽, "獨立協會에 關한 硏究," 52-59面, 75-83面 참조.

122)『독립신문』, 제3권 제147호 (1898. 9. 24), 논설.

123) 鄭喬,『大韓季年史』上, 191面.

124) 第二條 "礦山·鐵道·煤炭과 森林及 借款·借兵과 政府與外國條約事를 若非各部大臣과 中樞院議長이 合同着啣捺印則 不得施行할 事."

와 직결되는 내실자강의 또 하나의 지표가 '민권자수'이다. 근대 민주주의 이념에 기초한 민권자수는 개인의 기본적 인권을 국민이라는 집합적 개념에 적용시킴으로써 국민참정권의 함의를 지니게 된 '민권'과 그리고 민권을 실천 준행하는 입헌적 규범으로 원용된 '자수'의 복합 개념이다. 여기에서 독립협회의 민권자수를 민족주의의 상징 개념인 '독립'과 수평적 관계에 있는 것으로 보지 않고 독립의 내포 개념인 자강의 한 지표로 보는 이유의 하나는 "나라가 진보되어가는지 안 가는지 첫째 보이는 것은 그 나라 사람들이 자기들의 백성 된 권리를 찾으려고 하는 것이라"[125]고 한 것처럼, 민권이 개명진보의 내용 확대에서 분화된 개념이라는 점이다. 그러나 이보다도 중요한 것은 이승만이 그의 『독립정신』에서 "백성의 마음이 먼저 자유할 일"[126]을 강조한 것처럼, 민권이 독립의 기초확립을 위한 전제 조건으로 인식되었다는 데에 있다. 이 점은 다음 두 가지의 인용으로 더욱 분명해진다.

> "나라이라 하는 것은 그 속에 있는 백성들을 모아 된 것이니, 만일 그 백성들이 낱낱이 자주독립하는 마음과 행위가 없으면 어찌 그 나라만 독립되기를 바라리오."[127]

> "국가라 하는 것은 한 사람 한 사람이 모여서 된 것이니, 사람마다 모두 자유권리를 가진 연후에야 비로소 국가의 자유도 보전될 수 있다."[128]

---

125) 『독립신문』, 제2권 제28호 (1897. 3. 9), 논설.

126) 李承晩, 『獨立精神』, 124-145面 참조.

127) 『독립신문』, 제3권 제88호 (1898. 7. 15), 논설.

128) 辛龍鎭, "獨立協論,"『大朝鮮獨立協會會報』7 (1897. 2. 28.), 12面, "國者一人之積也則 人人總持自由權利然後 推以能保其國之自由."

이처럼 독립협회는 국가의 독립을 국민 개개인의 자주독립하는 마음과 행위의 총화로 파악했을 뿐 아니라 대외적인 '국가의 자유' 즉 독립을 대내적인 '국민 각자의 자유권리'에서 연역시키고 있는데, 그러한 자유권리가 국민주권의식을 내재한 개인적 차원의 기본적 인권임은 두말할 나위도 없다. 이것을 독립협회는 "인민의 목숨과 재산과 자유권"[129] 또는 "13도(道) 인민의 생명과 재산"[130]이란 표현으로 신체와 재산의 자유권에 집약시키고 법에 의한 인권보장을 주장[131]하면서 "우리 정부로 하여금 백성의 생명 · 재산의 권리를 침범치 못하게 하는 일"[132]이 스스로의 사명임을 천명하고 있다. 이러한 인권 의식의 바탕에는 자연권 사상의 천부인권설이 깔려 있으니, "백성마다 얼마큼 하나님이 주신 권리가 있는데 그 권리는 아무도 뺏지 못하는 권리"[133]라는 불가양(不可讓)의 천부인권 또는 "모든 인간은 날 때부터 평등하다"는 '천생권리(天生權利)'(생득권, birth rights)[134]로 파악한 데서 알 수 있다. 독립협회가 문벌 · 신분 · 지위 · 지역 · 장유(長幼) · 성(性)의 차별을 거부하는 사회적 평등과 함께 법 앞에서의 만인 평등[135]을 주장하고 나아가서는 사회계약설을 원용한 인민주

---

129) 『독립신문』, 제2권 제7호 (1897. 1. 19), 논설.

130) 『독립신문』, 제3권 제50호 (1898. 4. 28), 논설.

131) 『독립신문』, 제2권 제32호 (1897. 3. 18), 논설. "나라에 法律과 規則과 章程을 만든 本意는 첫째 사람의 權利를 있게 定해 놓고 사람마다 가진 權利를 남에게 뺏기지 않게 함이요 또 남의 權利를 아무나 뺏지 못하게 함이라."

132) 『독립신문』, 제3권 제105호 (1898. 8. 4), 논설. "協會에서 할 일."

133) 『독립신문』, 제2권 제28호 (1897. 3. 9), 논설.

134) *The Independent* (December 5, 1896), Editorial 및 『독립신문』, 제2권 제21호 (1897. 2. 21), 논설.

135) 『독립신문』, 제1권 제1호 (1896. 4. 7), 제1권 제3호 (1896. 4. 11), 제1권 제32호 (1896. 6. 18), 제1권 제42호 (1896. 7. 11), 제1권 제44호 (1896. 7. 14), 제2권 제120호 (1897. 10. 16), 제3권 제191호 (1898. 11. 17), 논설.

권론[136]과 사회유기체설[137]의 관점을 제시한 것은 위에서와 같은 천부인권론과의 논리적 연관 때문이라 하겠다. 그러나 법 앞에서의 만인 평등을 실현함으로써 인권을 보장할 수 있는 새로운 제도적 장치로 생각했던 재판소에서 여전히 전근대적인 인권 유린이 자행되었기 때문에, 독립협회는 인권 수호를 위한 일차적 관심을 재판에 돌린 것이다. 독립협회가 공평한 재판, 재판의 공개, 사실·증거에 의한 재판, 미결수에 대한 무죄 추정, 구류 시한의 엄수, 불법 감금에 대한 형사보상 청구권, 변호 청원권, 재판 청원권 등[138]을 주장했을 뿐 아니라 인도주의적 관점에서 "형벌의 개별화를 주장하는 개선형주의(改善刑主義) 내지 교육형주의(敎育刑主義)"[139]를 표명한 것은 그러한 예이다. 그러나 무엇보다도 중요한 것은 투철한 인권수호의식에서 무명잡세에 시달리는 민중을 보호하기 위하여 조세법률주의를 주장했으며 재판에서 죄형법정주의와 과벌법률주의(科罰法律主義) 및 인신보호 영장제도(人身保護令狀制度)를 철저히 준수하게 하고 연좌율(連坐律)과 나륙법(拏戮法)을 시행하지 못하게 하는 실천 운동을 전개한 데 있다.[140] 또한 독립협회는 이러한 취지를 헌의6조의 제3조(全國財政은 無論某稅하고 度支部로 句管하되 他府部와 私會社는 無得干涉하고 豫算과 結算을 人民에게 公布할 事)와 제4조(自今爲始하여 凡干重大한 罪犯을 另行公判하되 被告가 到底說明하여 究竟自服後에 施行할 事)에 국민발안 형식으

---

136) 『독립신문』, 제2권 제45호 (1897. 4. 17), 제3권 제199호 (1898. 11. 25), 제3권 제200호 (1898. 11. 26), 논설란 참조. "당초에 나라 생긴 本意는 여러 사람들이 의논들하여 전국에 있는 人民을 위하여 各色 일을 마련한 것이요, 각색 官員도 백성을 위하여 만든 것이며 백성이 政府에 稅 바치는 것도 백성이 자기 일을 위하여 바치는 것."

137) 『독립신문』, 제2권 제91호 (1897. 8. 3), 논설 참조.

138) 『독립신문』, 제1권 제34호 (1896. 6. 23), 제1권 제44호 (1896. 7. 10), 제1권 제61호 (1896. 8. 25), 제1권 제76호 (1896. 9. 29), 제3권 제65호 (1898. 6. 7), 제3권 제105호 (1898. 8. 4), 논설란 참조.

139) 田鳳德, "徐載弼의 法律思想," 『韓國史硏究』 10 (1974. 9), 222面.

140) 韓興壽, "獨立協會에 關한 硏究," 84-94面 참조.

로 입법화했음을 알 수 있다.

이와 같이 인권 수호를 위한 집단적 활동과 정책적 반영에서 활성화된 것이 민권의식이다. 말하자면 국민주권 의식을 내재한 천부인권으로서의 '자유권리'를 국민적 차원에서 집단적으로 수호해야 할 자위권 발동의 필요에서 체현된 것이 민권의식이라 할 수 있다. 독립협회가 결사체(민회)의 존립 여부와 민권을 관련시킨 것도 이 때문이라 하겠다.[141] 여기에서 유의해야 할 것은 군권의 전제에 대립되는 민권의 입헌적 규범이 군주체제의 기존성 위에 쉽사리 뿌리를 내릴 수 있었다는 점이다. 그것은 비록 본질은 다르더라도 전통사상의 인식 준거를 바탕으로 과도기적 상황 변화 속에서 서구의 국민주권 사상을 수용할 수 있었기 때문이다. 독립협회는 『서경』에서 말하는 "백성은 나라의 근본이니 근본인 백성이 튼튼해야 나라가 편안하다"[142]는 데서 "민(民)·국(國) 일치하던 실적을 증명"[143]하는 기준을 찾고 있다.

따라서 "인민은 국가 성립의 기초"[144]일 뿐 아니라, 나아가서는 국가의 흥망과 국민의 성쇠가 순치보거(脣齒輔車)의 불가분리적 관계에 있는 것으로 보고 있다.[145] 이러한 국가와 국민의 상호불가분 관계에 대한 인식 때문에 군권(君權)을 국권의 상징으로 의념(擬念)화시키고 국가의 자주독립을 군권의 확립으로 연상시켜 줌으로써 국권과 불가분의 관계에 있는

---

141) 『독립신문』, 제3권 제83호 (1898. 7. 9), 논설, "민권이 무엇인지."

142) "民惟邦本 本固邦寧"은 獨立協會가 政府에 대한 自己 主張의 正當化 論據로서 자주 앞세운 말이다. 筆者未詳, "論民," 『大朝鮮獨立協會會報』 14 (1897. 6. 15), 6面; 筆者未詳, "獨立論," 5面, 察民隱條; 鄭喬, 『大韓季年史』上, 254面, 268面, 275面; 『독립신문』, 제3권 제162호 (1898. 10. 12), 논설란 참조.

143) 『大朝鮮獨立協會會報』 1 (1896. 11. 30), 10面, "獨立協會輪告."

144) 安昌善, "敎育의 急務," 6面.

145) 筆者未詳, "國家와 國民의 興亡," 『大朝鮮獨立協會會報』 1 (1897. 4. 30), 16-19面 참조; 『제국신문』, 제1권 제48호 (1898. 10. 6), 논설, "民權이 즉 國權이라."

민권과, 국권의 의념적 상징인 군권을 상충적 관계로 보지 않고 상보적 관계로 보는 것이 가능해진다.[146] 따라서 전통적인 충군 사상이 지속적으로 작용하고 있는 역사적 상황 하에서 스스로 충군애국의 전위를 자처함으로써, 국권의 상징으로 파악한 군권의 확립을 목표로 앞세우고, 이를 달성하기 위한 수단으로 민권을 제시하는 형식 논리를 통하여, 민권 신장의 정당화논거를 확보하게 된다. 이것은, 국민주권과 국민참정권의 함의를 지닌 지방관 민선제를 제시하면서 인민과 군주 사이의 교량자로서의 관리의 성격과 민권과 군권의 관계를 밝힌 다음과 같은 창간 직후의 『독립신문』 논설에서 찾아볼 수 있다.

"정부의 관인(官人)이란 것은 님군의 신하요 백성의 종이니 위로 님군을 섬기고 아래로는 백성을 섬기는 것이다. 나라 규모가 이렇게 되면 님군의 권력이 높아지고 백성의 형세가 편할 터이니… 정부에 계신 이들은… 관찰사와 군수들을 자기들이 천거 말고 각 지방 인민으로 하여금 그 지방에서 뽑게 하면 국(國)·민(民)간에 유익한 일이 있는 것을 불과 1·2년 동안이면 가히 알리라."[147]

여기에서 이미 인민은 '나라의 근본' 또는 '국가 성립의 기초'에서 '나라의 주인'[148]으로 자리바꿈할 소지를 마련했거니와, 민권과 군권을 수단과 목표의 관계에서 원인과 결과의 관계로 치환시키는 인과논리의 내면화를 통하여 민권운동의 현실 감각을 북돋게 하였음을 알 수 있다. 이것

---

146) 『독립신문』, 제1권 제33호 (1896. 6. 20), 제1권 제76호 (1896. 9. 29), 논설 및 第28回 週間討論會 論題 "백성의 권리가 견고할수록 님군의 地位가 더욱 높으시고…."
147) 『독립신문』, 제1권 제4호 (1896. 4. 14), 논설.
148) 『독립신문』, 제3권 제191호 (1898. 11. 16), 논설.

은 독립협회가 정치활동의 일환으로 전개한 인권 수호 운동에서도 그러하지만 주간 토론회의 정치사회화 과정을 통하여 익힌 태도 정향을 바탕으로 정치활동 전반에서 보여준 정부와 정책 작성자들에 대한 통제와 감시를 정당화시켜 준 논거로서 더욱 중요한 의미를 지니게 된다. 뿐만 아니라 민권운동의 전개에서 필연적으로 요청되는 정치적 자유를 밑받침해 주는 절차적 자유, 즉 언론·출판과 집회·결사의 자유를 스스로 향유하고 지켰으며 이를 계기로 하여 수많은 공개결사체와 신문이 출현함으로써 언론과 공개 집단 활동의 전기를 이루게 되었음을 간과할 수 없다.[149]

우리는 독립협회가 전개한 민권운동의 성격을 이해하기 위하여 먼저 그 바탕이 되는 실천적 규범이 무엇인가를 파악할 필요가 있다. 내부의 정치적 모순을 극복하기 위한 국민의 자율적 실천을 규범화한 자수(自修) 개념이 그것이다.[150] 이것은 갑오경장으로 만개되었던 개화의 꽃을 무의미하게 낙화(落花)시키지 말고 주체적으로 결실(結實)시켜 제도화로 이어주려는 자율적 실천 규범이다. 독립협회는 정치활동의 출발을 장식한 첫 상소에서

---

149) 독립협회의 직접·간접의 자극을 받아 조직된 결사체들로는 우선 독립협회의 각 지회와 그리고 協成會, 光武協會, 國民協會, 仁川博文協會, 總商會, 保信社, 保民協會, 順成會, 婦人協會(찬양회), 搢紳會, 親睦會, 敎育會, 子童會, 自民會, (야소교)婦人會, (벧엘)靑年會, 進明會, 皇國協會, 靑年愛國會, 一進會 등을 들 수 있다. 그리고 신문(日刊, 隔日刊, 週刊, 週二刊)으로는 『조선(내한)그리스도인신보』(1897. 2. 2 창간), 『그리스도신문』(1897. 4. 1), 『京城新聞』(1898. 3. 2), 『매일신문』(1898. 4. 9, 이것은 1898. 1. 1에 창간된 『週刊협성회회보』의 후신으로 최초의 日刊), 『대한신보』(1898. 4. 10 光武協會刊), 『제국신문』(1898. 8. 10) 등이 있는데 이 중에서 『京城新聞』은 『대한황성신문』(1898. 4. 6)으로 개제(改題)되었다가 국·한문 혼용의 『皇城新聞』(1898. 9. 5)으로 넘겨진다. 『大朝鮮獨立協會會報』가 재정난으로 중단된 후 잡지의 필요성에 부응하여 光武協會가 『新國民』이란 月刊을 발간한 것은 1898年 7月 15日의 일이다.

150) "스스로 닦는다"는 뜻의 자수(自修)는 전통적(傳統的)인 수신(修身)의 기본 개념이지만 김옥균도 이것을 근대화의 정신적 자세로 원용하고 있다. 山邊健太郎, 『日本の韓國倂合』(東京: 太平出版社, 1973), 120-122面, 김옥균의 자필 의견서 자료, "…自主之國欲自主則 政治外交 不可不 自修自强…"

"나라가 나라일수 있으려면 (자립하여 타국에 의뢰하지 않으며) 자수(自修) 하여 정치와 법률을 온 나라에 한결같이 행하는 데 있읍니다… 자수(自修) 로 말하여 나라라고 칭함은 전장(典章)과 법도(法度)가 있기 때문인데, 지금 우리나라에 전장이 있다 하겠으며 법도가 있다 하겠읍니까. 구법(舊法) 은 폐지했다 하여 행하지 않고 신법은 비록 정한 것이 있으나 역시 행하지 않으니 행하지 않으면 있어도 없는 것입니다. 이미 전장과 법도가 없으니 이는 나라가 아닙니다. … 안으로는 정장(定章)을 실천하고 (밖으로는 타국에 의뢰함이 없게 하여) 황권(皇權)을 자주(自主)하고 국권(國權)을 자립(自立)하사…"[151]

라고 하여, 인권의 요소가 가미된 근대적 법률 제도에 대한 실천적 준행(준법)의 능동적 욕구를 입헌적 규범으로 골격화시키고 그것을[152] 군주체제의 기존성과 접합시킴으로써 입헌군주체제로 지향할 소지를[153] 마련한 것이다. 또한 이것을 헌의6조 제6조에서는 "실천장정(實踐章程)할 사(事)"로 규정하기에 이른 것임을 유의할 필요가 있다.

이러한 입헌적 규범은 준법과 '법에 의한 지배'만을 정당화하는 법치주의의 표징이어서, 치자와 피치자를 동시에 구속할 뿐 아니라 법 위에 군림하는 집권층에게 준법을 요구할 국민의 권리와 의무를 전제로 한다. 이 때문에 독립협회는 법률을 지키지 않고 자의로 천단하는 사람들을 '나라와 임군의 역적' '인민의 원수' '제일 천한 놈'으로 낙인찍고,[154] 있

---

151) 『高宗實錄』, 卷三十七, 光武二年 二月二十二日條, 獨立協會 上疏文.

152) 『독립신문』, 제2권 제23호 (1897. 2. 25), 논설. "문명개화한 法律을 털끗만치도 어기지 말고…."

153) 『독립신문』, 제2권 제45호 (1897. 4. 17), 논설. "그 政府와 그 백성이 모두 合心하여 자기들을 統轄하는 님군을 法律과 章程과 規則을 가지고 섬기는 것이 나라를 保存하자는 政府요 백성이라."

154) 『독립신문』, 제1권 제3호 (1896. 4. 11), 제1권 제57호 (1896. 8. 15), 제2권 제32호 (1897. 3. 18), 제2권 제147호 (1897. 12. 11), 논설.

는 법률과 관제(官制)만이라도 제대로 지켜야 하며 그른 법이라도 고치기 전까지는 지켜야 한다는 철저한 준법정신[155]과 함께 관제와 법률대로만 다스려야 한다는 법치의식[156]을 드러내고 있다. 그러면서도 독립협회가 현행법률 중에서 "백성에게 공평치 못한 조목"[157]은 즉시 개정해야 한다는 주장에 머물지 않고 "정부에서 옳은 법령을 만드는지 아니 만드는지" 감독할 것,[158]과이 법률·장정(章程)·규칙을 어기거나 그릇된 정사(政事)를 할 때는 합심하여 목숨을 걸고 막을 것,[159] 믿지 못할 관리에 대하여는 '중의(衆議)'로 불신임을 군주에게 제기할 것'[160] 비위(非違) 사실은 주저 없이 고발할 것,[161] 청백리는 적극 지원하고 무법한 탐관오리는 전국적으로 여론을 일으켜 제재할 것[162] 등을 충군하는 인민의 직무로 제시한 것은 전통 사상의 토대 위에서 준법을 판단 기준으로 내세워 인민의 자위권(自衛權) 발동[163]과 정부에 대한 집단적 통제를 촉구하고 정당화한 것이라 하겠다. 여기에서 우리는 폭력을 배격하는 입헌적 규범으로서의 자수(自修) 개념 속에 민중의 집단적 행동을 평화적인 징치참여의 역할로 이끌어 주는 인민 참정의 동기 부여와 그리고 이를 위한 방법으로서의 '중의(衆議)'와 여론에 대한 인식이 함유되어 있음을 알 수 있

---

155) 『독립신문』, 제1권 제82호 (1896. 10. 13), 제2권 제32호 (1897. 3. 18), 논설.

156) 『독립신문』, 제1권 제82호 (1896. 10. 13), 제1권 제97호 (1896. 11. 17), 제2권 제23호 (1897. 2. 25), 제2권 제25호 (1897. 3. 1), 논설. "章程과 規則과 法律을 일호라도 틀리지 않게 글자 뜻대로만 施行하며…"

157) 『독립신문』, 제2권 제25호 (1897. 3. 1), 논설.

158) 『독립신문』, 제3권 제26호 (1898. 3. 3), 논설.

159) 『독립신문』, 제2권 제45호 (1897. 4. 7), 제2권 제90호(1987. 7. 31), 논설.

160) 『독립신문』, 제3권 제3호 (1898. 1. 8), 논설.

161) 『독립신문』, 제1권 제57호 (1896. 8. 15), 논설.

162) 『독립신문』, 제3권 제3호 (1898. 1. 8), 논설.

163) 『독립신문』, 제2권 제95호 (1897. 8. 12), 논설.

다. 독립협회가 예산과 결산을 포함한 공개 행정과 책임 정치를 주장한[164] 이유노 이 점에 있다고 하겠거니와, 이와 관련 하여 유의해야 할 것은 언론 · 출판 · 집회 · 결사와 같은 절차적 자유를 매개로 반사시킨 다수 의사의 정당성과 정치적 자유이다. 독립협회는 스스로 구사한 언론의 자유를 천부인권으로 규정하고 신문의 사회지도성과 여론(중론衆論 · 공론公論) 조성 기능 및 비판(시비是非) 기능의 정당성을 관인의 압제로부터의 인민의 보호에 두고 있다.[165] 그리고 "회원들에게 공중 연설(公衆演說)을 훈련시키고 공중 회의(公衆會議)의 의사진행 방법을 실습시키는 데 목적이 있다"[166]는 주간토론회에서는, 반드시 반대 발언과 그에 대한 찬조(贊助)발언[167] 및 "속에 있는 것을 두려움 없이 말하는"[168] 의사 표현의 자유를 전제한 찬반 토론을 거친 후에 다수 의사로 결정된 '중의'를 전체 의사로 정당화시키고 있다.

우리는 이러한 '중의' 또는 '공론'에 따라 '대소사무(大小事務)'와 '백사(百事)'가 처리되어야 한다는 독립협회의 주장[169]에서 민권운동의 소재를

---

164) 『독립신문』, 제1권 제37호 (1896. 6. 30), 제1권 제79호 (1896. 10. 6), 제2권 제4호 (1897. 1. 2), 논설 참조.

165) 『독립신문』, 제3권 제43호 (1898. 4. 12), 제2권 제51호 (1897. 5. 1), 제4권 제5호 (1899. 1. 10), 논설 참조. "말하는 것이 사람의 특별한 權利라… 하늘이 만물을 내실 때 … 말하는 재주를 다 주셨으니… 言權自由는 天生權利라… 어느 政府든지 그 人民의 生命과 財産과 權利를 보호함이 가장 큰 직분이오 또 言權自由하는 權利를 없이하면 公論이 없어지고 公論이 없어지면 政府官人들이 기탄없이 人民을 壓制하여 國家가 위태하게 되는지라… 言語自由가 나라 다스리는 큰 강령됨을 짐작하겠도다." (제4권 제5호) "사람들이 可否간에 議論이 생겨 세계에 衆論이라 하는 것이 시작이 되는지라 그러한 즉 신문이 衆人을 위하여 시비를 말하여… 교육을 시키는 것이며 또 衆論을 만드는 것이라." (제2권 제51호)

166) *The Independent* (August 31, 1897), Local Items.

167) 定해진 議題를 가지고 正演議라 하여 右演議(贊成發言者)와 左演議(反對發言者)의 發言이 있은 후에 佐演議(贊助發言者)의 다른 會員들의 自由發言을 하게 한다.

168) 『독립신문』, 제1권 제104호 (1896. 12. 3), 논설 참조.

169) 『독립신문』, 제1권 제104호 (1896. 12. 3), 제3권 제23호 (1898. 2. 24), 논설 참조. "여럿이 규칙 있게 모여 제정하게 만사를 토론하여 좌우편 이야기를 다 들은 뒤에 작정한 의론이 공론이라"고 하여 중의와 공론을 같은 뜻으로 사용하고 있다. '공론'은 처음 율곡(栗谷)에게서 찾을 수 있으나

확인할 수 있거니와 이것은 독립협회가 말하는 '다수를 위한 정치'[170]에 있어서의 공중 토론과 다수결 지배의 원리를 뜻하는 것이라 하겠다. 뿐만 아니라 이미 그 안에 정치적 자유의 요건인 반대의 자유, 비판(시비)의 자유, 의사 표현의 자유를 담고 있음을 간과할 수 없다. 이 때문에 독립협회가 정치활동을 전개하게 되었을 때 정치상의 '시비'와 반대가 개명진보의 기준임을 내세워 정치적 비판과 반대의 자유를 정당화했고[171] 때로는 전통적인 가치를 내세워 그것을 인민의 '직간(直諫)할 직무'[172]로 이해시켰음을 알 수 있다. 물론 거기에는 악정(惡政)에 대한 인민의 저항권과 탄핵권이 포함되어 있음은 정부에 대하여 준법을 요구하는 것이 충군하는 인민의 직무라는 이른바 충성 관념의 쌍무관계적 변용으로 반사되고 있지만, "오늘날 인민에 대한 정부의 무법 상태는 대부분 인민측의 저항이 전무한 데서 기인한다"[173]는 주장이나 또는 "정치를 거슬리고 법률을 어지럽히는 신하를 탄핵하고 성토하는 것은 우리들의 권리"[174]라는 주장에서 명백하게 드러난다.

이상에서 본 바와 같이, 천부인권과 인민주권 의식을 자수(自修)라는 자율적 준법 정신 내지는 법치 의식과 결합시키고 이와 함께 반대·비판·의사표현·저항의 자유를 전제함으로써, 공중 토론과 다수결에 의한 '중의'는 정책에 반영되어야 하고 정부를 통제할 수 있다는 것이 입헌군주체제를 지향하는 독립협회의 민권자수이다. 이러한 민권자수의 정치적

그는 "백성이 모두 그렇다고 생각하는 것을 말함이요, 이론투쟁에 의하여 얻어지는 것이 아니라 일부러 꾀함이 없이 일국지인(一國之人)이 같이 옳다고 인정하는 것을 이름"이라고 하는 발상에 머물렀다. 朴鍾鴻, "韓國의 哲學,"『韓國學』(서울: 玄岩社, 1972), 103面.

170)『독립신문』, 제1권 제93호 (1896. 11. 7), 논설 참조.

171)『독립신문』, 제2권 제51호 (1897. 5. 1), 제3권 제183호 (1898. 11. 7), 논설 참조.

172)『독립신문』, 제3권 제112호 (1898. 8. 12), 논설 참조.

173) *The Independent* (December 5, 1896), Editorial.

174) 鄭喬,『大韓季年史』上, 270-271面, 獨立協會 上疏文.

대응 양태를 서로 유기적으로 연결되는 두 가지 측면에서 접근해 볼 수 있다. 하나는 독립협회가 정당 정치를 주장하는 데 그치지 않고 '공론(公論)' 기관임을 자임하여,[175] 여론을 조직화하고 그것을 정치적으로 매개시키는 역할을 수행하는 가운데 전제 군권에 대한 제약을 가함으로써 정당 부재(政黨不在)의 정치제도 외곽에서 스스로의 정치활동에 사실상의 정당 기능을 적용시킨 의식 형태이다.

독립협회가 결성된 직후의 『독립신문』 논설은 그 해의 한국사 기록에서 두 개의 정당, 즉 보수 집권세력의 '완고당(頑固黨, the Conservative party)'과 그에 맞서는 자주적 진보세력의 '개혁당(改革黨, the Progressive party)'이 성립된 사실을 빠뜨려서는 안 된다고 주장하여 개혁당으로서의 독립협회의 출범을 당초부터 암시하고 있다. 이어서 근대 정당의 공익성과 분립의 당연성을 전제로 공개 경쟁의 정당정치를 주장하고, 일관성 있는 정강정책의 제시와 집권 후의 공약 실천이 정당의 임무임을 밝히고 있다.[176] 독립협회가 이와 같은 근대 정당론에 입각하여 스스로의 성격을 일차적으로 부각시킨 것이 '반대당'으로서의 역할이다. 독립협회는 정치활동의 개시와 때를 같이하여 G. Washington의 야당육성치적(野黨育成治績)을 찬양하면서, 야당의 기능을 가리켜

---

175) 『독립신문』, 제3권 제23호 (1898. 2. 24), 논설, "나라마다 인민들이 모이는 처소(處所)가 있어… 공론을 가지고 백사(百事)를 하는데… 처음으로 대한에 독립협회가 생겨… 게서 회원들이 혈심으로 맹세하고 다 위국위민하자는 목적으로 의론을 하여 … 공론을 만드니 이런 경축한 일은 대한사기(大韓史記)에도 한·당사기(漢·唐史記)에도 없는 일이라."

176) *The Independent* (August 25, 1896), Editorial 및 『독립신문』, 제1권 제62호(1896. 8. 27), 논설 참조. "정치당(政治黨)이라 하는 것은 사사(私事)를 위하여 생긴 당이 아니라"는 것과 "몇은 이렇게 하여야 나라에 유조(有助)할 줄로 생각하고 그 나머지 몇은 저렇게 하여야 더 유조할 줄로 생각하야 의논이 달라지고 의논 같은 사람들끼리 모여서 당이 되는지라"는 것은 공익성과 분립성을 말한 것이고 "당 본의(黨本意)와 방책을… 작정하여 전국 인민에게 알리되 … 정부 일을 하게 되면 무슨 일을 하겠노라고 미리 광고를 하여야… 그 당이 정부를 맡아가지고 일을 하면 그 정해놓은 약조와 같이 일을 하지 안하여서는 못할지라"고 한 것은 정당의 임부를 말한 것이다.

"반대하는 의론(議論)을 내어 전국 인민이 무릇 무슨 일이고 좌우편 이야기를 다 듣게 하는 고로 다만 백성의 생각이 넓어질 뿐 아니라 집권한 당(黨)이 그른 일을 못하게 하는 것"[177]

이라고 하여, 스스로의 정치적 역할을 집권세력의 자의적 정부 운영을 견제하는 '반대당'과 동일화시키고 있다. 물론 독립협회가 스스로 정당임을 공식적으로 표명한 일은 없지만, 갑오개혁 이전의 체제로 복귀하려는 집권세력에 대한 비판·공격·반대·탄핵에 주력했던 정치활동을 통하여 객관적으로 주지시킨 반대당의 역할을 수행한 것이라 하겠다. 이 때문에 독립협회가 정부의 탄압을 받게 되었을 때에도 "반대당이 있어서 대소사를 살피고 시비하여야 점점 정치가 발러가니…시비(是非)하며 반대하여 정부로 하여금 방심하는 폐단이 없게 할지어다"[178]라고 하여 군주의 절대권을 견제하는[179] 반대당으로서의 정치적 역할을 계속 정당화했음을 알 수 있다.

뿐만 아니라 독립협회가 정치활동을 통하여 드러낸 것은 투철한 국민대표의식이다. 독립협회는 긴급한 정치 문제를 토의하여 '공론'을 결정할 때마다 회의를 사회 일반에 공개하고 신문과 가두 연설(街頭演說)을 통하여 여론을 조성하며 군중 대회의 성격을 지닌 '만민공동회'를 열어 전국 인민의 표징인 '만민'의 이름으로 자체의 공론을 재확인함으로써,[180] 스

---

177) 『독립신문』, 제3권 제22호 (1898. 2. 22), 논설.

178) 『독립신문』, 제3권 제183호 (1898. 11. 7), 논설.

179) T. H. Yun, "Popular Movement in Korea," *The Korean Repository* V-12 (December, 1898), p.465. 윤치호는 갑오개혁으로 제한되었던 군주권이 아관파천 이후에 다시 절대화되어 법 위에 군림하는 것으로 보고 있다.

180) 만민공동회는 회원들이 긴급한 정치문제를 연설한 후 독립협회의 대정부 활동에 공동 보조를 취하는 결의를 개별화시키는 독립협회의 2원적인 대중동원 조직이다. 1898년 3월 10일 최초로 종로에서 열린 만민공동회에서 연설한 회원은 玄公廉, 洪正厚, 李承晩, 趙漢禹, 文耿鎬 등이며 총

스로 '백성의 의논' 즉 '민의(民議)'를 담당하고 '민권'을 행사하는 공인 기관으로서의 존립 이유를 천명하고 있다.[181] 이러한 공인 기관으로서의 자기 주장은 스스로의 정치적 역할을 일본·미국·영국의 정당과 동일화 시키는 데[182] 그치지 않고, "독립협회는 전국 인민을 대표하는 회(會)"[183] 라든가 "대한 전국 이천만 동포 인민을 대표하는 독립협회"[184] 라는 국민 대표 의식을 바탕으로 국민의 대정부 호소를 이어주는 통로 또는 국민의 참정 기회를 열어주는 통로로서의 정치적 매개 기능을 자기화하는 의식 을 표출시키고 있다.[185]

독립협회가 정부와의 협의를 통하여 정치적 현안 문제를 공동 타결할 필요성이 있음을 밝힌 것은[186] '반대당'으로서의 역할뿐 아니라 '전국 인 민을 대표하는' 정치적 매개체로서의 기능을 중시했기 때문이다. 독립협 회의 제의에 따라 관민 연석회의(官民連席會議)를 개최한 일과,[187] 특히 정부와 사회의 각계각층 인사들로 구성된 잠정적인 국사협의체(國事協議 體)로서 관민공동회를 개최하고 국민발안의 헌의6조를 입법화시킨 것은 인민대표 의식의 주목할 만한 성과라 하겠다.[188] 이러한 제도 외적인 정 치결사체로서 민의 대변과 정치 참여의 현실화를 통하여 스스로의 정치

대위원으로 선출된 사람은 李承晩, 張鵬, 玄公廉 등으로 대부분 협성회 회원을 겸한 소장들이다. 『독립신문』, 제3권 제30호 (1898. 3. 12), 잡보 및 協成會規則, 會員姓名案 참조.

181) 『高宗實錄』, 卷三十七, 光武二年 十月二十三日條, 獨立協會 上疏文 참조. 본래 공인 기관이라 는 주장은 "大皇帝陛下께서 認可하시고 皇太子 殿下께서 懸板을 친히 써 내리신 獨立協會"라 는 데 근거를 두고 있다. 『독립신문』, 제3권 제64호 (1898. 6. 4), 잡보.

182) 『독립신문』, 제3권 제38호 (1898. 3. 3), 논설 참조.

183) 『매일신문』, 제1권 제72호 (1898. 7. 1), 잡보.

184) 『독립신문』, 제3권 제175호 (1898. 10. 27), 논설 참조.

185) 『독립신문』, 제3권 제106호 (1898. 8. 5), 논설 및 註 183) 참조

186) 『독립신문』, 제3권 제108호 (1898. 8. 8), 논설 참조. "…정부와 협회가 서로 정을 통하여야 할 것이요 정을 통하려면… 서로 의견을 교환하여 같이 나라 일을 건져서 국가에 요란한 일이 없게 하여 …."

187) 鄭喬, 『大韓季年史』上, 212面 및 261面 참조.

188) 韓興壽, "獨立協會에 關한 研究," 137-148面 참조.

활동에 사실상의 정당 기능을 적용시킨 인식 태도는 공론 기관으로서의 자의식과 인민대표 의식을 통해서 입헌군주체제의 제도화 방향으로 이어지고 있다.

독립협회가 입헌적 규범과 기존 군주체제와의 결합을 통하여 입헌군주체제에로 지향하는 바람직한 제도적 장치로 생각한 것은 의회제도이다. 당시 세계 각국의 정치형(政體)에 대하여 그들이 제시한 자료에 따라 작성한 다음 표에서 보는 바와 같이, 가장 보편적으로 인식한 것은 입헌군주제(君民共治, 立憲專制)이며 국교를 맺고 있는 8개국 중에서 가장 많은 비중(5개국)을 차지하고 있는 것도 역시 입헌군주국이다.

[표 1] 각국 정체(政體)에 대한 이해 비교표

자료 정치형	가	나	해당 국가**	계
전제군주제	군 주 치 (君主治)	군주전제	청국(淸國) · 파사(波斯) · 로서아(露西亞)* · 토이기(土耳其) · 섬라(暹羅) · 영길리(英吉利)('나'에서는 입헌전제의 대표적 예로 들기 때문에 계산에서 제외함)	5 (1)
입헌군주제	군민공치 (君民共治)	입헌전제	일본(日本)* · 독일(獨逸)* · 영길리(英吉利)* · 오지리(澳地利)* · 이태리(伊太利) · 백의이(白義耳) · 서전(瑞典) · 낙위(諾威) · 포도아(葡萄牙) · 화란(和蘭) · 희랍(希臘) · 정말(丁抹) · 서반아(西班牙)	12 (5)
민주공화제	민 주 치 (民主治)	공 화 제	불란서(佛蘭西)* · 서서(瑞西) · 아미리가(亞米利加)* · 묵사가(墨斯哥) · 포와(布哇)	5 (2)

자료 가:『대조선독립협회회보(朝鮮獨立協會會報)』2 (1896. 12. 31), 14~16면.
　　　나:『대조선독립협합회보』7 (1897. 2. 18), 8~10면.
　　　*표와 ( )의 숫자는 우리나라와 외교관계를 맺은 나라.
　　　** 이곳에 소개된 한자표기 국명 중 난해한 것을 밝히면 다음과 같다.
　　　波斯(Persia), 暹羅(Siam), 白義耳(Belgium), 諾威(Norway), 墨斯哥(Mexico), 布哇(Hawaii)

따라서 독립협회는 창설 직후부터, 다음의 인용에서 볼 수 있듯이, 의회세노의 당연성을 앞세우고 영국·일본과 같이 의회를 병존시키는 입헌군주제에로의 방향 모색을 제기했는가 하면 의회 설립의 시급성을 강조한 것을 알 수 있다.

"개인에 사(事)가 유(有)하면 반드시 사려(思慮)가 생(生)하고 일국(一國)에 사(事)가 유(有)하면 반드시 의회(議會)를 기(起)하나니⋯ 영길리(英吉利)의 왕국(王國)은 화족(華族)·승정(僧正) 급(及) 칙선(勅選)의 의원(議員)을 이(以)하여 귀족원(貴族院)을 입(立)하고 민선(民選)을 이(以)하야 중의원(衆議院)을 입(立)하나니 차(此)를 의(依)하야 가감(可鑑)할지라."[189]

"현금(現今) 구시(救時)의 급무(急務)는 각국(各國)의 신제(新制)를 박채(博採)하여 상하지원(上下之院)을 특설(特設)하고 조야지의(朝野之議)를 확장(擴張)하여⋯ 교태(交泰)와 군국(軍國)의 사무(事務)는 일종협의(一從協議)한 강거(綱擧)를 준행(遵行)하는 것이라."[190]

이러한 초기의 의회에 대한 문제 제기와 설립 주장은 교전소(校典所)[191]에 걸었던 기대와 실망의 엇갈림을 반영한 것이라고도 하겠으나 구체성을 띠었던 것은 아니다. 독립협회에서 의회 설립론이 공식화된 것은 정치활동을 개시한 얼마 뒤부터이다. 정부측(의정부찬정 심상훈沈相薰)에서

---

189) 南舜熙, "地理人事之大關," 10面.

190) 辛龍鎭, "時局槪論,"『大朝鮮獨立協會會報』18 (1897. 8. 15), 2面.

191) 교전소는 특별법제(基本法起草) 기관으로 1897년 3월 16일 중추원에 특설되었으나 신·구의 대립과 보수세력의 거부로 동년 4월 19일 제3차 회의를 마지막으로 자취를 감추고 말았다. 田鳳德, "徐載弼의 法律思想," 214-215面 참조.

독립협회회원들을 분산·흡수하려는 방안으로 1898년 3월 중순부터[192] 무보수직으로 의관(議官)을 임명해 왔던 중추원(中樞院)을 "해원(該院)이 제치(制寘)된지 유년(有年)이로되 정부에서 일사(一事)도 자방(諮訪)함이 무(無)하니 시(是)는 결전(缺典)이라"[193]는 이유로 유급직(有給職) "의사원(議事院)"으로 개편하는 법률 개정을 추진한 데 대응한 것이[194] "의회원(議事院)을 설립하는 것이 정치상에 제일 긴요함"을 의제로 한 4월 3일의 제25회 토론회이다.[195] 단순한 토론 연습이 아니고 의회 설립 건의를 위한 토의가 중심이 되었는데, 격론을 벌인 의안의 개요는 (1) 중추원을 폐지할 것, (2) 의회원을 창설하여 국가의 중요 문제를 결정할 것, (3) 의회원의 의원 선거는 일본 및 구미의 제도를 참작·제정하여 민망(民望) 있는 인물에게 그 직(職)을 맡길 것 등으로 알려져 있다. 이 자리에서 서재필은

"금일(今日)의 정세(情勢)가 도저히 그러한 개혁(改革)을 기대하기 이려우며 그러한 의기(意氣)를 깊이 동정(同情)하는 사람이 있다 하더라도, 인지(人智)를 개발(開發)하고 국부(國富)를 증진(增進)하여 인민자주(人民自主)의 신정신(新精神)과 신기풍(新氣風)을 함양(涵養)하는 것이 국가(國家)의 급선무(急先務)이며 호언장담(豪言壯談)하는 것은 국가(國家)의 경륜(經綸)에 추호(秋毫)의 이익(利益)이 없다."

---

192) 『협성회회보』, 제1권 제13호 (1898. 3. 26), 내보에 "중추원을 경장하여 의원들은 현직 없는 이들로 50명을 선거한다더라"는 귀절이 있다.

193) 中樞院來文(議政府存案), 光武二年 四月二十七日 中樞院照覆 第二十四號. 그간의 중추원 실태에 대하여는 다음을 참조할 것. 『독립신문』, 제3권 제89호 (1898. 7. 16), 논설, "2, 3年 이래로 中樞院을 쓰기는 불과시 政府의 한 벽장으로 누구든지 쓸 데 없으면 갖다 넣어 두었다가 쓸 때 되면 다시 꺼내어 쓰는 마을이 되어."

194) 『太陽』, 第4卷 第拾號 (1898. 5), 55面 참조.

195) 第25回 週間討論與 論題는 3月 27日에 決定된 것임.

고 현실적 불가론으로 반대하여 결정을 내리지 못하고 산회했다는 것이나.[196)]

결국 이상주의적 '완전 대의정체론(完全代議政體論)'[197)]이 현실주의적 수정론으로 동화된 것은 의원의 자격인 '민망있는 인물'을 독립협회 회원들과 동일시하는 가운데서 ① 입법권과 행정권의 기능적 분립론[198)]과 ② 국민 직선제의 하원 시기상조론(下院時機尚早論)이[199)] 독립협회 의회설립론의 핵심을 이루게 되었다는 점에서 알 수 있다. "의사와 경영과 방책을 의논하여 작정하는 마을"인 의회원(또는 의정원)과 "의회원에서 작정한 방책과 의사를 시행하는 마을"인 내각, 즉 입법권과 행정권의 분립을 통하여 정치적 기능의 분화·전문화·효율화와 권위의 합리화 및 다수 국민의 의사 반영과 이익 보장을 도모하는 입법 기관 내지는 정책결정 기관으로서의 의회 설립 주장이 양권(兩權)의 기능적 분립론의 내용이라 하겠다. 그러나 민망있는 인물에게 맡긴다는 것과 마찬가지로 "국중(國中)에 그 중 학문 있고 지혜 있고 좋은 생각 있는 사람들을 뽑는다"는 모호하면서도 자기중심주의적인 의원 선출 기준은 다음과 같은 국민 직선제의 하원 시기상조론과 직결된다.

(1) 하의원(下議院)이라 하는 것은 백성에게 정권(政權)을 주는 것이라 정권(政權)을 가지는 사람은… 지식과 학문이 있어서 이 권리(權利)만 알 뿐 아니라 남의 권리(權利)를 손상치 아니 하며 사사(私事)를 잊어버리고 공무(公務)를 먼저 하며 작은 혐의를 보지 않

---

196) 芙蓉生, "議食院 設立의 論,"『漢城通信』(1898. 4. 4. 電報發信).

197) 愼鏞廈, "獨立協會의 社會思想研究,"『韓國史研究』9 (1973. 3), 183面.

198) 『독립신문』, 제3권 제51호 (1898. 4. 30), 논설 참조.

199) 『독립신문』, 제3권 제98호 (1898. 7. 27), 논설 참조.

고 큰 의리를 숭상하여야 민(民)·국(國)에 유익한 정치를 시행할 지니 …

(2) 어느 나라든지 하의원(下議院)을 설시(設施)하려면 먼저 백성을 흡족히 교육하여 무슨 일이든지 총명하게 의론하며 대소 사무에 나라 일을 자기 일 같이 재미를 들이게 하여야 낭패가 없거늘…

(3) 자유니 민권이니 하는 것은 말도 모르고 혹 말이나 들은 사람은 아무렇게나 하는 것을 자유로 알고 남을 해롭게 하여 자기를 이롭게 하는 것을 권리로 아니 이러한 백성에게 홀연히 민권을 주어서 하의원을 설시하는 것은 도리어 위태함을 속(速)하게 함이라.

(4) 다만 독립협회에서 이번에 …의 일하듯이 우리 분내에 있는 권리나 지켜서…

이처럼 국민이 직선하는 하원 설립을 시기상조로 보면서도 양권 분립을 전제한 의회 설립을 주장하고 스스로의 정치적 역할을 강조하고 있다는 점에서, 공론 기관으로서의 자의식과 투철한 국민대표 의식을 기초로 하는 자기중심적인 상원의 의회상을 정립한 것임을 알 수 있다. 독립협회가 국민대표 의식을 바탕에 깔고 자임한 공론기관은 정당의 역할뿐만 아니라 의회의 역할을 자기화하는 데도 사용되었으며[200] 특히 공론기관으로서의 자의식을 다져준 주간 토론회가 "엄격하게 의회 통용 규칙을 시행"[201]하는 모의 국회의 성격을 지녔다는 사실은 정당과 의회를 복합한

---

200) 『독립신문』, 제3권 제23호 (1898. 2. 24), 논설 ; 『高宗實錄』, 卷三十七, 光武二年 七月九日條 및 同二十二日條, 前中樞院議官尹致昊等疏略 참조.

201) *The Independent* (December 3, 1896), Editorial. 서재필은 협성회에서의 시험 단계를 거쳐 독립협회의 주간 토론을 시작했으며 윤치호는 Henry M. Robert의 *Pocket Manual Rule of Order for Parliamentary Assemblies*를 번역한 "의회원 통용 규칙(議會院通用規則)"이란 책자를 발간하여 일반에게도 널리 보급하였다.

근대적인 역할 대행의 잠정성을 말해 준다. 이것은 과도저으로 분화되는 근대적 역할의 독점적 대행 의식의 결과라 하겠으나 두 가지의 역할을 동시에 충족시키는 제도화의 방향에서 문제의 해결을 모색한 것이 유사 의회 내지는 독립된 입법기관으로서의 중추원 개편 운동이라 하겠다.[202] 독립협회가 중추원이라는 기존 제도를 계승적으로 변용시키는 방향에서 입헌 대의군주 체제를 구축하는 입법 기능의 분화와 의회의 제도화를 성취시키고 의관 반수인 민선 의원의 단독 구성을 법제화함으로써 의회제도의 테두리 안에서 정당으로서의 지위를 합법화시키는 성공 단계에까지 가게 되었던 것이다.

---

202) 韓興壽, "獨立協會에 關한 硏究," 149-158面 참조.

VI

개구혁신(改舊革新)의 의지와 근대화 추진력

앞에서 대외적인 자주의 대내적 기초로서 제시된, 내실자강의 근대화 지향을 서로 유기적으로 연관되는 개명진보·국권자립·민권자수로 나누어 분석해 보았다. 이제 여기에서, 독립 상징물 건조 사업의 대중적 모금 활동과 강연 및 주간 토론회의 정기적인 공중 집회 활동, 그리고 이를 통하여 다져진 민중의 정치사회화와 세력화를 바탕으로 전개한 다양한 정치활동과 의회개설 운동을 거쳐 정부의 탄압에 대한 민중의 평화적인 시위·저항에 이르기까지 독립협회의 전반적인 활동 방향을 도약적인 발전으로 이끌어 준 이념적 '힘'의 소재를 두 가지로 지적할 수 있다.

하나는 지금까지의 분석에서 밝힌 바와 같이, 자주와 자강이라는 표리 일체적 양면성의 독립(가치포괄적 목표)을 달성하려는 동기 부여에서 창출된 이념적 원동력이다. 또한 지금부터 다루려는 다른 하나는 그와 같은 목표로서의 원동력을 개명진보·국권자립·민권자수의 대내적인 정책적 실천으로 기동화시켜준 유신·중흥이라는 개혁의지의 이념적 주진력이다. 대내적 차원에서 위정척사나 동도서기와 본질을 달리하게 되는 것이 체제의 개혁까지도 포함시키는 개신의지라 하겠거니와, 먼저 그 정당화 논거와 발전적 표상을 밝힌 후에 신·구 대조의 미래상과 사회심리적 효과를 파악해 보기로 하겠다.

1. 개신의지(改新意志)의 정당화 논거와 『유신(維新)』

　독립협회의 개신의지는 정치와 문화의 구조를 다원적·상대적·개별적 가치의 차원에서 변혁의 대상으로 인식하기 시작한 실학의 전통과, 그리고 개물사상을 매개로 실학과 연결되는 개화사상의 내면적 사회체제로서의 문화 변혁(변법)을 뜻하는 '이풍역속' 또는 '화민성속'의 인과론적 명제에 바탕을 두고 있다."[1] 물론 위로부터의 정치개혁을 앞세웠던 개화사상의 시행착오를 아래로부터의 문화 변혁으로 바로잡은 시범의 전기는 서재필의 '사회개량론'[2]에서 비롯된다. 그러나 독립협회가 개신의지의 정당화 논거로서 스스로의 사상적 계보를 앞세우지 않고 국시유신을 표방함으로써 정치적으로 인정받을 수 있는 근거로 삼은 것은 1894년 12월의 '독립서고(獨立誓告)'라는 역사적 계기이다. 이때 군주가 중외신민에게 포고한 '갑오윤음(甲午綸音)'에서

　　"…독립(獨立)의 실(實)은 내수(內修)에서 비롯되는지라. 그러므로 아독립(我獨立)을 공고(鞏固)케 하고자 할진대 진실로 숙폐(宿弊)를 교혁(矯革)하고 실정(實政)을 수거(修擧)하야 왕국의 부강을 도모함에 있나니 … 힘쓸지어다 백집사(百執事)와 무릇 선비들아 짐방(朕邦)이 수구(雖舊)하나 궐명(厥明)을 유신(維新)케 하나니라. 오호(嗚呼)라 너희 서민(庶民)이 실로 방본(邦本)이니 자주(自主)함도 유민(惟民)이며 독립(獨立)함도 유민(惟民)이라… 오직 너희 백성은 힘쓸지어다. 국(國)이 불부(不富)하며 병(兵)이 불강(不强)하면 비록 자주(自主)라 하고 독립(獨立)이라 하여도 그 실(實)이 불거(不擧)하나니라. 이제 아 자주 독립(我自主獨立)의 홍업

---

1)　本研究, Ⅲ-1·2 참조.
2)　『漢城新聞』, 1896年 1月 20日字 및 金道泰, 『徐載弼博士 自叙傳』(서울: 乙酉文化社, 1972), 207-249面 참조.

476

(鴻業)을 확건(確建)하고 너희 팔도유중(八道有衆)에게 탄고(誕告)하나니, 짐방(朕邦)이 수구(雖舊)하나 궐명(厥明)을 유신(維新)케 하나니라…"[3]

고 하여, 구폐와 내정의 개혁을 전제한 '짐방수구(朕邦雖舊)·궐명유신(厥命維新)'을 관인과 선비와 뭇 서민을 포함한 모든 국민에게 두 번씩이나 호소·강조하고 있다. 갑오개혁에 대한 반동으로 보수화의 경향이 가속화된 아관파천 후의 반개혁적 역사 상황 하에서,[4] 독립협회는 갑오개혁의 실효를 주체적으로 거두기 위한 개혁의지의 정당성을 이러한 '갑오윤음'에서 찾은 것이다.

이 때문에 독립협회는 '독립서고'와 건양 연호의 사용을 가리켜 "어시호(於是乎) 유신정략(維新政略)을 개량(改良)하며 독립 기본(獨立基本)을 공고(鞏固)케 하여 건양 연호(建陽年號)를 창립(創立)하였으니 의여성재(猗歟盛哉)라 동방사천년래(東方四千年來)로 초유초도(初有初覩)의 대역복(大歷服) 대공업(大功業)이라"[5]고 하면서 거기에다 초유의 위업으로서의 신기원의 역사성을 부여하고 있다. 또한 독립협회는 '독립서고'를 가리켜 "이는 곧 기명유신(其命維新)의 맹세라"고 하면서 그러한 신기원의 역사적 사명을 담당하는 민족 주체로서의 독립협회의 설립 목적과 성격을 부각시키고 나아가서는 스스로의 개혁의지를 정당화시키고 있다.[6] 왕조의 유신 천명이 정치적 위기를 타개하고 민심을 수습하려는 결단의 표명

3) 『高宗實錄』, 卷三十一, 甲午十二月 十三日條.

4) Editor "Reaction," *The Korean Repository* Ⅲ-8 (August, 1896), Editorial Department, pp. 334-336 참조.

5) 安明善, "北米合衆國의 獨立史를 閱하다가 我大朝鮮國獨立을 論함이라," 『大朝鮮獨立協會會報』 4 (1897. 1. 15), 7-8面.

6) 辛龍鎭의 "獨立協會論," 『大朝鮮獨立協會會報』 7 (1897. 2. 28), 12-13面과 "時局槪論," 同會報 18 (1897. 8. 15), 1-2面 참조. "聖上陛下 勵精圖治 洞察宇內大勢 確建獨立基礎 誓告宗社 聲明天下 此乃其命維新之會也."

이어서 결코 새로운 것은 아니다. 고종이 등극했을 때에도 조대비(趙大妃)의 전교로 발표되었고[7] 임오군란 직후에도 조칙으로 전국에 발표된 바 있다. [8] 그러나 '독립서고'와 '갑오윤음'은 개화 정책을 만개시킨 갑오개혁의 근대적 국가의식의 집약적 표현이기 때문에 독립협회의 자기정당화 논거가 된 것이다.

물론 '갑오윤음'에서의 표현 자체가 『시경』의 '주수구방 · 기명유신(周雖舊邦 · 其命維新)'[9]과 상응하는 것일 뿐 아니라 이것을 자기 정당화의 논거로 삼은 독립협회의 국시유신론(國是維新論)[10]도 근대적 진보로서의 개혁을 그러한 전통적 인식 준거의 바탕 위에 수용한 것임을 간과할 수 없다. 이 국시유신론에서 밝힌 유신의 전거가 『시경』의 '주수구방 · 기명유신' 이외에도 『주역』의 '일신지위성덕(日新之謂盛德)'[11], 『대학』의 '일일신 · 신민(日日新 · 新民)'[12], 『중용』의 '지신(知新)'[13], 『서경』의 '구염한속 · 함여유신(舊染汙俗 · 咸與維新)'[14] 등 대표적인 유학의 경전이거니

7) 『高宗實錄』, 卷一, 元年甲子 正月初十日條, 大王大妃傳敎 참조.

8) 『高宗實錄』, 卷十九, 壬午 七月二十日條, 諭八道四郡 참조.

9) 『詩經』, 大雅, 文王之什條, "文王在上 於昭于天 周雖舊邦 其命維新 有周不顯 帝命不時 文王陟降 在帝左右."

10) 辛龍鎭, "國是維新論," 『大朝鮮獨立協會會報』 16 (1897. 7. 15), 5-7面 참조.

11) 『周易』, 繫辭上傳, 第五章, "富有之謂大業 日新之謂盛德 生生之謂易."

12) 『大學』, 傳文, 新民條, "湯之盤銘曰 苟日新 日日新 又日新, 康誥 曰 作新民 詩曰 周雖舊邦 其命維新 是故君子 無所不用其極."

13) 『中庸』, 第二十七章, "故君子 尊德性而道問學 致廣大而盡精微 極高明而道中庸 溫故而知新 敦厚以崇禮."

14) 『書經』, 夏書, 胤征條, "火炎崑岡 玉石俱焚 天吏逸德 烈于猛火 殲厥渠魁 脅從罔治 舊梁汙俗 咸與維新." 이선근 박사는 "近代化의 起點問題와 1860年代의 韓國," 『韓國史時代區分論』(서울: 乙酉文化社, 1970), 171面에서 "高宗 甲子元年 正月十一日字 大王大妃의 傳敎 中에는…『咸興維新』하자고 강조… 따라서 大院君은 진실로 일본의 明治維新보다 四年이나 앞서서 이 나라의 「咸興維新」을 외치고 나선 것이 아니더냐"라고 주장하고 있으나 일본의 '明治'와 대응하는 의미로 '함흥(咸興)'을 풀이한 것이 착오임을 지적한다. 그것은 '함흥(咸興)'이 아니고 『서경』에 나오는 '함여(咸與)'이며 따라서 '모두 함께' 또는 '모두 참여'의 뜻으로 보아야 하기 때문이다. 『高宗實錄』과 『承政院日記』의 元年 甲子正月初十日條에는 물론 "…故以咸與維新之義"로 되어 있다.

와 이러한 고경(古經)에서 말하는 '신(新)'의 대지(大旨)를 '덕일신(德日新)'[15]으로 귀결 짓고 있기 때문이다. 그러나 그와 같은 고전을 바탕으로 하여 유신의 개념을 파악했다고 해서 그것이 곧 복고적 성향을 뜻하는 것은 아니다. 그것은 오히려 당시의 전환적인 역사 상황 하에서는 거부 반응을 최소화하면서 개혁의 인식을 새롭게 받아들일 수 있게 하는 터전이 되었으며, 독립협회는 그러한 유신 개념을 매개로 하여 근대적인 세계사적 질서에로의 체제 전환을 주체적으로 감당할 소지를 마련한 것이다.[16]

이와 같은 함의의 국시유신은 기존 체제를 급변하는 역사 상황에 맞도록 적응하게 함으로써 그 체제의 민족사적 정통성(독립)을 계속 유지 · 발전시키려는 변화수용적 체제적응 능력에 담겨진 개혁의지의 표상이다. 독립협회는,『시경』의 '주수구방'이나 갑오윤음의 '짐방수구'를 개혁해야 할 기존 체제로 본 것이며, '기명유신'이나 '궐명유신'은 그 체제가 새로운 변동 상황에 대응하는 능력을 갖추도록 개혁하려는 개신의지의 목적 의식으로 파악한 것이다.[17] 여기에서 일신하는 정부의 상이 표출된다.[18] 또한 서재필은 이러한 개혁의지의 실천 이념인 유신에 대하여

"나라를 사랑하고 백성을 구완할 뜻이 있으며 싫어도 구습(舊習)을 버리고 문명진보(文明進步)하는 학문을 힘쓰며 마음을 합하여 옳고 정직하고 공변되고 편리하고 실상(實相)으로 유리(有利)하고 자주독립(自主獨立)할 마음을 가지고 일을 하며 사사(私事)와 청(請)과 비루한 것과 완고한 뜻을 내어 버

---

15) 『書經』, 商書, 仲虺之誥條 참조.

16) 辛龍鎭, "國是維新論," 6面. "今日之天下 一上天新開時局也."

17) 독립신문, 제1권 제60호 (1896. 8. 20), 논설 "이왕 조선 경제와 의견과 풍속을 가지고 무슨일을 경영하는 사람은 다만 그 사람에게만 해가 있을 뿐이 아니라 조선에 큰 해가 있을 터이요 나라이 보존하기가 어려울 지라."

18) 독립신문, 제2권 제23호 (1897. 2. 25), 논설 참조.

려 나라를 속히 세계 속에 대접 받고 농·상·공무(農商工務)와 교육과 각 색 정치를 유신케 하는 것이 다만 나라만 보호할뿐 아니라 몸과 집을 보호 하는 양책(良策)…"[19]

이라고 하여, 그 대상 범도(對象範圖)를 다만 정치·법률·교육·산업에 만 국한시킨 것이 아니라 사회의 모든 부조리에 확대 적용했으며 그 목적 의식도 도덕적·규범적인 차원에서 뿐만 아니라 개인과 가정과 국가의 보호라는 공리적·세속적인 차원에서도 합리화시키고 있다. 이러한 유신 의 목적 의식 때문에 기존 체제를 새로운 변화에 적응시킬 방법론상의 문 제가 제기되는 것은 당연한 일이다. 따라서 새로운 상황 변화에는 부적응 적인 기존 체제의 모순과 부조리, 즉 『서경』에서 말하는 "예전에 물들어 더러워진 풍속"(舊染汗俗)에 대한 날카로운 비판의식이 과거에는 당연시 되었던 모든 요소에 쏠리게 된 것이다. 이와 같은 개신의지는 체제 개혁 을 능동적으로 수행하는 변화에의 대응 능력을 발전으로 파악하는 인식 논리를 바탕에 깔고 있다. "만일 광무2년에 앉아서 생각하기를 한 고조(漢 高祖)나 당 태종(唐太宗) 때 생각을 가지고 세상일을 하랴서는 만사(萬事) 에 해(害)를 볼 터이니"[20] 라고 한 것은 당시의 역사 변동에 능동적으로 대응하지 못하는 수구적 자세에 대하여, 실리적인 표현을 들어 발전에 역 행하는 퇴보로 규정한 것이라 하겠다. 개혁을 통하여 체제의 변화에의 대 응 능력을 높이려는 서재필과 독립협회를 주체적 개방과 근대적 진보의 표상인 '물새'로, 그리고 개혁에 반대하는 보수적 배타주의의 위정척사파 를 배타적 자주와 전통적 보수의 표상인 '우물 안의 개구리'로 비유한 『독 립신문』 논설의 물새와 개구리의 대화는 이 점을 더욱 분명하게 드러낸

---

19) 피졔 손, "동양론," 『大朝鮮獨立協會會報』 6 (1897. 2. 15), 12面.
20) 독립신문, 제3권 제5호 (1898. 1. 13), 논설.

다. 대화내용을 인용해 보면;

"물새 하나이… 한 샘에 들어가 개구리를 보고 하는 말이

그대가 적막한 우물 밑에 있어 세상이 어떠함을 알지 못하니 실로 한심하고 민망하도다. 네 나를 쫓아 우물 밖에 나오면 천지의 광활함과 일월(日月)의 명랑함과 산천(山川)의 수려함과 화초의 번성함을 역력히 구경할 것이오 또 이 더럽고 흉악한 곳을 버리고 나를 쫓아 나옴이 어떠하뇨.

개구리 대답하되

그대 말씀이 허황하고 오활하도다. 우리 조상으로부터 여러 세대를 이곳에 살아 역력도 많이 하고 풍상도 많이 겪었으되 일찌기 천지가 광활함을 듣지 못하였으며 당장에도 보거니와 하늘이 저렇듯이 적거늘 그대는 어찌하여 허탄한 말씀으로 인심(人心)을 요란케 하느뇨. 나는 자자손손(子子孫孫)이 이곳에서 생장하여 선조의 기업(基業)과 명현(明賢)의 율법(律法)을 지키어 문견(聞見)도 넉넉하고 문명개화(文明開化)하고 행락(行樂)이 자족(自足)하니 그대 말을 들을 리도 없고 믿을 것도 없도다.

물새가 개구리의 고집함을 보고 불쌍히 여겨 같이 구경 가기를 두세 번 간청하되 그 개구리 대노(大怒)하여 물새를 구축하며 물새를 꾸짖어 가로대

너는 이방(異邦)의 무지한 오랑캐로서 남의 지방에 공연히 들어와 허탄한 말과 괴이한 술법(術法)으로 사람을 유혹하여 조상의 세전(歲傳)하던 예법(禮法)을 고치게 하고 백성의 어리석은 마음을 고혹하게 하니 진실로 내 집의 원수요 사문의 죄인이라.

두 눈을 부릅뜨고 이리 뛰고 저리 뛰며 어서 바삐 가라하니 물새가 할 수 없이 다른 데로 날아가고 개구리는 여전히 더러운 개천 속에 있더라."[21]

---

21) 『독립신문』, 제3권 제6호 (1898. 1. 15), 논설.

여기에서 우리는 새로운 세계사적 질서에로의 적응과 개혁을 통한 변동에의 대응 능력을 촉구한 독립협회와 그리고 이를 이단시하고 개혁을 거부하며 전근대적 내지는 정통 유학적 질서를 고집하는 배타적 보수세력 사이에 가로놓여 있는, 전통적 역할과 혁신적 역할의 긴장과 단절 또는 비양립적 관계를 볼 수 있다. 그러나 보다 중요한 것은 배타적 보수세력이 안주하는 구질서를 일괄적으로 "이 더럽고 흉악한 곳" 또는 "여전히 더러운 개천 속"으로 상징함으로써 마땅히 개혁해야 할 '구염한속'의 총체로 의식했다는 사실이다.

결국 독립협회는 "구염(舊染)을 혁거(革去)하고 영명(永命)을 아속(迓續)하여 포상(苞桑)의 계(戒)를 존(存)하고 구공(九功)의 서(敍)를 동(董)하고 상행하화(上行下化)하면 기업(基業)이 반석(盤石)에서 공고(鞏固)하리"[22]라는 데서, 체제의 혁신을 통한 새로운 적응 형태로의 체제의 유지·발전 또는 민족사적 정통성의 계승·발전이라는 명제 설정을 가능하게 한 것이다. '개구혁신(改舊革新)'으로 함축된 이러한 방향 설정에서, 독립협회는 과거의 전근대적 유산으로서의 '구염'의 청산과 이에 대신할 새로운 근대적 요소의 대치를 동시성 요인으로 파악하고 있다.

이 때문에 독립협회는 기존의 사회적 폐습, 행정 체계와 수취 체제의 모순에서 야기되는 관리의 탐학(貪虐)·늑탈(勒奪)·농민과 서민의 생활을 곤핍하게 만드는 늑고(勒苦)·차대(借貸)·역량(役糧)과 족징(族徵)·이징(里徵) 및 허복(虛卜)·은결(隱結)의 폐단, 그리고 정치 기강의 이완을 뜻하는 분경지풍(奔競之風)·경알지습(傾軋之習)을 비롯하여[23] 개명 진보·국권자립·민권자수의 근대화 지향에 역행하는 기존체제의 정치

---

22) 獨立協會, "祝賀新年," 『大朝鮮獨立協會會報』 4 (1897. 1. 15), 1面.

23) 筆者未詳, "國家와 國民의 興亡," 『大朝鮮獨立協會會報』 11 (1897. 4. 30), 16-19面; 筆者未詳, "獨立論," 同會報 13 (1897. 5. 31.), 1-9面.

적·사회적·경제적 제 모순[24]을 청산해야 할 과거의 전근대적 유산으로서의 '구염한속(舊染汗俗)'으로 밝히고 있는 것이다.

오염의 과거를 청산해야 한다는 의식 자체가 새롭게 만들겠다는 의욕을 전제한 것이기 때문에, 청산해야 할 과거에 대치시킬 '새 것'에 대한 독립협회의 강렬한 욕구는 개구혁신으로 함축되는 유신이념의 당연한 귀결이라 하겠다. 물론 그러한 새 것 즉 혁신적 요소의 대안을 서구의 근대 문화에서 집중적으로 찾게 되었음은 개명진보의 근대화 지향에서 밝힌 바 있다. "신학(新學)을 박채(博採)하고 신법(新法)을 구심(究心)하며 태서(泰西)를 작지(灼知)"[25]해야 한다는 주장에서, 그러한 서구 문화에의 취향성은 말할 나위도 없거니와 학문도 신학(문), 제조법도 신(제조)법이라고 할 만큼 새 것(新)에 대한 자기실현 욕구를 드러내고 있다. 그러나 개신광(開新鑛)·광축신로(廣築新路)·굉제신기(宏製新器)·벽신여(闢新畬)·신은행(新銀行)·신선국(新船局)·신조폐(新造幣)·신우정(新郵政)·신전범(新典範)·신훈련(新訓練)·신재판(新裁判)·신인재(新人才)·신풍기(新風氣) 등의 표현에서[26] 보는 바와 같이 모든 것을 새 신(新)으로 이어주는 데 그친 것이 아니라, 과거와 현재에 집착하지 않고 미래를 내다보는 넓은 안목과 개선해 나가는 창조적 의지의 정신 자세를 강조함으로써[27] 창의와 쇄신의 의욕을 북돋고 있다.

---

24) 본연구 V-1·2·3 참조.

25) 辛龍鎭, "國是維新論," 6面.

26) 上同.

27) 『독립신문』, 제1권 제48호 (1896. 7. 25), 제1권 제74호 (1896. 9. 24), 논설 참조.

2. 개신의지의 발전적 표상과 『중흥(中興)』

독립협회가 이와 같은 개구혁신(改舊革新)의 의지를 사회적으로 긍정화시키는 발전적 표상으로 삼은 것이 '중흥(中興)'이다. 앞에서도 지적한 바 있지만, 발전에 대한 인식이 개혁 의지에 담겨져 있음은, 능동적인 체제의 개혁을, 격동하는 역사 상황에 대응하는 체제의 적응능력으로 본 데서 분명하거니와, 쇠잔하여진 국운을 다시 일으켜 세운다는 뜻의 중흥을 그러한 발전의 표상으로 삼음으로써 개혁 의지에 대한 사회적 긍정의 터전을 마련한 것이라 하겠다. 여기에서 우리는 유신을 중흥으로 이어주는 논리의 소재를 발견하게 된다.[28] 일찍이 박영효는 망명 중의 상소에서

"신(臣)이 계심(戒心)하고 발족(跋足)하여 기다리는 것은 오직 성조(聖朝)의 중흥(中興)입니다… 신이 이 뒤에서 대망(大望)하는 것은 일국(一國)의 경사(慶事), 이 경사에서 시작하여 경사가 나고 또 경사가 나서 무궁무진한 경사가 이어지는 일입니다. 신이 일국의 경사라고 말씀한 것은 다름이 아니오라 나라를 다스려 부강케 하고 백성이 믿어 안락하며 교화가 날로 새로워져서 상하가 막히지 않고 사람마다 생업을 얻어서 한 해가고 두 해 갈수록 천지와 더불어 함께 안식을 누리면 이것이 보령(寶齡)에서 시작되는 장구한 경사입니다. 국운이 쇠약하면 진흥시키고 백성이 피곤하면 보살펴 강건케 하며 기강을 경장하여 공사(公私)에 무범(無犯)케 하며 사람마다 각기 분수를 지켜 날로 새로워지고 또 새로워져서 일월(日月)과 같이 밝아지면 이것이 환후복상(患候復常)의 경사입니다."[29]

---

28) 安明善, "北米合衆國의 獨立史를 閱하다가 我大朝鮮國獨立을 論함이라," 7-8面 및 辛龍鎭, "國是維新論," 7面, "天命維新中興聲明."

29) 『日本外交文書』, 第21卷, 朴泳孝建白書, 293面.

라고 하여, 보민과 호국의 개화 목표를 경장(更張)과 일신우신(日新又新)의 개혁 정책으로 수행하는 것을 국가의 영속적인 경사(慶事)로 규정하고 그것을 중흥으로 모아주고 있다. 이러한 논리는 독립협회가 내세우고 있는 발전의 표상과 일치되는 것이다.

독립협회는 중흥의 논리를 국가의 차원과 국민의 차원으로 이원화시켜 적용한다. 혁신적 요소의 대안으로서의 서구 문화의 수용에 있어서, 국가의 차원에서는 선진적인 정치제도에 역점을 두어 "서구 각국의 분녕적 교화와 북미 연방의 합중적(合衆的) 제도를 수용(輸用)"할 것과 국민의 차원에서는 외국인의 정신문화적 소산에 역점을 두어 "라마 인종(羅馬人種)의 조직적 능력과 독일 인민의 자유적 권의(權義)를 효입(效入)"할 것을 주장하여 중흥의 전기로 이어주고 있다.[30] 이것은 정치 실제에 대한 인식에서도 마찬가지로 드러난다. "공사 간에 문 열어 놓고 마음을 열어 놓고 서로 의논하여 만사를 작정하고 컴컴한 것과 그늘진 것은 없애버리고 실상과 이치와 도리를 가지고 햇빛 있는 데서 말도 하고 일도 하는 것이 나라의 중흥하는 근본인 줄로 우리는 생각하노라"[31]라고 하면서 지난날의 비밀·막후·독단의 정치를 지양하고 공개 토의 정치를 하는 것이 누구나가 간절히 소망하는 국가 중흥의 근본임을 역설하고 있는 것이다. 그리고 법 위에 군림하여 자의로 천단(擅斷)하는 관인의 불법적 횡포를 막고 법치국가의 실현을 열망한 독립협회는 중흥을 앞세워 의정부의 법치 행정과 책임 정치의 필요성을 일깨우고 있다. 『독립신문』 논설에서

"우리가 이렇게 바라기는 다만 의정(議政)만 위해 그런 것이 아니라 조선 전국을 위하여 이 의정부에서 조선이 중흥이 되게 한 번 하는 것을 보고 싶

---

30) 筆者未詳, "國家와 國民의 興亡," 18面 참조.
31) 『독립신문』, 제1권 제37호 (1896. 6. 30), 논설.

고 또 그 의정부 의정과 찬정들이 모두 중흥하는 공신들이 되기를 바라노라"[32]

"의정부 회원이 된 이들은… 만일 일과 말을 공평하고 진보하는 길로 하거드면 어언간에 조선은 중흥이 될 터이니 나라 잘 되고 내 명예있는 일을 안 하는 사람은 병신일 듯하더라"[33]

고 한 것은 정부의 행정을 진보의 방향으로 묶어주는 사회적 공인의 발전적 표상으로 중흥을 활용한 것이라 하겠다.

독립협회는 중흥이라는 발전의 표상을 국민에게도 적용시키고 있다. 즉 불평만 하거나 수수방관하는 태도를 버리고, 자기의 소신과 주장을 남에게 설득하고 앞장서서 실천하는 적극적인 참여의 자세를 중흥으로 연결시키고 있다.[34] 이 때문에 독립협회는 "대한도 중흥하는 날은 인민이 나라 일을 자기 일들 같이 여기고 인민의 직무들을 하여야 중흥이 되지 지금같이 수수방관하던지 지각없이 논인장단(論人長短)할 지경이면 대한 중흥(大韓中興)하는 날이 더딜 터"[35]라고 하면서 국정에 대한 인민의 비판과 감독을 적극적으로 촉구하고 있다. 정동교회에서 열린 장로교와 감리교 신도들의 연합구국기도회(1897. 11. 21)를 가리켜, 기독교인의 중흥하는 자세라고 한 것도[36] 국민의 애국적인 참여 정신을 기동화(機動化)시

---

32) 『독립신문』, 제1권 제82호 (1896. 10. 13), 논설.

33) 『독립신문』, 제1권 제79호 (1896. 10. 6), 논설.

34) 『독립신문』, 제2권 제89호 (1897. 7. 29), 논설. "조선도 개명이 되어 천하에 동등국 행세를 하여 보고 싶은 생각들이 있는 사람들은… 자기들의 소견을 세상에 말하여 자기 소견과 다른 사람들을 아무쪼록 개유(開諭)하여 일이 잘되도록 하여 보는 것이… 나라의 백성된 직무도 될 터이요 그리하여야 나라이 규모가 있게 짜여 중흥하는 날이 있을 터."

35) 『독립신문』, 제3권 제33호 (1898. 3. 19), 논설.

36) 『독립신문』, 제2권 제140호 (1897. 11. 25). 잡보. "대한 인민이 속히 성교(聖敎)들을 믿어 일심(一心)이 되어 나라를 도와 중흥하게 하여야 할 터이요."

키는 데 뜻을 둔 것이라 하겠다. 이밖에도 독립협회는 "벼슬 아니고라도 의식을 넉넉히 버는 길을 열어 주는 것이 나라를 중흥케 하는 기초"[37]임을 밝혀, 해산자원 개발과 산업 개발의 필요성을 역설한 예를 볼 수 있다.

한편, 독립협회는 중흥의 정치지도자상을 특히 부각시키고 있다. 독립협회는 우리 국사상의 중흥 지도상을 문무겸전의 애국적 인간형 나아가서는 의기와 용맹의 실천적 인간형으로 규정하면서

> "대한사기(大韓史記)에 유명한 충신들은 충무공(忠武公) 이순신(李舜臣)씨와 조중봉(趙重峯)씨와 임경업(林慶業)씨의 사적들을 배워 그네들 하던 사업과 그네들이 가졌던 용맹을 본받거드면 대한도 중흥할 날이 있을터이요"[38]

라고 하여, 국사 교육을 강조할 뿐 아니라 국난 극복에 앞장섰던 이순신(李舜臣, 1545~1598)·조중봉[39](趙重峯, 1544~1592)·임경업(林慶業, 1594~1646) 등 국사상의 민족지도자들을 본받는 데서 중흥의 전기를 찾고 있다. 외국의 예로서는 "미국의 화성돈(華盛頓), 아국(俄國)의 피득라(彼得羅)와 같이 굴기(崛起)·영매(英邁)하고 영국의 배근(培根), 법국의 과륵패(戈勒貝), 덕국의 비사맥(裨士麥)과 같이 이혁(釐革)에 분발(奮發)"하는[40] 모범을 정치지도자상으로 제시하고 있다. 여기에서 러시아의 Peter 대제(1672~1725)나 영국의 Francis Bacon(1561~1626) 또는 프랑스의 Jean B. Colbert(1619~1683) 같은 인물도 등장하지만, 독립협회가 가장 많이 중흥의 정치지도자상으로 제시하고 본빝을 것을 강

---

37) 『독립신문』, 제2권 제62호 (1897. 5. 27), 논설.

38) 『독립신문』, 제3권 제28호 (1898. 3. 8), 논설.

39) 본명은 조헌(趙憲, 1544~1592)이며 중봉(重峯)은 그의 호이다. 『重峯東還封事』란 저서를 남긴 문신 학자로서 임진왜란 때에는 의병을 일으켜 왜적과 싸우다가 전사한 의병장이기도 하다.

40) 辛龍鎭, "國是維新論," 6-7面.

조한 외국의 정치인들은 미국의 George Washington(1732~1799),[41] 독일의 Otto von Bismarck(1815~1898),[42] 영국의 William E. Gladstone(1809~1898)[43] 등이다. 그러나 어느 경우에도 이들을 통치자나 지배자로 보지 않고 국운을 중흥시킨 정치지도자로 보았으며 국민의 단합된 지지와 참여가 밑받침이 되었음을 역설하였다는 데에 유의할 필요가 있다.

유신과 중흥은 개신의지의 양면이다. 체제의 개혁을 통한 체제의 발전적 유지에 목적 의식을 둔, 이와 같은 독립협회의 개신의지는 이원적인 사회 심리를 기조로 하고 있다. 하나는 과거에의 절망이며 다른 하나는 미래에의 낙관적 전망이다. 팽배한 위기의식의 대내적 동인 즉 근대화의 조류 앞에서 계속 확대되는 기존 체제의 모순과 부조리가 사회적 내지 개인적 불안의 진원으로 확인될 때, '구염한속'으로 집약되는 과거에의 절망은 유신의 전초적인 사회 심리의 바탕이 된다. 그러나 이러한 절망의 사회 심리를 체념으로 중화시키지 않고 미래에의 낙관적 전망으로 전위시킬 때 왕성한 역사 발전의 추진력이 작동된다는 사실을 간과할 수 없는 일이다. 이제, 독립협회가 유신의 결과로서 제시한 낙관적 전망의 중흥상을 들어 보기로 하겠다.

가장 포괄적으로 제시한 것은 "지치국체(至治國體)를 유신(維新)하여 중천(中天)의 해와 같이 찬연히 빛나게"[44] 될 때, "세계 각국의 발기(勃起)

41) 『독립신문』, 제2권 제125호 (1897. 10. 21), 제3권 제22호 (1898. 2. 22), 논설 및 安明善, "北米合衆國의 獨立史를 閱하다가 我大朝鮮國獨立을 論함이라." 7面 참조.

42) 『독립신문』, 제1권 제82호 (1896. 10. 13), 제2권 제46호 (1897. 4. 20), 제3권 제115호 (1898. 8. 16), 논설 참조.

43) 『독립신문』, 제1권 제82호 (1896 10. 13), 제2권 제46호 (1897. 4. 20), 논설 참조.

44) 安駉壽, "獨立協會序," 『大朝鮮獨立協會會報』 1 (1896. 11. 30), 3面.

속에 상등국"45)으로 올라서게 되고 따라서 "지금 구라파에 있는 여러 상
등국들과 동등국"46)이 된다는 것이다. 독립협회는 상등국이라는 표현으
로 당시의 구미 열강과의 동등한 지위의 국가를 미래의 자국상으로 제시
하고 있다. "금슬(琴瑟)을 경장하면 신조(新調)를 가(可)히 개(開)하나니
아독립일성춘뢰(我獨立一聲春雷)가 장차 사해에 진동하여 세계 이목을 경
(警)케"47)하리라는 데서 유신의 경이적인 결실을 소망스러운 미래로 이
어주고 있다. 그리고 이처럼 상등국과 동등국이 됨으로써 "아국(我國)으
로 세계상(世界上)에 부강지국(富强之國)이라는 명(名)을 선양(宣揚)케 하
며 아국민(我國民)으로 세계상에 대국지민(大國之民)이라는 명(名)을 비
약(飛躍)케"48) 하리라는 데서 민족적 자부심을 고양시키고 있다.

독립협회는 이러한 상등국으로 발돋움하는 근대사회의 중흥상을 "법
률이 공평하며 사·농·공·상이 흥왕(興旺)하며 각색 규칙과 장정이 먹
줄 같이 시행되는"49) 사회로 묘사하고 있다. 그리고 여기에서 반사되는
근대 법치국가로서의 사회상이 "법률과 장정과 규칙을 추호도 어김없이
시행하여 하향평민(遐鄕平民)이라도 능히 기와집을 짓고 비단옷을 입더
라도 그 사람을 죄 있기 전에는 세상없는 사람이라도 건드리지 못하는,"
말하자면 누구나 다 법 앞에 평등하고 자기 능력에 따라 유복한 생활을
향유할 수 있는 사회, 따라서 "아무리 학문 없는 백성이라도… 힘만 들이
면 기와집과 비단옷이 생길 줄 알고 제 힘껏은 다 벌랴고" 노력하는 사회
임을 독립협회는 밝히고 있다.50) 이와 같은 개혁 의지의 소망스러운 미래

---

45) 『독립신문』, 제2권 제22호 (1897. 2. 23), 논설 참조.
46) 『독립신문』, 제3권 제109호 (1898. 8. 9), 논설 참조.
47) 安明善, "北米合衆國의 獨立史를 閱하다가 我大朝鮮國獨立을 論함이라." 9面.
48) 筆者未詳, "國家와 國民의 輿亡," 19面.
49) 『독립신문』, 제2권 제89호 (1897. 7. 29), 논설 참조.
50) 『독립신문』, 제3권 제46호 (1898. 4. 19), 논설 참조.

사회상을 가장 총체적으로 제시하고 있는 것이 다음과 같은『독립신문』의 논설이다.

> "정부에서 정치도 마땅히 의논하고, 제조장(製造場)을 세워 각색 물화(物貨)를 제조하며, 장사하는 집이 동리마다 일어나 외국 물건을 수입하며 내국(內國) 물건을 수출할 줄 알고, 화륜선(火輪船)을 지어 각국에 조선 국기 단 상선과 군함이 바다마다 보이며, 국중(國中)에 철도를 거미줄 같이 늘어놓아 인민과 물화 운전(運轉)하기가 편리하게 되며, 도로와 집들이 변하여 넓고 정한 길에 공원지(公園址)가 골목마다 있고, 마차(馬車)와 전기 철도(電氣鐵道)들이 개미같이 왕래 하고, 백성이 무명옷을 아니 입고 모직과 비단을 입게 되며, … 국중에 법률과 규칙이 서서 애매한 사람이 형벌 당할 묘리도 없고, 약하고 무세(無勢)한 백성이 강하고 유세(有勢)한 사람에게 무리하게 욕볼 묘리가 없으며, 정부 관원들이 법률을 두렵게 여겨 협잡이 없어질 터이요, 인민이 정부를 사랑하여 국중에 동학(東學)과 의병(義兵)이 다시 나지 않을 터이요"[51]

이것은 개명진보와 국권자립 및 민권자수의 정책적 실현으로 집약될 수 있는 미래상의 제시라고 할 수 있다. 이와 같은 독립협회의 개신의지는, 유신을 중흥으로 이어줌으로써 "백도(百度)를 일신(一新)하면 약(弱)이 전환하여 강(强)이 되고 빈(貧)이 바뀌어 부(富)가 되며 위(危)는 변하여 안(安)이 된다"[52]는 이른바 전약위강(轉弱爲強)·화빈위부(化貧爲富)·역위이안(易危而安)이라는 과거와 미래의 대조적 관측을 매개로 역사 추진력을 작동시키고 있다. 과거를 약(弱)·빈(貧)·위(危)의 절망으

---

51) 『독립신문』, 제1권 제81호 (1896. 10. 10), 논설.
52) 辛龍鎭, "國是維新論" 7面.

로 보지만 거기에 머물지 않고 유신을 통하여 거둘 수 있는 강(强) · 부(富) · 안(安)이라는 중흥의 미래상을 제시함으로써, 약 · 빈 · 위의 절망을 벗어나려는 '변화에의 욕구'를 자극할 수 있었다고 하겠다. 그리고 이러한 '변화에의 욕구'가 대중운동 주체에 의하여 하나의 초점으로 취합됨으로써 고도의 대중 행동을 유발하게 된 것은 의심의 여지가 없다.

독립협회가 대중매체와 공중집회를 매개로하는 상징 조작과 감정 이입의 근대적 기교를 통하여 민중을 집결시키고 이들을 하나의 대중운동의 방향으로 이끌어 갈 수 있었던 추진력의 소재를 유신과 중흥의 양면성을 지닌 개혁 의지에서 찾을 수 있는 것이다. 물론 안팎에서 조여든 위기 상황을 주체적으로 극복하여 새로운 발전의 전기를 마련하려는 동기에서 대중 행동으로 고도화된 변화에의 욕구가 혁명을 유발할 가능성을 전적으로 배제하기는 어렵다고 하겠다. 다만 철저한 준법정신과 법치의식을 바탕으로 한 독립협회의 대중 활동에 그것을 일방적으로 적용하기 어려운 것은 어디까지나 독립협회의 행동원리가 비폭력직 · 평화적 진보주의에 기초한 '점진적 개량주의'[53]로 볼 수 있기 때문이다. 이것은 동학과 의병의 민중봉기적 동기를 긍정하면서도 관(官)의 불법에 대한 불법적 저항 방식을 부정한 데에서[54] 알 수 있다.

그렇다고 해서 독립협회가 혁명 자체에 대한 긍정적 인식을 결여했던 것은 아니다. 프랑스혁명을 전형적인 민권의 역사적 개가로서 높이 평가하면서도 그것을 가능하게 해 준 것과 같은 정치적 · 사회적 · 문화적 기

---

53) 柳永烈, "獨立協會의 民權思想硏究," 『史學硏究』 22 (1973. 6), 74面.
54) 『독립신문』, 제2권 제95호 (1897. 8. 12), 논설. "본래 일어난 까닭은 員(守令)의 不法한 일을 분히 여겨 일어나서 고을 안에 불법한 일이 다시 생기지 않도록 하자는 주의인데, 不法한 일을 저희들이 행하니 그것이 곧 匪徒라. 匪徒가 되거드면 亂民인즉 亂民은 法律上에 큰 罪人이라. 죄인을 고치려던 사람들이 罪人의 일들을 행하니 어찌 어리석지 아니하며 나라에 점점 더 못할 일이 아니리오."

반과 국내외적 여건이 당시의 한국 사회에서는 성숙되어 있지 못했다는 싱횡주의적 인식 때문에 결국 혁명 시기상조론을 앞세우게 되었던 것이다.[55] 그리고 이러한 인식은 민선제의 하원 시기상조론으로도 반사됨으로써[56] 혁명 자체는 긍정하되 그에 대한 자기 역할은 소극화시키려는 인식태도에서 민권론을 현실적으로 수정 제한하는 점진적 개량주의의 행동원리를 정립하게 되었다고 하겠다.

이처럼 제한적용적인 민권론을 개재시켜서 하원 및 혁명 시기상조론을 표출시키게 된 독립협회의 행동 원리는 기능적 관점에서 본다면 자체의 조직을 합법적으로 계속해서 유지하려는 목적 의식의 발로라고 할 수 있다. 독립협회의 결사 활동에 대한 간접적인 탄압의 위협은 1897년 8월경 러시아 세력과 결탁한 봉건 관리들이 『독립신문』을 폐간시키고 서재필을 추방하려는 움직임을 드러내기 시작하면서부터 비롯되었다.[57] 독립협회가 이러한 위협을 극복하고 내부 결속을 강화하기 위한 수단으로 삼은 것이 이 해 8월 29일부터 매주 정기 집합일(통상회)을 정해 두고 개최하게 된 토론회였으며 이를 계기로 정치 활동을 표면화시키기 시작한 것이 1898년 2월 20일의 통상회에서였다. 공론의 정당성을 내세워 상소 형식의 청원권 행사를 결의함으로써 막을 올린 독립협회의 정치 활동은 가두 연설, 군중 대회, 집단 시위와 같은 대중동원 방식에 의하여 정부에 대한 민중 통제의 효과를 제고시키게 되었다. 그러나 이러한 대중 행동의 급속한 진전에 따라 급진주의적 행동 성향이 노출되기 시작했다. 그 중에서도 초대 회장 안경수가 연루된 폐립음모사건(廢立陰謀事件)이나 '어핍

---

55) 『독립신문』, 제3권 제83호 (1898. 7. 9), 논설 참조.

56) 本書 164-167面 참조.

57) 『尹致昊日記』五 (國史編纂委員會, 1975), 80-81面; 『독립신문』, 제2권 제119호 (1897. 10. 7), 제2권 제150호 (1897. 12. 18), 논설; 『舊韓國外交文書』, 第十一卷(美案 2), 291-292面, 中樞院顧問 徐載弼 解雇의 件 (1897. 12. 13) 및 同上回答 (1897. 12. 14) 참조.

지존(語逼至尊)'의 이유로 긴급 구속된 회원 최정식(崔廷植)의 실언 사건 같은 것은 독립협회를 위험한 집단으로 모함할 수 있는 구실을 반대 세력에게 마련해 주었기 때문에 결사의 안전을 보장해 줄만한 행동 규범의 제시가 절실하였다.[58]

안경수의 폐립음모사건과 때를 같이하여 독립협회는 "세상일을 근심하는 사람들이 말하되 백여 년 전에 불란서에(서) 났던 민변(民變)이 대한에 날가 염려라 하나 대황제(大皇帝) 폐하께옵서 여정도치(勵精圖治)하시는 세계에 그런 변혁(變革)이 있을 리는 만무하거니와 혹 사세(事勢)를 자세히 모르는 이가 있을가 하야 대강 말하노니 법국(法國)의 그때 정형(情形)과 대한(大韓) 금일 사세를 비교하면 대단히 다른 것이 몇 가지라"[59]는 전제 밑에서 혁명 시기상조론을 폄으로써 이미 황국협회를 결성하여 대항의 자세를 조직화하기 시작한 보수세력의 독립협회에 대한 모함의 허구성을 객관적으로 논증하려 하였음을 알 수 있다. 독립협회가 정치 활동의 개시와 더불어 법질서를 자기규율화시킨 사법위원제와 경찰위원제의 기구 보강을 통하여 급진주의적 행동 성향에 제동을 가하고 단체 규율의 일탈 행위에 대한 통제력을 강화하게 된 것도[60] 조직을 합법적으로 유지하려는 데 목적이 있었음은 두말할 나위가 없다.

따라서 이러한 독립협회의 행동 규범은 민중의 지지 기반을 결여했던 비밀결사로서의 개화당의 전철을 되밟지 않으면서도 그 정통을 발전적으로 계승하기 위해서는 공개적인 대중결사로서 합법적으로 존립할 수 있는 정치적 공인이 계속 필요했다는 관점에서 수긍될 수 있다고 하겠다. 그러나 정치 활동이 격화될수록 변화에의 욕구에 의하여 고도화된 대중

---

58) 鄭喬, 『大韓季年史』上, 207-208面, 213-216面 참조.

59) 『독립신문』, 제3권 제83호 (1898. 7. 9), 논설 참조.

60) 『독립신문』, 제3권 제34호 (1898. 3. 22), 참조.

행동에의 의존도가 높아짐으로써 독립협회의 단체 규율과 대중 행동에 내한 통제력은 위축될 수밖에 없었다. 그리고 스스로 조직의 안전한 유지를 위하여 설정한 합법적 투쟁 방식과 이를 밑받침하는 제한적인 민권론의 적용은 조직의 존립을 근원적으로 위협하는 극한 상황에 직면하게 되었을 때 그것을 적극적으로 타개할 수 있는 자기 논리를 구축하지 못함으로써 민권의식의 한계를 드러낼 수밖에 없었다.

결론

1

 우리는 한국사의 근대적 전개 과정에서 근대 국가를 실현하기 위하여 요청된 근대화의 역사적 과제가 민중의 자각적 주체의식에 뿌리를 내린 자기혁신으로서의 반봉건적 진보와 자기방어로서의 반침략적 자주의 개혁운동임을 전제하였다. 그리고 국가간의 상호의존적 개방체제를 긍정하면서 이 두 가지의 역사적 과제에 담겨진 주권국가와 국민국가의 상을 하나의 사상체계로 통합시켜 준 근대화 지향적 민족주의의 대중적 발현이 한국 근대화의 발전적 전기 곧 적극적 대응으로서의 근대의 출발임을 상정하였다. 지금까지 대중적 민족운동의 결사적 집단활동에 적용된 독립협회의 정치이념을 세 가지의 유기적인 틀로 분석해 본 것은 거기에서 그러한 발전적 전기를 구명하기 위함이었던 것이다.

 먼저 거시적인 역사적 전망에 대한 개괄적인 관찰을 통하여, 전통체제의 테두리 안에서 자생적 근대화의 능력을 내재적으로 준비한 전통적 과도기와 근대화의 시도를 계기적(繼起的)으로 축적한 근대적 과도기의 단계적인 역사 발전이 전진적으로 이어짐으로써 그러한 전기의 개연성이 마련되었음을 파악할 수 있었다. 특히 개물사상을 매개로 전통적 과도기의 실학과 연결된 근대적 과도기의 개화사상은 부단한 자기실현의 역사적 도전과 시행착오를 거쳐 독립협회의 정치이념으로 이어짐으로써 이념형으로서의 논리적 발전을 체현하게 되었음을 알게 되었다.

우리는 근대적 과도기의 발전적 위기 상황에 주체적으로 대응한 근대 민족주의의 원류를 네 가지 이념형의 사상체계로 보았다. 대외적 차원과 대내적 차원을 복합시킨 분석 도식에 따라 추출해 낸 것이 자주적 배타와 전통적 보수의 위정척사, 자주적 배타와 근대적 진보의 동학, 주체적 개방과 전통적 보수의 동도서기, 그리고 주체적 개방과 근대적 진보의 개화사상이었다. 일차적으로 비교 분석의 기준을 명시하는 데 뜻이 있었던 이러한 이념형의 개념 도식에 의거하여 지적할 수 있는 것은 전통성과 근대성이 혼재되었던 개화기의 과도기적 역할 분화를 사상적으로 반영한 이 네 가지의 기본 원류가 근대 민족주의로서 기능할 수 있었던 공통적 기반은 대외적 차원에서만 발견된다는 사실이다. 다시 말해서 자주적 배타로서거나 주체적 수용으로서거나 간에 대외적 차원에서 민족 보전의 길을 모색했다는 점에서만 네 가지의 사상체계가 민족주의의 속성을 지니는 것이다. 이것은 전반적으로 반봉건보다는 반침략에 더 주력할 수밖에 없었던 대외적 위기의 절박성 때문이라 하겠거니와 그만큼 한국의 민족주의를 생성시킨 동인으로서 대외적 모순이 차지한 비중이 컸다고 하겠다. 그러나 다른 한편으로는, 상기 사상체계가 시간의 흐름과 상황의 변화에 따라 각기 어느 한 가지 차원의 공통 기준에 의거하여 다른 차원에로의 발전이나 상호간의 침투 및 접근이 가능했기 때문에 3·1운동의 거족적인 민족의식 통합이 이루어질 수 있었음을 밝히기 위한 가설 설정에도 뜻이 있었다. 개화기의 과도기적인 한계 상황이나 대외적으로 더욱 절박했던 위기 상황의 특수성에 비추어 각기 수행한 민족 보전의 역사적 기능만을 긍정하게 되는 것이지만 아울러 자기수정적인 사상 변용을 통한 근대민족주의에로의 합류화(合流化) 가능성에 유의할 수 있기 때문이다.

결국 한국 근대사도 새로운 세계사적 질서에로의 능동적인 진입 과정이며 근대화를 지향하는 한민족의 주체적 자기발전의 역사라는 관점에서, 자주와 진보를 하나로 묶어주는 근대화 지향적 민족주의의 표준형이 이념형으로서의 개화사상임을 확인하였다. 각기 사상적 계보가 다르고 또한 서로의 소통을 가로막는 인식의 장벽이 여전했지만, 대내외적 모순을 무릅쓰면서 우회적 발전을 계속하는 가운데 주체적 개방이나 근대적 진보에로의 접근이 개별적으로 시도됨으로써 점차 민족의식의 공통 기반은 넓혀지고 있었기 때문이다. 부분적으로나마 위정척사는 동도서기로 기울거나 동학과 제휴했고, 또한 동도서기는 개화사상에 흡수되었으며, 동학의 자주적 배타는 주체적 개방으로 옮겨 갔으며, 독립협회로 이어진 개화사상은 동학의 진보지향적 동기와 의병의 자주지향적 동기를 긍정하는 입장에 있었던 것이다.

물론 1895년 전후의 이와 같은 사상적 추이는 1910년대에 본격화되었던 민족의식 통합의 전조에 불과했다고 하더라도, 근대화의 방향에서 대내외적 모순에 대응한 주체적 개방과 근대적 진보의 조화적 통합, 즉 이념형으로서의 개화사상의 독자적 체계화가 독립협회의 정치이념에서 이룩되었음을 간과할 수 없다. 이것은 독립협회의 정치이념이 갑오개혁의 친일·개화에 대한 두 가지의 반작용, 즉 반일·반개화라는 재야 수구세력의 자주적 보수반동화와 그리고 친러(親露)·반개화(反開化)라는 보수 집권세력의 침략 외세와의 봉건적 결탁에 제동을 가하고 상황적으로 대응하는 정치의식을 촉진시켰다는 데서 파악된다. 뿐만 아니라 갑오개혁의 근대화 지향을 고수하면서 거기에 담겨진 개화사상의 제약성, 즉 외세의 강압적인 내정 간섭을 앞세운 개화의 비자율성과 민중을 도외시한 위로부터의 일방적 개혁의 하향성을 극복하고, 국민 대중의 자각적인 개혁

의지와 능동적인 참여를 통하여, 민족주체의식에 저초한 적극적 대응의 상향식 개혁을 도모했다는 데서도 알 수 있다.

2

이처럼 갑오개혁의 주체적 계승에 의하여 개화사상의 논리적 발전을 체현한 독립협회의 정치이념은 Ⅳ장에서 밝힌 바와 같이, 근대 주권국가로서의 자존 의욕의 표상일 뿐만 아니라 독립협회 스스로의 결사 활동을 정당화시켜준 정치교의적 상징이기도 한 독립을 가치포괄적 목표로 설정한 근대 민족주의의 이념상이 그 요체를 이루었다. 외연의 자주와 내포의 자강이라는 표리일체적(表裏一體的) 양면성의 독립 개념을 매개로, 대외적 모순에서 발단된 위기 의식을 국민적 단합과 구국의지의 활력소로 삼고 자주의 주체를 전체 국민에게로 귀일(歸一)시킴으로써 국민국가의 건설을 촉구했으며 대외적인 자주의 욕구 실현을 안으로 향한 내실자강에서 찾았다. 이 때문에 대외적 모순에 부정적으로 반발하지 않고 그것을 대내적 발전의 결기로 삼는 자강의 민족주의를 정립할 수 있었다. 이러한 독립협회의 민족주의가 근대화의 원동력이었을 뿐만 아니라 민중적 발현이었음은 민중적 결사로서의 집단활동의 실천적 성과와 결부시켜 파악한 Ⅴ장의 자강실책론(自强實策論)을 통하여 밝힐 수 있었다. 다시 말해서 독립의 기초 확립을 모색하는 목표 실현을 위한 정책론에서 독립의 하위 개념으로 추출할 수 있었던 것이 상호 불가분 관계의 개명진보(開明進步)·국권자립(國權自立)·민권자수(民權自修)라는 내실자강(內實自强)의 근대화 지표였다. 근대화 지향적인 민족주의의 목표를 실현하려는 동기에서 설정된 이 세 가지의 지표는 대내외적 모순에 대한 동시적 해결과 유기적 대응 방법의 제시를 가능케 한 것이다.

첫째, 개명진보의 지표는 문화적 전통의 선택적 계승과 민족문화의 새로운 전통수립을 전제로 자기갱신의 주체적 발전사관을 정립한 바탕 위에 근대 문명과 신학문을 능동적으로 수용함으로써 공리적·과학적·민주적 사고 행태를 민중의 주체적 진보 의식으로 확산시켜 주었다. 교육자강(敎育自强)·후민생(厚民生)·합리적 사회발전으로 집약된 이러한 개명진보의 지표는 근대의식의 대중화에 의하여 아래로부터의 문화 변용(文化變容)과 상향적 개혁의 체현을 통한 시민사회의 실현은 물론 국권자립과 민권자수의 논리적 바탕을 다져 주었던 것이다.

둘째, 주체적 개방을 전제로 제국주의적 침략이라는 열강의 부정적 측면에 능동적으로 대응한 국권자립의 지표는 배타주의에 기울었던 종래의 자주의식을 개방체제 지향의 근대화 방향으로 전환시켜 개화사상의 논리적 발전을 이룩하였다. 국제질서에 대한 개별국가 중심주의의 근대적 인식과 국제적 긴장에 대한 현실주의적 상황 판단 하에서 주권국가로서의 자립 의욕을 정책적으로 구현했기 때문이다. 이것을 밑받침해 준 것이 특정 강대국 일변도의 의존 외교 지양과 열강 상호 견제의 능동적 주도를 제시한 등거리 평등 외교론, 영토 보전의 자위책과 군사권 자립·군비확장·강병안보책(强兵安保策)을 제시한 자주국방론, 그리고 국민 생업의 보호와 민부국강(民富國强)을 위한 내외자(內外資) 동원의 산업개발정책과 재정권·금융권·각종경제이권에 대한 외세의 침탈 방지책을 제시한 자립경제론이었다.

셋째, 군주체제의 기존성을 전제한 민권자수의 지표는 천부인권론과 국민주권론을 법치주의의 입헌적 규범과 결합시킴으로써, 기본적 인권의 자위적 수호에 대한 집단적 각성과 국민 참정에 대한 동기 부여를 통하여 국민국가 내지는 법치국가의 실현을 지향한 입헌군주체제의 방향 설정을 굳혀 주었다. 그리고 언론·출판·집회·결사의 자유와 반대·비판·저항의 자유를 앞세워, 공중 토론과 다수결에 의한 중의(衆議)의 정책적 반영과 중의에 근거한 민중의 집단적인 정부 통제를 정당화시켰으며 입헌군주체제를 지향하는 중의 정치의 실체를 정당정치와 대의정치에서 찾았다. 정당 부재의 정치제도 외곽에서 군주의 절대권과 집권 세력의 자의적 정부 운영을 견제하는 반대당의 기능을 스스로의 정치 활동에 통용시킨 정당정치론과 그리고 입법권·행정권의 기능적 분립론과 국민직선제의 하원 시기상조론을 핵심으로 한 상원 중심의 의회설립론이 그것이다. 이 것은 공론 기관으로서의 투철한 자의식과 국민대표 의식에 바탕하여, 정당과 의회의 역할을 모두 독점하려는 태도의 반영이었다. 그러나 입헌대의군주체제의 제도화로 두 가지 역할의 동시적 충족 방법을 모색한 것이 의관반수(議官半數)의 민선 의원을 단독 구성하여 정당의 지위를 합법화시키려 한 입법기관으로서의 중추원 개편운동이었다.

독립의 목표달성을 위한 정책적 모색을 통하여 표출된 이상 세 가지의 근대화 지표, 즉 개명진보와 국권자립 및 민권자수는 독립협회의 정치이념이 시민사회·국민국가·법치국가의 실현으로 주권국가의 자존 의욕을 성취하려는 근대화 지향적 민족주의의 이념 정립이었으며, 오늘로 이어지는 근대 한국민족주의의 좌표 설정이었음을 뜻한다.

뿐만 아니라 그러한 지표가 전근대적 질서를 극복하기 위한 근대적 질서의 독자적 구축을 의미하기 때문에, 체제의 개혁에 의한 체제의 유지를 도모하는 개혁의지의 활성화를 통하여 근대화의 추진력을 작동시키게 되었음은 Ⅵ장에서 밝혔다. 이러한 개신의지의 정당화 논거가 유신이었으며 그 발전적 표상이 중흥이었다. 과거에의 절망을 체념으로 중화시키지 않고 유신의 결과로 거두어질 중흥의 미래상을 제시함으로써 변화에의 욕구를 자극하게 되었고, 그것을 민중동원 주체로 취합시킴으로써 고도의 민중 행동을 유발하게 되었다고 하겠다. 이것은 개신의지의 민중적 발현을 촉진시켜 준 이념적 기능을 뜻한다.

　이처럼 가치포괄적 목표와 목표 실현 방법 및 개신의지라는 세 가지 틀로 분해하여 밝힌 바와 같이, 독립협회의 정치이념은 진보·자립·민권의 조화적 통합과 유신·중흥의 개신의지를 통하여 자주·자강의 독립목표를 추구함으로써 주권국가와 국민국가로서의 근대 국가의 상을 모색한 근대화 지향적 민족주의의 민중적 발현이었다는 결론에 도달하게 된다. 따라서 독립협회의 정치이념에서 비롯되는 한국 근대화의 발전적 전기, 다시 말해서 적극적 대응으로서의 근대의 출발을 파악하게 된다. 물론 끊임없는 자기갱신의 주체적인 발전사관 위에서 근대화를 추구했던 독립협회의 대중적 민족주의가 외세와 영합한 보수 집권세력의 탄압을 극복하지 못했다는 점에서는 그 역사적 한계성을 지적할 수 있다. 그러나 전통 체제의 지속적인 구심 작용 하에서 전근대적 질서에 대항할 수 있는 근대적 질서의 민중적 기반 구축을 이루었다는 점에서 그 역사적 의의를 높이 평가할 수 있겠다. 그리고 나아가서는 특정 정치집단의 정치교의적(政治敎義的) 성격을 감안하더라도, 치자와 피치자를 공동의 목표로 이끌어 주는 민족지도원리로서의 근대 한국민족주의의 기본 방향을 독립협회의 정치이념에서 찾을 수 있을 것이다.

| 참고문헌 |

1 | 단행본

姜志元.『近代朝鮮政治史』. 서울: 大學生活社, 1950.

國史編纂委員會.『東學亂記錄』上 · 下. 서울: 삼일인쇄주식회사, 1959.

_____.『尹致昊日記』4-5. 서울: 探求堂, 1975.

金義煥.『義兵運動史』. 서울: 博英社, 1974.

金道泰.『徐載弼 博士 自敍傳』. 서울: 乙酉文化社, 1972.

金龍德.『韓國史의 探求』. 서울: 乙酉文化社, 1974.

金雲泰.『朝鮮王朝行政史 近世篇』. 서울: 乙酉文化社, 1970.

東亞日報社 편.『近代韓國名論說 33編集』.『新東亞』, 1966年 1月號 別册附錄.

文一平.『湖岩全集』3. 서울: 朝鮮日報 出版部, 1939.

閔泰瑗.『甲申政變과 金玉均』. 서울: 國際文化社, 1947.

白南雲.『朝鮮社會經濟史』. 서울: 改造社, 1933.

白世明.『東學經典解義』. 서울: 日新社, 1963.

서울大學校 東亞文化研究所 編.『韓國學』. 서울: 玄岩社, 1972.

愼鏞廈.『獨立協會研究』. 서울: 一潮閣, 1976.

李光麟.『韓國開化史研究』. 서울: 一潮閣, 1970.

李克燦.『政治學』. 서울: 法文社, 1969.

李基白.『民族과 歷史』. 서울: 一潮閣, 1972.

李瑄根.『韓國史』現代篇. 서울: 乙酉文化社, 1964.

李承晚.『獨立精神』. 國際聯合承認記念版, 1946.

全錫淡.『朝鮮史教程』. 서울: 乙酉文化社, 1948.

_____.『朝鮮經濟史』. 서울: 博文出版社, 1949.

鄭 喬.『大韓季年史』上. 서울: 宇鍾社, 1957.

鄭寅普.『薝園國學散藁』. 서울: 文教社, 1955.

趙璣濬.『韓國經濟史』. 서울: 日新社, 1962.

趙恒來.『開港期對日關係史研究』. 서울: 螢雪出版社, 1973.

趙芝薰.『韓國文化史序說』. 서울: 探求堂, 1968.

車基璧.『近代化政治論』. 서울: 博英社, 1969.

車河淳.『歷史와 知性』. 서울: 探求堂, 1973.

千寬宇.『韓國史의 再發見』. 서울: 一潮閣, 1974.

崔東熙 역.『東學經典』. 서울: 日新社, 1961.

崔濟愚.『束經大典』. 서울: 乙酉文化社, 1973.

崔昌圭.『近代韓國政治思想史』. 서울: 一潮閣, 1972.

_____.『韓國의 思想』. 서울: 瑞文堂, 1973.

崔虎鎭.『韓國經濟史』. 서울: 博英社, 1966.

韓國經濟史學會 編.『韓國史時代區分論』. 서울: 乙酉文化社, 1970.

韓國思想研究會 編.『韓國思想叢書』III. 서울: 景仁文化社, 1973.

韓㳓劤·金哲埈.『國史概論』. 서울: 明學社, 1954.

韓㳓劤.『韓國通史』. 서울: 乙酉文化社, 1970.

洪淳昶.『韓末의 民族思想』. 서울: 探求堂, 1975.

姜在彦.『近代朝鮮の思想』. 東大: 紀伊國屋書店, 1972.

_____.『近代朝鮮の變革思想』. 東京: 日本評論社, 1973.

金榮作.『韓末ナショナリズムの研究』. 東京: 東京大學出版會, 1975.

旗田巍.『朝鮮史』. 東京: 岩波書店, 1970.

渡部學 編『朝鮮近代史』. 東京: 勁草書房, 1973.

島田虔次.『朱子學と陽明學』. 東京: 岩波書店, 1974.

山邊健太郎.『日本の韓國併合』. 東京: 太平出版社, 1973.

李清源.『朝鮮社會史讀本』. 東京: 白楊社, 1936.

朝鮮史研究會·旗田巍 編.『朝鮮史入門』. 東京: 太平出版社, 1973.

竹內好 編『現代日本思想大系 9:アジア主義』. 東京: 筑摩書房, 1973.

Apter, David E. *The Politics of Modernization*. Chicago: The Univ. of Chicago Press, 1969.

Balandier, Georges. *Anthropologie Politigue*. Paris: PUF, 1968.

Kautsky, John H. *The Political Consequences of Modernization*. New York: John Wiley and Sons, 1972.

Lerner, Daniel. *The Passing of Transitional Society: Modernizing the Middle East*. N.Y.: The Free Press, 1958.

McClelland, David. *The Achieving Society*. New Jersey: Van Nostrand, 1961.

Palais, James B. *Politics and Policy in Traditional Korea*. Cambridge: Harvard Univ. Press, 1976.

Sohn Pow-key. Kim Chol-choon and Hong Yi-sop. *The History of Korea*. Seoul: KNC for UNESCO, 1970.

Tullis, F. LaMond. *Politics and Social Change in Third Countries*. New York: John Wiley & Sons Inc., 1973.

2 | 논문 및 논설

高柄翊. "韓國近代化의 起點問題." 歷史學會 編. 『韓國史의 反省』. 서울: 新丘文化社, 1973.

金敬泰. "불평등조약 改正交涉의 전개: 1882년 전후의 對日民族問題." 『韓國史研究』 11 (1975. 11).

金炳翼. "開化時代史 연구활발." 『東亞日報』, 1973年 2月 6日字.

金柄夏. "俞吉濬의 經濟思想." 『東洋學』 4 (1974. 10).

金庠基. "東學運動의 歷史的 意義." 韓國思想研究會 편. 『韓國思想叢書』 Ⅲ. 서울: 景仁文化社, 1973.

金泳鎬. "韓末西洋技術의 受容." 『亞細亞研究』 31 (1968. 9).

_____. "侵略과 抵抗의 두 가지 樣態." 『新東亞』 (1970. 8).

_____. "開化思想." 『韓國現代史 6: 新文化 100年』. 서울: 新丘文化社, 1971.

_____. "實學과 開化思想의 聯關問題." 『韓國史研究』 8 (1972. 9).

金玉均. "甲申日記." 閔泰瑗. 『甲申政變과 金玉均』. 서울: 國際文化社, 1947.

_____. "巨文島事件에 대한 上疏." 東亞日報社 編. 『近代韓國名論說 33篇集』 (『新東亞』, 1966. 1. 別册附錄).

金龍德. "朱子學的 民族主義論." 歷史學會 편. 『韓國史의 反省』. 서울: 新丘文化社, 1973.

金容燮. "甲申 · 甲吾改革期 開化派의 農業論." 『東方學志』 15 (1974. 12).

金義煥. "東學思想의 歷史的 背景." 韓國思想研究會 편. 『韓國思想叢書』 Ⅲ. 서울: 景仁文化社, 1973.

南舜熙. "地理人事之大關." 『大朝鮮獨立協會會報』 7 (1897. 2. 28).

南下學農齊主人. "農業問答." 『大朝鮮獨立協會會報』 5 (1897. 1. 31).

獨立協會. "祝賀新年." 『大朝鮮獨立協會會報』 4 (1897. 1. 15).

東海牧者. "養鷄說." 『大朝鮮獨立協會會報』 6 (1897. 2. 15.).

瑪高溫. "有益之樹易地遷栽 · 向日葵之用 · 城市多種樹木之益." 『大朝鮮獨立協會會報』 3 (1896. 12. 31).

朴性根. "獨立協會의 思想的 硏究." 『韓國史學論叢』. 서울: 新丘文化社, 1969.

朴成壽. "舊韓末 義兵戰爭과 儒教的 愛國思想." 『大東文化硏究』 6 · 7집 (1970.12).

朴泳孝. "建白書." 『日本外交文書』 第21卷. 東京: 日本國際聯合協會, 1963.

_____. "開化에 대한 上疏." 『近代韓國名論說 33篇集』 (『新東亞』, 1966.1. 別冊附錄).

朴鍾鴻. "韓國의 哲學." 서울大 東亞文化硏究所 編. 『韓國學』. 서울: 玄岩社, 1972.

本會員. "頌 獨立協會." 『大朝鮮獨立協會會報』 1 (1896. 11. 30).

徐載弼. "回顧 甲申政變." 閔泰瑗. 『甲申政變과 金玉均』. 서울: 國際文化社, 1947.

辛龍鎭. "獨立協會論.' 『大朝鮮獨立協會會報』 7 (1897. 2. 28).

_____. "國是維新論." 『大朝鮮獨立協會會報』 16 (1897. 7. 15).

_____. "時局槪論." 『大朝鮮獨立協會會報』 18 (1897. 8. 15).

_____. "芻說." 『大朝鮮獨立協會會報』 18 (1897. 8. 15).

慎鏞廈. "獨立協會의 社會思想研究." 『韓國史研究』 9 (1973. 3).

申一澈. "韓國의 近代化와 崔水雲." 韓國思想研究會 편. 『韓國思想叢書』 Ⅲ. 서울: 景仁文化社, 1973.

申采浩. "地動說의 效力." 『丹齊申采浩全集補遺』. 서울: 螢雪出版社, 1975.

安駒壽. "獨立協會序." 『大朝鮮獨立協會會報』 1 (1896. 11. 30).

安明善. "北米合衆國의 獨立史를 閱하다가 我大朝鮮 獨立을 論함이라." 『大朝鮮獨立協會會報』 4 (1897. 1. 15).

安昌善. "教育의 急務." 『大朝鮮獨立協會會報』 7 (1897. 2. 28).

梁弘默. "協成會序." 『協成會規則』 (1896. 12).

柳永益. "甲吾更張을 위요한 日本의 對韓政策: 甲吾更張他律論에. 대한 수정적 비판." 『歷史學報』 65 (1975. 3).

柳永烈. "獨立協會의 民權思想研究." 『史學研究』 22 (1973. 6).

李光麟. "徐載弼의 독립신문刊行에 대하여." 『震壇學報』 39 (1975. 4).

李光洙. "朴泳孝氏를 만난 이야기." 『李光洙全集』 17. 서울: 三中堂, 1962.

李光淳. "水雲先生과 來學創道. 韓國思想研究會 편. 『韓國思想叢書』. 서울: 景仁文化社, 1973.

李瑄根. "近代化의 起點問題와 1860年代의 韓國." 韓國經濟史學會 편. 『韓國史時代區分論』. 서울: 乙酉文化社, 1970.

_____. "東學運動과 韓國의 近代化." 韓國思想研究會 편. 『韓國思想叢書』 Ⅲ. 서울: 景仁文化社, 1973.

李用熙. "韓國民族主義의 諸問題." 『國際政治論叢』 6. 韓國國際政治學會, 1967.

李廷植. "韓國政治權力構造論序說." 『東國人論文集』 (1967).

李洪九. "韓國民族主義研究序說: 開化期民族意識을 中心으로." 文教部研究報告書 (1974.10).

田鳳德. "徐載弼의 法律思想." 『韓國史研究』 10 (1974. 9).

鄭萬得. "開化期歷史意識의 類型." 『東西文化』 4. 大邱: 啓明大學 東西文化研究所, 1970.

趙璣濬. "韓國史에 있어서의 近代의 性格." 韓國經濟史學會 編, 『韓國史時代區分論』. 서울: 乙酉文化社, 1970.

曹佐鎬. "아시아적 官人支配의 韓國的 傳統." 歷史學會 編. 『韓國史의 反省』. 서울: 新丘文化社, 1973.

池錫永. "桑蠶問答." 『大朝鮮獨立協會會報』 6 (1897. 2. 15).

車基璧. "民族主義의 政治思想." 『韓國思想』 13 (1975. 12).

車河淳. "時代區分의 理論的 基礎." 『歷史學報』 45 (1970).

千寬宇. "韓國史上의 中世·近代의 界線." 韓國經濟史學會 編. 『韓國史時代區分論』. 서울: 乙酉文化社, 1970.

_____. "韓國實學思想史." 『韓國文化史大系 6: 宗教·哲學史』. 서울: 高大民族文化研究所 出版部, 1970.

_____. "韓國史를 어떻게 볼 것인가." 『知性』 (1972. 3).

崔東熙. "東學의 基本想想." 韓國思想研究會 編. 『韓國思想叢書』 III. 서울: 景仁文化社, 1973.

崔昌圭. "義兵運動을 통해서 본 民族意識의 成長過程." 『韓國政治學會報』 3 (1969. 12).

_____. "韓民族의 自主意識." 『新東亞』 (1970. 3).

_____. "韓國의 政治法制.' 서울大 東亞文化研究所 編. 『韓國學』. 서울: 玄岩社, 1972.

秋憲樹. "臨政과 三均主義에 關한 小考." 『교육논집』 6. 서울: 연세대학교 교육대학원, 1973.

팔레이스, 제임스. "李朝時代의 安定." 亞研 韓國研究室 編. 『韓國의 傳統과 變遷』. 서울: 高大出版部, 1973.

피제손. "구라파론." 『大朝鮮獨立協會會報』 3 (1896. 12. 31).

_____. "동양론." 『大朝鮮獨立協會會報』 6 (1897. 2. 15).

筆者未詳. "工藝說." 『大朝鮮獨立協會會報』 7 (1897. 2. 28).

_____. "國家와 國民의 興亡." 『大朝鮮獨立協會會報』 11 (1897. 4. 30).

_____. "論民." 『大朝鮮獨立協會會報』 14 (1897. 6. 15).

_____. "獨立論." 『大朝鮮獨立協會會報』 13 (1897. 5. 31).

_____. "創造鐵路宜先使人咸知利益說." 『大朝鮮獨立協會會報』 16 (1897. 7. 15).

韓㳓劤. "開港當時의 危機意識과 開化思想." 『韓國史研究』 2 (1968. 12).

_____. "東學思想의 基本構造." 『人文科學』 22. 서울: 延世大學校 人文科學研究所, 1969.

韓興壽. "獨立協會에 關한 硏究: 韓國民族主義·民主主義 運動의 初期現象 1896—1898." 延世大學校 大學院 碩士學位論文, 1963. 6.

_____. "獨立協會의 政治集團化過程." 『社會科學論集』 3. 서울: 延世大學校 社會科學硏究所, 1970. 6.

_____. "獨立協會 會報의 內容分析." 『社會科學論集』 6. 서울: 延世大學校 社會科學硏究所, 1973.

洪淳昶. "衛正斥邪 思想과 民族意識." 『嶺南史學』 1 (1971).

黃玹. "言事疏." 東亞日報社 編. 『續 近代韓國名論說集』 (『新東亞』 1967. 1 別冊附錄).

渡部學. "李朝政治過程." 朝鮮史硏究會·旗田巍 編. 『朝鮮史入門』. 東京: 太平出版社, 1973.

尾崎秀實. "東亞協同體の理論とその成立の客觀的 基礎." 竹內好 編. 『現代日本思想大系 9: アジア主義』. 東京: 筑摩書房, 1973.

朴忠錫. "李朝後期における政治思想の展開." 『韓』 14. 東京: 韓國硏究院, 1973. 2.

芙蓉生. "日露協同に對する韓人の意向." 『漢城通信』 (1896. 5. 29 發信電報).

_____. "安駉壽と會社." 『漢城通信』 (1897. 6. 10 發信電報).

_____. "議會院 設立の論." 『漢城通信』 (1898. 4. 4 發信電報).

樽井藤吉. "大東合邦論." 竹內好 編, 『現代日本思想大系 9: アジア主義』. 東京: 筑摩書房, 1923.

Editor. "Reaction." The Korean Repository, I-8 (August, 1896).

Hirshman, Albert O. "Obstacles to Development: A Classification and Quasi-Vanishing Act." in Harvey, Kebschull (ed.). Politics in Transitional Societies. N. Y.: Appleton Century Crofts, 1968.

Inkeles, Alex. "Making Man Modern." The American Journal of Sociology. Vol. 75, No. 2 (September, 1969).

Jaison, Philip. "What Korea Need Most." The Korean Repository, III-3 (March, 1896).

Lapalombara, Joseph and Weiner, Myron. "The Origin and Development of Political Parties." Lapalombara, Joseph and Weiner, Myron (eds.). Political Parties and Political Development. New Jersey: Princeton Univ. Press, 1966.

McClelland, David. "The Impulse to Modernization." in Weiner, Myron (ed.). Modernization: The Dynamics of Growth Basic Books, 1966.

Palais, James B. "Stability in Yi Dynasty Korea: Equilibrium Systems and Marginal Adjustment." Occasional Papers on Korea, No. 3 (1975).

Yun, T. H. "Popular Movement in Korea." The Korean Repository, V-12 (December, 1898).

3 | 정기간행물 / 신문

『독립신문』. 제1권 (1896), 제2권 (1897), 제3권 (1898), 제4권 (1899).

『매일신문』. 제1권 (1898).

『제국신문』. 제1권 (1898).

『漢城新聞』. 1896年度版

『협성회회보』. 제1권 (1898).

『皇城新聞』. 제1권 (1898).

The Independent. Vol. 1 (1896), Vol.2 (1897), Vol.3 (1898).

정기간행물 / 잡지

『大朝鮮獨立協會會報』. 1 (1896. 11. 30) ‒ 18 (1897.8.15).

『日韓通商協會報告』. 18 (1897. 2), 22 (1897. 6).

『太陽』. 第4卷 第10號 (1898. 5).

The Korean Repository. Vol. Ⅲ (1896), Vol. Ⅳ (1897), Vol. Ⅴ (1898).

4 | 기타 중요 사료

『高宗實錄』. 서울: 探求堂, 1970.

『舊韓國官報』. 서울:亞細亞文化社, 1973.

『舊韓國外交文書』. 서울: 高大出版部, 1967.

『內賜斥邪綸音』. 1881.

『論語』·『大學』·『書經』·『詩經』·『周易』·『中庸』·『孝經』.

『大朝鮮 靑年保國會 誓文』. 東京, 1889.

『承政院日記』高宗篇. 서울: 國史編纂委員會, 1969.

『日省錄』高宗篇. 서울: 서울大出版部, 1970.

『中樞院來文(議政府存案)』. 光武二年 四月二十七日 中樞院 照覆 第二十四號.

『斥邪綸音』. 1839.

『漢城通信』(發信電報). 1896‒1898.

『協成會規則』(1896.12).

『協成會會員案』(1896.12).